Bliesch
Mobile Systeme

Florian Bliesch

Mobile Systeme

Konzeption, Entwicklung und Betrieb

HANSER

MIX
Papier | Fördert gute Waldnutzung
FSC® C016368
www.fsc.org

Print-ISBN: 978-3-446-48276-0
E-Book-ISBN: 978-3-446-48391-0
E-Pub-ISBN: 978-3-446-48523-5

Bibliografische Information der Deutschen Nationalbibliothek:
Die Deutsche Nationalbibliothek verzeichnet diese Publikation in der Deutschen Nationalbibliografie; detaillierte bibliografische Daten sind im Internet unter http://dnb.d-nb.de abrufbar.

Kolbergerstraße 22 | 81679 München | info@hanser.de
www.hanser-fachbuch.de
Lektorat: Sylvia Hasselbach, Kristin Rothe
Copy editing: Walter Saumweber, Ratingen
Herstellung: Gina Lada
Coverkonzept: Marc Müller-Bremer, www.rebranding.de, München
Covergestaltung: Thomas West
Titelmotiv: erstellt in Midjourney von Florian Bliesch
Satz: Eberl & Koesel Studio, Kempten
Druck: Elanders Waiblingen GmbH, Waiblingen
Printed in Germany

Inhalt

Vorwort

Mobile Systeme sind aus der heutigen digitalisierten und vernetzten Welt nicht mehr wegzudenken. Sie sind zu einem integralen Bestandteil unseres Alltags geworden und durchdringen nahezu alle Bereiche des privaten und wirtschaftlichen Lebens. Diese Systeme, bestehend aus Smartphones, Tablets, Wearables und anderen mobilen Endgeräten sowie vielfältigen Backends wie Clouds, Datenbanken oder APIs, dienen als zentrale Werkzeuge und Schnittstellen für vielfältige Nutzungsszenarien. Sie ermöglichen den orts- und zeitunabhängigen Zugriff auf Informationen, Dienste und digitale Ressourcen aller Art und werden durch diese Ubiquität und Funktionsvielfalt zu Dreh- und Angelpunkten der modernen Informationsgesellschaft.

Das Buch „Mobile Systeme: Konzeption, Entwicklung und Betrieb" ist ein umfassender Leitfaden, der in die Welt der mobilen Technologien und Systeme einführt und das notwendige Wissen vermittelt, um mit den Besonderheiten mobiler Ökosysteme in der Praxis umzugehen. Es richtet sich an Studierende, IT-Spezialist:innen und -Entscheider:innen und vermittelt sowohl theoretische Grundlagen als auch praxisorientierte Kompetenzen für den Umgang mit mobilen Systemen in allen Phasen des Life Cycle.

Das Buch behandelt zunächst die Grundlagen mobiler Systeme, von der Definition von Mobilität bis zur Analyse verschiedener Geräteklassen und ihrer spezifischen Anwendungsfälle. Wichtige Hardwarekomponenten und Betriebssysteme werden vorgestellt, um ein breites Verständnis für die technologischen Rahmenbedingungen zu schaffen. Ein weiterer Schwerpunkt liegt auf der App-Entwicklung, wobei verschiedene praxisrelevante Ansätze und Frameworks erörtert werden, die Entwickler:innen in ihrem Arbeitsalltag unterstützen. Das Thema User Experience (UX) wird ausführlich behandelt, von den Grundlagen bis hin zu konkreten Methoden des UX-Design-Prozesses, die direkt in realen Projekten angewendet werden können. Ein wesentlicher Aspekt ist weiterhin die Sicherheit mobiler Systeme, einschließlich konkreter Bedrohungen und wirksamer Präventionsmaßnahmen, die Unternehmen und Entwickler:innen kennen und implementieren sollten.

Darüber hinaus wird die Integration von künstlicher Intelligenz in mobile Systeme betrachtet, deren Einsatzmöglichkeiten und ethische Implikationen anhand konkreter Beispiele aufgezeigt werden. Das Buch analysiert die Relevanz mobiler Systeme für Geschäftsmodelle und die digitale Transformation und beleuchtet mobile XR-Technologien und das Metaverse im Kontext mobiler Systeme. Ein weiterer Bereich ist die Reduzierung des ökologischen Fußabdrucks durch Green IT und Green Coding, wobei konkrete Methoden zur Bewertung und Optimierung des Energieverbrauchs mobiler Systeme vorgestellt werden. Abschließend wird eine Technikfolgenabschätzung durchgeführt, die die soziokulturellen Auswirkungen mobiler Technologien beleuchtet und damit strategische Entscheidungen im mobilen Bereich unterstützt.

Das Buch vermittelt ein ganzheitliches Verständnis der aktuellen mobilen Technologielandschaft, angereichert mit praxisnahen Beispielen und Fallstudien, und bereitet so auf innovative mobile Projekte in unterschiedlichen Branchen vor. Dabei wird das theoretische Wissen stets in konkrete Handlungsempfehlungen übersetzt, die es den Leser:innen ermöglichen, fundierte und nachhaltige Entscheidungen für die erfolgreiche Konzeption, Entwicklung und den Betrieb mobiler Systeme zu treffen.

Über den Autor

Florian Bliesch leitet den Bereich Innovation und Business Development bei adesso mobile solutions und ist Dozent für Mobile Systeme an der HSD Düsseldorf. Er verfügt über langjährige Erfahrung im strategischen Management geschäftskritischer mobiler Anwendungen. Als Berater, Speaker und Autor beschäftigt er sich mit den Themen Spatial Computing, KI und 5/6G in mobilen Ökosystemen und dem Industrial Metaverse. Sein Fokus liegt auf praxisnahen, nachhaltigen und innovativen Lösungen für den zukunftssicheren Einsatz mobiler Technologien.

Florian Bliesch auf LinkedIn: *www.linkedin.com/in/florian-bliesch*

Transparenzhinweis zum Einsatz künstlicher Intelligenz

Bei der Erstellung dieses Buches wurden verschiedene KI-Dienste und Sprachmodelle analytisch, experimentell und produktiv eingesetzt, insbesondere perplexity.ai auf Basis von Sonar Large/LlaMa 3.1 70B und Claude 3.5 Sonnet für Recherche und Faktencheck, ChatGPT 4o für die inhaltliche und strukturelle Diskussion und Optimierung der Texte sowie Gemini 1.5 Pro und Gemini 1.5. Pro Deep Research als zweite

Meinung, Benchmark und Praxisvergleich zu den OpenAI-Modellen. NotebookLM auf Basis von PaLM 2 wurde auf den Gesamtzusammenhang des Buchs trainiert und diente als Wissensdatenbank und Kontextreferenz zur Konsistenzprüfung der Inhalte. Mit Midjourney 6.1 wurden Grafiken erstellt. Autor aller Prompts ist Florian Bliesch.

Es wird ausdrücklich darauf hingewiesen, dass die Verantwortung für die inhaltliche Richtigkeit, die kritische Bewertung, die sachgerechte Einordnung der Inhalte sowie die Auswahl und Aufbereitung der Themen ausschließlich beim Autor liegt. Die KI-Systeme dienten als Werkzeuge zur Unterstützung der fachlichen, analytischen und redaktionellen Prozesse des Autors, nicht als deren Ersatz.

1 Mobile Systeme: Komponenten und Basistechnologien

Mobile Systeme haben sich mit ihren tiefgreifenden Auswirkungen auf fast alle persönlichen und ökonomischen Bereiche des Lebens zu einem integralen Bestandteil unseres Alltags entwickelt. In diesem Kapitel werden die zentralen Aspekte mobiler Systeme und ihre weitreichende Bedeutung für die moderne Informationsgesellschaft untersucht. Das Ziel ist es, die verschiedenen Seiten der Mobilität zu verstehen – sowohl die Chancen als auch die Herausforderungen. Dabei werden die zugrunde liegenden technologischen und soziologischen Konzepte, die diese Entwicklung ermöglicht haben und weiter vorantreiben, in einen operativen Kontext bei der Planung, der Entwicklung und dem Betrieb von mobilen Systemen integriert.

1.1 Definition von Mobilität und ihrer Bedeutung in der digitalen Welt

Mobilität, hier definiert als Fähigkeit, unabhängig von Ort und Zeit auf Daten, Dienste und Anwendungen zugreifen zu können, stellt ein wesentliches Merkmal der modernen Informationsgesellschaft dar. Die Basis dieser Entwicklung bilden technologische Meilensteine wie der Übergang von 3G zu 4G und nun zu 5G, welche immer wieder Innovationsschübe bei der Entwicklung mobiler Systeme ausgelöst haben. Mit der 6G-Technologie steht der nächste Evolutionsschritt bevor, der erneut Datenraten, Latenzen und verfügbare Netzwerkdienste verbessern wird und damit die Grundlage für die nahtlose Integration anderer komplementärer Schlüsseltechnologien wie KI oder Spatial Computing in mobile Systeme bildet. Die Entwicklung mobiler Geräte, von den ersten Mobiltelefonen bis hin zu modernen Smartphones und Wearables mit ihren vielfältigen Funktionen, Sensoren und ihrer exponentiell angestiegenen Rechenleistung, hat parallel die Art, wie wir auf digitale Systeme zugreifen, mit ihnen interagieren und kommunizieren, tiefgreifend und dauerhaft verändert.

Die sozialen Auswirkungen dieser Mobilität sind weitreichend und haben einen erheblichen Einfluss auf das gesellschaftliche Leben und die zwischenmenschlichen Beziehungen. Die Fähigkeit zur ortsunabhängigen Kommunikation ermöglicht es den Menschen, ständig „connected“ zu sein, wodurch Nähe und Distanz zwischen ihnen neu definiert werden.

Aus ökonomischer Sicht haben mobile Technologien völlig neue Märkte geschaffen oder bestehende Branchen disruptiv verändert. E-Commerce, Finanzdienstleistungen, Transport und Tourismus sind Beispiele für Bereiche, in denen die mobile Revolution die Spielregeln für Verbraucher:innen und Unternehmen völlig neu definiert hat. Beide sind gezwungen, sich diesen Veränderungen kontinuierlich anzupassen, Unternehmen, um lokal oder global wettbewerbsfähig zu bleiben und neue Geschäftsmodelle zu erkennen und zu nutzen, Verbraucher:innen um in einer zunehmend digitalisierten Gesellschaft und Wirtschaft erfolgreich agieren zu können.

Kulturell führt die ständige Verfügbarkeit und Vernetzung zu einer Anpassung der Normen und Werte. Mobile Technologien spielen eine fundamentale Rolle bei der Verbreitung von Kultur und Information und sie geben Menschen die Möglichkeit, Teil globaler Gemeinschaften zu werden. Diese Veränderungen fördern die kulturelle Vielfalt und den interkulturellen Austausch, stellen jedoch auch die traditionellen soziokulturellen Strukturen und Werte in Frage.

Die Mobilität bringt auch Herausforderungen und Risiken mit sich. Datenschutz und Sicherheit sind zentrale Anliegen, mobile Endgeräte sind nicht mehr nur „Telefon“, sondern die Schaltstelle des digitalen Lebens der Nutzer:innen und entsprechend kritisch. Komplexe Themen wie digitale Identitäten werden zunehmend wichtiger. Die „digitale Kluft“, d. h. die soziale Ungleichheit beim Zugang zu digitalen Technologien, ist eine weitere Herausforderung, die es zu überwinden gilt, damit alle Menschen unabhängig von ihrem sozialen Status von den Vorteilen der Mobilität profitieren können.

Beispiel Arbeit

Die Möglichkeit, von überall aus zu arbeiten, hat viele traditionelle Prinzipien unseres professionellen Lebens gewandelt. Die fortschreitende Digitalisierung sowie der Einsatz moderner Kommunikationsmittel eröffnen Arbeitnehmer:innen die Möglichkeit, ihre Aufgaben unabhängig von ihrem physischen Standort zu erledigen. Gleichzeitig haben Unternehmen neue Möglichkeiten, um Talente und Skills weltweit zu rekrutieren und Teams zusammenzustellen, unabhängig davon, wo sich diese befinden. Die genannten Entwicklungen bergen zudem das Potenzial, die Vielfalt und das Wissensspektrum innerhalb von Organisationen zu erhöhen und somit die nachhaltige Innovations- und Adaptionsfähigkeit von Unternehmen zu fördern.

Die Einführung von Remote-Arbeit verändert auch traditionelle Hierarchien und Strukturen innerhalb von Unternehmen. In virtuellen Teams sind meistens flachere Hierarchien und eine stärkere Betonung auf Selbstorganisation und Eigenverantwortung anzutreffen. Die Kommunikation erfolgt häufig über digitale Plattformen wie Slack, Microsoft Teams oder Zoom, welche den Austausch von Informationen sowie die Zusammenarbeit in Echtzeit ermöglichen. Co-Working-Spaces und flexible Arbeitsmodelle fördern zudem die informelle Vernetzung und den interdisziplinären Wissensaustausch zwischen Unternehmen und Freelancern.

Dieser Wandel hat zusätzlich weitreichende soziologische Auswirkungen, da er die Bedeutung von Gemeinschaft und Zugehörigkeit am Arbeitsplatz neu definiert. In traditionellen Büroumgebungen stellte die physische Präsenz einen wichtigen Aspekt der Teamdynamik und Unternehmenskultur dar. Durch die Möglichkeit, aus der Ferne zu arbeiten, werden neue Formen der digitalen Gemeinschaft und Zusammenarbeit notwendig, die viele Unternehmen vor Herausforderungen stellen, insbesondere beim „Employer Branding“, dem Finden einer eigenen, nach innen gerichteten Markenidentität, die auch bei alternativen Formen der Zusammenarbeit Substanz und Bestand hat. Darüber hinaus hat die Remote-Arbeit die Spielregeln verändert, wie Unternehmen ihre Mitarbeiter:innen bewerten und fördern. In einem dezentralen Arbeitsumfeld rückt die Bedeutung von messbaren Ergebnissen und Leistung, der „Output“, stärker in den Vordergrund, während die pure physische Anwesenheit und das Ableisten der Wochenstunden an Bedeutung verliert.

Beispiel Bildung

Der digitale Wandel hat den Zugang zu Bildung in vielen Bereichen demokratisiert, indem er Menschen auf der ganzen Welt die Möglichkeit bietet, unabhängig von ihrem geografischen Standort qualitativ hochwertige Bildungsangebote zu nutzen. Die Verfügbarkeit von Online-Kursen und E-Learning-Plattformen hat erheblich zu dieser Transformation beigetragen. Massive Open Online Courses (MOOCs) stellen ein Paradebeispiel für diese Entwicklung dar, sie bieten Kursmaterialien und Zertifikate von renommierten Universitäten und Institutionen an, die prinzipiell für jeden mit Internetzugang zugänglich sind.

Gleichzeitig wirft die zunehmende Verbreitung von Online-Bildung Fragen nach der Qualität und Authentizität des Lernens auf. Während traditionelle Bildungsinstitutionen etablierte Standards und Akkreditierungsverfahren aufweisen, variiert die Qualität und der Umfang von Online-Kursen erheblich. Dies führt zu Unsicherheiten bei Arbeitgebern und anderen Bildungseinrichtungen bezüglich der Anerkennung und Wertigkeit von Online-Zertifikaten. Es ist daher unerlässlich, dass E-Learning-Plattformen transparente Qualitätsstandards und Prüfverfahren nutzen, um das Vertrauen in ihre Bildungsangebote zu stärken.

Die Möglichkeit, von überall aus zu lernen, hat auch traditionelle Bildungsstrukturen und -hierarchien aufgebrochen. Klassische Modelle des Präsenzunterrichts und starre Curricula werden durch flexiblere und personalisierte Lernansätze ergänzt oder ersetzt. Die Bedeutung des lebenslangen Lernens wächst, da kontinuierliche Weiterbildung und Anpassungsfähigkeit in einer sich schnell verändernden Arbeitswelt immer wichtiger werden. Die Lernenden haben nun die Möglichkeit, ihren Bildungsweg individuell zu gestalten und lebenslang neue Fähigkeiten und Kenntnisse zu erwerben, um ihre beruflichen und persönlichen Ziele in einer sich ständig wandelnden Arbeitswelt zu erreichen.

Ein weiterer Vorteil der digitalen Bildung ist die Möglichkeit der Vernetzung und des Austauschs mit einer globalen Lerncommunity. Online-Foren, Diskussionsgruppen und virtuelle Klassenzimmer ermöglichen es Lernenden, miteinander zu interagieren, Erfahrungen auszutauschen und voneinander zu lernen. Dies fördert nicht nur den Wissenstransfer, sondern auch interkulturelle Kompetenzen sowie die Fähigkeit, globale Perspektiven zu entwickeln.

Beispiel Medizin

Dr. Eric Topol sagte 2019 treffend: „The future of medicine is in the palm of your hand." Telemedizin und mobile Gesundheitsanwendungen werden die Gesundheitsversorgung transformieren. Sie ermöglichen eine personalisierte Versorgung und stärken die Autonomie der Patient:innen, besonders deutlich sichtbar bei den „DiGAs" (digitale Gesundheitsanwendungen), die als Ergänzung oder Alternative zu klassischen Therapien eingesetzt und vom Gesundheitssystem „auf Rezept" finanziert werden.

Die Möglichkeit, Gesundheitsdaten in Echtzeit zu überwachen und zu analysieren, hat die Zusammenarbeit zwischen Ärzt:innen und Patient:innen verändert und die Bedeutung der Präventivmedizin verstärkt in den Fokus gerückt. Wearable-Technologien wie Smartwatches und Fitness-Tracker können kontinuierlich Daten zu Herzfrequenz, Schlafmustern und körperlicher Aktivität zusammen mit anderen biometrischen Daten erfassen. Diese Daten sind nicht nur für die Nutzer:innen wertvoll, um gesündere Lebensgewohnheiten zu entwickeln, sondern unterstützen auch Ärzt:innen dabei, frühzeitig Anomalien zu erkennen und präventive Maßnahmen zu ergreifen. In der medizinischen Forschung können diese Daten dazu genutzt werden, Risikofaktoren für bestimmte Erkrankungen oder Muster zu erkennen, deren Verständnis dann die Grundlage für die Entwicklung neuer Therapien oder Medikamente bildet.

Diese Technologien haben das Potenzial, die Qualität der medizinischen Versorgung insgesamt zu verbessern und die Gesundheitsversorgung in unterversorgten Gebieten erheblich zu erweitern. In ländlichen oder entlegenen Regionen, in denen der Zugang zu medizinischen Dienstleistungen oft eingeschränkt ist, können Telemedizin und mobile Gesundheitsanwendungen eine entscheidende Rolle spielen. Sie ermöglichen es Patient:innen, medizinische Beratung und Betreuung zu erhalten, ohne lange Reisen unternehmen zu müssen.

Eine der größten Herausforderungen dabei ist die „digitale Kluft", die Ungleichheit im Zugang zu digitalen Gesundheitsdiensten, und oft auch das mangelnde Wissen und die daraus resultierende Verunsicherung der Verbraucher:innen im Umgang mit Ihren Daten und deren Verwendung. Dieses bildet dann die Grundlage für eine

„Opt-out"-Mentalität, die den Zugang zu digitalen Gesundheitsangeboten limitiert und übergreifende Forschung erschwert. Besonders deshalb sind Datenschutz und Datensicherheit kritische Anliegen, die sorgfältig berücksichtigt, systemisch integriert und auch kommuniziert werden müssen. Die Erfassung und Verarbeitung sensibler Gesundheitsdaten erfordert robuste Sicherheitsmaßnahmen, um sicherzustellen, dass die Daten vor unbefugtem Zugriff und Missbrauch geschützt sind. Es ist unerlässlich, dass sowohl die Anbieter:innen digitaler Gesundheitsanwendungen als auch die Nutzer:innen selbst über die Risiken und notwendigen Schutzmaßnahmen informiert sind.

Beispiel soziales Leben

Soziale Medien und mobile Kommunikationsplattformen haben die Interaktion und Pflege von Beziehungen zwischen Menschen grundlegend verändert. Gary Vaynerchuk äußerte sich dazu im Jahr 2016 treffend: „Social media is the ultimate equalizer. It gives a voice and a platform to anyone who wants to engage."

Soziale Medien fördern die persönliche Vernetzung und bieten vielfältige Möglichkeiten zur Pflege bestehender oder Anbahnung neuer Beziehungen. Plattformen wie TikTok, Facebook, X und Instagram ermöglichen es Nutzer:innen, persönliche Erlebnisse zu teilen, Meinungen auszutauschen und sich über gemeinsame Interessen zu verbinden. Da Interaktionen häufig ausschließlich auf digitalen Plattformen stattfinden, besteht dabei die Gefahr, dass die Tiefe und Qualität der Beziehungen trotzdem abnimmt. Die sozialen Netzwerke bieten zwar eine mächtige Plattform für Kommunikation und Interaktion und unterstützen die Bildung von Gemeinschaften rund um spezifische Themen oder Anliegen, allerdings werfen sie auch Fragen nach der Wahrhaftigkeit von Online-Beziehungen und den Auswirkungen auf das soziale „Wellbeing" auf. Darüber hinaus erhält der Begriff „Privatsphäre" durch die potenziell globale Reichweite eine völlig neue Bedeutung, und die Überflutung mit allen Arten von Informationen und Nachrichten, deren Relevanz und Authentizität immer schwieriger zu überprüfen ist, erschwert die Navigation in der Informationsgesellschaft.

In der digitalen Welt sind Status und Einfluss oft nicht mehr an reale soziale oder wirtschaftliche Positionen gebunden, sondern an die Fähigkeit der Influencer und Content Creator, Inhalte zu erstellen und zu teilen, die bei einer breiten Masse Anklang finden.

Ein weiteres Phänomen, das in diesem Zusammenhang relevant ist, sind „Echokammern" oder „Filterblasen". Diese entstehen, wenn Algorithmen den Nutzer:innen vorwiegend Informationen und Meinungen anzeigen, die ihren bestehenden Präferenzen und Ansichten entsprechen. Dieses verengt Perspektiven und kann zu einer Verstärkung von Vorurteilen führen, da abweichende Meinungen und Informationen ausgeblendet werden.

Beispiel Wirtschaft

Der Einsatz mobiler Technologien hat in mehreren Schlüsselbereichen der Weltwirtschaft grundlegende Entwicklungen angestoßen. Globale Plattformen wie Amazon, eBay oder Alibaba haben den Einzelhandel revolutioniert, indem sie den globalen und rund um die Uhr verfügbaren Einkauf von Produkten ermöglicht haben. Traditionelle Geschäftsmodelle sind gezwungen, ihre Strategien anzupassen und digitale Kanäle zu nutzen, um im Wettbewerb bestehen zu können. Diese oft als „Disruption" bezeichnete Veränderung verursacht einen hohen Digitalisierungs- und Transformationsdruck, dem nicht alle Unternehmen gewachsen sind.

Mobile Zahlungssysteme wie M-Pesa haben den Zugang zu Finanzdienstleistungen, besonders in Entwicklungsländern, erheblich erleichtert. Die Studie von Demirgüç-Kunt et al. (2018) kommt zu diesem Schluss: „Digital Financial Services are a gateway to formal financial inclusion for many of the world's poor." Diese Systeme ermöglichen es Millionen von Menschen auch ohne Zugang zu aufwendiger technischer Infrastruktur, Geld zu senden und zu empfangen, Rechnungen zu begleichen und Kredite aufzunehmen, was die finanzielle Inklusion fördert oder erst ermöglicht.

Zusätzlich haben mobile Banking-Apps, Kryptowährungen und Blockchain-Technologien die bestehende Finanzwirtschaft herausgefordert, indem sie neue, effiziente und zugängliche Lösungen für Finanztransaktionen und Vermögensverwaltung bieten, unterstützt von regulatorischen Initiativen wie der PSD2 (Payment Services Directive 2), die die traditionellen Banken dazu verpflichtet, ihre Kontoschnittstellen für Drittanbieter zu öffnen.

Mobile Technologien haben ebenfalls die Sharing Economy vorangetrieben, in der Plattformen wie Uber, Fiverr, DoorDash oder Airbnb wichtige Angebote sind, die es Einzelpersonen ermöglichen, Ressourcen und Dienstleistungen direkt und ohne Zwischenhändler anzubieten oder zu teilen. Dies hat zu einer Umwälzung von Branchen wie Transport oder Gastronomie geführt.

Schließlich ermöglichen mobile Apps und soziale Medien eine direkte und personalisierte Kommunikation zwischen Unternehmen und Kund:innen. Dies resultiert – im Optimalfall und sofern Unternehmen die verfügbaren Kommunikationskanäle sinnvoll und im Sinne der Kund:innen nutzen – in einer gesteigerten Kund:innenbindung und -zufriedenheit. Gleichzeitig hat die Nutzung von Datenanalytik zugenommen, wodurch Unternehmen tiefere Einblicke in das Kund:innenverhalten erhalten und ihre Geschäftsstrategien auf Basis dieser Daten in Echtzeit optimieren können.

Beispiel öffentliche Verwaltung und E-Government

Die Digitalisierung der öffentlichen Verwaltung soll es Bürger:innen ermöglichen, orts- und zeitunabhängig auf öffentliche Dienstleistungen zuzugreifen. Dies trägt nicht nur zur Effizienzsteigerung und generellen Kostensenkung in der öffentlichen Verwaltung bei, sondern verbessert auch die Nutzerfreundlichkeit und Zugänglichkeit von hoheitlichen Standardprozessen. Auch in diesem Bereich dienen mobile Endgeräte oft als primärer Zugangskanal.

Inzwischen bieten zahlreiche Länder die Möglichkeit, Behördengänge wie die Beantragung von Personalausweisen, Reisepässen oder Geburtsurkunden sowie die Abgabe von Steuererklärungen und die Anmeldung von Wohnsitzen oder Firmengründungen online abzuwickeln. Diese digitalen Dienste sparen den Bürger:innen nicht nur Zeit und Aufwand, sondern entlasten auch die Verwaltungsbehörden, die dadurch effizienter und ohne Medienbrüche digital arbeiten können.

Ein Beispiel für diese Entwicklung sind verschiedene deutsche Bürgerportale wie das NRW Serviceportal oder Hamburg Service, die eine zentrale Plattform für den Zugang zu einer Vielzahl staatlicher Dienstleistungen bereitstellen, oft noch mit eingeschränktem Funktionsumfang. Über diese Portale können Bürgerinnen und Bürger zahlreiche Anträge stellen, Dokumente einsehen und mit den Behörden kommunizieren, ohne persönlich vor Ort erscheinen zu müssen.

In der Europäischen Union nimmt Estland mit seinem umfassenden E-Government-System „e-Estonia" eine Vorreiterrolle im Bereich des E-Governments ein. Die Plattform ermöglicht es den Bürger:innen, nahezu alle staatlichen Dienstleistungen online zu nutzen, von der Steuererklärung über die Unternehmensgründung bis hin zur Teilnahme an Wahlen.

Die umfassende Digitalisierung aller Arten von Verwaltungsprozessen, die zum Teil immer noch papierbasiert sind, stellt jedoch auf verschiedenen Ebenen eine große Herausforderung dar. Hierzu gehören nicht nur technische Anpassungen an Software und die Schaffung sicherer digitaler Infrastrukturen, sondern auch der Wandel hin zu einer digitalen Verwaltungskultur. Dies erfordert sowohl Schulungen und Weiterbildungen für Verwaltungsangestellte als auch eine breite Akzeptanz und Nutzung durch die Bevölkerung.

Auch hier spielt das Thema Datensicherheit und -schutz eine zentrale Rolle. Der Schutz sensibler, persönlicher Daten muss in allen Situationen gewährleistet sein, um das Vertrauen der Bürger:innen in die digitalen Verwaltungsdienste weiter aufzubauen und zu erhalten. Moderne Verschlüsselungstechnologien, eine verlässliche digitale Identität und strenge Datenschutzbestimmungen sind unerlässlich, um die Integrität und Sicherheit der digitalen Verwaltungsprozesse zu gewährleisten.

Beispiel Umwelt und Nachhaltigkeit

Die Digitalisierung und der Einsatz mobiler Technologien haben das Potenzial, einen bedeutenden Beitrag zu Umweltschutz und Nachhaltigkeit zu leisten. Mobile Anwendungen und digitale Plattformen ermöglichen es, umweltfreundlichere Entscheidungen zu treffen und nachhaltigere Lebensstile zu fördern. Dies beginnt bei der Nutzung von Ressourcen und Energie im persönlichen Bereich und erstreckt sich bis hin zu großen Infrastrukturprojekten und staatlichen Initiativen.

Intelligente Stromnetze (Smart Grids) und mobile Energiemanagement-Systeme erlauben die Überwachung und Steuerung des Energieverbrauchs in Echtzeit. Nutzer:innen können ihren Stromverbrauch über mobile Apps analysieren, Optimierungspotenziale identifizieren und Energie sparen. Diese Systeme tragen dazu bei, die Effizienz des gesamten Stromnetzes zu erhöhen, indem sie Angebot und Nachfrage besser ausbalancieren und erneuerbare Energiequellen effizienter integrieren.

Mobile Sensoren und Anwendungen zur Überwachung der Umweltqualität spielen eine entscheidende Rolle bei der Erfassung und Analyse von Umweltdaten. Apps messen die Luftqualität und bieten Echtzeitinformationen zu Schadstoffkonzentrationen in verschiedenen Regionen. Diese Daten sind nicht nur für Einzelpersonen von Nutzen, um ihre Exposition gegenüber Luftverschmutzung oder anderen Umwelteinflüssen zu minimieren, sondern auch für politische Entscheidungsträger und Umweltorganisationen, die auf dieser Grundlage Maßnahmen zur Verbesserung der Luftqualität entwickeln und implementieren können.

Mobile Anwendungen fördern nachhaltige Transportmöglichkeiten wie Car-Sharing, Bike-Sharing und öffentliche Verkehrsmittel. Moderne Apps integrieren dabei verschiedene Optionen und bieten Echtzeitinformationen über Verfügbarkeit und Routen, was den Nutzern die Wahl umweltfreundlicherer Verkehrsmittel erleichtert. Diese Anwendungen tragen dazu bei, den Individualverkehr zu reduzieren, Emissionen zu senken und die urbane Lebensqualität zu verbessern.

Insgesamt eröffnen mobile Technologien und die Digitalisierung zahlreiche Möglichkeiten, die Umwelt zu schützen und nachhaltiger zu leben. Die Nutzung dieser Technologien ermöglicht es sowohl Einzelpersonen als auch Gemeinschaften und Regierungen, effizienter zu agieren, Ressourcen zu schonen und einen positiven Beitrag zum Umweltschutz zu leisten.

1.2 Einführung in die Mobilitätsformen

In diesem Abschnitt werden die verschiedenen Formen der Mobilität im Kontext mobiler Medien und Technologien untersucht. Technische Mobilität beschreibt die Fähigkeit, Informationen und Dienste sowohl unterwegs als auch stationär zu nutzen, während sich soziale Mobilität auf die Pflege und Erweiterung sozialer oder beruflicher Netzwerke und Beziehungen über digitale Plattformen bezieht. Beide Formen der Mobilität haben umfassende Auswirkungen darauf, wie Menschen interagieren, arbeiten und kommunizieren, und bringen sowohl Chancen als auch Herausforderungen mit sich.

1.2.1 Technische Mobilität

Der Begriff der technischen Mobilität im Kontext mobiler Medien und Technologien bezeichnet die Fähigkeit, auf Informationen, Dienste und Anwendungen zuzugreifen und mit digitalen Ressourcen zu interagieren, unabhängig davon, ob man sich physisch bewegt oder an einem festen Standort ist.

Manuel Castells, ein bekannter Soziologe und Kommunikationswissenschaftler, hat die Relevanz dieser Form der Mobilität in seinem Werk „The Rise of the Network Society" (2011) hervorgehoben. Castells argumentiert, dass die Netzwerkgesellschaft räumliche und zeitliche Grenzen aufgelöst hat, indem sie den ständigen Zugang zu Informationen ermöglicht. Dies hat zu einem grundlegenden Wandel des Arbeitens, der Kommunikation und der Interaktion zwischen den Menschen geführt.

Die digitale Komponente dieser Mobilität wird durch die rasante Entwicklung und Verbreitung von Cloud-Technologien, sozialen Medien und Online-Plattformen weiter verstärkt. Sherry Turkle, eine renommierte Soziologin und Psychologin, thematisiert in ihrem Werk „Alone Together" (2011) die Auswirkungen der digitalen Mobilität auf die menschliche Interaktion und das Selbstverständnis. Sie vertritt die These, dass die ständige Vernetzung und Verfügbarkeit digitaler Dienste sowohl Chancen als auch Herausforderungen für die individuelle und kollektive Identität schaffen. In der digital vernetzten Welt ist es Menschen möglich, gleichzeitig in verschiedenen digitalen Räumen präsent zu sein, wodurch die Grenzen zwischen dem physischen und dem digitalen Selbst verschwimmen.

1.2.2 Soziale Mobilität

Soziale Mobilität im Kontext mobiler Medien und Technologien bezieht sich auf die Fähigkeit, soziale Netzwerke, Gemeinschaften und Beziehungen über digitale Plattformen aufrechtzuerhalten und zu erweitern. Diese Form der Mobilität hat durch das Aufkommen und die Popularität von sozialen Medien, Messaging-Apps und Online-Tools zur Zusammenarbeit eine bedeutende Erweiterung erfahren.

Der Soziologe und Philosoph Zygmunt Bauman befasst sich in seinem Werk „Liquid Modernity" (2000) mit der Fluidität sozialer Bindungen in der modernen, digitalisierten Gesellschaft. Bauman beschreibt, dass digitale Technologien den Menschen die Möglichkeit bieten, soziale Beziehungen flexibler und dynamischer zu gestalten. In der „flüssigen" Moderne können Individuen ihre sozialen Kreise und Identitäten ständig neu definieren, was sowohl Freiheiten als auch neue soziale Herausforderungen mit sich bringt. Die digitale Welt eröffnet vielfältige Möglichkeiten für soziale Interaktionen, die sowohl die Stärkung bestehender Bindungen als auch die Entstehung neuer Gemeinschaften fördern.

1.2.3 Interdependenzen der Mobilitätsformen und Einordnung

Die Analyse der Wechselwirkungen der Mobilitätsformen zeigt, dass sie in ihrer Gesamtheit ein umfassendes und vernetztes Ökosystem bilden, welches technologische Innovationen, soziale Veränderungen und ökonomische Entwicklungen vorantreibt. Die Interaktion der verschiedenen Mobilitätsformen ist komplex, wobei jede Form der Mobilität spezifische Anforderungen und Möglichkeiten mit sich bringt, die wiederum die andere Mobilitätsform beeinflusst. Diese wechselseitige Beziehung ermöglicht eine dynamische und flexible Nutzung mobiler Technologien, die sich ständig an neue Gegebenheiten und Herausforderungen anpassen muss.

Die ganzheitliche Betrachtung und die Kenntnis der Interdependenzen und Synergien zwischen den Mobilitätsformen erlaubt die Entwicklung mobiler Systeme, die nicht nur technologisch fortschrittlich sind, sondern auch die sozialen und ökonomischen Aspekte der Mobilität berücksichtigen. Dies fördert die Entwicklung eines nachhaltigen digitalen und mobilen Ökosystems, das den Anforderungen einer vernetzten Gesellschaft gerecht wird und gleichzeitig den Raum für zukünftige Innovationen schafft.

1.3 Mobilität des Endgeräts

Die Mobilität des Endgeräts, der physischen Benutzer:innenschnittstelle, ist der zentrale Faktor mobiler Systeme. Sie bezieht sich auf die technischen und funktionalen Eigenschaften von Geräten wie Smartphones und Tablets, die deren Einsatzmöglichkeiten und Leistungsfähigkeit maßgeblich beeinflussen. In diesem Abschnitt werden die unterschiedlichen Designphilosophien der Betriebssysteme iOS und Android sowie die wesentlichen Hardwarekomponenten wie Sensoren und Prozessoren detailliert betrachtet. Es wird deutlich, wie mobile Endgeräte die User Experience und die Interaktion mit mobilen Diensten prägen und letztlich erst ermöglichen.

1.3.1 Prinzipien und Konzepte von iOS und Android

Die mobile Technologie wird von den beiden Betriebssystemen iOS und Android dominiert. Beide Systeme weisen spezifische Stärken, Schwächen und Eigenschaften auf, die sie für unterschiedliche Nutzergruppen und Einsatzszenarien attraktiv machen.

Das von Apple entwickelte iOS bildet zusammen mit der Apple-Hardware ein geschlossenes Ökosystem. Dies resultiert in einer konsistenten Benutzererfahrung auf sämtlichen Apple-Geräten. Die zumindest in der Theorie strengen Qualitätskontrollen von Apple für den App Store sollen dafür sorgen, dass die Anwendungen stabil und sicher sind. Die geschlossene Architektur kann jedoch auch als Einschränkung der Anpassbarkeit und Flexibilität aus Sicht der Verbraucher:innen gesehen werden. Diese Tatsache führt aktuell primär in der EU sowie in den USA zu verschiedenen regulatorischen Eingriffen der Gesetzgeber und Regulatoren, welche darauf abzielen, die Marktmacht der sogenannten „Technologie-Gatekeeper" zu beschränken.

Das von Google entwickelte Android ist Open Source und kann daher komplett an die Wünsche der verschiedenen Hardware-Hersteller angepasst werden. Dies resultiert in einer Vielzahl von Android-Geräten auf Basis diverser Android-Versionen mit unterschiedlichen Bildschirmgrößen, Hardware-Spezifikationen und Benutzeroberflächen. Die größere Wahlfreiheit für Verbraucher:innen geht mit der Herausforderung einher, dass die User Experience auf Android-Geräten inkonsistent sein kann. Zudem entsteht eine unübersichtliche technologische Fragmentierung, die die Komplexität bei der Entwicklung von Software für die Android-Plattform deutlich erhöht und potenziell auch zusätzliche und schwer beherrschbare systemische Sicherheitsrisiken mit sich bringt.

In ihrem 2019 erschienenen Werk „The Age of Surveillance Capitalism: The Fight for a Human Future at the New Frontier of Power" thematisiert Shoshana Zuboff die divergierenden Geschäftsmodelle von Apple und Google. Während Apple primär vom Verkauf von Hardware und Services innerhalb seines Ökosystems profitiert, generiert Google Einnahmen durch datengetriebene Werbung und Profiling. Letzteres hat selbstverständlich Auswirkungen auf den generellen Umgang mit Datenschutz und Sicherheit innerhalb des Android-Ökosystems.

> *„Surveillance capitalism unilaterally claims human experience as free raw material for translation into behavioural data. Although some of these data are applied to service improvement, the rest are declared as a proprietary behavioural surplus, fed into advanced manufacturing processes known as 'machine intelligence', and fabricated into prediction products that anticipate what you will do now, soon, and later. Finally, these prediction products are traded in a new kind of marketplace that I call behavioural futures markets. Surveillance capitalists have grown immensely wealthy from these trading operations, for many companies are willing to lay bets on our future behaviour."*

Shoshana Zuboff

1.3.2 Die Rolle von Hardware-Komponenten: Sensoren und Prozessoren

Obwohl mobile Endgeräte aus einer Vielzahl von leistungsbeeinflussenden Komponenten wie Displays, Akkus, Kameras und Audiohardware bestehen, haben Sensoren und Prozessoren den zentralen Einfluss auf die Leistungsfähigkeit und Funktionalität moderner Geräte und werden in diesem Kapitel näher betrachtet.

1.3.2.1 Sensoren

Sensoren, die physikalische oder umgebungsbedingte Parameter wie Bewegung, Licht, Magnetfelder, Druck oder Position erfassen und in elektrische Signale umwandeln, sind integrale Bestandteile moderner mobiler Endgeräte und tragen maßgeblich zur Funktionalität ihrer Anwendungen und Ökosysteme bei. Sie ermöglichen es mobilen Endgeräten, auf ihre physische Umgebung zu reagieren, präzise Daten zu erfassen und eine Vielzahl von Anwendungen zu unterstützen, die die User Experience erheblich verbessern oder bestimmte Arten von Diensten erst ermöglichen. Sensoren spielen eine zentrale Rolle bei der Erfassung von Bewegungsdaten, der Überwachung von Umgebungsbedingungen und der Sicherstellung von Sicherheitsfunktionen. Bei der Entwicklung entsprechender Anwendungen ist zu beachten, dass die Verfügbarkeit und Art der Sensoren zwischen verschiedenen mobilen Endgeräten variieren, die Ausstattung kann je nach Hersteller, Modell und Betriebssystemversion unterschiedlich sein, was zu Unterschieden in den Funktionen und der Implementierung der Funktionen führt. Besonders zwischen den Ökosystemen von Google (Android) und Apple (iOS) gibt es signifikante Unterschiede in der Implementierung und Nutzung bestimmter Sensortechnologien.

Des Weiteren sind Sicherheits- und Datenschutzaspekte bei der Nutzung von Sensoren von entscheidender Bedeutung. Sensoren erfassen und verarbeiten häufig sensible und persönliche Daten, die detaillierten Aufschluss über das Verhalten und die Umgebung der Benutzer:innen geben können. Daher ist es unerlässlich, dass sowohl die Hardware als auch die zugehörige Software so gestaltet sind, dass sie die Privatsphäre schützen und unbefugten Zugriff verhindern.

Die im Folgenden genannten Sensoren sind zumindest ab der Geräte-Mittelklasse weit verbreitet.

Tabelle 1.1 Gebräuchliche Sensoren im Überblick

Bezeichnung	Beschreibung
Beschleunigungssensor	Misst die Beschleunigung eines Objekts in drei Dimensionen (X, Y und Z). Die Sensoren nutzen piezoelektrische Materialien oder kapazitive Messungen, um lineare Bewegungen zu erfassen. Sie werden verwendet, um die Bewegung und Lage des Geräts zu bestimmen, beispielsweise für die automatische Bildschirmrotation, Schrittzähler und zur Erkennung von Stößen oder Erschütterungen.
Gyroskop	Misst die Winkelgeschwindigkeit und die Drehung des Geräts um die drei Achsen. Verwendet MEMS-Technologien (Micro-Electro-Mechanical Systems) zur Erfassung von Drehbewegungen. Wesentlich für die Stabilisierung von Kameraaufnahmen, Gesten- und Bewegungserkennung sowie für Anwendungen im Bereich Spatial Computing.
Magnetometer	Misst die Stärke und Richtung des Magnetfeldes, ähnlich wie ein Kompass. Verwendet Hall-Effekt-Sensoren oder magnetoresistive Technologien, um Magnetfelder zu erfassen. Wird verwendet, um die absolute Orientierung des Geräts in Bezug auf das Erdmagnetfeld zu bestimmen, was für Navigationsanwendungen unerlässlich ist.
Luftdrucksensor	Misst den atmosphärischen Druck. Nutzt ebenfalls MEMS-Technologie, um Änderungen im Luftdruck präzise zu erfassen. Kann die Höhenlage des Geräts bestimmen und ist nützlich für Wettervorhersagen und Fitness-Tracking (Höhenmessung bei Outdoor-Aktivitäten oder Treppensteigen).
Proximity Sensor	Misst die Anwesenheit oder Nähe von Objekten ohne physischen Kontakt. Verwendet in Smartphones meist Infrarot-LEDs und Fotodetektoren, um reflektiertes Licht zu messen. Schaltet den Bildschirm aus, wenn das Gerät nahe ans Ohr gehalten wird, um Energie zu sparen und um versehentliche Eingaben zu verhindern.
Lichtsensor	Misst die Umgebungslichtintensität. Verwendet Fotodioden oder Fototransistoren, um die Lichtmenge zu erfassen. Diese Informationen werden genutzt, um die Bildschirmhelligkeit automatisch anzupassen, wodurch Energie gespart und die Sichtbarkeit unter unterschiedlichen Lichtbedingungen verbessert wird.
Biometrische Sensoren	Misst biologische Merkmale zur Identitätsverifikation. Beinhaltet Fingerabdrucksensoren, die kapazitive, optische oder Ultraschalltechnologie verwenden, sowie Gesichtserkennungstechnologien, die 2D- oder 3D-Sensoren und Algorithmen zur Erkennung und Verifizierung von Gesichtern nutzen. Biometrische Authentifizierungsverfahren verbessern die Sicherheit, indem sie einzigartige biologische Merkmale nutzen, die schwer zu fälschen oder zu stehlen sind und ermöglichen eine komfortable, aber trotzdem sichere Authentifizierung.

Tabelle 1.1 Gebräuchliche Sensoren im Überblick *(Fortsetzung)*

Bezeichnung	Beschreibung
Temperatur-sensor	Misst die Temperatur des Geräts oder der Umgebung. Diese Sensoren werden zur Überwachung der Temperatur von CPU, GPU und Akku verwendet, um Überhitzung zu verhindern und die Energieeffizienz zu optimieren. Sie ermöglichen zudem die Temperaturkontrolle für Anwendungen wie Wettervorhersage und persönliche Gesundheitsüberwachung.
Feuchtigkeits-sensor	Misst die relative Luftfeuchtigkeit in der Umgebung oder im Gerät. Sie werden verwendet, um Wetterbedingungen oder das Innenklima des Geräts zu überwachen und die Luftqualität zu analysieren. Zudem helfen sie, Kondensationsprobleme zu vermeiden, die die Elektronik beschädigen könnten.
GPS	Misst die genaue geografische Position des Geräts durch die Nutzung von Satellitensignalen. GPS-Empfänger nutzen globale Navigationssatellitensysteme (GNSS), um präzise Standortdaten zu liefern. Essenziell für Navigations- und Tracking-Anwendungen, ermöglichen sie Funktionen wie Echtzeitnavigation, standortbasierte Dienste (LBS) und Geotagging von Fotos und Videos.
Bluetooth Proximity Sensor	Misst die Entfernung zwischen Bluetooth-fähigen Geräten durch die Signalstärke (RSSI, Received Signal Strength Indicator). Diese Sensoren nutzen die Bluetooth-Technologie, um nahegelegene Geräte zu erkennen und die Distanz zu ihnen abzuschätzen. Sie werden verwendet, um Geräte zu lokalisieren, den Benutzerstandort zu bestimmen und Interaktionen zwischen Geräten zu ermöglichen. Anwendungen umfassen die Erkennung von Geräten in der Nähe, Sicherheitsfunktionen wie das automatische Sperren/Entsperren eines Geräts und die Unterstützung ortsbasierter Dienste wie Indoor-Navigation. Die Technologie ist bei Google und Apple unterschiedlich implementiert, wenn auch funktional ähnlich.
LiDAR-Sensor	Misst die Entfernung zu Objekten durch das Senden und Empfangen von Lichtimpulsen (Laserstrahlen). LiDAR-Sensoren erzeugen präzise 3D-Karten der Umgebung, indem sie die Zeit messen, die das Licht benötigt, um zu einem Objekt und zurück zum Sensor zu gelangen. In Smartphones werden sie für Anwendungen wie Spatial Computing (AR/MR), Tiefenmessung für Fotografie und Gesichtserkennung verwendet. LiDAR-Sensoren bieten eine hohe Genauigkeit und Auflösung bei der Erfassung von Entfernungen und Formen, sind in der Regel aber nur in Endgeräten der Oberklasse verfügbar.

1.3.2.2 Prozessoren

Prozessoren stellen das Herzstück moderner Endgeräte dar und sind für deren Leistungsfähigkeit und Effizienz von entscheidender Bedeutung. Sie übernehmen die zentralen Rechenaufgaben eines Geräts, führen Programme aus und steuern die Datenverarbeitung. Moderne mobile Prozessoren sind hochintegrierte Systeme, die mehrere Prozessorkerne, Grafikprozessoren (GPUs), neuronale Verarbeitungseinheiten (NPUs) und weitere spezialisierte Komponenten in einem einzigen Chip vereinen. Diese System-on-Chip (SoC)-Prozessoren bieten eine hohe Rechenleistung bei gleichzeitig niedrigem Energieverbrauch, eine zentrale Anforderung mobiler Endgeräte.

Ein Beispiel für die Entwicklung moderner Prozessoren ist die Einführung des Apple A17 Pro und des Qualcomm Snapdragon 8 Gen 3. Beide bieten im Vergleich zu ihren Vorgängern erhebliche Leistungssteigerungen und Energieeinsparungen. Der A17 Pro integriert eine moderne CPU-Architektur, eine leistungsfähige GPU und spezialisierte neuronale Einheiten, die komplexe KI- und ML-Aufgaben effizient bewältigen können. Ähnlich leistungsfähig ist der Snapdragon 8 Gen 3, der eine Achtkern-CPU mit modernsten Recheneinheiten und einer Adreno-750-GPU kombiniert. Die daraus resultierenden Fortschritte ermöglichen Anwendungen wie maschinelles Lernen (ML), Spatial Computing und komplexe Kamerafunktionen in Echtzeit.

Ein wesentlicher Unterschied im Prozessordesign zwischen Apple- und Android-Geräten liegt in der Vorgehensweise, wie die Prozessoren entwickelt und integriert werden. Apple entwickelt seine Prozessoren wie die A-Serie auf Basis der ARM-Architektur selbst und kann so spezifische Optimierungen und Anpassungen für die eigenen Geräte und das Betriebssystem iOS vornehmen. Diese enge Verzahnung ermöglicht es Apple, sowohl die Hardware als auch die Software zu kontrollieren und die Prozessoren eng mit dem Betriebssystem iOS und anderen Systemkomponenten zu integrieren. Dies kann zu einer besseren Gesamtleistung und Effizienz führen, da innerhalb des geschlossenen Apple-Ökosystem alle Komponenten optimal aufeinander abgestimmt sind.

Im Gegensatz dazu verwenden Android-Geräte Prozessoren von verschiedenen Herstellern wie Qualcomm (Snapdragon), MediaTek, Samsung (Exynos) und anderen. Jeder dieser Hersteller hat seine eigene Designphilosophie, was zu einer größeren Vielfalt an verfügbaren Prozessoren führt, die auf unterschiedliche Anwendungsfälle und Leistungsanforderungen zugeschnitten sind.

Ein weiterer wichtiger Unterschied liegt im Bereich der systemischen Sicherheit. Apple hat mit der Secure Enclave ein dediziertes Sicherheitsmodul in seine Prozessoren integriert. Dieses Sicherheitsmodul bietet eine zusätzliche Schutzschicht für sensible Daten und trägt zur Gesamtintegrität des Systems bei. Auch Android-Prozessoren verfügen über entsprechende Sicherheitsfunktionen und verfolgen ähnliche Konzepte, die jedoch je nach Hersteller und Implementierung variieren. Die unterschiedlichen Ansätze in der Sicherheitsarchitektur spiegeln auch die jeweiligen Prioritäten und Designphilosophien der beiden Ökosysteme wider.

Die hier genannten Prozessoren repräsentieren die Spitze der aktuellen Technologie in Apple- und Android-Smartphones. In der Praxis sind bei älteren oder preisgünstigen Geräten häufig deutlich leistungsschwächere Prozessoren verbaut, deren eingeschränkte Fähigkeiten bei der Entwicklung von mobiler Software berücksichtigt werden müssen.

Tabelle 1.2 Gebräuchliche Prozessoren im Überblick

Bezeichnung	Hersteller	Beschreibung
Apple A15 Bionic/APL1W07	Apple Inc	▪ CPU: 6 Kerne (2 Performance-Kerne „Avalanche" bis zu 3.23 GHz, 4 Effizienz-Kerne „Blizzard" bis zu 2.01 GHz) ▪ GPU: Apple-designed 4- oder 5-Kern GPU ▪ Neural Engine: 16 Kerne, 15.8 TOPS ▪ Herstellungsprozess: 5 nm (N5P) ▪ Transistoren: 15 Milliarden ▪ Cache: L2 Cache 12 MB (Performance-Kerne), 4 MB (Effizienz-Kerne), Last Level Cache 32 MB ▪ Einsatz in Geräten: iPhone 13 Serie, iPhone 14 und 14 Plus, iPad Mini (6. Generation), iPhone SE (3. Generation), Apple TV 4 K (3. Generation)
Apple A16 Bionic/APL1W10	Apple Inc	▪ CPU: 6 Kerne (2 Performance-Kerne „Everest" bis zu 3.46 GHz, 4 Effizienz-Kerne „Sawtooth" bis zu 2.02 GHz) ▪ GPU: Apple-designed 5-Kern GPU ▪ Neural Engine: 16 Kerne, fast 17 TOPS ▪ Herstellungsprozess: 4 nm „N4P" ▪ Transistoren: 16 Milliarden ▪ Cache: L2 Cache 16 MB (Performance-Kerne), 4 MB (Effizienz-Kerne), Last Level Cache 24 MB ▪ Einsatz in Geräten: iPhone 14 Pro und 14 Pro Max, iPhone 15 und 15 Plus
Apple A17 Pro/APL1V02	Apple Inc	▪ CPU: 6 Kerne (2 Performance-Kerne, 4 Effizienz-Kerne) ▪ GPU: 6 Kerne ▪ Neural Engine: 16 Kerne, 35 TOPS ▪ Herstellungsprozess: 3 nm ▪ Transistoren: 19 Milliarden ▪ Cache: L2 Cache 16 MB (Performance-Kerne), 4 MB (Effizienz-Kerne), Last Level Cache 24 MB ▪ Einsatz in Geräten: iPhone 15 Pro, iPhone 15 Pro Max

Bezeichnung	Hersteller	Beschreibung
Snapdragon 8 Gen 3	Qualcomm	■ CPU: 8 Kerne (1x Cortex-X4 bis zu 3,3 GHz, 5x Cortex-A720 bis zu 3,2 GHz, 2x Cortex-A520 bis zu 2,3 GHz) ■ GPU: Adreno 750 ■ Neural Engine: Hexagon NPU, 4x AI-Leistung ■ Herstellungsprozess: 4 nm (TSMC N4P) ■ Transistoren: N/A ■ Cache: N/A ■ Einsatz in Geräten: Xiaomi 14 Pro, RedMagic 9 Pro, Asus ROG Phone 8 Pro u. a.
Snapdragon 8 Gen 2	Qualcomm	■ CPU: 8 Kerne (1x Cortex-X3 bis zu 3,2 GHz, 4x Cortex-A715 bis zu 2,8 GHz, 3x Cortex-A510 bis zu 2,0 GHz) ■ GPU: Adreno 740 ■ Neural Engine: Hexagon NPU, 4.35x AI-Leistung ■ Herstellungsprozess: 4 nm (TSMC N4) ■ Transistoren: N/A ■ Cache: N/A ■ Einsatz in Geräten: Sony Xperia 1 V, Oppo Find N3, Honor Magic V2, Samsung Galaxy S23 u. a.
Dimensity 9000+	MediaTek	■ CPU: 8 Kerne (1x Cortex-X2 bis zu 3,2 GHz, 3x Cortex-A710 bis zu 2,85 GHz, 4x Cortex-A510 bis zu 1,8 GHz) ■ GPU: Mali-G710 MP10 ■ Neural Engine: MediaTek APU 590, 4.35x AI-Leistung ■ Herstellungsprozess: 4 nm (TSMC N4) ■ Transistoren: N/A ■ Cache: N/A ■ Einsatz in Geräten: Asus ROG Phone 6D, Asus ROG Phone 6D Ultimate, Oppo Find X5 Pro Dimensity Edition u. a.
Quellen: Apple Inc, Qualcomm Inc, MediaTek Inc, Wikipedia		

1.4 Mobilität des Dienstes

In diesem Abschnitt werden die wichtigsten Aspekte der Mobilität von Diensten untersucht, einschließlich der Rolle von APIs und Webservices, der Nutzung von Cloud Computing für mobile Anwendungen und Strategien zur Bewältigung der damit verbundenen Herausforderungen.

1.4.1 Die Rolle von APIs und Webservices bei der Bereitstellung mobiler Dienste

Die technischen Aspekte von APIs umfassen eine Vielzahl von Komponenten und Konzepten, von denen im Folgenden einige näher erläutert werden. Grundsätzlich ist es empfehlenswert, sich mit den individuellen Spezifikationen einer API auseinanderzusetzen, da die konkrete Ausgestaltung einer API immer spezifisch ist, auch wenn in der Regel auf Standardkonzepte zurückgegriffen wird.

- Der Begriff API steht für „Application Programming Interface".
- Eine API ist eine strukturierte Sammlung von Protokollen, Routinen und Werkzeugen, die es Entwickler:innen ermöglicht, Funktionen und Daten einer Anwendung oder eines Systems zu nutzen, ohne die tiefliegende Implementierung zu kennen.
- APIs definieren Methoden und Datenstrukturen, die Entwickler:innen verwenden können, um Anfragen zu stellen und Daten zwischen Softwareanwendungen auszutauschen.
- APIs spielen eine zentrale Rolle in der modernen Softwareentwicklung, indem sie die Interoperabilität zwischen verschiedenen Systemen und Anwendungen ermöglichen und dadurch die Entwicklung modularer und skalierbarer Softwarelösungen erleichtern.
- Alle Webservices, oft als Synonym für „Web-APIs" verwendet, sind APIs, jedoch nicht alle APIs sind Webservices. Eine API fungiert als Schnittstelle zwischen zwei Softwareanwendungen, um deren Kommunikation zu ermöglichen. Ein Webservice hingegen ist eine API, die über das Web zugänglich ist und im Normalfall standardisierte Kommunikationsprotokolle wie HTTP oder HTTPS verwendet. Webservices stellen somit eine Unterkategorie der APIs dar, die speziell für die Kommunikation über das Internet konzipiert sind.

1.4.1.1 Schnittstellenverträge (Interface Contracts)

Ein Schnittstellenvertrag definiert, welche Anfragen (Requests) gestellt werden können, wie sie gestellt werden müssen, welche Datenformate verwendet werden und welche Antworten (Responses) erwartet werden können. Dieser Vertrag definiert nicht nur die Funktionalität, die von der API zur Verfügung gestellt wird, sondern auch die Bedingungen und Anforderungen, die für eine korrekte Interaktion erfüllt sein müssen. Dadurch wird die Konsistenz und Zuverlässigkeit der Kommunikation zwischen Client und Server sichergestellt, hier in Form einer einfachen Wetterabfrage:

Tabelle 1.3 Beispielhafte Darstellung eines Schnittstellenvertrags

Komponente	Beschreibung
Basis-URL	*https://keine.echteapi.com/v1/*
Endpunkt	/weather
HTTP-Methode	GET
Anfrageparameter	city: Name der Stadt (z. B. Hamburg) date: Datum im Format YYYY-MM-DD (optional)
Anfragebeispiel	GET *https://keine.echteapi.com/v1/weather?city=Hamburg&date=2025-03-03*
Antwortformat	JSON
Beispielantwort	`json { "city": "Hamburg", "date": "2025-03-03", "temperature": 24, "condition": "Sonnig", "humidity": 60, "wind_speed": 5 }`
Antwortstruktur	city (String): Name der Stadt date (String): Datum temperature (Integer): Temperatur in Grad Celsius condition (String): Wetterzustand humidity (Integer): Luftfeuchtigkeit in Prozent wind_speed (Integer): Windgeschwindigkeit in km/h
Statuscodes	200 OK: Anfrage erfolgreich 400 Bad Request: Ungültige Anfrage 404 Not Found: Stadt nicht gefunden 500 Internal Server Error: Interner Serverfehler
Datenformate	Die API verwendet JSON (JavaScript Object Notation) als Datenformat für Anfragen und Antworten.
Authentifizierung	Die API erfordert einen API-Schlüssel zur Authentifizierung. Der API-Schlüssel muss als Query-Parameter (api_key) in jeder Anfrage enthalten sein. Optional kann auch OAuth verwendet werden.
Rate Limiting	Die API ist auf maximal 100 Anfragen pro Minute begrenzt. Bei Überschreitung dieser Rate wird ein „429 Too Many Requests"-Fehler zurückgegeben.
Caching	Die API unterstützt das Caching von Antworten für häufig angeforderte Daten. Client-seitiges Caching wird empfohlen, um die Latenz zu reduzieren und die Effizienz zu erhöhen.
Versionierung	Die API verwendet Versionsnummern in der URL, z. B. *https://keine.echteapi.com/v1/*, um sicherzustellen, dass ältere Versionen unterstützt werden, während neue Funktionen eingeführt werden.

Tabelle 1.3 Beispielhafte Darstellung eines Schnittstellenvertrags *(Fortsetzung)*

Komponente	Beschreibung
Dokumentation	Die API-Dokumentation beschreibt alle Endpunkte, Parameter, Datenformate und Fehlermeldungen klar. Sie bietet interaktive Beispiele und Testmöglichkeiten, um die Nutzung zu erleichtern. Weitere Informationen finden Sie unter *https://keine.echteapi.com/docs*.
SDKs und Libraries	Die API-Anbieter stellen SDKs und Bibliotheken für verschiedene Programmiersprachen zur Verfügung, um die Integration der API zu erleichtern und zu beschleunigen. Weitere Informationen und Downloads finden Sie unter *https://keine.echteapi.com/sdk*.

1.4.1.2 Endpunkte (Endpoints)

Endpunkte oder Endpoints sind eindeutige URLs (Uniform Resource Locators), die bestimmte Ressourcen oder Funktionen repräsentieren und auf die über definierte HTTP-Methoden (wie z.B. GET, POST, PUT, DELETE) zugegriffen werden kann. Jeder Endpunkt entspricht einer bestimmten Funktionalität innerhalb der API und ermöglicht den Zugriff auf bestimmte Daten oder Dienste. Beispielsweise könnte ein Endpunkt für eine Wetter-API das aktuelle Wetter für eine bestimmte Stadt bereitstellen.

1.4.1.3 Datenformate (Data Formats)

APIs verwenden strukturierte Datenformate, um Informationen zwischen Client und Server auszutauschen. Die beiden am häufigsten verwendeten Formate sind JSON (JavaScript Object Notation) und XML (Extensible Mark-up Language). JSON ist kompakter und wird in modernen Webanwendungen und APIs bevorzugt, da es die Verarbeitungsgeschwindigkeit und -effizienz erhöht. XML hingegen bietet eine größere Flexibilität bei der Datenbeschreibung und wird häufig in Anwendungen verwendet, die eine detaillierte Datenmodellierung erfordern, wie z.B. Konfigurationsdateien oder Dokumentenspeicherung. Nachfolgend ein einfacher Datensatz, dargestellt in JSON und XML:

Beispiel JSON

```json
{
  "student": {
    "id": "12345",
    "name": "Max Mustermann",
    "age": 25,
    "courses": [
      "Mathematik",
      "Physik",
      "Informatik"
    ],
    "address": {
      "street": "Musterstraße 123",
      "city": "Musterstadt",
      "postalCode": "12345"
    }
  }
}
```

Beispiel XML

```xml
<student>
  <id>12345</id>
    <name>Max Mustermann</name>
    <age>25</age>
  <courses>
    <course>Mathematik</course>
    <course>Physik</course>
    <course>Informatik</course>
  </courses>
  <address>
    <street>Musterstraße 123</street>
    <city>Musterstadt</city>
    <postalCode>12345</postalCode>
  </address>
</student>
```

1.4.1.4 Authentifizierungsmethoden (Authentication Methods)

Authentifizierung ist ein wesentlicher Aspekt von APIs, um sicherzustellen, dass nur autorisierte Benutzer:innen auf die angebotenen Dienste und Daten zugreifen können. Gängige Authentifizierungsmethoden sind API-Schlüssel, OAuth und JWT (JSON Web Token). Diese Mechanismen gewährleisten einen sicheren und kontrollierten Zugriff auf die API.

1.4.1.5 Throttling und Rate Limiting

Throttling und Rate Limiting sind Mechanismen zur Kontrolle der Anzahl von Anfragen, die eine Benutzer:in oder ein System in einem bestimmten Zeitraum stellen kann. Diese Maßnahmen verhindern die Überlastung und den Missbrauch der API, indem sie sicherstellen, dass die Dienste auch bei hoher Nachfrage stabil und verfügbar bleiben. Rate Limiting legt fest, wie viele Anfragen in einem bestimmten Zeitraum erlaubt sind, während Throttling die Geschwindigkeit der Anfragen reguliert.

1.4.1.6 Datenübertragungsprotokolle (Data Transfer Protocols)

Datenübertragungsprotokolle sind standardisierte Verfahren, die einen effizienten und fehlerfreien Austausch von Daten zwischen kommunizierenden Systemen gewährleisten. Beispiele für solche Protokolle sind HTTP (Hypertext Transfer Protocol), HTTPS (HTTP Secure), TCP (Transmission Control Protocol) und UDP (User Datagram Protocol). Diese Protokolle definieren, wie Datenpakete gesendet, empfangen, formatiert und bestätigt werden, um eine erfolgreiche Datenübertragung zu gewährleisten. Hier eine vereinfachte Übersicht am Beispiel des HTTP-Protokolls:

Tabelle 1.4 Übersicht über das HTTP-Protokoll und seine Hauptkomponenten

Komponente	Beschreibung
Protokollname	HTTP (Hypertext Transfer Protocol)
Protokollbeschreibung	HTTP ist ein Anwendungsprotokoll für die Übertragung von Daten wie HTML, JSON, XML oder Mediendateien. Es definiert die Struktur der Nachrichten, die zwischen einem Client und einem Server ausgetauscht werden, und regelt, wie diese Nachrichten formatiert und übertragen werden.
Grundlegende Mechanismen	HTTP arbeitet nach dem Client-Server-Modell. Der Client sendet eine HTTP-Anfrage (Request) an den Server, der die Anfrage verarbeitet und eine HTTP-Antwort (Response) zurücksendet. Anfragen und Antworten bestehen aus Startzeile, Header-Feldern und optionalem Nachrichtenteil (Body).
HTTP-Versionen	HTTP hat mehrere Versionen, darunter: HTTP/1.0: Die erste Version, einfach und zustandslos. HTTP/1.1: Einführung von Persistent Connections und Chunked Transfer Encoding. HTTP/2: Bessere Leistung durch Multiplexing, Header-Komprimierung und Priorisierung. HTTP/3: Verwendet QUIC-Protokoll für schnellere und zuverlässigere Verbindungen.
HTTP-Methoden	GET: Fordert eine Ressource vom Server an. POST: Sendet Daten zum Server. PUT: Aktualisiert eine Ressource. DELETE: Löscht eine Ressource. HEAD: Fordert nur die Header einer Ressource an.
HTTP-Header	HTTP-Header transportieren Metadaten über die Anfrage oder Antwort. Beispiele sind Content-Type (gibt das MIME-Typ des Nachrichtenteils an), Authorization (enthält Anmeldeinformationen), Cache-Control (Steuerung der Caching-Mechanismen) und User-Agent (Informationen über den Client).
Sicherheit	HTTPS (HTTP Secure) ist eine Erweiterung von HTTP, bei der die Datenübertragung durch SSL/TLS verschlüsselt wird, um Vertraulichkeit und Integrität zu gewährleisten. Bei HTTPS beginnt die URL mit *https://* statt *http://*.
Cookies	HTTP-Cookies sind kleine Datenpakete, die vom Server an den Client gesendet und vom Client bei nachfolgenden Anfragen zurückgesendet werden. Sie werden verwendet, um Sitzungsdaten und benutzerbezogene Informationen zu speichern und zu übertragen.

Komponente	Beschreibung
Statuscodes	HTTP-Statuscodes geben den Erfolg oder Misserfolg einer HTTP-Anfrage an. Beispiele sind: 200 OK: Anfrage erfolgreich. 201 Created: Ressource erfolgreich erstellt. 400 Bad Request: Ungültige Anfrage. 401 Unauthorized: Authentifizierung erforderlich. 404 Not Found: Ressource nicht gefunden. 500 Internal Server Error: Interner Serverfehler.
Verwendung	HTTP wird verwendet, um verschiedene Arten von Daten wie HTML-Dokumente, JSON, XML, Bilder und Videos zwischen Webservern und Clients (z. B. Webbrowsern) zu übertragen. HTTP ist das Fundament des World Wide Web und wird sowohl für Webseiten als auch für API-Kommunikation verwendet.
Transport-protokoll	HTTP verwendet TCP (Transmission Control Protocol) als zugrunde liegendes Transportprotokoll, das eine zuverlässige, geordnete und fehlerfreie Übertragung von Daten zwischen Server und Client gewährleistet.
Anwendung	HTTP ist das weltweit verwendete Protokoll für die Übertragung von Webinhalten und bildet die Grundlage für moderne Webanwendungen und APIs. Es ermöglicht den Zugriff auf Webressourcen und die Kommunikation zwischen Clients und Servern im Internet.

1.4.1.7 Caching

Einige APIs verwenden Caching, um häufig angeforderte Daten zwischenzuspeichern und so die Antwortzeiten zu verbessern. Caching kann auf verschiedenen Ebenen implementiert werden, z. B. auf dem Server, dem Client oder durch zwischengeschaltete Proxies. Durch das Caching von Antworten auf häufige Anfragen kann die Effizienz der API erhöht und die Latenzzeiten können verringert werden.

1.4.1.8 Versionierung (Versioning)

APIs können sich im Laufe der Zeit ändern. Versionierung ermöglicht es, ältere Versionen weiterhin zu unterstützen, während neue Funktionen eingeführt werden. Dies stellt sicher, dass bestehende Anwendungen, die auf eine bestimmte Version der API angewiesen sind, weiterhin funktionieren, während Entwickler:innen die Vorteile neuer Funktionen nutzen können. Versionierung kann durch Aufnahme der Versionsnummer in die URL (z. B. *https://keine.echteapi.com/v1/resource*) oder durch Header-Informationen implementiert werden.

1.4.1.9 Dokumentation

Eine gute und umfassende Dokumentation ist entscheidend für die Nutzbarkeit einer API. Sie sollte alle Endpunkte, Parameter, Datenformate und Fehlermeldungen klar beschreiben. Eine umfassende API-Dokumentation erleichtert Entwickler:innen das Verständnis und die Nutzung der API, fördert die Effizienz und reduziert die Notwendigkeit für zusätzlichen Support. Moderne API-Dokumentationen enthalten häufig interaktive Beispiele und Testmöglichkeiten, die die Integration weiter erleichtern.

1.4.1.10 SDKs und Libraries

Viele API-Anbieter stellen Software Development Kits (SDKs) oder Bibliotheken zur Verfügung, die die Integration der API in verschiedene Programmiersprachen erleichtern. Diese SDKs und Bibliotheken bieten vorgefertigte Funktionen und Methoden, die typische API-Interaktionen vereinfachen und beschleunigen. Sie reduzieren den Entwicklungsaufwand und ermöglichen es Entwickler:innen, sich auf die Implementierung spezifischer Geschäftslogik zu konzentrieren, anstatt sich mit den Details der API-Integration auseinandersetzen zu müssen.

1.4.2 Cloud Computing für mobile Dienste

Cloud Computing spielt eine wichtige Rolle bei der Bereitstellung und Skalierung mobiler Dienste. Durch die Nutzung von Cloud-Ressourcen können mobile Anwendungen dynamisch auf Nutzeranforderungen reagieren und von der hohen Verfügbarkeit, Skalierbarkeit und Sicherheit profitieren, die Cloud-Anbieter bieten. Im folgenden Abschnitt werden die Vorteile und Risiken von Cloud Computing für mobile Systeme näher erläutert.

1.4.2.1 Beispielhafte End-to-End-Sicht (E2E) eines mobilen Systems

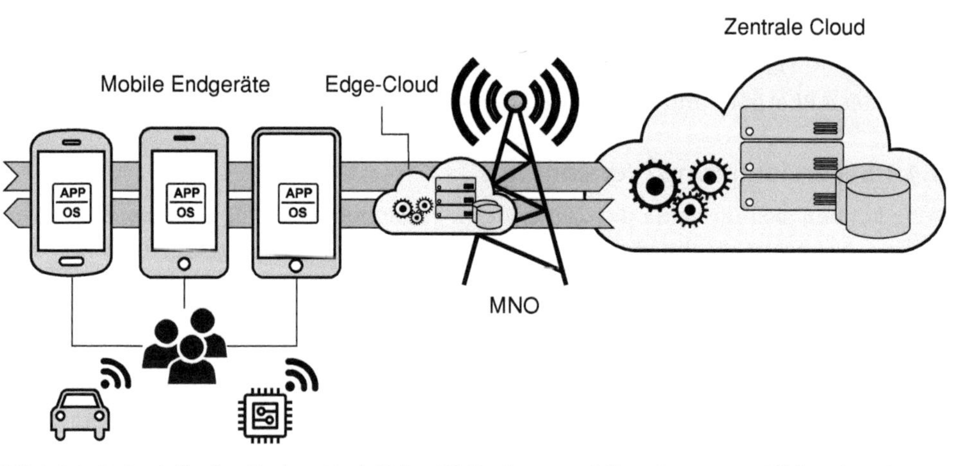

Bild 1.1 Beispielhafte End-to-End-Sicht (E2E) eines mobilen Systems. (Bildnachweis: eigene Grafik)

Mobile Endgeräte: Alle Arten von Endgeräten, die über drahtlose Konnektivität und stromnetzunabhängige Energieversorgung verfügen, inklusive Smartphones, vernetzten Fahrzeugen, IoT-Geräten, Wearables und anderen.

Edge-Cloud: Dezentrale Cloud-Infrastruktur, bei der Rechen- und Speicherressourcen näher an den Endgeräten bereitgestellt werden. Dies erfolgt häufig in der Nähe von Mobilfunkmasten, Basisstationen oder regionalen Rechenzentren der MNOs.

MNO: Mobile Network Operator, auch Mobilfunknetzbetreiber oder Mobilfunkanbieter, ist ein Telekommunikationsunternehmen, das drahtlose Kommunikationsdienste anbietet. Dies umfasst den Aufbau, den Betrieb und die Wartung eines Mobilfunknetzes, das die Übertragung von Sprach-, Daten- und Multimediadiensten ermöglicht. MNOs besitzen oder kontrollieren die erforderliche Netzinfrastruktur, einschließlich Mobilfunkmasten, Basisstationen und Frequenz- und Spektrumlizenzen.

Zentrale Cloud: Cloud-Infrastruktur, bei der Rechenressourcen zentral in großen, oft geografisch entfernten oder sogar globalen Rechenzentren konzentriert sind.

1.4.2.2 Vorteile von Cloud Computing in mobilen Systemen

Skalierbarkeit und Flexibilität

Ein zentraler Vorteil von Cloud Computing ist die nahezu unbegrenzte Skalierbarkeit. Cloud-Dienste ermöglichen es, Rechenressourcen dynamisch und in Echtzeit an den Bedarf anzupassen. So können mobile Anwendungen auch bei stark schwankenden Nutzerzahlen eine hohe Performance bieten, ohne dass es zu Engpässen oder Überlastungen kommt. Beispielsweise kann eine E-Commerce-Anwendung zu Stoßzeiten wie einem „Black Friday“ ihre Ressourcen automatisch skalieren, um den erhöhten Traffic zu bewältigen und muss diese Peak-Belastung nicht dauerhaft auch in verkehrsärmeren Zeiträumen vorhalten und bezahlen.

Kosteneffizienz

Cloud Computing bietet aus betriebswirtschaftlicher Sicht in der Regel erhebliche Kostenvorteile. Durch die Auslagerung der Infrastrukturkosten an Cloud-Anbieter entfallen für Unternehmen die Ausgaben für den Kauf und die Wartung von Hardware sowie die Betriebskosten für Energie und Administration. Dies reduziert die Kapitalausgaben und wandelt sie in flexiblere und bedarfsorientierte Betriebsausgaben um. Das Pay-as-you-go-Prinzip des Cloud Computing ermöglicht es Unternehmen, nur die tatsächlich genutzten Ressourcen zu bezahlen. Dies vermeidet Überprovisionierung und führt zu einer effizienten Nutzung der IT-Budgets. Gerade für Start-ups und kleine Unternehmen, die innovative mobile Anwendungen entwickeln, ist dies ein wesentlicher Vorteil, da keine hohen Anfangsinvestitionen erforderlich sind und die Markteintrittsbarriere gesenkt wird. Die Nutzung von Cloud-Diensten senkt weiterhin die Betriebskosten, da keine lokalen Server und Rechenzentren mehr benötigt werden. Dadurch sinken nicht nur die direkten Kosten für Hardware und Energie, sondern auch die indirekten Personalkosten für Wartung und Betrieb der Infrastruktur. Gleichzeitig profitieren Unternehmen von den Skaleneffekten und der Expertise der Cloud-Anbieter. Allerdings können die Kosten für Cloud-Dienste je nach Nutzung und gebuchten Diensten stark variieren. Eine unkontrollierte Nutzung kann zu hohen Kosten führen, ein effektives Kostenmanagement ist daher unerlässlich und die effiziente Ressourcennutzung muss regelmäßig überwacht werden.

Verbesserte Datenverwaltung und -sicherheit

Cloud-Anbieter bieten moderne Datenmanagementlösungen an, die eine hohe Verfügbarkeit, Redundanz und Wiederherstellbarkeit der Daten gewährleisten. Die Anbieter implementieren auch robuste Sicherheitsmechanismen wie Ende-zu-Ende-Verschlüsselung, mehrstufige Authentifizierungsverfahren und regelmäßige Sicherheitsupdates. Beispielsweise verwenden viele Cloud-Dienste Verschlüsselungsprotokolle wie AES-256 für die Datenspeicherung und TLS für die Datenübertragung. Diese Maßnahmen sind besonders relevant für mobile Anwendungen im Gesundheitswesen, im Finanzsektor und in anderen Bereichen, in denen der Schutz personen- oder transaktionsbezogener Daten von großer Bedeutung ist, sie sollten aber auch zu einem generellen Best-Practice-Vorgehen gehören.

Nahtlose Integration und Interoperabilität

Cloud Computing erleichtert die Integration verschiedener Systeme und Dienste durch die Bereitstellung standardisierter Schnittstellen wie RESTful APIs. Diese APIs ermöglichen eine nahtlose Kommunikation zwischen mobilen Anwendungen und Cloud-Diensten, wodurch die Entwicklung komplexer, interoperabler Systeme vereinfacht wird. Dies unterstützt die schnelle Implementierung neuer Funktionen und verbessert die Gesamtleistung mobiler Anwendungen. Beispielsweise können Entwickler:innen komplexe und ressourcenhungrige Services wie maschinelles Lernen, Datenanalysen oder Speicherlösungen über APIs von Cloud-Anbietern einfach in ihre mobilen Anwendungen integrieren, ohne sie selber auf Anwendungsebene implementieren zu müssen.

Unterstützung von Edge Computing

Edge Computing verlagert die Datenverarbeitung näher an die Endgeräte, um Latenzzeiten zu reduzieren und die Effizienz der Datenübertragung zu verbessern. Dies ist besonders wichtig für zeitkritische Anwendungen wie Echtzeitanalysen, autonomes Fahren, XR- und IoT-Anwendungen, aber auch für alle mobilen Dienste, die auf echtzeitnahe und transaktionskritische Performanz angewiesen sind. Durch die Kombination von Edge Computing und zentralem Cloud Computing können Entwickler:innen eine hybride Architektur schaffen, die die Vorteile beider Ansätze nutzt. Edge-Computing-Knoten können einzelne Berechnungen und Prozesse abarbeiten und echtzeitnah an die Clients zurückgeben, während komplexere Analysen oder langfristige Speicheranforderungen mit den entsprechenden Latenzen in der zentralen Cloud durchgeführt werden, ohne die User Experience negativ zu beeinflussen.

Anwendungsentwicklung

Einer der operativen Vorteile im Development-Bereich ist der schnelle Zugriff auf skalierbare Rechenressourcen und Entwicklungswerkzeuge, die eine schnelle Bereitstellung und Skalierung von Entwicklungsumgebungen ermöglichen. Dies verkürzt die Entwicklungszyklen und beschleunigt die Markteinführung neuer Anwendungen. Entwicklungs- und Testumgebungen können in der Cloud realitätsnah und performant betrieben werden, was den Aufbau von automatisierten Tests und CI/CD-Pipelines erleichtert und die Grundlagen für die dauerhafte Steuerung und Optimierung der Softwarequalität bildet. Cloud Computing fördert die Zusammenarbeit in verteilten Teams durch gemeinsame Plattformen und Werkzeuge wie Versionierungssysteme und Kollaborationssoftware und steigert Produktivität und Qualität, da Wissen und Ressourcen effizient geteilt werden können. Darüber hinaus ermöglicht der Zugang zu aufwendigen Technologien wie künstlicher Intelligenz und maschinellem Lernen die Integration komplexer Funktionen in Anwendungen mit minimalem eigenen Entwicklungsaufwand.

1.4.2.3 Nachteile und Risiken von Cloud Computing in mobilen Systemen

Abhängigkeit von der Internetverbindung

Ein wesentlicher und elementarer Nachteil von Cloud Computing im mobilen Kontext ist die Abhängigkeit von einer stabilen und schnellen Internetverbindung, der Connectivity. Mobile Anwendungen, die auf Cloud-Dienste angewiesen sind, können bei schlechter oder unterbrochener Internetverbindung in ihrer Funktionalität stark eingeschränkt sein oder funktionieren überhaupt nicht mehr. Besonders kritisch ist dies in Regionen mit unzuverlässiger Netzabdeckung in Verbindung mit transaktionskritischen mobilen Anwendungen, die echtzeitnah reagieren müssen, leider auch in Industrienationen wie Deutschland eine durchaus gängige Herausforderung. Darüber hinaus gibt es physikalische Einschränkungen der Funkkommunikation an sich, die die Qualität der Verbindung beeinträchtigen können, beispielsweise Signaldämpfung (Pfadverlust), bei der die elektromagnetische Leistung zwischen einem Sender und einem Empfänger durch Hindernisse geschwächt wird, weiterhin klassische Interferenzen, die durch andere elektronische Geräte und Funksignale verursacht werden und die Signalqualität verschlechtern. Sogar die Wetterbedingungen spielen eine Rolle, Regen, Nebel und andere feuchte Wetterbedingungen dämpfen die Funksignale, besonders bei höheren Frequenzen, wie sie für 5G verwendet werden.

Privatsphäre, Sicherheit und rechtliche Herausforderungen

Obwohl seriöse Cloud-Anbieter im Normalfall robuste Sicherheitsmechanismen implementieren, bleibt der Datenschutz ein zentrales Anliegen. Sensible Daten werden über das Internet übertragen und in entfernten Rechenzentren gespeichert, was sie potenziell anfällig für Cyberangriffe und unbefugten Zugriff außerhalb der eigenen Unternehmensdomänen macht. Unternehmen müssen sicherstellen, dass sie die gesetzlichen Anforderungen und Datenschutzbestimmungen einhalten (siehe DSGVO) und angemessene und vor allem rechtssichere Sicherheitsvorkehrungen treffen und ihre Prozesse entsprechend anpassen. Dies kann komplex und herausfordernd sein, wenn Daten grenzüberschreitend übermittelt werden oder kritische Bereiche wie Gesundheitsdaten betroffen sind. Unterschiedliche internationale Datenschutzgesetze und -vorschriften können zusätzliche Compliance-Risiken mit sich bringen, die sorgfältig gemanagt und bereits in der Konzeptionsphase einer mobilen Anwendung berücksichtigt werden müssen.

Abhängigkeit von Drittanbietern und „Lock-in"

Die Nutzung von Cloud-Diensten kann eine erhebliche Abhängigkeit, den „Lock-in-Effekt", von Drittanbietern mit sich bringen. Diese Abhängigkeit kann dann problematisch werden, wenn ein Anbieter technische Probleme hat oder die Geschäftsbedingungen und Preise einseitig verändert. Die Migration von Daten und Anwendungen in die Cloud und zwischen verschiedenen Cloud-Anbietern ist immer komplex und risikobehaftet. Es besteht die Gefahr von Datenverlusten, Integritätsproblemen und Betriebsunterbrechungen während des Migrationsprozesses. Zusätzlich können grundsätzliche Probleme bei der Datenportabilität auftreten, wenn von einem Anbieter proprietäre Technologien und Formate verwendet werden. Unternehmen müssen sich auf diese Risiken vorbereiten und Mitigationsstrategien wie z. B. Multi-Cloud-Konzepte und robuste Notfallwiederherstellungspläne entwickeln und operationabel vorhalten.

Leistungsprobleme und Latenz

Obwohl Cloud Computing im Gesamtbild viele Vorteile in Bezug auf die Verfügbarkeit einer Anwendung bietet, können weiterhin Leistungsprobleme auftreten. Die Übertragung von Daten zwischen mobilen Endgeräten und Cloud-Servern kann zu Latenzen führen, die über die Netzwerkebene hinausgehen und die User Experience negativ beeinträchtigen. Besonders problematisch ist dies bei Anwendungen, die eine echtzeitnahe Performance erfordern, wie z.B. Spiele, Videostreaming oder XR-Anwendungen.

Budgetüberschreitungen

Obwohl Cloud Computing kosteneffizient sein kann, besteht bei mobilen Systemen mit ihrer extremen Marktdynamik das Risiko unerwarteter Budgetüberschreitungen. Wenn eine mobile Anwendung überraschend, auch wenn durchaus wünschenswert, viral geht und die Nutzerzahlen sprunghaft ansteigen, können die Kosten für Recheninstanzen, Datenbanken und Speicherressourcen in Echtzeit eskalieren, wenn die Abrechnung nach dem Pay-as-you-go-Prinzip erfolgt. Plötzlich hohe Nutzerzahlen erfordern eine dynamische Skalierung der Infrastruktur, was besonders dann zu erheblichen Kostensteigerungen führt, wenn die Instanzen nicht effizient verwaltet und überwacht werden. Ein weiteres Beispiel betrifft die kontinuierliche Speicherung von Daten. Große Mengen an Nutzer:innendaten, die in die Cloud hochgeladen werden, können die Speicherkosten schnell in die Höhe treiben, wenn „Datenfriedhöfe" entstehen und alte oder ungenutzte Daten nicht regelmäßig gelöscht oder archiviert werden. Unerwartet hohe Ausgaben für den Netzwerkverkehr können auch dann entstehen, wenn eine Anwendung umfangreiche Datentransfers oder API-Aufrufe zwischen mobilen Endgeräten und der Cloud erfordert oder entsprechende Funktionen softwareseitig nicht effizient implementiert sind.

1.4.2.4 Beispiele für Cloud-Dienste im Kontext mobiler Systeme

AWS Amplify

AWS Amplify ist eine Plattform für die Entwicklung, Bereitstellung und Überwachung mobiler Anwendungen auf AWS. Es bietet Entwicklern einfachen Zugriff auf eine Vielzahl von AWS-Diensten wie Datenbanken (DynamoDB), Authentifizierung (Cognito), Speicher (S3) und Push-Benachrichtigungen. Amplify ermöglicht eine schnelle und effiziente Erstellung und Skalierung mobiler Anwendungen.

Firebase und Firebase Cloud Messaging (FCM)

Firebase von Google ist eine Entwicklungsplattform für mobile und Web-Anwendungen. Sie bietet Echtzeit-Datenbanken (Firestore), Authentifizierungsdienste, Hosting, Cloud-Speicher (Cloud Storage), Machine-Learning-Tools (ML Kit) sowie A/B-Testing, Crashlytics (für Absturzberichte) und Remote Config (für die Anpassung von Apps ohne Updates). Firebase erleichtert die Synchronisation von Daten in Echtzeit zwischen Clients und Servern, was besonders für Chat-Anwendungen und Multiplayer-Spiele nützlich ist. FCM ist ein plattformübergreifender Dienst, der es Entwicklern ermöglicht, Benachrichtigungen und Nachrichten an mobile Endgeräte zu senden. FCM unterstützt sowohl iOS als auch Android und ermöglicht es, zielgerichtete und zeitnahe Nachrichten an Benutzer zu übermitteln.

Azure Mobile Apps

Azure Mobile Apps bietet Backend-as-a-Service (BaaS) für mobile Anwendungen und unterstützt Funktionen wie Datenbanken, Authentifizierung, Push-Benachrichtigungen und Offline-Datensynchronisation. Azure ermöglicht es Entwicklern ebenfalls, schnell skalierbare und sichere mobile Backend-Lösungen zu erstellen.

Apple CloudKit

CloudKit ist eine API für Entwickler, die iCloud-Funktionen in ihre iOS-Apps integrieren möchten. Es ermöglicht die Synchronisation von Daten, Backups und Dokumenten über verschiedene Apple-Geräte hinweg und kann die systemische Datensicherheit aufgrund der homogenen Architektur erleichtern.

Google Cloud AI

Google Cloud AI bietet eine Vielzahl von Machine Learning- und KI-Diensten, die in mobile Anwendungen integriert werden können. Dazu gehören vortrainierte Modelle für Bilderkennung (Vision AI), Sprachverarbeitung (Speech-to-Text) und natürliche Sprachverarbeitung (Natural Language API). Diese Dienste ermöglichen es Entwickler:innen, fortschrittliche KI-Funktionen in ihre mobilen Anwendungen zu integrieren, ohne tiefgehende Kenntnisse in der KI-Entwicklung zu benötigen. Google Cloud AI bietet auch Tools für die Erstellung benutzerdefinierter Modelle und die Bereitstellung von Modellen in großem Maßstab.

Zusammenfassend nähern sich die Angebote der großen Cloud-Anbieter, in erster Linie der Hyperscaler, immer weiter aneinander an und befinden sich zudem in einem globalen Wettbewerb, der sie zu maximaler Marktorientierung zwingt. Die Entscheidung für einen Anbieter ist trotzdem nicht trivial und sollte immer auf Grundlage einer langfristigen Cloud-Strategie inklusive einer ehrlichen Risikobewertung gefällt werden.

1.4.3 Strategien zur Bewältigung von Herausforderungen bei der Bereitstellung mobiler Dienste

Die Arbeit mit und an mobilen Diensten bringt eine Reihe von Herausforderungen mit sich, insbesondere in den Bereichen Sicherheit, Datenschutz, Leistung, Integration und Kostenmanagement. Diese Herausforderungen erfordern gut durchdachte Strategien und Lösungen, um die Qualität, Sicherheit und Effizienz mobiler Dienste zu gewährleisten. Im folgenden Abschnitt werden verschiedene bewährte Ansätze und Maßnahmen vorgestellt, die Unternehmen und Entwickler:innen helfen, diese Herausforderungen zu meistern und robuste, skalierbare und sichere mobile Dienste bereitzustellen.

Herausforderungen Sicherheit (Auswahl)

Die Sicherheit mobiler Systeme ist vielfältigen Bedrohungen ausgesetzt, die eine gezielte und effektive Maßnahmenplanung zur Risikominimierung und zum Schutz der eigenen und Nutzer:innendaten erforderlich machen. Im Folgenden werden einige wesentliche Sicherheitsbedrohungen genannt:

- **Ransomware-Angriffe:** Auch mobile Geräte werden zunehmend Ziel von Ransomware-Angriffen, bei denen Daten verschlüsselt und Lösegeld gefordert wird.
- **Schadprogramme/Malware:** In erster Linie Android-Geräte sind häufig von Malware betroffen. Malware kann unbemerkt persönliche Daten stehlen, das Gerät für illegale Aktivitäten missbrauchen oder es unbrauchbar machen.
- **Phishing:** Mobiles Phishing ist weiter auf dem Vormarsch, immer neue Phishing-Websites tauchen auf. Phishing-Angriffe zielen darauf ab, sensible Informationen wie Identitäten, Passwörter und Kreditkartendaten zu stehlen.
- **Datenlecks:** Unzureichend gesicherte mobile Anwendungen und Geräte können zu Datenlecks führen, bei enen vertrauliche Informationen unbefugt weitergegeben werden.
- **Unsichere WLAN-Netze:** Offene WLAN-Netze können als Einfallstor für Angreifer dienen, die den Datenverkehr abfangen und sensible Informationen stehlen.

Lösungsansätze Sicherheit (Auswahl)

Um die Sicherheit mobiler Systeme zu optimieren, sind sowohl technische, organisatorische als auch verhaltensbasierte Lösungsansätze erforderlich. Nachstehend werden einige bewährte Verfahren vorgestellt:

- **Verschlüsselung:** Daten sollten sowohl bei der Übertragung als auch bei der Speicherung verschlüsselt werden. TLS (Transport Layer Security) sichert die Datenübertragung, während AES (Advanced Encryption Standard) zur Verschlüsselung gespeicherter Daten verwendet werden kann.
- **Regelmäßige Updates:** Betriebssysteme und Anwendungen müssen regelmäßig aktualisiert werden, um bekannte Sicherheitslücken zu schließen. Automatisierte Update-Mechanismen helfen dabei, Sicherheitsupdates schnell und effizient zu verteilen und sicherzustellen, dass alle Geräte auf dem neuesten Stand sind.
- **Zwei-Faktor-Authentifizierung (2FA):** 2FA bietet eine zusätzliche Sicherheitsebene, indem die Benutzer:innen zwei verschiedene Authentifizierungsmethoden verwenden müssen. Dies reduziert das Risiko von Account-Hijacking erheblich und erhöht die Sicherheit beim Zugriff auf mobile Dienste.
- **Passkeys:** Passkeys bieten eine moderne und sichere Alternative zu herkömmlichen Passwörtern. Sie basieren auf kryptographischen Schlüsseln, die auf dem Gerät des Nutzers gespeichert und durch biometrische Verfahren wie Fingerab-

druck oder Gesichtserkennung geschützt werden. Dies erhöht die Sicherheit erheblich, da Passkeys nicht kopierbar sind und keine wiederverwendbaren Informationen enthalten. Unternehmen sollten die Implementierung von Passkeys in ihre Authentifizierungsprozesse in Betracht ziehen, um die Sicherheit von Benutzerkonten bei gleichzeitig hohem Komfort für die Nuter:innen zu erhöhen.

- **Verbindliche Sicherheitsrichtlinien:** Unternehmen sollten klare Sicherheitsrichtlinien für mobile Geräte festlegen und bei allen Benutzer:innen organisatorisch und technisch durchsetzen, zumindest sofern sie sich in der eigenen Unternehmensdomäne befinden. Diese Richtlinien sollten Best Practices für Passwortsicherheit, Gerätemanagement und aktive Zugriffskontrollen beinhalten, um die Sicherheit der mobilen Infrastruktur strukturell zu gewährleisten.
- **Sensibilisierung und Schulung:** Benutzer:innen sollten regelmäßig über die neuesten Sicherheitsbedrohungen informiert und im sicheren Umgang mit ihren Geräten geschult werden. Dazu gehören das Erkennen von Phishing-Versuchen, der sichere Umgang mit sensiblen Informationen und die Bedeutung von Sicherheitsupdates.

Herausforderungen Datenschutz (Auswahl)

Ein funktionierender Datenschutz ist wichtig, um gesetzliche oder regulatorische Vorgaben einzuhalten. Darüber hinaus ist er die Grundlage für das Vertrauen der Nutzer:innen in mobile Dienste. Die im folgenden genannten Herausforderungen gehören zu den häufigsten Risiken, die den Datenschutz gefährden können

- **Unnötige Datenakkumulation:** Mobile Anwendungen sammeln oft mehr Daten als notwendig, was zu einem Übermaß an gespeicherten personenbezogenen Daten führt. Dies erhöht das Risiko von Datenschutzverletzungen und kann zu Datenmissbrauch führen.
- **Tracker von Drittanbietern:** Viele mobile Anwendungen oder Drittanbieter-SDKs (Software Development Kits) enthalten eingebettete Tracker, die die Aktivitäten der Nutzer überwachen und Daten an Dritte weitergeben. Dies kann die Privatsphäre der Nutzer:innen gefährden und ungewollte Profile erstellen.
- **Unnötige Berechtigungen:** Apps verlangen oft übertriebene Berechtigungen, die für ihre eigentliche Funktion nicht notwendig sind. Dies kann zu einem Missbrauch der gesammelten Daten führen und die Kontrolle der Benutzer:innen über ihre eigenen Daten einschränken.
- **Datenspeicherung:** Daten, die in der Cloud oder auf externen Servern gespeichert sind, können Ziel von Hackerangriffen und Datenlecks werden. Dies stellt ein erhebliches Sicherheitsrisiko dar, wenn die Daten nicht ausreichend kryptografisch geschützt sind.

- **Grenzüberschreitender Datenverkehr:** Daten, die über nationale Grenzen hinweg übertragen werden, können unterschiedlichen Datenschutzgesetzen unterliegen, was die Einhaltung der Datenschutzbestimmungen erschwert und zu rechtlichen Herausforderungen führen kann.

Lösungsansätze Datenschutz (Auswahl)

Datenschutz ist immer als ganzheitliches Konzept zu betrachten, das sowohl technische Vorkehrungen als auch organisatorische Maßnahmen beinhaltet. Die im Anschluss genannten Maßnahmen decken die unterschiedlichen Aspekte ab:

- **Grundsätzliche Datensparsamkeit:** Apps sollten nur die absolut notwendigen Daten sammeln und speichern. Dies minimiert das Risiko von Datenschutzverletzungen und reduziert den Speicherbedarf. Durch die Minimierung der Datenerfassung und -speicherung lassen sich Risiken auch logisch begrenzen: Daten, die nicht vorhanden sind, können auch nicht missbraucht werden.
- **Transparenz:** Unternehmen sollten verständliche Datenschutzrichtlinien haben und die Benutzer:innen klar und offen über die Erhebung und Verwendung ihrer Daten informieren. Transparenz schafft Vertrauen und fördert die Akzeptanz der Datennutzung im Tausch gegen den Nutzwert der Anwendung. Es ist wichtig, dass Benutzer:innen zu jedem Zeitpunkt verstehen, welche Daten gesammelt und wie sie verwendet werden.
- **Ende-zu-Ende-Verschlüsselung:** Daten sollten sowohl bei der Übertragung als auch bei der Speicherung verschlüsselt werden, um sie vor unbefugtem Zugriff zu schützen. Dies ist besonders wichtig und offensichtlich bei sensiblen Daten wie Gesundheitsdaten oder Finanztransaktionen, sollte aber als Standard für alle Datenarten verwendet werden. Die Verschlüsselung stellt sicher, dass die Daten auch im Falle eines Datenlecks geschützt bleiben.
- **Regelmäßige Datenschutz-Audits:** Unternehmen sollten ihre Datenschutzpraktiken regelmäßig überprüfen und aktualisieren, um sicherzustellen, dass sie den aktuellen Best Practices entsprechen. Interne oder externe Audits helfen, Schwachstellen zu erkennen und zu beheben, bevor sie ausgenutzt werden können.
- **Kontrolle durch die Nutzer:innen:** Nutzer:innen sollten die uneingeschränkte Kontrolle über ihre Daten haben, einschließlich der Möglichkeit, sie einzusehen, zu ändern oder zu löschen. Es sollte immer möglich sein, Datenschutzeinstellungen einfach zu verwalten und somit selber Entscheidungen über die Verwendung der persönlichen Daten treffen zu können.

Herausforderungen Leistung (Auswahl)

Die Leistungsfähigkeit oder Performanz mobiler Systeme wird nicht nur durch die Endgeräte bestimmt, sondern hängt zusätzlich von verschiedenen Rahmenbedingungen auf Software-, Netzwerk- und Serverseite ab. Die wichtigsten limitierenden Faktoren sind nachfolgend aufgeführt:

- **Begrenzte Ressourcen der Endgeräte:** Mobile Geräte haben häufig eine begrenzte CPU-Leistung, Speicher- und Batteriekapazität, was die Ausführung ressourcenintensiver Anwendungen erschwert. Dies kann zu Leistungseinbußen und verkürzter Akkulaufzeit führen.
- **Netzwerklatenz und -verfügbarkeit:** Die Abhängigkeit von mobilen Datenverbindungen kann zu Verzögerungen bei der Datenübertragung führen, besonders in Gebieten mit schlechter Konnektivität. Dies beeinträchtigt die Benutzer:innen besonders dann, wenn Echtzeitinteraktionen erforderlich sind.
- **Codequalität:** Nicht alle Anwendungen sind für maximale Effizienz und minimalen Ressourcenverbrauch optimiert. Ineffizienter Code und schlechte Softwarearchitektur können die Leistung und Reaktionsfähigkeit von Anwendungen beeinträchtigen.
- **Hardware-Inkonsistenzen:** Die Vielzahl an Geräten, hauptsächlich im Android-Ökosystem, kann zu erheblichen Leistungsunterschieden führen. Unterschiedliche Hardwarespezifikationen und Betriebssystemversionen stellen eine permanente Herausforderung bei der Optimierung von Anwendungen für unterschiedliche technische Zielgruppen dar.

Lösungsansätze Leistung (Auswahl)

Entwickler:innen haben nur begrenzten Einfluss auf verschiedene Aspekte der Leistungsfähigkeit eines mobilen Systems, besonders der Bereich der physikalischen oder logischen Netzwerkperformance lässt sich in der Regel nicht kontrollieren. Umso wichtiger ist es, die im Folgenden aufgeführten Maßnahmen zu ergreifen:

- **Effiziente Programmierung:** Entwickler:innen sollten Code für einen optimalen Ressourcenverbrauch optimieren. Dies beinhaltet die Verwendung effizienter Algorithmen, die Reduzierung der Anzahl benötigter Ressourcen und die Implementierung von Best Practices für die mobile Entwicklung.
- **Caching-Strategien:** Durch das Speichern häufig verwendeter Daten auf dem Gerät oder in der Cloud können Netzwerkanfragen reduziert und Antwortzeiten verbessert werden. Caching reduziert die Belastung der Netzwerkverbindung und verbessert die Nutzererfahrung oft erheblich.
- **Adaptive oder responsive UI/UX:** Die Verwendung unterschiedlicher Designs für verschiedene Szenarien, Geräte und Bildschirmgrößen, um sicherzustellen, dass die Anwendung auf allen Geräten und in allen Situationen gut funktioniert, ist eine zentrale Anforderung bei der Gestaltung mobiler Anwendungen. Adaptive oder responsive Designs passen sich dynamisch an die Möglichkeiten und Einschränkungen des jeweiligen Geräts an.

- **Traffic-Optimierung:** Techniken wie Datenkompression und effiziente API-Aufrufe können die Netzwerkleistung verbessern. Durch die Reduzierung der über das Netzwerk übertragenen Datenmenge kann die Latenz minimiert und die Leistung verbessert werden, wodurch die Kosten sowohl auf Anwender:innen- als auch auf Anbieter:innenseite minimiert werden.

Herausforderungen Integration und Kompatibilität (Auswahl)

Mobile Anwendungen müssen sich unterschiedlichen Problemen bei Integration und Kompatibilität stellen, die durch die Vielfalt an Geräten und Betriebssystemen entstehen. Besondere Spannungsfelder ergeben sich in diesen Bereichen:

- **Fragmentierung der Geräte:** Vor allem im Android-Ökosystem gibt es Tausende von Gerätemodellen mit unterschiedlichen Hardwarespezifikationen und Bildschirmgrößen. Dies führt zu erheblichen Herausforderungen bei der Optimierung und Sicherstellung einer konsistenten Nutzererfahrung in unterschiedlichen technischen Zielgruppen.
- **Betriebssystemversionen:** Mit jeder neuen Betriebssystemversion können sich APIs und Funktionen ändern, was zu Kompatibilitätsproblemen führen kann. Dies erfordert kontinuierliche Anpassungen und Tests, um sicherzustellen, dass Anwendungen auf allen unterstützten Betriebssystemversionen korrekt funktionieren.
- **Integration von Drittanbietern:** Mobile Anwendungen integrieren häufig externe Dienste und APIs, die sich ändern oder aktualisiert werden können. Diese Änderungen können sich auf die Funktionalität der Anwendung auswirken und erfordern eine ständige Überwachung und Anpassung. Außerdem besteht das Risiko rechtlicher Probleme im Zusammenhang mit den Lizenzbedingungen der Drittanbieter.
- **Netzwerk-Variabilität:** Unterschiedliche Netzwerkbedingungen und -geschwindigkeiten können die Leistung von Anwendungen beeinflussen. Dies betrifft vorrangig mobile Anwendungen, die auf Echtzeitdaten angewiesen sind und eine konstante Verbindung benötigen.
- **Cross-Plattform-Entwicklung:** Tools wie React Native oder Flutter ermöglichen die Entwicklung für mehrere Plattformen, können aber auch eigene Kompatibilitätsprobleme mit sich bringen. Unterschiede in der Funktionalität der Plattformen müssen berücksichtigt werden, um eine konsistente Nutzererfahrung auf allen Endgeräten zu gewährleisten.

Lösungsansätze Integration und Kompatibilität (Auswahl)

Auch hier führt eine Mischung aus technischen und organisatorischen Maßnahmen zu einer Steigerung der Qualität. Diese Maßnahmen sollten bereits in der Konzeptions- und Architekturphase eines Projekts verankert werden, da sie sich im Nachhinein nur mit erheblichem Aufwand implementieren lassen.

- **Umfassendes und automatisiertes Testen:** Durch den Einsatz von Gerätefarmen und Emulatoren können Anwendungen unter verschiedenen Bedingungen getestet werden. Dadurch wird sichergestellt, dass die Anwendung auf einer Vielzahl von Geräten und Betriebssystemversionen korrekt funktioniert. Automatisierte Tests helfen, potenzielle Probleme frühzeitig zu erkennen und zu beheben. **Nur so lässt sich die Anwendungs- und Systemqualität nachhaltig sicherstellen.** Automatisiertes Testen muss bereits auf der Entwicklungsebene implementiert werden und durch organisatorische und technische Prozesse in der CI/CD-Pipeline abgesichert werden.
- **Continuous Integration (CI):** Automatisierte Tests und Builds stellen sicher, dass Änderungen nicht zu Kompatibilitätsproblemen führen. CI-Tools helfen, Fehler frühzeitig zu erkennen und zu beheben und ermöglichen eine schnelle Bereitstellung von Updates und Verbesserungen.
- **API-Versionierung:** Bei der Aktualisierung von APIs sollte sichergestellt werden, dass ältere Versionen weiterhin unterstützt werden. Dies ermöglicht eine schrittweise Migration und minimiert Unterbrechungen. Die API-Versionierung hilft auch, die Abwärtskompatibilität und die Stabilität der Anwendung zu gewährleisten.
- **Kill-Switches zum kontrollierten Abschalten von App-Versionen:** Kill Switches ermöglichen es Entwickler:innen, veraltete oder fehlerhafte Versionen einer App gezielt abzuschalten, um die Verbreitung von Fehlern und Sicherheitslücken zu verhindern. Dies ist besonders wichtig, wenn kritische Sicherheitsprobleme oder schwerwiegende Bugs entdeckt werden. Entwickler:innen können so sicherstellen, dass Benutzer:innen stets die sicherste und stabilste Version der App verwenden. Außerdem kann so die Verbreitung potenziell schädlicher Versionen gestoppt, der Supportaufwand kann reduziert und die eigenen Systeme können geschützt werden.
- **Einhaltung der plattformspezifischen Richtlinien:** Die Einhaltung der von Apple und Google bereitgestellten Design- und Entwicklungsrichtlinien kann viele Kompatibilitätsprobleme von vornherein vermeiden. Dies verbessert die Akzeptanz und Leistung der App auf den jeweiligen Plattformen und stellt sicher, dass die Anwendungen den Erwartungen der Benutzer:innen entsprechen.

Herausforderungen Kosten (Auswahl)

Die finanziellen Aspekte der Bereitstellung und des Betriebs mobiler Dienste beinhalten verschiedene Risiken für die Anbieter:innen, die oft an unerwarteten Stellen auftreten. Folgende Bereiche verdienen besondere Aufmerksamkeit:

- **Anfangsinvestitionen:** Die Entwicklung und Bereitstellung mobiler Dienste erfordert oft erhebliche Anfangsinvestitionen in Hardware, Software, Entwicklungsressourcen und Infrastruktur. Diese Kapitalkosten können für Neugründungen und kleine Unternehmen eine hohe Hürde darstellen.
- **Laufende Betriebskosten:** Neben den Anfangsinvestitionen fallen laufende Betriebskosten für Wartung, Updates, Support und Infrastrukturmanagement an. Diese häufig unterschätzten Kosten sind schwer vorhersehbar und steigen oft mit der Komplexität und Nutzung der Dienste.
- **Skalierungskosten:** Erfolgreiche mobile Anwendungen erfordern eine ständige Skalierung der Infrastruktur, die bei mangelnder Planung die Betriebskosten exponentiell erhöhen kann. Dies gilt besonders für das „Pay-as-you-go“-Modell von Cloud-Diensten, bei dem die Kosten zwar nur proportional zur Nutzung steigen, aber dennoch große Kostenblöcke verursachen können.
- **Kosten aufgrund von Sicherheitsvorfällen:** Sicherheitsvorfälle wie Datenlecks oder Cyberangriffe verursachen nicht nur direkte Kosten für Schadensbegrenzung und Wiederherstellung, sondern auch indirekte Kosten durch Umsatzverluste, Reputationsschäden und rechtliche Konsequenzen.
- **Komplexität des Kostenmanagements:** Das Management und die Optimierung der Gesamtkosten mobiler Dienste, die auf unterschiedlichen Plattformen und von verschiedenen Anbietern betrieben werden, erfordern ein hohes Maß an betriebswirtschaftlichem Know-how und spezialisierten Tools. Fehlende Transparenz oder Professionalität und ineffizienter Ressourceneinsatz können zu unnötigen Ausgaben führen.

Lösungsansätze Kosten (Auswahl)

Ein aktives und professionelles Kostenmanagement schafft die Grundlage für die nachhaltige Tragfähigkeit eines Geschäftsmodells.Die folgenden Handlungsansätze können die meisten Risiken in diesem Bereich minimieren:

- **Ständige Ressourcenoptimierung:** Die Implementierung von Best Practices wie Autoscaling, bedarfsgerechte Ressourcenzuweisung und die Nutzung von Reserved Instances können z.B. im Cloud-Bereich die Effizienz steigern und Kosten senken. Darüber hinaus sollten Unternehmen ihre gesamte Ressourcennutzung regelmäßig analysieren und optimieren, um Überprovisionierung zu vermeiden.
- **Kosten-Nutzen-Analysen:** Vor größeren Investitionen sollte eine umfassende Kosten-Nutzen-Analyse durchgeführt werden, um die langfristige Wirtschaftlichkeit und den Return on Investment (ROI) zu bewerten. Dies hilft, fundierte Entscheidungen zu treffen und Investitionen mit dem größten Mehrwert zu priorisieren.

- **Langfristige Verträge und Rabatte:** Durch den Abschluss langfristiger Verträge oder die Nutzung von Mengenrabatten bei Cloud- und Dienstleistungsanbietern können Unternehmen erhebliche Kosteneinsparungen erzielen. Eine strategische Beschaffungsplanung ist entscheidend, um von diesen Vorteilen zu profitieren, sie kann aber auch das Risiko des „Lock-in" bei einem Anbieter erhöhen.
- **Professionelles Kostenmanagement und Controlling:** Unternehmen sollten spezialisierte Kostenmanagement-Tools einsetzen, um die Ausgaben über verschiedene Dienste und Anbieter hinweg effizient zu verwalten. Durch regelmäßige Kostenbewertungen und Audits können ineffiziente Ausgaben identifiziert und korrigiert werden. Dies fördert eine nachhaltige und kosteneffiziente Nutzung der Ressourcen und sichert die wirtschaftliche Stabilität.

1.5 Mobilität der Benutzer:innen

Die User Experience mobiler Anwendungen kann und sollte situationsabhängig sein. Dabei stellt der spezifische Kontext der Nutzer:innen, also sowohl der physische Aufenthaltsort als auch weitere Informationen zu relevanten Vorlieben und Verhaltensmustern, eine wichtige Informationsquelle bei der dynamischen Gestaltung mobiler Systeme dar. In diesem Abschnitt werden sowohl technische als auch gestalterische Aspekte der Personalisierung und User Centricity, der konsequenten Fokussierung auf die Bedürfnisse der Nutzer:innen, behandelt.

1.5.1 Die Bedeutung von Benutzer:innenprofilen und personalisierten Diensten

Die Erstellung von Nutzer:innenprofilen ist die Grundlage für die Entwicklung personalisierter Dienste. In der Praxis ist die Erstellung eines solchen Profils ein systematischer Prozess, der auf der Sammlung, Analyse und Verarbeitung von Nutzer:innendaten basiert. Ein solches Profil dient als repräsentative Darstellung der individuellen Präferenzen, Verhaltensmuster und Interaktionen einer Nutzer:in mit eigenen Systemen oder Drittanbieterdiensten. Durch die Nutzung dieser Profile können personalisierte Dienste maßgeschneiderte Inhalte und Funktionen bereitstellen und so die Relevanz und Effizienz mobiler Anwendungen für die Endnutzer:in erheblich steigern.

Für Anbieter:innen mobiler Lösungen bietet diese Personalisierung zahlreiche Ansatzpunkte zur Optimierung der eigenen Dienste. Eine erhöhte Nutzer:innenbindung ist einer der wesentlichen Vorteile, da personalisierte Inhalte und Dienste die Zufriedenheit und Loyalität der Nutzer:innen steigern. Optimierte Marketingstrategien können durch eine präzise Zielgruppenansprache entwickelt werden, was zu einem effektiveren Einsatz von Marketingressourcen führt. Zudem ermöglicht die detaillierte Kenntnis der Präferenzen der Nutzer:innen die Entwicklung zielgerichteter Monetarisierungsmodelle, die auf die individuellen Bedürfnisse der Nutzer:innen und somit auf reale Marktsituationen zugeschnitten sind.

Diese Ansätze bringen jedoch auch erhebliche datenschutzrechtliche und ethische Herausforderungen mit sich. Die Erhebung und Verarbeitung großer Mengen personenbezogener Daten erfordert die strikte Einhaltung datenschutzrechtlicher Bestimmungen, wie sie beispielsweise in der Datenschutz-Grundverordnung (DSGVO) festgelegt sind. Darüber hinaus müssen ethische Überlegungen angestellt werden, um sicherzustellen, dass die Privatsphäre der Nutzer:innen respektiert und Datenmissbrauch verhindert wird. Anbieter:innen müssen daher nicht nur technologisch, sondern auch organisatorisch und rechtlich gut gerüstet sein, um den Balanceakt zwischen Personalisierung und Datenschutz erfolgreich zu meistern.

Wesentliche Elemente des Profiling

- **Erhebung von Daten:** Daten werden aus verschiedenen Quellen gesammelt, z. B. Tracking-Tools, Browserverlauf, oder Einkaufshistorie, sowie aus direktem Feedback und Umfragen. Diese Informationen bieten einen ersten Einblick in die Verhaltensmuster und Präferenzen der Benutzer:innen.
- **Datenaggregation:** Die gesammelten Daten werden in einem zentralen Repository konsolidiert, um eine umfassende Analyse zu ermöglichen. Diese Konsolidierung ist entscheidend für die Genauigkeit und Vollständigkeit der Profile.
- **Datenanalyse:** Mithilfe von Analysewerkzeugen werden die Daten untersucht, um Muster und Cluster zu erkennen. Diese Analyse ermöglicht ein tieferes Verständnis der Nutzer:innen zu gewinnen und zielgerichtete Maßnahmen abzuleiten.
- **Segmentierung:** Auf Basis der Analyseergebnisse werden die Nutzer:innen in Segmente eingeteilt. Diese Segmentierung erleichtert die Bereitstellung maßgeschneiderter Inhalte und Dienste, die auf die spezifischen Bedürfnisse der einzelnen Nutzer:innen zugeschnitten sind.
- **Profiling:** Auf Basis von Merkmalen und Präferenzen wird für jedes Nutzer:innen-Segment ein repräsentatives Profil erstellt. Diese Profile ermöglichen eine genauere Ausrichtung von Dienstleistungen und Marketingstrategien und können prospektiv für die Optimierung aller Arten von Dienstleistungs- oder Produktangeboten genutzt werden.

Rechtliche Einordnung und Handlungsempfehlung

Der Umgang mit Profildaten in mobilen Systemen unterliegt strengen rechtlichen und regulatorischen Rahmenbedingungen, die zum Schutz der Privatsphäre der Nutzer:innen und zur Sicherstellung der Datensicherheit etabliert wurden. Eine der zentralen rechtlichen Vorgaben in diesem Zusammenhang ist die Datenschutz-Grundverordnung (DSGVO) der Europäischen Union. Diese Verordnung legt umfassende Regeln für die Erhebung, Verarbeitung und Speicherung personenbezogener Daten fest und gilt als eines der strengsten Datenschutzgesetze weltweit.

Die DSGVO fordert von Unternehmen, dass sie die ausdrückliche Einwilligung der Nutzer:innen einholen, bevor sie personenbezogene Daten sammeln und verarbeiten. Diese Einwilligung muss freiwillig, für den konkreten Fall, in Kenntnis der Sachlage und unmissverständlich erfolgen. Unternehmen müssen die Nutzer:innen klar und verständlich darüber informieren, welche Daten erhoben werden, zu welchem Zweck sie verwendet werden, wie lange sie gespeichert werden und an wen sie gegebenenfalls weitergegeben werden. Außerdem muss die Einwilligung jederzeit widerrufbar sein.

Ein weiterer zentraler Aspekt der DSGVO ist das Recht auf Auskunft, Berichtigung und Löschung. Nutzer:innen haben das Recht, auf ihre gespeicherten Daten zuzugreifen, sie zu korrigieren oder vollständig löschen zu lassen. Außerdem können sie der weiteren Verarbeitung ihrer Daten widersprechen. Darüber hinaus verlangt die DSGVO von Unternehmen die Umsetzung geeigneter technischer und organisatorischer Maßnahmen zum Schutz personenbezogener Daten, einschließlich Pseudonymisierung und Verschlüsselung.

Anforderungen an erweiterte Profildaten

Erweiterte Profiling-Daten wie biometrische Daten (z.B. Fingerabdrücke, Gesichtserkennung) und verhaltensbasierte Analysen gelten als besonders sensibel und unterliegen daher zusätzlichen Schutzmaßnahmen. Diese Daten können tiefe Einblicke in die Privatsphäre der Nutzer:innen liefern und sind daher besonders anfällig für Missbrauch. Unternehmen müssen sicherstellen, dass sie nur die Daten erheben, die für den jeweiligen Zweck unbedingt erforderlich sind und dass sie strenge Sicherheitsvorkehrungen treffen, um die Integrität und Vertraulichkeit dieser Daten zu gewährleisten.

Privacy by Design und Privacy by Default als Paradigmen

Privacy by Design

Privacy by Design ist ein zentrales Prinzip des Datenschutzes, das darauf abzielt, den Schutz der Privatsphäre und personenbezogener Daten von Anfang an in die Entwicklung von Produkten und Dienstleistungen zu integrieren. Das Konzept wurde von der ehemaligen Datenschutzbeauftragten von Ontario, Ann Cavoukian, entwickelt und umfasst folgende Grundprinzipien:

- **Proaktives statt reaktives Vorgehen:** Datenschutzprobleme sollen vermieden werden, bevor sie entstehen. Das bedeutet, dass Datenschutzmaßnahmen nicht nur als Reaktion auf Vorfälle implementiert werden, sondern von Anfang an in den Entwicklungs- und Betriebsprozess integriert werden.

- **Datenschutz als Standard:** Datenschutz sollte als Standard in allen Systemen und Prozessen verankert sein, ohne dass Nutzer:innen aktiv werden müssen, um ihre Daten zu schützen. Dies minimiert das Risiko von Datenschutzverletzungen und erhöht das Vertrauen der Benutzer:innen.
- **Integrierter Datenschutz:** Der Datenschutz wird von Anfang an in die Systemarchitektur und die Geschäftsprozesse integriert. Dies umfasst alle Phasen des Produktlebenszyklus, von der Konzeption über die Entwicklung bis hin zur Bereitstellung und Wartung.
- **Ganzheitlicher Datenschutz:** Privacy by Design berücksichtigt den gesamten Datenlebenszyklus, einschließlich der Erhebung, Verarbeitung, Speicherung und Löschung von Daten. Alle Aspekte der Datenverarbeitung werden datenschutzfreundlich gestaltet.
- **Transparenz und Offenheit:** Datenverarbeitungsprozesse müssen transparent und nachvollziehbar sein. Die Nutzer:innen sollen klar darüber informiert werden, welche Daten erhoben werden, wie sie verwendet werden und welche Maßnahmen zum Schutz der Daten getroffen werden.
- **Benutzer:innen im Zentrum:** Im Mittelpunkt stehen die Bedürfnisse und Rechte der Benutzer:innen. Datenschutzfreundliche Einstellungen und benutzerfreundliche Informationen fördern Vertrauen und Akzeptanz.
- **Hohe Sicherheitsstandards:** Um die Vertraulichkeit, Integrität und Verfügbarkeit der Daten zu gewährleisten, sollten starke Sicherheitsmaßnahmen implementiert werden. Dazu gehören der Einsatz moderner Verschlüsselungstechniken, Zugriffskontrollen und regelmäßige Sicherheitsüberprüfungen.

Privacy by Default

Privacy by Default ergänzt das Privacy by Design und stellt sicher, dass die Voreinstellungen von Produkten und Diensten den höchsten Datenschutzanforderungen entsprechen. Dies bedeutet, dass die Standardeinstellungen schon so konfiguriert sind, dass sie ein Höchstmaß an Datenschutz bieten, ohne dass die Nutzer:innen aktiv werden müssen. Es gelten hier die folgenden Grundprinzipien:

- **Minimale Datenerhebung:** Es werden nur die Daten erhoben, die für den jeweiligen Zweck unbedingt erforderlich sind. Zusätzliche Daten werden nur mit ausdrücklicher Zustimmung des Nutzers erhoben.
- **Datensparsamkeit:** Die Daten werden nur so lange gespeichert, wie es für den jeweiligen Zweck erforderlich ist. Danach werden die Daten sicher gelöscht oder anonymisiert.

- **Transparenz der Datenschutzeinstellungen:** Nutzer:innen sollten leicht zugängliche und verständliche Datenschutzeinstellungen haben, die es ihnen ermöglichen, ihre Präferenzen zu überprüfen und anzupassen.
- **Standardmäßig hohe Sicherheit:** Alle Sicherheitsmaßnahmen wie Verschlüsselung und Zugriffskontrolle sind von Anfang an aktiviert. Die Nutzer:innen müssen keine zusätzlichen Schritte unternehmen, um ihre Daten zu schützen.

Tabelle 1.5 Beispiele für Standard-Profildaten

Kategorie	Datenpunkt
Persönliche Informationen	Vorname, Nachname, Geschlecht, Geburtsdatum, Nationalität, Sprachpräferenzen
Kontaktinformationen	E-Mail-Adresse, Telefonnummer, Wohnadresse, berufliche Adresse
Kontoeinstellungen	Benutzername, verschlüsselt gespeichertes Passwort, Sicherheitsfragen und -antworten, Zwei-Faktor-Authentifizierungseinstellungen
Nutzungsverhalten	Anmeldedaten (Datum, Uhrzeit, Gerät), Verweildauer auf der Website/in der App, besuchte Seiten/Unterseiten, Suchhistorie, Einkaufs- oder Buchungshistorie, Interaktionen (Kommentare, Bewertungen, Likes, Shares)
Technische Daten	IP-Adresse, Gerätetyp, Betriebssystem, Browsertyp und -version, Bildschirmauflösung, Standortdaten
Präferenzen und Interessen	Abonnierte Newsletter oder Themenbereiche, Produkt- oder Servicepräferenzen, gespeicherte oder favorisierte Inhalte, personalisierte Einstellungen
Soziale Medien und externe Verknüpfungen	Verknüpfte soziale Medienkonten, Profilbilder oder Avatare, Freundes- oder Follower-Listen
Sicherheitsdaten	Letzte Passwortänderung, Anzahl fehlgeschlagener Anmeldeversuche, gesperrte IP-Adressen oder Geräte
Andere	Zahlungsinformationen, Abonnement- oder Mitgliedschaftsstatus, Kundenservice-Interaktionen oder Anfragen

Tabelle 1.6 Beispiele für erweiterte Profildaten

Kategorie	Datenpunkt
Verhaltensbasiertes Profiling	Mausbewegungen und -klicks, Tastatureingaben wie z. B. Geschwindigkeit oder Muster, Scrollverhalten, Reaktionszeiten auf bestimmte Inhalte oder Anzeigen, Interaktionspfade und Reihenfolge des Seitenzugriffs
Biometrisches Profiling	Gesichtserkennung, Fingerabdruck, Stimmerkennung und -analyse, Herzfrequenz, Bewegungsmuster
Netzwerkanalyse	Verwendete Netzwerke, Verbindungsgeschwindigkeit und -qualität, VPN-Nutzung, Thor-Nutzung oder andere Anonymisierungsdienste
Geräteübergreifendes Profiling	Geräteverknüpfungen, z. B. Smartphone mit Smartwatch oder Smart TV, gemeinsame Nutzung von Apps oder Diensten über Geräte hinweg, geräteübergreifende Cookie-Verfolgung
Tiefenanalyse	Heatmaps zeigen, wo Nutzer:innen am häufigsten klicken oder verweilen. A/B-Testing analysiert, wie Nutzer:innen auf verschiedene Versionen einer Seite reagieren. Eye-Tracking verfolgt, wohin Nutzer:innen beim Betrachten einer Seite schauen, erfordert im Normalfall jedoch zusätzliche Hardware
Sentiment-Analyse	Textanalyse von Benutzerinteraktionen oder Bewertungen, Stimmungsanalyse aus Audio- oder Videoinhalten
Standortbasiertes Profiling	Historische Standortdaten, häufig besuchte Orte, Reiserouten und -gewohnheiten, Geofencing-Interaktionen wie z. B. Benachrichtigungen, die ausgelöst werden, wenn eine Benutzer:in einen bestimmten geografischen Bereich betritt oder verlässt

Achtung: Unternehmen müssen generell, aber mit besonderer Verantwortung bei der Erhebung und Nutzung von erweiterten und/oder aggregierten Profildaten sicherstellen, dass sie alle rechtlichen Anforderungen erfüllen, um die Privatsphäre der betroffenen Personen zu schützen und rechtliche Konsequenzen zu vermeiden. Es ist empfehlenswert, sich vor Sammlung und Verwendung dieser Daten von sachkundiger Stelle beraten zu lassen.

1.5.2 Responsive und Adaptive Design und ihre Bedeutung für eine optimale User Experience

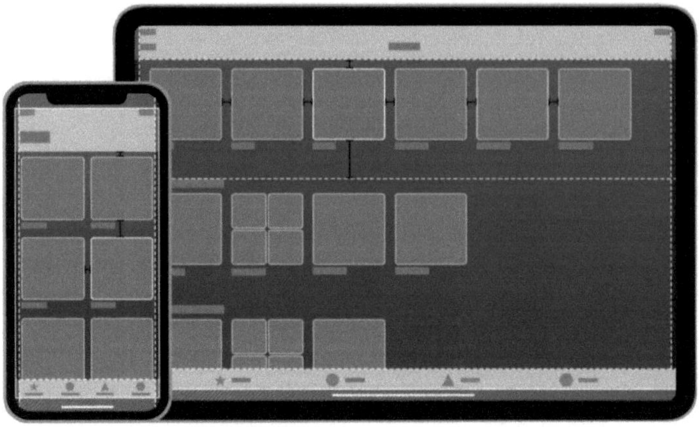

Bild 1.2 Schematische Darstellung flexibler Layouts für unterschiedliche Bildschirmgrößen. (Bildnachweis: Apple Inc. auf *https://developer.apple.com*)

Responsive Design ist ein zentraler Ansatz im Bereich des Web- und App-Designs, der sicherstellt, dass Anwendungen und Websites auf einer Vielzahl mobiler Geräte optimal dargestellt werden. Dabei werden flexible Layouts verwendet, um die Darstellung dynamisch an unterschiedliche Bildschirmgrößen und -auflösungen anzupassen. Das Hauptziel von Responsive Design ist es, eine konsistente und benutzerfreundliche Erfahrung auf jedem Gerät zu bieten, sei es ein Smartphone, ein Tablet oder ein Laptop. Die Grundprinzipien von Responsive Design umfassen:

- **Fluid Grids:** Statt fester Pixelwerte werden relative Maßeinheiten wie Prozentwerte verwendet, um Layouts zu erstellen, die sich flexibel an unterschiedliche Bildschirmgrößen anpassen. Dadurch wird sichergestellt, dass Inhalte auf kleinen Smartphone-Displays genauso gut lesbar und navigierbar sind wie auf großen Desktop-Monitoren.
- **Flexible Bilder und Medien:** Bilder und andere Medien passen sich automatisch an die Größe des umgebenden Containers an, um sicherzustellen, dass sie auf verschiedenen Geräten optimal dargestellt werden. Dadurch wird verhindert, dass Bilder auf kleinen Bildschirmen abgeschnitten oder verzerrt werden.
- **Medienabfragen, hauptsächlich im Web-Kontext:** CSS-Medienabfragen ermöglichen die Anwendung unterschiedlicher Stylesheets oder Stile, je nachdem, welche Bildschirmgröße, Auflösung oder Ausrichtung erkannt wird. Dadurch können Entwickler spezifische Designanpassungen für verschiedene Geräteklassen vornehmen.

- **Mobile-First-Ansatz:** Dieser Ansatz konzentriert sich zunächst auf das Design für mobile Geräte und erweitert das Design dann schrittweise für größere Bildschirme. Dadurch wird sichergestellt, dass die wichtigsten Funktionen und Inhalte auf kleineren Bildschirmen optimal dargestellt werden, während zusätzliche Funktionen und Layouts für größere Bildschirme hinzugefügt werden.

Adaptive Design verwendet im Gegensatz dazu mehrere feste Layouts, die jeweils für eine bestimmte Bildschirmgröße oder Geräteklasse entwickelt wurden. Adaptive Designs erkennen das Gerät oder die Bildschirmgröße des Benutzers und laden das entsprechende Layout. Diese Methode verwendet Breakpoints, um zu bestimmen, wann ein bestimmtes Layout angezeigt werden soll. Responsive Design ist dabei flexibler und passt sich fließend an alle möglichen Bildschirm- oder Fenstergrößen an, während Adaptive Design feste Layouts für bestimmte Bildschirmgrößen oder Geräte verwendet, also dann sinnvoll ist, wenn die Anzahl und die Spezifikationen der Zielgeräte bekannt und begrenzt ist.

Die Umsetzung von Responsive oder Adaptive Design wird in den Designrichtlinien der großen Plattformen detailliert beschrieben, um Entwickler:innen darin zu unterstützen, konsistente und benutzerfreundliche Anwendungen zu erstellen.

Apple Human Interface Guidelines (GIG)

Apple betont in seinen Human Interface Guidelines die Bedeutung von Responsive und Adaptive Design für iOS-Apps. Apple empfiehlt Entwickler:innen, flexible Layouts zu verwenden, die sich nahtlos an verschiedene Geräte wie iPhones und iPads anpassen. Dazu gehört die Verwendung von Auto Layout und Size Classes in Xcode. Apple beschreibt auch die Verwendung von adaptiven Elementen, die sich je nach verfügbarer Bildschirmgröße ändern können, um eine optimale Benutzererfahrung zu gewährleisten. Die Human Interface Guidelines von Apple legen großen Wert auf die Priorisierung einer konsistenten Benutzererfahrung und intuitiven Navigation, unabhängig vom verwendeten Gerät.

Google Material Design

Googles Material Design bietet umfassende Designrichtlinien, die Prinzipien des Responsive und Adaptive Designs integrieren. Material Design verwendet ein flexibles Raster-Layout-System, das Entwicklern hilft, ansprechende und konsistente Benutzeroberflächen für verschiedene Geräte und Bildschirmgrößen zu erstellen. Die Richtlinien empfehlen die Verwendung von Breakpoints, um das Layout dynamisch anzupassen und eine optimale Darstellung auf verschiedenen Geräten zu gewährleisten. Google legt großen Wert auf fließende Übergänge und Animationen, die das Nutzererlebnis verbessern und die Interaktion intuitiver machen. Material Design bietet auch detaillierte Empfehlungen für die Anpassung von Schriftgrößen, Abständen und visuellen Hierarchien, um sicherzustellen, dass Inhalte auf allen Geräten gut lesbar und zugänglich sind.

Durch die Berücksichtigung der Apple Human Interface Guidelines und des Google Material Design können Entwickler sicherstellen, dass ihre Anwendungen nicht nur ästhetisch ansprechend, sondern auch funktional und benutzerfreundlich sind. Diese Richtlinien bieten bewährte Methoden und spezifische Techniken, um die Prinzipien des Responsive Designs effektiv umzusetzen und eine konsistente Benutzererfahrung auf verschiedenen Geräten und Plattformen zu gewährleisten.

1.5.3 Kontextsensitive Dienste in mobilen Anwendungen

Kontextsensitive Dienste nutzen die aktuellen und spezifischen Bedingungen und Umgebungsinformationen der Benutzer:innen, um relevante und personalisierte Erlebnisse zu bieten. Diese Dienste erfassen Daten wie Standort, Zeit, Wetterbedingungen, Benutzer:innenaktivitäten und Gerätestatus, um dynamisch auf die Bedürfnisse und Präferenzen der Benutzer:innen zu reagieren. Dies sind einige der wichtigsten Anwendungen kontextsensitiver Dienste:

- **Personalisierte Empfehlungen:** Kontextsensitive Dienste können personalisierte Empfehlungen basierend auf dem aktuellen Kontext der Benutzer:innen geben. Beispielsweise kann eine Musik-Streaming-App wie Spotify personalisierte Playlists basierend auf der Tageszeit, dem Wochentag und den bisherigen Hörgewohnheiten vorschlagen. Ähnlich können E-Commerce-Plattformen wie Amazon kontextsensitive Produktvorschläge machen, die auf dem Standort, dem Wetter und der Kaufhistorie des Nutzers basieren.
- **Adaptive Benutzerschnittstellen:** Kontextsensitive Dienste können die Benutzeroberfläche (User Interface, UI) von Anwendungen dynamisch anpassen, um eine bessere Nutzererfahrung zu ermöglichen. Beispielsweise kann eine App die Schriftgröße erhöhen und den Kontrast verstärken, wenn erkannt wird, dass die Benutzer:in in einer Umgebung mit wenig Licht ist. In ähnlicher Weise können Navigationsanwendungen wie Google Maps ihren Modus entsprechend der Fortbewegungsart des Benutzers anpassen (z. B. Fußgänger-, Fahrrad- oder Auto-Modus).
- **Benachrichtigungen und Alarme in Echtzeit:** Durch die Nutzung kontextbezogener Daten können Apps relevante Benachrichtigungen und Alarme in Echtzeit versenden. Eine Wetter-App kann Benutzer:innen benachrichtigen, wenn sich das Wetter dramatisch ändert oder Regen vorhergesagt wird. Eine Fitness-App kann auf der Grundlage der aktuellen Aktivität Erinnerungen senden, Pausen einzulegen oder mehr Wasser zu trinken.
- **Kontextsensitive Werbung:** Werbeplattformen nutzen kontextsensitive Daten, um gezielte Werbung zu schalten, die für die Benutzer:innen relevant ist. Diese Werbung berücksichtigt den aktuellen Standort, die Uhrzeit, das Wetter und frü-

here Interaktionen. Zum Beispiel kann eine Restaurantkette Werbung für ein Mittagsangebot schalten, wenn sich die Benutzer:in zur Mittagszeit in der Nähe eines ihrer Standorte befindet.

- **Gesundheit und Fitness:** Kontextsensitive Dienste sind besonders nützlich für Gesundheits- und Fitnessanwendungen. Wearables wie Fitbit oder die Apple Watch sammeln kontinuierlich Daten über körperliche Aktivität, Herzfrequenz und andere biometrische Daten. Diese Informationen können genutzt werden, um personalisierte Empfehlungen und Erinnerungen auszusprechen, z. B. mehr Bewegung, wenn Inaktivität erkannt wird, oder die Anpassung der Trainingsintensität an den aktuellen Gesundheitszustand.
- **Smart Home und IoT:** Bei Smart-Home-Anwendungen nutzen kontextsensitive Dienste Daten von verschiedenen Sensoren und Geräten, um das Zuhause intelligenter und komfortabler zu machen. Ein Beispiel ist die automatische Anpassung von Heizungs- und Beleuchtungseinstellungen basierend auf der Anwesenheit der Bewohner:innen und der aktuellen Jahres- oder Tageszeit. Systeme wie Amazon Alexa, Google Home oder Apple Homekit können kontextbasierte Routinen einrichten, die sich an den Lebensstil des Nutzers anpassen.
- **Automobilindustrie:** Auch in der Automobilindustrie spielen kontextbasierte Dienste eine wichtige Rolle. Moderne Fahrzeuge sind mit zahlreichen Sensoren ausgestattet, die Daten über das Fahrzeug und seine Umgebung sammeln. Diese Informationen können genutzt werden, um Fahrer:innen in Echtzeit über Verkehrsbedingungen zu informieren, Warnungen bei Gefahrensituationen zu geben und die Routenführung dynamisch anzupassen. Beispiele sind die adaptive Geschwindigkeitsregelung und Fahrerassistenzsysteme, aber auch prädiktive Wartung und Service-Optimierung.
- **Bildungsbereich:** Im Bildungsbereich können kontextsensitive Dienste eingesetzt werden, um den Prozess des Lernens zu personalisieren und zu optimieren. E-Learning-Plattformen können personalisierte Inhalte und Übungen anbieten, die auf dem Lernfortschritt und den bevorzugten Lernmethoden der Lernenden basieren. Mobile Lernanwendungen können Lerninhalte an den aktuellen Kontext der Lernenden anpassen, z. B. kurze Quizfragen während der Pendelzeit oder ausführliche Lerneinheiten zu Hause.

Kontextsensitive Dienste bieten eine Vielzahl von Möglichkeiten, den Alltag der Benutzer:innen zu verbessern und zu erleichtern, indem sie relevante und personalisierte Informationen und Dienste in Echtzeit bereitstellen. Im Gegenzug erhalten auch Unternehmen zusätzliche Kanäle und Optionen in der Ansprache von bestehenden oder potenziellen Kund:innen. Die Nutzung dieser Dienste erfordert jedoch auch eine sorgfältige Berücksichtigung von Datenschutz- und Sicherheitsaspekten, da sie tief in spezifische und potenziell private Lebensbereiche einzelner Nutzer:innen eingreifen.

1.5.4 Einsatzmöglichkeiten von Location Based Services (LBS)

Standortbezogene Dienste (Location-Based Services, LBS) nutzen die geografische Position eines mobilen Endgerätes, um relevante Informationen und Dienste bereitzustellen. Die genaue Positionsbestimmung erfolgt in der Regel über GPS, WiFi-Triangulation, Mobilfunkmasten oder Bluetooth-Beacons. Nachfolgend sind einige der wichtigsten Anwendungsfelder für standortbasierte Dienste genannt.

- **Navigation und Kartographie:** Standortbezogene Dienste sind für Navigationsanwendungen unverzichtbar. Diese Anwendungen nutzen GPS-Daten in Verbindung mit weiteren Sensordaten, um die genaue Position des Nutzers zu bestimmen und eine Routenführung in Echtzeit anzubieten. Ein prominentes Beispiel ist Google Maps, das zusammen mit Navigationshilfen auch Echtzeit-Verkehrsinformationen verschiedener Verkehrsmittel und Points of Interest (POI) anbietet.
- **Lokale Suche und Empfehlungen:** Dienste wie Google Maps, Yelp und TripAdvisor nutzen Standortdaten, um Nutzer:innen lokale Geschäfte, Restaurants und Sehenswürdigkeiten zu empfehlen. Diese Anwendungen analysieren die Position des Nutzers und bieten maßgeschneiderte Empfehlungen auf der Grundlage der geografischen Nähe und der Bewertungen der Community. Solche Dienste erhöhen die Relevanz und Nützlichkeit von Informationen für die Nutzer:innen und fördern lokale Unternehmen.
- **Standortbezogene Werbung:** LBS ermöglichen zielgerichtete Werbung basierend auf dem aktuellen Standort der Nutzer:in. So können beispielsweise Einzelhändler Push-Benachrichtigungen mit Sonderangeboten an Nutzer:innen senden, die sich in der Nähe ihres Geschäfts aufhalten. Diese Form der Werbung ist besonders effektiv, da sie auf den unmittelbaren Kontext des Nutzers zugeschnitten ist, sie wird allerdings auch oft als übergriffig vonseiten der Benutzer:innen erlebt.
- **Soziale Netzwerke:** Soziale Netzwerke wie Facebook und Instagram nutzen Standortdaten, um den Nutzer:innen zu ermöglichen, ihren Standort mit Freunden zu teilen und an ortsbezogenen Aktivitäten teilzunehmen. Dienste wie Foursquare und Jodel basieren vollständig auf der Idee, dass Nutzer:innen Inhalte und Erlebnisse basierend auf ihrem aktuellen Standort teilen und im Gegenzug entdecken können. Dies fördert das soziale Engagement und die Interaktion innerhalb bestimmter geografischer Gemeinschaften.
- **Extended Reality und Spiele:** Extended Reality (XR), meistens in der Ausprägung Augmented Reality (AR) oder Mixed Reality (MR) in Verbindung mit LBS, wird von Spielen genutzt, um virtuelle Objekte in der realen Welt zu platzieren. Ein bekanntes Beispiel ist Pokémon Go, bei dem die Spieler:innen in der physischen Umgebung virtuelle Kreaturen finden und fangen. Diese Anwendungen verbinden die physische Welt mit digitalen Inhalten, um immersive und interaktive Erlebnisse zu schaffen.

- **Notfalldienste und Sicherheit:** LBS spielen eine wichtige Rolle bei Notfalldiensten. Rettungsdienste können den genauen Standort eines Anrufers ermitteln und schneller Hilfe leisten. Ebenso können Anwendungen wie SOS-Funktionen in Smartphones automatisch den Standort des Anrufers ermitteln.

1.6 Zusammenfassung und Schlüsselaspekte dieses Kapitels

1.1 Definition von Mobilität und ihrer Bedeutung in der digitalen Welt

Mobilität ermöglicht den orts- und zeitunabhängigen Zugang zu Daten, Diensten und Anwendungen und ist ein wesentliches Merkmal der modernen Informationsgesellschaft.

- Technologische Meilensteine wie der Übergang von 3G zu 5G und bald 6G haben Innovationsschübe in der Entwicklung mobiler Systeme ausgelöst.
- Mobile Geräte wie Smartphones und Wearables haben die Vorgehensweise, wie wir mit digitalen Systemen interagieren, grundlegend verändert.
- Die Entwicklung der Mobilität verändert die Kommunikation und den Informationskonsum und hat verschiedene Auswirkungen auf die soziokulturellen Aspekte der menschlichen Interaktion.
- Wirtschaftlich schaffen mobile Technologien neue Märkte und revolutionieren bestehende Branchen wie E-Commerce, Finanzdienstleistungen und Transport.
- Kulturell fördern mobile Technologien den interkulturellen Austausch, sie stellen aber auch traditionelle soziale Strukturen und Werte in Frage.
- Datenschutz und Sicherheit sind zentrale Herausforderungen, die sich aus der allgegenwärtigen Nutzung mobiler Geräte ergeben.
- Die „digitale Kluft" ist eine Herausforderung, die überwunden werden muss, um allen Menschen den Zugang zu den Vorteilen der Mobilität zu ermöglichen.
- Im beruflichen Kontext ermöglicht Mobilität das Arbeiten von überall, verändert traditionelle Hierarchien und fördert neue Formen der Zusammenarbeit.
- Im Bildungsbereich demokratisiert Mobilität den Zugang zu hochwertigen Bildungsangeboten und fördert das lebenslange Lernen.
- In der Medizin verändern mobile Technologien die Gesundheitsversorgung durch Telemedizin und mobile Gesundheitsanwendungen.

1.2 Einführung in die Mobilitätsformen

Die verschiedenen Formen der Mobilität im Kontext mobiler Technologien beeinflussen die Möglichkeiten der Menschen, miteinander zu interagieren, zu arbeiten und zu kommunizieren.

- Technische Mobilität bezeichnet die Fähigkeit, unabhängig von Ort und Zeit auf Informationen zuzugreifen und umfasst die Nutzung von Cloud-Technologien.
- Soziale Mobilität bezieht sich auf die Pflege und Erweiterung beliebiger sozialer Netzwerke über digitale Plattformen und beeinflusst die Dynamik sozialer Bindungen.
- Die Interdependenz der Mobilitätsformen fördert die Entwicklung eines nachhaltigen digitalen und mobilen Ökosystems.
- Eine ganzheitliche Betrachtung der Mobilität ermöglicht die Entwicklung von Systemen, die technologische, soziale und ökonomische Aspekte berücksichtigen.

1.3 Mobilität des Endgeräts

Die technischen und funktionalen Eigenschaften mobiler Endgeräte bestimmen maßgeblich deren Einsatzmöglichkeiten und Leistungsfähigkeit. Besonders rechenintensive Technologien wie maschinelles Lernen (ML) und künstliche Intelligenz (KI) sind stark von der Leistungsfähigkeit der Endgeräte abhängig.

- iOS und Android haben unterschiedliche Designphilosophien, die sie für unterschiedliche Nutzergruppen attraktiv machen.
- Apple iOS bietet eine konsistente Nutzererfahrung und strenge Sicherheitskontrollen, während Android mehr Flexibilität und Anpassbarkeit bietet.
- Sensoren und Prozessoren sind Schlüsselkomponenten, die die Leistung und Funktionalität mobiler Geräte bestimmen.
- Beschleunigungssensoren, Gyroskope, Magnetometer und andere Sensoren ermöglichen eine Vielzahl von Anwendungen und verbessern das Nutzererlebnis.
- Sicherheits- und Datenschutzaspekte sind bei der Nutzung von Sensoren von zentraler Bedeutung, um die Privatsphäre der Nutzer:innen zu schützen.
- Moderne mobile Prozessoren wie der Apple A17 Pro und der Snapdragon 8 Gen 3 sind die Schaltzentralen mobiler Endgeräte und bieten hohe Rechenleistung bei niedrigem Energieverbrauch.

1.4 Mobilität des Dienstes

Die Mobilität von Diensten wird durch den Einsatz von APIs, Web Services und Cloud Computing ermöglicht. Diese Technologien ermöglichen flexible und skalierbare mobile Anwendungen, die dynamisch auf die Anforderungen der Nutzer:innen reagieren können. APIs ermöglichen die Interoperabilität zwischen verschiedenen Systemen und Anwendungen und spielen eine zentrale Rolle in der modernen Softwareentwicklung.

- Cloud Computing bietet Skalierbarkeit, Kosteneffizienz und verbessertes Datenmanagement, birgt aber auch Risiken wie die Abhängigkeit von stabilen mobilen Internetverbindungen und Datenschutzprobleme.
- Die Nutzung von Cloud-Diensten ermöglicht die dynamische Anpassung von Rechenressourcen und die Integration komplexer Funktionen wie maschinelles Lernen.
- Sicherheitsmechanismen wie Verschlüsselung und Zwei-Faktor-Authentifizierung sind unerlässlich, um Daten in der Cloud zu schützen.
- Herausforderungen wie Leistungsprobleme, Latenzzeiten, Kostenmanagement und rechtliche Compliance müssen bei der Nutzung von Cloud Computing berücksichtigt werden.

1.5 Mobilität der Benutzer:innen

Benutzer:innenmobilität wird maßgeblich durch die Anpassung mobiler Anwendungen an individuelle Bedürfnisse und Verhaltensmuster geprägt. Nutzer:innenprofile und personalisierte Dienste ermöglichen die Bereitstellung maßgeschneiderter Inhalte und Funktionen. Responsives und adaptives Design sowie kontext- und ortsbezogene Dienste verbessern das Nutzererlebnis erheblich.

- Nutzer:innenprofile und personalisierte Dienste erhöhen die Relevanz und Effizienz mobiler Anwendungen, erfordern aber strenge Datenschutzmaßnahmen.
- Die Erstellung von Benutzer:innenprofilen basiert auf der Sammlung, Analyse und Verarbeitung von Daten und ermöglicht maßgeschneiderte Inhalte und Funktionen.
- Die Datenschutzgrundverordnung (DSGVO) und andere rechtliche Rahmenbedingungen müssen eingehalten werden, um die Privatsphäre der Nutzer:innen zu schützen.
- Responsive und adaptive Designprinzipien sorgen für eine konsistente Nutzer:innenerfahrung auf unterschiedlichen Geräten.
- Kontextsensitive Dienste nutzen aktuelle Bedingungen und Umgebungsinformationen, um relevante und personalisierte Erlebnisse zu bieten.
- Standortbezogene Dienste nutzen geografische Daten, um Navigation, lokale Suche, kontextbezogene Werbung und andere Anwendungen zu unterstützen.

2 Mobile Geräte: Klassen, Technik und Infrastruktur

Dieses Kapitel behandelt die wesentlichen technologischen Komponenten und Entwicklungen, die für das Design, die Entwicklung und den Betrieb mobiler Systeme relevant sind. Während Smartphones historisch die zentrale Rolle unter den mobilen Endgeräten gespielt haben, wird zunehmend deutlich, dass mobile Technologien weit mehr umfassen. Gerätetypen wie Tablets, Wearables, XR-Headsets und mobile IoT-Geräte gewinnen an Bedeutung und etablieren sich als eigenständige Kategorien, die spezifische Anwendungsbereiche abdecken. Weitreichende Veränderungen zeichnen sich auch bei der zugrunde liegenden Netzinfrastruktur ab, die die optimierte Nutzung und Weiterentwicklung dieser Geräte ermöglicht.

Das Kapitel gibt einen detaillierten Überblick über diese Geräteklassen, ihre technologischen Grundlagen und die damit verbundenen Einsatzszenarien. Dabei wird deutlich, dass die klassische Dominanz des Smartphones durch den rasanten Fortschritt und die zunehmende Verbreitung alternativer Endgeräte relativiert wird. Diese neuen Technologien erweitern das Spektrum mobiler Systeme erheblich und bieten neue Möglichkeiten und Einsatzszenarien, die über die traditionellen Domänen des Smartphones hinausgehen. Ziel dieses Kapitels ist es, die Leser:in mit den aktuellen Entwicklungen vertraut zu machen und ihr eine fundierte Grundlage für die Bewertung, strategische Einordnung und den Einsatz aktueller und zukünftiger mobiler Technologien zu bieten.

2.1 Smartphones

Das allgegenwärtige Smartphone ist ein hochintegriertes und multifunktionales mobiles Endgerät, das häufig als wichtigste Schnittstelle für den Zugang der Nutzer:innen zu ihren digitalen Ökosystemen dient. Smartphones fungieren dabei als zentrale

Werkzeuge für die Organisation und Durchführung persönlicher und geschäftlicher digitaler Prozesse. Sie gewährleisten über verschiedene Technologien wie Mobilfunk oder WLAN eine ständige Verbindung zu globalen Netzwerken und sind gleichzeitig in der Lage, Daten sowohl lokal auf dem Gerät als auch in Echtzeit in der Cloud zu verarbeiten. Auf diese Weise ermöglichen sie ortsunabhängig eine unmittelbare und reaktionsschnelle Interaktion mit digitalen Ressourcen, unabhängig davon, ob diese lokal gespeichert oder in der Cloud gehostet sind.

Diese duale Fähigkeit macht das Smartphone zu einem mächtigen Werkzeug für die Verwaltung und Orchestrierung der digitalen Aktivitäten seiner Nutzer:innen in der modernen, vernetzten Welt.

2.1.1 Eine kurze Entstehungsgeschichte der Smartphones

Der folgende Abschnitt beleuchtet die Geschichte der Smartphones als eigenständigen Strang innerhalb der Entwicklung des Mobilfunks von rein sprachbasierten Diensten hin zu datengetriebenen, multifunktionalen Plattformen. Dabei wird besonders auf die technologischen Innovationen eingegangen, die diese Transformation ermöglicht haben und die zunehmende Relevanz mobiler Endgeräte für den Alltag der Nutzer:innen begründen.

Frühe Visionen und erste Modelle (1990er-Jahre)

Die Entstehungsgeschichte der Smartphones beginnt in den frühen 1990er-Jahren, als die Vision von multifunktionalen, tragbaren Kommunikationsgeräten allmählich Realität wurde. Einer der ersten Vorläufer war der IBM Simon, der 1994 auf den Markt kam und als erstes Gerät gilt, das die Funktionen eines Mobiltelefons und eines PDAs in einem Gerät vereinte. Der IBM Simon war mit einem resistiven Touchscreen ausgestattet, der eine rudimentäre Stifteingabe ermöglichte. Technisch basierte das Gerät auf einem 16 MHz Vadem Prozessor und bot Grundfunktionen wie Telefonie, E-Mail, Kalender und Adressbuch. Allerdings war die Akkulaufzeit mit etwa einer Stunde sehr begrenzt, was die Marktakzeptanz einschränkte. Trotz dieser Einschränkungen legte der IBM Simon den Grundstein für die Entwicklung des Smartphones und zeigte das Potenzial solcher Geräte auf.

Bild 2.1
IBM Simon mit Ladestation. (Bildnachweis: Wikipedia auf *https://en.wikipedia.org/wiki/IBM_Simon*)

Ein weiterer wichtiger Schritt in der frühen Entwicklung von Smartphones war der Nokia 9000 Communicator, der 1996 vorgestellt wurde. Der Nokia 9000 war eine Kombination aus Mobiltelefon und PDA mit einer QWERTZ-Tastatur und einem Klappdesign, das den Zugang zu einem größeren Display ermöglichte. Ausgestattet mit einem Intel 386-Prozessor, 8 MB Speicher und dem Betriebssystem GEOS 3.0 bot der Nokia 9000 erweiterte Funktionen wie E-Mail, Fax und Internetzugang über GSM, was ihn vor allem für Geschäftskund:innen attraktiv machte. Trotz seines hohen Preises und seiner beachtlichen Größe war der Nokia 9000 ein wichtiger Meilenstein in der Entwicklung hin zu multifunktionalen mobilen Endgeräten.

Bild 2.2
Nokia Communicator 9000. (Bildnachweis: Wikipedia/textlad auf *https://de.m.wikipedia.org/wiki/Nokia_Communicator#)*

Weiterentwicklung und Marktreife (2000er-Jahre)

Ende der 1990er und Anfang der 2000er-Jahre beschleunigte sich die Entwicklung von Smartphones. Im Jahr 1999 brachte Nokia das Nokia 7110 auf den Markt, eines der ersten Mobiltelefone mit einem WAP-Browser, der einen einfachen Zugang zum mobilen Internet ermöglichte. Dieses Modell war auch für sein innovatives Scrollrad bekannt. Dies war ein wichtiger Schritt zur Integration von Internetfunktionen in Mobiltelefone und trug zur Popularisierung des mobilen Internets bei.

Ein weiterer Meilenstein war das Ericsson T68, das 2001 als eines der ersten Mobiltelefone mit Farbdisplay und Bluetooth-Unterstützung auf den Markt kam. Diese Innovationen legten den Grundstein für Multimedia- und Konnektivitätsfunktionen, die in späteren Smartphones zum Standard wurden.

Das erste Gerät mit dem Namen BlackBerry war der BlackBerry 850, der 1999 vom kanadischen Unternehmen Research In Motion (RIM) auf den Markt gebracht wurde. Der BlackBerry 850 war ein E-Mail-Pager, der es ermöglichte, E-Mails zu senden und zu empfangen, Daten und Adressen zu speichern und einen rudimentären HTML-Browser zu nutzen. Dieses Gerät war ein Meilenstein in der Entwicklung der mobilen Kommunikation, da es erstmals möglich war, E-Mails über eine mobile Internetverbindung abzurufen und Termine drahtlos zu synchronisieren. Allerdings verfügte der BlackBerry 850 noch nicht über eine Telefonfunktion, diese wurde erst mit dem BlackBerry 5810 eingeführt, der 2002 auf den Markt kam. Der BlackBerry 5810 war somit eines der ersten mobilen Endgeräte, das „echte" Smartphone-Funktionalität bot und damit besonders für Geschäftsanwender:innen attraktiv war. Ausgestattet mit einem Intel-Prozessor und dem BlackBerry OS unterstützte das Gerät GSM/GPRS-Netzwerke, was eine für damalige Verhältnisse schnelle Datenübertragung ermöglichte. Die Integration einer physischen QWERTZ-Tastatur und der Fokus auf mobile E-Mail läuteten eine neue Ära der mobilen Kommunikation ein.

Bild 2.3
Blackberry 5810. (Bildnachweis: Blackberry)

Der „iPhone-Moment" und die Ära der modernen Smartphones (2007 bis 2010)

Der wohl wichtigste Wendepunkt in der Geschichte der Smartphones war die Einführung des Apple iPhone im Jahr 2007. Das iPhone revolutionierte die Smartphone-Industrie durch die Einführung eines kapazitiven Touchscreens, der ein völlig neues, intuitives User Interface ermöglichte. Mit einem 3,5 Zoll großen Multi-Touch-Display, einem ARM-11-Prozessor und dem neuen Betriebssystem iOS setzte das iPhone neue Maßstäbe in Design, Benutzer:innenfreundlichkeit und Funktionalität. Die Integration des App Store im Jahr 2008 ermöglichte die einfache Installation von Anwendungen und führte zu einem florierenden App-Ökosystem, das das iPhone schnell zum dominierenden Smartphone auf dem Markt machte.

Bild 2.4 iPhone (1. Generation). (Bildnachweis: Apple)

Kurz nach dem iPhone kam 2008 mit dem HTC Dream (auch bekannt als T-Mobile G1) das erste Smartphone mit dem Betriebssystem Android auf den Markt. Android bot eine offene Plattform, die es einer Vielzahl von Herstellern ermöglichte, Smartphones zu entwickeln, und trug erheblich zur Diversifizierung des Marktes bei. Das HTC Dream war mit einem 528-MHz-Prozessor von Qualcomm und einer ausziehbaren QWERTZ-Tastatur ausgestattet, was es für Nutzer:innen attraktiv machte, die eine physische Tastatur gegenüber der Bildschirmtastatur bevorzugten.

Bild 2.5
T-Mobile G1/HTC Dream. (Bildnachweis: Wikipedia/Michael Oryl auf *https://de.wikipedia.org/wiki/HTC_Dream*)

Ein weiteres wichtiges Gerät dieser Ära war das Samsung Galaxy S, das 2010 auf den Markt kam und mit seinem Super-AMOLED-Display und leistungsstarken Hardwarekomponenten die Messlatte für Android-Smartphones höher legte. Das Galaxy S war eines der ersten Smartphones, das 720p-HD-Videos abspielen konnte, und etablierte Samsung als einen der führenden Hersteller von Android-Geräten. Es wurde von einem Samsung Exynos 3 Single-Core-Prozessor mit 1 GHz angetrieben, der oft als „Hummingbird" bezeichnet wird.

2.1.2 Globale Marktentwicklung und Verbreitung

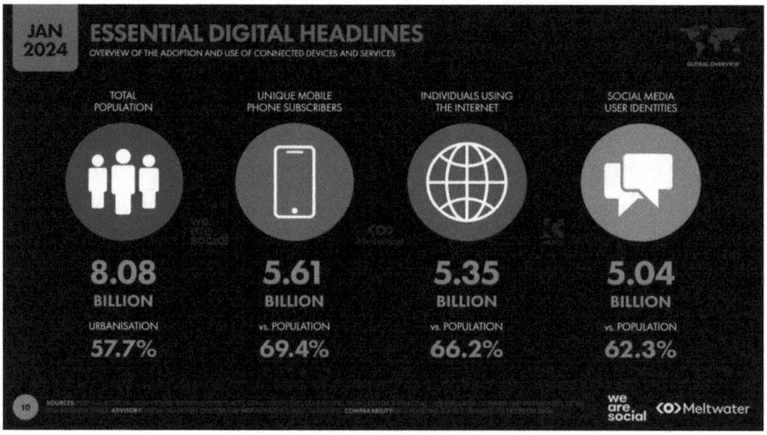

Bild 2.6 Übersicht über die weltweite Verbreitung und Nutzung von mobilen Endgeräten, Internet und sozialen Medien im Jahr 2024. (Bildnachweis: DIGITAL 2024 Global Overview Report von Meltwater News US Inc. auf *https://www.meltwater.com/de/global-digital-trends*)

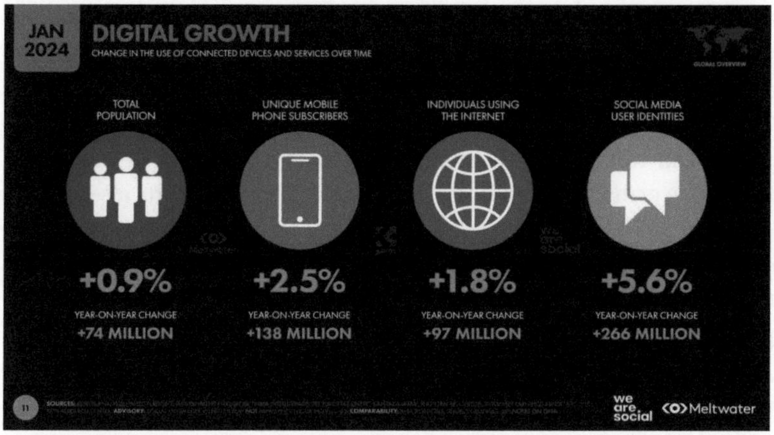

Bild 2.7 Veränderungen in der Nutzung digitaler Geräte und Dienste im Jahr 2024 im Vergleich zum Vorjahr. (Bildnachweis: DIGITAL 2024 Global Overview Report von Meltwater News US Inc. auf *https://www.meltwater.com/de/global-digital-trends*)

Bild 2.8
Absatz, Durchschnittspreis und Umsatz Smartphones 2024. (Bildnachweis: „Die Zukunft der Consumer Technology 2024", Bitkom e. V., IDC auf *https://www.bitkom.org/zukunft-consumer-technology*)

Die Entwicklung von Smartphones ist in vielerlei Hinsicht mit der Entwicklung des Internets vergleichbar. Beide Technologien hatten in relativ kurzer Zeit einen massiven Einfluss auf die weltweite Kommunikation und den Zugang zu Informationen. Das Internet begann seine Reise in den 1960er-Jahren als Netzwerk für akademische und militärische Zwecke und entwickelte sich mit der Einführung des World Wide Web (WWW) in den 1990er-Jahren schnell zu einer allgegenwärtigen Plattform für globale Kommunikation, Information und Handel. Im Jahr 2000 nutzten etwa 6,5 % der Weltbevölkerung das Internet, bis Januar 2024 stieg dieser Anteil auf 64,4 % (Quelle: DIGITAL 2024 Global Overview Report, Meltwater News US Inc.).

Smartphones haben diesen Prozess beschleunigt und verstärkt. Während das Internet über Jahrzehnte gewachsen ist, haben Smartphones innerhalb weniger Jahre ähnliche Verbreitungsraten erreicht. Im Jahr 2024 wurden weltweit über 1,21 Milliarden Smartphones verkauft, was ihre Rolle als primäres Endgerät für den Internetzugang unterstreicht (Quelle: DIGITAL 2024 Global Overview Report, Meltwater News US Inc.). Diese Geräte haben nicht nur den Zugang zum Internet erleichtert, sondern auch neue Nutzungs- und Interaktionsformen wie Social Media, mobile Apps und standortbezogene Dienste ermöglicht. Im Jahr 2022 wurden bereits mehr als 60 % des gesamten Internetverkehrs über mobile Endgeräte generiert, womit das mobile Internet mit stark steigender Tendenz zur dominierenden Plattform wird (Quelle: DIGITAL 2024 Global Overview Report, Meltwater News US Inc.).

Die parallele Entwicklung beider Technologien zeigt, wie Internet und Smartphones zusammengewachsen sind und eine neue Ära der globalen Vernetzung eingeläutet haben. Während das Internet als grundlegende Infrastruktur die Basis schuf, haben Smartphones diese Infrastruktur in die Hände von Milliarden von Menschen gelegt und den Zugang zu digitalen Diensten und Informationen tief in den Alltag abseits konventioneller Computer integriert. Es bleibt spannend zu beobachten, wie sich beide Technologien in Zukunft weiterentwickeln, welche neuen Möglichkeiten der Kommunikation, Information und Interaktion sie eröffnen und welchen Einfluss andere Endgerätefamilien wie Wearables und Technologien wie künstliche Intelligenz (KI) auf die Rolle der Smartphones haben werden.

DIGITAL 2024 Global Overview Report von Meltwater News US Inc.
https://www.meltwater.com/de/global-digital-trends

2.1.3 Fortschritte und Innovationen Halbleiter

Die Evolution moderner Smartphones wird maßgeblich durch Fortschritte in der Halbleitertechnologie bestimmt. Diese Komponenten, wie System-on-Chip (SoC)-Architekturen oder Speicherbausteine, spielen eine zentrale Rolle bei der Steigerung der Rechenleistung und der Energieeffizienz und treiben das hohe Innovationstempo in der Smartphone-Industrie weiter voran.

2.1.3.1 System-on-Chip (SoC)

Die stetige Verbesserung von System-on-Chip (SoC)-Technologien hat die Systemleistung von Smartphones in den letzten Jahren erheblich gesteigert und gleichzeitig die Produktionskosten und die Komplexität der Herstellung reduziert. Moderne SoCs integrieren zentrale Komponenten wie CPU (Central Processing Unit), GPU (Graphics Processing Unit), NPU (Neural Processing Unit), ISP (Image Signal Processor) und verschiedene Kommunikationsmodule auf einem einzigen Chip. Diese Integration ermöglicht nicht nur eine höhere Leistung, sondern trägt auch zur Verbesserung der

Energieeffizienz, Miniaturisierung und Kostensenkung bei, die neben der Steigerung der reinen Rechenleistung weitere kritische Faktoren für die ständige Weiterentwicklung von Smartphones sind.

CPU (Central Processing Unit)

Die CPUs in SoCs haben sich von einfachen Einkernprozessoren zu komplexen Mehrkernsystemen entwickelt, die für die parallele Verarbeitung mehrerer Aufgaben optimiert sind. Aktuelle SoCs wie der Qualcomm Snapdragon 8 Gen 3 und der Apple A17 Bionic nutzen fortschrittliche „big.LITTLE"-Architekturen, die Hochleistungskerne (z. B. ARM Cortex-X) für rechenintensive Aufgaben und energieeffiziente Kerne (z. B. ARM Cortex-A) für alltägliche Anwendungen kombinieren. Diese Architekturen ermöglichen eine erhebliche Steigerung der Rechenleistung, die für anspruchsvolle Anwendungen wie 4K-Video-Rendering, Spiele und künstliche Intelligenz bzw. maschinelles Lernen erforderlich ist, während weniger ressourcenintensive Anwendungen mit maximaler Energieeffizienz betrieben werden können.

Die Miniaturisierung der Transistoren auf 5 nm und sogar 3 nm hat es ermöglicht, mehr Transistoren auf einem Chip unterzubringen, was die Leistung weiter erhöht und gleichzeitig den Energieverbrauch senkt. Diese Faktoren tragen zu längeren Akkulaufzeiten und einer verbesserten thermischen Effizienz bei.

Vorteile aus Sicht der Nutzer:innen: Die gesteigerte Rechenleistung ermöglicht flüssigeres Multitasking, kürzere Ladezeiten von Anwendungen und eine insgesamt performantere User Experience auch bei anspruchsvollen und ressourcenintensiven Nutzungsszenarien, ohne die Ausdauer der Geräte zu weit einzuschränken.

GPU (Graphics Processing Unit)

Die Grafikleistung von Smartphones hat sich durch die Weiterentwicklung der GPUs deutlich verbessert. Moderne GPUs wie die Adreno-Serie von Qualcomm oder die Mali-GPU von ARM unterstützen fortschrittliche Grafiktechnologien, die eine realistische Darstellung von 3D-Grafiken und visuell anspruchsvollen Anwendungen ermöglichen. Diese GPUs sind in der Lage, komplexe Grafikberechnungen wie Raytracing, das realistische Licht- und Schatteneffekte ermöglicht, effizient durchzuführen, was besonders für Spiele, aber auch für XR-Anwendungen in der Ausprägung MR (Mixed Reality), relevant ist. Smartphones haben hier ein Niveau erreicht, das bisher dedizierten Spielkonsolen vorbehalten war.

Vorteile aus Sicht der Nutzer:innen: Anspruchsvolle Spiele oder XR-Anwendungen können mit hohen Bildraten, minimaler Latenz und hohen Auflösungen gerendert werden und bieten ein immersives, realistisches Erlebnis, das präzise Interaktionen und nahtlose Übergänge zwischen virtuellen und realen Umgebungen ermöglicht.

NPU (Neural Processing Unit)

NPUs sind spezialisierte Prozessoren innerhalb des SoC, die für die Beschleunigung von Aufgaben des maschinellen Lernens und der künstlichen Intelligenz optimiert sind. Diese Einheiten sind entscheidend für die parallele Verarbeitung großer Datenmengen, wie sie bei der Bild- und Spracherkennung sowie in KI-basierten Anwendungen anfallen.

Moderne NPUs wie die Neural Engine in den Apple-Chips der A-Serie, der Kirin 980-Serie und der Snapdragon 8-Serie bieten genügend Rechenleistung, um die Echtzeitverarbeitung komplexer KI-Aufgaben zu ermöglichen. Dies führt zu einer schnelleren und präziseren Ausführung von Funktionen wie Computer Vision (Bildklassifikation, Objekterkennung und -verfolgung, semantische Segmentierung, Gesichtserkennung und -analyse etc.), Natural Language Processing (Sprachverarbeitung, maschinelle Übersetzung, Stimmungsanalyse, Textgenerierung etc.) oder Recommender Systems (personalisierte Empfehlungen auf der Grundlage von Nutzerverhalten, -kontext und -präferenzen).

Vorteile aus Sicht der Nutzer:innen: Die Beschleunigung KI-gestützter Funktionen verbessert die Reaktionszeiten, die Genauigkeit und die Relevanz der Ergebnisse bzw. macht sie überhaupt erst möglich, was zu einer nahtloseren und intuitiveren User Experience führt. Funktionen wie personalisierte und kontextbezogene Empfehlungen und adaptive User Interfaces profitieren ebenfalls von NPUs.

ISP (Image Signal Processor)

Der Image Signal Processor (ISP) in modernen SoCs sorgt für die Verarbeitung der von den Kamerasensoren aufgenommenen Bilddaten. Fortschritte in der ISP-Technologie haben die Bildqualität erheblich verbessert, in erster Linie bei schlechten Lichtverhältnissen und langen Brennweiten. Moderne ISPs unterstützen Funktionen wie Multi-Frame-HDR (High Dynamic Range), Echtzeit-Rauschunterdrückung und fortschrittliche Algorithmen zur Bildverbesserung.

Ein auffälliger Trend ist die zunehmende Bedeutung der Computational Photography, bei der Software und Algorithmen eingesetzt werden, um die Bildqualität über die reinen Fähigkeiten der Hardware hinaus zu verbessern. Beispielsweise können moderne Smartphones durch die Kombination mehrerer schnell aufeinanderfolgender Bilder schärfere und detailreichere Bilder erzeugen und gleichzeitig schwierige Belichtungsbedingungen meistern.

Vorteile aus Sicht der Nutzer:innen: Die Foto- und Videoqualität bei schwierigen Lichtverhältnissen und Funktionen wie Nacht- und Portraitmodus ermöglichen professionelle Ergebnisse, die bisher nur mit teurer Kameraausrüstung und viel fotografischem Können möglich waren.

Hochgeschwindigkeits-Kommunikationsmodule

Moderne SoCs wie der Qualcomm Snapdragon 8 Gen 3 sind mit leistungsstarken 5G-Modems ausgestattet, die deutlich höhere Download- und Upload-Geschwindigkeiten sowie geringere Latenzzeiten als frühere Mobilfunkgenerationen unterstützen. Diese Fortschritte sind besonders wichtig für Echtzeitanwendungen, die eine möglichst verzögerungsfreie Datenübertragung erfordern. Anwendungen wie Cloud-Gaming, bei denen große Datenmengen in Echtzeit gestreamt werden, profitieren erheblich von diesen Technologien. Ebenso ermöglicht hochauflösendes Videostreaming in 4 K- oder sogar 8 K-Qualität eine flüssigere Wiedergabe auch anspruchsvoller Inhalte.

Darüber hinaus unterstützen aktuelle SoCs die neuesten Kommunikationsstandards wie Wi-Fi 6E, das zusätzliche Frequenzbänder im 6-GHz-Bereich nutzt und damit eine höhere Bandbreite, weniger Interferenzen und insgesamt stabilere und schnellere drahtlose Verbindungen bietet.

Vorteile aus Sicht der Nutzer:innen: Die Integration dieser fortschrittlichen Kommunikationsmodule ermöglicht es den Nutzer:innen, datenintensive Anwendungen wie AR, MR und Cloud-Gaming mit geringerer Verzögerung und verbesserter Qualität zu erleben. Die verbesserten Netzwerkverbindungen tragen zu einem flüssigeren und störungsfreieren Erlebnis bei, auch wenn in hochdynamischen Umgebungen oder bei sehr anspruchsvollen Anwendungen immer noch Verzögerungen auftreten können. Darüber hinaus verbessert die Unterstützung von Wi-Fi 6E die Interoperabilität und Effizienz vernetzter Geräte im Internet der Dinge (IoT), was die nahtlose Kommunikation zwischen verschiedenen Smart Devices und die Integration von Smartphones in komplexe, vernetzte Ökosysteme fördert. Die zukünftige Unterstützung von 6GHz 5G wird diese Entwicklung weiter vorantreiben.

2.1.3.2 Speichertechnologien

Die fortschreitende Entwicklung von Speichertechnologien ist ein wesentlicher Treiber für die Leistungsfähigkeit moderner Smartphones. Fortschritte in den Bereichen RAM und Flash-Speicher haben entscheidend dazu beigetragen, dass Smartphones immer größere Datenmengen effizient verarbeiten und speichern können. Diese Verbesserungen ermöglichen nicht nur eine höhere Rechenleistung, sondern tragen auch zur Energieeffizienz und Zuverlässigkeit der Geräte bei.

RAM (Random Access Memory)

Der Arbeitsspeicher (RAM) spielt eine zentrale Rolle für die Leistungsfähigkeit eines Smartphones, da er die Daten speichert, die der Prozessor zur Ausführung von Anwendungen benötigt. In den letzten Jahren hat sich die RAM-Technologie erheblich weiterentwickelt, angetrieben durch den Übergang von LPDDR4X zu LPDDR5 und aktuell LPDDR5X. LPDDR5-RAM bietet eine höhere Datenübertragungsrate von bis zu 6400 Mbps (Megabit pro Sekunde), was einer um etwa 50 % höheren Bandbreite im

Vergleich zu LPDDR4X entspricht. LPDDR5X erhöht diese Bandbreite nochmals auf bis zu 8.533 Mbps. Diese höheren Datenraten sind besonders wichtig für speicherintensive Anwendungen wie 4K-Video-Streaming, High-End-Gaming und KI-basierte Prozesse.

Ein weiterer Vorteil von LPDDR5 und LPDDR5X ist die verbesserte Energieeffizienz. Durch die Einführung neuer Modulationstechniken und eine niedrigere Betriebsspannung konnte der Stromverbrauch um rund 30 Prozent gesenkt werden, was zu einer längeren Akkulaufzeit und einer geringeren thermischen Belastung des Geräts beiträgt.

Vorteile aus Sicht der Nutzer:innen: Die höhere Bandbreite und Energieeffizienz von LPDDR5-RAM ermöglichen eine schnellere und flüssigere Nutzung von speicherintensiven Anwendungen. Nutzer:innen profitieren von einer verbesserten Multitasking-Leistung, kürzeren Ladezeiten und einer insgesamt besseren User Experience, auch bei anspruchsvollen Nutzungsszenarien wie Gaming und Multimedia-Bearbeitung.

Flash-Speicher

Der interne Flash-Speicher übernimmt die Speicherung von Betriebssystem, Anwendungen und Nutzerdaten. Die jüngsten Entwicklungen im Bereich des Universal Flash Storage (UFS) haben die Leistung von Smartphones deutlich verbessert. Die Spezifikation UFS 3.1, die derzeit in vielen Geräten der Mittelklasse eingesetzt wird, bietet eine sequenzielle Lesegeschwindigkeit von bis zu 2100 MB/s und eine Schreibgeschwindigkeit von bis zu 1200 MB/s. Diese Geschwindigkeiten sind etwa doppelt so hoch wie bei der Vorgängerversion UFS 2.1, was sich in deutlich schnelleren Ladezeiten von Apps und Dateien widerspiegelt.

High-End-Smartphones setzen bereits heute auf UFS 4.0, das noch höhere Geschwindigkeiten von bis zu 4200 MB/s (Lesen) und 2800 MB/s (Schreiben) sowie eine weiter verbesserte Energieeffizienz bietet. Mit der Einführung von UFS 5.0 werden in Zukunft noch höhere Geschwindigkeiten und eine weitere Verbesserung der Energieeffizienz erwartet. Diese neuen Speichertechnologien verbessern nicht nur die Geschwindigkeit, sondern auch die Zuverlässigkeit des Speichers.

Vorteile aus Sicht der Nutzer:innen: Die verbesserten Geschwindigkeiten von UFS 3.1 und UFS 4.0 ermöglichen es Nutzer:innen, nahezu sofort und ohne spürbare Verzögerungen auf große Dateien und Anwendungen zuzugreifen. Dies führt zu einer flüssigeren und effizienteren User Experience, vor allem bei der Arbeit mit großen Multimediadateien oder beim Wechsel zwischen verschiedenen speicherintensiven Anwendungen.

2.1.4 Bildschirmtechnologien

Die stetige Innovation im Bereich der Displaytechnologien, die streng genommen auch „Halbleiter“ sind, hat die User Experience von Smartphones, deren primäres Interaktionselement das Display ist, deutlich verbessert und Animationen, Farben und die Lesbarkeit im Freien optimiert. Durch den Einsatz moderner Displaytypen wie OLED, AMOLED und LTPO kann die Darstellungsqualität im Verhältnis zur Energieeffizienz dynamisch optimiert und an unterschiedliche Nutzungsszenarien angepasst werden, ohne dass der Energieverbrauch spürbar darunter leidet.

OLED (Organic Light Emitting Diode)

OLED-Displays erzeugen durch ihre selbstleuchtenden Pixel tiefere Schwarztöne und ein hohes Kontrastverhältnis, da jedes Pixel einzeln an- und ausgeschaltet werden kann. Diese Eigenschaften tragen bei dunklen Inhalten zu einer energieeffizienten Darstellung bei, da keine Hintergrundbeleuchtung notwendig ist.

Vorteile aus Sicht der Nutzer:innen: Nutzer:innen erleben tiefere Schwarztöne und einen hohen Kontrast, was die visuelle Qualität von Bildern und Videos deutlich verbessert. Darüber hinaus ermöglicht die Energieeffizienz von OLED-Displays längere Akkulaufzeiten bei der Darstellung dunkler Inhalte.

AMOLED (Active Matrix OLED)

AMOLED-Displays sind eine Weiterentwicklung der OLED und nutzen eine aktive Matrix zur präziseren Ansteuerung der Bildpunkte. Dadurch zeichnen sie sich durch schnellere Reaktionszeiten und eine höhere Helligkeit aus, was sie ideal für die energieeffiziente Darstellung bewegter Inhalte macht.

Vorteile aus Sicht der Nutzer:innen: Die schnelle Reaktionszeit von AMOLED-Displays verbessert die Darstellung von Inhalten bei schnellen Bewegungen in Spielen und Videos. Die höhere Helligkeit sorgt zudem für eine bessere Sichtbarkeit des Displays bei direkter Sonneneinstrahlung.

LTPO (Low-Temperature Polycrystalline Oxide)

LTPO-Displays sind eine spezielle Art von OLED-Displays, die in der Lage sind, die Bildwiederholrate dynamisch anzupassen. Diese Technologie ermöglicht es, die Bildwiederholrate je nach angezeigtem Inhalt zu variieren und so den Energieverbrauch ohne Einbußen bei der Darstellungsqualität je nach Anwendungsfall zu reduzieren. LTPO-Displays werden derzeit vor allem in High-End-Smartphones wie dem iPhone 15 Pro Max oder dem Samsung Galaxy S23 Ultra eingesetzt.

Vorteile aus Sicht der Nutzer:innen: LTPO-Displays ermöglichen die flüssige Darstellung dynamischer Inhalte wie Spiele und Videos und reduzieren gleichzeitig den Energieverbrauch bei statischen Anwendungen. Diese Anpassungsfähigkeit verlängert die Akkulaufzeit und reduziert die thermische Belastung des Smartphones.

Weitere Display-Technologien und zukünftige Entwicklungen

Neben OLED, AMOLED und LTPO gibt es noch weitere Displaytechnologien, die in Smartphones zum Einsatz kommen, z. B. LCD (Liquid Crystal Display), das mit Hintergrundbeleuchtung arbeitet und häufig in preiswerteren Geräten verwendet wird, oder Mini-LED, z. B. eingesetzt im aktuellen Apple iPad Pro, das eine präzisere Steuerung der Hintergrundbeleuchtung ermöglicht und damit bessere Kontraste und Schwarzwerte als herkömmliche LCDs bietet. Zukünftige Entwicklungen wie Micro-LED, das noch höhere Helligkeit und Energieeffizienz verspricht, oder faltbare Displays, die neue Formfaktoren und Einsatzmöglichkeiten eröffnen könnten, werden die User Experience bei Smartphones weiter verbessern.

2.1.5 Batterietechnologien

Moderne Smartphones benötigen nicht nur leistungsfähige Prozessoren und hochauflösende Displays, sondern auch fortschrittliche Batterietechnologien, um ihren wachsenden Energiehunger zu stillen. Fortschritte in der Batterietechnologie haben die Lebensdauer und Ladegeschwindigkeit erheblich erhöht und Smartphones zu noch zuverlässigeren Begleitern im Alltag gemacht. Diese Entwicklungen umfassen höhere Energiedichten, schnellere Ladezeiten und neue Lademethoden, die den Komfort und die Flexibilität bei der Nutzung erhöhen.

Kapazität und Energiedichte

Dank moderner Werkstofftechnik und optimierter Zellchemie können heutige Lithium-Ionen-Batterien mehr Energie speichern, ohne an Größe zuzulegen. Die kontinuierliche Steigerung der Energiedichte hat dazu geführt, dass Smartphones auch bei steigenden Anforderungen durch leistungsintensive Anwendungen länger mit einer Akkuladung auskommen.

Vorteile aus Sicht der Nutzer:innen: Nutzer:innen profitieren von längeren Nutzungszeiten, was besonders bei energieintensiven Funktionen wie Videostreaming, Gaming oder Navigation spürbar wird.

Schnellladetechnologien

Moderne Schnellladetechnologien nutzen eine Kombination aus höheren Spannungen und Strömen sowie erweiterten Ladeprotokollen, um die Ladezeiten deutlich zu verkürzen. Häufig eingesetzte Technologien sind Qualcomm Quick Charge und USB Power Delivery (USB-PD), die je nach Implementierung unterschiedliche Spannungs- und Stromwerte unterstützen können. Einige Schnellladetechnologien ermöglichen eine maximale Ladeleistung von bis zu 100 Watt oder mehr, wodurch in kurzer Zeit eine beträchtliche Energiemenge in die Batterie übertragen werden kann.

Um die Batterie vor Schäden zu schützen, wird ein präzises Energiemanagement eingesetzt. Dieses überwacht kontinuierlich verschiedene Parameter wie Temperatur, Spannung und Ladestrom der Zellen und passt die Ladeparameter entsprechend an, um eine Überhitzung und andere Schäden zu vermeiden. Das Energiemanagement sorgt dafür, dass die Ladung in mehreren Phasen erfolgt: In der ersten Phase wird die Batterie mit hoher Leistung geladen, um schnell eine hohe Kapazität zu erreichen. In den folgenden Phasen wird die Ladegeschwindigkeit reduziert, um die letzten Prozent der Batteriekapazität schonend aufzufüllen und die Belastung der Batteriezellen zu minimieren.

Durch die Integration fortschrittlicher Materialien wie Lithium-Polymer-Batterien, die eine höhere Anzahl von Ladezyklen ohne übermäßige Zellalterung unterstützen, und Schnellladetechnologien können moderne Smartphones nicht nur schneller, sondern auch sicherer aufgeladen werden. Dies führt zu einer deutlichen Verkürzung der Ladezeiten, ohne die Integrität und Lebensdauer der Batterie zu gefährden.

Vorteile aus Sicht der Nutzer:innen: Die Möglichkeit, das Smartphone in wenigen Minuten für mehrere Stunden aufzuladen, bietet einen hohen und offensichtlichen praktischen Nutzen in klassischen Situationen, in denen ein schnelles Aufladen entscheidend ist, z. B. vor einem wichtigen Meeting oder auf Reisen.

Kabelloses Laden und Reverse Wireless Charging

Kabelloses oder induktives Laden basiert auf der Technologie der elektromagnetischen Induktion, bei der Energie drahtlos über kurze Strecken übertragen wird. Dabei erzeugt eine Ladespule im Ladepad ein elektromagnetisches Feld, das von einer zweiten Spule im Smartphone aufgenommen wird. Diese Spule wandelt das elektromagnetische Feld wieder in elektrische Energie um, mit der dann der Akku aufgeladen wird. Moderne Standards wie Qi (entwickelt vom Wireless Power Consortium) unterstützen Ladeleistungen von bis zu 15 Watt und mehr, was eine mit konventionellen kabelgebundenen Ladegeräten vergleichbare Ladegeschwindigkeit ermöglicht.

Neben dem kabellosen Laden bietet Reverse Wireless Charging die Möglichkeit, das Smartphone selbst als kabelloses Ladegerät für andere kompatible Geräte zu nutzen. Dabei fungiert die Ladeeinheit des Smartphones als Energiequelle, die über das gleiche Prinzip der elektromagnetischen Induktion andere Geräte wie Smartwatches, drahtlose Kopfhörer oder sogar andere Smartphones mit Energie versorgt. Diese Funktion erfordert jedoch eine genauere Steuerung der Energieübertragung, um sicherzustellen, dass das Smartphone weiterhin effizient arbeitet, während es gleichzeitig andere Geräte auflädt.

Vorteile aus Sicht der Nutzer:innen: Die Möglichkeit, andere Geräte mit dem Smartphone aufzuladen, bietet ein zusätzliches Maß an Flexibilität und Mobilität unterwegs oder in Situationen, in denen kein herkömmliches Ladegerät zur Verfügung steht. Kabelloses Laden erleichtert den Alltag, da das Hantieren mit Kabeln entfällt, während Reverse Wireless Charging das Smartphone in ein vielseitiges Werkzeug verwandelt, das nicht nur als Kommunikationsgerät, sondern auch als tragbare Energiequelle dient.

2.1.6 Kamera- und Sensorsysteme

Die Kamera- und Sensorsysteme moderner Smartphones haben sich in den letzten Jahren massiv weiterentwickelt und sind aus Sicht der Konsument:innen weiterhin ein wichtiger Entscheidungsfaktor bei der Auswahl eines neuen Smartphones. Diese Fortschritte gehen über die reine Verbesserung der physikalischen Bildqualität hinaus und bieten erweiterte Funktionalitäten, die Techniken der klassischen Fotografie integrieren und ohne vertiefte handwerkliche Kenntnisse für alle Nutzer:innen zugänglich machen. Dazu gehören komplexe Mehrlinsensysteme, hochentwickelte Sensortechnologien wie LiDAR und Time-of-Flight (ToF) sowie die Integration künstlicher Intelligenz in die Bildverarbeitung.

Kamerasensoren und Mehrlinsensysteme

Dank der Entwicklung von Kamerasensoren von Herstellern wie Sony, Samsung und OmniVision können Smartphones heute Bilder mit außergewöhnlicher Schärfe und Detailgenauigkeit aufnehmen und stehen den herkömmlichen Digitalkameras im Alltag kaum mehr nach. Diese Sensoren bieten immer höhere Auflösungen, größere Sensorflächen und Technologien wie den Dual-Pixel-Autofokus, der eine präzise und schnelle Fokussierung ermöglicht. Diese Technologien ermöglichen nicht nur eine bessere Lichtausbeute, sondern auch eine bessere Bildqualität, besonders bei schlechten Lichtverhältnissen.

Multi-Objektiv-Systeme kombinieren verschiedene Objektive wie Weitwinkel (für Landschafts- und Gruppenaufnahmen), Ultra-Weitwinkel (für noch größere Bildausschnitte), Tele (für verlustfreies Zoomen) und Makro (für Nahaufnahmen kleiner Objekte) in einer Kamera. Diese Konfigurationen bieten den Nutzer:innen die Flexibilität, unterschiedliche Perspektiven und Brennweiten abzudecken, ohne Kompromisse bei der Bildqualität einzugehen. Darüber hinaus ermöglichen sie Funktionen wie optischen Zoom, Tiefenschärfeeffekte und verbesserte Fotografie bei schlechten Lichtverhältnissen.

Vorteile aus Sicht der Nutzer:innen: Die hohe Auflösung und Flexibilität der Mehrfachlinsensysteme erlauben es den Nutzer:innen, eine breite Palette von Aufnahmeszenarien zu erfassen, von detailreichen Porträts bis hin zu weiten Landschaftsaufnahmen. Selbst bei schwierigen Lichtverhältnissen können qualitativ hochwertige Bilder aufgenommen werden.

Time-of-Flight (ToF) und LiDAR

Time-of-Flight (ToF)-Sensoren und LiDAR-Systeme haben die Fähigkeit von Smartphones zur Tiefenerkennung und zur genauen Bestimmung räumlicher Informationen erheblich verbessert. ToF-Sensoren messen die Zeit, die ein Lichtimpuls benötigt, um von einem Objekt reflektiert zu werden, und verwenden diese Daten, um dreidimensionale Karten der Umgebung zu erstellen. LiDAR steht für „Light detection and ranging“ und ist eine genauere und leistungsfähigere, aber auch teurere und energieintensivere Form der ToF-Technologie, die Laserpulse zur präzisen Tiefenmessung verwendet und so Augmented Reality (AR) und Mixed Reality (MR), verbesserte Autofokusfunktionen und eine genauere Objekterkennung ermöglicht.

Diese Sensoren spielen auch eine entscheidende Rolle bei Anwendungen wie Gesichtserkennung und Gestensteuerung, indem sie präzise Bewegungen und Positionen in Echtzeit erfassen. Neue Entwicklungen wie die Isocell-Vizion-Sensoren von Samsung integrieren ToF-Sensoren direkt in den Bildsignalprozessor, was die Energieeffizienz weiter verbessert und gleichzeitig die Genauigkeit der Tiefenerkennung erhöht.

Vorteile aus Sicht der Nutzer:innen: ToF- und LiDAR-Sensoren erweitern die Einsatzmöglichkeiten von Smartphones erheblich, vornehmlich in den Bereichen 3D-Scanning, Indoor-Navigation, AR/MR und Fotografie. Nutzer:innen profitieren von präziseren Fokus- und Tiefenschärfe-Funktionen sowie realistischeren AR/MR-Erlebnissen, die durch das verbesserte räumliche Situationsbewusstsein der Anwendungen ermöglicht werden. Diese Technologien bieten auch eine höhere Präzision und Reaktionsfähigkeit bei der Interaktion der physischen Welt mit digitalen Inhalten.

Spatial Computing und 3D Fotos/Videos

Spatial Computing und die Aufnahme von 3D-Fotos und -Videos stellen relevante Erweiterungen der Kamera- und Sensorfunktionen moderner Smartphones dar. Apple, aber auch andere Hersteller haben diese Technologien in ihre aktuellen Geräte integriert, um neue Nutzungsszenarien zu erschließen. Aber auch andere Hersteller arbeiten an der Entwicklung von Spatial Computing und 3D-Erfassungstechnologien, um diesen Wachstumsmarkt bedienen zu können.

Spatial Computing kombiniert fortschrittliche Sensor- und Kameratechnologien mit maschinellem Lernen, um digitale Inhalte präzise in die physische Welt zu integrieren. LiDAR-Scanner und andere Sensoren erfassen Tiefeninformationen, die durch maschinelles Lernen in Echtzeit verarbeitet werden, um die räumliche Position physischer Objekte genau zu bestimmen. Diese Technologie ermöglicht interaktive Augmented oder Mixed Reality (AR oder MR) Erlebnisse und Inhalte, die sowohl Tiefe als auch räumliche Details wiedergeben. Diese Funktion ist für Anwendungen in den Bereichen AR/MR, Design und immersive Medien von Bedeutung, da sie eine realistischere und detailliertere Darstellung „realer“ Szenarien ermöglicht.

Darüber hinaus finden diese Technologien Anwendung in professionellen Szenarien wie Architektur und Bauwesen, wo 3D-Modelle und Visualisierungen direkt vor Ort erstellt und bearbeitet werden können. Auch im Gesundheitswesen gewinnen diese Funktionen an Bedeutung, etwa bei der Erstellung detaillierter 3D-Scans für diagnostische Zwecke oder bei der Planung chirurgischer Eingriffe. In der Film- und Spieleindustrie ermöglichen 3D-Fotos und -Videos sowie Spatial Computing die Erstellung immersiver und interaktiver Inhalte, die den Einsatz von Virtual Production und Echtzeit-Renderingtechniken unterstützen. Weitere Anwendungsbeispiele sind die Nutzung von 3D-Scans für die virtuelle Anprobe von Kleidung oder die virtuelle Einrichtung von Wohnungen.

Vorteile aus Sicht der Nutzer:innen: Die erweiterten Funktionen bieten sowohl kreative Möglichkeiten als auch Anwendungspotenziale in professionellen Bereichen, in denen es auf exakte räumliche Erfassung und präzise Interaktion mit der realen Welt ankommt, wie z.B. in der Architektur zur Erstellung von Gebäudemodellen, in der Medizin für detaillierte 3D-Diagnosen oder in der Filmproduktion für realitätsnahe digitale Umgebungen.

2.1.7 Fortschritte und Innovationen durch Software und Betriebssysteme

Die Entwicklung moderner Smartphones wird nicht nur durch Fortschritte in der Hardware vorangetrieben, sondern auch durch stetige Innovationen in den Bereichen Software und Betriebssysteme, ohne die die Hardware nichts weiter als teures Silizium wäre. Diese bilden die Grundlage für die User Experience, indem sie die Leistungsfähigkeit der Hardware erschließen und die Integration einer Vielzahl von Funktionen ermöglichen. Innovationen bei Betriebssystemen wie Android und iOS sowie die Entwicklung leistungsfähiger Softwarelösungen und alternativer Entwicklungsumgebungen tragen zur Flexibilität, Sicherheit und Effizienz moderner Smartphones bei und ermöglichen das hohe Innovationstempo in der Mobiltechnologiebranche.

2.1.7.1 Google Android

Android ist das am weitesten verbreitete Betriebssystem für mobile Geräte. Sein Open-Source-Status hat wesentlich zu seiner weltweiten Verbreitung und Marktdominanz beigetragen, da er es den Herstellern ermöglicht, das System kostenlos zu nutzen und anzupassen. Diese Flexibilität und Anpassbarkeit an unterschiedliche Anwendungsszenarien hat zu einer großen Vielfalt an Android-Geräten geführt, die unterschiedliche Preissegmente und Nutzer:innenbedürfnisse abdecken. Darüber hinaus spielen die breite Unterstützung durch App-Entwickler:innen und die Verfügbarkeit einer riesigen Auswahl an Apps in verschiedenen Stores eine entscheidende

Rolle für die Attraktivität von Android. Nicht zuletzt haben auch die starke Marke und das offensive globale Marketing von Google dazu beigetragen, Android als führendes mobiles Betriebssystem zu etablieren.

Evolution und Innovationszyklen

Android als Open-Source-Betriebssystem hat es einer Vielzahl von Geräteherstellern ermöglicht, eigene Versionen oder Branches des Betriebssystems zu entwickeln. Diese herstellerspezifischen Anpassungen, wie sie beispielsweise bei Samsung (mit One UI), Xiaomi (mit MIUI) oder Huawei (mit EMUI) zu finden sind, haben zur Vielfalt und Anpassungsfähigkeit des Android-Ökosystems beigetragen und fördern zudem die Differenzierung im Markt. Sie treiben auch die Innovation voran, indem sie neue Funktionen und Modifikationen einführen, die später in die Standardversion von Android integriert werden können. Diese Vielfalt führt jedoch auch zu einer starken Fragmentierung der Android-Systemlandschaft, da Updates oft nicht für alle Geräte gleich schnell oder überhaupt verfügbar sind.

Google veröffentlicht jedes Jahr eine neue Version des Android-Betriebssystems, die seit Android 10 numerisch bezeichnet wird und regelmäßig neue Funktionen, Verbesserungen der Benutzer:innenoberfläche und Sicherheitsupdates enthält. Ein wichtiger technischer Meilenstein war die Einführung des Material Designs im Jahr 2014 mit Android 5.0 (Lollipop). Material Design bietet ein umfassendes visuelles Designkonzept, das Entwickler:innen klare Richtlinien für die Gestaltung von User Interfaces, Animationen, Interaktionen und Barrierefreiheit an die Hand gibt und – bei konsequenter Anwendung durch die Entwickler:innen – die visuelle Kohärenz innerhalb des Android-Ökosystems erheblich verbessert.

Mit der Einführung von Projekt Treble im Jahr 2017 wurde die Architektur von Android erheblich modularisiert. Treble trennt die herstellerspezifischen Anpassungen vom Android-Kern, wodurch Systemupdates schneller und unabhängiger von den Anpassungen der Gerätehersteller bereitgestellt werden können. Dies hat die Verteilung von Android-Updates erheblich beschleunigt und die Fragmentierung innerhalb des Android-Ökosystems verringert, obwohl die Herausforderung der Gerätevielfalt weiterhin besteht.

Der Wechsel von Java zu Kotlin als bevorzugte Programmiersprache, die seit 2017 offiziell von Google unterstützt wird, war ein weiterer wichtiger Schritt in der Entwicklung von Android. Im Vergleich zu Java bietet Kotlin moderne Sprachmerkmale wie Null-Sicherheit zur Vermeidung von NullPointerExceptions, eine prägnantere Syntax und eine bessere Unterstützung für asynchrone Programmierung, was die Entwicklung stabilerer und effizienterer Anwendungen erleichtert. Java wird allerdings weiterhin unterstützt und viele bestehende Legacy-Anwendungen sind noch in Java geschrieben.

Parallel dazu hat sich Android Studio seit seiner Einführung im Jahr 2013 zur Standard-Entwicklungsumgebung für Android entwickelt. Android Studio bietet eine umfassende Plattform mit integrierten Tools wie einem Emulator, einem visuell orientierten Layout-Editor und einer tiefen Integration von Google-Diensten. Erweiterungen wie „Apply Changes“ und das integrierte Profiler-Tool unterstützen Entwickler:innen bei der Effizienzsteigerung und Performance-Optimierung ihrer Anwendungen. Darüber hinaus unterstützt Android Studio verschiedene Programmiersprachen, darunter Java, Kotlin, C++ und das Framework Flutter für plattformübergreifende Apps, ermöglicht die Integration von Versionskontrollsystemen und bietet die Möglichkeit, Apps direkt auf angeschlossenen Geräten zu testen.

Vorteile aus Sicht der Nutzer:innen: Regelmäßige Updates sorgen für eine ständige Verbesserung der Systemperformance und Sicherheit. Der Umstieg auf Kotlin und die Erweiterungen in Android Studio tragen dazu bei, dass Apps effizienter entwickelt werden können. Die Vielfalt und Anpassbarkeit der Android-Branches durch die verschiedenen Hersteller bietet den Nutzer:innen zudem spezifische Funktionen und optimierte User Experiences, die exakt an die Anforderungen der verschiedenen Hersteller und Marken angepasst werden können.

Sicherheitsfeatures und Datenschutz

Google hat in den letzten Jahren erhebliche Anstrengungen unternommen, um die Sicherheit und den Datenschutz von Android zu verbessern. Zu den wichtigsten Initiativen zählen die Einführung von Android-Sicherheitsupdates, die monatlich erscheinen und Sicherheitslücken schließen, sowie das System „Google Play Protect“, das Apps sowohl aus dem Play Store als auch aus anderen Quellen in Echtzeit auf schädliche Aktivitäten überprüft. Weitere Sicherheitsmerkmale sind die Datenverschlüsselung auf Geräteebene, die seit Android 6.0 (Marshmallow) feiner abgestuften App-Berechtigungen und das Sandboxing von Apps, das verhindert, dass Schadsoftware auf andere Apps oder Systemressourcen zugreifen kann.

Vorteile aus Sicht der Nutzer:innen: Verbesserte Sicherheitsmaßnahmen bieten den Nutzer:innen Schutz vor Malware und unberechtigtem Zugriff auf persönliche Daten. Regelmäßige Sicherheitsupdates tragen zur allgemeinen Stabilität und Sicherheit des Gerätes bei, während granulare Berechtigungseinstellungen den Nutzer:innen mehr Kontrolle über ihre Privatsphäre geben.

Benutzer:innenoberfläche (UI/UX) und Personalisierung

Android zeichnet sich durch ein hohes Maß an Anpassbarkeit aus, das es den Nutzer:innen ermöglicht, das User Interface nach ihren Vorlieben zu gestalten. Mit der Einführung des Material Design wurde ein einheitliches Designkonzept etabliert, das ein intuitives und konsistentes Nutzererlebnis bietet. Darüber hinaus bietet Android umfangreiche Möglichkeiten zur Personalisierung, sei es durch Widgets, Launcher oder die Auswahl eigener Themes. Die seit Android 10 verfügbare Gestensteuerung bietet eine alternative Navigationsmethode und ermöglicht eine nahtlose Bedienung auf Geräten mit randlosem Display.

Vorteile aus Sicht der Nutzer:innen: Die hohe Anpassungsfähigkeit von Android erlaubt es den Nutzer:innen, das System umfassend ihren Bedürfnissen und Vorlieben entsprechend zu gestalten. Widgets und alternative Launcher bieten schnellen Zugriff auf wichtige Informationen und Anwendungen. Gestensteuerung optimiert die Navigation auf randlosen Displays und sorgt für eine flüssige, intuitive Bedienung. Darüber hinaus sorgt Material Design für eine konsistente und klare Benutzerführung über verschiedene Apps hinweg.

Künstliche Intelligenz und Machine Learning

KI ist ein zentraler Treiber für die Weiterentwicklung von Android und ermöglicht eine Vielzahl intelligenter und personalisierter Funktionen. Der in Android integrierte Google Assistant nutzt moderne Algorithmen des maschinellen Lernens, um kontextbezogene und personalisierte Empfehlungen zu geben, Aufgaben zu automatisieren und spezifische Informationen bereitzustellen. Funktionen wie „Adaptive Battery" und „Adaptive Brightness" nutzen KI, um Systemressourcen auf der Grundlage des Nutzerverhaltens effizienter zu verwalten und die Akkulaufzeit zu verlängern.

Google Gemini, ein vor kurzem eingeführtes fortschrittliches generatives KI-Modell, erweitert die Möglichkeiten von Android noch weiter. Es ist bereits in einige Android-Apps integriert und bietet kontextsensitive Unterstützung sowie generative KI-Funktionen wie das Einfügen von KI-generierten Bildern. Funktionen wie Circle to Search, mit der Nutzer:innen durch einfaches Einkreisen des Bildschirms nach Inhalten suchen können, sind derzeit nur auf Pixel-Geräten mit Google Assistant verfügbar. Darüber hat Google Gemini Nano bereitgestellt, ein speziell für mobile Geräte optimiertes KI-Modell, um multimodale Funktionen direkt auf dem Gerät ohne Cloud-Interaktion zu ermöglichen. Multimodale Modelle können nicht nur Text, sondern auch Bilder, Ton und gesprochene Sprache verarbeiten.

Vorteile aus Sicht der Nutzer:innen: KI-basierte Funktionen wie Adaptive Battery und Google Assistant steigern die Effizienz erheblich, indem sie das Systemverhalten an individuelle Nutzungsgewohnheiten anpassen und personalisierte Unterstützung bieten. Darüber hinaus trägt maschinelles Lernen zur Verbesserung der Bildqualität in der Kamera-App bei, beispielsweise durch Funktionen wie Szenenerkennung und Porträtmodus, die bessere Fotos bei unterschiedlichen Lichtverhältnissen ermöglichen. KI spielt auch eine wichtige Rolle bei der Sprachverarbeitung, indem sie eine genauere Spracherkennung und -eingabe ermöglicht, was die Interaktion mit dem Gerät erleichtert und intelligente Textfunktionen wie Smart Compose und Live Translate ermöglicht.

Cloud-Dienste und Synchronisation

Android ist eng mit den umfassenden Cloud-Diensten von Google verknüpft, die eine nahtlose Synchronisierung von Daten und Diensten zwischen verschiedenen Geräten ermöglichen. Google Drive, Google Photos und Google One bieten Speicherlösungen, mit denen Nutzer:innen ihre Daten in der Cloud ablegen und von jedem Gerät aus darauf zugreifen können. Auch die Synchronisation von Kalendern, Kontakten und Einstellungen zwischen verschiedenen Android-Geräten ist standardisiert. Die Nutzung der Google-Cloud-Dienste ist generell optional und Nutzer:innen können auch andere Cloud-Anbieter oder lokale Speicherlösungen verwenden, auch wenn dies aufgrund der tiefen und komfortablen Verzahnung von Android mit den anderen Google-Diensten in der Praxis eher die Ausnahme ist.

Vorteile aus Sicht der Nutzer:innen: Die enge Integration der Google-Cloud-Dienste mit Android ermöglicht eine kontinuierliche Synchronisation von Daten und Diensten, die geräteübergreifend zur Verfügung stehen. Nutzer:innen profitieren vom nahtlosen Zugriff auf Dateien, Fotos und Einstellungen unabhängig vom verwendeten Gerät. Optionale Verschlüsselungs- und Backup-Funktionen sorgen zudem für Datensicherheit und minimieren den Datenverlust bei Gerätewechsel oder -verlust.

2.1.7.2 Apple iOS

Apple iOS wurde 2007 eingeführt und ist Apples exklusives Betriebssystem für Smartphones. Es bietet eine enge Integration von Hard- und Software und spielt eine zentrale Rolle im Apple-Ökosystem, indem es eine konsistente Benutzererfahrung auf allen mobilen Apple-Geräten gewährleistet. iOS teilt viele technische Grundlagen mit iPadOS, dem Betriebssystem für Tablets, und visionOS, dem Betriebssystem für das Apple Vision Pro XR-Headset. iPadOS und visionOS bauen auf iOS auf und wurden speziell für Tablets bzw. XR-Headsets angepasst. Diese enge Verwandtschaft der Betriebssysteme ermöglicht eine nahtlose plattformübergreifende Nutzung von Apps und Diensten, was die Interoperabilität innerhalb des Apple-Ökosystems sowohl aus Sicht der Nutzer:innen als auch der Entwickler:innen erleichtert.

Evolution und Innovationszyklen

Apple veröffentlicht ebenfalls jedes Jahr einen neuen Major Release von iOS, die Verbesserungen in den Bereichen Sicherheit, Benutzer:innenfreundlichkeit, Funktionen und Leistung mit sich bringt. Diese Entwicklungen sind eng mit den Fortschritten von Apple bei der Integration von Hard- und Software verbunden, da die speziell entwickelten Chips und das Betriebssystem optimal aufeinander abgestimmt sind, um eine höhere Leistung und Effizienz zu gewährleisten.

Der erste wesentliche Meilenstein nach der Einführung von iOS war der Start des App Stores im Jahr 2008. Dieser ermöglichte es Entwickler:innen, ihre Anwendungen einem breiten Publikum zur Verfügung zu stellen und revolutionierte das Modell der mobilen Software-Distribution. Der App Store machte das Konzept der „Apps für alle Lebensbereiche“ populär und trug entscheidend zum Erfolg von iOS bei.

Im Jahr 2011 führte Apple Siri ein, einen der ersten Sprachassistenten für mobile Geräte. Siri integrierte Spracherkennung und natürliche Sprachverarbeitung in das iOS-System und ermöglichte eine sprachbasierende Interaktion mit dem Gerät. Obwohl Siri anfangs nur über einen begrenzten Funktionsumfang verfügte und auch heute noch mit Leistungsproblemen zu kämpfen hat, legte sie den Grundstein für die weitere Entwicklung KI-gestützter Assistenzdienste, die zunehmend personalisierte und kontextbezogene Unterstützung bieten.

Mit der Einführung von Touch ID im Jahr 2013 brachte Apple eine neue biometrische Sicherheitsfunktion auf den Markt, die eine Authentifizierung per Fingerabdruck ermöglichte. Diese Technologie wurde durch die 2017 eingeführte Face ID weiterentwickelt, die durch Gesichtserkennung eine noch sicherere und komfortablere Methode zur Benutzer:innenverifizierung bietet. Beide Technologien haben neue Maßstäbe für die mobile Sicherheit und Benutzer:innenfreundlichkeit gesetzt.

Ein wichtiger Fortschritt in der iOS-Entwicklung war die Einführung der Programmiersprache Swift im Jahr 2014. Swift wurde als moderne, leistungsstarke und sichere Alternative zu Objective-C entwickelt und bietet eine präzisere und effizientere Möglichkeit, Apps zu erstellen. Swift fördert die Produktivität der Entwickler:innen durch eine klarere Syntax, starke Typensicherheit und fortschrittliche Fehlerbehandlung.

2017 erweiterte Apple die Möglichkeiten von iOS durch die Einführung von ARKit, einem Framework für die Entwicklung von Augmented-Reality-Anwendungen. ARKit nutzt die fortschrittlichen Kameras und Sensoren der iOS-Geräte, um digitale Inhalte präzise in die reale Welt einzubetten. Diese Technologie hat neue Anwendungsfelder in den Bereichen Spiele, Bildung und industrielle Anwendungen eröffnet und iOS als führende Plattform für Augmented Reality etabliert.

Im Jahr 2019 stellte Apple SwiftUI vor, ein deklaratives Framework zur Gestaltung von User Interfaces, das die Entwicklung plattformübergreifender Anwendungen innerhalb des Apple-Ökosystems erleichtert. SwiftUI ermöglicht es Entwickler:innen, User Interfaces für iOS, macOS, watchOS und tvOS mit einer einzigen Codebasis zu erstellen, was die Effizienz und Konsistenz der Anwendungsentwicklung deutlich erhöht.

Vorteile aus Sicht der Nutzer:innen: iOS-Updates verbessern kontinuierlich die Leistung und Sicherheit des Systems durch gezielte Optimierungen und neue Security-Mechanismen. Die Einführung von Face ID hat die biometrische Sicherheit mit moderner Gesichtserkennungstechnologie verbessert, die eine zuverlässige Authentifizierung unter verschiedenen Bedingungen ermöglicht und dabei einfach zu nutzen ist. ARKit bietet immersive Erlebnisse durch präzise Augmented-Reality-Funktionen, die weitreichende Anwendungen in Bereichen wie Bildung und Industrie unterstützen. Apple Intelligence optimiert Siri durch personalisierte und kontextbezogene Unterstützung. Schließlich stärkt Apple den Schutz der Privatsphäre der Nutzer:innen durch tief in das System integrierte Datenschutzfunktionen wie App Tracking Transparency und lokale Datenverarbeitung.

Sicherheitsfeatures und Datenschutz

Apple hat zahlreiche Maßnahmen implementiert, um die Daten der Nutzer:innen zu schützen. Dazu gehören regelmäßige Sicherheitsupdates, die obligatorische Verschlüsselung der Daten auf dem Gerät und bei der Übertragung sowie strenge Richtlinien für App-Entwickler:innen im App Store. Funktionen wie App Tracking Transparency und Privacy Nutrition Labels geben den Nutzer:innen mehr Kontrolle über die Verwendung ihrer Daten.

Vorteile aus Sicht der Nutzer:innen: Die Sicherheits- und Datenschutzmaßnahmen von iOS bieten den Nutzer:innen Schutz vor Datenmissbrauch und Cyberangriffen. Die Transparenzinitiativen ermöglichen den Nutzer:innen mehr Kontrolle über ihre persönlichen Daten.

User Interface (UI/UX) und Integration in das Apple-Ökosystem

Die Benutzeroberfläche von iOS zeichnet sich durch eine intuitive Bedienung und ein einheitliches Design aus, das eine einfache und konsistente Nutzung ermöglicht. iOS unterstützt die nahtlose Integration mit anderen Apple-Geräten und -Diensten durch Funktionen wie Handoff, Continuity und AirDrop. Diese Integration ermöglicht es Nutzer:innen, ohne Unterbrechung zwischen verschiedenen Geräten innerhalb des Apple-Kosmos zu wechseln und auf einem Gerät begonnene Aufgaben nahtlos fortzusetzen.

Vorteile aus Sicht der Nutzer:innen: Die enge Integration von iOS in das Apple-Ökosystem bietet Nutzer:innen eine durchgängige User Experience, indem sie einfach zwischen ihren Geräten wechseln können. Funktionen wie Handoff ermöglichen es, Aufgaben, die auf einem Gerät begonnen wurden, auf einem anderen Gerät fortzusetzen. AirDrop vereinfacht den Austausch von Dateien zwischen Geräten erheblich und Continuity stellt sicher, dass alle Apple-Geräte nahtlos zusammenarbeiten.

Künstliche Intelligenz und maschinelles Lernen

Apple integriert zunehmend künstliche Intelligenz (KI) und maschinelles Lernen in iOS, um die Benutzererfahrung insgesamt zu verbessern. Mit der bereits teilweise in iOS 18 integrierten Plattform „Apple Intelligence" aka „AI" verfügt Siri über erweiterte Fähigkeiten, die vor allem auf personalisierte und kontextbezogene Unterstützung abzielen. KI-gestützte Funktionen wie die automatische Erstellung von Fotostories und die Szenenerkennung in der Kamera-App optimieren bereits die Bildqualität und erleichtern die Bedienung. Apple legt besonderen Wert auf den Datenschutz, indem KI-Modelle sowohl lokal auf den Geräten als auch in einer privaten Cloud ausgeführt werden. Damit setzt Apple einen neuen Standard für den Datenschutz bei KI und ermöglicht die flexible Anpassung der Rechenkapazität bei der Verarbeitung auf dem Gerät und den Einsatz größerer, serverbasierter Modelle, die auf eigenen Servern mit Apple-Chips laufen. Dabei werden unterschiedliche Datenklassen und deren spezifische Schutzbedürfnisse berücksichtigt.

Vorteile aus Sicht der Nutzer:innen: Die Integration von KI in iOS verbessert das Nutzererlebnis durch personalisierte Unterstützung bei gleichzeitigem Schutz der Privatsphäre. Funktionen wie Siri und intelligente Bilderkennung erleichtern den Alltag und bieten praktische Tools, die sich an individuelle Bedürfnisse anpassen. Mit „Apple Intelligence" sollen diese Vorteile weiter ausgebaut werden.

Cloud-Dienste und Synchronisation

iOS ist eng mit den Cloud-Diensten von Apple, der iCloud verzahnt. Diese Dienste ermöglichen es Nutzer:innen, Daten sicher zu speichern und zwischen verschiedenen Apple-Geräten zu synchronisieren. iCloud bietet Funktionen wie die automatische Sicherung von Fotos, Dokumenten und Einstellungen sowie die Synchronisation von Kontakten, Kalendern und Notizen und die Erstellung von Geräte-Backups. Die Nutzung von iCloud ist prinzipiell optional und Nutzer:innen können auch andere Cloud-Anbieter oder lokale Speicherlösungen verwenden, wenn auch oft um den Preis eines geringeren Komforts und eingeschränkter Funktionalität.

Vorteile aus Sicht der Nutzer:innen: Durch die tiefe Integration von iCloud profitieren Nutzer:innen von einer nahtlosen Synchronisation ihrer Daten, einschließlich Fotos, Dateien und Backups, über mehrere Apple-Geräte hinweg. Darüber hinaus bietet iCloud erweiterte Sicherheitsfunktionen wie Ende-zu-Ende-Verschlüsselung, die einen hohen Schutz persönlicher Daten gewährleisten und den Verlust von Informationen bei einem Gerätewechsel oder unerwarteten Zwischenfällen minimieren.

2.1.7.3 Alternative Entwicklungsumgebungen

In den letzten Jahren haben sich alternative Entwicklungsumgebungen wie Flutter, Kotlin Multiplatform oder MAUI (ehemals Xamarin) zu mächtigen Werkzeugen für die Entwicklung mobiler Anwendungen entwickelt. Diese Frameworks bieten Entwickler:innen neue Freiheiten bei der Auswahl von Entwicklungsplattformen und können dazu beitragen, Entwicklungsprozesse zu beschleunigen und zu vereinfachen.

Flutter, 2017 von Google eingeführt, ist ein Open-Source-Framework, das die plattformübergreifende Entwicklung von Anwendungen mit einer einzigen Codebasis ermöglicht. Es reduziert den Aufwand für die Entwicklung und Pflege separater Codebasen für Android und iOS erheblich. Flutter verwendet die Programmiersprache Dart und zeichnet sich durch die Funktion „Hot Reload" aus, die es Entwickler:innen ermöglicht, Änderungen im Code sofort in der laufenden App zu sehen. Dies beschleunigt den Entwicklungszyklus und bietet zudem eine hohe Flexibilität bei der Gestaltung des User Interface. Flutter unterstützt die Entwicklung von nativ aussehenden Anwendungen mit konsistenter Performance auf allen Plattformen.

Kotlin Multiplatform, das 2019 offiziell als stabile Version veröffentlicht wurde, ist eine Erweiterung der Programmiersprache Kotlin und bietet ebenfalls die Möglichkeit, plattformübergreifende Anwendungen zu entwickeln. Es ermöglicht die gemeinsame Nutzung der zentralen Logik über mehrere Plattformen hinweg, während plattformspezifische Komponenten wie die Benutzer:innenoberfläche individuell angepasst werden können. Diese Trennung erleichtert die Entwicklung komplexer Anwendungen, bei denen unterschiedliche Plattformen unterschiedliche Anforderungen an die User Experience stellen. Kotlin Multiplatform ist besonders attraktiv für Entwickler:innen, die bereits mit Kotlin vertraut sind, da es eine nahtlose Integration in bestehende Android-Projekte ermöglicht und gleichzeitig die Möglichkeit bietet, für iOS zu entwickeln.

MAUI (Multi-platform App UI), das 2022 von Microsoft als Nachfolger von Xamarin veröffentlicht wurde, ist ebenfalls ein Framework für die Entwicklung plattformübergreifender Anwendungen mit einer einzigen Codebasis. Es ermöglicht die Entwicklung von Anwendungen für Android, iOS, macOS und Windows mit .NET und C#. MAUI bietet ein konsistentes User Interface über alle Plattformen hinweg und integriert sich nahtlos in das .NET-Ökosystem, was es zu einer attraktiven Wahl für Entwickler:innen macht, die bereits in diesem Ökosystem arbeiten.

Neben diesen großen Frameworks gibt es eine Vielzahl weiterer alternativer Entwicklungsumgebungen, die unterschiedliche Ansätze für die plattformübergreifende Entwicklung bieten. Beispiele hierfür sind React Native, das seit 2015 von Facebook entwickelt wird und auf JavaScript basiert, sowie Apache Cordova, das die Erstellung von Anwendungen mit HTML, CSS und JavaScript ermöglicht. Diese und andere Frameworks bieten Entwickler:innen zusätzliche Optionen, die je nach Projektanforderungen und persönlichen Vorlieben ausgewählt werden können.

Vorteile für Entwickler:innen:

Der Einsatz alternativer Entwicklungsumgebungen kann je nach Rahmenbedingungen und Projektanforderungen eine Vielzahl von Vorteilen bieten. In vielen Situationen ermöglichen sie eine schnellere und effizientere Entwicklung, da weniger Code doppelt geschrieben und gewartet werden muss. Darüber hinaus können Entwickler:innen durch plattformübergreifende Entwicklung eine breitere Zielgruppe erreichen, ohne den Aufwand für separate native Anwendungen. Diese Frameworks fördern auch die Wiederverwendung von Code und Ressourcen, was die Gesamtentwicklungskosten senken kann. Darüber hinaus bieten sie flexible Anpassungsmöglichkeiten, um den spezifischen Anforderungen und Besonderheiten jeder Plattform gerecht zu werden und gleichzeitig eine konsistente Benutzer:innenerfahrung zu gewährleisten. Herausforderungen ergeben sich in Bezug auf Leistungseinbußen, den Zugriff auf hardwarenahe Funktionen und APIs der Endgeräte und die Abhängigkeit von einem zusätzlichen Drittanbieter.

2.2 Tablets

Tablets nehmen in der Welt der mobilen Endgeräte eine Sonderstellung ein. Sie vereinen in einer hybriden Rolle die Mobilität und intuitive Bedienbarkeit von Smartphones mit der größeren Bildschirmfläche und dem erweiterten Funktionsumfang von klassischen Laptops. Durch ihre spezifischen Formfaktoren und Einsatzmöglichkeiten haben sich Tablets als eigenständige Geräteklasse etabliert, die eine Vielzahl von Anwendungsbereichen abdeckt.

Technologisch ähneln aktuelle Tablets in vielerlei Hinsicht Smartphones, vor allem in Bezug auf die zugrunde liegenden Halbleitertechnologien, Betriebssysteme und Netzwerkfähigkeiten, und sie verwenden ähnliche Sensoren (z.B. Beschleunigungsmesser, Gyroskop, Umgebungslichtsensor) und Kameras. Aufgrund ihrer Größe verfügen sie jedoch häufig über leistungsfähigere Prozessoren und größere Akkus als Smartphones, was eine bessere Systemleistung und längere Betriebszeiten ermöglicht. Darüber hinaus bieten sie durch ihre größere Displayfläche und oft auch durch individuelles Zubehör wie Tastaturen und Eingabestifte erweiterte Möglichkeiten. Damit sind sie prädestiniert für Aufgaben in den Bereichen Kreativität (z.B. Zeichnen und Schreiben), Bildung (z.B. interaktive Lernanwendungen), aber auch klassische Produktivität (z.B. Textverarbeitung und Präsentationen). Daneben gibt es verschiedene 2-in-1 Convertible Notebooks wie das Surface Laptop Studio 2 von Microsoft oder das Yoga 9i Gen 8 von Lenovo mit klapp- und schwenkbaren Touchscreens, die sich in Form und Bedienung an Tablets annähern, aber Windows als Betriebssystem nutzen.

2.2.1 Eine kurze Entstehungsgeschichte der Tablets

Frühe Visionen und erste Versuche (1980er – 1990er-Jahre)

Die Entstehungsgeschichte der Tablets begann lange vor ihrer kommerziellen Verbreitung zu Beginn des 21. Jahrhunderts. Bereits in den 1980er-Jahren wurden erste Konzepte entwickelt, die das Potenzial tragbarer, flacher Computer mit Touch-Oberflächen erkannten. Ein früher Vorläufer dieser Idee war das Konzept des „Dynabook", das von Alan Kay am Xerox PARC (Palo Alto Research Center) entwickelt wurde. Dieses Gerät sollte ein tragbarer, einfach zu bedienender Computer sein, der speziell für den Bildungssektor entwickelt wurde und das Lernen und den Zugang zu Informationen erleichtern sollte. Obwohl das Dynabook nie als kommerzielles Produkt auf den Markt kam, inspirierte es viele spätere Entwicklungen im Bereich der Mobiltechnologie.

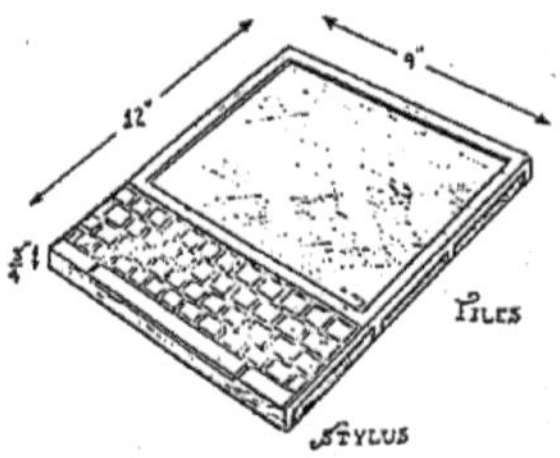

Bild 2.9
Illustration des Dynabooks von Alan Kays, ACM National Conference, Boston, August 1972. (Bildnachweis: Wikipedia/Kay, A. C. auf *https://en.wikipedia.org/wiki/Dynabook)*

In den 1980er und 1990er-Jahren wurden die ersten tatsächlichen Prototypen und Produkte entwickelt, die den Weg für die heutigen Tablets ebneten. Ein Beispiel ist der GRiDPad, der 1989 von der GRiD Systems Corporation auf den Markt gebracht wurde. Das GRiDPad war ein 1,5 kg schweres Gerät mit einem resistiven Touchscreen, das mit einem Stift bedient wurde. Technisch basierte es auf einem Intel-80C86-Prozessor und war mit MS-DOS als Betriebssystem ausgestattet. Obwohl das GRiDPad technisch rudimentär war, legte es den Grundstein für die spätere Entwicklung von Tablets durch die Betonung der Mobilität und die Verwendung eines Touchscreens.

Bild 2.10
GridPad. (Bildnachweis: oldcomputers.net auf *https://oldcomputers.net/gridpad.html*)

Gleichzeitig experimentierten andere Unternehmen mit ähnlichen Konzepten. Ein interessantes Beispiel aus dieser Zeit ist das Newton MessagePad, das 1993 von Apple auf den Markt gebracht wurde. Es war eines der ersten Geräte, das einen kapazitiven Touchscreen mit einer Handschriftenerkennung kombinierte. Basierend auf dem ARM610-Prozessor und dem Newton OS war der Newton ein Vorläufer der heutigen Tablets und PDAs (Personal Digital Assistants). Obwohl er aufgrund seiner begrenzten Leistungsfähigkeit und der noch nicht ausgereiften Handschriftenerkennung kein kommerzieller Erfolg war, stellte er einen wichtigen Schritt in der Entwicklung mobiler Computer dar. Weitere Beispiele für frühe Tablets oder Tablet-ähnliche Geräte aus dieser Zeit sind der EO Personal Communicator (1993) und der PalmPilot (1996).

Bild 2.11
Apple Newton MessagePad 100 mit Stylus (1994). (Bildnachweis: Wikipedia/*Felix Winkelnkemper* auf *https://en.wikipedia.org/wiki/History_of_Apple_Inc.*)

Diese frühen Tablets hatten Einsatzmöglichkeiten, die hauptsächlich auf spezialisierte Anwendungen beschränkt waren. Sie wurden z. B. in Bereichen wie Lagerhaltung, Außendienst oder im Gesundheitswesen eingesetzt, wo Mobilität und ein kompaktes Format entscheidend waren. Die begrenzte Hard- und Softwarekapazität dieser Geräte bedeutete jedoch, dass sie hauptsächlich für einfache Dateneingabe und spezifische Anwendungen verwendet wurden, weit entfernt von den multifunktionalen Geräten, die Tablets heute darstellen.

Die 1980er und 1990er-Jahre können als Experimentierphase betrachtet werden, in der grundlegende Konzepte und Technologien entwickelt wurden, die später die Grundlage für moderne Tablet-Computer bildeten. Die technologische Entwicklung in diesem Zeitraum war gekennzeichnet durch eine schrittweise Verbesserung der Rechenleistung, der Akkulaufzeit und der Benutzer:innenschnittstellen, aber auch durch Fortschritte bei der Touchscreen-Technologie und der Entwicklung von Betriebssystemen für mobile Geräte. Die Miniaturisierung der Komponenten spielte ebenfalls eine entscheidende Rolle bei der Verwirklichung der Vision von tragbaren, berührungsempfindlichen Computern.

Weiterentwicklung und Marktreife (2000er-Jahre)

Zu Beginn der 2000er-Jahre wurde die Vision von tragbaren, touchfähigen Computern zunehmend Realität, wobei die technologische Reife und die Marktakzeptanz deutlich zunahmen. In diesem Jahrzehnt vollzog sich der Übergang von experimentellen Geräten zu kommerziell erfolgreichen Tablets mit verbesserter Leistung, intuitiven Benutzer:innenoberflächen und einem breiten Anwendungsspektrum.

Ein wichtiger Durchbruch in dieser Zeit war die Einführung des Microsoft Tablet PC im Jahr 2002. Dieses Gerät basierte auf der x86-Architektur und war mit einer speziellen Version von Windows XP ausgestattet, die eine erweiterte Stifteingabe und Handschriftenerkennung ermöglichte. Obwohl der Microsoft Tablet PC nicht den erhofften kommerziellen Erfolg hatte, da er hauptsächlich auf den Business-Markt ausgerichtet war und die Stifteingabe und Handschriftenerkennung noch nicht vollständig ausgereift waren, spielte er dennoch eine zentrale Rolle bei der Weiterentwicklung der Tablet-Technologie. Die Geräte dieser Zeit waren oft hybride Laptop-Tablet-Kombinationen mit abnehmbaren oder schwenkbaren Bildschirmen, die den Weg für zukünftige Entwicklungen in diesem Bereich vorbereiteten.

Bild 2.12
Microsoft Chairman und Chief Software Architect Bill Gates zeigt am 7. November 2002 in New York den neuen Tablet PC. (Bildnachweis: Microsoft auf *https://news.microsoft.com/2002/11/07/with-launch-of-tablet-pcs-pen-based-computing-is-a-reality*)

Ein weiteres wichtiges Gerät dieser Zeit war das Nokia 770 Internet Tablet, das 2005 auf den Markt kam. Es wurde speziell für die mobile Internetnutzung entwickelt und war eines der ersten Geräte, das auf der Linux-basierten Maemo-Plattform lief. Das Nokia 770 zeichnete sich durch seine kompakte Größe, die Nutzung von WLAN für die Internetverbindung und die Unterstützung verschiedener Multimediaformate aus. Es verfügte jedoch nicht über eine eigene Mobilfunkverbindung, konnte aber über Bluetooth mit einem Mobiltelefon gekoppelt werden, um dessen Internetverbindung zu nutzen. Dies erweiterte zwar die Mobilität, war aber nicht so nahtlos wie eine integrierte Mobilfunkverbindung. Das Nokia 770 veranschaulichte den Trend hin zu spezialisierten Tablets, die für bestimmte Aufgaben wie das Surfen im Internet und das Ansehen von Videos optimiert waren.

Bild 2.13 Nokia 770 Internet Tablet mit Stylus. (Bildnachweis: Nokia)

Ende der 2000er-Jahre kamen auch die ersten Android-Tablets auf den Markt, die innerhalb des Android-Ökosystems einen parallelen Handlungsstrang zum iPad darstellten und zur Vielfalt und Entwicklung des Tablet-Marktes beitrugen.

Die volle Marktreife der Tablet-Technologie wurde jedoch erst mit der Einführung des Apple iPad im Jahr 2010 erreicht. Das iPad nutzte die von Apple entwickelte iOS-Plattform, die sich bereits beim iPhone bewährt hatte, und bot eine optimierte Nutzererfahrung, die auf die Interaktion mit einem größeren Touchscreen ausgelegt war. Das iPad kombinierte leistungsfähige Hardware mit einem umfangreichen App-Ökosystem und einer intuitiven User Experience, was zur starken Verbreitung von Tablets beitrug und diese Geräteklasse endgültig im Mainstream etablierte.

Bild 2.14 Apple iPad 1 (2010). (Bildnachweis: Apple)

In den 2000er-Jahren wurden Tablets zunehmend als tragbare Alternativen zu Laptops und Desktop-Computern angesehen, gut sichtbar in Bereichen wie kreatives Arbeiten, Bildung und mobile Produktivität. Diese Entwicklung wurde durch Fortschritte in der Halbleitertechnologie, verbesserte Energieeffizienz, die Entwicklung kapazitiver Touchscreens, leistungsfähigerer Prozessoren und energieeffizienterer Komponenten sowie die zunehmende Verfügbarkeit drahtloser Netzwerke weiter gefördert. Die zunehmende Akzeptanz und Marktreife von Tablets in den 2000er-Jahren legte den Grundstein für ihre heutige Rolle als vielseitige und leistungsfähige mobile Endgeräte und Alternative zu klassischen Laptops.

2.2.2 Fortschritte und Innovationen Usability und Displays

Die wichtigsten technischen Fortschritte und Innovationen bei Tablets verlaufen weitgehend parallel zu denen bei Smartphones, insbesondere in Bezug auf Halbleitertechnologien, Netzwerkfähigkeiten und Betriebssysteme. Daher konzentriert sich dieser Abschnitt auf die Tablet-spezifischen Aspekte und Entwicklungen, die für diese Geräteklasse relevant sind.

Tablets unterscheiden sich von Smartphones vor allem durch die größere Bildschirmfläche, die nicht nur zur Darstellung von Inhalten, sondern auch zur Interaktion mit Anwendungen genutzt wird. Dieser größere Formfaktor erfordert spezifische Optimierungen sowohl auf der Hardware- als auch auf der Softwareseite, um die Nutzungseffizienz und die User Experience zu optimieren.

Die größere Bildschirmfläche eines Tablets stellt höhere Anforderungen an die Displaytechnologie und die Leistung der GPU (Graphics Processing Unit). Tablets nutzen fortschrittliche Displaytechnologien wie OLED und AMOLED, die tiefere Schwarztöne, höhere Kontrastverhältnisse und eine bessere Farbwiedergabe bieten. Dies ist für Anwendungen relevant, die visuell anspruchsvolle Inhalte wie hochauflösende Videos, komplexe Grafiken oder komplexe Benutzer:innenoberflächen darstellen. Zudem verfügen Tablets häufig über leistungsfähigere Grafikprozessoren (GPUs), um die Darstellung dieser Inhalte zu beschleunigen. Im Vergleich zu Smartphones verfügen Tablets über größere Akkus, um den erhöhten Energiebedarf durch die größere Displayfläche und die leistungsfähigeren Hardwarekomponenten auszugleichen und eine adäquate Betriebszeit zu ermöglichen.

Auf der Softwareseite haben Betriebssysteme wie iPadOS und aktuelle Android-Versionen seit Android 12L spezifische Funktionen für Tablets eingeführt, um die Nutzung des größeren Displays optimal zu unterstützen. Ein zentrales Feature ist das Multitasking, das die gleichzeitige Nutzung mehrerer Anwendungen auf dem Bildschirm ermöglicht. Diese Funktion wird durch verschiedene Modi realisiert, z. B. Split Screen, bei dem zwei Anwendungen nebeneinander angezeigt werden, Slide Over (iPadOS), bei dem eine zusätzliche Anwendung in einem schwebenden Fenster über einer anderen Anwendung platziert wird, und Picture-in-Picture, das die Wiedergabe von Videos in einem kleinen, verschiebbaren Fenster ermöglicht, während andere Aufgaben ausgeführt werden. Darüber hinaus bieten einige Betriebssysteme weitere Multitasking-Funktionen, wie z. B. den Stage Manager auf iPadOS für eine flexiblere Fensterverwaltung, eine Taskleiste auf Android 13 für einen einfacheren Wechsel zwischen Apps, die Möglichkeit, mehrere Instanzen derselben App zu öffnen, oder die Nutzung von Apps in frei skalierbaren Fenstern.

Vorteile aus Sicht der Nutzer:innen: Die für größere Bildschirme optimierten Funktionen und das erweiterte Multitasking bieten den Nutzer:innen erhebliche Vorteile und ermöglichen im beruflichen und produktiven Kontext eine höhere Effizienz und Flexibilität, indem sie paralleles Arbeiten und die einfache Verwaltung mehrerer Aufgaben unterstützen. Für kreative Aufgaben, die eine umfangreiche visuelle Darstellung erfordern, bieten Tablets eine verbesserte Nutzererfahrung durch eine größere Arbeitsfläche und eine feinere Kontrolle von Details. Auch für den Konsum von Medieninhalten bieten größere Bildschirme und optimierte Displaytechnologien ein immersives Erlebnis, das mit kleineren Geräten nicht erreicht werden kann. Darüber hinaus eignen sich Tablets aufgrund der größeren Bedienelemente und der intuitiven Benutzer:innenoberfläche für bestimmte Zielgruppen wie ältere oder behinderte Menschen oder Kinder.

2.2.3 Fortschritte und Innovationen Produktivität

Tablets haben sich von Geräten für den Medienkonsum und einfache Kommunikationsaufgaben zu leistungsfähigen Arbeitsgeräten entwickelt, die zunehmend in professionellen Anwendungsbereichen eingesetzt werden. Zurückzuführen ist dies auf eine Kombination aus leistungsstarker Hardware, spezialisierten Betriebssystemoptimierungen und der Verfügbarkeit mächtiger Software, die speziell auf professionelle Nutzer:innen zugeschnitten ist.

Ein wesentlicher Aspekt dieser Entwicklung ist die zunehmende Integration von Desktop Funktionalitäten in Tablets. So hat Apple mit der Einführung von iPadOS im Jahr 2019 das iPad gezielt für produktive Anwendungen weiterentwickelt. Die Möglichkeit, externe Tastaturen und Mäuse anzuschließen, sowie die Unterstützung von Trackpad- und Gestensteuerung machen das iPad in mobilen Arbeitsumgebungen zu einer ernsthaften Alternative zu Laptops. Funktionen wie der Stage Manager in iPadOS ermöglichen zudem eine flexiblere Fensterverwaltung und steigern die Produktivität weiter.

Im Softwarebereich hat Apple die Produktivität von Tablets durch die Einführung professioneller Anwendungen wie Logic Pro und Final Cut Pro auf dem iPad erheblich gesteigert. Logic Pro bietet umfassende Funktionen für die Musikproduktion, einschließlich erweiterter Audiobearbeitung, Mixing und Komposition, die zuvor nur auf Desktops und Laptops verfügbar waren. Mit Final Cut Pro können Nutzer:innen nun auch komplexe Videoprojekte auf dem iPad bearbeiten, einschließlich 4K-Videobearbeitung, Multicam-Editing und erweiterter Farbkorrektur. Beide Apps nutzen die leistungsstarken Chips der M-Familie der aktuellen iPad-Modelle voll aus und sorgen so für eine reibungslose Performance auch in professionellen Workflows.

Auch Adobe hat viele seiner kreativen Anwendungen, die traditionell auf Desktop-Systemen genutzt werden, auf Tablets portiert. Mit Adobe Photoshop für das iPad steht eine vollwertige Bildbearbeitungssoftware zur Verfügung, die für die Touch- und Stifteingabe optimiert wurde. Funktionen wie Ebenenbearbeitung, Retusche und das Arbeiten mit komplexen Grafiken sind auf dem Tablet genauso möglich wie auf herkömmlichen Desktop-Systemen. Neben Photoshop bietet Adobe auch Illustrator und Premiere Rush für das iPad an, die das Gerät zu einem leistungsfähigen Werkzeug für Design und Videoproduktion machen. Dabei ist jedoch zu beachten, dass die Tablet-Versionen dieser Apps möglicherweise nicht den vollen Funktionsumfang der Desktop-Versionen bieten.

Ein weiterer wichtiger Aspekt ist die zunehmende Unterstützung professioneller Cloud-Dienste, die eine nahtlose Zusammenarbeit und den Austausch großer Dateien ermöglichen. Anwendungen wie Microsoft Office 365 und Google Workspace bieten umfassende Funktionen für die Bearbeitung, Speicherung und gemeinsame Nutzung von Dokumenten, Tabellenkalkulationen und Präsentationen direkt auf Tablets. Die enge Integration dieser Anwendungen mit Cloud-Diensten wie iCloud, OneDrive, Google Drive, Dropbox und Box ermöglicht es, jederzeit und überall auf Daten zuzugreifen und diese sicher zu speichern.

Darüber hinaus haben Tablets durch die Einführung von Anwendungen für spezifische Berufsgruppen an Bedeutung gewonnen. Apps wie Morpholio Trace ermöglichen es Architekten, Entwürfe direkt auf dem Tablet zu erstellen und zu bearbeiten, während medizinisches Fachpersonal mit Apps wie Doximity oder UpToDate Patientenakten verwalten oder auf aktuelle medizinische Forschungsergebnisse zugreifen kann. Weitere Beispiele sind Apps für die medizinische Bildgebung, CAD-Software für Ingenieure oder Apps für den Einzelhandel.

Vorteile aus Sicht der Nutzer:innen: Die zunehmende Verfügbarkeit von professioneller Software auf Tablets bietet professionellen Nutzer:innen die Möglichkeit, unterwegs oder in mobilen Arbeitsumgebungen produktiv zu sein, ohne auf die Funktionalität eines Desktops oder Laptops verzichten zu müssen. Durch die Integration leistungsstarker Anwendungen wie Logic Pro, Final Cut Pro und Adobe Photoshop können kreative und professionelle Arbeiten direkt auf dem Tablet ausgeführt werden, was die Flexibilität und Effizienz in verschiedenen Berufsfeldern deutlich erhöht. Darüber hinaus verbessert die Unterstützung von Cloud-Diensten die Zusammenarbeit und ermöglicht den sicheren Zugriff auf wichtige Daten von überall aus, was in globalen und vernetzten Arbeitsumgebungen eine zwingende Voraussetzung ist. Die Möglichkeit, professionelle Aufgaben auf einem kompakten, tragbaren Gerät zu erledigen, das zudem die Interaktion per Touchscreen und Stift erlaubt, erweitert die Möglichkeiten für kreative und produktive Anwendungen erheblich und macht Tablets zu einem unverzichtbaren Werkzeug in vielen modernen Arbeitskontexten.

2.2.4 Fortschritte und Innovationen Formfaktoren und Zubehör

Die Weiterentwicklung von Tablets spiegelt sich besonders in Formfaktoren und spezialisiertem Zubehör wider, die die Einsatzmöglichkeiten und die Flexibilität dieser Geräte deutlich erweitern. Ein gutes Beispiel hierfür ist die langsam zunehmende Verbreitung faltbarer Tablets, den „Foldables", die durch innovative Scharniermechanismen einen nahtlosen Wechsel zwischen verschiedenen Nutzungsmodi ermöglichen. Diese Geräte an der Grenze zwischen Smartphone und Tablet bieten die Flexibilität, zwischen einem kompakten, transportablen Format und einem erweiterten Anzeigemodus zu wechseln, wodurch sie sowohl für den mobilen Einsatz als auch für produktive Aufgaben optimal geeignet sind. Ein Beispiel ist das Samsung Galaxy Z Fold 6, das ab Mitte 2024 erhältlich ist. Im zusammengeklappten Zustand ist es kompakt, im aufgeklappten Zustand bietet es einen 7,6 Zoll großen Bildschirm. Das faltbare Dynamic AMOLED-Display hat eine Auflösung von 2160 × 1856 Pixeln. Diese faltbaren Displays setzen auf hochentwickelte OLED-Technologien, die nicht nur eine exzellente Bildqualität, sondern auch die nötige Flexibilität und Haltbarkeit garantieren, die in der Vergangenheit noch eine große Herausforderung darstellte.

Ein weiterer wesentlicher Fortschritt im Bereich der Tablets ist die stetige Verkleinerung der Geräte bei gleichzeitiger Leistungssteigerung. Tablets wie das iPad Pro (2024), das mit einem 12,9 Zoll großen Ultra Retina XDR Display ausgestattet und nur 5,1 Millimeter dick ist, vereinen ein schlankes Design mit leistungsstarker Hardware. Mit dieser Dicke ist das 13-Zoll Modell sogar das dünnste Apple-Produkt aller Zeiten. Das Gerät ist mit dem M4 Chip ausgestattet, der nicht nur eine hohe Rechenleistung bietet, sondern auch die Energieeffizienz verbessert und so eine lange Akkulaufzeit auch bei intensiver Nutzung garantiert. Diese Kombination aus kompaktem Formfaktor und hoher Leistung macht Tablets wie das iPad Pro zu leistungsfähigen Werkzeugen, die Laptops in vielen Bereichen ersetzen können.

Neben den Fortschritten bei den Formfaktoren hat sich auch das Zubehör für Tablets deutlich weiterentwickelt. Besonders hervorzuheben ist die Integration von Stifteingabegeräten wie dem 2015 erstmals vorgestellten Apple Pencil als alternative und sehr intuitive Bedienmethode, der in seiner aktuellen Generation durch Funktionen wie Neigungs- und Drucksensitivität eine Präzision bietet, die vor allem für kreative Anwendungen wie Zeichnen oder Grafikdesign unverzichtbar ist. Die magnetische Befestigung und das kabellose Aufladen direkt am iPad erhöhen die Benutzer:innenfreundlichkeit zusätzlich. Auch andere Hersteller bieten ähnliche Stifteingabegeräte für ihre Tablets und Foldables an, z. B. Samsung mit verschiedenen S Pens.

Ein weiteres wichtiges Zubehör sind Tastaturen mit integriertem Trackpad, die Tablets zu vollwertigen Arbeitsgeräten machen und über die Touchbedienung hinaus eine mausähnliche Bedienung ermöglichen. Diese Kombination aus Zubehör und Software-Optimierungen wie iPadOS machen Tablets zu einer ernstzunehmenden Alternative zu klassischen Laptops.

Vorteile aus Sicht der Nutzer:innen: Die Einführung neuer Formfaktoren wie faltbare Tablets und die stetige Verkleinerung der Geräte bieten den Nutzer:innen erhebliche Vorteile in Bezug auf Mobilität und Flexibilität. Faltbare Tablets ermöglichen es, das Gerät je nach Bedarf kompakt zu transportieren oder auf eine größere Displayfläche zu erweitern, was für die Bearbeitung von Dokumenten, das Betrachten von Medieninhalten oder das Multitasking nützlich ist. Die Verkleinerung der Geräte bei gleichzeitiger Leistungssteigerung ermöglicht eine einfache Handhabung und Portabilität ohne Abstriche bei der Funktionalität.

Verbessertes Zubehör wie präzise Stifteingabegeräte und Tastaturen mit Trackpad steigern die Produktivität weiter, indem sie eine Vielzahl von Anwendungen unterstützen, von der kreativen Arbeit bis hin zur textbasierten Produktivität. Diese Entwicklungen ermöglichen es den Nutzern, Tablets in einer Vielzahl von professionellen Szenarien effizient einzusetzen, und machen sie zu vielseitigen Werkzeugen, die sowohl im kreativen als auch im produktiven Bereich einen erheblichen Mehrwert bieten.

2.3 Wearables

Wearables sind tragbare Technologien, die direkt am Körper getragen werden und verschiedene Aufgaben in den Bereichen Datenverarbeitung, Kommunikation und Gesundheitsüberwachung übernehmen. Sie verfügen häufig über eine eigene Rechenleistung und Speicherkapazität, um Daten lokal zu verarbeiten und zu speichern. Im Kontext mobiler Systeme stellen Wearables eine besondere Klasse von Geräten dar, die sich organisch in den Alltag der Nutzer:innen integrieren lassen, ohne deren Mobilität einzuschränken. Sie vereinen Sensorik, Konnektivität und Benutzer:innen-interaktion in kompakten, leicht tragbaren Formfaktoren.

Eine zentrale technologische Grundlage von Wearables ist die Integration von Sensoren wie Beschleunigungssensoren, Herzfrequenzsensoren, GPS, Gyroskopen, Magnetometern, Barometern, Temperatursensoren und Bioimpedanzsensoren, die eine kontinuierliche Erfassung von physiologischen und umweltbezogenen Daten der Träger:in ermöglichen. Diese Daten werden in Echtzeit verarbeitet und können über drahtlose Schnittstellen wie Bluetooth, WLAN oder in einigen Fällen sogar Mobilfunk (LTE oder 5G) mit mobilen Geräten oder Cloud-Systemen synchronisiert werden. Wearables sind somit nicht nur Erweiterungen mobiler Endgeräte wie Smartphones oder Tablets, sondern zunehmend eigenständige, vernetzte Systeme, die in Bereichen wie Gesundheit, Fitness, Kommunikation und Produktivität eine wichtige Rolle spielen.

Ihre Bedeutung im Kontext mobiler Systeme liegt in ihrer Fähigkeit, Nutzerdaten zu sammeln und kontextbezogen auszuwerten. Moderne Algorithmen und KI-Anwendungen spielen dabei eine immer wichtigere Rolle, indem sie beispielsweise personalisierte Empfehlungen, Gesundheitswarnungen oder optimierte Trainingspläne erstellen. Wearables ermöglichen damit eine nahtlose Interaktion zwischen Nutzer:innen und digitalen Ökosystemen und schaffen ein personalisiertes, mobiles Nutzungserlebnis, das sich direkt in den Alltag der Nutzer:innen integriert.

Die im Folgenden aufgeführten Wearables geben einen exemplarischen Überblick über die verschiedenen Geräteklassen und erheben nicht den Anspruch, den gesamten Markt abzubilden. Die Auswahl dient dazu, die unterschiedlichen technologischen und funktionalen Aspekte im Bereich der Wearables aufzuzeigen und sie als zunehmend wichtige Endgeräte im Kontext mobiler Systeme zu positionieren.

2.3.1 Smartwatches (am Beispiel Apple Watch)

Bild 2.15 Apple Watch Series 10. (Bildnachweis: Apple Inc. auf *https://www.apple.com/de/newsroom/2024/09/introducing-apple-watch-series-10*)

Die Apple Watch Series 10 repräsentiert die neue Generation der Apple Watch und integriert eine Vielzahl fortschrittlicher Sensoren und Technologien, die den Nutzer:innen umfassende Funktionen in den Bereichen Gesundheit, Fitness, Produktivität und Kommunikation bieten. Angetrieben wird sie vom S10 SiP (System in Package), der im Vergleich zu den Vorgängermodellen eine verbesserte Leistung und Effizienz bietet. Durch die enge Verzahnung mit dem Apple-Ökosystem ermöglicht die Uhr eine nahtlose Integration mit anderen Apple-Geräten wie iPhone, iPad und Mac und Anwendungen wie Apple Health und Apple Fitness, wodurch gesammelte Daten und Anwendungen vernetzt und in Echtzeit synchronisiert werden können.

Wesentliche Sensoren und Technologien

- **Beschleunigungssensor (Accelerometer):** Der Beschleunigungssensor der Apple Watch erkennt Bewegungen in drei Dimensionen und kann Aktivitäten wie Gehen, Laufen, Schwimmen oder Schlafen automatisch identifizieren. Die präzisen Daten ermöglichen es der Watch, Fitnessziele zu tracken und den Kalorienverbrauch der Nutzer:innen zu berechnen. Neben der Sturzerkennung, die bei einem plötzlichen Sturz automatisch einen Notruf auslösen kann, wird der Sensor auch für Funktionen wie das Anheben des Handgelenks zur Aktivierung des Displays genutzt.

- **Gyroskop:** Das Gyroskop in der Apple Watch verbessert die Erkennung von Drehbewegungen und arbeitet mit dem Beschleunigungssensor zusammen, um präzise Bewegungsdaten zu liefern. Neben dem Einsatz in Fitness-Apps spielt das Gyroskop auch eine wichtige Rolle bei der Steuerung von Apps.
- **Optischer Herzfrequenzsensor (Photoplethysmogramm, PPG):** Der optische Herzfrequenzsensor der Apple Watch misst den Blutfluss unter der Haut und liefert kontinuierliche Herzfrequenzdaten, die zur Überwachung der Herzgesundheit und Fitnessaktivitäten verwendet werden können.
- **Elektrokardiogramm-Sensor (EKG):** Mit dem integrierten EKG-Sensor kann die Apple Watch ein einkanaliges Elektrokardiogramm erstellen, das es den Nutzer:innen ermöglicht, die Herzaktivität detailliert zu überwachen und potenzielle Herzrhythmusstörungen zu erkennen.
- **SpO2-Sensor (Pulsoximeter):** Der SpO2-Sensor der Apple Watch misst den Sauerstoffgehalt im Blut, indem er die Lichtabsorption in den Kapillaren analysiert. Diese Informationen können zur Überwachung der allgemeinen Gesundheit und Fitness sowie zur Erkennung von Atemproblemen verwendet werden.
- **Barometer:** Der Barometersensor der Apple Watch erkennt Änderungen des Luftdrucks und Höhenunterschiede, um die genaue Höhe und die zurückgelegten Höhenmeter zu berechnen.
- **GPS-Sensor:** Der GPS-Sensor der Apple Watch ermöglicht eine genaue Positionsbestimmung und Bewegungsverfolgung, was für Navigationsanwendungen, Laufen, Radfahren und andere Aktivitäten im Freien nützlich ist.
- **Temperatursensor:** Die Apple Watch verfügt über einen Temperatursensor, der sowohl die Haut- als auch die Umgebungstemperatur misst. Diese Daten können zur Gesundheitsüberwachung, Zyklusüberwachung und Schlafanalyse verwendet werden.

Weitere Technologien und Anwendungsszenarien

- **U2-Chip für Ultrabreitbandkommunikation:** Der U2-Chip in der Apple Watch Series 10 verwendet Ultrabreitband (UWB), um eine genaue Positionsbestimmung in der Nähe anderer Geräte zu ermöglichen. UWB ist eine Funktechnologie, die eine sehr genaue Positionsbestimmung innerhalb eines Radius von wenigen Metern ermöglicht. Der U2-Chip wird verwendet, um Geräte wie das iPhone, AirTags oder den HomePod genau zu lokalisieren. Nutzer:innen können damit ihr iPhone schneller finden oder die präzisen Standortinformationen für das Öffnen von Türen oder die Steuerung von Smart-Home-Geräten nutzen. In Zukunft werden UWB-basierte Funktionen wie das Aufschließen von Autos und Türen weiter ausgebaut werden. Ein Beispiel hierfür ist die Ankündigung von BMW, ab 2025 einige seiner Fahrzeuge mit UWB-Technologie auszustatten, sodass das Fahrzeug mit einem iPhone oder einer Apple Watch entriegelt und gestartet werden kann.

- **WLAN- und LTE-Konnektivität:** Die Apple Watch unterstützt WLAN und in der Mobilfunkvariante auch LTE, was die Kommunikation und Nutzung von Internetdiensten unabhängig vom iPhone ermöglicht. Dank LTE können Nutzer:innen direkt von der Watch aus Anrufe tätigen, Nachrichten senden und Apps wie Apple Music oder Podcasts streamen, auch wenn das iPhone nicht in der Nähe ist. Diese Technologie ermöglicht es, die Apple Watch als eigenständiges Gerät zu nutzen, speziell in Situationen, in denen das Smartphone nicht mitgenommen werden soll, wie zum Beispiel beim Sport.
- **Siri und Sprachsteuerung:** Die Apple Watch verfügt über eine integrierte Siri-Funktion, die es den Nutzer:innen ermöglicht, die Uhr über Sprachbefehle zu steuern. Siri kann Nachrichten beantworten, Apps starten, Erinnerungen erstellen oder sogar Smart-Home-Geräte steuern. Mit Siri können Nutzer:innen unterwegs Nachrichten versenden, Erinnerungen einstellen oder Wegbeschreibungen abrufen, ohne das Display der Watch berühren zu müssen. In Kombination mit Apple HomeKit können Nutzer:innen per Sprachbefehl Lichter dimmen, Thermostate einstellen oder Sicherheitskameras überprüfen.
- **Haptisches Feedback und Taptic Engine:** Die Taptic Engine erzeugt ein haptisches Feedback, das der Nutzer:in taktile Signale in Form von leichten Vibrationen sendet. Das haptische Feedback wird verwendet, um diskrete Benachrichtigungen zu liefern, z. B. wenn eine Nachricht eingeht oder wenn die Navigation über Apple Maps Anweisungen gibt. Darüber hinaus wird das Feedback genutzt, um die Bedienbarkeit der Watch zu verbessern, beispielsweise durch Vibrationen als Feedback für Interaktionen mit der digitalen Krone.
- **Apple Pay und kontaktloses Bezahlen:** Die Apple Watch unterstützt Apple Pay, mit dem Nutzer:innen kontaktlos bezahlen können, indem sie die Watch einfach an ein kompatibles Kartenlesegerät halten. Apple Pay ist besonders praktisch in Situationen, in denen die Nutzer:innen kein Smartphone oder keine Geldbörse zur Hand haben, z. B. beim Einkaufen nach dem Sport oder auf Reisen. Apple Pay bietet eine sichere Zahlungsmethode durch Authentifizierung per Face ID oder Passcode.
- **Sturz- und Unfallerkennung:** Die Apple Watch kann Stürze und Unfälle erkennen und automatisch einen Notruf absetzen. Diese Funktion nutzt die Daten des

Beschleunigungssensors und des Gyroskops, um plötzliche Bewegungen oder Stöße zu erkennen. Die Unfallerkennung kann in gefährlichen Situationen lebensrettend sein, indem die Uhr einen Notruf absetzt und den Standort an Rettungsdienste übermittelt, wenn die Nutzer:innen nach einem Sturz nicht mehr handlungsfähig sind.

Integration in das Apple-Ökosystem

Die enge Integration der Apple Watch mit anderen Apple-Geräten wie iPhone, iPad und Mac ermöglicht nahtlose Datensynchronisation und geräteübergreifende Nutzung, wodurch Aufgaben wie Nachrichtenversand, Medienwiedergabe und Geräteentsperrung effizienter und bequemer werden. Durch Funktionen wie Handoff und Continuity können die Nutzer:innen Aufgaben wie das Schreiben einer Nachricht oder das Ansehen eines Videos nahtlos zwischen den Geräten fortsetzen. Auch das Entsperren des Macs oder das automatische Entsperren des iPhones, wenn eine Apple Watch in der Nähe erkannt wird, sind Beispiele für die tiefe Integration der Geräte in das Apple-Ökosystem.

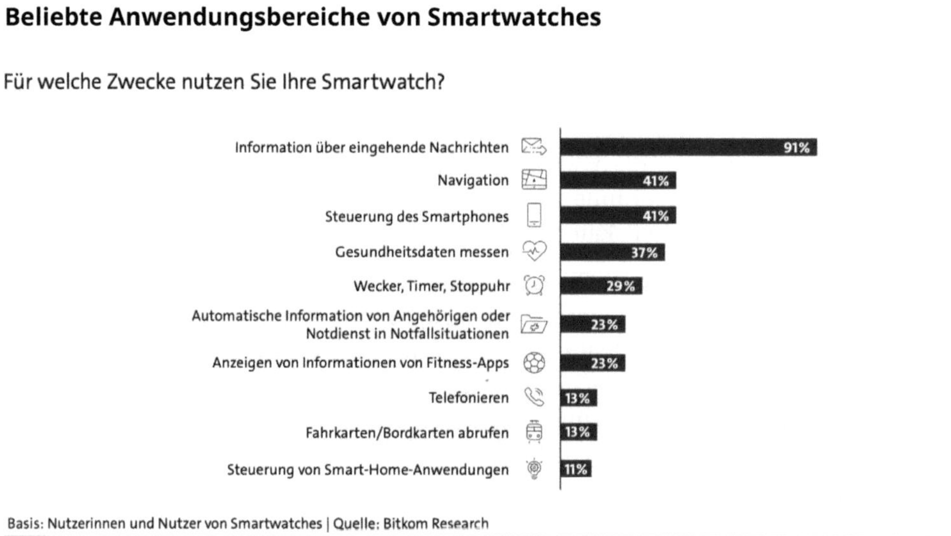

Bild 2.16 Anwendungsbereiche von Smartwatches. (Bildnachweis: „Die Zukunft der Consumer Technology – 2024", Bitkom e. V. auf *https://www.bitkom.org/zukunft-consumer-technology*)

2.3.2 Fitness-Tracker (am Beispiel Google Fitbit Charge 6)

Bild 2.17
Google Fitbit Charge 6. (Bildnachweis: Google/Fitbit auf *https://www.fitbit.com/global/de/products/trackers/charge6*)

Die Google Fitbit Charge 6, eingeführt im Jahr 2023, ist ein moderner Fitness-Tracker, der eine Vielzahl spezialisierter Sensoren und Technologien integriert, um Nutzer:innen fortschrittliche Funktionen zur Gesundheitsüberwachung, zum Fitnesstracking sowie zur Unterstützung im Alltag bereitzustellen. Die Charge 6 ist mit einem energieeffizienten Prozessor ausgestattet, der die von den Sensoren gesammelten Daten in Echtzeit verarbeitet, ohne die Akkulaufzeit zu stark zu beeinträchtigen. Das Betriebssystem Fitbit OS ist speziell für Wearables optimiert und bietet ein flüssiges, reaktives User Interface, das eine schnelle Navigation durch Menüs, die Anzeige von Benachrichtigungen und den sofortigen Zugriff auf Fitness- und Gesundheitsdaten ermöglicht. Durch die tiefe Integration mit der Fitbit-App und anderen Diensten des Google-Ökosystems können die gesammelten Daten in Echtzeit synchronisiert und umfassend analysiert werden.

Wesentliche Sensoren und Technologien

- **Beschleunigungssensor (Accelerometer):** Die Fitbit Charge 6 verfügt über einen dreiachsigen Beschleunigungssensor, der Bewegungen in mehreren Dimensionen erfasst. Dieser Sensor kann verschiedene Aktivitäten wie Gehen, Laufen und Schlafen automatisch erkennen und verfolgen. Die erfassten Daten ermöglichen eine genaue Berechnung des Kalorienverbrauchs, der zurückgelegten Schritte und der aktiven Minuten der Nutzer:innen. Der Beschleunigungssensor wird auch für spezielle Funktionen wie die automatische Aktivierung des Displays bei Bewegungen des Handgelenks verwendet.
- **Optischer Herzfrequenzsensor (Photoplethysmogramm, PPG):** Die Charge 6 ist mit einem optischen Herzfrequenzsensor ausgestattet, der die Herzfrequenz kontinuierlich misst. Laut Fitbit ist dieser Sensor um 60 % genauer als der des Charge 5.

Diese Daten werden zur Überwachung der Herzgesundheit und zur Berechnung der Ruheherzfrequenz und des Kalorienverbrauchs während sportlicher Aktivitäten verwendet.

- **SpO2-Sensor (Pulsoximeter):** Der SpO2-Sensor der Charge 6 analysiert die Sauerstoffsättigung im Blut, allerdings nur während des Schlafs. Diese Daten bieten wertvolle Einblicke in die Atmungs- und Schlafgesundheit der Nutzer:innen. Die Überwachung der Sauerstoffsättigung kann helfen, mögliche Anzeichen von Schlafapnoe oder Atemstörungen frühzeitig zu erkennen.
- **Temperatursensor:** Die Charge 6 verfügt über einen Temperatursensor, der Veränderungen der Hauttemperatur während des Schlafs misst. Diese Daten werden verwendet, um Veränderungen im Gesundheitszustand der Nutzer:innen zu identifizieren und können zur Zyklusanalyse und Schlafüberwachung genutzt werden.
- **GPS-Sensor:** Die Charge 6 verfügt über einen integrierten GPS-Sensor, der eine genaue Aufzeichnung von Outdoor-Aktivitäten wie Laufen, Radfahren oder Wandern ohne Smartphone ermöglicht. Der GPS-Sensor liefert genaue Positions- und Distanzdaten, die zur Verbesserung des Fitness-Trackings beitragen.

Weitere Technologien und Anwendungsszenarien

- **Bluetooth-Konnektivität:** Die Fitbit Charge 6 unterstützt Bluetooth, was eine einfache Synchronisierung der Fitnessdaten mit der Fitbit-App auf Smartphones und anderen Geräten ermöglicht. Über die Fitbit-App können Nutzer:innen detaillierte Analysen ihrer Aktivitäten, Gesundheitsdaten und Schlafmuster einsehen und personalisierte Empfehlungen erhalten.
- **Google Wallet und kontaktloses Bezahlen:** Mit Google Wallet können Nutzer:innen kontaktlos über die Charge 6 bezahlen, indem sie die Uhr an ein kompatibles Kartenlesegerät halten.
- **Haptisches Feedback:** Die Fitbit Charge 6 nutzt haptisches Feedback, um Benachrichtigungen oder Alarme durch leichte Vibrationen anzuzeigen. Dies ermöglicht eine Interaktion durch diskrete Signale, ohne aufdringlich zu sein.
- **Stressmanagement und geführte Atemübungen:** Die Fitbit Charge 6 bietet erweiterte Stressmanagement-Funktionen, die durch Sensoren wie den Herzfrequenzsensor und den Hauttemperatursensor unterstützt werden. Über die Fitbit-App können Nutzer:innen ihr Stresslevel überwachen und an geführten Atemübungen teilnehmen, um das Wohlbefinden zu verbessern.

Integration in das Google-Ökosystem

Die Fitbit Charge 6 ist umfassend in das Google-Ökosystem integriert, was eine nahtlose Datensynchronisation und Interaktion mit anderen Google-Diensten wie Google

Fit ermöglicht. Die von den Sensoren des Fitnesstrackers erfassten Daten können automatisch mit dem Google-Konto synchronisiert und in verschiedenen Anwendungen analysiert werden. Darüber hinaus bietet der Charge 6 einige Google-spezifische Funktionen wie die Möglichkeit, Benachrichtigungen von Google Maps und Google Wallet zu empfangen. Diese umfassende Vernetzung erweitert die Funktionalität des Fitbit Charge 6 über das Fitness-Tracking hinaus und bietet der Nutzer:in eine zentrale Schnittstelle für die Verwaltung zahlreicher digitaler und physischer Aktivitäten.

2.3.3 True Wireless In-Ear Headphones (am Beispiel Apple Airpod Pro 2. Generation)

Bild 2.18
Apple AirPods Pro 2. Generation mit Ladecase. (Bildnachweis: Apple Inc. auf *https://www.apple.com/de/shop/product/MTJV3ZM/A/airpods-pro*)

Die Apple AirPods Pro 2, die 2022 auf den Markt kamen, sind die Nachfolger der verbreiteten AirPods Pro der ersten Generation und stellen eine der fortschrittlichsten kabellosen In-Ear Headphones oder „Hearables" auf dem Markt dar. Sie integrieren eine Vielzahl von Technologien, die Nutzer:innen umfangreiche Funktionen in den Bereichen Audioqualität, Geräuschunterdrückung, Sprach- und Gestensteuerung und Konnektivität bieten. Die AirPods Pro 2 werden von einem speziell entwickelten H2-Chip gesteuert und bieten eine verbesserte Leistung bei der Geräuschunterdrückung, eine präzisere Steuerung über Sensoren und eine längere Akkulaufzeit. Durch die konsequente Integration in das Apple-Ökosystem bieten die AirPods Pro eine nahtlose Verbindung zu anderen Apple-Geräten wie iPhone, iPad und Mac.

Mit dem Erscheinen von iOS 18 hat Apple auch weitere Funktionen für die AirPods Pro 2 integriert, wie z. B. eine neue Hörgerätefunktion, die seit Herbst 2024 verfügbar ist. Mit dieser Funktion können Nutzer:innen AirPods Pro 2 als adaptive Software-Hörgeräte verwenden. Die Funktion richtet sich an Personen mit leichtem bis mittelschwerem Hörverlust und wird durch ein Firmware-Update aktiviert.

Neben der Hörgerätefunktion wird es auch einen wissenschaftlich validierten Hörtest geben, mit dem Nutzer:innen ein persönliches Hörprofil erstellen können. Mit diesem Profil können dann die Audioeinstellungen der AirPods Pro 2 individuell angepasst werden. Die Hörgerätefunktion und der Hörtest wurden in klinischen Studien validiert und werden in mehr als 50 Ländern und Regionen verfügbar sein, darunter auch Deutschland.

Wesentliche Sensoren und Technologien

- **Optische Sensoren und Beschleunigungsmesser:** Die AirPods Pro sind mit optischen Sensoren und einem Beschleunigungsmesser ausgestattet, die erkennen, wann die AirPods im Ohr sitzen und die Audiowiedergabe automatisch starten oder pausieren, wenn die AirPods herausgenommen werden. Diese Sensoren sorgen nicht nur für eine reibungslose Bedienung, sondern optimieren auch den Energieverbrauch, indem sie die Akkulaufzeit schonen, wenn die AirPods nicht verwendet werden.
- **Inward-Facing-Mikrofone:** Die in den Ohrstöpseln integrierten Mikrofone nehmen den Schall im Ohr auf und ermöglichen die adaptive Geräuschunterdrückung sowie den Transparenzmodus. Diese Mikrofone analysieren kontinuierlich die Umgebungsgeräusche und passen die Audioeinstellungen dynamisch an, um störende Geräusche zu minimieren oder externe Geräusche für eine sichere Wahrnehmung der Umgebung durchzulassen.
- **H2-Chip:** Der H2-Chip in den AirPods Pro 2 bietet eine für Headphone-Verhältnisse extrem hohe Rechenleistung für die dynamische Geräuschunterdrückung und die optimierte Verarbeitung von Audiosignalen. Durch den Einsatz von maschinellem Lernen und fortschrittlicher Audiotechnologie verbessert der Chip die Leistung der adaptiven Geräuschunterdrückung und ermöglicht ein immersives Hörerlebnis. Der H2-Chip trägt auch zu einer präziseren Steuerung der Audiooptimierung und der Batterieeffizienz bei.
- **Adaptive Transparenz:** Adaptive Transparenz ist eine fortschrittliche Technologie, die es den Nutzer:innen ermöglicht, bestimmte Umgebungsgeräusche selektiv wahrzunehmen, während störende Geräusche weiterhin gefiltert werden. Diese Funktion ist besonders nützlich in städtischen Umgebungen oder bei Aktivitäten wie Radfahren, bei denen es wichtig ist, Umgebungsgeräusche weiterhin zu hören, um sich sicher im Verkehr zu bewegen oder mit der Außenwelt zu kommunizieren. Zusätzlich wird adaptive Audiotechnologie eingesetzt, um die Klangqualität an die Umgebungsbedingungen und die Position der AirPods im Ohr anzupassen.
- **Drucksensor:** Der Drucksensor im Stil der AirPods Pro ermöglicht eine intuitive Steuerung von Medien und Anrufen. Durch Drücken und Halten des Sensors können Nutzer:innen die Wiedergabe starten, pausieren, Anrufe annehmen oder zwi-

schen Geräuschunterdrückung und transparentem Modus wechseln. Diese Steuerung bietet den Nutzer:innen eine einfache Bedienmöglichkeit, ohne das verbundene Gerät bedienen zu müssen.

Weitere Technologien und Anwendungsszenarien

- **Aktive Lärmunterdrückung (ANC):** Die aktive Geräuschunterdrückung der AirPods Pro 2 nutzt die eingebauten Mikrofone, um Umgebungsgeräusche zu erkennen und diese mithilfe gegenphasiger Schallwellen zu unterdrücken. Diese Technologie hilft vor allem auf Reisen, in lauten Umgebungen oder beim konzentrierten Arbeiten und Lernen, um Störgeräusche zu unterdrücken. Die AirPods Pro bieten eine der leistungsstärksten ANC-Technologien auf dem Markt, die Umgebungsgeräusche effektiv und in Echtzeit reduziert.
- **Spatial Audio und Dynamic Head Tracking:** Die AirPods Pro 2 unterstützen Spatial Audio mit Dynamic Head Tracking, eine Technologie, die das Hörerlebnis bei Filmen und Musik optimiert, indem ein virtueller 3D-Raumklang erzeugt wird. Mithilfe integrierter Gyroskope und Beschleunigungssensoren erfassen die AirPods Pro kontinuierlich die Kopfbewegungen der Nutzer:in und passen die Audioausgabe dynamisch an, sodass der Klang immer aus der Richtung des Quellgeräts zu kommen scheint. Diese Funktion ermöglicht ein immersives Klangerlebnis, das insbesondere bei Dolby-Atmos-Inhalten auf Apple TV oder dem iPad zum Einsatz kommt und durch die Simulation einer präzisen Tonpositionierung und realistischer Umgebungsgeräusche ein Hörerlebnis wie im Kino schafft.
- **Ladecase mit präziser Suche und „Find My"-Funktion:** Das Ladecase der AirPods Pro ist mit einem U1-Chip ausgestattet, der die Ultra-Wideband-Technologie (UWB) nutzt, um eine präzise Ortung des Ladecases mit der „Find My"-App zu ermöglichen. Diese Funktion hilft den Nutzer:innen, ihre AirPods Pro schnell zu finden, wenn sie verloren gehen, und bietet eine präzise visuelle und akustische Navigation zum Standort des Geräts.
- **Wasserschutz und robustes Design:** Die AirPods Pro (2. Generation) sind IPX4-zertifiziert, d.h. sie sind spritzwassergeschützt und können daher auch bei sportlichen Aktivitäten oder im Regen verwendet werden. Diese Robustheit macht sie ideal für Outdoor-Sportarten oder das Training im Fitnessstudio.

Integration in das Apple Ökosystem

Die AirPods Pro 2 sind Teil des Apple-Ökosystems, das eine nahtlose Verbindung und Synchronisierung zwischen verschiedenen Apple-Geräten ermöglicht. Dank des automatischen Gerätewechsels können die AirPods Pro zwischen iPhone, iPad, Mac und Apple Watch wechseln, ohne dass eine manuelle Neuverbindung erforderlich ist. Darüber hinaus unterstützen die AirPods Pro Funktionen wie Siri-Sprachsteuerung, Handoff und Audio Sharing, die die Bedienung vereinfachen und es den Nutzer:innen ermöglichen, Musik, Anrufe oder Benachrichtigungen bequem per Sprachbefehl zu steuern, die Wiedergabe geräteübergreifend fortzusetzen oder Audioinhalte mit anderen AirPods-Nutzer:innen zu teilen.

2.3.4 Medizinische Wearables (am Beispiel Dexcom G7)

Bild 2.19 Die Dexcom G7-Komponenten. (Bildnachweis: Dexcom Inc. auf *https://de.provider.dexcom.com/produkte/dexcom-g7/so-funktionierts*)

Das Dexcom G7 ist ein modernes kontinuierliches Glukoseüberwachungssystem (Continuous Glucose Monitoring, CGM), das im Frühjahr 2022 in Europa und im Januar 2023 in den USA als Weiterentwicklung des Dexcom G6 auf den Markt kam. Es wurde speziell für die permanente Überwachung des Glukosespiegels von Menschen mit Diabetes entwickelt. Der Dexcom G7-Sensor misst den Glukosewert in Echtzeit im interstitiellen Gewebe unter der Haut und überträgt die Daten drahtlos per Bluetooth oder NFC an kompatible Geräte wie Smartphones, Smartwatches oder spezialisierte Empfangsgeräte. Nutzer:innen können so jederzeit ihre Glukosewerte einsehen, ohne regelmäßige Fingerstiche durchführen zu müssen. Diese Echtzeitdaten liefern detaillierte Informationen über den Glukoseverlauf und ermöglichen eine bessere Kontrolle des Blutzuckerspiegels in Kombination mit Insulinpumpen oder anderen Diabetestherapien.

Das Dexcom G7 ist ein kleiner, diskreter Sensor, der im Vergleich zu früheren Modellen eine verbesserte Genauigkeit und Benutzer:innenfreundlichkeit aufweist. Der Sensor wird auf der Haut getragen, ist wasserdicht und kann problemlos bei alltäglichen Aktivitäten wie Duschen oder Schwimmen verwendet werden. Er hat eine kürzere Aufwärmzeit von nur 30 Minuten, was den Einsatz für die Nutzer:innen besonders flexibel macht. Die Tragedauer eines Sensors beträgt zehn Tage, danach muss der Sensor gewechselt werden. Durch die nahtlose Integration in das Dexcom-System werden die Glukosewerte automatisch an kompatible Geräte übertragen, die bei kritischen Glukosewerten Alarm schlagen, um frühzeitig vor Hypo- oder Hyperglykämie zu warnen.

Wesentliche Sensoren und Technologien

- **Glukosesensor:** Der Glukosesensor des Dexcom G7 misst kontinuierlich die Glukosekonzentration im interstitiellen Gewebe und aktualisiert die Werte alle fünf Minuten. Diese durchgängige Überwachung ermöglicht eine präzise und zeitnahe Erkennung von Glukoseschwankungen.
- **Bluetooth- und NFC-Konnektivität:** Die drahtlose Übertragung der Glukosedaten erfolgt mittels Bluetooth- oder NFC-Technologie. Dies ermöglicht die Kommunikation zwischen dem Sensor und kompatiblen Geräten wie Smartphones oder Empfängern, die mit der Dexcom-App verbunden sind, sowie eine schnelle und einfache Datenübertragung, z. B. für den Datenaustausch mit medizinischem Fachpersonal.
- **Wasserbeständigkeit:** Der Sensor ist wasserbeständig und kann daher auch beim Schwimmen oder Duschen getragen werden, ohne dass seine Funktionalität beeinträchtigt wird.
- **Integrierter Sensor und Sender:** Das Dexcom G7 kombiniert Sensor und Sender in einer einzigen Einheit, was die Handhabung für die Nutzer:innen vereinfacht und den Tragekomfort erhöht.

Weitere Technologien und Anwendungsszenarien

- **Alarme und Benachrichtigungen:** Das Dexcom-G7-System bietet individuelle Alarme für hohe und niedrige Glukosewerte, die sofortiges Handeln ermöglichen. Die Alarme können so konfiguriert werden, dass sie Nutzer:innen bei kritischen Glukosewerten warnen, selbst wenn das angeschlossene Smartphone nicht in der Nähe ist.
- **Datenanalyse und Trendvisualisierung:** Das Dexcom-G7-System liefert nicht nur aktuelle Glukosewerte, sondern zeigt auch Trends und Vorhersagen an, die Nutzer:innen dabei unterstützen, Muster in ihrer Glukose-Entwicklung zu erkennen. Diese Informationen sind besonders hilfreich, um therapeutische Entscheidungen in Echtzeit zu treffen.
- **Integration mit dem Google-Ökosystem, Apple Health und anderen Geräten:** Das Dexcom G7 bietet eine Integration mit Google Fit und Apple Health, wodurch

Nutzer:innen ihre Glukosedaten automatisch synchronisieren und in diesen Apps analysieren können. Zu beachten ist jedoch, dass die Datenübertragung an Apple Health mit einer Verzögerung von drei Stunden erfolgt. Auch die Kompatibilität mit Smartwatches wie der Fitbit Smartwatch und anderen Wearables bietet mehr Flexibilität bei der Überwachung.

Einbindung in das persönliche Gesundheitsmanagement

Systeme wie das Dexcom G7 spielen in einem modernen Gesundheitsmanagement für Menschen mit Diabetes eine zentrale Rolle. Es ermöglicht eine lückenlose Überwachung des Glukosespiegels und macht den Alltag durch verbesserte Therapieentscheidungen sicherer. Die nahtlose Integration in Apps und andere medizinische Systeme bietet sowohl für Endnutzer:innen als auch für medizinisches Fachpersonal ein wertvolles Werkzeug, um die Diabetesbehandlung zu optimieren. Die Echtzeitüberwachung und die Möglichkeit, Daten zu teilen, tragen dazu bei, dass die Nutzer:innen ihre Diabetesmanagement-Strategien besser anpassen und ihre Gesundheit langfristig erhalten können. Gleichzeitig trägt die kontinuierliche Überwachung dazu bei, das Risiko von Langzeitschäden wie Nerven-, Nieren- oder Augenschäden, die durch schlecht eingestellte Blutzuckerwerte verursacht werden, deutlich zu verringern.

2.3.5 Sonstige Wearables (am Beispiel Oura Ring 3)

Bild 2.20
Der Oura Ring 3 (Bildnachweis: Ōura Health Oy. auf *https://ouraring.com/de/product/rings/horizon/silver*)

Der Oura Ring 3, 2021 von der finnischen Firma Ōura Health entwickelt, ist ein innovatives Wearable zur präzisen Überwachung von Gesundheit und Aktivität. Im Gegensatz zu herkömmlichen Fitnesstrackern zeichnet sich der Oura Ring durch sein minimalistisches, ringförmiges Design und seine ausgeklügelte, miniaturisierte Sensorik aus. Im Kern ist er ein vollwertiger Fitnesstracker in Ringform, der umfassende Funktionen zur Überwachung von Schlaf, Herzfrequenz, Aktivität und Blutsauerstoffsättigung (SpO2) bietet und sich nahtlos in die tägliche Gesundheitsanalyse integrieren lässt. Das Gerät sammelt eine Vielzahl von Gesundheitsdaten, die in Echtzeit verarbeitet und über die Oura-App angezeigt werden, was den Nutzer:innen ermöglicht, fundierte Entscheidungen über ihr Wohlbefinden zwischen Wellness, Wellbeing und medizinischen Themen zu treffen.

Wesentliche Sensoren und Technologien

- **Infrarot-Photoplethysmographie (PPG):** Der Oura Ring 3 verwendet Infrarot-PPG-Sensoren, um die Herz- und Atemfrequenz zu messen. Im Gegensatz zu vielen Wearables, die grünes Licht zur Messung der Herzfrequenz verwenden, dringt Infrarotlicht tiefer in die Haut ein und liefert genauere Ergebnisse auch während des Schlafs. Die Sensoren überwachen die Herzfrequenz sowohl nachts als auch tagsüber in Ruhephasen.
- **Temperatursensor:** Der Oura Ring verfügt über einen Temperatursensor, der die Hauttemperatur misst. Diese Temperaturmessung ist besonders nützlich, um subtile Veränderungen im Körper zu erkennen, wie z. B. hormonelle Schwankungen oder den Beginn einer Krankheit. Dabei wird die individuelle Basistemperatur des/der Nutzer:in als Vergleichsmaßstab verwendet, anstatt absolute Temperaturwerte anzuzeigen.
- **3D-Beschleunigungssensor:** Der 3D-Beschleunigungssensor des Oura-Rings erfasst Bewegungen im Alltag und erkennt Aktivitätslevel und Schlafphasen. Er analysiert die Schlafqualität, indem er Bewegungen und Ruhephasen während der Nacht registriert und liefert detaillierte Daten zu den Schlafzyklen der Nutzer:innen.
- **SpO2-Sensor (Pulsoximeter):** Der Oura Ring 3 ist mit einem SpO2-Sensor ausgestattet, der die Sauerstoffsättigung im Blut misst. Diese Messung gibt Aufschluss darüber, wie effizient der Körper Sauerstoff transportiert und verwertet und kann bei der Erkennung von Atemproblemen oder Schlafstörungen hilfreich sein.

Weitere Technologien und Anwendungsszenarien

- **Schlafüberwachung:** Der Oura Ring 3 ist besonders für seine präzise Schlafanalyse bekannt. Er erfasst detaillierte Schlafphasen (Leicht-, Tief-, REM-Schlaf) und gibt den Nutzer:innen eine Schlafbewertung, die auf verschiedenen Parametern wie Gesamtschlafdauer, Ruhephasen, nächtlicher Herzfrequenz und Blutsauerstoffsättigung basiert. Dies ermöglicht eine genaue Überwachung und Optimierung des Schlafverhaltens.
- **Readiness Score:** Eine zentrale Funktion des Oura Ring 3 ist der „Readiness Score", der aus den gesammelten Daten zu Schlaf, Aktivität, Herzfrequenzvariabilität und Blutsauerstoffsättigung berechnet wird. Dieser Wert gibt Auskunft darüber, inwieweit der Körper für Aktivitäten bereit ist oder ob mehr Ruhephasen notwendig sind.

- **Activity Tracking:** Der Ring zeichnet die täglichen Bewegungen, Aktivitäten und den Kalorienverbrauch auf. Die Oura-App bietet Echtzeiteinblicke in die Aktivität und erinnert die Nutzer:innen daran, sich zu bewegen, wenn sie zu lange inaktiv sind. Trainingseinheiten werden automatisch erkannt und analysiert.

Integration in das Oura-Ökosystem

Der Oura Ring 3 synchronisiert alle gesammelten Daten in Echtzeit mit der Oura-App, die eine umfassende Analyse der Gesundheitsmetriken sowie personalisierte Einblicke und Empfehlungen bietet. Nutzer:innen können historische Daten analysieren und langfristige Trends in Bezug auf Schlaf, Herzfrequenz, Aktivität und Blutsauerstoffsättigung erkennen. Durch die Integration mit Drittanbieter-Apps wie Apple Health oder Google Fit erweitert der Oura Ring seine Funktionalität, indem er den Nutzer:innen eine zentrale Schnittstelle für das gesamte persönliche Gesundheitsmanagement bietet.

2.3.6 Nutzung und Nutzungsinteresse von Wearables

Die Bitkom-Studie „Die Zukunft der Consumer Technology – 2024“ zeigt, dass Wearables weiterhin stark im Trend liegen, erwähnt aber auch einige eher überraschende Gerätekategorien wie „intelligente Einlegesohlen“. Zu den etablierten Kategorien wie Smartwatches und Fitnessarmbändern kommen zunehmend neue Formen wie intelligente Ringe, die genannten Einlegesohlen und Kopfhörer, die durch Fortschritte in der künstlichen Intelligenz (KI) immer intelligenter werden. Diese Geräte können zunehmend kontextbezogene Informationen integrieren und detailliert auf ihre Umgebung reagieren.

Trotz dieser technologischen Entwicklungen sind viele der neuen Wearables bei den Konsument:innen noch wenig verbreitet. Nur wenige nutzen intelligente Einlegesohlen (4 %), Kopfhörer (2 %) oder Fingerringe (1 %), die Körperfunktionen messen können. Das Interesse wächst jedoch: 22 % der Befragten zeigen sich offen für smarte Kopfhörer mit Gesundheitsfunktionen, 18 % für smarte Einlegesohlen und 10 % für smarte Fingerringe. Generell sind Männer diesen neuen Technologien gegenüber etwas aufgeschlossener als Frauen.

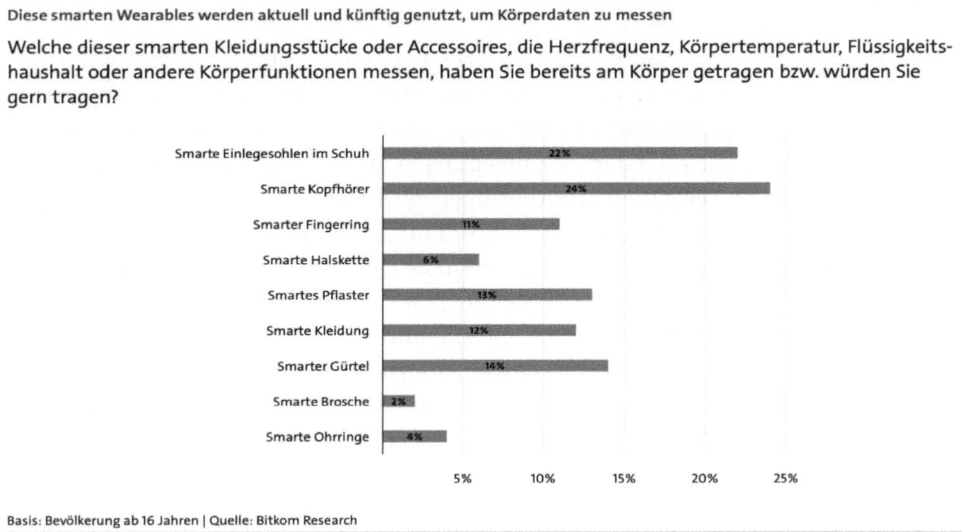

Bild 2.21 Nutzung von Wearables zur Erfassung von Körperdaten. (Bildnachweis: „Die Zukunft der Consumer Technology 2024“, Bitkom e. V. 2024 auf *https://www.bitkom.org/zukunft-consumer-technology*)

> Die Zukunft der Consumer Technology 2024
> *https://www.bitkom.org/Bitkom/Publikationen/Die-Zukunft-der-Consumer-Technology-2024*

2.4 XR-Headsets (an den Beispielen Meta Quest 3 und Apple Vision Pro)

XR-Headsets (Extended Reality) wie die Meta Quest 3 und die Apple Vision Pro basieren technisch auf sehr ähnlichen Grundlagen wie moderne Smartphones. Beide Geräte verwenden Betriebssysteme, die von mobilen Plattformen abgeleitet sind: Die Meta Quest 3 basiert auf einer angepassten Version von Android, die Apple Vision Pro auf visionOS, einem auf iOS basierenden Betriebssystem, das speziell für XR-Anwendungen optimiert wurde. Diese gemeinsame technische Basis ermöglicht die nahtlose Integration von Technologien wie Touchscreen-Interaktion, Sensordatenverarbeitung und App-Ökosystemen in die XR-Umgebung. Die Integration von App-Ökosystemen bedeutet, dass viele für Smartphones entwickelte Apps mit geringem Anpassungsaufwand auch auf XR-Headsets laufen können, was die Entwicklung von Inhalten generell erleichtert, aber natürlich nur ein Zwischenschritt bei der Entwicklung von XR-Anwendungen sein kann, die das Medium voll ausschöpfen.

Trotz der technischen Nähe zu Smartphones erfordert die Entwicklung von Inhalten für XR-Headsets jedoch häufig spezialisierte Entwicklungsumgebungen wie Unity und Unreal Engine, aber auch andere betriebssystemnahe Frameworks wie das Apple RealityKit oder das Google ARCore SDK, da die Erstellung immersiver 3D-Inhalte und die Interaktion mit AR, MR- oder VR-Umgebungen andere Herangehensweisen erfordert und zusätzliche technische Anforderungen bestehen, die in der zweidimensionalen Welt der klassischen Apps keine direkte Entsprechung haben. Bei der Entwicklung von XR-Anwendungen sind die echtzeitnahe Optimierung von 3D-Modellen, der Einsatz fortschrittlicher Rendering-Techniken, die Gewährleistung hoher Bildwiederholraten und geringer Latenzzeiten zur Vermeidung von Motion Sickness sowie die Anpassung an die spezifischen Hardwaresensoren und Trackingsysteme der XR-Headsets wie Eye- oder Handtracking von entscheidender Bedeutung. Die Integration von Raumklang oder „Spatial Audio" spielt ebenfalls eine wichtige Rolle für eine immersive User Experience.

Angesichts des wachsenden Interesses an immersiven Technologien und deren zunehmender Anwendung in Bereichen wie Gaming, Bildung, Gesundheit und Industrie 4.0 ist in den kommenden Jahren mit einem signifikanten Anstieg der Relevanz von XR-Headsets zu rechnen. Die Fähigkeit dieser Geräte, virtuelle und reale Welten zu verschmelzen und neuartige Interaktionsmöglichkeiten mit der „echten" Realität zu bieten, eröffnet ein breites Spektrum an Anwendungsszenarien, die weit über die Möglichkeiten herkömmlicher mobiler Endgeräte hinausgehen.

2.4.1 Meta Quest 3

Bild 2.22 Meta Quest 3 mit Controllern. (Bildnachweis: Meta auf *https://www.meta.com/de/quest/quest-3*)

Die Meta Quest 3, die im Oktober 2023 auf den Markt kam, ist ein XR-Headset, das auf der Snapdragon XR2 Gen 1-Plattform basiert. Diese Plattform ist für die Verarbeitung von VR- und AR/MR-Inhalten optimiert und bietet im Vergleich zu den Vorgängermodellen eine höhere Rechenleistung sowie verbesserte Sensoren. Die Meta Quest 3 verwendet eine modifizierte Version von Android als Betriebssystem, was die Nutzung bestehender mobiler Entwicklungsumgebungen und die Integration mit Apps aus dem Android-Ökosystem ermöglicht. Das System ist jedoch weiterhin auf die spezifischen Anforderungen von XR-Anwendungen ausgerichtet.

Wesentliche Technologien und Anwendungsszenarien

- **Inside-Out-Tracking mit Passthrough:** Die Meta Quest 3 verwendet Inside-Out-Tracking, das durch vier integrierte Kameras ermöglicht wird – zwei Schwarz-Weiß-Kameras für das Tracking und zwei RGB-Kameras für Farb-Passthrough –, die die Bewegungen der Nutzer:innen erfassen, ohne dass externe Sensoren erforderlich sind. Neu an der Quest 3 ist die RGB-Passthrough-Funktion, die es ermöglicht, die reale Umgebung in Farbe darzustellen und so ein immersives Mixed Reality (MR)-Erlebnis zu schaffen. Diese Funktion kombiniert Kamerabilder mit der Möglichkeit, virtuelle Objekte in die reale Welt zu integrieren. In Kombination mit Tiefensensoren wird die räumliche Wahrnehmung der Nutzer:innen erheblich verbessert, was präzise Interaktionen zwischen physischen und virtuellen Objekten in Echtzeit ermöglicht.
- **Hand-Tracking und Controller-Interaktion:** Die Quest 3 unterstützt sowohl klassische Controller als auch Hand-Tracking, das über die eingebauten Kameras realisiert wird. Diese Technologie, die in der Quest 3 verbessert wurde, erkennt Handbewegungen und Gesten der Nutzer:innen und ermöglicht so eine direkte und intuitive Interaktion mit virtuellen Inhalten ohne zusätzliche Hardware. Diese Funktion findet Anwendung in verschiedenen Bereichen wie sozialen VR-Umgebungen, immersiven Spielen und professionellen Arbeitsumgebungen.
- **Mixed Reality Funktionalität:** Dank der erweiterten Kamera- und Sensortechnologie unterstützt Meta Quest 3 sowohl Virtual Reality (VR) als auch Mixed Reality (MR). Virtuelle Objekte und Inhalte können nahtlos in die physische Umgebung der Nutzer:innen integriert werden. Diese Fähigkeit ist besonders in Bereichen wie Architektur, Design oder Simulationen relevant, wo die Überlagerung von virtuellen und realen Objekten notwendig ist, um präzise und immersive Nutzer:innenerfahrungen zu ermöglichen.
- **Display-Technologie:** Meta Quest 3 ist mit zwei hochauflösenden LCD-Displays ausgestattet, die eine Auflösung von 2064 x 2208 Pixeln pro Auge haben. Dies entspricht einer Gesamtauflösung von 4128 x 2208 Pixeln und einer Steigerung von etwa 30 % gegenüber dem Vorgängermodell Meta Quest 2. Die Bildwiederholrate beträgt standardmäßig 90 Hz, kann aber experimentell auf 120 Hz erhöht werden, um eine noch flüssigere Darstellung zu erreichen. Diese Verbesserungen in Auflösung und Bildwiederholrate tragen dazu bei, das Risiko von Motion Sickness zu minimieren und ein noch immersiveres VR-Erlebnis zu schaffen.

- **Konnektivität und Streaming:** Die Unterstützung von Wi-Fi 6 sorgt für eine stabile und schnelle Übertragung von XR-Inhalten, während das Headset drahtlos mit PCs verbunden werden kann, um komplexe VR-Anwendungen zu streamen. Dadurch wird die Rechenlast des Headsets reduziert, während grafikintensive Inhalte flüssig wiedergegeben werden können. Zusätzlich verfügt die Quest 3 über Bluetooth 5.2 zur Verbindung mit Controllern und anderen Geräten.
- **Entwicklungsumgebungen:** Für die Erstellung von XR-Inhalten stehen Entwickler:innen Tools wie Unity, Unreal Engine sowie das Meta-eigene SDK zur Verfügung. Diese spezialisierten Entwicklungsplattformen sind notwendig, um die Hardwarekapazitäten voll auszunutzen und das 3D-Rendering sowie die Interaktionsmöglichkeiten zu optimieren. Durch den Einsatz solcher Umgebungen können immersive 3D-Welten geschaffen werden, die den erhöhten Anforderungen von VR- und MR-Anwendungen gerecht werden.

Integration in das Meta-Ökosystem

Die Meta Quest 3 ist tief in die Meta-eigenen Plattformen wie Horizon Worlds und Horizon Workrooms integriert. Diese Umgebungen nutzen die vorhandenen XR-Funktionalitäten der Quest 3, um virtuelle Meetings, soziale Interaktionen und kollaboratives Arbeiten zu ermöglichen. Horizon Worlds ist eine soziale Plattform, die es den Nutzer:innen erlaubt, in von anderen Nutzer:innen erstellten virtuellen Räumen zu interagieren, während Horizon Workrooms auf die Zusammenarbeit in einer virtuellen Büroumgebung ausgelegt ist. Funktionen wie Hand-Tracking, Spatial Audio und Passthrough-AR werden genutzt, um natürliche Interaktionen und eine immersivere Arbeitsumgebung zu erzeugen.

Das Gerät ist eng mit der Meta Horizon App und dem Meta Horizon Store verzahnt, was es den Nutzer:innen erlaubt, auf eine Vielzahl von speziell für die Quest entwickelten Anwendungen und Inhalten zuzugreifen.

2.4.2 Apple Vision Pro

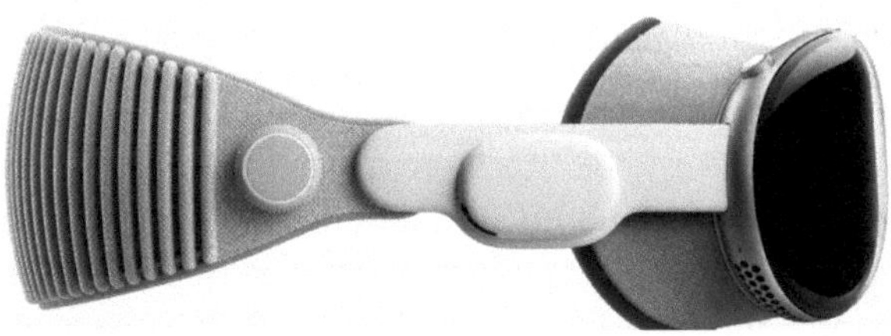

Bild 2.23
Die Apple Vision Pro mit Solo Knit Band. (Bildnachweis: Apple Inc. auf *https://www.apple.com/newsroom/topics/apple-vision-pro*)

Die Apple Vision Pro (AVP), die im Juni 2023 vorgestellt und im Februar 2024 in den USA sowie im Juli 2024 in Deutschland veröffentlicht wurde, ist das erste XR-Headset von Apple, das die verschiedenen Stufen immersiver Erlebnisse entlang des Realitätskontinuums bietet. Dieses reicht von Augmented Reality (AR) über Mixed Reality (MR) bis hin zu Virtual Reality (VR). Durch die Integration von fortschrittlichen Sensoren und Software ermöglicht die AVP, dass Nutzer:innen nahtlos zwischen diesen Realitätsstufen wechseln können. Sie basiert auf visionOS, einem Betriebssystem, das auf iOS und iPadOS aufbaut und für Spatial Computing optimiert ist.

Wesentliche Technologien und Anwendungsszenarien

- **Optische Sensoren, Eye-Tracking und Machine Learning (ML):** Die AVP nutzt eine Kombination aus zwölf Kameras, fünf Sensoren und sechs Mikrofonen, um die Bewegungen der Nutzer:innen und ihre Umgebung präzise zu erfassen. Eine zentrale Rolle spielt dabei der R1-Chip, der mit ML-Technologie arbeitet, um die Echtzeitverarbeitung der Datenströme aus den Sensoren zu optimieren. Von besonderer Bedeutung ist dabei das Eye-Tracking-System, das über „Optic ID" nicht nur zur biometrischen Authentifizierung, sondern auch zur intuitiven Steuerung des User Interface dient. Maschinelles Lernen wird eingesetzt, um Augenbewegungen präzise zu erkennen und die Reaktionen des Systems zu optimieren.
- **Display-Technologie und Advanced Passthrough Mode:** Die Apple Vision Pro verfügt über zwei 4K-Micro-OLED-Displays mit einer Gesamtauflösung von 23 Millionen Pixeln, was mehr als der Auflösung eines 4K-Displays pro Auge entspricht. Der hochauflösende Passthrough-Modus, der mit Farbkameras arbeitet, ermöglicht eine nahtlose Verschmelzung virtueller und realer Welten in Farbe und hoher Auflösung. Die Kombination dieser Technologie mit den Tiefensensoren verbessert die räumliche Wahrnehmung der Umgebung, sodass Nutzer:innen in Mixed-Reality-Szenarien realistische Interaktionen zwischen physischen und virtuellen Objekten erleben können.
- **Handtracking und Sprachsteuerung:** Im Gegensatz zu vielen anderen XR-Headsets verzichtet die AVP auf physische Controller. Stattdessen erfolgt die Steuerung vollständig über Hand-Tracking, Eye-Tracking und Sprachbefehle. Die Kameras erkennen Gesten und Bewegungen der Hand präzise und in Echtzeit. Dies ermöglicht eine direkte und intuitive Interaktion mit virtuellen Inhalten. Sprachbefehle werden durch Siri unterstützt, wodurch Nutzer:innen Apps steuern und Einstellungen ändern können, ohne auf herkömmliche Steuerelemente wie die klassischen Controller zurückgreifen zu müssen.
- **Konnektivität und Akkulaufzeit:** Die Vision Pro unterstützt Wi-Fi 6 und Bluetooth 5.3 für eine schnelle und stabile Verbindung mit anderen Geräten im Apple-Ökosystem. Im Gegensatz zu anderen Headsets wird die AVP über einen externen Akku mit Strom versorgt, der eine Betriebszeit von etwa zwei Stunden ermöglicht. Während der externe Akku über USB-C geladen wird, kann das Headset allerdings weiter verwendet werden.

- **Integration in das Apple-Ökosystem:** Die Apple Vision Pro ist vollständig in das Apple-Ökosystem integriert und erlaubt Nutzer:innen eine nahtlose Synchronisation zwischen Geräten wie iPhone, iPad und Mac. Die AVP wurde speziell für die Nutzung bestehender Apple-Dienste wie Apple TV und Apple Arcade entwickelt und ermöglicht so immersive 3D-Erlebnisse in diesen Bereichen. Durch die Verbindung mit visionOS können viele Apps, die ursprünglich für iPadOS entwickelt wurden, ohne oder mit nur geringen Anpassungen auf der AVP ausgeführt werden. Darüber hinaus bietet das Headset Zugriff auf einen neuen App Store, der speziell für XR-Anwendungen optimiert ist. Entwickler:innen können Apples Frameworks wie RealityKit und ARKit nutzen, um immersive XR-Erlebnisse zu schaffen, die die hardwaretechnischen Fähigkeiten der AVP voll ausschöpfen und dabei in dem bekannten Apple-Ökosystem bestehend aus Xcode und Swift bleiben.

Dieser Themenbereich wird ausführlich in Kapitel 10 „Mobile XR: AR/MR/VR und Spatial Computing" behandelt.

2.5 IoT-Geräte mit Mobilitätsfokus

Im Kontext mobiler Systeme ist eine klare Definition und Abgrenzung zwischen Wearables und mobilen IoT-Geräten entscheidend, um die spezifischen Anforderungen und Herausforderungen bei der Integration in mobile Systeme der jeweiligen Kategorie zu verstehen. Obwohl Wearables per Definition zur Kategorie der IoT-Geräte gehören, sind nicht alle IoT-Geräte Wearables. Die primäre Unterscheidung liegt in der Art der User-Interaktion, die bei Wearables in der Regel direkt und persönlich ist, während mobile IoT-Geräte häufig autonom oder im Hintergrund agieren:

- Wearables wie Smartwatches oder Fitnesstracker sind darauf ausgelegt, physiologische oder umweltbezogene Daten kontinuierlich zu erfassen und häufig in Echtzeit zu analysieren. Sie interagieren direkt mit den Nutzer:innen und sind oft personalisierte, körpernahe Technologien, die in digitale Ökosysteme integriert sind, beispielsweise zur Gesundheitsüberwachung oder Fitnessanalyse. Sie sind in der Regel auf die Erfassung und Analyse personenbezogener Daten ausgerichtet.
- Mobile IoT-Geräte hingegen umfassen eine größere Bandbreite und sind nicht zwingend an die Person der Nutzer:innen gebunden. Diese Geräte, wie z. B. autonome Roboter oder mobile Umweltsensoren, sammeln und übermitteln Daten häufig in automatisierten Prozessen, wobei die Interaktion mit den Nutzer:innen eher indirekt oder im Hintergrund erfolgt. In der Industrie spielen sie eine wichtige Rolle in Einsatzszenarien, die auf Datenverarbeitung in Echtzeit angewiesen sind. Solche mobilen IoT-Geräte sind häufig in größere technische Infrastrukturen

eingebettet und optimieren Betriebsprozesse durch dezentrale Datenverarbeitung und Steuerung. Sie erfassen eher Daten für industrielle oder betriebliche Zwecke.

Zentrale IoT-Plattformen stellen die Konnektivität und Steuerung dieser Geräte sicher. Im privaten Bereich spielen Systeme wie Apple HomeKit, Google Home, Amazon Alexa oder Samsung SmartThings eine wichtige Rolle. Diese Plattformen integrieren mobile IoT-Technologien und ermöglichen die Steuerung und Überwachung der Geräte von verschiedenen Orten aus. Oftmals werden auch Wearables in diese Ökosysteme integriert, was eine erweiterte Funktionalität im täglichen Leben der Nutzer:innen ermöglicht.

Im industriellen Kontext kommen Systeme wie SCADA (Supervisory Control and Data Acquisition), ein etabliertes System zur Überwachung und Steuerung industrieller Prozesse, sowie das umfassendere Konzept Industrie 4.0, das die Digitalisierung und Vernetzung der gesamten industriellen Wertschöpfungskette vorsieht, zum Einsatz. Darüber hinaus spielen IoT-Plattformen von Cloud-Anbietern (z. B. AWS IoT, Azure IoT) oder spezialisierte industrielle IoT-Plattformen eine wichtige Rolle. Diese Systeme vernetzen mobile und nicht mobile IoT-Geräte, um nicht nur die Effizienz von Produktionsprozessen zu steigern und den Zustand von Anlagen zu überwachen, sondern auch übergreifende und abstraktere Ziele wie die Verbesserung der Produktqualität, die Erhöhung der Produktionsflexibilität oder neue Geschäftsmodelle zu unterstützen.

Die Unterscheidung zwischen Wearables und mobilen IoT-Geräten liegt also weniger in den Technologien selbst, als vielmehr in deren Funktion und Anwendungskontext. Während Wearables stark auf die individuelle Nutzung und die Erfassung persönlicher Daten ausgerichtet sind, agieren mobile IoT-Geräte häufig als Teil größerer Systeminfrastrukturen und erfassen Daten für industrielle oder betriebliche Zwecke.

Nutzungsszenarien für mobile IoT-Geräte

Mobile IoT-Geräte spielen in vielen Branchen und Industrien eine zunehmend wichtige Rolle, da sie die Digitalisierung von Produktions- und Arbeitsprozessen durch ortsunabhängige Datenerfassung, -verarbeitung und -übertragung ermöglichen und damit wiederum zu aktiven Komponenten komplexer mobiler Systeme werden. Typischerweise sind diese Geräte mit energieeffizienten und oft auch leistungsfähigen Prozessoren ausgestattet, um lange Akkulaufzeiten und die Möglichkeit der Datenverarbeitung am Gerät (Edge Computing) zu gewährleisten. Sie nutzen eine Vielzahl von Funktechnologien wie Wi-Fi, Bluetooth, Mobilfunknetze, LoRaWAN oder Zigbee, um je nach den spezifischen Anforderungen der Anwendung eine durchgängige Konnektivität zu gewährleisten. Diese Mobilität macht sie besonders interessant für Anwendungen, die eine flexible und ortsunabhängige Datenerfassung erfordern, wie z. B. industrielle Überwachung, Logistik, Gesundheitswesen, Landwirtschaft, Umweltmonitoring oder Smart Cities.

Im Folgenden werden ausgewählte Anwendungsfelder mobiler IoT-Geräte vorgestellt, um ihre Funktionalität und ihren Beitrag zu modernen, vernetzten Systemen zu veranschaulichen.

2.5.1 Smart Cities

In Smart Cities spielen mobile IoT-Geräte eine zentrale Rolle bei der Erfassung und Übertragung von Echtzeitdaten. Diese Geräte, z.B. vernetzte Fahrzeuge, die Daten über den Verkehrsfluss und den Straßenzustand sammeln, oder mobile Luftqualitätssensoren, sind in städtischen Umgebungen häufig auf Technologien angewiesen, die ihre Mobilität gewährleisten und eine flexible Installation ermöglichen. In Kombination mit stationären IoT-Sensoren können sie einen wichtigen Beitrag zur Verbesserung der Infrastruktur, der Dienstleistungen und der allgemeinen Lebensqualität in Städten leisten.

Ein prominentes Beispiel für mobile IoT-Geräte in einer Smart City sind vernetzte Verkehrsmanagementsysteme. Mobile Sensoren und IoT-fähige Geräte, die in Fahrzeuge oder in die städtische Infrastruktur integriert sind, sammeln Daten über den Verkehrsfluss, die Luftqualität oder die Auslastung öffentlicher Verkehrsmittel. Diese Daten werden in Echtzeit an zentrale Plattformen übermittelt, wo sie mit Daten von stationären IoT-Sensoren wie fest installierten Umweltüberwachungsstationen oder Verkehrskameras kombiniert und zunehmend mit KI-Systemen analysiert werden. Durch die intelligente Auswertung dieser Daten können Verkehrsflüsse optimiert, Staus reduziert und Umweltbelastungen besser überwacht werden, beispielsweise durch adaptive Ampelschaltungen oder Echtzeit-Verkehrsinformationen für Navigationssysteme. Intelligente Straßenlaternen oder Parkplätze, die auf mobile Sensoren reagieren, sind weitere Anwendungsbeispiele, bei denen mobile und stationäre IoT-Technologien zusammenwirken.

Im Bereich der öffentlichen Sicherheit werden mobile IoT-Geräte wie Drohnen, vernetzte Bodycams von Sicherheitskräften oder mobile Überwachungskameras eingesetzt, um Bilder und Daten von potenziell gefährlichen Situationen in Echtzeit zu übermitteln. Diese Geräte arbeiten eng mit stationären Sensoren zusammen, die beispielsweise in Gebäuden oder an Straßen installiert sind, um eine umfassende Überwachung und schnelle Reaktion zu gewährleisten. Diese Kombination bietet den Vorteil einer lückenlosen Abdeckung großer städtischer Gebiete, wobei die mobilen Geräte flexibel auf sich ändernde Situationen reagieren können, während die stationären Geräte eine kontinuierliche Überwachung gewährleisten.

Im Kontext von Smart Cities wird deutlich, dass mobile IoT-Geräte eine wesentliche Ergänzung zu stationären IoT-Systemen darstellen. Sie ermöglichen eine dynamische und flexible Datenerfassung, während stationäre Sensoren eine dauerhafte Überwachung gewährleisten. Durch diese systemische Kombination können Städte ihre

Infrastruktur optimieren, Ressourcen effizienter verwalten, das Wohlbefinden ihrer Bürger:innen verbessern und auch die Datenbasis für den Einsatz von künstlicher Intelligenz schaffen.

2.5.2 Logistik und Supply Chain Management

Mobile IoT-Geräte spielen in der Logistik und im Supply Chain Management eine bedeutende Rolle, indem sie Echtzeitdaten über Warenströme erfassen und diese nicht nur an zentrale Systeme, sondern auch an andere mobile Geräte oder an Mitarbeiter:innen in der Lieferkette übermitteln, um eine noch bessere Koordination und Zusammenarbeit zu ermöglichen. Beispiele hierfür sind vernetzte Container oder Lkw, die mit Sensoren für GPS und Temperaturüberwachung ausgestattet sind, aber auch Drohnen zur Überwachung von Lagerbeständen oder autonome Fahrzeuge für die innerbetriebliche Logistik. Diese mobilen Systeme arbeiten häufig mit stationären IoT-Geräten in Lagerhäusern oder Frachtzentren zusammen, um eine durchgängige Überwachung und Steuerung der Lieferkette zu gewährleisten.

Ein typisches Anwendungsszenario ist der Einsatz von GPS-Trackern und Umweltsensoren in Containern oder Lastkraftwagen. Diese Sensoren erfassen Daten wie die Position und den Zustand der transportierten Güter, beispielsweise die Temperatur verderblicher Waren. Diese Informationen werden in Echtzeit an zentrale Plattformen übermittelt, wo sie mit Daten von stationären IoT-Systemen, etwa in Lagerhäusern oder an Transportknotenpunkten, kombiniert und analysiert werden. Auf diese Weise kann die Routenplanung optimiert und auf Zwischenfälle wie Staus oder unvorhergesehene Wetterbedingungen reagiert werden, beispielsweise durch die automatische Anpassung von Lieferrouten oder die Benachrichtigung der Empfänger:innen bei Verzögerungen.

Im Lager unterstützen mobile IoT-Geräte wie autonome Roboter oder vernetzte Gabelstapler die Automatisierung von Prozessen. Sie erfassen Bewegungsdaten in Echtzeit, helfen bei der Kommissionierung und Verteilung von Waren und interagieren mit stationären Systemen wie RFID-Scannern, um eine lückenlose Überwachung und Dokumentation der Warenströme zu ermöglichen. Darüber hinaus können auch Wearables wie Smart Glasses eingesetzt werden, um Mitarbeiter:innen bei der Kommissionierung oder beim Auffinden von Waren zu unterstützen. Diese Technologien tragen dazu bei, die Effizienz zu steigern und die Prozesse im Lager dynamisch zu optimieren.

Darüber hinaus werden mobile IoT-Technologien zunehmend für die Lieferung von Waren eingesetzt. Drohnen und autonome Lieferfahrzeuge, die mit Hinderniserkennungs- und GPS-Technologien ausgestattet sind, werden zunehmend die Paketzustellung auf der letzten Meile übernehmen, vornehmlich in schwer zugänglichen oder stark frequentierten städtischen Gebieten. Diese Technologien stecken jedoch noch in den Kinderschuhen und es müssen neben technischen noch verschiedene regulatorische Hürden überwunden werden, bevor sie flächendeckend eingesetzt werden können.

Durch den Einsatz mobiler und stationärer IoT-Technologien in der Logistik können Unternehmen eine höhere Transparenz, Flexibilität und Effizienz entlang der gesamten Lieferkette erreichen. Die gesammelten Daten bilden die Grundlage für Optimierungen und zukünftige technologische Entwicklungen im Supply Chain Management.

2.5.3 Gesundheitswesen

Mobile IoT-Geräte, die direkt am Körper getragen werden, verbessern die individuelle Gesundheitsüberwachung auch außerhalb des klinischen Bereichs, indem sie Vitaldaten kontinuierlich erfassen und personalisierte Behandlungsansätze ermöglichen. Beispiele hierfür sind Blutzuckermessgeräte oder tragbare EKG-Geräte, die Patient:innen im Alltag zur Überwachung ihrer Gesundheitswerte und zur frühzeitigen Erkennung kritischer Veränderungen nutzen können. Darüber hinaus werden mobile IoT-Geräte auch in anderen Bereichen wie Rehabilitation, Sturzprävention und Medikationsmanagement eingesetzt.

Ein Trend ist die zunehmende Integration solcher Geräte in Verbraucher-Ökosysteme wie Apple Health oder Google Fit. Ursprünglich eher für Fitness- und Gesundheitsenthusiast:innen entwickelt, professionalisieren sich diese Plattformen zunehmend durch die Integration medizinisch relevanter Funktionen. So unterstützt Apple Health mittlerweile auch Blutzuckermessgeräte, Herzfrequenzsensoren und Schlafüberwachungssysteme. Trotzdem sollten diese Plattformen nicht als Ersatz für professionelle medizinische Geräte oder ärztliche Beratung dienen.

Die Integration von IoT-Geräten ermöglicht eine Echtzeit-Datenübertragung zwischen Patient:innen und Ärzt:innen, was die medizinische Betreuung ortsunabhängig und effizienter gestaltet. Auch Smartwatches wie die Apple Watch oder die Pixel Watch 3, sind heute mit hochwertigen Sensoren ausgestattet, die Herzfrequenzvariabilität, EKG-Daten und Blutsauerstoffsättigung messen und direkt an Plattformen wie Apple Health oder Google Fit übermitteln können. Diese Daten werden sowohl für die persönliche Gesundheitsüberwachung als auch für medizinische Diagnosen immer relevanter. Neben Smartwatches werden auch andere mobile IoT-Geräte wie Blutdruckmessgeräte, Pulsoximeter oder tragbare Ultraschallgeräte in der Telemedizin eingesetzt, um die Patientenversorgung zu verbessern. Ermöglicht wird diese Interaktion durch die Integration von IoT-Daten in zentrale medizinische Systeme wie elektronische Patientenakten (EPA) oder Krankenhausinformationssysteme (KIS) und die Konvertierung dieser persönlichen Gesundheitsdaten in standardisierte medizinische Datenformate wie HL7 FHIR (Fast Healthcare Interoperability Resources). HL7 ist ein moderner Standard für den Austausch von Gesundheitsdaten, der auf Webtechnologien basiert und eine flexible, anpassungsfähige und einfach zu implementierende Lösung bietet, um die Interoperabilität zwischen verschiedenen Gesundheitssystemen zu verbessern und damit eine effizientere und patientenzentrierte Versorgung zu ermöglichen.

Die fortschreitende Professionalisierung dieser ursprünglich für Konsument:innen entwickelten Plattformen lässt die Grenzen zwischen präventiven und kurativen Anwendungen verschwimmen. Mobile IoT-Geräte liefern Echtzeitdaten, die eine präzisere und individuellere Patientenüberwachung ermöglichen und gleichzeitig in größere medizinische Infrastrukturen integriert werden können. Diese Entwicklung verbessert die Versorgung chronisch Kranker und legt den Grundstein für künftige KI- und datengestützte Vorhersagemodelle in der Medizin, die sich allerdings noch in einem frühen Entwicklungsstadium befinden.

Der Einsatz von künstlicher Intelligenz in der Medizin birgt ein enormes Potenzial: KI-Algorithmen können große Mengen von Patientendaten, die von IoT-Geräten generiert werden, analysieren und daraus Muster ableiten, die für eine frühzeitige Diagnose oder Prognose des Krankheitsverlaufs und die Optimierung der Behandlungsstrategien genutzt werden können. Dies erlaubt eine personalisierte Therapie und eine kontinuierliche Anpassung basierend auf den individuellen Bedürfnissen der Patient:innen. Trotz der Potenziale bleibt die Weiterentwicklung solcher KI-Systeme eine Herausforderung, da neben der technischen Komplexität auch ethische und regulatorische Fragen zur Datensicherheit und Zuverlässigkeit der Algorithmen zu klären sind. Dennoch ist die Integration von KI in die Medizin ein vielversprechender Weg, um die Gesundheitsversorgung in Zukunft präziser und effizienter zu gestalten, in erster Linie durch die prädiktive Analyse chronischer Erkrankungen und die Unterstützung des medizinischen Personals bei der Entscheidungsfindung.

2.6 Netzwerke und Infrastruktur

Ständige Fortschritte in der Netztechnologie und der zugehörigen Infrastruktur bilden die Grundlage für die Leistungsfähigkeit moderner Smartphones. Die Weiterentwicklung von Mobilfunkstandards wie 5G, die Optimierung bestehender LTE-Technologien und Innovationen im Bereich Wi-Fi haben die Konnektivität, Geschwindigkeit und User Experience mobiler Geräte erheblich verbessert und ermöglichen die Implementierung anspruchsvoller und ressourcenintensiver Anwendungen und Dienste, die mit früheren Netzwerkgenerationen nicht realisierbar gewesen wären.

5G-Technologie

5G, die fünfte Generation der Mobilfunktechnologie, stellt einen bedeutenden Fortschritt gegenüber früheren Generationen von 2G bis 4G dar und soll die Anforderungen an die drahtlose Kommunikation in einer zunehmend digitalisierten und vernetzten Welt erfüllen. 5G nutzt eine Kombination von verschiedenen Frequenzbändern, darunter Frequenzen unterhalb von 6 GHz und Millimeterwellenfrequenzen (mmWave). Die Frequenzen unterhalb von 6 GHz bieten eine größere Reichweite und eine bessere Durchdringung von Gebäuden, während die mmWave-Frequenzen (24 GHz und höher) extrem hohe Datenraten ermöglichen, die theoretisch bis zu 10 Gbit/s erreichen können, in der Praxis jedoch häufig darunter liegen. Diese höheren Frequenzen sind besonders anfällig für physikalische Hindernisse und erfordern eine dichte Netzinfrastruktur mit sogenannten Small Cells. Small Cells oder die noch kleineren Pico Cells sind kompakte, lokalisierte Basisstationen mit geringer Sendeleistung, die typischerweise die Größe eines Schuhkartons oder eines kleinen Rucksacks haben und in Abständen von 100 bis 500 Metern installiert werden. Sie werden strategisch in Gebieten mit hoher Nutzerdichte oder unzureichender Netzabdeckung platziert, um die Kapazität und Reichweite von 5G-Netzen zu erhöhen. In Zukunft werden Small Cells vor allem im mmWave-Bereich eine entscheidende Rolle spielen, der aufgrund seiner physikalischen Beschränkungen eine besonders dichte Netzinfrastruktur erfordert. Derzeit wird der mmWave-Bereich in Deutschland jedoch noch nicht für öffentliche Mobilfunknetze genutzt.

Ein wichtiger technischer Fortschritt in 5G-Netzen ist der Einsatz von Massive MIMO (Multiple Input Multiple Output), einer Technologie, bei der Antennenarrays mit einer großen Anzahl von Sende- und Empfangselementen verwendet werden. Ein Antennenarray ist eine Anordnung von mehreren Einzelantennen, die in einem bestimmten geometrischen Muster und Abstand zueinander angeordnet sind, um die Richtcharakteristik, die Verstärkung oder andere Eigenschaften des abgestrahlten oder empfangenen elektromagnetischen Feldes zu beeinflussen. Massive MIMO steigert sowohl die spektrale als auch die Energieeffizienz erheblich, indem es die gleichzeitige Übertragung mehrerer Datenströme an verschiedene Nutzer:innen ermöglicht und die Signale gezielt ausrichtet. Eine weitere Schlüsseltechnologie ist die Beamforming-Technologie, die durch adaptive Steuerung der Phasen- und Amplitudenverhältnisse der einzelnen Antennenelemente eine gezielte Ausrichtung der abgestrahlten bzw. empfangenen elektromagnetischen Wellen auf bestimmte Endgeräte oder eng umrissene Bereiche ermöglicht. Dies führt zu einer präziseren Übertragung, da Streuverluste minimiert und Interferenzen reduziert werden, sowie zu einer effizienteren Übertragung, da die verfügbare Sendeleistung gezielt auf die gewünschten Empfänger:innen fokussiert wird, wodurch die Signalqualität verbessert und die Reichweite erhöht werden kann.

Ein neues Paradigma in der Mobilfunktechnologie ist das Network Slicing in nativen 5G-Netzen (5G Standalone/SA). Diese Technologie ermöglicht es, ein physisches Netz in mehrere virtuelle Netze (sogenannte „Slices“) aufzuteilen, die jeweils bestimmte Anwendungsfälle mit spezifischen Anforderungen bedienen. So kann ein Slice für die Kommunikation von IoT-Geräten optimiert werden, während ein anderer für hochkritische Dienste wie autonome Fahrzeuge oder Telechirurgie genutzt wird. Diese Flexibilität ermöglicht es, verschiedene Dienste mit unterschiedlichen Anforderungen gleichzeitig und effizient in einem einzigen 5G-Netz zu betreiben. Obwohl Network Slicing noch nicht flächendeckend eingesetzt wird, gibt es bereits erste kommerzielle Implementierungen und zahlreiche Pilotprojekte, die das Potenzial dieser Technologie demonstrieren.

Einige der oben genannten Vorteile, speziell die extrem niedrigen Latenzzeiten und die volle Kapazität der Network-Slicing-Technologie, werden erst mit der Einführung von 5G Stand Alone (SA)-Netzen vollständig zur Verfügung stehen. Während viele Netze derzeit noch auf einer gemischten 4G/5G-Infrastruktur (NSA) basieren, die zwar bereits einige Verbesserungen gegenüber 4G bietet, aber noch nicht das volle Potenzial von 5G ausschöpft, gibt es weltweit eine wachsende Zahl kommerzieller 5G-SA-Netze, die diese Vorteile bereits heute bieten.

Vorteile aus Sicht der Nutzer:innen: Mit der 5G-Technologie können große Datenmengen wie hochauflösende Videos und immersive XR-Inhalte nahezu in Echtzeit übertragen werden, was für Anwendungen wie Streaming und Virtual Reality, aber auch für alle Arten der Interaktion mit Cloud-Diensten von entscheidender Bedeutung ist. Die extrem niedrigen Latenzzeiten von 5G, die, in einer perfekten Welt, in 5G SA-Netzen bis zu einer Millisekunde betragen können, verbessern die Leistung von Echtzeitanwendungen in Bereichen wie Online-Gaming, Telemedizin und der Kommunikation zwischen autonomen Fahrzeugen erheblich. Darüber hinaus unterstützen 5G-Netze die gleichzeitige Verbindung von Millionen von Geräten pro Quadratkilometer, was die Masseneinführung von IoT-Geräten und eine zuverlässige Kommunikation in dicht besiedelten städtischen Gebieten ohne Überlastung ermöglicht. 5G-Geräte und -Netze zeichnen sich auch durch eine verbesserte Energieeffizienz aus, was zu längeren Akkulaufzeiten führt. Darüber hinaus eröffnet 5G neue Anwendungsbereiche, hauptsächlich in den Bereichen Industrie 4.0, Smart Cities, Telemedizin, und ermöglicht innovative Lösungen in diesen Bereichen.

6G-Technologie

6G, die sechste Generation der Mobilfunktechnologie, stellt den nächsten großen Sprung in der drahtlosen Kommunikation dar und zielt darauf ab, die Leistungsgrenzen heutiger Mobilfunknetze erheblich zu erweitern. Während 5G bereits signifikante Verbesserungen in Bezug auf Datenraten, Latenzzeiten und Netzkapazität gebracht hat, zielt 6G auf eine noch tiefere Integration von Technologien ab, die bisher nur in der Forschung existieren. Die ersten kommerziellen 6G-Netze werden voraussichtlich nicht vor Ende dieses Jahrzehnts verfügbar sein.

Ein zentraler technologischer Aspekt von 6G wird die Nutzung höherer Frequenzen im Sub-Terahertz- und Terahertz-Bereich sein. Diese Frequenzen liegen im Spektrum oberhalb von 100 GHz und bieten wesentlich größere Bandbreiten als die derzeit in 5G genutzten Millimeterwellen (mmWave). Diese höheren Frequenzen ermöglichen deutlich höhere Datenübertragungsraten als 5G, möglicherweise im Bereich von 100 Gbit/s bis zu mehreren Terabit pro Sekunde (Tbps). Die hohen Frequenzen bringen jedoch auch Herausforderungen mit sich, vornehmlich in Bezug auf Durchdringung und Reichweite, weshalb neue Antennentechnologien wie „Intelligent Reflecting Surfaces“ (IRS) und „Massive MIMO“ weiterentwickelt werden müssen, um diese Hürden zu überwinden.

6G wird voraussichtlich noch stärker von der Integration fortgeschrittener künstlicher Intelligenz (KI) und maschinellem Lernen (ML) profitieren, um die Netzleistung zu optimieren, Ressourcen effizient zu verwalten und personalisierte Dienste anzubieten. KI-gesteuerte Netze werden in der Lage sein, Verkehrsmuster vorherzusagen, Ressourcen optimal zuzuweisen und sich selbstständig an veränderte Rahmenbedingungen anzupassen. Gleichzeitig wird die Sicherheit der Netze durch den Einsatz der Quantenkryptografie erhöht, einer Technologie, die die Quantenmechanik nutzt, um trotz potenzieller Angriffe durch künftige Quantencomputer eine sichere Kommunikation zu gewährleisten.

Ein weiteres zentrales Merkmal von 6G wird die verstärkte Integration von Satellitennetzen sein, die eine globale Abdeckung ermöglichen. Diese Satellitennetze sollen in Kombination mit terrestrischen 6G-Netzen eine lückenlose Konnektivität in abgelegenen oder bisher unterversorgten Gebieten ermöglichen und so die digitale Kluft weiter überbrücken.

Vorteile aus Sicht der Nutzer:innen: Die extrem hohen Datenübertragungsraten von 6G werden es den Nutzer:innen ermöglichen, immersive und extrem schnelle Kommunikationsdienste zu nutzen, die weit über das hinausgehen, was derzeit mit 5G möglich ist. Anwendungen wie hochauflösendes Streaming, XR-Anwendungen und letztlich das mobile Metaverse werden in Echtzeit und ohne Verzögerung realisierbar sein, was völlig neue Nutzungsbereiche mobiler Use Cases eröffnet. Die angestrebten extrem niedrigen Latenzzeiten von 6G im Mikrosekundenbereich werden die Echtzeitkommunikation in kritischen Bereichen wie der Telemedizin, der Steuerung autonomer Fahrzeuge und der Industrieautomation deutlich verbessern. Darüber hinaus wird die erweiterte Netzkapazität von 6G die gleichzeitige Verbindung von Millionen von Geräten in dicht besiedelten städtischen Gebieten ermöglichen und damit die Grundlage für die weitere Entwicklung von Smart Cities und des Internet der Dinge (IoT) schaffen. Die von 6G erwartete globale Konnektivität, auch durch die Integration von Satellitennetzen, wird dazu beitragen, die digitale Kluft oder „Digital Divide“, zu verringern und abgelegene Regionen besser anzubinden. Des Weiteren werden im Kontext der 6G-Technologie innovative Technologien erforscht, darunter die holografische Kommunikation. Hierbei werden dreidimensionale Darstellungen von Personen oder Objekten in Echtzeit übertragen, um ein immersiveres Kommunikationserlebnis zu schaffen. Ein weiteres spannendes Potenzial von 6G ist das taktile Internet, das es Nutzer:innen ermöglichen würde, nicht nur visuelle und auditive Informationen in Echtzeit zu empfangen, sondern auch haptisches Feedback zu erleben, also Empfindungen, die mit dem Tastsinn verbunden sind. Dies könnte neue Dimensionen der Ferninteraktion, der virtuellen Realität und der Telepräsenz eröffnen. Die Fähigkeit zur Sensorfusion, d.h. die intelligente Kombination und echtzeitnahe Verarbeitung von Daten aus verschiedenen Sensortypen wie Kameras, LiDAR, Ultraschallsensoren, Infrarotsensoren, Mikrofonen und Beschleunigungssensoren, erlaubt schließlich eine präzise und umfassende Erfassung und Analyse der physischen Umgebung in Echtzeit. Die Fähigkeit zur Umgebungswahrnehmung erlangt speziell für sicherheitskritische Anwendungen wie autonome Fahrzeuge und intelligente Verkehrssysteme eine hohe Relevanz, da sie eine verlässliche Erkennung und Klassifizierung von Objekten, Hindernissen und Verkehrsteilnehmer:innen erlaubt, selbst unter erschwerten Bedingungen wie widrigen Wetterverhältnissen oder eingeschränkter Sicht. Die Sensorfusion ermöglicht die Kombination der Stärken verschiedener Sensoren und die Kompensation ihrer Schwächen, wodurch ein vollständigeres und genaueres Bild der Umgebung erhalten wird, als es mit einem einzelnen Sensor möglich wäre. Die Relevanz von 6G für die Sensorfusion ergibt sich aus der Möglichkeit, durch höhere Datenraten und geringere Latenzzeiten eine Echtzeitübertragung und -verarbeitung großer Datenmengen zu gewährleisten. Dies ist eine entscheidende Voraussetzung für eine präzise und schnelle Umgebungswahrnehmung.

Wi-Fi 6 und Wi-Fi 6E

Die Technologien Wi-Fi 6 und Wi-Fi 6E basieren auf dem Standard IEEE 802.11ax und sind darauf ausgerichtet, die Leistungsfähigkeit von drahtlosen Netzwerken in Umgebungen mit hoher Gerätedichte deutlich zu verbessern. Die Einführung dieser Technologie erfolgte im Jahr 2019 durch die Wi-Fi Alliance. Ihr Ziel ist die Bereitstellung höherer Geschwindigkeiten, einer optimierten Kapazität sowie einer reduzierten Latenz in Szenarien, in denen eine Vielzahl von Geräten gleichzeitig auf das Netzwerk zugreift. Im Jahr 2020 wurde eine Erweiterung von Wi-Fi 6, bezeichnet als Wi-Fi 6E, eingeführt. Diese bietet den Zugang zu einem zusätzlichen Frequenzband im 6-GHz-Bereich. Dadurch wird die Netzwerkkapazität weiter erhöht und die Reduktion von Interferenzen ermöglicht.

Die mit Wi-Fi 6 und Wi-Fi 6E eingeführten Innovationen führen zu einer signifikanten Steigerung der Leistung und Effizienz drahtloser Netzwerke. Eine wesentliche technologische Grundlage stellt die Orthogonal Frequency Division Multiple Access (OFDMA) dar, welche eine Unterteilung des verfügbaren Spektrums in kleinere Subträger erlaubt, sodass eine simultane Nutzung durch mehrere Geräte möglich ist. Dies resultiert in einer signifikanten Steigerung der Netzwerkeffizienz in dicht frequentierten Umgebungen wie Büros oder öffentlichen Hotspots. Eine weitere wesentliche Funktion ist die Target Wake Time (TWT), welche es Geräten erlaubt, ihre „Aufwach"-Zeitfenster zu planen, wodurch sich der Energieverbrauch minimieren lässt. Dies erweist sich auch für mobile Geräte wie Smartphones und IoT-Geräte als vorteilhaft, da sich dadurch die Batterielaufzeit verlängert.

Eine weitere technische Innovation ist die 1024-QAM (Quadrature Amplitude Modulation), welche die Übertragung einer größeren Datenmenge pro Signal ermöglicht. Im Vergleich zur vorherigen Generation, die 256-QAM verwendete, bietet 1024-QAM eine um etwa 25 % höhere Datenrate und damit eine Steigerung der Übertragungsgeschwindigkeit. Zur Optimierung der Netzwerkauslastung in stark frequentierten Gebieten wurde die BSS Color (Basic Service Set Coloring)-Technologie implementiert. Diese ermöglicht die Reduktion von Interferenzen zwischen benachbarten Netzwerken, indem jedem Netzwerkkanal eine separate „Farbe" oder ein spezifischer Code zugewiesen wird. Schließlich ermöglicht Wi-Fi 6E den Zugang zu einem zusätzlichen Frequenzband im 6-GHz-Bereich, welches die Bereitstellung von bis zu 14 zusätzlichen 80-MHz-Kanälen oder sieben zusätzlichen 160-MHz-Kanälen erlaubt. Das 6-GHz-Band ist weniger überlastet, was eine höhere Kapazität und niedrigere Latenzzeiten ermöglicht.

Vorteile aus Sicht der Nutzer:innen: In Umgebungen mit einer hohen Anzahl an verbundenen Geräten bieten Wi-Fi 6 und Wi-Fi 6E erhebliche Vorteile. Die höhere Kapazität sowie die optimierten Modulationstechniken resultieren in schnelleren Verbindungen und einer konsistenteren Leistung, selbst bei einer sehr hohen Anzahl an Geräten, die gleichzeitig auf das Netzwerk zugreifen. Die Einführung des 6-GHz-Bandes durch Wi-Fi 6E reduziert Interferenzen und verbessert die Netzwerkleistung in stark frequentierten Bereichen. Funktionen wie die Target Wake Time (TWT), die die Zeiten steuert, in denen ein Gerät aktiv sein muss, um Daten zu senden oder zu empfangen, tragen dazu bei, die Akkulaufzeit mobiler Geräte zu optimieren. Insgesamt bieten Wi-Fi 6 und Wi-Fi 6E eine stabilere, schnellere und effizientere drahtlose Konnektivität, die den wachsenden Anforderungen moderner Anwendungen gerecht wird.

Die Verbreitung von Wi-Fi 6 und Wi-Fi 6E ist inzwischen weit vorangekommen und wird von einer Vielzahl von Geräten unterstützt, darunter Smartphones, Laptops, Tablets, Smart-Home-Geräte und Router. Die Einführung des 6-GHz-Bandes schreitet auch aus regulatorischer Sicht voran, da immer mehr Länder die Nutzung dieses Spektrums für Wi-Fi 6E erlauben. In Deutschland wurde die Nutzung des 6-GHz-Bandes bis 2021 legalisiert.

Obwohl 5G und in Zukunft 6G bedeutende Fortschritte in der mobilen Datenübertragung bringen, bleibt Wi-Fi eine wichtige Technologie für eine Vielzahl von Anwendungen und Use Cases. Sie ist besonders relevant für den Aufbau und Betrieb lokaler Netze in Privathaushalten und Unternehmen, da sie eine kostengünstige und leistungsfähige Lösung für die Verbindung einer Vielzahl von Geräten bietet. Darüber hinaus kann Wi-Fi dazu beitragen, das Mobilfunknetz zu entlasten, indem Datenverkehr auf lokale Netze verlagert wird. Für bestimmte Anwendungen wie das Streaming von hochauflösenden Videos oder Online-Gaming, die eine hohe Bandbreite und eine stabile Verbindung erfordern, ist Wi-Fi aufgrund seiner Leistungsfähigkeit derzeit oft noch besser geeignet als der Mobilfunk. Wi-Fi kann auch als Ergänzung zu

Mobilfunknetzen dienen, um eine nahtlose Konnektivität zu gewährleisten, indem Geräte automatisch zwischen den beiden Technologien wechseln, je nachdem, welche Verbindung verfügbar und leistungsfähiger ist. Nicht zuletzt ist Wi-Fi in der Regel kostengünstiger als Mobilfunk, was es zu einer attraktiven Option für Nutzer:innen macht, die nur über ein begrenztes mobiles Datenvolumen verfügen.

Mit der Einführung von Wi-Fi 7 (IEEE 802.11be), das noch höhere Geschwindigkeiten, eine verbesserte Spektraleffizienz und neue Funktionen wie Multi-Link Operation (MLO) bietet, mit dem Geräte mehrere Frequenzbänder gleichzeitig nutzen können, um die verfügbare Bandbreite zu maximieren und die Latenzzeit zu verringern, werden drahtlose Wi-Fi-Netze in Zukunft noch leistungsfähiger, zuverlässiger und flexibler sein, um auf verschiedene Anwendungsszenarien zu reagieren. Wi-Fi 7 wird voraussichtlich Ende 2024 vollständig finalisiert sein. Obwohl der Standard noch nicht offiziell verabschiedet ist, hat die Wi-Fi Alliance bereits im Januar 2024 ihr „Wi-Fi Certified 7"-Programm zur Zertifizierung von Wi-Fi-7-Geräten gestartet, die ersten Wi-Fi-7-Produkte sind Ende 2024 bereits auf dem Markt.

Edge Computing und Mobile Edge Computing (MEC)

Edge Computing und Mobile Edge Computing (MEC) stellen bedeutende Fortschritte in der Netzwerktechnologie dar, die darauf abzielen, Rechenkapazität näher an die Endnutzer:in und die Datenquellen zu bringen. Im Gegensatz zur herkömmlichen Cloud-Computing-Architektur, bei der Daten in zentralen Rechenzentren verarbeitet werden, ermöglicht Edge Computing eine verteilte Architektur, bei der die Datenverarbeitung und -speicherung am Netzwerkrand stattfindet, also dort, wo sie erzeugt werden. Dies führt zu einer erheblichen Reduzierung der Latenzzeiten, da der Datenverkehr nicht mehr den langen Weg zu einem Server innerhalb einer zentralen Cloud-Infrastruktur und retour zurücklegen muss. Dies ist besonders relevant für Use Cases, die sofortige und echtzeitnahe Reaktionszeiten erfordern.

MEC spielt eine entscheidende Rolle im Mobilfunkbereich, indem es Rechenressourcen und Analysefähigkeiten an den Rand des Mobilfunknetzes verlagert, z. B. in Basisstationen oder physisch nahe gelegene Rechenzentren. Diese Architektur eignet sich besonders für die Echtzeitverarbeitung großer Datenmengen, die für moderne Anwendungen wie Extended Reality (XR) oder das Internet der Dinge (IoT) erforderlich sind. Die Leistungsfähigkeit von 5G-Netzen mit ihren hohen Bandbreiten und geringen Latenzzeiten und in Zukunft auch 6G ist dabei ideal für die Implementierung von MEC-Anwendungen. MEC wird durch Technologien wie Network Function Virtualization (NFV) und Software-Defined Networking (SDN) unterstützt, die eine flexible Bereitstellung und Verwaltung von Netzwerkfunktionen ermöglichen. NFV und SDN trennen die physikalischen Netzwerkressourcen von den darauf ausgeführten Diensten und ermöglichen so eine dynamische und effiziente Nutzung der Netzwerkressourcen.

Ein weiterer zentraler Aspekt von Mobile Edge Computing ist die Ultra-Reliable Low-Latency Communication (URLLC), eine Technologie, die extrem niedrige Latenzzeiten und hohe Zuverlässigkeit in kritischen Anwendungsszenarien gewährleisten soll. URLLC ist nicht nur für sicherheitskritische Anwendungen wie die Fernsteuerung von Maschinen, Telechirurgie, die Steuerung autonomer Fahrzeuge oder kritischer Infrastrukturen wichtig, sondern auch für andere Anwendungsfälle, die extrem niedrige Latenzzeiten und hohe Zuverlässigkeit erfordern, wie z.B. die industrielle Automatisierung und das Metaverse.

Vorteile aus Sicht der Nutzer:innen: Durch die Implementierung von Edge Computing und MEC in mobilen Netzwerken profitieren die Nutzer:innen von deutlich reduzierten Latenzzeiten. Darüber hinaus ermöglicht MEC die relativ lokale Verarbeitung sensibler Daten, was den Datenschutz verbessert, da weniger Daten über öffentliche Netze oder innerhalb komplexer und potenziell intransparenter Cloud-Systeme übertragen werden müssen. Die erhöhte Effizienz und Zuverlässigkeit tragen dazu bei, dass Dienste auch in stark ausgelasteten Netzen stabiler und schneller verfügbar sind. Darüber hinaus eröffnet MEC die Möglichkeit, neue Dienste und Anwendungen zu entwickeln, die von der Echtzeitverarbeitung großer Datenmengen am Netzwerkrand profitieren. Insgesamt sind Edge Computing und MEC Schlüsseltechnologien für die Zukunft des IoT und die Entwicklung intelligenter, vernetzter Systeme, die auch eine Abkehr von der derzeit dominierenden Philosophie zentralisierter Cloud Services bedeuten.

Obwohl Mobile Edge Computing eine wegweisende Innovation darstellt, sollte die damit verbundene systemische Komplexität nicht unterschätzt werden. Die gleichzeitige Nutzung von lokalen Edge-Ressourcen und zentralen Cloud-Ressourcen erfordert eine präzise Koordination, um einen nahtlosen Übergang zwischen den verschiedenen Netzwerkschichten zu gewährleisten. MEC-Dienste, die typischerweise über mehrere Edge-Knoten verteilt sind, stellen erhebliche Herausforderungen an das Netzwerkressourcenmanagement, die Lastverteilung und die Fehlertoleranz, speziell vor dem Hintergrund der an sich unzuverlässigen Konnektivität mobiler Endgeräte. Die Mobilität der Nutzer:innen, verbunden mit dem Handover zwischen verschiedenen Netzwerkknoten, kann die Konsistenz und Verfügbarkeit der Dienste beeinflussen. Um diesen Herausforderungen zu begegnen, sind moderne Netzwerkmanagementstrategien wie SDN-basiertes Traffic Steering erforderlich, bei dem Datenströme dynamisch über verschiedene Pfade oder Netzwerkknoten geleitet werden, um eine optimale Konnektivität zu gewährleisten. Darüber hinaus stellt der Bedarf an standardisierten Protokollen und Schnittstellen, die die Interoperabilität zwischen verschiedenen Anbietern und Technologien ermöglichen, eine weitere Komplexitätsebene dar. Obwohl bei der Standardisierung durch Organisationen wie ETSI und 3GPP sowie durch Open-Source-Initiativen Fortschritte erzielt wurden, ist die Standardisierung noch nicht vollständig abgeschlossen und stellt weiterhin eine Herausforderung dar, die die Einführung und das Wachstum von MEC-Services behindern kann.

2.7 Ausblick und Marktentwicklung

Die künftige Entwicklung mobiler Systeme wird stark von neuen Gerätetypen und -familien sowie von Innovationen im Bereich der künstlichen Intelligenz beeinflusst. Diese Trends werden nicht nur neue Anwendungsmöglichkeiten in verschiedenen Branchen eröffnen, sondern auch zu tiefgreifenden Veränderungen in der Art und Weise führen, wie mobile Systeme konzipiert, entwickelt und eingesetzt werden.

Die kommenden Abschnitte beleuchten diese Veränderungen und analysieren zentrale technologische Entwicklungen, potenzielle Herausforderungen für Entscheidungsträger:innen und Entwickler:innen sowie Auswirkungen auf betriebliche Prozesse und Arbeitsweisen.

2.7.1 Neue Gerätetypen und Nutzungskontexte

In den kommenden Jahren ist mit der Einführung neuer mobiler Gerätetypen zu rechnen, die über die traditionellen Smartphones, Tablets und Wearables hinausgehen. Zu den vielversprechendsten Entwicklungen gehören sogenannte „Ambient Computing"-Systeme, die sich durch eine nahtlose Einbettung in die physische Umgebung auszeichnen. Diese Geräte agieren weitgehend unsichtbar im Hintergrund und interagieren direkt mit ihrer Umgebung sowie den Nutzer:innen, ohne dass klassische Benutzer:innenschnittstellen wie Bildschirme oder Tastaturen erforderlich sind. Beispiele sind intelligente Oberflächen, eingebettete Sensoren und Mikrocontroller, die kontinuierlich Daten sammeln und verarbeiten. Die Integration von KI und maschinellem Lernen wird dabei eine entscheidende Rolle spielen, um die Umgebung und die Bedürfnisse der Nutzer:innen zu verstehen und entsprechende Aktionen auszuführen.

Auch XR-Headsets und Spatial Computing werden in Zukunft an Bedeutung gewinnen, insbesondere durch die Weiterentwicklung von Mixed-Reality-Technologien. Diese Geräte bieten immersivere Erlebnisse, die über die bekannten Anwendungen in den Bereichen Gaming und Entertainment hinausgehen und auch in den Bereichen Bildung, Medizin und Industrie eingesetzt werden. Bereits auf dem Markt befindliche Beispiele sind die Apple Vision Pro oder die Meta Quest 3, die technologische Maßstäbe im Bereich der räumlichen Datenverarbeitung und Benutzer:inneninteraktion setzen. Fortschritte bei Displaytechnologien wie Mikro-LEDs und neue Formen der biometrischen Erfassung werden die Möglichkeiten dieser Systeme deutlich erweitern.

Gleichzeitig werden sensorbasierte und vernetzte Systeme immer kleiner und energieeffizienter, was die Entwicklung von Implantaten und tragbaren Mikrosystemen für medizinische Anwendungen und die Überwachung von Gesundheitsdaten vorantreibt. Diese neuen Gerätetypen sind eng mit der Entwicklung von Systemen der künstlichen Intelligenz und Cloud-Technologien verbunden, die es ermöglichen, die gesammelten Daten in Echtzeit zu analysieren und für medizinische oder industrielle Anwendungen nutzbar zu machen. Diese Entwicklungen bringen jedoch auch neue Herausforderungen in Bezug auf Datenschutz und Sicherheit mit sich, die berücksichtigt werden müssen.

Im Rahmen dieser Entwicklungen spielen auch Edge-Computing-Systeme eine entscheidende Rolle. Diese Systeme ermöglichen es mobilen Geräten, Datenverarbeitung und -analyse direkt vor Ort oder sehr nahe am Ort der Datenentstehung durchzuführen, ohne auf zentrale Cloud-Infrastrukturen angewiesen zu sein. Dies reduziert nicht nur die Latenzzeiten, was für Echtzeitanwendungen entscheidend ist, sondern erhöht auch die Datensicherheit, da sensible Daten nicht über das öffentliche Netz übertragen werden müssen.

Insgesamt ist davon auszugehen, dass die Verschmelzung von Technologien wie Sensorik, KI und fortgeschrittener drahtloser Kommunikation den Weg für eine neue Generation mobiler Geräte ebnen wird, die in ihrer Reichweite und Interaktivität die bisherigen mobilen Systeme deutlich übertreffen werden. Diese neuen Geräte werden voraussichtlich noch stärker in unseren Alltag integriert werden und neue Möglichkeiten für Kommunikation, Unterhaltung, Arbeit und Gesundheitsfürsorge eröffnen.

2.7.2 Integration von KI in mobile Systeme

Die Integration von künstlicher Intelligenz (KI) in mobile Systeme ist einer der zentralen technologischen Fortschritte der letzten Jahre und sie wird die Zukunft mobiler Anwendungen weiterhin maßgeblich prägen. Bereits heute kommen KI-Technologien wie maschinelles Lernen (ML) und Deep Learning in zahlreichen mobilen Geräten zum Einsatz, beispielsweise in Form von Gesichtserkennung zum Entsperren des Smartphones, personalisierten Empfehlungen in Apps oder KI-basierter Foto- und Videobearbeitung. Diese Integration ermöglicht es mobilen Systemen, kontinuierlich zu lernen, sich an die Bedürfnisse der Nutzer:innen anzupassen und immer intelligentere und personalisiertere Dienste bereitzustellen.

Ein zentrales Anwendungsgebiet für KI in mobilen Systemen ist die Verarbeitung von Sensordaten. In Wearables und Smartphones erfassen Sensoren wie Kameras, GPS, Mikrofone und Beschleunigungssensoren eine Vielzahl von Daten. KI-Algorithmen ermöglichen die Echtzeitverarbeitung von Sensordaten und eröffnen damit eine Vielzahl von Anwendungsmöglichkeiten: von der Analyse von Bewegungsmustern über die Bereitstellung kontextbezogener Informationen bis hin zur Erkennung potenzieller Gesundheitsrisiken. Ein gutes Beispiel hierfür ist die Integration von KI und ML in Smartwatches, die beispielsweise die Herzfrequenz oder die Sauerstoffsättigung des Blutes analysieren und bei Auffälligkeiten warnen können.

Eine weitere wichtige Entwicklung ist der Einsatz von KI in der Verarbeitung natürlicher Sprache (Natural Language Processing, NLP). Sprachassistenten wie Siri, Google Assistant oder Alexa verwenden KI-Algorithmen, um gesprochene Befehle zu verstehen, komplexe Anfragen zu verarbeiten und die Nutzer:innen in Echtzeit zu unterstützen. Diese Anwendungen werden durch maschinelle Lernverfahren ständig verbessert, was zu einer immer genaueren Erkennung von Befehlen und einer verbesserten User Experience führt.

Die Integration von KI in mobile Systeme beeinflusst auch den Bereich der Computer Vision. Fortschritte in der Bilderkennung und der Verarbeitung visueller Daten ermöglichen es mobilen Geräten, Objekte, Gesichter und Umgebungen in Echtzeit zu analysieren. Dies wird bei Mixed Reality (MR)-Anwendungen, bei denen virtuelle Inhalte über reale Umgebungen projiziert werden, sowie bei der Gesichtserkennung zur Authentifizierung genutzt.

Auch im Bereich Edge Computing spielt KI eine zentrale Rolle. Moderne Mobilgeräte sind zunehmend in der Lage, KI-Algorithmen direkt auf dem Gerät selbst auszuführen, anstatt auf externe Cloud-Dienste angewiesen zu sein. Diese Entwicklung, die häufig als „Edge AI" bezeichnet wird, verringert die Latenzzeit und erhöht die Sicherheit, da sensible Daten nicht über Netzwerke übertragen werden müssen. Dadurch können Anwendungen wie autonome Fahrzeuge, Drohnen und fortgeschrittene Roboterfunktionen effizienter und zuverlässiger umgesetzt werden. Moderne Smartphones und Tablets enthalten häufig spezielle KI-Chips (z. B. Neural Processing Units, NPUs), die für die effiziente Ausführung von KI-Algorithmen optimiert sind und diese Entwicklung weiter beschleunigen.

Trotz dieser Fortschritte ist die Integration von KI in mobile Systeme mit einer Reihe von Herausforderungen verbunden. Der Energieverbrauch von KI-Algorithmen und die Anforderungen an die Rechenleistung stellen eine technische Hürde dar. Auch ethische Fragen wie der Schutz personenbezogener Daten, die Gefahr von Bias, der Voreingenommenheit von KI-Algorithmen oder die Auswirkungen von KI auf den Arbeitsmarkt gewinnen zunehmend an Bedeutung. Um die Vorteile von KI in mobilen Systemen voll ausschöpfen zu können, müssen daher sowohl die technischen als auch die regulatorischen Rahmenbedingungen weiterentwickelt werden. Die Einführung von 6G wird die Integration von KI in mobile Systeme weiterbeschleunigen, da der zu erwartende Leistungsschub hinsichtlich Verfügbarkeit, Bandbreite und Latenz die Basis für weitere und deutlich komplexere KI-Nutzungsszenarien bildet.

Die künftige Integration von KI in mobile Systeme wird eine noch stärkere Personalisierung, Automatisierung und Vorhersage des Nutzerverhaltens ermöglichen. Es ist zu erwarten, dass mobile Geräte zunehmend in der Lage sein werden, die Bedürfnisse der Nutzer:innen vorwegzunehmen, autonom Entscheidungen zu treffen und sich kontinuierlich an veränderte Bedingungen anzupassen. Die zunehmende Verbreitung von KI in mobilen Systemen wird zu einer neuen Ära intelligenter und personalisierter mobiler Anwendungen führen.

2.8 Herausforderungen und Chancen für Entwickler:innen und Manager:innen mobiler Systeme

Die rasante Entwicklung mobiler Systeme und der sie begleitenden Technologien wie künstliche Intelligenz (KI), Internet der Dinge (IoT) und Cloud Computing bringt sowohl für Manager:innen als auch für Entwickler:innen neue Herausforderungen und Chancen mit sich. Diese betreffen nicht nur die technischen Fähigkeiten und Anforderungen, sondern auch die Anpassung an sich verändernde Geschäftsmodelle und Arbeitsprozesse.

2.8.1 Erforderliche neue Kompetenzen

Klassische Kenntnisse im Bereich der mobilen Softwareentwicklung reichen für Entwickler:innen nicht mehr aus. In einer zunehmend vernetzten Welt müssen sie in komplexen Systemen denken und Anwendungen erstellen, die über Software auf Smartphones und Tablets hinausgehen. Mobile Systeme sind zunehmend mit Cloud Computing, IoT und KI-Anwendungen verknüpft. Entwickler:innen müssen daher verstehen, wie Echtzeitdaten über mehrere vernetzte Geräte hinweg verarbeitet und analysiert werden können.

Für die Entwicklung KI-basierter mobiler Systeme sind Kenntnisse des maschinellen Lernens (ML) und von Frameworks wie TensorFlow, PyTorch, Keras oder Scikit-learn erforderlich. Darüber hinaus müssen Entwickler:innen mit Cloud-Technologien wie AWS, Google Cloud oder Microsoft Azure vertraut sein, um skalierbare und sichere Dienste zu erstellen, die mit mobilen Systemen interagieren. Container-Technologien wie Docker oder Kubernetes spielen ebenfalls eine wichtige Rolle bei der Bereitstellung flexibler und skalierbarer Anwendungen.

Im Bereich IoT wird von Entwickler:innen erwartet, dass sie Netzwerktechnologien und Protokolle wie MQTT (Message Queuing Telemetry Transport) oder CoAP (Constrained Application Protocol) beherrschen und ein Verständnis von IT-Sicherheitsstandards haben, um vernetzte Systeme vor Bedrohungen zu schützen. Kenntnisse in Edge Computing und Datenanalyse sind ebenfalls wichtig, um das Potenzial von IoT-Geräten voll auszuschöpfen. Die Fähigkeit, in funktionsübergreifenden Teams zu arbeiten und sich in agile Arbeitsprozesse zu integrieren, ist entscheidend für die Entwicklung mobiler Systeme als Teil größerer Ökosysteme.

Manager:innen müssen sich darauf konzentrieren, Teams mit den entsprechenden Fähigkeiten zusammenzustellen und die richtigen technischen Entscheidungen für zukünftige Technologien zu treffen. Sie müssen den Bedarf an neuen Technologien, die sich auf die mobile Systemlandschaft auswirken, frühzeitig erkennen und entsprechende Investitionen und Schulungen sicherstellen. Darüber hinaus benötigen

Manager:innen ein Verständnis für die geschäftlichen Auswirkungen neuer Technologien, um deren Einführung strategisch planen und den ROI (Return of Investment) bewerten zu können.

2.8.2 Strategien zur Einführung neuer Technologien

Die Einführung neuer Technologien in bestehende Prozesse und Systeme ist eine komplexe Aufgabe, die strategische Planung erfordert. Manager:innen müssen nicht nur die technologischen Anforderungen verstehen, sondern auch deren betriebliche Auswirkungen berücksichtigen. Eine große Herausforderung besteht darin, Technologien wie KI oder IoT in mobile Systeme zu integrieren, ohne die bestehende Infrastruktur zu überlasten oder Sicherheitsrisiken zu erhöhen. Die Integration kann auch eine kulturelle Veränderung im Unternehmen erfordern, da Mitarbeiter:innen neue Fähigkeiten erlernen und sich an neue Arbeitsprozesse anpassen müssen.

Agile Methoden sind in diesem Zusammenhang von entscheidender Bedeutung. Unternehmen müssen iterative Ansätze verfolgen, um neue Technologien zu testen und deren Auswirkungen auf ihre mobilen Systeme zu evaluieren. Dies kann durch Prototyping, Pilotprojekte und kontinuierliche Verbesserung geschehen, bevor groß angelegte Rollouts erfolgen. Besonders bei der Einführung von KI-gestützten Systemen müssen Manager:innen auch den ethischen Umgang mit Daten im Blick behalten und sicherstellen, dass Datenschutzstandards eingehalten werden. Darüber hinaus müssen Unternehmen sicherstellen, dass KI-Systeme fair und transparent sind und keine diskriminierenden Entscheidungen treffen.

Für Entwickler:innen bedeutet dies, dass sie eng mit den operativen Geschäftsbereichen zusammenarbeiten müssen, um sicherzustellen, dass technische Lösungen auch betriebliche Anforderungen erfüllen. Die Fähigkeit, technische Lösungen schnell zu entwickeln und an sich ändernde Anforderungen anzupassen, die „Time to Market“, wird vermehrt zu einem zentralen Erfolgsfaktor.

2.8.3 Auswirkungen auf das Arbeitsumfeld

Die rasante Entwicklung mobiler Systeme und die fortschreitende Integration neuer Technologien wie künstliche Intelligenz (KI) und der Einsatz verschiedener Wearables verändern nicht nur die technologischen Infrastrukturen, sondern haben auch großen Einfluss auf Arbeitsprozesse und Berufsbilder in zahlreichen Branchen. Automatisierung und intelligente Systeme übernehmen zunehmend repetitive und standardisierte Aufgaben, was erhebliche Effizienzgewinne ermöglicht, aber auch einen Wandel der erforderlichen Fähigkeiten und Kompetenzen erfordert. Die fortschreitende Digitalisierung führt zu einer Verlagerung von Routinetätigkeiten hin zu komplexeren Aufgaben, die kreatives und analytisches Denken erfordern.

Manager:innen müssen proaktiv auf diese Entwicklungen reagieren und Strategien zur Weiterbildung der Mitarbeiter:innen implementieren. Dabei geht es darum, künftige Qualifikationsanforderungen zu antizipieren und gezielte Weiterbildungsmaßnahmen anzubieten, die nicht nur technologische Kompetenzen vermitteln, sondern auch die Anpassungsfähigkeit und das lebenslange Lernen fördern. Eine besonders herausfordernde Aufgabe besteht darin, Arbeitsprozesse so zu gestalten, dass sie den technischen Fortschritt nutzen und gleichzeitig das Potenzial der Mitarbeiter:innen optimal ausschöpfen. Darüber hinaus müssen ethische Fragen, wie der faire Umgang mit den Auswirkungen der Automatisierung auf Beschäftigung und Arbeitsplatzsicherheit, in die strategischen Überlegungen einbezogen werden.

Entwickler:innen stehen vor der Aufgabe, mobile Systeme zu entwerfen, die sowohl technologische als auch betriebliche Anforderungen erfüllen. Es reicht nicht mehr aus, innovative Software zu entwickeln, vielmehr müssen die betrieblichen Auswirkungen dieser Technologien auf Arbeitsprozesse und Effizienz genau verstanden werden. Der Einsatz von KI und Automatisierung erfordert ein tiefes Verständnis der Interaktion zwischen Mensch und Maschine, um Systeme zu entwickeln, die Arbeitsprozesse nicht nur beschleunigen, sondern nachhaltig verbessern. Gleichzeitig sind Entwickler:innen aufgefordert, die ethischen und sozialen Implikationen ihrer Arbeit zu reflektieren, besonders hinsichtlich des Datenschutzes und der Verantwortung bei der Implementierung von KI-Algorithmen.

Im Gesamtbild stellen die Weiterentwicklung mobiler Systeme und die zunehmende Nutzung von KI in Verbindung mit einer diversifizierten mobilen Endgeräte-Landschaft einen tiefgreifenden Wandel der Arbeitswelt dar. Unternehmen müssen nicht nur in neue Technologien investieren, sondern auch sicherstellen, dass ihre Mitarbeiter:innen für die digitalen Anforderungen der Zukunft vorbereitet sind. Anpassungsfähigkeit, lebenslanges Lernen und interdisziplinäre Zusammenarbeit werden zu Schlüsselfaktoren für den langfristigen Erfolg in einer zunehmend digitalen und KI-getriebenen Welt.

2.9 Zusammenfassung und Schlüsselaspekte dieses Kapitels

2.1 Smartphones

Smartphones sind das Herzstück moderner mobiler Systeme und dienen als zentrale Schnittstellen für Datenverarbeitung, Kommunikation und Interaktion mit digitalen Inhalten aller Art.

- Die technische Entwicklung von Smartphones ist geprägt durch die Verbesserung von Chips, Akkus und Sensoren.

- Die Betriebssysteme Android und iOS dominieren den Markt, wobei beide Plattformen unterschiedliche Vor- und Nachteile in Bezug auf Flexibilität, Sicherheit und Ökosystemintegration bieten.
- Smartphones dienen als zentrale Basis für alle Arten von mobilen Anwendungen und bieten aufgrund ihrer hochentwickelten Hard- und Software eine robuste Basis auch für anspruchsvolle Anwendungsszenarien.

2.2 Tablets

Tablets verbinden die Mobilität von Smartphones mit der Produktivität von Laptops durch größere Bildschirme und erweitertes Zubehör wie Tastaturen und Stifte.

- Technisch ähneln sie Smartphones, verfügen aber über leistungsfähigere Prozessoren und Akkus.
- Tablets sind ideal für kreative, bildungsorientierte und produktive Anwendungen, während Hybridgeräte wie Convertibles Tablets und Laptops weiter verschmelzen lassen.
- Die Weiterentwicklung von Displaytechnologien und Multitasking-Optimierungen machen Tablets zu flexiblen Werkzeugen in professionellen Kontexten.

2.3 Wearables

Wearables sind körpernah tragbare Geräte, die verschiedene Sensoren und Technologien integrieren, um Gesundheits-, Fitness- und Kommunikationsfunktionen zu bieten.

- Smartwatches wie die Apple Watch Series 10 kombinieren Sensoren wie Herzfrequenzmesser, GPS und SpO2-Sensor, um umfassende Gesundheits- und Fitnessdaten zu sammeln.
- Fitnesstracker wie der Fitbit Charge 6 ermöglichen die Überwachung von Aktivitäten und Gesundheitswerten, während intelligente In-Ear-Kopfhörer und medizinische Wearables zusätzliche Funktionen zur Gesundheitsüberwachung bieten.
- Die zunehmende Integration von Wearables in größere IoT- und Gesundheitsökosysteme unterstreicht ihre Bedeutung in Bereichen wie Telemedizin und persönliches und professionelles Gesundheitsmanagement.

2.4 XR-Headsets

XR-Headsets wie Meta Quest 3 und Apple Vision Pro erweitern die Möglichkeiten immersiver Technologien und schaffen neue Anwendungsszenarien für AR, MR und VR.

- Die Meta Quest 3 basiert auf der Snapdragon XR2 Gen 1 Plattform und bietet VR- und Mixed-Reality-Funktionen durch Inside-Out-Tracking und Hand-Tracking.

- Die Apple Vision Pro nutzt fortschrittliche Sensoren, Eyetracking und 4K-Displays, um immersive Mixed-Reality-Erlebnisse zu ermöglichen.
- Beide Geräte sind eng mit ihren jeweiligen Anwendungsökosystemen verknüpft und eröffnen neue Möglichkeiten für Anwendungen in Bereichen wie Bildung, Industrie und Unterhaltung.

2.5 IoT-Geräte mit Mobilitätsfokus

Mobile IoT-Geräte sind Bestandteile umfassender IoT-Umgebungen, die durch Netzwerke und Plattformen wie Apple HomeKit im privaten oder AWS IoT im professionellen Bereich unterstützt werden.

- In Smart Cities sammeln mobile IoT-Geräte Echtzeitdaten zur Verbesserung des Verkehrsmanagements, der Infrastruktur und der Umweltüberwachung.
- Im Supply Chain Management ermöglichen vernetzte IoT-Geräte eine effizientere Logistik durch die Überwachung von Warenströmen und autonomen Transportmitteln.
- Auch im Gesundheitswesen spielen mobile IoT-Geräte eine immer wichtigere Rolle, indem sie die kontinuierliche Überwachung von Vitaldaten und telemedizinischen Anwendungen ermöglichen.

2.6 Netzwerke und Infrastruktur

Netztechnologien wie 5G, 6G und Wi-Fi6 bilden die technologische Grundlage für die moderne mobile Konnektivität, indem sie den reibungslosen Betrieb komplexer Anwendungen wie Echtzeitkommunikation, Streaming, IoT-Netze und XR-Anwendungen auf mobilen Geräten durch extrem hohe Datenraten, geringe Latenzzeiten und hohe Kapazität für eine Vielzahl gleichzeitig verbundener Geräte ermöglichen.

- 5G-Netze bieten höhere Geschwindigkeiten, geringere Latenzzeiten und größere Kapazitäten, während neue Konzepte wie Network Slicing und Edge Computing neue Anwendungsmöglichkeiten eröffnen.
- Wi-Fi 6 und Wi-Fi 6E verbessern die Leistung in dichten Netzen durch effizientere Frequenznutzung und energieeffizientere Protokolle, was besonders in Bereichen mit hoher Geräte- und Userdichte relevant ist.
- Die kommenden 6G-Netze werden noch höhere Datenraten und eine tiefere Integration von KI und maschinellem Lernen ermöglichen, um die Netzauslastung zu optimieren und innovative Anwendungen zu realisieren.

2.7 Ausblick und Marktentwicklung

Die Zukunft mobiler Systeme wird von technologischen Durchbrüchen bei neuen Gerätetypen und dem Einsatz künstlicher Intelligenz geprägt.

- Neue Gerätetypen wie „Ambient Computing"-Systeme und verbesserte XR-Headsets werden das mobile Nutzungserlebnis erweitern und tief in unseren Alltag integriert werden.
- Die Integration künstlicher Intelligenz in mobile Systeme wird die Personalisierung und Automatisierung weiter vorantreiben, während Edge Computing die Verarbeitung direkt auf den Geräten ermöglicht.
- Der Einsatz von Sensoren, künstlicher Intelligenz und hochverfügbaren, leistungsfähigen Netzinfrastrukturen wird die nächste Generation mobiler Systeme prägen und neue Geschäftsmodelle und Märkte schaffen.

2.8 Herausforderungen und Chancen für Entwickler:innen und Manager:innen mobiler Systeme

Die fortschreitende Weiterentwicklung mobiler Systeme erfordert eine ständige Anpassung der Kompetenzen von Entwickler:innen und Manager:innen, um auf dem zunehmend dynamischen mobilen IT-Markt wettbewerbsfähig zu bleiben.

- Entwickler:innen müssen zunehmend fundiertes Wissen in interdisziplinären Bereichen wie Cloud Computing, KI, IoT und Automatisierungstechnik aufbauen, um vernetzte, skalierbare und innovative mobile Anwendungen zu entwickeln. Dabei müssen sie auch die betrieblichen Auswirkungen der Technologien und deren Optimierungspotenzial für Arbeitsprozesse berücksichtigen.
- Manager:innen stehen vor der Herausforderung, strategisch fundierte Entscheidungen hinsichtlich neuer Technologien treffen zu müssen, den wirtschaftlichen Nutzen und Effizienzgewinne der Maßnahmen sicherzustellen und ethische Implikationen wie Datenschutz und Arbeitsplatzsicherheit zu beachten.
- Die Einführung neuer Technologien erfordert den Einsatz agiler Methoden und eine verstärkte interdisziplinäre Zusammenarbeit zwischen IT- und Fachabteilungen, um schnell und flexibel auf Marktveränderungen und veränderte betriebliche Anforderungen reagieren zu können.
- Automatisierung und KI verändern das Arbeitsumfeld grundlegend, indem sie repetitive Tätigkeiten übernehmen und neue Anforderungen an kreatives und analytisches Denken stellen. Ständige Weiterbildung und Anpassungsfähigkeit sind daher für Unternehmen und ihre Beschäftigten unerlässlich, um mit den technologischen und organisatorischen Veränderungen einer zunehmend digitalisierten Arbeitswelt Schritt halten zu können.

3 Mobile Entwicklungsframeworks

Dieses Kapitel bietet einen umfassenden Marktüberblick und praxisorientierte Einblicke in die verschiedenen mobilen Entwicklungsframeworks, die für die moderne App-Entwicklung von Bedeutung sind. Es stellt die grundlegenden Architekturansätze vor und beleuchtet die spezifischen Eigenschaften, Vorteile und Herausforderungen der nativen, plattformübergreifenden und hybriden Entwicklung. Darüber hinaus werden die wichtigsten Frameworks und SDKs detailliert verglichen, um Entwickler:innen eine fundierte Entscheidungsbasis für die Auswahl der geeigneten Technologie zu bieten. Besonderes Augenmerk wird auf die funktionalen und nicht funktionalen Anforderungen gelegt, die im Rahmen des Requirements Engineering eine entscheidende Rolle spielen. Ziel dieses Kapitels ist es, ein umfassendes Verständnis der mobilen Entwicklungslandschaft zu vermitteln und die Leser:innen in die Lage zu versetzen, nachhaltige und informierte Entscheidungen bei der Technologieauswahl für mobile Projekte zu treffen.

3.1 Übersicht und Begrifflichkeiten

Bei der Entwicklung mobiler Anwendungen gibt es drei Hauptansätze: Native, Cross-Platform und Hybrid. Jeder dieser Ansätze hat spezifische Eigenschaften, Vorteile und Herausforderungen, die im Detail verstanden werden müssen, um fundierte Entscheidungen bei der Auswahl der geeigneten Technologie bei der Umsetzung eigener Projekte treffen zu können.

3.1.1 Grundlegende Architektur von Apps

Bei der Entwicklung mobiler Anwendungen lässt sich die Tiefenstruktur stark vereinfacht in zwei wesentliche Blöcke unterteilen: das User Interface (UI) und die Anwendungslogik (Logik). Diese Unterteilung ist insofern wichtig, als sie die Grundlage für verschiedene Entwicklungsansätze mit ihren jeweiligen Vor- und Nachteilen bildet. Der Anteil von UI und Logik am Gesamtaufwand variiert je nach Anwendung und Einsatzzweck.

User Interface (UI): Das User Interface umfasst alle visuellen Elemente, mit denen Nutzer:innen interagieren, wie z. B. Buttons, Textfelder, Listen und Menüs. Es hängt stark von plattformspezifischen Designrichtlinien und Interaktionsmustern ab, z. B. bei Android von den Material Design Guidelines, bei Apple von den Human Interface Guidelines (HIG).

Anwendungslogik (Logik): Die Anwendungslogik umfasst den gesamten Code, der die Funktionalität der App steuert. Dazu gehören die Datenverarbeitung, die Geschäftslogik, die Netzwerkkommunikation und die Verwaltung des Anwendungsstatus. Die Logik ist in der Regel unabhängig von der spezifischen Benutzungsoberfläche und kann prinzipiell plattformübergreifend wiederverwendet werden.

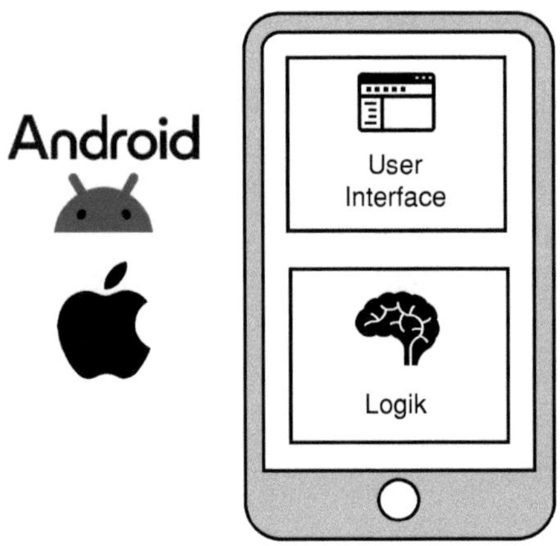

Bild 3.1
Vereinfachte Darstellung der allgemeinen Architektur von Apps. (Bildnachweis: eigene Grafik)

3.1.2 Native

Native Apps werden in der Programmiersprache und Entwicklungsumgebung des Zielbetriebssystems entwickelt. Für iOS erfolgt die Entwicklung hauptsächlich mit Xcode in Swift, Objective-C spielt in der Praxis außer im Umgang mit Legacy-Code keine Rolle mehr. Bei Android erfolgt die Entwicklung in der Regel in Kotlin und in seltenen Fällen noch in Java unter Verwendung von Android Studio als Entwicklungsumgebung. Bei nativer Entwicklung werden sowohl das User Interface als auch die

Logik einer Anwendung für beide Plattformen separat und in ihrem eigenen Kontext entwickelt.

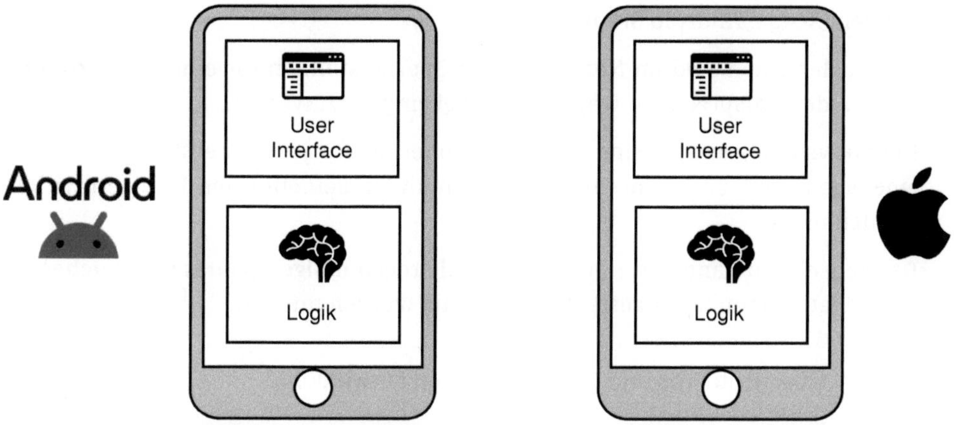

Bild 3.2 Vereinfachte Darstellung des Entwicklungsaufwands für native Android- und iOS-Apps

Kernmerkmale

- Native Apps nutzen die eigenen und spezifischen APIs des Systems und bieten so eine nahtlose Integration mit der Hardware des Geräts.
- Sie gewährleisten eine konsistente und plattformkonforme User Experience durch die Verwendung nativer UI-Komponenten.
- Die direkte Kompilierung in der Maschinensprache des Zielgeräts führt zu einer optimalen Performance, da kein Overhead durch zusätzliche Interpretationsschichten entsteht.
- Native Apps können in der Regel problemlos über die offiziellen App Stores (App Store für iOS, Google Play Store für Android) vertrieben werden, was ihre Reichweite und Sichtbarkeit erhöht.
- Sie profitieren von den eingebauten Sicherheitsmechanismen des Betriebssystems, was sie tendenziell sicherer macht, sofern die gebotenen Möglichkeiten konsequent genutzt und von den Entwickler:innen korrekt implementiert werden.
- Sie haben vollen Zugriff auf alle systeminternen APIs und Dienste, was erweiterte und hardwarenahe Funktionalitäten in den Apps ermöglicht.
- Qualitätssicherungsprozesse werden durch den Einsatz nativer Entwicklungswerkzeuge und Debugger vereinfacht.

Herausforderungen

- Die Entwicklung nativer Apps erfordert fundierte Kenntnisse der spezifischen Programmiersprachen (Swift für iOS, Kotlin für Android) und Entwicklungsumgebungen (Xcode, Android Studio).
- Entwickler:innen sind im Normalfall nur Spezialist:innen für eine Plattform und können dementsprechend weniger flexibel eingesetzt werden.
- Die Entwicklungskosten sind potenziell höher, da für jede unterstützte Plattform eine eigene Codebasis einschließlich der nativ implementierten Logik entwickelt werden muss.
- Der Betriebsaufwand kann sich erhöhen, da regelmäßige Updates und Patches für beide Plattformen bereitgestellt und getestet werden müssen.

Tabelle 3.1 Übersicht: Pros und Cons der nativen Entwicklung

Pros	Cons
▪ Optimale User Experience ▪ Bestmögliche Performance und Ressourcen-Nutzung ▪ Zugriff auf alle APIs, Frameworks und Features der jeweiligen Plattform ▪ Optimierte Entwicklertools für die jeweilige Plattform ▪ Große Community und hohe Anzahl an verfügbaren Third-Party Libraries und Frameworks ▪ Alle API-, Framework- und UI-Komponenten-Updates stehen sofort zur Verfügung ▪ Mathematisch aufwendige Themen (Bildverarbeitung, Spracheverarbeitung, AI) sind nativ gut umsetzbar	▪ Die User Experience ist je Plattform unterschiedlich ▪ Kein Multiplattform-Support, kein gemeinsamer Code ▪ Es werden Expert:innen/Entwickler:innen für beide Plattformen benötigt ▪ Eine native App wird für jedes Betriebssystem designed, entwickelt und getestet ▪ Apples Programmiersprachen und Bibliotheken sind nur im Apple-Kosmos verwendbar, Entwickler:innen sind nur für mobile Projekte einsetzbar

3.1.3 Cross-Platform

Cross-Platform-Apps werden mithilfe von Frameworks von Drittanbietern entwickelt, die es ermöglichen, eine einzige Codebasis zu entwickeln, die auf mehreren Betriebssystemen (iOS, Android, und manchmal auch auf anderen, nicht mobilen Plattformen) läuft. Weit verbreitete Cross-Platform-Frameworks sind Flutter oder React Native. Bei der Cross-Platform-Entwicklung wird die Kernlogik einer Anwendung nur einmal entwickelt und dann mit den plattformspezifischen User Interfaces kombiniert.

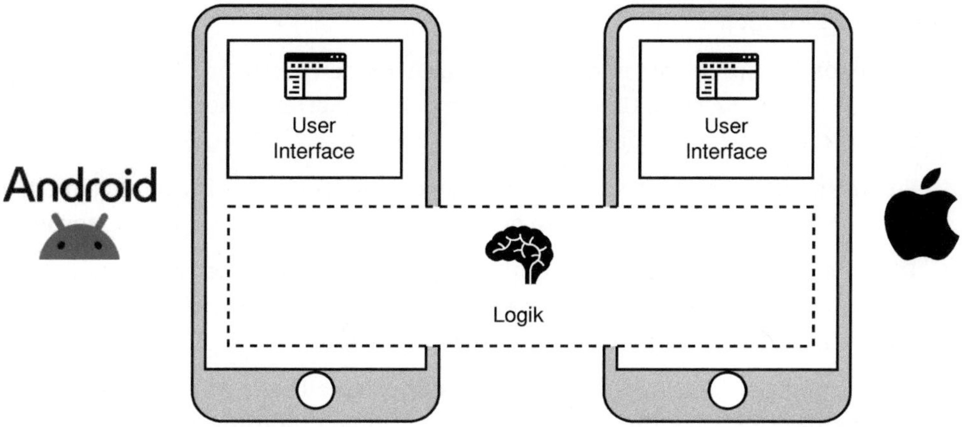

Bild 3.3 Vereinfachte Darstellung des Cross-Platform-Entwicklungsaufwands für beide Betriebssysteme

Kernmerkmale

- Cross-Platform-Frameworks ermöglichen die Entwicklung einer mobilen Anwendung auf Basis einer einzigen Codebasis, die auf verschiedenen Plattformen ausgeführt werden kann, wodurch Entwicklungszeit, -komplexität und -kosten reduziert werden können.
- Sie verwenden plattformspezifische Brücken (Bridges) oder Laufzeitumgebungen, um native Komponenten und APIs aufzurufen.
- UI-Komponenten können entweder nativ oder in einem plattformübergreifenden Standard (z. B. HTML/CSS für WebView-basierte Frameworks) erstellt werden, was jedoch zulasten der nativen User Experience geht.
- Auch plattformübergreifende Apps bieten in der Regel eine ausreichende Performance, auch wenn sie besonders bei hardwarenahen oder rechenintensiven Anwendungen oft nicht ganz die Geschwindigkeit und Effizienz nativer Apps erreichen.
- Die Frameworks unterstützen eine Vielzahl von Plug-ins und Bibliotheken, die den Funktionsumfang und den Entwicklungskomfort erweitern können.
- Cross-Platform-Apps bieten die Möglichkeit, plattformübergreifende Updates und Bugfixes schnell zu implementieren und auszurollen, sofern der Fehler in der zentralen Logik und nicht in der plattformspezifischen Kompilierung liegt.

Herausforderungen

- Kompatibilitätsprobleme und Inkonsistenzen können auftreten, da plattformspezifische Eigenheiten und Unterschiede von den Frameworks nicht immer vollständig abstrahiert werden können.
- Entwickler:innen müssen sich zusätzlich zu denen der nativen Umgebung mit den Eigenheiten und Einschränkungen des gewählten Frameworks vertraut machen.
- Die Komplexität des Debuggings erhöht sich durch die potenziell doppelte Fehlerquelle: einerseits der gemeinsame Code, andererseits die plattformspezifischen Brücken, die den Zugriff auf native APIs ermöglichen.
- Darüber hinaus müssen weiterhin oft plattformspezifische Anpassungen vorgenommen werden, um eine optimale Benutzer:innenerfahrung zu gewährleisten, was den Entwicklungsaufwand trotz der gemeinsamen Codebasis erhöhen kann.
- Schließlich und vor allem aus Sicht der App Stores werden immer wieder native Apps entwickelt, die als separate Artefakte (.apk für Android, .ipa für iOS) behandelt werden müssen und auch separate Build-Pipelines benötigen. Dieser Aufwand wird in der Praxis gerne unterschätzt.
- Die Abhängigkeit von herstellerunabhängigen Drittlösungen birgt das Risiko, dass diese nicht langfristig unterstützt bzw. weiterentwickelt werden oder neue Features der Betriebssysteme nur zeitverzögert abgebildet werden.

Tabelle 3.2 Übersicht: Pros und Cons der Cross-Platform-Entwicklung

Pros	Cons
▪ Entwicklung in einer einzigen (gewohnten) Umgebung/Sprache ▪ (Fast) native Performance durch Transformation in nativen Code ▪ Wiederverwendung gleicher Logik und Methoden zwischen den Plattformen möglich ▪ Mögliche Wiederverwendung von UI-Komponenten ▪ Weiterentwicklung/Bugfixing der Anwendungslogik nur an einer Stelle nötig ▪ 3rd-Party-Bibliotheken und Tools der eigenen Plattform können genutzt werden (JavaScript, .NET, etc.)	▪ Punktuell schlechtere Performance als bei nativer Entwicklung: Start der App langsamer, Bildbearbeitung, Video, Sprache ▪ 3rd-Party-Bibliotheken für native Funktionen stehen eventuell nicht oder erst mit Verzögerung zur Verfügung ▪ Abhängigkeit zum Drittanbieter-Framework ▪ Know-how für iOS, Android und das jeweilige Framework notwendig ▪ Keine 100 % Abstraktion des nativen Frameworks möglich

3.1.4 Hybrid

Hybride Apps kombinieren Elemente von nativen Apps und Web-Apps. Sie werden in der Regel mit Webtechnologien wie HTML, CSS und JavaScript entwickelt und laufen in einem nativen App-Container, der den Zugriff auf native Funktionen und APIs des Betriebssystems ermöglicht. Beliebte und verbreitete Frameworks für die Entwicklung hybrider Apps sind Ionic und Capacitor. Bei einer konsequenten hybriden Entwicklung können sowohl das User Interface als auch die Logik für beide Plattformen zentral entwickelt werden, wobei das resultierende User Interface nicht mehr den Konventionen des Betriebssystems entspricht und mit sinnvollem Aufwand auch nicht an eine „echte" native Experience angenähert werden kann.

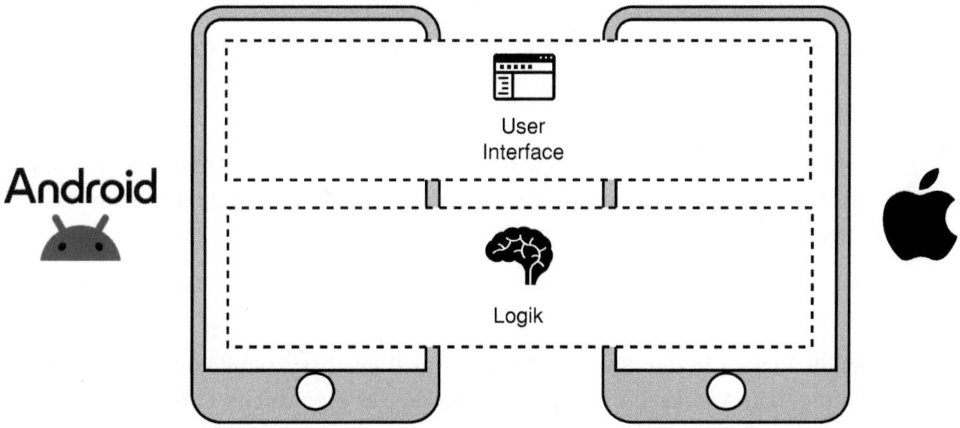

Bild 3.4 Vereinfachte Darstellung des Hybrid-Entwicklungsaufwands für beide Betriebssysteme

Kernmerkmale

- Hybride Apps werden zunächst als Webanwendung entwickelt und dann in einen nativen Container eingebettet, der die Anwendung auf verschiedenen Plattformen ausführt.
- Sie verwenden WebView-Komponenten, um Inhalte innerhalb des nativen Containers anzuzeigen, wodurch Standard-Webtechnologien für die App-Entwicklung genutzt werden können.
- Entwickler:innen können über Plug-ins, die plattformspezifische Schnittstellen bereitstellen, auf native Funktionen und APIs der Betriebssysteme zugreifen.
- Der Entwicklungsprozess ist effizient und aufgrund der Verwendung von JavaScript niedrigschwellig, der logische Teil des Codes ist unabhängig von der Ziel-

plattform wiederverwendbar und basiert zudem auf weit verbreiteten Web-Technologien.

- Der Vertrieb kann ebenfalls über die App Stores erfolgen, wobei vor allem im Apple App Store das Risiko besteht, dass offensichtliche Web-Apps mit nur wenigen nativen Funktionen abgelehnt werden.

Herausforderungen

- Die Performance von hybriden Apps kann bei rechenintensiven Anwendungen oder bei der Verwendung aufwendiger Animationen eingeschränkt sein, da sie auf WebView-Komponenten des jeweiligen Browsers angewiesen sind und keinen oder nur eingeschränkten Zugriff auf die Hardwarebeschleunigung des Endgeräts haben.
- Kompatibilitätsprobleme können auftreten, da WebView-Komponenten und native Plug-ins nicht immer konsistent auf verschiedenen Plattformen und Geräten funktionieren.
- Die User Experience kann beeinträchtigt werden, da hybride Anwendungen nicht den gleichen Grad an nativer Interaktivität und Reaktionsfähigkeit bieten wie native Anwendungen.
- Das Debugging kann schwierig sein, da Fehler sowohl im Webcode als auch in den nativen Containern auftreten können.
- Sicherheitslücken in der Browser-Engine des Betriebssystems können sich direkt auf die eigenen Anwendungen auswirken, da der eigentliche Code im WebView-Kontext ausgeführt wird. Da die WebView-Komponenten zudem Bestandteile der Betriebssysteme sind, haben Entwickler:innen keinen Einfluss auf Updates oder Patches.
- Entwickler:innen müssen sich mit den Eigenheiten der unterschiedlichen WebView-Komponenten und der plattformspezifischen Plug-ins vertraut machen und gegebenenfalls auch weiterhin plattformspezifische Anpassungen vornehmen.
- Auch hier birgt die Abhängigkeit von herstellerunabhängigen Drittlösungen das Risiko, dass diese nicht langfristig unterstützt oder weiterentwickelt werden.

Tabelle 3.3 Übersicht: Pros und Cons der hybriden Entwicklung

Pros	Cons
▪ Weite Verbreitung von Webtechnologien und entsprechendem Know-how ▪ Umfangreiches Ökosystem (Entwickler, Libs, Communities) vorhanden ▪ Theoretisch auf einer Vielzahl von Plattformen (Webbrowsern) lauffähig ▪ Plattformübergreifende UIs gut umsetzbar ▪ Hohe Synergien zwischen Apps und Websites/Web-Apps realisierbar ▪ Responsive Design für verschiedene Device-Größen relativ einfach umsetzbar, wenn auch außerhalb der Betriebssystem-Konventionen	▪ Native UX der jeweiligen Plattform nicht umsetzbar ▪ App-Performance schlechter als nativ ▪ Security-Schwachstellen im Web-Kontext schlagen eins zu eins in die App durch ▪ JavaScript ist für komplexere Logik schlecht geeignet ▪ Offline-Fähigkeit nur bedingt herstellbar (Client/Server) ▪ Direkte Abhängigkeit von Browser-Versionen des jeweiligen OS (und deren Updates) ▪ Einbindung von Plattformfeatures nur bedingt möglich ▪ Steigendes Ablehnungsrisiko im Apple App Store

3.2 Relevante Frameworks und SDKs

In diesem Abschnitt werden die wichtigsten mobilen Entwicklungsframeworks und SDKs verglichen. Die Tabelle gibt einen Überblick über technische Details und relevante Eigenschaften der genannten Technologien und bewertet verschiedene Rahmenbedingungen, die bei der Entscheidung für oder gegen eine der Technologien zu beachten sind. Die Übersicht bildet die wichtigsten und derzeit am Markt verfügbaren Technologien ab, deren Reifegrad auch einen professionellen Einsatz erlaubt.

Tabelle 3.4 Übersicht Frameworks und SDKs (Teil 1)

	Android	iOS	React Native	.NET MAUI
Technologie	Nativ	Nativ	Cross-Platform	Cross-Platform
Verwalter Eigentümer	Google Open Source	Apple Apple	Meta (Facebook) Open Source	Microsoft Open Source
Programmiersprache	Kotlin, (Java)	Swift, (Objective-C)	Javascript, TypeScript	C#
Look-and-feel	Android Material Design	iOS Human Interface Guidelines (HIG)	Nativ, einheitliches UI, Design Kits	Native, abweichende UIs

Tabelle 3.4 Übersicht Frameworks und SDKs (Teil 1) *(Fortsetzung)*

	Android	iOS	React Native	.NET MAUI
Performance (anwendungs-abhängig)	+ + +	+ + +	+ +	+ +
Unterstützung Sicherheits-features	Nativ	Nativ	Nativ, eigene Libraries	Nativ, eigene Libraries
Unterstützung Hardware-Features	Alle	Alle	Eigene Libs, 3rd Party Libs	Potenziell alle
Ökosystem und Community-Aktivität	+ + +	+ + +	+ + +	+ +

Tabelle 3.5 Übersicht Frameworks und SDKs (Teil 2)

	Kotlin Multi-platform Mobile (KMM)	Flutter	Ionic Cordova / Capacitor
Technologie	Cross-Platform	Cross-Platform	Hybrid
Verwalter Eigentümer	JetBrains Open Source	Google Open Source	Ionic Commercial/Open Source
Programmiersprache	Kotlin (Java), Swift (Objective-C)	Dart	JavaScript, TypeScript
Look-and-feel	Siehe Android/iOS	Plattform-spezifische UI, Anpassung an native UX möglich	Einheitliche UIs, Imitation nativer UX möglich
Performance (anwendungs-abhängig)	+ + +	+ +	+
Unterstützung Sicherheitsfeatures	Siehe Android/iOS	Nativ, eigene Libs	Eigene Libs, 3rd Party Libs
Unterstützung Hard-ware-Features	Siehe Android/iOS	Potenziell alle	Plug-ins, teilweise 3rd Party
Ökosystem und Community-Aktivität	+ +	+ + +	+ + +

3.2.1 Android Native

Technologie

- Java und Kotlin sind die wichtigsten Sprachen für die Entwicklung von Android. Java wird seit den Anfängen von Android verwendet, während die modernere Sprache Kotlin von Google als bevorzugte Sprache gefördert wird. Kotlin bietet viele Vorteile gegenüber Java, wie zum Beispiel die Vermeidung von NullPointer-Exceptions, Coroutine-basierte Concurrency für einfacheres Multithreading und eine prägnantere Syntax, die den Code lesbarer und leichter wartbar macht.
- Die Android Runtime (ART) ist die aktuelle Laufzeitumgebung für Android-Anwendungen. ART ersetzt die ältere Dalvik-VM und bietet eine verbesserte Performance durch Ahead-of-Time (AOT)-Kompilierung. ART kompiliert Bytecode in nativen Maschinencode, was zu einer effizienteren Ausführung und besseren Speicherverwaltung führt.
- Jetpack Compose ist ein modernes, deklaratives UI-Toolkit für Android. Es ermöglicht Entwickler:innen, mithilfe von reaktiver Programmierung benutzungsfreundliche und dynamische Benutzungsoberflächen zu erstellen. Jetpack Compose vereinfacht die UI-Entwicklung durch die direkte Verknüpfung von UI-Elementen mit Datenquellen, wodurch Änderungen an den Daten automatisch in der Benutzungsoberfläche widergespiegelt werden.
- Das Android Software Development Kit (Android SDK) bietet eine umfassende Sammlung von APIs, Bibliotheken und Tools, die für die Android-Entwicklung benötigt werden. Das SDK umfasst alles von UI-Komponenten bis hin zu Netzwerk- und Speicherbibliotheken.
- Android Studio, basierend auf IntelliJ IDEA, ist die offizielle integrierte Entwicklungsumgebung oder Integrated Development Environment (IDE) für Android. Android Studio bietet eine Vielzahl von Funktionen, darunter einen visuellen Layout-Editor, integrierte Debugging- und Profiling-Tools sowie ein leistungsfähiges Build-System basierend auf Gradle.

Besitzverhältnisse

- Android wurde ursprünglich von Android Inc. entwickelt und 2005 von Google übernommen. Die erste kommerzielle Version von Android wurde 2007 veröffentlicht, und das erste Android-Gerät, das HTC Dream, kam 2008 auf den Markt.
- Das Android Open Source Project (AOSP) ermöglicht die Entwicklung von Custom ROMs, die auf die spezifischen Bedürfnisse und Präferenzen der Endgerätehersteller:innen zugeschnitten sind.

Look-and-feel

- Material Design bietet umfassende Designprinzipien, Komponenten und Tools, die es ermöglichen, ansprechende und intuitive Benutzungsoberflächen zu erstellen. Diese Richtlinien sorgen für Konsistenz und Benutzungsfreundlichkeit über verschiedene Android-Anwendungen und -Geräte hinweg.
- Entsprechend entwickelte Android-Apps bieten ein konsistentes und flüssiges Benutzer:innenerlebnis, das den Material-Design-Richtlinien entspricht. Dies umfasst flüssige Animationen, intuitive Navigation und reaktionsschnelle Interaktionen.

Performance

- Native Android-Apps bieten im Vergleich zu nicht nativen Lösungen die beste Performance, da der Code ohne zusätzliche Abstraktionsschichten direkt auf dem Gerät ausgeführt wird. Dies führt zu einer besseren Ausnutzung der Hardware-Ressourcen und einer insgesamt schnelleren und reaktionsfähigeren Anwendung.
- Zu den Optimierungsmöglichkeiten gehören die Nutzung spezifischer Anpassungen wie JNI (Java Native Interface) zur Integration nativer Bibliotheken und die effiziente Verwaltung von Speicher- und CPU-Ressourcen.

Sicherheitsfeatures

- Android setzt auf App-Sandboxing, um sicherzustellen, dass Anwendungen isoliert voneinander und vom restlichen System ausgeführt werden. Dies schützt die Daten und Ressourcen der Benutzer:innen vor unbefugtem Zugriff.
- Regelmäßige Sicherheitsupdates und Patches werden von Google bereitgestellt, um bekannte Sicherheitslücken zu schließen und die Plattform sicher zu halten. Dabei ist zu beachten, dass die Bereitstellung dieser Updates meistens in der Verantwortung der Dritthersteller liegt und besonders bei einfachen Geräten oft verspätet oder gar nicht erfolgt. Veraltete Android-Betriebssystemversionen stellen ein erhebliches Sicherheitsrisiko dar.
- Google Play Protect bietet automatisierte Kontrollmechanismen zur Identifikation und Entfernung schädlicher Apps aus dem Play Store. Diese Mechanismen scannen kontinuierlich Apps und Geräte auf Sicherheitsbedrohungen.

Zugriff auf Device-Features

- Native Android-Apps haben direkten Zugriff auf eine Vielzahl von Gerätefunktionen und Sensoren wie Kamera, GPS, Beschleunigungsmesser, Gyroskop und Fingerabdrucksensor. Dies ermöglicht die Erstellung von Apps mit umfangreichen und innovativen Funktionalitäten.

- Die Android-Entwicklungsplattform bietet umfangreiche APIs für die Integration von plattformspezifischen Funktionen und Diensten, wie z. B. ARCore für Augmented Reality und ML Kit für maschinelles Lernen.

Unterschiedliche Device- und Displaygrößen

- Android unterstützt eine Vielzahl von Bildschirmgrößen und -auflösungen durch die Bereitstellung umfangreicher Tools und Bibliotheken. Dies ermöglicht die Erstellung von Benutzungsoberflächen, die sich automatisch an verschiedene Bildschirmgrößen und -orientierungen anpassen.
- Entwickler:innen können adaptive Layouts mithilfe von ConstraintLayout und anderen Layout-Mechanismen erstellen, um sicherzustellen, dass die Benutzungsoberfläche auf allen Gerätetypen optimal dargestellt wird.

Ökosystem

- Das Android-Ökosystem umfasst eine Vielzahl von Bibliotheken und Frameworks, die die Entwicklung beschleunigen und erleichtern. Beispiele sind Firebase für Backend-Dienste, Google Play Services für erweiterte APIs, Retrofit für Netzwerkanfragen, Glide für Bildverarbeitung und Room für die Datenbankverwaltung.
- Google stellt umfangreiche Dokumentation, Tutorials und Beispielprojekte zur Verfügung.

3.2.2 iOS Native

Technologie

- Swift und Objective-C sind die Hauptsprachen für die Entwicklung von iOS. Swift, das 2014 von Apple eingeführt wurde, wird bevorzugt, da es moderne Sprachmerkmale wie Typensicherheit, automatische Speicherverwaltung und eine prägnantere Syntax bietet. Die ältere Sprache Objective-C wird weiterhin in Legacy-Projekten verwendet.
- SwiftUI ist das deklarative UI-Framework für iOS, das es Entwickler:innen ermöglicht, benutzungsfreundliche und interaktive Benutzungsoberflächen mithilfe der deklarativen Swift-Syntax zu erstellen. Es vereinfacht die UI-Entwicklung, indem UI-Elemente direkt mit Daten verknüpft werden, sodass Änderungen an den Daten sofort in der Benutzungsoberfläche angezeigt werden.
- UIKit ist das UI-Framework, das eine umfassende Sammlung von UI-Komponenten und Tools zur Erstellung von Benutzungsoberflächen bietet. Es ermöglicht eine detaillierte Kontrolle über die Benutzungsoberfläche.

- Das iOS Software Development Kit (iOS SDK) umfasst eine Vielzahl von APIs, Bibliotheken und Tools, die für die Entwicklung von iOS-Anwendungen benötigt werden. Es enthält alles von UI-Komponenten bis hin zu Netzwerk- und Speicherbibliotheken.
- Xcode ist die offizielle integrierte Entwicklungsumgebung (Integrated Development Environment, IDE) für iOS. Xcode bietet eine umfassende Entwicklungsumgebung mit einem visuellen Oberflächen-Builder, integriertem Debugger, Performance-Analyse und einem leistungsfähigen Build-System. iOS-Apps müssen zwingend unter MacOS kompiliert werden.

Besitzverhältnisse

- Apple Inc. ist die Eigentümer:in von iOS. Die erste Version von iOS wurde 2007 zusammen mit dem ersten iPhone auf den Markt gebracht. Apple behält eine strenge Kontrolle über das iOS-Ökosystem inkl. der Hardware, um Konsistenz und Qualität zu gewährleisten.
- iOS ist ein proprietäres Betriebssystem, was bedeutet, dass Apple die vollständige Kontrolle über die Entwicklung und den Vertrieb hat. Dies gewährleistet eine einheitliche Nutzererfahrung und strenge Sicherheitsstandards, teilweise auf Kosten der Flexibilität.

Look-and-feel

- Die Human Interface Guidelines (HIG) von Apple bieten umfassende Designprinzipien, Komponenten und Tools für die Entwicklung ansprechender und intuitiver Benutzungsoberflächen. Diese Richtlinien sorgen für Konsistenz und Benutzungsfreundlichkeit über verschiedene Anwendungen und Geräte innerhalb der Apple-Welt hinweg.
- Native iOS-Apps bieten bei richtiger Implementierung der Human Interface Guidelines eine konsistente und flüssige Benutzer:innenerfahrung. Dazu gehören alle UI-Elemente wie Animationen, Navigationselemente und Interaktionspatterns.

Performance

- Native iOS-Apps bieten ähnlich wie native Android-Apps die beste Performance, da ihr Code ohne zusätzliche Abstraktionsschichten direkt auf der Hardware ausgeführt wird. Diese direkte Ausführung ermöglicht eine optimale Nutzung der Hardware-Ressourcen und führt zu einer insgesamt schnelleren und reaktionsfähigeren App.
- Zu den Optimierungsmöglichkeiten gehören der Einsatz von Tools zur Leistungsanalyse und -optimierung, die effiziente Verwaltung von Speicher- und CPU-Ressourcen sowie der Einsatz von Metal für grafikintensive Anwendungen. Metal ist

eine von Apple entwickelte Low-Level-API für hardwarebeschleunigte 3D-Grafik und Compute-Shader.

Sicherheitsfeatures

- App-Sandboxing stellt sicher, dass Anwendungen isoliert voneinander und vom Rest des Systems ausgeführt werden. Dies schützt die Daten und Ressourcen der Benutzer:innen vor unbefugtem Zugriff.
- Regelmäßige Sicherheitsupdates und Patches werden von Apple bereitgestellt, um bekannte Sicherheitslücken zu schließen und die Plattform sicher zu halten. Durch das geschlossene Ökosystem ist sichergestellt, dass alle unterstützten Endgeräte zeitnah mit den aktuellen Updates versorgt werden.
- Alle Apps müssen den zumindest theoretisch strengen und teilweise intransparenten Prüfprozess des Apple App Store durchlaufen, um sicherzustellen, dass sie den Sicherheits- und Qualitätsstandards entsprechen.

Zugriff auf Device-Features

- Native iOS-Apps haben direkten Zugriff auf eine Vielzahl von Gerätefunktionen und Sensoren wie Kamera, GPS, Beschleunigungssensor, Gyroskop und Face ID. Dies ermöglicht die Erstellung von Apps mit komplexen, hardwarenahen Funktionen.
- Die iOS-Entwicklungsplattform bietet umfangreiche APIs für die Integration plattformspezifischer Funktionen und Dienste wie ARKit für Augmented Reality und Core ML für maschinelles Lernen.

Unterschiedliche Device- und Displaygrößen

- iOS unterstützt eine Vielzahl von Bildschirmgrößen und -auflösungen durch Auto Layout und andere Layout-Mechanismen. Dies ermöglicht die Erstellung von Benutzungsoberflächen, die sich automatisch an unterschiedliche Bildschirmgrößen und -ausrichtungen anpassen, zusätzlich erleichtert durch die begrenzte Anzahl der Endgeräte.
- Entwickler:innen können mithilfe von SwiftUI und UIKit adaptive Layouts erstellen, um sicherzustellen, dass die Benutzungsoberfläche auf allen Gerätetypen optimal dargestellt wird.

Ökosystem

- Das iOS-Ökosystem umfasst eine Vielzahl von Bibliotheken und Frameworks, die die Entwicklung beschleunigen und vereinfachen. Beispiele sind CloudKit für Backend-Dienste, HealthKit für Gesundheits- und Fitnessanwendungen und HomeKit für Smart-Home-Integrationen.

- Apple stellt umfangreiche Dokumentationen, Tutorials und Beispielprojekte zur Verfügung.

3.2.3 React Native

Technologie

- JavaScript und TypeScript sind die Hauptsprachen für die Entwicklung mit React Native. JavaScript, eine weit verbreitete Sprache für Web-Entwicklung, bildet die Basis, während TypeScript, eine statisch typisierte Variante von JavaScript, zusätzliche Typensicherheit und bessere Entwicklungswerkzeuge bietet.
- Die React Native Runtime ist die Laufzeitumgebung für React-Native-Anwendungen. Sie ermöglicht die Ausführung von JavaScript-Code auf mobilen Geräten und verbindet JavaScript mit nativen Komponenten und APIs.
- React Native Components sind die UI-Bausteine, die in React Native verwendet werden. Diese Komponenten abstrahieren die nativen UI-Elemente und bieten eine deklarative API zur Erstellung von Benutzungsoberflächen.
- Expo ist eine erweiterte Entwicklungsumgebung und ein Framework, das die Entwicklung, das Testen und das Deployen von React-Native-Anwendungen erleichtert. Es bietet eine Vielzahl von APIs und Werkzeugen, die die Entwicklungszeit verkürzen.

Besitzverhältnisse

- Facebook (Meta) hat 2015 React Native veröffentlicht und seitdem als Open Source unter einer MIT-Lizenz auf GitHub bereitgestellt.

Look-and-feel

- React Native bietet native UI-Komponenten, mit denen Benutzungsoberflächen erstellt werden können, die sich wie native Apps anfühlen sollen. Dazu gehört auch die Nutzung plattformspezifischer UI-Elemente und Interaktionen.
- Entwickler:innen können plattformspezifische Designrichtlinien wie Material Design für Android und Human Interface Guidelines für iOS umsetzen, um eine konsistente und ansprechende User Experience umzusetzen.

Performance

- React Native bietet für die meisten Anwendungen eine gute Performance, erreicht aber nicht immer die Performance von nativen Apps. Durch die direkte Verwendung nativer Komponenten und optimierter JavaScript-Engines kann die Performance verbessert werden.

- Optimierungsmöglichkeiten umfassen die Verwendung von Hermes, einer für React Native optimierten JavaScript-Engine, sowie das gezielte Profiling und die Optimierung von Rendering-Prozessen und JavaScript-Code.

Sicherheitsfeatures

- React Native nutzt die Sicherheitsfeatures der nativen Plattformen.
- Zusätzliche Sicherheitsmaßnahmen können durch die Integration von Bibliotheken und Tools implementiert werden, die spezifische Sicherheitsanforderungen erfüllen.

Zugriff auf Device-Features

- React Native ermöglicht den Zugriff auf eine Vielzahl von Gerätefunktionen und Sensoren über native Module und Plug-ins. Dazu gehören Funktionen wie Kamera, GPS, Beschleunigungsmesser und Push-Benachrichtigungen.
- Die Community und Drittanbieter bieten eine Vielzahl von Bibliotheken, die die Integration von plattformspezifischen Funktionen und Diensten erleichtern.

Unterschiedliche Device- und Displaygrößen

- React Native unterstützt verschiedene Bildschirmgrößen und -auflösungen durch Flexbox-basierte Layouts und andere Layout-Mechanismen. Dies ermöglicht die Erstellung von Benutzungsoberflächen, die sich automatisch an unterschiedliche Bildschirmgrößen und -ausrichtungen anpassen.
- Adaptive Layouts können mithilfe von Responsive-Design-Praktiken und plattformspezifischen Anpassungen erstellt werden, um sicherzustellen, dass die Benutzungsoberfläche auf allen Gerätetypen optimal dargestellt wird.

Ökosystem

- Das React-Native-Ökosystem umfasst eine Vielzahl von Bibliotheken und Frameworks, die die Entwicklung beschleunigen und erleichtern. Beispiele sind Redux für das State Management, React Navigation für die Navigation und Reanimated für erweiterte Animationen.
- Meta und die Community stellen eine umfangreiche Dokumentation, Tutorials und Beispielprojekte zur Verfügung.

3.2.4 .NET MAUI

Technologie

- C# und XAML sind die Hauptsprachen für die Entwicklung mit .NET MAUI (Multiplatform App UI). C# ist eine moderne, objektorientierte Programmiersprache, die Typensicherheit und eine umfangreiche Standardbibliothek bietet. XAML (Extensible Application Mark-up Language) wird für die deklarative Erstellung von Benutzungsoberflächen verwendet.
- Die .NET MAUI Runtime ermöglicht die Ausführung von .NET-Code auf verschiedenen Plattformen, einschließlich Android, iOS, macOS und Windows. MAUI nutzt die .NET-6-Laufzeit und Bibliotheken, um eine plattformübergreifende Entwicklung zu ermöglichen.
- MAUI Controls sind die UI-Bausteine, die in .NET MAUI verwendet werden. Diese Controls abstrahieren die nativen UI-Elemente der verschiedenen Plattformen und bieten eine konsistente API zur Erstellung von Benutzungsoberflächen.
- Visual Studio ist die empfohlene integrierte Entwicklungsumgebung (IDE) für . NET MAUI. Es bietet eine Vielzahl von Funktionen, darunter ein visueller Designer für XAML, integrierte Debugging- und Profiling-Tools sowie ein leistungsfähiges Build-System.

Besitzverhältnisse

- Microsoft ist der Anbieter von .NET MAUI. Es wurde als Teil des .NET 6 Release eingeführt und ist eine Weiterentwicklung von Xamarin.Forms.
- .NET MAUI ist Open Source und wird unter einer MIT-Lizenz veröffentlicht.

Look-and-feel

- .NET MAUI bietet native UI-Komponenten, mit denen Benutzungsoberflächen erstellt werden können, die sich wie native Anwendungen anfühlen. Dazu gehört auch die Verwendung plattformspezifischer UI-Elemente und Interaktionen.
- Designrichtlinien: Entwickler:innen können plattformspezifische Designrichtlinien wie Material Design für Android und Fluent Design für Windows berücksichtigen, um eine konsistente und ansprechende Benutzer:innenerfahrung zu gewährleisten.

Performance

- .NET MAUI bietet eine gute Performance durch die direkte Nutzung nativer Komponenten und die Optimierung der .NET-Laufzeit. Ahead-of-Time (AOT)- und Just-in-Time (JIT)-Kompilierung tragen zur Effizienz bei.

- Zu den Optimierungsmöglichkeiten gehören der Einsatz von Profiling-Tools zur Identifizierung und Behebung von Performance-Engpässen sowie die Implementierung plattformspezifischer Optimierungen.

Sicherheitsfeatures

- .NET MAUI nutzt die Sicherheitsfeatures der nativen Plattformen.
- Zusätzliche Sicherheitsmaßnahmen können durch die Integration von Bibliotheken und Tools implementiert werden, die spezifische Sicherheitsanforderungen erfüllen.

Zugriff auf Device-Features

- .NET MAUI ermöglicht den Zugriff auf eine Vielzahl von Gerätefunktionen und Sensoren über native APIs und Plug-ins. Dazu gehören Funktionen wie Kamera, GPS, Beschleunigungsmesser und Push-Benachrichtigungen.
- Die .NET Community bietet eine Vielzahl von Bibliotheken, die die Integration plattformspezifischer Funktionen und Dienste erleichtern.

Unterschiedliche Device- und Displaygrößen

- .NET MAUI unterstützt unterschiedliche Bildschirmgrößen und -auflösungen durch adaptive Layouts und Responsive-Design-Praktiken. Dies ermöglicht die Erstellung von Benutzungsoberflächen, die sich automatisch an unterschiedliche Bildschirmgrößen und -ausrichtungen anpassen.
- Adaptive Layouts können mit XAML und plattformspezifischen Anpassungen erstellt werden, um sicherzustellen, dass die Benutzungsoberfläche auf allen Gerätetypen optimal dargestellt wird.

Ökosystem

- Das .NET MAUI-Ökosystem umfasst eine Vielzahl von Bibliotheken und Frameworks, die die Entwicklung beschleunigen und vereinfachen. Beispiele sind Xamarin.Essentials für plattformübergreifende APIs, Prism für die Implementierung von MVVM (Model-View-ViewModel) und das Community Toolkit für erweiterte Controls.
- Microsoft und die Community stellen umfangreiche Dokumentationen, Tutorials und Beispielprojekte zur Verfügung.

3.2.5 Kotlin Multiplatform (KMM)

Technologie

- Kotlin ist die Hauptsprache von Kotlin Multiplatform Mobile (KMM). Kotlin wurde von JetBrains entwickelt und ist eine moderne, statisch typisierte Sprache, die Interoperabilität mit Java bietet. Sie ist bekannt für ihre präzise Syntax, Null-Safety und Erweiterbarkeit.
- Kotlin Multiplatform Runtime ermöglicht die Ausführung von gemeinsam genutztem Kotlin-Code auf verschiedenen Plattformen, einschließlich iOS, Android und Web. KMM verwendet die Kotlin/Native-Compiler-Technologie, um nativen Code für die jeweiligen Zielplattformen zu erzeugen.
- Kotlin Multiplatform UI ist in Entwicklung, um plattformübergreifende UI-Komponenten bereitzustellen. Derzeit nutzen Entwickler:innen plattformspezifische UI-Frameworks (z. B. Jetpack Compose für Android, SwiftUI für iOS) und teilen nur die Logik.
- IntelliJ IDEA und Android Studio sind die empfohlenen integrierten Entwicklungsumgebungen (IDEs) für KMM. Beide IDEs bieten umfassende Unterstützung für Kotlin, einschließlich Code-Vervollständigung, Refactoring und Debugging.

Besitzverhältnisse

- JetBrains ist der Entwickler von Kotlin und Kotlin Multiplatform. Das Unternehmen hat Kotlin erstmals 2011 vorgestellt und es 2017 als offiziell unterstützte Sprache für Android-Entwicklung von Google zertifizieren lassen.
- Kotlin und KMM sind Open -Source-Projekte, die unter der Apache-2.0-Lizenz veröffentlicht wurden.

Look-and-feel

- Kotlin Multiplatform ermöglicht die Verwendung nativer UI-Komponenten für jede Plattform, wodurch sich die Benutzungsoberflächen nahtlos in die jeweilige Umgebung einfügen. Entwickler:innen können Jetpack Compose für Android und SwiftUI für iOS nutzen.
- Entwickler:innen können plattformspezifische Designrichtlinien wie Material Design für Android und Human Interface Guidelines für iOS umsetzen, um eine konsistente und ansprechende User Experience auf den jeweiligen Plattformen zu gewährleisten.

Performance

- Kotlin Multiplatform bietet eine hohe Performance durch die Verwendung nativer Komponenten und die Optimierung der Kotlin-Runtime. Die plattformspezifische Kompilierung stellt sicher, dass der gemeinsam genutzte Code auf den verschiedenen Plattformen effizient ausgeführt wird.
- Optimierungsmöglichkeiten umfassen die Verwendung von Profiling-Tools, um Performance-Flaschenhälse zu identifizieren und zu beheben, sowie die Implementierung von plattformspezifischen Optimierungen.

Sicherheitsfeatures

- KMM nutzt die Sicherheitsfeatures der nativen Plattformen.
- Zusätzliche Sicherheitsmaßnahmen können durch die Integration von Bibliotheken und Tools implementiert werden, die spezifische Sicherheitsanforderungen erfüllen.

Zugriff auf Device-Features

- Kotlin Multiplatform ermöglicht den Zugriff auf eine Vielzahl von Gerätefunktionen und Sensoren über plattformspezifische APIs und Bibliotheken. Entwickler:innen können gemeinsame Logik schreiben und plattformspezifische Implementierungen für Funktionen wie Kamera, GPS und Push-Benachrichtigungen hinzufügen.
- Die KMM-Community stellt eine Vielzahl von Bibliotheken bereit, die die Integration von plattformspezifischen Funktionen und Diensten erleichtern.

Unterschiedliche Device- und Displaygrößen

- Kotlin Multiplatform unterstützt verschiedene Bildschirmgrößen und -auflösungen durch adaptive Layouts und Responsive-Design-Praktiken. Dies ermöglicht die Erstellung von Benutzungsoberflächen, die sich automatisch an unterschiedliche Bildschirmgrößen und -ausrichtungen anpassen.
- Adaptive Layouts können mit Jetpack Compose und SwiftUI erstellt werden, um sicherzustellen, dass die Benutzungsoberfläche auf allen Endgeräten optimal dargestellt wird.

Ökosystem

- Das Multiplattform-Ökosystem von Kotlin umfasst eine Vielzahl von Bibliotheken und Frameworks, die die Entwicklung beschleunigen und vereinfachen. Beispiele sind Ktor für Netzwerkanfragen, SQLDelight für Datenbankverwaltung und Kotlinx.serialization für Serialisierung.

- JetBrains und die Community stellen umfangreiche Dokumentationen, Tutorials und Beispielprojekte zur Verfügung.

3.2.6 Flutter

Technologie

- Dart ist die Hauptprogrammiersprache für die Entwicklung mit Flutter. Dart wurde von Google entwickelt und bietet eine moderne, objektorientierte Syntax, die leicht zu erlernen ist. Dart unterstützt Just-in-Time (JIT)- und Ahead-of-Time (AOT)-Kompilierung, was schnelle Entwicklungszyklen und hohe Performance im Produktivbetrieb ermöglicht.
- Die Flutter Engine ist eine hochoptimierte, plattformübergreifende Laufzeitumgebung, die Rendering, Grafik und plattformübergreifende Integrationen unterstützt. Sie ist in C++ geschrieben und bietet direkte Schnittstellen zu nativen APIs.
- Flutter Widgets bieten eine deklarative UI-Entwicklung, bei der die Benutzungsoberfläche aus einer hierarchischen Struktur von Widgets aufgebaut wird. Diese Widgets sind hochgradig anpassbar und ermöglichen die Erstellung komplexer und attraktiver Benutzungsoberflächen.
- Visual Studio Code und Android Studio sind die empfohlenen integrierten Entwicklungsumgebungen (IDEs) für die Entwicklung von Flutter. Beide bieten umfassende Unterstützung für Dart und Flutter, einschließlich Debugging, Hot-Reload und UI-Design-Tools.

Besitzverhältnisse

- Google ist der Hauptentwickler und -betreuer von Flutter und Dart. Flutter wurde erstmals 2017 veröffentlicht und hat sich schnell zu einem der beliebtesten Frameworks für die plattformübergreifende Entwicklung entwickelt.
- Flutter und Dart sind Open-Source-Projekte, die unter der BSD-Lizenz veröffentlicht wurden.

Look-and-feel

- Flutter bietet integrierte Unterstützung für Material Design (Android) und „Cupertino Design" (iOS), wodurch native Benutzungsoberflächen für beide Plattformen erstellt werden können. Entwickler:innen können auf eine Vielzahl von vorgefertigten Widgets zurückgreifen, die den Designrichtlinien der jeweiligen Plattform entsprechen.

- Flutter-Widgets sind vollständig anpassbar und ermöglichen die Erstellung eigener Benutzungsoberflächen, wenn gewünscht auch außerhalb der standardmäßigen, nativen Designrichtlinien von Android und iOS.

Performance

- Flutter-Anwendungen werden durch AOT-Kompilierung (Ahead-of-Time) in nativen Maschinencode kompiliert, was eine hohe Performance ermöglicht. Die Flutter Engine sorgt für eine schnelle und reaktive Benutzungsoberfläche.
- Entwickler:innen können die Performance weiter optimieren, indem sie effiziente Algorithmen verwenden, Caching-Strategien implementieren und die Rendering-Pipeline von Flutter optimal nutzen.

Sicherheitsfeatures

- Flutter bietet verschiedene Sicherheitsmaßnahmen, einschließlich Code Signing, um sicherzustellen, dass der Code unverändert bleibt, und Verschlüsselungstechniken, um sensible Daten zu schützen.
- Google stellt regelmäßig Sicherheitsupdates und Patches für Flutter und Dart bereit, um bekannte Sicherheitslücken zu schließen und die Plattform sicher zu halten.

Zugriff auf Device-Features

- Flutter nutzt über die Platform Channels die APIs der nativen Plattformen, um auf APIs und Sensoren zuzugreifen. Dies ermöglicht die Nutzung von Funktionen wie Kamera, GPS, Beschleunigungsmesser und Push-Benachrichtigungen.
- Flutter bietet eine Vielzahl von Bibliotheken und Plug-ins, die den Zugriff auf plattformspezifische Funktionen und Dienste erleichtern.

Unterschiedliche Device- und Displaygrößen

- Flutter unterstützt responsive Design-Praktiken, die es ermöglichen, Benutzungsoberflächen zu erstellen, die sich automatisch an verschiedene Bildschirmgrößen und -auflösungen anpassen.
- Flutter-Widgets wie Flex und LayoutBuilder ermöglichen die Erstellung flexibler und anpassbarer Layouts, die auf allen Geräten gut aussehen und funktionieren.

Ökosystem

- Flutter verfügt über ein umfangreiches Ökosystem an Bibliotheken und Frameworks, die die Entwicklung beschleunigen und erleichtern. Beispiele sind provider für das State-Management, dio für Netzwerkanfragen und hive für die lokale Datenbankverwaltung.

- Google und die Community stellen umfangreiche Dokumentation, Tutorials und Beispielprojekte zur Verfügung.

3.2.7 Ionic/Capacitor

Technologie

- JavaScript und TypeScript sind die wichtigsten Programmiersprachen für die Entwicklung mit Ionic und Capacitor. Diese Sprachen sind weit verbreitet und bieten umfangreiche Unterstützung durch Frameworks und Bibliotheken. TypeScript, ein Superset von JavaScript, bietet zusätzliche Typensicherheit und moderne Features wie Decorators und Generics. Ein Superset ist eine Programmiersprache, die eine bestehende Sprache erweitert, indem sie neue Syntax, Funktionen oder Features hinzufügt. Dabei bleibt sie jedoch abwärtskompatibel zur ursprünglichen Sprache. Das bedeutet, dass gültiger Code der ursprünglichen Sprache auch im Superset gültig ist.
- Ionic verwendet WebView-Komponenten, um mobile Anwendungen auszuführen. Diese Technologie ermöglicht die Verwendung von Standard-Webtechnologien wie HTML, CSS und JavaScript für die Entwicklung mobiler Benutzungsoberflächen.
- Das Ionic Framework bietet eine umfassende Bibliothek von UI-Komponenten, die speziell für mobile Anwendungen entwickelt wurden. Diese Komponenten sind anpassbar und ermöglichen die Erstellung von Benutzungsoberflächen, die sowohl auf Android als auch auf iOS gut aussehen und funktionieren.
- Capacitor ist ein plattformübergreifendes API- und Plug-in-System, mit dem native Funktionen auf mobilen Geräten angesprochen werden können. Capacitor kann als Ersatz für Cordova verwendet werden und bietet eine modernere API sowie eine bessere Integration mit modernen JavaScript-Frameworks.
- Ionic ist ein Framework, das UI-Komponenten und Tools bereitstellt, während Capacitor ein plattformübergreifendes Laufzeitsystem ist. Sie können zusammen oder unabhängig voneinander verwendet werden.

Besitzverhältnisse

- Ionic wurde 2013 von Max Lynch, Ben Sperry und Adam Bradley gegründet. Seitdem hat es sich zu einem der beliebtesten Frameworks für die plattformübergreifende Entwicklung entwickelt.

- Ionic Framework und Capacitor sind Open-Source-Projekte, die unter der MIT-Lizenz veröffentlicht wurden.

Look-and-feel

- Ionic bietet vorgefertigte UI-Komponenten, die eine konsistente Benutzer:innenerfahrung auf verschiedenen Plattformen ermöglichen. Die Komponenten sind anpassbar und können plattformspezifische Anpassungen übernehmen, um das Look-and-feel der jeweiligen Plattform zu imitieren.
- Entwickler:innen können User-Themes erstellen, um das Erscheinungsbild ihrer Anwendungen zu personalisieren.

Performance

- Da Ionic auf der WebView-Technologie basiert, kann die Performance bei komplexen oder grafikintensiven Anwendungen eingeschränkt sein. Moderne WebView-Komponenten bieten jedoch eine ausreichende Performance für viele Anwendungen.
- Die Performance kann durch den Einsatz von Techniken wie Lazy Loading, Tree Shaking und Code Splitting optimiert werden, um die Ladezeiten zu reduzieren und die Reaktionsfähigkeit der Anwendung zu verbessern.

Sicherheitsfeatures

- Ionic und Capacitor bieten verschiedene Sicherheitsmaßnahmen, wie die Möglichkeit, Daten zu verschlüsseln und Schutz vor XSS (Cross-Site Scripting)- und CSRF (Cross-Site Request Forgery)-Angriffen durch die Verwendung von sicheren Entwicklungsmustern und Frameworks.
- Ionic und Capacitor werden regelmäßig aktualisiert, um Sicherheitslücken zu schließen und aktuelle Verwundbarkeiten zu beheben. Die große Community trägt ebenfalls dazu bei, Sicherheitsprobleme zu identifizieren und zu beheben.
- Generell ist zu beachten, dass alle Sicherheitsherausforderungen der App zusätzlich im Kontext der jeweiligen WebView-Komponente betrachtet werden müssen, Sicherheitslücken in der WebView schlagen im Zweifelsfall direkt in die App durch.

Zugriff auf Device-Features

- Ionic und Capacitor bieten eine Vielzahl von Plug-ins und APIs, die den Zugriff auf native Gerätefunktionen und Sensoren wie Kamera, GPS, Beschleunigungssensor und Push-Benachrichtigungen ermöglichen. Capacitor Plug-ins sind modular aufgebaut und können bei Bedarf hinzugefügt oder entfernt werden.

- Entwickler:innen können eigene Plug-ins erstellen, um plattformspezifische Anforderungen zu erfüllen oder zusätzliche Gerätefunktionen zu integrieren.

Unterschiedliche Device- und Displaygrößen

- Ionic unterstützt responsive Design-Praktiken, die es ermöglichen, Benutzungsoberflächen zu erstellen, die sich automatisch an verschiedene Bildschirmgrößen und -auflösungen anpassen.
- Adaptive Layouts: Ionic bietet adaptive Layouts mit einem Flexbox-basierten Layoutsystem und CSS-Utilities, um adaptive Layouts zu erstellen, die auf verschiedenen Geräten gut aussehen und funktionieren.

Ökosystem

- Ionic verfügt über ein umfangreiches Ökosystem an Bibliotheken und Tools, die die Entwicklung beschleunigen und erleichtern. Beispiele sind Ionic Native für den Zugriff auf native APIs und Ionic CLI für die Verwaltung und Erstellung von Projekten.
- Ionic und Capacitor bieten eine umfangreiche Dokumentation, Tutorials und Beispielprojekte.

3.2.8 Sonderfall Low Code/No Code

Technologie

- Low-Code- und No-Code-Plattformen ermöglichen die Entwicklung von Anwendungen mit minimalem oder ohne manuellen Programmieraufwand. Die Plattformen verwenden visuelle Entwicklungsumgebungen mit Drag-and-drop-Funktionalität und vorgefertigten Komponenten, um Anwendungen schnell und ohne tiefere Programmierkenntnisse zu erstellen.
- JavaScript und TypeScript sind häufig die zugrunde liegenden Sprachen für erweiterbare Low-Code-Plattformen. Viele Low-Code-Plattformen ermöglichen es Entwickler:innen zusätzlich, benutzerdefinierten Code in JavaScript oder TypeScript zu schreiben, um zusätzliche Funktionen zu integrieren. Viele Plattformen verwenden jedoch auch proprietäre Sprachen oder ausschließlich visuelle Modellierungswerkzeuge und sind in ihren Möglichkeiten entsprechend beschränkt.
- SAP Fiori ist das UX-Framework von SAP für die Entwicklung von Anwendungen, die auf der SAP HANA-Plattform laufen. Fiori nutzt HTML5 und JavaScript und bietet eine konsistente Nutzererfahrung über verschiedene Endgeräte hinweg.
- Microsoft Power Apps ist eine Low-Code-Plattform von Microsoft, mit der sich Geschäftsanwendungen schnell erstellen und bereitstellen lassen. Power Apps integ-

riert sich nahtlos in das Microsoft-Ökosystem und verwendet Power FX, eine deklarative, tabellenbasierte Programmiersprache, die an Excel erinnert.

- Mendix und OutSystems sind weitere prominente Beispiele für Low-Code-Plattformen, die es Unternehmen ermöglichen, Geschäftsprozesse zu automatisieren und Anwendungen schnell bereitzustellen.
- Während Low-Code-/No-Code-Plattformen die Entwicklung einfacher Anwendungen beschleunigen können, stoßen sie bei komplexeren Anforderungen schnell an ihre Grenzen.
- Neben den hier genannten Plattformen gibt es diverse weitere Low-Code-/No-Code-Anbieter, die oft Spezialgebiete abbilden oder Teil bestehender Ökosysteme sind.

Besitzverhältnisse

- Microsoft Power Apps ist ein Teil des Microsoft-Power-Platform-Ökosystems und bietet eine integrierte Low-Code-Umgebung für die Erstellung von typischen Geschäftsanwendungen.
- SAP Fiori wird von SAP entwickelt und gepflegt, einem der weltweit führenden Anbieter von Unternehmenssoftwarelösungen.
- Mendix wurde 2005 gegründet und gehört seit 2018 zu Siemens. Es ist eine führende Low-Code-Plattform für die Erstellung von Web- und Mobilanwendungen.
- OutSystems wurde 2001 gegründet und bietet eine umfassende Low-Code-Entwicklungsplattform für die schnelle Bereitstellung von Anwendungen u. a. mit visueller Full-Stack-Entwicklung, One-Click Deployment und KI-Unterstützung.

Look-and-feel

- Die Plattformen bieten eine Vielzahl von vorgefertigten Templates und Designkomponenten, die an die spezifischen Anforderungen und das Branding eines Unternehmens angepasst werden können. Diese Templates unterstützen die schnelle Erstellung von Anwendungen mit einheitlichem Look-and-feel, die in der Regel nicht oder nur sehr eingeschränkt den Designrichtlinien nativer Apps entsprechen.
- Aufgrund der standardisierten Komponenten und Templates kann die Flexibilität bei der Gestaltung individueller und komplexer Benutzungsoberflächen eingeschränkt sein. Für einfache Standard-Geschäftsprozessanwendungen ist dies jedoch in der Regel ausreichend und ermöglicht eine schnelle und kostengünstige Entwicklung.

Performance

- Plattformen sind in der Regel für die effiziente Entwicklung und Bereitstellung einfacher, prozessunterstützender Geschäftsanwendungen konzipiert. Sie bieten verschiedene integrierte Optimierungen, können aber bei hochspezialisierten Anwendungen oder solchen mit intensiven Performance-Anforderungen an ihre Grenzen stoßen.
- Die Performance von Anwendungen, die mit Low-Code-/No Code-Plattformen entwickelt wurden, kann variieren und ist oft nicht so hoch wie bei nativen Anwendungen. Für einfache Standard-Geschäftsprozessanwendungen ist dies jedoch in der Regel akzeptabel, da die Anforderungen an die Performance in diesen Fällen geringer sind.

Sicherheitsfeatures

- Low-Code-/No-Code-Plattformen bieten integrierte Sicherheitsfunktionen wie Datenverschlüsselung, Authentifizierung und Zugriffskontrolle, um die Sicherheit der entwickelten Anwendungen zu gewährleisten.
- Die Plattformanbieter stellen regelmäßig Updates und Patches zur Verfügung, um Sicherheitslücken zu schließen und die Plattformen sicher zu halten.
- SAP Fiori setzt strenge Sicherheitsstandards um und nutzt die Sicherheitsfunktionen der SAP HANA-Plattform.
- Microsoft Power Apps bietet umfassende Sicherheitsfunktionen, einschließlich Datenverschlüsselung, User- und Rollenverwaltung sowie Integration mit Azure Active Directory für erweiterte Authentifizierungs- und Autorisierungsmechanismen.

Zugriff auf Device-Features

- Low-Code-/No-Code-Plattformen bieten über vorgefertigte APIs und Plug-ins Zugang zu einer Vielzahl von Gerätefunktionen und Sensoren. Dazu gehören Funktionen wie Kamera, GPS und Push-Benachrichtigungen.
- Plattformen wie Mendix und OutSystems ermöglichen die Integration von benutzerdefinierten Code-Snippets, um den Zugriff auf native Gerätefunktionen zu erweitern.
- SAP Fiori nutzt die SAP Cloud Platform SDKs, um den Zugriff auf mobile Gerätefunktionen zu ermöglichen und unterstützt die Integration mit anderen SAP-Systemen.
- Microsoft Power Apps bietet eine breite Palette an Konnektoren und APIs, die den Zugriff auf native Gerätefunktionen und deren Integration in Anwendungen ermöglichen.

Unterschiedliche Device- und Displaygrößen

- Low-Code-/No-Code-Plattformen unterstützen responsive Design-Praktiken, die sicherstellen, dass Anwendungen auf verschiedenen Geräten und Bildschirmgrößen gut aussehen und funktionieren.
- Die Plattformen bieten Werkzeuge und Komponenten zur Erstellung adaptiver Layouts, die sich automatisch an unterschiedliche Bildschirmgrößen und -ausrichtungen anpassen.
- SAP Fiori bietet ein responsives und adaptives Design, das eine konsistente Benutzer:innenerfahrung auf Desktop-, Tablet- und Mobilgeräten ermöglicht.
- Microsoft Power Apps unterstützt die Erstellung von Anwendungen, die auf verschiedenen Gerätetypen und Bildschirmgrößen gut funktionieren, und bietet umfassende Tools zur Erstellung responsiver und adaptiver Layouts.

Ökosystem

- Low-Code-/No-Code-Plattformen verfügen über ein umfangreiches Ökosystem an Bibliotheken, Plug-ins und Integrationen von Drittanbietern, die die Entwicklungs- und Bereitstellungsprozesse vereinfachen.
- SAP Fiori ist Teil des umfassenden SAP-Ökosystems und ermöglicht die nahtlose Integration mit anderen SAP-Lösungen und -Services.
- Microsoft Power Apps ist tief in das Microsoft-Ökosystem integriert und ermöglicht die nahtlose Zusammenarbeit mit anderen Microsoft-Diensten wie Office 365, Dynamics 365 und Azure.

Tabelle 3.6 Übersicht: Pros und Cons der Low/No-Code-Entwicklung

Pros	Cons
▪ Oft ein gute Möglichkeit, um niedrigschwellige Digitalisierung voranzutreiben ▪ Schnelle Entwicklung von Prototypen und der direkte Übergang zum Wirkbetrieb möglich ▪ Bei einfachen Use Cases reduzierte Entwicklungszeit und -ressourcen ▪ Auch Fachabteilungen ohne tiefgreifendes IT-Know-how können Anwendungen erstellen: IT-Demokratisierung ▪ Änderungen an Standardprozessen können schnell umgesetzt werden ▪ Oft sind vorgefertigte Schnittstellen zu gängigen Geschäftssystemen verfügbar (siehe Microsoft, Salesforce)	▪ Mit steigender Komplexität der Use Cases wird die Umsetzung relativ schnell unwirtschaftlich und skaliert nicht mehr ▪ Plattformabhängigkeit und „Lock in" kann Innovation erschweren ▪ Stark steigende Kosten mit steigender Nutzung ▪ Auch Fachabteilungen ohne tiefgreifendes IT-Know-how können Anwendungen erstellen: Entstehung von Schatten-IT ▪ Nur eingeschränkte Individualisierung möglich oder zu aufwendig ▪ Nur begrenzte Sicht auf die systemische Sicherheit einer Anwendung

Low-Code-/No-Code-Anwendungen können eine wichtige strategische Rolle bei der „Grassroots-Digitalisierung" spielen. Sie ermöglichen es Unternehmen, grundlegende Digitalisierungsmaßnahmen effizient und kostengünstig umzusetzen, ohne dass umfangreiche Programmierkenntnisse erforderlich sind. Diese Plattformen fördern die direkte Beteiligung der Basis – den eigentlichen Anwender:innen einer Digitalisierungslösung – an der Entwicklung und Anpassung von Anwendungen. Dadurch können die spezifischen Bedürfnisse und Anforderungen der Nutzer:innen besser berücksichtigt werden, was zu praxisnahen und anwender:innenfreundlichen Lösungen führt. Darüber hinaus beschleunigen Low-Code-/No-Code-Strategien Innovationszyklen im Unternehmen, indem sie eine schnelle Entwicklung und iterative Verbesserung von Anwendungen ermöglichen. Dies trägt dazu bei, dass Digitalisierungsprojekte nicht nur von den IT-Abteilungen, sondern auch von den Fachabteilungen selbst initiiert und vorangetrieben werden können, was die Akzeptanz und den Erfolg der Digitalisierung im Unternehmen insgesamt erhöht.

Aus der unternehmerischen Sicht eines Software-Dienstleisters können Low-Code-/No-Code-Apps oft als erster Schritt dienen, um die Akzeptanz von Digitalisierungsprojekten zu fördern und den Erfolg zu belegen. Diese Anwendungen gewinnen häufig schnell an Rückhalt bei den Nutzer:innen, was zu einer erhöhten Nachfrage nach weiteren Projekten führt. Mit zunehmender Komplexität und spezifischen Anforderungen wird es dann notwendig, diese Projekte mit herkömmlichen Programmiermethoden und hochsprachlichen Implementierungen weiterzuentwickeln.

Aus Sicht der anwendenden Unternehmen kann der Einsatz von Low-Code-/No-Code-Apps die Entstehung der gefürchteten „Grey IT", d. h. einer dezentralen und schwer kontrollierbaren heterogenen Softwarelandschaft in einem Unternehmen begünstigen, was vor allem aus Sicht der Compliance, der Security und der strategischen Steuerung einer Digitalisierungsstrategie zu komplexen Herausforderungen führen kann.

3.3 Determinanten bei der Frameworkauswahl

Die Auswahl eines geeigneten Frameworks für die Entwicklung mobiler Anwendungen ist ein komplexer Prozess, der eine Vielzahl von Einflussfaktoren berücksichtigen muss. Eine fundierte Entscheidung erfordert ein tiefes Verständnis sowohl der funktionalen als auch der nichtfunktionalen Anforderungen an die Anwendung, die im Rahmen des Requirements Engineering ermittelt werden.

Wirtschaftliche Rahmenbedingungen und mögliche Kostenersparnis

Die Wahl des Entwicklungsansatzes für mobile Anwendungen hat direkte Auswirkungen auf die wirtschaftlichen Rahmenbedingungen eines Projekts. Während die native Entwicklung häufig als Goldstandard in Bezug auf Performance und User Experience gilt, bieten Cross-Platform, Hybrid und Low/No-Code-Ansätze durchaus Einsparpotenziale, die in der Praxis jedoch oft deutlich geringer ausfallen als erhofft. Dies liegt vor allem an dem oft unterschätzten Aufwand für die Bereitstellung der nativen Artefakte, die, sofern sie über die offiziellen App Stores vertrieben werden sollen, nicht einfach per „save as ...“ erstellt werden können und spezifische Herausforderungen mit sich bringen, denen dann wieder mit teurem nativen Know-how und Ressourcen begegnet werden muss.

Funktionale und nichtfunktionale Anforderungen

Funktionale Anforderungen (FAs) definieren die spezifischen Funktionen und Aufgaben, die die mobile Anwendung erfüllen soll. Diese Anforderungen beschreiben die notwendigen Funktionalitäten der App und umfassen typischerweise folgende Aspekte:

- Features und Use Cases: Hierunter fallen alle spezifischen Aufgaben, die die App erfüllen muss. Beispielsweise benötigt eine E-Commerce-App Funktionen wie Produktsuche, Warenkorbfunktionalität, Zahlungsabwicklung und Kontoverwaltung.
- Benutzer:inneninteraktionen: Diese Anforderungen legen fest, wie mit der App interagiert werden soll. Dazu gehören die Navigation innerhalb der App, Eingabemöglichkeiten und die Darstellung und Aufbereitung von Informationen.

Nichtfunktionale Anforderungen (NFAs) hingegen beziehen sich auf die allgemeinen Qualitätsattribute der Anwendung innerhalb eines Systems und definieren den Kontext, in dem die funktionalen Anforderungen erfüllt werden müssen. Sie umfassen unter anderem folgende Aspekte:

- Performance: Hierunter fallen die Antwortzeiten der App, die Ladezeiten und die subjektive und objektive Gesamtgeschwindigkeit der App.
- Skalierbarkeit (Scalability): Die Fähigkeit der Anwendung, mit einer wachsenden Anzahl von Nutzer:innen und einer steigenden Datenmenge effizient zu arbeiten.
- Sicherheit (Security): Umfasst Maßnahmen zum Schutz der Anwendung und der Daten vor unberechtigtem Zugriff und Angriffen. Dazu gehören Datenverschlüsselung, Authentifizierungsmechanismen und andere Sicherheitsprotokolle.
- Benutzungsfreundlichkeit (Usability): Die Anwendung sollte einfach und intuitiv zu bedienen sein, um eine positive Nutzererfahrung zu gewährleisten.
- Zuverlässigkeit (Reliability): Die Anwendung sollte stabil laufen und möglichst wenige Abstürze oder Fehler aufweisen.

Lang- und kurzfristige Auswirkungen auf das Projekt-Setup

Die Berücksichtigung sowohl der funktionalen als auch der nichtfunktionalen Anforderungen ist entscheidend für die Auswahl der geeigneten mobilen Technologie. Jede mobile Entwicklungsumgebung und jedes Framework hat seine eigenen Stärken und Schwächen, die sich unterschiedlich auf die Umsetzung dieser Anforderungen auswirken. Eine umfassende Analyse dieser Anforderungen ermöglicht nachhaltige und fundierte Entscheidungen, die den langfristigen Erfolg und die Wartbarkeit der Anwendung sicherstellen.

Im Requirements-Engineering-Prozess werden diese Anforderungen systematisch erfasst, dokumentiert und priorisiert. Dabei ist es wichtig, nicht nur die aktuellen Bedürfnisse der Nutzer:innen und Stakeholder zu berücksichtigen, sondern auch mögliche zukünftige Anforderungen und Erweiterungen. Dies stellt sicher, dass die gewählte Technologie nicht nur die aktuellen Anforderungen erfüllt, sondern auch zukünftig im Rahmen des geplanten Life Cycles flexibel und skalierbar bleibt.

Die Wahl der Technologie sollte daher nicht nur auf kurzfristigen „Quick Wins“ basieren, auch wenn diese aus strategischer Sicht durchaus relevant sein können, sondern auch die langfristige Wartbarkeit, Erweiterbarkeit und die laufenden Betriebskosten der Anwendung berücksichtigen. Eine Entscheidung, die nur auf aktuellen Trends oder kurzfristigen Vorteilen basiert, kann langfristig zu erhöhten Kosten und Aufwand führen, wenn sich die Anforderungen ändern oder die Anwendung wächst.

3.3.1 Checkliste: Funktionale Anforderungen (FA) und nichtfunktionale Anforderungen (NFA) einer Anwendung

Die im Folgenden aufgeführten Checklisten zeigen die verschiedenen Themenbereiche und Handlungsfelder bei der Erfassung der funktionalen und nichtfunktionalen Anforderungen einer Anwendung auf. Sie können aber nur einen ersten Überblick geben und ersetzen nicht die detaillierte und projektspezifische Bearbeitung im Rahmen eines strukturierten Requirements-Engineering-Prozesses.

UI/UX

Unified Look vs. Platform Look:

- Entscheidung für einheitliches Design oder plattformspezifische Anpassung
- Sicherstellung der Konsistenz der Benutzungsoberfläche auf unterschiedlichen Geräten

Unterstützung verschiedener Geräteklassen:

- Optimierung der Benutzungsoberfläche für Smartphones, Tablets und gegebenenfalls Wearables
- Anpassung der Funktionalität je nach Gerätetyp

Nutzung von Augmented Reality und Gamification:

- Integration von AR-Features zur Verbesserung der User Experience
- Integration von Gamification-Elementen zur Steigerung der Nutzer:inneninteraktion

Performance-kritische Funktionen:

- Sicherstellung der Performance bei Echtzeitdatenverarbeitung und grafikintensiven Anwendungen
- Optimierung von Ladezeiten und Reaktionsfähigkeit der Benutzungsoberfläche

Mehrsprachigkeit:

- Unterstützung mehrerer Sprachen in Benutzungsoberfläche und Inhalten
- Planung und Umsetzung von Lokalisierungen

Bedienhilfen und Barrierefreiheit:

- Implementierung von Bedienhilfen und alternativen Eingabemethoden
- Sicherstellung der Screenreader-Kompatibilität
- Gestaltung barrierefreier Benutzungsoberflächen

Komplexität der Anwendung

Umfang der clientseitigen Logik:

- Ermittlung des Umfangs und der Komplexität der clientseitigen Verarbeitung
- Abschätzung der benötigten Rechenleistung und des Speicherbedarfs

Anzahl und Diversität der Anwendungsbildschirme:

- Bestimmung der Anzahl der benötigten Screens
- Planung der Navigationsstruktur und der Interaktion zwischen den Screens

Unterstützung von Offline-Funktionalitäten:

- Implementierung von Caching-Strategien und Synchronisationsmechanismen
- Sicherstellung der Datenkonsistenz zwischen Online- und Offline-Modus

Nutzung von Gerätefunktionen wie Kamera, Bluetooth und angeschlossene Geräte:

- Integration und Nutzung von Kamera-, Bluetooth- und anderen Hardwarefunktionen
- Implementierung von Schnittstellen für die Kommunikation mit angeschlossenen Geräten

Integration zusätzlicher Bibliotheken und Software von Drittanbietern:

- Auswahl und Integration von Bibliotheken und Frameworks von Drittanbietern
- Evaluierung der Kompatibilität und Leistungsfähigkeit der Bibliotheken

Entwicklung einer einzelnen Applikation oder einer Applikationsfamilie:

- Entscheidung über die Entwicklung einer einzelnen Anwendung oder einer Familie von Anwendungen
- Planung der gemeinsamen und spezifischen Funktionalitäten innerhalb der App-Familie
- Festlegung der übergreifenden Architektur

Scope der App

Langlebiges Produkt oder kurzfristige Event-App:

- Bestimmung der Lebensdauer der App: Langfristig nutzbares Produkt oder kurzfristig eingesetzte „Event-App"
- Planung und Umsetzung von Wartungs- und Updatezyklen entsprechend der Lebensdauer

Abgrenzung zu älteren Geräten und Betriebssystemversionen:

- Entscheidung über die Unterstützung älterer Geräte und Betriebssysteme unter Berücksichtigung von Sicherheitsrisiken
- Evaluierung der benötigten Funktionen und Performance auf verschiedenen Gerätetypen
- Implementierung von Sicherheitsmechanismen, die auch auf älteren Geräten wirksam sind

Zielgruppen intern/extern:

- Identifikation der Hauptzielgruppen, intern (Mitarbeitende) oder extern (Kunden, Partner)
- Anpassung der Funktionen und Benutzungsoberflächen an die Bedürfnisse der Zielgruppen
- Sammlung und Analyse der spezifischen Anforderungen und Erwartungen der Zielgruppen

Schutzbedarf

Kritikalität der Daten:

- Bewertung der Sensibilität und Kritikalität der zu verarbeitenden und zu speichernden Daten
- Festlegung der Sicherheitsstufen auf Basis der Datenkritikalität

Verschlüsselung (E2E):

- Implementierung von Verschlüsselungsverfahren für die Datenübertragung über Netzwerke (z. B. HTTPS, VPN)
- Sicherstellung der lokalen Datenverschlüsselung auf dem Gerät (z. B. AES-Verschlüsselung)

Biometrische Verfahren:

- Integration von biometrischen Authentifizierungsverfahren wie Fingerprint/Touch ID und Gesichtserkennung/Face ID
- Überprüfung der Kompatibilität und Sicherheitsstandards biometrischer Verfahren auf unterschiedlichen Geräten

Regulatorische Anforderungen:

- Identifikation, Einhaltung relevanter regulatorischer und gesetzlicher Anforderungen (z. B. GDPR, HIPAA, PDSG)
- Dokumentation und Umsetzung von Maßnahmen zur Sicherstellung der Compliance

Auditierbarkeit

Umfang der Logik auf dem Gerät:

- Bewertung des Anteils der lokal auf dem Gerät ausgeführten Geschäftslogik
- Analyse der Sicherheitsrisiken und Schwachstellen durch lokale Datenverarbeitung

Verwendung von lokalem Speicher, Netzwerkspeicher:

- Bestimmung der Datenspeicherorte (lokal auf dem Gerät vs. Netzwerkspeicher)
- Implementierung von Sicherheitsmechanismen zum Schutz der Daten an allen Speicherorten

Verwendung von Bibliotheken und SDKs:

- Überprüfung der verwendeten Bibliotheken auf Sicherheitslücken und Schwachstellen
- Sicherstellung, dass verwendete Bibliotheken regelmäßig aktualisiert und gewartet werden und den Lizenzbedingungen entsprechen (FOSS-Compliance)

Verfügbarkeit von Codeanalysetools und Best Practices für die gewählte Technologie:

- Einsatz von Codeanalysewerkzeugen zur Überprüfung der Codequalität und Sicherheitsstandards
- Anwendung von Best Practices für die verwendete Programmiersprache zur Minimierung von Sicherheitsrisiken

Durchgängige Kontrolle des Informationsflusses:

- Implementierung von Mechanismen zur Verfolgung und Kontrolle des Informationsflusses innerhalb der Anwendung auch zur Runtime
- Sicherstellung, dass sensible Daten nur durch autorisierte Komponenten und Prozesse fließen

Kontrolle zur Laufzeit

Early binding/strong typing:

- Sicherstellen, dass die verwendete Programmiersprache Early Binding und Strong Typing unterstützt.
- Überprüfung des Codes auf typsichere und Early-Binding-Mechanismen

Code-Transparenz:

- Implementierung von Mechanismen zur Überprüfung des zur Laufzeit ausgeführten Codes
- Einsatz von Code Signing und anderen Sicherheitsmaßnahmen zur Gewährleistung der Code-Integrität

Spannungsfeld JavaScript/WebView:

- Bewertung der Risiken durch die Interpretation von JavaScript zur Laufzeit in WebView-Komponenten
- Implementierung von Sicherheitsmaßnahmen zur Absicherung der WebView-Nutzung
- Überprüfung der Sicherheitsrisiken durch Interpretation zur Laufzeit statt Kompilierung
- Einsatz von Sicherheitsframeworks und Best Practices zur Risikominimierung

Monitoring Tools:

- Einsatz von Monitoring-Tools zur Überwachung von Abstürzen und der allgemeinen App-Nutzung
- Implementierung von Mechanismen zur Sammlung und Analyse von Nutzungsdaten und Fehlerberichten

Mobile Device Management (MDM):

- Bewertung der Notwendigkeit und des Nutzens eines Mobile Device Management (MDM)-Systems
- Implementierung von MDM-Lösungen zur Verwaltung und Sicherung der Geräte, auf denen die App ausgeführt wird

Skills/Ressourcen

Projekte und Erfahrungen mit der Ziel-Programmiersprache:

- Bewertung der bisherigen Projekterfahrung des Teams in der Zielprogrammiersprache, sowohl auf Kund:innen- als auch Dienstleister:innenseite
- Sicherstellung der notwendigen Expertise und Kenntnisse im Team für die gewählte Programmiersprache

Vorhandene Architektur-Patterns:

- Nutzung etablierter Architektur-Patterns zur Strukturierung und Entwicklung der Anwendung
- Anpassung und Optimierung der Patterns an die spezifischen Projektanforderungen

Weitere Aufgaben des Entwicklungsteams:

- Prüfung der Verfügbarkeit und Auslastung des Entwicklungsteams
- Berücksichtigung der möglichen Mehrfachbelastung des Teams durch parallele, gegebenenfalls auch nicht mobile Projekte auf Kund:innenseite

Anforderungen an das UI/UX Design:

- Definition der Anforderungen und Erwartungen an das UI/UX Design der Applikation
- Sicherstellung der Verfügbarkeit von Designressourcen und Expertise im Bereich UI/UX Design

Application Lifecycle Management

Governance-Richtlinien:

- Definition und Durchsetzung von Governance-Richtlinien zur Steuerung und Überwachung des Entwicklungsprozesses
- Definition von Verantwortlichkeiten und Zuständigkeiten innerhalb des Entwicklungsteams

CI/CD-Umgebung:

- Implementierung und Nutzung einer Continuous Integration/Continuous Deployment (CI/CD)-Umgebung
- Automatisierung von Build-, Test- und Deployment-Prozessen zur Effizienz- und Qualitätssteigerung

Coding-Richtlinien:

- Etablierung und Durchsetzung von Coding Guidelines zur Sicherstellung einer konsistenten Codequalität
- Regelmäßige Schulungen und Updates zu Coding Guidelines für das Entwicklungsteam

Styleguides:

- Erstellung und Anwendung von Styleguides zur einheitlichen Gestaltung und Strukturierung des Codes
- Integration der Styleguides in die Entwicklungswerkzeuge zur automatischen Überprüfung

Minimum Standards:

- Definition von Mindeststandards für Codequalität, Sicherheitsanforderungen und Performance
- Kontinuierliche Überwachung und Einhaltung dieser Standards durch das Entwicklungsteam

Code-Review-Prozess:

- Etablierung eines strukturierten Code-Review-Prozesses zur Qualitätssicherung und Fehlererkennung
- Regelmäßige Durchführung von Peer Reviews und Feedbackrunden zur kontinuierlichen Verbesserung des Codes

Bestandsaufnahme Status und Strategie

Vorhandenes Technologieportfolio:

- Identifikation und Analyse der aktuell im Unternehmen eingesetzten Technologien
- Bewertung der Kompatibilität und Integrationsfähigkeit mit neuen Frameworks

Portierung bestehender Applikationen:

- Entscheidung, ob bestehende Anwendungen auf das neue Framework migriert werden sollen
- Planung und Ressourcenzuteilung für den Migrationsprozess

Interne, externe und gemischte Entwicklerteams:

- Bewertung der aktuellen Entwicklungspraxis: interne vs. externe vs. gemischte Entwicklung
- Identifikation der Vor- und Nachteile der jeweiligen Entwicklungsansätze

Vorhandensein einer übergeordneten Digitalisierungs- oder App-Strategie:

- Prüfung, ob entsprechende Strategien vorhanden oder geplant sind
- Harmonisierung der Projekte mit der bestehenden oder geplanten Unternehmensstrategie

3.4 Einordnung und Handlungsempfehlungen

Viele Wege führen zur mobilen App und leider gibt es keinen eindeutigen „Königsweg“ bei der Wahl der geeigneten Technologie. Die native Entwicklung mit Swift und Kotlin in Xcode bzw. Android Studio ist aus technologischer und systemischer Sicht sicherlich die „reine Lehre“ und bietet gerade in kritischen Anwendungsszenarien diverse und gut begründbare Vorteile. Dennoch ist es in der Praxis, in der diverse Rahmenbedingungen, wirtschaftliche Einflussfaktoren und auch ganz triviale „Befindlichkeiten“ der beteiligten Stakeholder zu berücksichtigen sind, nicht automatisch die beste Lösung. Diese Einsicht ist für Unternehmer:innen im Bereich der Softwareentwicklung essenziell, die sich nicht auf eine technokratische Position zurückziehen sollten, sondern den Kontext eines mobilen Projekts in seiner Gesamtheit berücksichtigen müssen, um letztendlich erfolgreiche Projekte umzusetzen. Der Erfolg eines Projekts misst sich dabei letztlich nur an drei einfachen „Key Performance Indicators“, kurz „KPIs“: Wird die App bzw. das mobile System überhaupt implementiert, wird es von der Basis angenommen und findet eine echte, messbare Wertschöpfung statt?

Ein Beispiel aus der Praxis: Ein mittelständisches Unternehmen möchte verschiedene, derzeit noch papierbasierte Prozesse in seiner Logistik mithilfe einer mobilen App digitalisieren. Die App soll von den Mitarbeiter:innen in den verschiedenen Logistikzentren des Unternehmens verwendet werden, um Lieferscheine zu scannen und diese in das bestandsführende System zu übertragen, Lagerbestände zu überwachen und den Versand von Ersatzteilen zu organisieren. Die Mitarbeiter:innen sind keine „Digital Natives“, aber die Nutzung von Apps im privaten Bereich ist selbstverständlich. Darüber hinaus haben sich bereits verschiedene „informelle“ Digitalisierungsaktivitäten entwickelt, z. B. nutzen die Lagerleiter:innen WhatsApp-Kanäle, um sich über aktuelle Lagerbestände auszutauschen und kurzfristige Verfügbarkeitsprobleme von wichtigen Ersatzteilen „auf dem kurzen Dienstweg“ zwischen den Niederlassungen zu organisieren.

Das Budget des Projekts ist begrenzt, der Handlungsdruck hoch, da das Unternehmen aufgrund der hohen Prozesskosten am Markt nicht mehr konkurrenzfähig ist und durch zu hohe Preise zunehmend Marktanteile verliert. Die IT-Abteilung des Unternehmens arbeitet komplett im Microsoft-Kosmos und verfügt über viel Kompetenz in den Bereichen .NET und ASP.NET und kann auch entsprechende Entwicklungs- und vor allem Betriebsressourcen bereitstellen.

Herangehensweise 1

Nur eine native App ist eine gute App, der Microsoft-Lock-in ist böse und die Kolleg:innen in der Logistik erwarten ja auch, dass sich die Firmen-Apps genau so anfühlen wie Instagram.

Konsequenzen: Eine teure native App, vielleicht für zwei Plattformen, muss entwickelt werden, Betrieb und Wartung der App müssen aus Sicht des Unternehmens dauerhaft mit teuren externen Ressourcen sichergestellt werden, weil sich intern niemand mit iOS oder Android auskennt.

Ergebnis: Die Kosten für die Entwicklung und den Betrieb der App übersteigen das Budget bei Weitem, die App wird nicht in Auftrag gegeben, die geplante Digitalisierung findet nicht oder mit einer anderen Dienstleister:in statt.

Herangehensweise 2

Wie können wir als Software-Dienstleister:in die operativen Aufgaben der Mitarbeiter:innen in der Logistik mit einer mobilen App möglichst schlank, wirtschaftlich und angenehmer gestalten und parallel die Datenqualität steigern und die Prozesskosten senken?

Konsequenzen: Es wird eine .NET/MAUI-Applikation entwickelt, die sich sehr einfach in die bestehende Microsoft-Infrastruktur integrieren lässt, bestehende Endpoints nutzt und zudem zumindest teilweise von der bestehenden IT-Abteilung betrieben und gewartet werden kann. Zusätzlich lässt sich auch eine angenehme, wenn auch nicht perfekt native User Experience für die Anwender:innen in der Logistik umsetzen, um die Akzeptanz an der Basis sicherzustellen.

Ergebnis: Die Kund:in beauftragt die App und der Betrieb wird teilweise mit internen Ressourcen umgesetzt und die Kosten bewegen sich in einem akzeptablen Rahmen. Die Kolleg:innen in der Logistik werden mit sinnvollem Aufwand für die neue App geschult und nutzen sie im täglichen Betrieb. Aufgrund des Erfolgs der App und der messbaren Effizienzsteigerung erweitert die Kund:in ihre mobile Strategie und beauftragt verschiedene weitere Apps für andere Unternehmensbereiche, zudem werden regelmäßig zusätzliche Features für die Logistik-App beauftragt.

Fazit

Natürlich ist das MAUI-Framework diskussionswürdig, vor allem aus Sicht der weiter oben erwähnten „reinen Lehre". Und ja, C# ist aus Sicht einer modernen, mobilen Programmiersprache für viele Entwickler:innen nicht die erste Wahl. Trotzdem wäre .NET hier die pragmatische Lösung, die das bestehende digitale Ökosystem der Kund:in berücksichtigt, Ressourcen sparsam einsetzt und in der bestehenden Gemengelage eben auch „machbar" ist.

Zusätzlich werden hier auch die wichtigen KPIs erfüllt: Wird die App bzw. das mobile System überhaupt implementiert, von der Basis akzeptiert und findet eine echte, messbare Wertschöpfung statt? Auch aus ökonomischer Sicht wird hier Wert geschaffen: Die Dienstleister:in hat eine vertrauensvolle und langfristige Geschäftsbeziehung aufgebaut und unterstützt die Kund:in mit zusätzlichen Features in der Logistik-App und neuen Projekten. Im Alltag fallen immer wieder mobilspezifische Wartungs- und Betriebsthemen an, die auf Basis eines Rahmenvertrages von der Kund:in beauftragt werden.

Zusammenfassend ist der Einsatz von .NET MAUI hier die richtige Lösung und bildet die Basis für eine erfolgreiche und nachhaltige Digitalisierung der Logistikprozesse. Durch die Integration in das bestehende digitale Ökosystem der Kund:in und die effiziente Nutzung vorhandener Ressourcen wird nicht nur eine solide technische Basis geschaffen, sondern auch die Akzeptanz und Zufriedenheit der Endnutzer:innen und Stakeholder sichergestellt. So kann langfristig ein Mehrwert – auch aus Sicht der Dienstleister:in – generiert und die digitale Transformation des Unternehmens gemeinsam vorangetrieben werden.

3.5 Zusammenfassung und Schlüsselaspekte dieses Kapitels

3.1 Übersicht und Begrifflichkeiten

Es gibt drei Hauptansätze für die Entwicklung mobiler Anwendungen: Native, Cross-Platform und Hybrid. Jeder dieser Ansätze hat spezifische Eigenschaften, Vorteile und Herausforderungen, die es zu verstehen gilt, um die bestmögliche Technologie für ein spezifisches Projekt auszuwählen, da die Wahl der Entwicklungsstrategie sowohl kurz- als auch langfristig erhebliche Auswirkungen auf die Performance, das Nutzererlebnis, die Entwicklungskosten und den Wartungsaufwand einer Anwendung hat.

- Die grundlegende Architektur mobiler Anwendungen besteht aus zwei Hauptkomponenten: dem User Interface (UI) und der Anwendungslogik. Das UI umfasst alle visuellen Elemente und Interaktionen, die plattformspezifischen Designrichtlinien folgen, während die Anwendungslogik die Geschäftslogik und Funktionalität der App steuert.
- Native Apps werden in der Programmiersprache des Zielbetriebssystems entwickelt (z. B. Swift für iOS, Kotlin für Android). Sie bieten die beste Performance und Nutzererfahrung, erfordern aber spezialisiertes Wissen und spezialisierte Entwicklungsressourcen.
- Cross-Platform-Frameworks wie Flutter und React Native ermöglichen die Entwicklung einer einzigen Codebasis für mehrere Plattformen. Dies reduziert Entwicklungszeit und -kosten, kann aber zu Leistungs- und Kompatibilitätsproblemen führen.
- Hybride Apps werden mit Webtechnologien (HTML, CSS, JavaScript) entwickelt und in einem nativen Container ausgeführt. Frameworks wie Ionic und Capacitor sind weit verbreitet. Sie sind kostengünstig, bieten aber oft nicht die gleiche Performance und User Experience wie native Apps.

3.2 Relevante Frameworks und SDKs

Die Auswahl des richtigen Frameworks oder SDKs ist eine zentrale Entscheidung im Entwicklungsprozess mobiler Anwendungen.

- Android Native: Bei der nativen Entwicklung für Android kommen Kotlin und gelegentlich Java zum Einsatz. Diese Technologien bieten eine tiefe Integration mit der Android-Plattform und ermöglichen die Nutzung aller nativen APIs und Gerätefunktionen. Android Studio ist die offizielle Entwicklungsumgebung und bietet umfangreiche Tools für Design, Debugging und Performance-Optimierung.
- iOS Native: Für die native iOS-Entwicklung werden Swift und Objective-C verwendet, wobei Objective-C nur noch im Legacy-Kontext genutzt wird. Xcode, die offizielle IDE von Apple, bietet umfangreiche Werkzeuge für die Entwicklung und Optimierung von iOS-Apps.
- React Native: Das von Facebook entwickelte plattformübergreifende Framework ermöglicht die Erstellung mobiler Anwendungen mit JavaScript und TypeScript. React Native verwendet native Komponenten und ermöglicht ein nahezu natives Nutzererlebnis.

- .NET MAUI (Multi-platform App UI) ist ein Framework von Microsoft, das die Entwicklung plattformübergreifender Apps mit C# und XAML ermöglicht. Es integriert sich nahtlos in das .NET Framework und bietet eine hohe Wiederverwendbarkeit von Code für Android, iOS, macOS und Windows.
- Kotlin Multiplatform Mobile (KMM) ermöglicht die Verwendung von Kotlin für die gemeinsame Nutzung von Code zwischen Android und iOS. Entwickler:innen können plattformspezifische UI-Komponenten verwenden und gleichzeitig die Geschäftslogik und Datenverarbeitung in gemeinsamem Kotlin-Code schreiben.
- Das von Google entwickelte Flutter verwendet die Programmiersprache Dart und ermöglicht die Erstellung plattformübergreifender Anwendungen mit einer einzigen Codebasis. Flutter zeichnet sich durch seine hohe Performance und die Möglichkeit aus, ansprechende Benutzungsoberflächen mit flexiblen Widgets zu gestalten.
- Ionic nutzt Webtechnologien wie HTML, CSS und JavaScript, um hybride Anwendungen zu entwickeln, die in einem nativen Container ausgeführt werden. Capacitor ergänzt Ionic durch native API-Integration und ermöglicht den Zugriff auf Gerätefunktionen.
- Low-Code-/No-Code-Plattformen ermöglichen die schnelle Erstellung von Anwendungen mit minimalem Programmieraufwand. Tools wie Microsoft Power Apps, SAP Fiori, Mendix und OutSystems bieten visuelle Entwicklungsumgebungen und vorgefertigte Komponenten, die ein schnelles Prototyping und eine schnelle Implementierung ermöglichen.

3.3 Determinanten bei der Frameworkauswahl

Die Auswahl eines geeigneten Frameworks für die Entwicklung mobiler Anwendungen ist ein komplexer Prozess, bei dem zahlreiche Einflussfaktoren berücksichtigt werden müssen. Eine fundierte Entscheidung erfordert eine sorgfältige Analyse sowohl der funktionalen als auch der nichtfunktionalen Anforderungen an die Anwendung, die im Rahmen des Requirements Engineering ermittelt werden.

- Wirtschaftliche Rahmenbedingungen und mögliche Kosteneinsparungen spielen bei der Wahl des Entwicklungsansatzes eine wesentliche Rolle. Native Entwicklung bietet die beste Performance und User Experience, erfordert jedoch separate Entwicklungsressourcen für jede Plattform. Plattformübergreifende und hybride Ansätze bieten potenzielle Einsparungen durch eine gemeinsame Codebasis, erfordern jedoch häufig Kompromisse bei der Leistung und der Benutzer:innenerfahrung. Low-Code-/No-Code-Plattformen ermöglichen eine schnelle und kostengünstige Entwicklung einfacher Anwendungen, können aber bei komplexen Anforderungen schnell an ihre Grenzen stoßen.

- Funktionale Anforderungen definieren die spezifischen Funktionen und Aufgaben, die die Anwendung erfüllen soll, wie z. B. Benutzerinteraktionen, Feature-Implementierungen und spezifische Anwendungsfälle. Nichtfunktionale Anforderungen beziehen sich auf allgemeine Qualitätsattribute der Anwendung, wie z. B. Performance, Skalierbarkeit, Sicherheit, Benutzungsfreundlichkeit und Zuverlässigkeit.
- Die Wahl der Technologie hat sowohl kurz- als auch langfristige Auswirkungen auf das Projekt-Setup. Native Technologien bieten ein hohes Maß an Zukunftssicherheit durch kontinuierliche Updates und Unterstützung durch die Plattformanbieter. Cross-Platform und hybride Frameworks können aufgrund der Abhängigkeit von Drittanbietern anfälliger für Änderungen und Abkündigungen sein. Low-Code-/No-Code-Plattformen ermöglichen schnelle Implementierungen, können aber langfristig hohe Kosten verursachen, wenn die Anforderungen und die Komplexität steigen und dann eine kostenintensive Migration auf anderer Technologien notwendig wird.
- Die Berücksichtigung dieser Determinanten hilft bei der Auswahl einer Technologie, die nicht nur die aktuellen Anforderungen erfüllt, sondern auch langfristig skalierbar und wartbar bleibt. Die richtige Balance zwischen kurzfristigem Nutzen und langfristigen Anforderungen ist entscheidend für die Umsetzung nachhaltiger und erfolgreicher mobiler Projekte.

3.4 Einordnung und Handlungsempfehlungen

Die Wahl der geeigneten Technologie für eine mobile Anwendung ist ein komplexer Prozess, für den es keine allgemeingültige „Königsweg“ gibt. Die Entscheidung muss unter Berücksichtigung verschiedener Faktoren getroffen werden, die sowohl technologische als auch wirtschaftliche und strategische Aspekte umfassen.

- Wirtschaftlichkeit und langfristige Kundenbeziehungen sind wesentliche Determinanten bei der Technologieauswahl.
- Eine pragmatische Lösung, die nicht ausschließlich von technischen Anforderungen getrieben ist, kann unter Berücksichtigung der Kundenbedürfnisse und des bestehenden digitalen Ökosystems sinnvoll sein.
- Der Erfolg eines Projekts bemisst sich ausschließlich an der Akzeptanz durch die Nutzer:innen und der Generierung eines messbaren Mehrwerts.

4 Mobile User Experience (UX): Relevanz, Vorgehen und Designprinzipien

Dieses Kapitel gibt einen umfassenden Überblick über die zentralen Aspekte der mobilen User Experience und deren Relevanz im Kontext moderner mobiler Anwendungen. Die weiter zunehmende Nutzung mobiler Endgeräte und die damit verbundenen, stetig wachsenden Erwartungen der Nutzer:innen machen ein tiefes Verständnis von mobiler UX für die Gestaltung erfolgreicher Apps unverzichtbar. Neben einer klaren Abgrenzung zwischen Mobile UX und Desktop UX werden wesentliche Designprinzipien behandelt, die im mobilen Kontext von Bedeutung sind. Durch fundierte theoretische Ansätze und Best Practices aus der Branche erhalten die Leser:innen das notwendige Wissen, um mobile UX-Konzepte erfolgreich zu entwickeln und umzusetzen. Weitere Schwerpunkte sind die praktischen Herausforderungen des mobilen UX-Designs, Barrierefreiheit sowie die Auswirkungen neuer Technologien wie künstliche Intelligenz (KI) und Augmented und Mixed Reality auf das UX-Design mobiler Anwendungen.

4.1 Grundlagen und Bedeutung der mobilen UX

Mobile User Experience (UX) ist die entscheidende Schnittstelle zwischen Mensch und Technologie bei der Nutzung mobiler Anwendungen. Die Gestaltung dieser Schnittstelle ist sowohl eine inhaltliche, technische als auch eine strategische Herausforderung, um nutzer:innenzentrierte und intuitive digitale „Experiences“ zu schaffen. Eine gut durchdachte und adäquat umgesetzte mobile UX bestimmt maßgeblich die Qualität und Effektivität der Mensch-Maschine-Interaktion und ist somit essenziell für den Erfolg mobiler Anwendungen in einem wettbewerbsintensiven Markt.

4.1.1 Begriffsdefinition und Abgrenzung UX/UI

Die Begriffe „User Experience“ (UX) und „User Interface“ (UI) sind eng miteinander verflochten, beschreiben aber unterschiedliche Ebenen der Mensch-Maschine-Interaktion. Eine genaue Abgrenzung dieser Begriffe ist nicht nur theoretisch relevant, sondern auch für die praktische Gestaltung mobiler Anwendungen von Bedeutung und definiert auf operativer Ebene die unterschiedlichen Aufgabenbereiche der Berufsbilder „UX-Designer:in“ und „UI-Designer:in“.

User Experience (UX) beschreibt das gesamte Spektrum der Interaktionen zwischen der Nutzer:in und einem mobilen System. Der Begriff umfasst nicht nur die unmittelbare Nutzung der Anwendung, sondern auch die subjektiven Wahrnehmungen und emotionalen Reaktionen, die während und nach der Interaktion entstehen. Nach der aktuellen Definition der International Organization for Standardization (ISO 9241-210:2019, „Menschzentrierte Gestaltung interaktiver Systeme“) bezeichnet UX „die Wahrnehmungen und Reaktionen einer Person, die sich aus der Nutzung oder erwarteten Nutzung eines Produkts, Systems oder einer Dienstleistung ergeben“. Damit wird deutlich, dass UX weit über funktionale Anforderungen hinausgeht. Sie beinhaltet Aspekte wie die Ästhetik des Designs, die Intuitivität der Bedienung und die Erfüllung emotionaler und sowohl objektiver als auch subjektiver Erwartungen der Nutzer:innen. Bei der Gestaltung von mobiler User Experience geht es um weit mehr als die funktionale Bereitstellung einer Anwendung auf einem mobilen Endgerät. Ein zentrales Anliegen besteht darin, die Anwendung so zu konzipieren, dass sie sich nahtlos in den vielfältigen Alltagskontext der Nutzer:innen einfügt und ihnen einen echten Mehrwert bietet.

Das User Interface (UI) ist der Teil des Systems, mit dem die Nutzer:innen direkt interagieren. UI-Design konzentriert sich auf die visuelle und interaktive Gestaltung der Oberfläche und umfasst Elemente wie Layout, Farben, Typografie, Symbole, Schaltflächen, Menüs und Gestensteuerung. Das Ziel des UI-Designs besteht darin, die Nutzer:innen durch die logische Strukturierung der Inhalte und die Gestaltung intuitiver Interaktionsmöglichkeiten durch die Anwendung zu führen. Im Gegensatz zur UX, die das Gesamtbild der Interaktion umfasst, konzentriert sich das UI auf den direkten Zugang zur Anwendung und die konkreten Mittel, die zur Steuerung und Interaktion bereitgestellt werden.

Die Unterscheidung zwischen UX und UI ist vor allem deshalb wichtig, weil beide Bereiche bei der Entwicklung mobiler Anwendungen unterschiedliche, aber komplementäre Rollen spielen. Ein gut gestaltetes UI kann die User Experience positiv beeinflussen, indem es Interaktionen klar strukturiert und visuell ansprechend gestaltet. Eine reine Fokussierung auf das UI-Design ohne Berücksichtigung der übergeordneten UX kann jedoch zu Problemen führen, z. B. wenn ästhetische Entscheidungen die Usability beeinträchtigen oder wichtige Nutzer:innenbedürfnisse unberücksichtigt bleiben.

In der Praxis ist es daher wichtig, UX und UI als zwei aufeinander abgestimmte Ebenen, aber ebenso als zwei getrennte „Gewerke" und Kompetenzfelder im Entwicklungsprozess zu betrachten, die im Designprozess Hand in Hand gehen sollten, auch wenn es in der Praxis durchaus zu Überschneidungen kommen kann. UX bildet den strategischen Rahmen, in dem die Nutzer:innenbedürfnisse und die Nutzer:innenführung erarbeitet werden, während das UI dafür sorgt, dass diese Überlegungen in klarer, konsistenter und visuell ansprechender Form umgesetzt werden. Nur durch das Zusammenspiel von UX und UI kann eine mobile Anwendung ihre Nutzer:innen nachhaltig überzeugen und langfristig erfolgreich sein. Dabei ist es wichtig, aktuelle Trends im Mobile UX/UI Design zu berücksichtigen, wie z. B. den verstärkten Einsatz von künstlicher Intelligenz für adaptive Interfaces oder die zunehmende Bedeutung von Barrierefreiheit.

4.1.2 Wirtschaftliche Relevanz von mobiler UX

Die User Experience mobiler Anwendungen ist von zentraler Bedeutung für den wirtschaftlichen Erfolg und die langfristige Wettbewerbsfähigkeit von digitalen und mobilen Geschäftsmodellen. Eine optimierte mobile UX trägt maßgeblich dazu bei, die Nutzungszahlen zu steigern, die Verweildauer zu verlängern und die Nutzerbindung zu erhöhen, was sich direkt auf den wirtschaftlichen Erfolg digitaler Geschäftsmodelle auswirkt.

Besonders deutlich wird die Relevanz von UX im Kontext von „Mobile only"-Anwendungen. Unternehmen wie Uber, Instagram und Trade Republic basieren primär auf mobilen Apps, die durch nutzer:innenzentriertes Design und intuitive Bedienbarkeit herausragende Marktpositionen erreicht haben. Eine klare und verständliche Nutzer:innenführung, schnelle Ladezeiten und minimaler Interaktionsaufwand sind wesentliche Elemente, die zu einem positiven Nutzungserlebnis beitragen und die Hemmschwelle zur Nutzung senken. Diese Prinzipien fördern nicht nur eine häufigere Nutzung der Anwendungen, sondern auch die Bereitschaft der Nutzer:innen, langfristig auf der jeweiligen Plattform zu bleiben.

Eine herausragende mobile UX unterstützt zudem den Aufbau starker Kund:innenbeziehungen und fördert die Markenbindung. Eine konsistente und positive Interaktion mit einer mobilen Anwendung trägt dazu bei, Vertrauen und Loyalität gegenüber der Marke aufzubauen. Beispielsweise hat Trade Republic durch die Vereinfachung des Börsenhandels auf mobilen Geräten eine neue Zielgruppe angesprochen und sich als moderne, benutzer:innenfreundliche und zugängliche Plattform positioniert. Headspace wiederum hat eine UX entwickelt, die auf die Wünsche der Nutzer:innen nach Achtsamkeit und Entspannung abgestimmt ist, was der Marke eine klare Identität im Bereich der digitalen Gesundheits- bzw. Wellnessanwendungen verleiht. In diesem Bereich haben sich neben Headspace inzwischen auch andere Anbieter wie Calm oder 7Mind mit innovativen UX-Konzepten etabliert und damit eine klare und spezifische Markenidentität in einem relativ austauschbaren Marktsegment geschaffen.

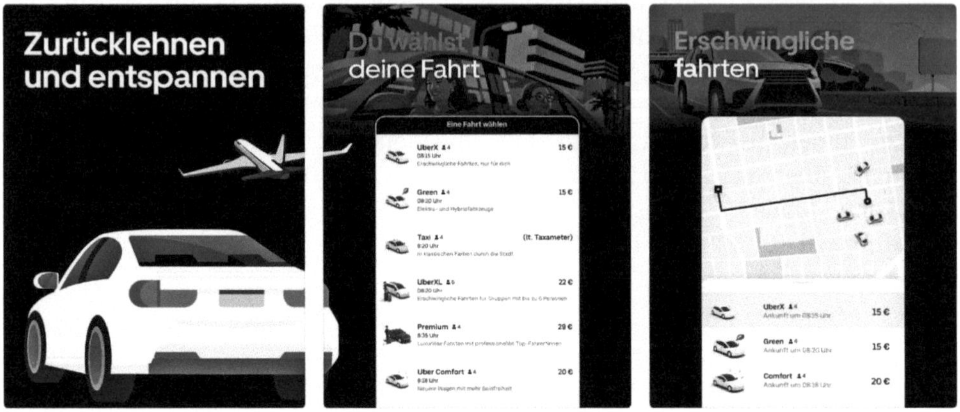

Bild 4.1 Uber App im deutschen Apple App Store. (Bildnachweis: Uber Technologies Inc. auf *https://apps.apple.com/de/app/uber-fahrt-bestellen/id368677368*)

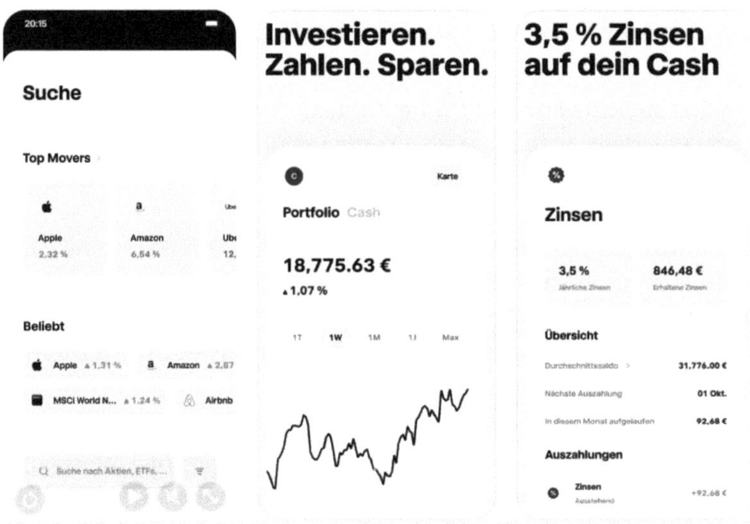

Bild 4.2 Trade Republic App im deutschen Apple App Store. (Bildnachweis: Trade Republic Bank auf *https://apps.apple.com/de/app/trade-republic-broker-bank/id1410703839*)

Im Gegensatz dazu können Anwendungen mit einer schlechten UX den Erfolg einer App erheblich beeinträchtigen. Eine schlechte UX führt zu Frustration, geringerer Nutzer:innenbindung und letztlich zur Abwanderung zu Konkurrenzprodukten. Eine mangelhafte UX kann auch dem Markenimage schaden und das subjektive Vertrauen in die Qualität und Zuverlässigkeit des Angebots dauerhaft untergraben.

Die Bedeutung einer sorgfältig gestalteten UX geht somit weit über die rein technischen Funktionalitäten und die präzise Abbildung der Use Cases hinaus und umfasst auch subjektive und emotionale Befindlichkeiten der Nutzer:innen. Sie spielt eine Schlüsselrolle im gesamten Wertschöpfungsprozess mobiler Geschäftsmodelle und ist ein entscheidender Faktor für den Aufbau langfristiger Markentreue.

Ein wichtiger Indikator für die Qualität der eigenen User Experience ist die „Retention Rate“, die den Prozentsatz der Nutzer:innen misst, die eine App nach einer bestimmten Zeitspanne weiterhin aktiv nutzen. Studien wie die von *adjust.com*, einer etablierten Plattform im Bereich Mobile Analytics und Fraud Prevention, die weltweit von zahlreichen führenden Marken wie Spotify, Soundcloud und Booking.com genutzt wird, zeigen, dass die Retention Rate innerhalb der ersten 30 Tage nach der Installation dramatisch sinkt. So liegt die durchschnittliche Retention Rate am ersten Tag bei 26 %, während nach 30 Tagen nur noch 6 % der Nutzer:innen aktiv sind.

The latest app retention rates based on Q1 2023							
Day after install	Global	Gaming	Fintech	E-commerce	Lifestyle	Food & Drink	Travel
1	26%	28%	22%	20%	25%	14%	17%
3	17%	19%	17%	14%	18%	9%	12%
7	13%	13%	14%	11%	15%	8%	9%
14	10%	9%	11%	9%	12%	7%	7%
28	7%	6%	9%	7%	11%	5%	5%
30	6%	6%	9%	6%	10%	4%	5%

Bild 4.3 Retention Rate mobiler Apps nach Verticals und Zeitraum. (Bildnachweis: Adjust GmbH auf *https://www.adjust.com/resources/guides/user-retention*)

Vor diesem Hintergrund muss es oberstes Ziel der User Experience sein, die Nutzer:innen bereits bei den ersten Interaktionen durch eine einfache, intuitive und wertschöpfende User Experience so stark wie möglich zu binden. Dazu gehört auch eine optimierte Onboarding-Phase, die die Nutzer:innen schnell und effizient an die Kernfunktionen der App heranführt, wie auch *adjust.com* betont. Neben der Onboarding-Phase gibt es jedoch weitere entscheidende Faktoren, die die Retention Rate beeinflussen:

- Qualität und Relevanz der Inhalte/Funktionen: Die App muss einen echten Mehrwert bieten und die Bedürfnisse der Nutzer:innen erfüllen. Eigentlich ein Allgemeinplatz, aber trotzdem immer wieder ein spannender Diskussionspunkt bei der Konzeption neuer Geschäftsmodelle und vieler neuer Apps, letztendlich muss unabhängig von Marketing, „Hype“, Trends und Markenidentität immer ein echter und vor allem im Alltag der Nutzer:innen relevanter Mehrwert geliefert werden.
- Performance und Stabilität: Eine langsame oder fehleranfällige App führt zu Frustration und Abwanderung.
- Personalisierung: Eine auf die individuellen Bedürfnisse zugeschnittene Erfahrung erhöht die nachhaltige Relevanz und das Engagement der Nutzer:innen.
- Push-Benachrichtigungen und andere Kommunikationskanäle: Wenn sie richtig eingesetzt werden, können sie die Nutzer:innen motivieren, die App wieder zu besuchen und sie über neue Funktionen oder Inhalte zu informieren. Übermäßige oder irrelevante Benachrichtigungen können jedoch auch das Gegenteil bewirken und die Nutzer:innen abschrecken.
- Kundenservice und Support: Ein guter und vor allem erreichbarer Kundenservice kann dazu beitragen, Probleme schnell zu lösen und die Nutzer:innenzufriedenheit zu erhöhen, was sich wiederum positiv auf die Retention Rate auswirkt.

Zusammenfassend ist eine hohe Retention Rate nicht nur ein Zeichen für eine gute User Experience, sondern auch ein entscheidender Faktor für den langfristigen Erfolg einer App. Durch die kontinuierliche Verbesserung der User Experience und die Berücksichtigung der genannten Faktoren können Unternehmen die Nutzer:innenbindung stärken und den Wert ihrer App und damit des zugrunde liegenden Geschäftsmodells dauerhaft steigern.

Weitere Informationen zu App Marketing und Best Practices bei Adjust: *https://www.adjust.com*

4.1.3 Historische Entwicklung der mobilen UX

User Experience Design hat im Laufe der Zeit eine Verschiebung der Prioritäten in der Gestaltung digitaler Systeme erfahren. Zu Beginn des mobilen Internets stand noch das Desktop-Design im Vordergrund und mobile Anwendungen wurden meist als nachgelagerte Plattformen betrachtet. Mit der zunehmenden Verbreitung mobiler Endgeräte hat sich jedoch in vielen Situationen das „Mobile first“- oder „Mobile only“-Paradigma etabliert, bei dem die mobile Nutzung im Mittelpunkt der Entwicklung steht. Dieser Wandel reflektiert die immer stärkere Bedeutung mobiler Technologien und ihre tief verwurzelte Rolle im Alltag der Nutzer:innen.

4.1.3.1 Frühe Entwicklungen der Mobilen UX

Die Entwicklung der Mobile User Experience war in den ersten Jahren stark von den verfügbaren und technisch oft sehr eingeschränkten Endgeräten und begrenzten Interaktionsmöglichkeiten geprägt. Dabei spielte die Integration physischer Tastaturen eine zentrale Rolle, bevor sich Touch-basierte Interfaces vollständig durchsetzten.

Die ersten Smartphone-ähnlichen Geräte, wie die frühen BlackBerrys, zeichneten sich durch die Kombination einer physischen QWERTZ-Tastatur mit einem kleinen, nicht berührungsempfindlichen Bildschirm aus. Diese Geräte waren stark auf textbasierte Kommunikation ausgerichtet und zielten in erster Linie auf Geschäftsanwender:innen ab, die eine präzise und schnelle Texteingabe benötigten, sie waren aber aufgrund des Messaging-Dienstes BlackBerry Messenger (BBM) auch bei Privatanwender:innen beliebt.

Parallel dazu entstanden die ersten Touchscreen-basierten Interfaces. Geräte wie der PalmPilot (1996) oder der Apple Newton (1993), beide an sich eher PDAs (Personal Digital Assistants) als Smartphones mit nur rudimentärer Konnektivität, nutzten resistive Touchscreens, die in Kombination mit einem Stift eine präzisere Eingabe ermöglichten. Diese frühen Interfaces boten bereits erste Ansätze einer grafischen Oberfläche, blieben aber in der Benutzbarkeit eingeschränkt, da die Bedienung mit dem Stift komplexer und weniger intuitiv war.

Bild 4.4
3COM PalmPilot Professional (1997). (Bildnachweis: Wikipedia/Letdorf auf *https://en.wikipedia.org/wiki/PalmPilot_Professional*)

Der PalmPilot Professional, der im März 1996 auf den Markt kam, bot im Vergleich zu seinen Vorgängern, dem PalmPilot 1000 und dem PalmPilot 5000, erhebliche Verbesserungen sowohl bei der generellen User Experience als auch beim User Interface. Der Professional war weiterhin auf Geschäftsnutzer:innen ausgelegt, bot jedoch erweiterte Funktionalitäten, die den Anforderungen einer zunehmend digitalisierten Welt gerecht wurden.

Wie seine Vorgänger bot der PalmPilot Professional eine Kombination aus resistivem Touchscreen und physischen Tasten, um eine intuitive Bedienung zu gewährleisten. Die Oberfläche blieb einfach und funktional, mit klaren Symbolen und Menüs, die trotz der begrenzten Bildschirmauflösung leicht zu verstehen waren. Der resistive Touchscreen ermöglichte die Texteingabe mit einem Stift, wobei „Graffiti“ als Hauptmethode für die Text- und Zahleneingabe diente. Die Graffiti-Schrift war ein speziell entwickeltes, vereinfachtes Handschriftenerkennungssystem, das es den Nutzer:innen ermöglichte, Buchstaben und Zahlen mit dem Stylus auf einem Bereich des resistiven Touchscreens einzugeben. Anstatt die üblichen Buchstabenformen zu verwenden, mussten die Nutzer:innen leicht veränderte Einstrich-Versionen der Buchstaben schreiben, die für die Texterkennung auf dem Gerät besser geeignet waren. Jeder Buchstabe oder jede Zahl wurde in einem einzigen Strich gezeichnet, um die Erkennungsgenauigkeit zu erhöhen und die Eingabegeschwindigkeit zu verbessern.

Das Professional-Modell bot erstmals die Möglichkeit der TCP/IP-Unterstützung, was es den Nutzer:innen in Kombination mit einem zusätzlichen Modem oder einer Netzwerkkarte ermöglichte, über das Internet zu kommunizieren und E-Mails zu versenden. Dies war ein wesentlicher Fortschritt, da mobile Geräte erstmals netzwerkbasierte Anwendungen unterstützten, die über die einfache Datensynchronisation mit einem Desktop-Computer hinausgingen und die Flexibilität des PalmPilot Professional erheblich steigerte.

Ein weiterer Vorteil war die Erhöhung des Arbeitsspeichers auf 1 MB RAM (!), was es den Nutzer:innen ermöglichte, eine schier unglaubliche Menge an Anwendungen und Daten zu speichern. In Kombination mit der weiterhin unterstützten seriellen Schnittstelle zur Synchronisation mit einem Desktop-Computer war damit eine nahtlose Integration in den damaligen Büroalltag gewährleistet.

Eine nicht sehr spektakuläre, aber deutliche Verbesserung im Bereich der Benutzer:innenfreundlichkeit war die optionale Hintergrundbeleuchtung, die es ermöglichte, das Gerät auch bei schlechten Lichtverhältnissen oder in dunkler Umgebung zu nutzen.

Im Ergebnis bot der PalmPilot Professional im Vergleich zu den Vorgängermodellen eine deutlich verbesserte User Experience. Mit der Möglichkeit der TCP/IP-Unterstützung und der optionalen E-Mail-Funktion verschob sich der Fokus von einem rein persönlichen digitalen Assistenten hin zu einem vernetzten, mobilen Bürogerät. Das einfache, aber funktionale User Interface wurde beibehalten und durch Hardwareverbesserungen wie optionale Hintergrundbeleuchtung und erweiterten Speicher ergänzt.

Ein wichtiger Schritt hin zu einer umfassenderen mobilen UX war die Entwicklung verschiedener mobiler Betriebssysteme wie das oben beschriebene Palm OS (1996), Symbian (1998), BlackBerry OS (1999) und Windows Mobile (ab 2000). Diese ermöglichten eine größere Vielfalt an Geräten und Funktionen und eröffneten neue Interaktionsmöglichkeiten. Viele Geräte dieser Ära boten eine Kombination aus physischen Tastaturen und Touchscreens, was jedoch nicht immer zu einer optimalen Benutzer:innenerfahrung führte, da die Umstellung auf Touchbedienung eine grundlegende Neugestaltung des User Interface und der Interaktionsmuster erforderte. Dies war eine Herausforderung für die Designer:innen und Entwickler:innen und führte oft zu Kompromissen bei der Usability. Auch die Fragmentierung der mobilen UX war zu dieser Zeit ein zentrales Problem. Unterschiedliche Betriebssysteme, Hardware-Spezifikationen und App-Entwicklungsansätze führten zu inkonsistenten Nutzer:innenerfahrungen.

Die spätere Etablierung von Standards und Best Practices wie Apples Human Interface Guidelines und Googles Material Design war ein wichtiger Schritt zur Verbesserung der mobilen UX und ebnete den Weg für die heutigen benutzer:innenfreundlicheren mobilen Anwendungen. Die Fragmentierung der mobilen UX zeigte die Notwendigkeit von Designrichtlinien und Frameworks, die heute weit verbreitet sind und dazu beitragen, eine konsistente und intuitive UX über verschiedene Geräte und Plattformen hinweg zu gewährleisten.

Der „iPhone-Moment" 2007

Die Einführung des iPhones im Jahr 2007 markierte einen Wendepunkt in der Entwicklung der mobilen UX. Durch den Verzicht auf eine physische Tastatur und die Fokussierung auf ein kapazitives Touchscreen-Interface ermöglichte die neue Multitouch-Technologie eine intuitive, gestenbasierte Interaktion. Dieses Konzept existierte bereits zuvor bei einigen Nischengeräten wie der TouchStream-Tastatur des Herstellers FingerWorks, der 2005 von Apple übernommen wurde.

Funktionen wie Wischen/Swipe, Zoomen/Pinch und Tippen/Tap wurden zu integralen Bestandteilen der Bedienung und stellten eine wesentliche Weiterentwicklung gegenüber bisherigen Bedienkonzepten dar. Diese Innovation legte den Grundstein für viele der heute gängigen UX-Prinzipien im mobilen Bereich und ebnete den Weg für den Aufstieg der App Stores, die mit einer Vielzahl von Anwendungen die mobile UX revolutionierten.

Trotz des Erfolgs der Touchscreens blieb die physische Tastatur, wie etwa beim BlackBerry Bold (2008), noch einige Zeit ein zentrales Merkmal für eine spezifische Zielgruppe. Nutzer:innen, die eine präzisere Texteingabe benötigten, sahen weiterhin Vorteile in physischen Tasten. Später setzte sich jedoch die Touchscreen-basierte UX immer mehr durch, da sie eine flexiblere und universellere Interaktion ermöglichte.

> Interessanter Fun Fact am Rande: Die Diskussion um Sinn und Unsinn von physischen Smartphone-Tastaturen wird auch im Jahr 2024 noch leidenschaftlich geführt und von durchaus ernst gemeinten Produkten befeuert. So hat die US-amerikanische Firma Clicks Technology 2024 eine hochwertige Hardware-Tastatur für die iPhone-Familie auf den Markt gebracht, die an die originalen Blackberry-Tastaturen angelehnt ist und weltweit vertrieben wird.
>
> Weitere Informationen: *https://www.clicks.tech*

Bild 4.5 Clicks Tastatur für das iPhone 16. (Bildnachweis: Clicks Technology auf *https://www.clicks.tech/pages/media-inquiries*)

Die Entwicklung der mobilen User Experience (UX) ist seit ihren Anfängen vor rund 30 Jahren ein kontinuierlicher Prozess. Aktuelle Trends wie Sprachsteuerung, weitere Gesten oder die Integration von Augmented oder Mixed Reality in User Interfaces zeigen, dass sich die Form, wie wir mit mobilen Geräten interagieren, auch in Zukunft weiterentwickeln wird. Die frühen Innovationen in diesem Bereich haben jedoch den Grundstein für die heutige Mobile UX gelegt und beeinflussen bis heute maßgeblich, wie wir Smartphones und Tablets im Alltag nutzen.

4.2 Einführung in die mobile User Experience

Die User Experience (UX) mobiler Anwendungen umfasst die Gesamtheit aller Interaktionen, die Nutzer:innen mit einer mobilen Anwendung haben und beeinflusst maßgeblich deren Wahrnehmung und generelle Zufriedenheit mit der Anwendung und den angebotenen Diensten. Im Vergleich zu Desktop-Anwendungen ist die mobile UX durch besondere Herausforderungen gekennzeichnet, die sich aus den spezifischen technischen und kontextuellen Bedingungen mobiler Endgeräte ergeben. Bei der Gestaltung der UX im mobilen Umfeld steht nicht nur die funktionale, sondern auch die emotionale User Experience im Vordergrund, die über alle harten Faktoren hinaus einen bedeutenden Einfluss auf den nachhaltigen Erfolg mobiler Anwendungen hat.

4.2.1 Definition und Bedeutung der UX für mobile Anwendungen

Die Optimierung der mobilen User Experience (UX) ist ein komplexes Zusammenspiel verschiedener Faktoren, die sowohl technische Anforderungen als auch nutzer:innenzentrierte und emotionale Aspekte umfassen. Im Folgenden werden die wichtigsten Schlüsselfaktoren für die Gestaltung einer erfolgreichen mobilen UX behandelt.

4.2.1.1 Nutzer:innenzentrierung im Designprozess

Das Konzept des User-Centered Design (UCD) stellt die Nutzer:innen und deren Bedürfnisse in den Mittelpunkt der Entwicklung mobiler Anwendungen. Besonders im mobilen Kontext, der durch wechselnde Nutzungsszenarien und kurze Interaktionszyklen geprägt ist, ist es von entscheidender Bedeutung, Anwendungen zu entwickeln, die nicht nur intuitiv bedienbar, sondern auch zielgerichtet auf die spezifischen Anforderungen der Nutzer:innen abgestimmt sind. Strategisch gesehen ermöglicht UCD durch kontinuierliche Iteration und Nutzer:innentests eine fortlaufende Optimierung der User Experience. Methoden wie Personas und User Journeys helfen dabei, die vielschichtigen Ziele und Bedürfnisse der Nutzer:innen zu verstehen und Designlösungen gezielt an den realen Anforderungen der Zielgruppe auszurichten.

Eine optimierte Usability ist entscheidend für die Akzeptanz und langfristige Bindung von Nutzer:innen an eine App. Eine vom Unternehmen Zippia durchgeführte Meta-Studie belegt, dass 88 % der Nutzer:innen weniger geneigt sind, zu einer Anwendung zurückzukehren, wenn sie bei der ersten Interaktion auf Schwierigkeiten stoßen. Besonders wichtig ist dabei die First Time User Experience (FTUE): Ein reibungsloser Einstieg in die Nutzung, etwa durch klare Anleitungen, leicht verständliche Navigationsstrukturen und sofortigen Mehrwert, beeinflusst maßgeblich, ob Nutzer:innen langfristig bleiben.

> Quelle: Zippia Inc., „25+ Useful User Experience Statistics [2023]: What is the value of UX?" auf *https://www.zippia.com/advice/user-experience-statistics*

4.2.1.2 Kontextsensitivität

Mobile Apps bieten den Vorteil, dass sie jederzeit und überall genutzt werden können. Diese ständige Verfügbarkeit erfordert jedoch eine UX, die auf kurze und oft diskontinuierliche Nutzungsszenarien zugeschnitten ist. Mobile Nutzer:innen interagieren oft nur wenige Minuten mit einer App, bevor sie zur nächsten Aufgabe übergehen oder sich der situative Kontext ändert. Mobile UX muss daher intuitiv, schnell und prägnant sein, um den Anforderungen dieses fragmentierten Nutzungskontextes gerecht zu werden. Besonders wichtig ist die Berücksichtigung von Kontextfaktoren wie physische Umgebungsbedingungen. Beispielsweise können unterschiedliche Lichtverhältnisse, Umgebungsgeräusche oder Ablenkungen die Interaktion der Nutzer:innen beeinflussen, und die Anwendungen müssen so gestaltet sein, dass sie auch unter solchen Bedingungen effizient funktionieren. Auch die haptische Interaktion spielt eine Rolle: Mobile Geräte werden oft einhändig bedient, und die Gestaltung der Oberfläche muss an solche Situationen angepasst werden. Dies erfordert ein Layout, dessen Interaktionselemente einfach und z. B. durch Daumengesten zu erreichen sind.

Aus strategischer Sicht ist die Personalisierung von Inhalten und Funktionen ein entscheidender Faktor, um die Relevanz der Anwendung im jeweiligen Nutzungskontext zu erhöhen. Dies erfordert eine enge Integration von Nutzer:innenverhalten, Geolokalisierung und anderen kontextbezogenen Daten in das UX-Design.

4.2.1.3 Barrierefreiheit und Inklusion

Barrierefreiheit ist nicht nur eine gesetzliche Anforderung, sondern auch ein zentraler Aspekt einer nutzerfreundlichen UX. Ein Design, das auf die Bedürfnisse aller Nutzer:innen, einschließlich Menschen mit physischen oder kognitiven Einschränkungen, abgestimmt ist, erhöht die Zugänglichkeit und Nutzbarkeit auch in der Breite. Inklusives Design umfasst die Verwendung kontrastreicher Farben, skalierbarer Schriftgrößen und die optimale Unterstützung assistiver Technologien wie Screenreader. Die Web Content Accessibility Guidelines (WCAG) bieten einen wissenschaftlich fundierten Rahmen, der die Gestaltung barrierefreier mobiler Anwendungen unterstützt. Ein strategischer Fokus auf Barrierefreiheit trägt nicht nur zu einer erweiterten Zielgruppe, sondern auch zu einem positiven Markenerlebnis bei und verbessert nicht nur die Zugänglichkeit für eine begrenzte Zielgruppe, sondern kommt immer allen Nutzer:innen zugute.

Ein wesentlicher Punkt ist die Unterstützung von Bildschirmlesern wie VoiceOver auf iOS oder TalkBack auf Android, die es blinden oder sehbehinderten Nutzer:innen ermöglichen, den Inhalt der Anwendung durch Sprachwiedergabe zu erfassen. Ein weiteres wichtiges Element ist die Anpassbarkeit der Schriftgröße, sodass Nutzer:innen die Möglichkeit haben, die Textgröße nach ihren individuellen Bedürfnissen zu skalieren, um eine bessere Lesbarkeit zu gewährleisten. Auch die Farbgestaltung und der Kontrast spielen eine entscheidende Rolle, da Nutzer:innen mit Sehbehinderungen oder Farbenblindheit klare und deutlich erkennbare Oberflächen benötigen, um problemlos durch die Anwendung navigieren zu können. Darüber hinaus muss die UX auch für Menschen mit motorischen Einschränkungen geeignet sein, indem einfache Gesten und niedrigschwellige Interaktionsmöglichkeiten angeboten werden.

Weitere relevante Faktoren der Barrierefreiheit sind die Unterstützung von Menschen mit Hörbehinderungen, z. B. durch die Bereitstellung von Untertiteln oder Transkripten für Audio- und Videoinhalte, sowie die Berücksichtigung kognitiver Einschränkungen durch eine klare und einfache Sprache, die Vermeidung überladener Layouts und die Bereitstellung von Hilfefunktionen. Flexibilität bei der Eingabe, z. B. durch Unterstützung von Spracheingabe, Tastaturkürzeln oder alternativen Navigationsmöglichkeiten, ist ebenfalls ein wichtiger Beitrag zu einer barrierefreien UX.

4.2.1.4 Iterationskultur und kontinuierliche Optimierung

Eine erfolgreiche mobile UX ist niemals statisch und bedarf einer kontinuierlichen Anpassung und Verbesserung, da sich sowohl die Anforderungen der Nutzer:innen als auch die technologischen Möglichkeiten und Rahmenbedingungen ständig wandeln. Regelmäßige Updates und die Einführung neuer Features helfen, die Relevanz der App dauerhaft zu erhalten. Neben Analytics und der Überwachung von wirtschaftlichen KPIs (Key Performance Indicators) spielt das Feedback der Nutzer:innen dabei eine überragende Rolle: Es dient als wichtige Informationsquelle für die iterative Verbesserung der UX. Unternehmen sollten dieses Feedback ernst nehmen und gezielt und organisiert in die Weiterentwicklung der App einfließen lassen, um auf dieser Basis die App kontinuierlich zu verbessern.

4.2.1.5 Wirtschaftliche Relevanz und Marktanforderungen

Eine gut gestaltete mobile UX hat einen direkten Einfluss auf den wirtschaftlichen Erfolg von Apps. Vor allem für „Mobile only"-Geschäftsmodelle wie Uber oder Instagram ist eine positive UX entscheidend für das Erreichen der Wachstumsziele. Diese Unternehmen haben frühzeitig erkannt, dass eine exzellente mobile UX nicht nur die Bindung von Nutzer:innen fördert, sondern auch die Monetarisierung, indem sie die Wahrscheinlichkeit von Abbrüchen bei In-App-Käufen reduziert. Eine schlechte UX hingegen kann nicht nur zur Abwanderung führen, sondern auch das Image eines Unternehmens schädigen und potenzielle Neukund:innen abschrecken.

4.2.1.6 Technische Rahmenbedingungen und Performance-Optimierung

Die mobile UX steht vor kanalspezifischen technischen Herausforderungen, die bei der Gestaltung mobiler Anwendungen unbedingt berücksichtigt werden müssen – an dieser Stelle fließen „harte" technische und programmatische Rahmenbedingungen direkt in die User Experience ein. Zu den größten Einschränkungen mobiler Endgeräte zählen begrenzte Rechenleistung, endliche Akkulaufzeit und instabile Netzwerkverbindungen. Viele dieser Einflussfaktoren können von den Entwickler:innen nicht direkt beeinflusst werden, insofern geht es aus Sicht der Performance-Optimierung primär um das aktive Management dieser Einschränkungen und die Minimierung negativer Auswirkungen auf die User Experience der App, parallel dazu aber auch um die Sicherstellung der grundsätzlichen Funktionsfähigkeit und die Erreichung der Geschäftsanforderungen aus Sicht der Betreiber:innen.

Eine optimierte Anwendung zeichnet sich durch geringe Latenzzeiten und kurze Ladezeiten aus. Dies kann durch die Minimierung von API-Calls und Netzwerkaktivitäten, den Einsatz effizienter Caching-Strategien und die Komprimierung von Daten wie Bildern und Videos erreicht werden. Darüber hinaus spielen Techniken wie Lazy Loading, Preloading und Prefetching eine wichtige Rolle, um Inhalte nur bei Bedarf oder im Voraus zu laden und so zumindest die „gefühlte" Geschwindigkeit und Responsivität einer App zu erhöhen.

Die Implementierung von Offline-Funktionalität ist in Szenarien mit unzuverlässiger oder fehlender Netzabdeckung überlebenswichtig, auch im Jahr 2024 ist dies eine ständige und alltägliche Hürde. Offlinefähigkeit erfordert neben der Implementierung entsprechender Prozesse in der Geschäftslogik den Einsatz von asynchronen Datenbanken oder lokalen Speichermechanismen sowie im Web-Kontext von Service Workern, um wichtige Inhalte lokal zu speichern, den Zugriff auf Daten und Sessions auch ohne Netzwerkverbindung zu ermöglichen und unterbrochene Transaktionen wieder aufnehmen zu können. Dies erhöht die Resilienz der Anwendung und sorgt für ein möglichst durchgängiges Nutzer:innenerlebnis unabhängig von der Netzverfügbarkeit, auch wenn natürlich alle Maßnahmen aufseiten der Anwendung irgendwann an Grenzen stoßen: offline ist offline und bleibt offline. In der Praxis können die oft diffusen Konnektivitätsprobleme nur durch umfangreiche Tests erkannt werden, die alle denkbaren Szenarien in allen Betriebszuständen der Anwendung abdecken, speziell bei transaktionskritischen Apps, die logisch auf die Interaktion mit einem System angewiesen sind.

Darüber hinaus muss aus Sicht des UX-Designs auch über die effiziente Nutzung von Hardwareressourcen nachgedacht werden, und hier treffen sich UX und Programmierung erneut. Aus UX-Sicht bedeutet dies, dass darauf geachtet werden muss, den Energieverbrauch durch Optimierungen wie die Reduzierung von Hintergrundaktivitäten, die gezielte Steuerung von Push-Benachrichtigungen oder den selektiven Einsatz von Hardwarekomponenten zu minimieren und nur die Ressourcen zu beanspruchen, die für die Funktionalität der App zu einem bestimmten Zeitpunkt relevant sind. In Fällen, in denen kontinuierliche Funktionen wie z. B. Geolokalisierung erforderlich sind, sollten diese so energieeffizient wie möglich ausgeführt werden, z. B. durch die Verwendung von Low-Power-GPS-Modi oder in der Serverkommunikation durch den gezielten Einsatz von Batch-Processing, um mehrere Aufgaben gleichzeitig statt einzeln auszuführen. Neben diesen Maßnahmen gibt es weitere Möglichkeiten zur Optimierung des Energieverbrauchs, wie z. B. die Verwendung effizienter Algorithmen im Code oder die dynamische Anpassung der App-Funktionalität an den Akkustand des Geräts. Mithilfe von Profiling-Tools wie Instruments (iOS) oder Android Profiler können Entwickler:innen genau analysieren, welche Funktionen besonders energieintensiv sind und gezielt Optimierungen vornehmen, um den Akkuverbrauch zu reduzieren, ohne die Funktionalität der App zu beeinträchtigen.

All diese Maßnahmen wirken sich direkt auf die User Experience aus: Eine App, die effizient mit den Ressourcen des Geräts umgeht, wird als zuverlässiger und weniger störend empfunden, was wiederum die Nutzungshäufigkeit und die Zufriedenheit der Nutzer:innen erhöht.

4.2.1.7 Klarheit und Reduktion als Designprinzip

Eine systemimmanente Herausforderung im mobilen UX-Design besteht darin, die begrenzte Bildschirmgröße optimal zu nutzen und die kognitive Belastung der Nutzer:innen so gering wie möglich zu halten. Dies erfordert eine Reduktion der visuellen Komplexität und eine klare Priorisierung der Inhalte. Das Prinzip der Informationshierarchie spielt dabei eine wesentliche Rolle: Durch den gezielten Einsatz von Typografie, Farben und Weißräumen können die wichtigsten Inhalte und Funktionen hervorgehoben werden. Die klare visuelle Strukturierung ist nicht nur für die abstrakte UX entscheidend, sondern fördert auch die Effizienz der Interaktion und minimiert die Wahrscheinlichkeit von Fehlbedienungen.

4.2.1.8 Interaktionsbasiertes Echtzeit-Feedback

Die unmittelbare Rückmeldung auf Interaktionen der Nutzer:innen fördert das Vertrauen in eine mobile Anwendung. Jedes Interaktionselement sollte eine klare und verständliche Rückmeldung geben, sei es durch visuelle Anzeigen, akustische Signale oder haptisches Feedback. Solche Rückmeldungen stärken das Gefühl der Kontrolle und tragen zu einer positiven und entspannten User Experience bei. Aus wissenschaftlicher Sicht fördern Mikrointeraktionen, wie z. B. subtile Animationen oder fließende Übergänge, die Wahrnehmung von Reaktivität und verbessern die kognitive Effizienz. Aus UX-Sicht steigert dies das Vertrauen in die Anwendung und erzeugt ein positives Gefühl der Kontrolle und Bestätigung.

4.2.1.9 Konsistenz als Schlüsselelement der Benutzbarkeit

Konsistenz in der Gestaltung ist ein fundamentaler Aspekt, der die Lernkurve der Nutzer:innen reduziert und eine reibungslose Interaktion sicherstellt. Dies betrifft sowohl das visuelle Design – wie die einheitliche Verwendung von Farben, Typografie und Icons – als auch Interaktionsmuster und die übergeordnete Informationsarchitektur. Indem bekannte und etablierte Muster wiederholt verwendet werden, können sich Nutzer:innen leichter in einer Anwendung zurechtfinden.

Aus strategischer Sicht ist die Einhaltung von plattformübergreifenden Designrichtlinien, wie z. B. den Human Interface Guidelines von Apple oder den Material Design Guidelines von Google, ein wesentlicher Faktor für den Erfolg einer mobilen Anwendung.

4.2.1.10 Ästhetik und Emotion

Die ästhetische und emotionale Dimension der mobilen UX ist ein weiterer „weicher" Faktor für die Qualität einer Anwendung, und genau an dieser Schnittstelle zwischen User Experience Design und User Interface Design entfaltet sich die Wirkung eines gelungenen Gesamtkonzepts. Während die UX die ganzheitliche Interaktion und das Nutzungserlebnis steuert, gibt das UI den visuellen Rahmen vor, in dem diese Interaktionen stattfinden. Eine durchdachte visuelle Gestaltung beeinflusst die emotionale Bindung der Nutzer:innen und wirkt sich direkt auf ihre Wahrnehmung der Qualität einer Anwendung aus.

Ein zentraler Aspekt ist die visuelle Hierarchie, die durch den einheitlichen Einsatz von Farben, Typografie und Icons strukturiert wird. Eine klare Hierarchie hilft den Nutzer:innen, sich innerhalb der App zu orientieren und lenkt ihre Aufmerksamkeit auf die wichtigsten Inhalte oder Interaktionen. Das UI-Design ist dabei entscheidend: Es sorgt dafür, dass die visuelle Struktur intuitiv erfasst wird und der Nutzungsfluss auch bei der Erledigung umfangreicher Aufgaben innerhalb der App nicht unterbrochen wird.

Neben den visuellen und interaktiven Komponenten des UI spielt die Personalisierung eine zentrale Rolle für die emotionale Bindung. Funktionen wie Gamification, Storytelling und personalisierte Inhalte helfen dabei, die App an die individuellen Bedürfnisse und Präferenzen der Nutzer:innen anzupassen. Dies erhöht nicht nur die emotionale Bindung, sondern auch die langfristige Loyalität, da die App auf eine persönlichere Ebene gehoben wird.

4.2.1.11 Sicherheit und Datenschutz

Datensicherheit und Datenschutz sind – über alle rechtlichen Rahmenbedingungen hinaus – die Basis für das Vertrauen der Nutzer:innen in eine Anwendung oder ein digitales Produkt. Obwohl technische Maßnahmen wie Verschlüsselung, sichere Authentifizierung oder die Sicherstellung der Datenintegrität grundlegend sind, reicht deren Vorhandensein im Hintergrund allein nicht aus. Aus UX-Sicht müssen diese technischen Schutzmechanismen nahtlos in die User Experience integriert werden, um sowohl Transparenz als auch Kontrollmöglichkeiten über persönliche Daten zu gewährleisten.

Eine gute UX im Bereich Sicherheit beginnt mit einer klaren und verständlichen Kommunikation der Datenschutzrichtlinien. Nutzer:innen müssen wissen, welche Daten gesammelt werden, wie diese verarbeitet und wofür sie genutzt werden. Dies erfordert eine zugängliche und visuell ansprechende Darstellung der Datenschutzerklärungen, die es den Nutzer:innen ermöglicht, informierte Entscheidungen zu treffen. Die Sprache sollte klar und eindeutig sein, um Missverständnisse zu vermeiden und den Nutzer:innen die Gewissheit zu geben, dass ihre Daten sicher und gesetzteskonform behandelt werden.

Zusätzlich ist die objektive und subjektive Kontrolle über die eigenen Daten wichtig. Nutzer:innen müssen jederzeit in der Lage sein, ihre Datenschutzeinstellungen anzupassen, Datenfreigaben zu widerrufen oder einzuschränken. Diese Prozesse müssen intuitiv gestaltet sein, damit Nutzer:innen auch ohne technische Vorkenntnisse ihre Privatsphäre gezielt verwalten können. Das UX-Design sollte darauf abzielen, den Umgang mit Datenschutz so einfach wie möglich und ohne technische Hürden zu gestalten.

4.2.2 Abgrenzung zwischen Smartphone UX, Tablet UX und Desktop UX

Die Ausgestaltung der User Experience variiert je nach Gerätetyp, da Smartphones, Tablets und Desktops/Laptops über die unterschiedliche Hardware hinaus in der Regel in unterschiedlichen Nutzungskontexten eingesetzt werden. Allerdings können sich diese je nach Use Case und individuellen Präferenzen und Gewohnheiten der Nutzer:innen überschneiden, wie die zunehmend unscharfe Trennung zwischen klassischen Laptops und Tablets zeigt. Die Interaktionsmuster hängen stark von den spezifischen physischen Eigenschaften der Geräte in Kombination mit den jeweiligen Einsatzszenarien ab und haben unmittelbaren Einfluss auf die übergreifende Informationsarchitektur, das visuelle Design und die Interaktionskonzepte.

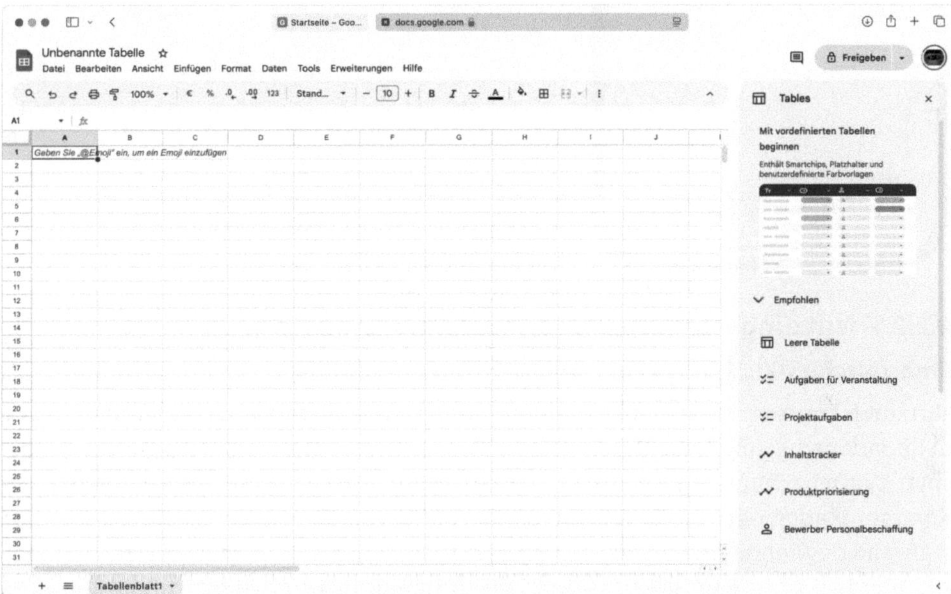

Bild 4.6 Google Sheets in der Startansicht in macOS Safari. (Bildnachweis: eigener Screenshot)

Bild 4.7
Google Sheets in der Startansicht auf einem iPhone 15 Pro Max in der App Google Sheets. (Bildnachweis: eigener Screenshot)

4.2.2.1 Nutzungsszenarien und Interaktionsmuster

Smartphone UX: „Always On" und Nutzung unterwegs

Nutzungskontext: Smartphones sind immer und überall präsent und werden häufig in Situationen genutzt, die durch kurze, fragmentierte Interaktionen gekennzeichnet sind. Typische Nutzungsszenarien sind der schnelle Zugriff auf Informationen, die Kommunikation oder die Erledigung einfacher Aufgaben in kurzen Zeitfenstern, z. B. während des Pendelns oder in Wartezeiten. Dieses Interaktionsmuster erfordert eine UX, die den Prinzipien der „Just-in-Time"-Nutzung folgt: effizient, direkt und optimiert für den punktuellen Zugriff. Allerdings gibt es auch Ausnahmen, wie z. B. mobile Spiele oder der zunehmende Videokonsum auch auf kleinen Bildschirmen, die zu längeren Nutzungszeiten führen können.

Interaktionsmodell: Mobile UX setzt auf leicht zugängliche Touchgesten und ein ergonomisches User Interface, das an die begrenzte Bildschirmgröße und die oft einhändige Bedienung angepasst ist. Ebenso sind schnelle Ladezeiten, eine intuitive Navigation und klare visuelle Hierarchien entscheidend, um die kognitive Belastung der Nutzer:innen zu minimieren. Dabei ist zu beachten, dass Smartphones zunehmend auch für komplexere Aufgaben wie Online-Banking oder Bild- und Videobearbeitung genutzt werden, was entsprechende Anpassungen der UX erfordert. Eine gute Referenz dazu ist Fitts's Law, ein prädiktives Modell der menschlichen Bewegung, das in der Mensch-Computer-Interaktion und Ergonomie weit verbreitet ist. Es beschreibt die Beziehung zwischen der Zeit, die benötigt wird, um ein Ziel zu erreichen, und den Faktoren Entfernung und Größe des Ziels. Die Grundannahme von Fitts's Law ist, dass größere Ziele, die näher am Ausgangspunkt liegen, schneller und mit höherer Genauigkeit erreicht werden können als kleinere oder weiter entfernte Ziele.

Weitere Informationen zu Fitts's Law: *https://en.wikipedia.org/wiki/Fitts's_law*

Tablet UX: Zwischen Mobilität und stationärer Nutzung

Nutzungskontext: Tablets vereinen Elemente des mobilen und stationären Computings und werden in einer Vielzahl von Kontexten sowohl unterwegs als auch stationär genutzt. Typische Anwendungsszenarien reichen vom entspannten Konsum von Inhalten wie dem Lesen von E-Books oder dem Ansehen von Videos bis hin zu produktiven Aufgaben wie dem Bearbeiten von Dokumenten, dem Schreiben von E-Mails oder dem Erstellen von digitaler Kunst. Die Möglichkeit der produktiven Nutzung durch Stifteingabe oder zusätzliche Hardware wie Tastaturen erweitert den Funktionsumfang erheblich. Diese doppelte Nutzung – passiv und aktiv – stellt in Verbindung mit unterschiedlichen Kontexten besondere Anforderungen an das UX-Design. Es muss sowohl einfach und intuitiv für den reinen Konsum sein, als auch die notwendige Funktionalität für kreative oder produktive Aufgaben bieten.

Interaktionsmodell: Das größere Display erlaubt mehrspaltige Layouts und eine komplexere Informationsstruktur. Tablets unterstützen aufgrund ihrer Größe und Multitasking-Fähigkeiten häufig parallele Arbeitsprozesse, z. B. durch Split-Screen-Interaktionen. Die Steuerung erfolgt entweder über Touchgesten, Stifteingaben oder externe Tastaturen, wodurch Tablets zu Hybridgeräten zwischen Mobile und Desktop werden.

Desktop UX (inkl. Laptops): Stationäre, produktive Nutzung

Nutzungskontext: Desktops und Laptops werden primär in stationären Umgebungen genutzt, in denen die Nutzer:innen längere und intensivere Aufgaben ausführen. Diese Umgebungen erfordern typischerweise präzise Eingaben, z. B. bei der Arbeit mit komplexen Anwendungen wie Textverarbeitung, Tabellenkalkulation oder Designsoftware. Desktops und Laptops werden hauptsächlich für produktive Aufgaben verwendet, die eine hohe Informationsdichte und umfangreiche Funktionalität erfordern.

Interaktionsmodell: Desktop UX ist für Maus- und Tastaturinteraktionen optimiert, die eine präzise Steuerung und detaillierte Eingaben ermöglichen. Hover-Effekte, Kontextmenüs und Tastaturkürzel sind zentrale Elemente der Desktop-Interaktion, die für Effizienz und hohe Produktivität sorgen. Im Gegensatz zu mobilen Geräten, bei denen die Informationsdarstellung minimalistisch ist, erlaubt der größere Bildschirm eines Desktops/Laptops die parallele Darstellung mehrerer Anwendungen und eine tiefere Interaktion mit den Inhalten. Mobile UX-Prinzipien wie klare visuelle Hierarchien und intuitive Navigation sind aber auch für Desktop-Anwendungen von Vorteil, die Grundprinzipien der Mensch-Maschine-Interaktion gelten natürlich auch hier.

4.2.2.2 Interaktionsmodelle im Vergleich

Aus den unterschiedlichen Nutzungsszenarien und Interaktionsmustern ergeben sich klar differenzierte UX-Designanforderungen:

Interaktionsdauer und -häufigkeit: Smartphones sind auf kurze, wiederkehrende Interaktionen ausgelegt, während Desktops/Laptops für längere, kontinuierliche Nutzung optimiert sind. Tablets ermöglichen je nach Nutzungskontext beide Interaktionsformen. Es gibt jedoch Ausnahmen, wie z. B. mobile Spiele, die zu längeren Nutzungssitzungen führen können, oder Desktop-Anwendungen, die für kurze, schnelle Aufgaben genutzt werden.

Visuelle Komplexität, Informationsarchitektur und Informationsdichte: Mobile Geräte erfordern aufgrund der begrenzten Bildschirmfläche ein eher minimalistisches Design mit reduzierter Informationsdichte, um die kognitive Belastung der Nutzer:innen zu minimieren. Tablets bieten mehr Platz für komplexere Layouts und eine höhere Informationsdichte. Desktop- und Laptop-Oberflächen bieten den größten visuellen Raum und ermöglichen parallele Interaktionen, was besonders bei produktiven und komplexen Aufgaben von Vorteil ist. Unabhängig vom Gerätetyp ist eine klare und verständliche Informationsarchitektur unerlässlich. Die Informationsdichte sollte stets so gestaltet sein, dass sie die kognitiven Kapazitäten der Nutzer:innen nicht überfordert.

Zur Bewertung einer adäquaten Informationsdichte kann die Cognitive Load Theory herangezogen werden: Obwohl sie sich ursprünglich auf die kognitive Belastung in Lernszenarien bezieht, kann sie auch bei der Evaluation von UX angewendet werden. Sie unterscheidet drei Arten von kognitiver Belastung:

- **Intrinsische Belastung:** Diese ergibt sich aus der inhärenten Komplexität der Aufgabe selbst und ist daher schwer zu beeinflussen.
- **Extrinsische Belastung:** Diese wird durch ineffizientes Design verursacht und steht im Fokus der UX-Optimierung.
- **Germane (relevante) Belastung:** Diese entsteht durch den Prozess des Lernens und Verstehens an sich und ist notwendig, um Wissen und Fähigkeiten aufzubauen.

Das UX-Design konzentriert sich auf die Minimierung der extrinsischen Belastung durch die Vermeidung von überladenen, schlecht strukturierten oder irrelevanten Informationen. Eine klar strukturierte Oberfläche, die den Nutzer:innen die relevanten Informationen zur richtigen Zeit und im richtigen Kontext zur Verfügung stellt, trägt wesentlich dazu bei, die kognitive Belastung zu reduzieren und die UX zu verbessern. Parallel dazu geht es um die Maximierung der germanischen bzw. relevanten Belastung – also des Anteils der kognitiven Belastung, der direkt zur Aufgabenerfüllung, hier am Beispiel des Lernens, beiträgt. Die Anwendung sollte so gestaltet sein, dass Nutzer:innen effizient arbeiten und ihre Kompetenzen erweitern können, ohne überfordert zu werden.

Grundsätzlich beachtet werden müssen individuelle Unterschiede der Nutzer:innen: Die kognitive Belastung kann je nach Vorwissen, Erfahrung und persönlichen Fähigkeiten erheblich variieren. Eine gute UX berücksichtigt diese Unterschiede und bietet beispielsweise unterschiedlich komplexe Interaktionsmöglichkeiten oder Hilfestellungen an. Auch die Umgebung, in der mobile Geräte genutzt werden, kann die kognitive Belastung zusätzlich beeinflussen. Faktoren wie eine laute Umgebung, starke visuelle Ablenkung oder die Notwendigkeit, mehrere Aufgaben gleichzeitig zu erledigen (Multitasking), können die verfügbare kognitive Kapazität verringern. Dabei ist zu beachten, dass die Auswirkungen von Multitasking je nach Aufgabentyp variieren. Während einfache, automatisierte Aufgaben parallel ausgeführt werden können, ohne dass die kognitive Belastung stark zunimmt, führen komplexe Aufgaben, die ein hohes Maß an Aufmerksamkeit erfordern, zu einer deutlichen Beeinträchtigung. Es darf jedoch nicht vergessen werden, dass auch eine optimal gestaltete UX die Auswirkungen externer Störungen oder auch des spezifischen Verhaltens der Nutzer:innen nicht vollständig eliminieren kann. Eine laute Umgebung, starke Ablenkungen oder Multitasking werden immer zu einer gewissen Beeinträchtigung der kognitiven Leistung führen.

Weitere Informationen zur Cognitive Load Theory: *https://de.wikipedia.org/wiki/Cognitive_Load_Theory*

4.3 Der UX-Design-Prozess

Der UX-Design-Prozess folgt einem strukturierten, iterativen Ablauf von der User Research bis zur Optimierung und Finalisierung des Designs. Er zielt darauf ab, Lösungen zu schaffen, die sowohl funktional als auch benutzer:innenfreundlich sind, indem die Bedürfnisse und das Verhalten der Nutzer:innen in den Mittelpunkt gestellt werden. Dieser Ansatz des User-Centered Design (UCD) bildet die Grundlage vieler UX-Methoden und stellt sicher, dass das UX-Design auf die tatsächlichen Bedürfnisse der Nutzer:innen abgestimmt ist, indem es Forschung, kontinuierliches Feedback und Anpassungen während des gesamten Designprozesses integriert.

4.3.1 Der Double-Diamond-Prozess

Ein weit verbreitetes Modell des UCD ist der Double-Diamond-Prozess, der 2003 vom britischen Design Council entwickelt wurde. Das Design Council ist eine unabhängige, gemeinnützige Organisation in Großbritannien, die sich seit 1944 (!) für die Förderung von Design und dessen positiven Einfluss auf Gesellschaft und Wirtschaft einsetzt.

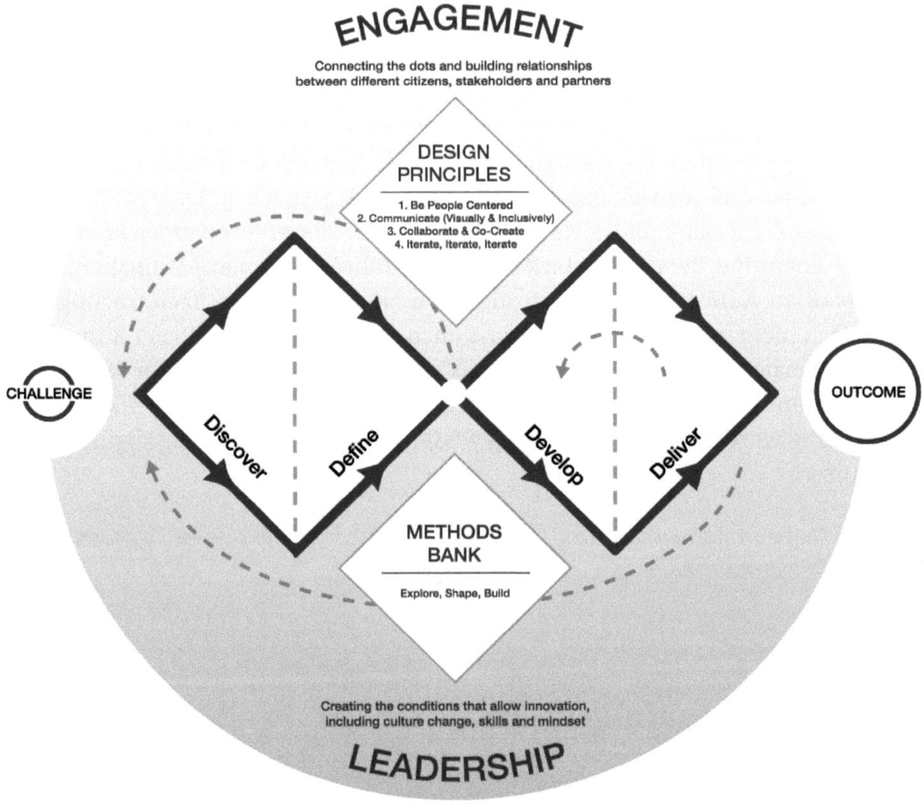

Bild 4.8 Das Double Diamond Framework. (Bildnachweis: The Design Council auf *https://www.designcouncil.org.uk/our-resources/framework-for-innovation*)

Der Double-Diamond-Prozess unterteilt den Designprozess in vier Phasen:

- **Discover (entdecken):** In dieser Phase, dem „Problemraum", wird die Herausforderung erkundet. Durch umfassendes User Research, Interviews und andere Analyseverfahren wird ein tiefes Verständnis der Bedürfnisse und Herausforderungen der Nutzer:innen erarbeitet. Ziel ist es, die tatsächlichen und „echten" Probleme und Bedürfnisse zu identifizieren, auf die das Design reagieren soll.

- **Define (definieren):** In der zweiten Phase werden die gesammelten Erkenntnisse aus der Research-Phase analysiert und verdichtet. Dabei werden die zentralen Probleme klar formuliert, um einen fokussierten Designansatz zu ermöglichen. Diese Definition bildet die Grundlage für die anschließende Entwicklung von Lösungsideen.
- **Develop (entwickeln):** Hier beginnt der kreative Prozess, der „Lösungsraum", in dem verschiedene Lösungsansätze erarbeitet und weiterentwickelt werden. In iterativen Zyklen werden Prototypen und Wireframes erstellt und getestet, um frühzeitig Feedback zu erhalten und die Lösungen zu optimieren. Ziel ist es, verschiedene Ideen zu erforschen und zu validieren.
- **Deliver (liefern):** Die finale Phase konzentriert sich auf das Testen und Feintuning der Lösung. Das getestete Konzept wird finalisiert und implementiert, wobei letzte Optimierungen vorgenommen werden, um die beste Lösung für das identifizierte Problem bereitzustellen.

Der Double Diamond ist ein einfaches, aber wirkungsvolles Modell, das auf zwei Schlüsselmethoden beruht: Divergenz und Konvergenz. In den beiden „Diamanten" des Modells wechseln sich divergente und konvergente Phasen ab. Divergenz bedeutet, den Fokus zu erweitern und so viele Informationen, Ideen oder Perspektiven wie möglich zu sammeln. Es geht darum, offen und explorativ an eine Aufgabe heranzugehen und keine Option auszuschließen. Konvergenz bedeutet, den Fokus wieder zu verengen und sich auf die besten und vielversprechendsten Ideen zu konzentrieren, um eine konkrete Lösung zu entwickeln. Hier werden Entscheidungen getroffen und Lösungen herausgefiltert.

Erster Diamant – „Problemraum"

- **Divergente Phase (Entdecken):** In dieser Phase wird das Problemfeld erweitert. Ziel ist es, so viele Informationen wie möglich über das Problem, die Nutzer:innen und den Kontext zu sammeln. Methoden wie User Research, Interviews oder Beobachtungen und Feldforschung helfen, verschiedene Perspektiven zu erfassen und ein tiefes Verständnis für das Problem zu entwickeln.
- **Konvergenzphase (Definieren):** In dieser Phase wird das Problem eingegrenzt. Die gewonnenen Erkenntnisse werden gefiltert, um eine präzise Definition des eigentlichen Problems zu erstellen. Aus der Fülle der Informationen werden die wichtigsten ausgewählt, um eine klare Problemstellung zu formulieren.

Zweiter Diamant – „Lösungsraum"

- **Divergente Phase (Develop):** Hier öffnet sich der Prozess wieder, aber diesmal, um Lösungen zu entwickeln. Es werden viele kreative Ideen generiert, Prototypen erstellt und Tests durchgeführt, um neue Ansätze zu erkunden. In dieser Phase geht es um die freie Entwicklung von Lösungsideen ohne Einschränkungen.

- **Konvergenzphase (Deliver):** In der letzten Phase wird der Fokus wieder eingeengt. Die besten Ideen aus der vorherigen Phase werden ausgewählt, verfeinert und zur endgültigen Lösung weiterentwickelt. Hier geht es um die Umsetzung und Implementierung.

Das Double-Diamond-Modell zeigt sehr anschaulich, dass der Designprozess nicht linear verläuft und bildet diesen Umstand methodisch ab. Man bewegt sich zunächst in eine offene, explorative Richtung, bevor man sich wieder fokussiert. Dies wiederholt sich bei der Problemdefinition und der Lösungsfindung, wodurch sowohl das Problem als auch die Lösung gründlich verstanden und validiert werden, ohne kreative Prozesse einzuengen.

Weitere Informationen zum Double Diamond auf der Website des Design Council: *https://www.designcouncil.org.uk/our-resources/the-double-diamond*

4.3.2 Design Thinking

Ein verwandter und ebenfalls gängiger Ansatz ist Design Thinking, eine Innovationsmethode, die ihre Wurzeln in den 1980er-Jahren hat und durch die Arbeit der amerikanischen Design- und Innovationsberatung IDEO in den 1990er und 2000er-Jahren populär wurde. Sie basiert auf einem iterativen Prozess, der die nutzer:innenzentrierte Problemlösung in den Mittelpunkt stellt und multidisziplinäre Teams dazu anregt, komplexe Herausforderungen kreativ und kollaborativ zu lösen. Design Thinking verfolgt einen klaren, schrittweisen Ansatz, ist dabei aber flexibel und adaptiv genug, um in dynamischen Umgebungen zu funktionieren.

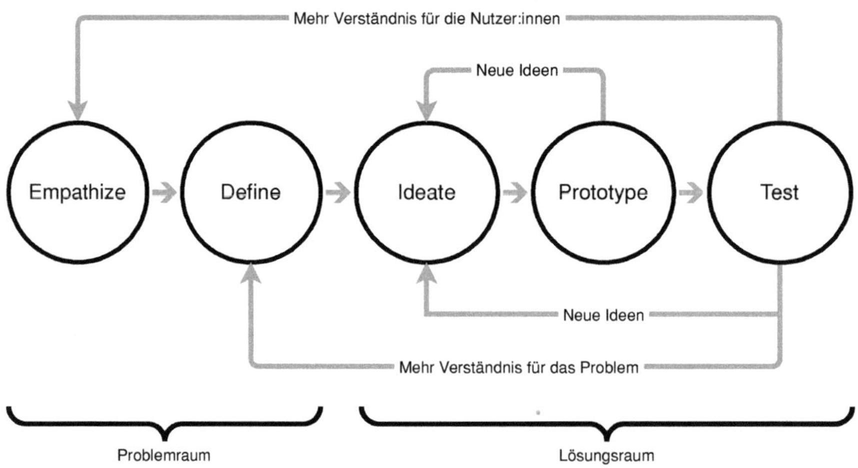

Bild 4.9 Schematische Darstellung des Design-Thinking-Prozesses nach dem Stanford-Modell mit typischen Iterationen. (Bildnachweis: eigene Grafik)

Die hier beschriebenen fünf Phasen sind eine gängige Variante und entsprechen dem Stanford-Modell des Design Thinking, das am Hasso-Plattner-Institut für Design an der Universität Stanford entwickelt wurde. Es gibt jedoch zahlreiche Adaptionen und Varianten dieses Phasenmodells, die von verschiedenen Institutionen und Praktiker:innen angepasst wurden, um den spezifischen Anforderungen und Rahmenbedingungen unterschiedlicher Branchen und Projekte gerecht zu werden.

- **Empathize (verstehen):** Hier geht es darum, die Perspektive der Nutzer:innen zu erfassen, ihre Bedürfnisse zu verstehen und sich in ihre Situation hineinzuversetzen. Diese Phase wird oft durch qualitative Forschung wie Interviews und Umfragen unterstützt.
- **Define (definieren):** In dieser Phase wird das Problem auf der Grundlage der gewonnenen Erkenntnisse klar formuliert. Es geht darum, den „Problemraum" einzugrenzen und eine klare Definition der Herausforderung zu erarbeiten.
- **Ideate (Ideen entwickeln):** Hier werden mithilfe kreativer Methoden wie Brainstorming oder Mind Mapping möglichst viele unterschiedliche Ideen entwickelt. Der Fokus liegt darauf, vielfältige Lösungen für das definierte Problem zu finden.
- **Prototyp (Prototypen erstellen):** In dieser Phase werden einfache Prototypen erstellt, um die Ideen zu visualisieren und zu testen. Der Prototyp muss nicht perfekt sein – es geht darum, Feedback von den Nutzer:innen zu bekommen und Schwachstellen frühzeitig zu erkennen.
- **Test (testen):** Der Prototyp wird mit realen Nutzer:innen getestet, um herauszufinden, ob und wie gut er funktioniert. Das Feedback in dieser Phase ist entscheidend, um das Design zu verfeinern und weiterzuentwickeln. Häufig führt diese Phase zu Iterationen und zur Rückkehr zu früheren Phasen, um Verbesserungen vorzunehmen.

Ein zentrales Merkmal von Design Thinking ist die ständige Iteration. Das bedeutet, dass die Phasen oft mehrmals durchlaufen werden, um das Problem und die Lösung immer weiter zu verfeinern. Diese Vorgehensweise ermöglicht es, flexibel auf Veränderungen und neue Erkenntnisse zu reagieren und schrittweise zu einer optimalen Lösung zu gelangen. Prototyping und schnelles Feedback stehen dabei im Mittelpunkt, was sicherstellt, dass die entwickelten Lösungen nicht nur theoretisch, sondern auch praktisch funktionieren und den tatsächlichen Bedürfnissen der Nutzer:innen gerecht werden.

Neben diesen etablierten Modellen gibt es weitere Varianten, wie das Lean-UX-Modell, das maßgeblich von Jeff Gothelf und Josh Seiden geprägt wurde und in agilen Entwicklungsumgebungen, die auf schnelle Anpassbarkeit und kontinuierliche Verbesserung setzen, Anwendung findet. Lean UX zeichnet sich durch den Fokus auf kurze Iterationszyklen und inkrementelle Verbesserungen aus, die auf Basis von direktem Nutzer:innenfeedback und frühen Prototypen umgesetzt werden. Eine weitere alternative Methode ist der Design Sprint, ein von Jake Knapp bei Google Ventures entwickelter hochkomprimierter Prozess, der darauf abzielt, den gesamten Designprozess in nur fünf Tagen zu durchlaufen. Diese Methode eignet sich besonders für zeitkritische Innovationsprojekte, bei denen schnell greifbare Ergebnisse erzielt werden müssen. Der Design Sprint wird heute von einer Vielzahl von Unternehmen und Organisationen eingesetzt.

Der folgende Abschnitt stützt sich primär auf die Prinzipien des Double Diamond und des Design Thinking, da es sich um bewährte und in der Praxis weit verbreitete Ansätze handelt. Sie bieten eine solide Grundlage, um den UX-Design-Prozess sowohl strukturiert als auch flexibel zu gestalten.

4.3.3 User Research und Zielgruppen-Analyse

User Research ist eine zentrale Methode im User-Centered Design (UCD), die darauf abzielt, die tatsächlichen Bedürfnisse, Verhaltensweisen und Erwartungen der Nutzer:innen systematisch und empirisch, also auf der Basis objektiver Erkenntnisse aus Beobachtung, Messung oder Erfahrung, zu erfassen. Durch die strukturierte Datenerhebung und -analyse werden typische Verzerrungen vermieden, die durch subjektive Einschätzungen oder implizite Annahmen des Designteams entstehen können. Auf diese Weise schafft User Research eine objektive und belastbare Grundlage für fundierte Designentscheidungen, die sich direkt an den konkreten Anforderungen und Lebensrealitäten der Zielgruppe orientieren. Statt auf subjektiven Vorannahmen und impliziten Präferenzen des Designteams zu basieren, stellt User Research sicher, dass das UX-Design auf den „echten“ Bedürfnissen und Befindlichkeiten der Nutzer:innen basiert. Im Kontext mobiler Anwendungen gewinnt User Research eine besondere Relevanz, da die Nutzung dieser Anwendungen oft in hochdynamischen und vielfältigen Nutzungsszenarien erfolgt.

In solchen dynamischen und sich ständig verändernden Kontexten müssen UX-Designer:innen ein tiefes Verständnis dafür entwickeln, wie und unter welchen Bedingungen Nutzer:innen mit mobilen Anwendungen interagieren. Genau hier kommt User Research ins Spiel: Sie hilft, die spezifischen und konkreten Nutzungskontexte, Herausforderungen und Erwartungen der Nutzer:innen detailliert zu erfassen und somit eine intuitive, anpassungsfähige und benutzer:innenfreundliche User Experience zu gestalten, die sich flexibel an variierende Gegebenheiten anpassen kann. Die Ergebnisse aus dem User Research bilden somit nicht nur die Basis für das UX-Design, sondern stellen auch sicher, dass die mobile Anwendung in verschiedenen Nutzungssituationen gleichermaßen gut funktioniert und den Bedürfnissen der Nutzer:innen entspricht.

Die strategische Relevanz von User Research liegt nicht nur in ihrer Fähigkeit, die Bedürfnisse und Erwartungen der Nutzer:innen zu identifizieren, sondern auch in ihrer Funktion als Schlüsselinstrument zur Minimierung des Risikos von Fehlentwicklungen. Indem die realen Nutzungsbedürfnisse erfasst, analysiert und verstanden werden, verringert User Research die Wahrscheinlichkeit, dass mobile Anwendungen am Markt vorbei entwickelt werden. Dies ist im hart umkämpften und gesättigten App-Markt von zentraler Bedeutung, in dem die User Experience oft der entscheidende Erfolgsfaktor ist und wenig Spielraum für strategische Fehler besteht.

User Research ist jedoch nicht als einmaliger Schritt im Designprozess zu verstehen. Vielmehr muss sie als kontinuierlicher Prozess etabliert werden, der auch nach dem initialen Entwicklungszyklus fortgeführt wird. Da sowohl die technologischen Rahmenbedingungen als auch die Erwartungen und Verhaltensweisen der Nutzer:innen einem ständigen Wandel unterliegen, wird durch regelmäßige Iterationen im Rahmen von User Research sichergestellt, dass das UX-Design kontinuierlich optimiert wird. Dieser iterative Feedback-Zyklus ermöglicht es, mobile Applikationen dynamisch an neue Trends und Technologien anzupassen und ihre Relevanz und Nutzer:innenfreundlichkeit langfristig sicherzustellen. Auf diese Weise trägt User Research sowohl zur anfänglichen Entwicklung als auch zur fortlaufenden Weiterentwicklung und Optimierung mobiler Anwendungen bei und stellt sicher, dass die UX einer Anwendung stets auf einem marktgerechten und konkurrenzfähigen Niveau bleibt.

4.3.4 Entwicklung von Wireframes und Prototypen

Die Entwicklung von Wireframes und Prototypen ist ein grundlegender Schritt im UX-Design-Prozess, der es ermöglicht, abstrakte Konzepte in konkrete, visuelle und interaktive Modelle umzusetzen und diese mit den verschiedenen Stakeholdern zu kommunizieren. Diese Phase des Designprozesses ist kritisch, da sie die Grundlage für ein nutzer:innenzentriertes Design legt und sicherstellt, dass Struktur und Interaktivität einer mobilen Anwendung frühzeitig getestet und validiert werden können.

Wireframes und Prototypen dienen dabei unterschiedlichen Zwecken, ergänzen sich aber im iterativen Designprozess optimal. Während Wireframes in erster Linie dazu dienen, die Grundstruktur einer Anwendung zu visualisieren, indem sie die Platzierung von Inhalten, Interaktionselementen und die Informationshierarchie verdeutlichen, konzentrieren sich Prototypen stärker auf die Interaktivität und die finale User Experience. Prototypen ermöglichen es, die geplanten Interaktionen und Abläufe zu testen, noch bevor die endgültige Oberfläche und alle Funktionalitäten vollständig entwickelt sind. Schwachstellen im Design können so frühzeitig erkannt und iterativ verbessert werden.

Im Gegensatz zu vollständig ausgearbeiteten Designs reduzieren Wireframes die visuelle Komplexität auf das Wesentliche und legen den Fokus auf das funktionale Design. Dies erleichtert die Diskussion im Designteam sowie das Einholen von Feedback von Stakeholdern und Nutzer:innen, da der Fokus auf der Benutzer:innenführung und der Informationsarchitektur liegt. Prototypen hingegen fügen dieser Struktur eine Ebene der Interaktivität hinzu und simulieren, wie Nutzer:innen durch die Anwendung navigieren und wie die verschiedenen UI-Elemente auf Eingaben reagieren.

Ein wichtiger Aspekt dieses Prozesses ist erneut die iterative Natur der Entwicklung. Wireframes und Prototypen bieten die Möglichkeit, frühzeitig und mit überschaubarem Aufwand Erkenntnisse über die User Experience zu gewinnen, bevor Ressourcen für die „echte" Entwicklung eingesetzt werden. Durch den kontinuierlichen Austausch mit den Nutzer:innen und die iterative Anpassung der Modelle wird sichergestellt, dass Designentscheidungen auf empirisch validierten Erkenntnissen basieren und nicht auf persönlichen Befindlichkeiten und Präferenzen im Designteam.

4.3.4.1 Erstellung von Wireframes

Wireframes stellen eine schematische Darstellung der Struktur und des Layouts einer mobilen Anwendung dar und konzentrieren sich primär auf die Anordnung und Hierarchie von Inhalten und Interaktionselementen. Sie abstrahieren bewusst von visuellen und ästhetischen Details wie Farben oder Typografie, um den Fokus auf die funktionale Struktur des UI zu legen. Als eine Form des abstrakten strukturellen Prototyps bieten Wireframes somit einen ersten Überblick über die Benutzer:innenführung, die Informationsarchitektur und die Logik der Anwendung.

Ihre Relevanz im Designprozess lässt sich durch mehrere Faktoren erklären. Primär ermöglichen sie eine anschauliche Visualisierung der Anordnung von Inhalten und Funktionen, wodurch zentrale strukturelle Entscheidungen bereits in frühen Phasen des Designprozesses getroffen und getestet werden können. Diese Abstraktion ermöglicht es, sich auf die Benutzer:innenführung zu konzentrieren, ohne durch visuelle Details abgelenkt zu werden. Darüber hinaus unterstützen Wireframes die Kommunikation und Abstimmung zwischen den beteiligten Akteur:innen im Projektteam, da sie eine gemeinsame Grundlage für Diskussionen über die Informationsarchitektur und das UI darstellen. Durch die Reduktion von Komplexität helfen sie, Missverständnisse zu vermeiden und Designideen klar und verständlich zu kommunizieren.

Eine weiterer wichtiger Faktor ist ihre Rolle im iterativen Designprozess. Da Wireframes mit vergleichsweise geringem Aufwand erstellt und modifiziert werden können, eignen sie sich besonders gut, um Feedback von Nutzer:innen und Stakeholdern frühzeitig in den Entwicklungsprozess einfließen zu lassen. Dies minimiert das Risiko, dass grundlegende strukturelle Designentscheidungen zu einem späteren Zeitpunkt kosten- und zeitintensiv angepasst werden müssen.

Wireframes sind somit eine abstrahierte Grundlage, die den Designprozess unterstützt, indem sie Struktur und Funktionalität klären, bevor detaillierte Designentscheidungen getroffen werden. Dies gewährleistet, dass das grundlegende Layout und die Benutzer:innenführung einer Anwendung den Anforderungen der Nutzer:innen entsprechen und strukturell fundiert sind, bevor in spätere Phasen des Designs übergegangen wird.

Bild 4.10 Beispiel für ein Wireframe auf Basis von Balsamiq. (Bildnachweis: Balsamiq Studios, LLC auf *https://balsamiq.com/tutorials/articles/mobileapplication*)

4.3.4.2 Erstellung von Prototypen

Prototypen stellen eine weitere Entwicklungsstufe im Designprozess dar, in der die zuvor definierten Wireframes mit Interaktivität und Funktionalität ausgestattet werden. Sie dienen als greifbares Modell einer mobilen Anwendung, das den Nutzer:innen ermöglicht, die geplante User Experience zu erleben und Feedback zu geben, noch bevor die vollständige Entwicklung abgeschlossen ist. Prototypen können einen unterschiedlichen Detaillierungsgrad aufweisen, von einfachen Low-Fidelity-Versionen bis hin zu High-Fidelity-Prototypen, die nahezu voll funktionsfähige Anwendungen simulieren.

Der Hauptnutzen von Prototypen im UX-Design liegt in ihrer Fähigkeit, abstrakte Designkonzepte und Interaktionsmodelle in eine konkrete, testbare Form zu überführen. Während Wireframes vor allem die Struktur und Informationshierarchie einer Anwendung darstellen, fokussieren Prototypen stärker auf die Interaktivität und Usability der Anwendung. Dies ermöglicht es, zentrale Interaktionsmuster und Navigationskonzepte in einer realistischen Umgebung zu testen und potenzielle Usability-Probleme frühzeitig zu identifizieren.

Low-Fidelity-Prototypen, wie einfache Klick-Dummies oder papierbasierte Modelle, bieten den Vorteil, dass sie mit geringem Aufwand erstellt und iterativ angepasst werden können. Sie eignen sich besonders für die frühe Testphase, in der es darum geht, grundlegende Navigationskonzepte und Interaktionsmuster zu validieren. High-Fidelity-Prototypen hingegen sind detailliertere und interaktivere Modelle, die nicht nur das User Interface, sondern auch wesentliche Funktionalitäten und das Verhalten der Anwendung simulieren. Diese Prototypen sind besonders wertvoll in späteren Phasen des Designprozesses, wenn es darum geht, die Feinheiten der User Experience und der Interaktion zu testen.

Ein zentraler Vorteil von Prototypen liegt in ihrer Fähigkeit, Feedback sowohl von Nutzer:innen als auch von anderen beteiligten Stakeholdern zu sammeln, bevor teure und im Normalfall begrenzte Developer-Ressourcen eingesetzt werden. Durch iterative Testphasen können Designentscheidungen kontinuierlich optimiert und an die tatsächlichen Bedürfnisse der Zielgruppe angepasst werden. Darüber hinaus ermöglichen Prototypen die Identifikation und Behebung von Usability-Problemen, die in der rein theoretischen Phase möglicherweise übersehen wurden.

Der Einsatz von Prototypen beschleunigt nicht nur den Designprozess, sondern macht ihn auch agiler. Sie unterstützen die Kommunikation zwischen Designteams, Entwickler:innen und Stakeholdern, indem sie abstrakte Ideen in greifbare Modelle übersetzen, die für alle Beteiligten als gemeinsame Basis „anfassbar" sind und auf dieser Grundlage getestet und weiterentwickelt werden können. Auf diese Weise bilden Prototypen eine produktive Brücke zwischen Konzept und Umsetzung.

4.4 Tools und Ressourcen für UX-Design

Auf dem Markt haben sich verschiedene Standardlösungen für den UX-Design-Prozess etabliert. Diese Tools unterstützen Designer:innen in den unterschiedlichen Phasen des Designprozesses, angefangen bei der User Research über die Strukturierung und das Prototyping bis hin zur visuellen Gestaltung und abschließenden Evaluation. Auch hier gibt es eine klare operative Trennung zwischen UX- und UI-Design, wobei sich die beiden Dimensionen im Projektverlauf zunehmend vermischen. Spezialisierte Werkzeuge decken dabei verschiedene Phasen des UX- und UI-Designs ab und unterstützen einen strukturierten, effizienten Workflow. Sie ermöglichen iterative Designprozesse und schaffen konsistente, ineinandergreifende Benutzer:innenerfahrungen, indem sie sicherstellen, dass alle Elemente – von der Informationsarchitektur bis zum visuellen Design – harmonisch zusammenwirken, um eine nahtlose, intuitive Experience über alle Touchpoints hinweg zu gewährleisten.

Die im Folgenden vorgestellten Tools erheben nicht den Anspruch einer vollständigen Marktübersicht, sondern stellen beliebte und weit verbreitete Produkte und deren Einsatzmöglichkeiten exemplarisch vor.

4.4.1 Research-Tools

Research Tools unterstützen UX-Designer:innen dabei, gezielt Nutzer:innendaten zu sammeln und zu analysieren. Sie helfen, fundierte Erkenntnisse über Verhaltensmuster, Bedürfnisse und Probleme der Nutzer:innen zu gewinnen und bilden so die Grundlage für ein nutzer:innenzentriertes Design. Durch den Einsatz dieser Tools können Annahmen über die Zielgruppe überprüft und Designentscheidungen objektiv abgesichert werden.

4.4.1.1 UserTesting

Bild 4.11
Logo von UserTesting. (Bildnachweis: UserTesting auf *https://www.usertesting.com*)

UserTesting ist ein etabliertes Research-Tool, das UX-Designer:innen dabei unterstützt, detaillierte Einblicke in das Verhalten der Nutzer:innen zu gewinnen und validierte Designentscheidungen zu treffen. Die Plattform bietet eine Vielzahl von Methoden zur Erhebung qualitativer und quantitativer Nutzer:innen-Daten, darunter Usability-Tests, Umfragen und videobasierte Feedback-Sessions. Es ist möglich, verschiedene Designvarianten zu testen, um qualitatives Feedback zu sammeln.

Ein wichtiges Feature von UserTesting ist die Möglichkeit, Remote-Tests durchzuführen. Dies bedeutet, dass Nutzer:innen aus verschiedenen geografischen Standorten teilnehmen können, ohne physisch anwesend zu sein. Dies ist besonders für mobile Anwendungen nützlich, da die Tests im realen Nutzungskontext der Anwender:innen durchgeführt werden können, sei es unterwegs oder in unterschiedlichen Umgebungen.

UserTesting bietet zudem die Funktion Live Conversation, die es ermöglicht, Echtzeit-Interviews mit Nutzer:innen zu führen, während diese die App verwenden. Durch diese Methode können UX-Designer:innen wertvolle Einsichten in die Nutzerperspektive gewinnen und gleichzeitig direktes Feedback zu Interaktionen und Designentscheidungen erhalten. Die Plattform lässt sich zudem nahtlos in bestehende Analysetools integrieren, was eine einfache Implementierung in bestehende Workflows ermöglicht.

UserTesting hat in den letzten Jahren einen starken Fokus auf mobile Anwendungen gelegt und bietet spezifische Funktionen für das Testen auf mobilen Geräten. Zunehmend werden auch KI-basierte Analysefunktionen integriert, um die Auswertung von Nutzer:innendaten zu beschleunigen und tiefere Einblicke zu gewinnen.

Diese Funktionen machen UserTesting zu einem nützlichen Tool für UX-Designer:innen, da es eine schnelle Validierung von Designentscheidungen ermöglicht und tiefere Erkenntnisse über die Bedürfnisse und Probleme der Nutzer:innen bietet.

Weitere Informationen zu UserTesting: *https://www.usertesting.com*

4.4.1.2 Optimal Workshop

Bild 4.12
Logo von Optimal Workshop. (Bildnachweis: Optimal Workshop Ltd. auf *https://www.optimalworkshop.com*)

Optimal Workshop ist ein vielseitiges Research Tool, mit dem UX-Designer:innen detaillierte Einblicke in die Struktur und Navigation von Websites, Webanwendungen, mobilen Anwendungen und anderen digitalen Produkten gewinnen können. Die Plattform bietet verschiedene Methoden zur Erfassung und Analyse des Nutzerverhaltens. Mit Card Sorting sortieren Teilnehmer:innen Karten mit Inhalten (z.B. Website-Bereiche, Produktkategorien) in Kategorien, um zu verstehen, wie Nutzer:innen Informationen kategorisieren und strukturieren. So kann die Informationsarchitektur verbessert und eine intuitive Navigationsstruktur entwickelt werden. Beim Tree Testing erhalten die Teilnehmer:innen eine baumartige Darstellung der Website-Struktur und werden gebeten, bestimmte Inhalte zu finden. So kann die Auffindbarkeit von Inhalten evaluiert und die Menüführung optimiert werden. First Click Testing analysiert das erste Klickverhalten von Teilnehmer:innen, die auf den Bereich klicken sollen, wo sie die Lösung einer Aufgabe erwarten. So können tiefliegende Usability-Probleme identifiziert und die Platzierung von Elementen optimiert werden. Optimal Workshop bietet darüber hinaus Funktionen zur Rekrutierung von Testpersonen und zur Integration mit anderen Plattformen. Die beschriebenen Methoden ergänzen sich und können in verschiedenen Phasen des Designprozesses eingesetzt werden.

Optimal Workshop bietet sowohl quantitative Daten als auch qualitative Einblicke, die ein umfassendes Verständnis der Nutzer:innenerwartungen ermöglichen. Die Plattform bietet auch visuelle Analysen der Testergebnisse, die es UX-Designer:innen erleichtern, Muster und Probleme in der Informationsstruktur zu erkennen. Durch die Möglichkeit, Remote-Tests durchzuführen, kann eine große und geografisch verteilte Nutzer:innenbasis einbezogen werden, was die Aussagekraft der Ergebnisse zusätzlich erhöht.

Weitere Informationen zu Optimal Workshop: *https://www.optimalworkshop.com*

4.4.2 Wireframing- und Prototyping-Tools

Wireframing- und Prototyping-Tools sind wesentliche Hilfsmittel im UX-Design, die es UX-Designer:innen ermöglichen, die Struktur, Funktionalität und Interaktionsmuster einer Anwendung bereits in frühen Phasen des Designprozesses zu skizzieren und zu testen. Während sich Wireframing-Tools auf die visuelle Darstellung des Layouts und der Informationsarchitektur konzentrieren, gehen Prototyping-Tools einen Schritt weiter und simulieren die User Experience durch Interaktivität.

Wireframes dienen in erster Linie dazu, die Oberfläche und die Anordnung der Inhalte klar darzustellen, ohne sich in Details der visuellen Gestaltung zu verlieren. Sie helfen, den Designprozess effizient zu gestalten, indem sie den Fokus auf Funktionalität und Benutzer:innenführung legen. Durch schnelle Iterationen können UX-Teams verschiedene Ansätze testen und frühzeitig Feedback von Stakeholdern und Nutzer:innen einholen.

Prototyping-Tools hingegen ermöglichen die Erstellung interaktiver Modelle, die Nutzer:innenverhalten und Interaktionen realistisch simulieren. Sie helfen, die UX in einer Umgebung zu testen, die der endgültigen Anwendung sehr nahe kommt. Dies reduziert das Risiko, dass schwerwiegende Usability-Probleme erst in einer späteren Entwicklungsphase entdeckt werden. Prototypen können in unterschiedlichen Detaillierungsgraden erstellt werden, von einfachen klickbaren Wireframes bis hin zu detaillierten Modellen, die die Navigation und Benutzer:innenführung nahezu vollständig abbilden.

Moderne Werkzeuge wie Figma oder Axure RD integrieren Wireframing und Prototyping und ermöglichen eine nahtlose Zusammenarbeit in Designteams. Diese Tools erleichtern das Teilen, Kommentieren und das gemeinsame Arbeiten an Entwürfen, was den iterativen Designprozess fördert und sicherstellt, dass Feedback und Anpassungen schnell in den Designprozess einfließen können. Damit schaffen sie die Grundlage für durchdachte und nutzerzentrierte mobile Anwendungen.

4.4.2.1 Balsamiq

Bild 4.13
Logo von balsamiq. (Bildnachweis: balsamiq auf *https://balsamiq.com/brand*)

Balsamiq ist ein spezialisiertes Low-Fidelity Wireframing-Tool, das sich besonders für die frühe Konzeptphase im UX-Design-Prozess eignet. Es ist für verschiedene Plattformen geeignet, einschließlich mobiler Anwendungen, Desktop-Anwendungen und Websites. Die Software zeichnet sich durch ihre Einfachheit und Fokussierung auf das schnelle Skizzieren von Layouts aus, ohne dass die Designer:innen durch visuelle Details abgelenkt werden. Mit Balsamiq erstellte Wireframes ähneln oft handgezeichneten Skizzen, was den Vorteil hat, dass man sich in der frühen Designphase auf die funktionalen und strukturellen Aspekte der Anwendung konzentrieren kann und nicht in den Verdacht gerät, dass die Anwendung bereits „fast fertig“ ist.

Einer der Hauptvorteile von Balsamiq ist die schnelle Erstellung von Wireframes mit minimalem Aufwand. Designer:innen können so innerhalb kürzester Zeit verschiedene Layouts und Ideen testen und mit Stakeholdern besprechen, ohne sich um ästhetische Details kümmern zu müssen. Dies macht das Tool besonders nützlich in der Zusammenarbeit mit Kunden:innen oder Teams, die schnelle Iterationen benötigen. Obwohl der Schwerpunkt auf Low-Fidelity liegt, können in Balsamiq einfache interaktive Elemente hinzugefügt werden, um grundlegende Abläufe zu simulieren.

Balsamiq unterstützt zudem die Zusammenarbeit im Team durch eine einfache Sharing-Funktion, mit der Designer:innen ihre Entwürfe schnell teilen und Feedback in

Echtzeit erhalten können. Balsamiq bietet eine Vielzahl von Vorlagen und UI-Bibliotheken, die den Designprozess beschleunigen und für Konsistenz sorgen können. Nützlich sind auch die Exportfunktionen, mit denen Wireframes einfach als PNG oder PDF ausgegeben und in andere Präsentationen oder Dokumentationen integriert werden können.

Balsamiq ist aufgrund seiner Fokussierung auf die schnelle und intuitive Erstellung von Low-Fidelity-Wireframes eine hervorragende Wahl für die frühen Phasen des UX-Designs. Durch die bewusste Reduktion auf einfache visuelle Elemente können Struktur und UI gezielt und auf das Wesentliche reduziert getestet werden.

Weitere Informationen zu balsamiq: *https://balsamiq.com*

4.4.2.2 Figma

Bild 4.14
Logo von Figma. (Bildnachweis: Figma Inc. auf *https://www.figma.com/de-de/using-the-figma-brand*)

Figma ist eine cloudbasierte Plattform, die den gesamten UX-Design-Prozess von der Ideenfindung über die Erstellung von Wireframes bis hin zum High-Fidelity-Prototyping und der Übergabe an die Entwickler:innen in einem Tool integriert. Die Plattform bietet umfassende Funktionen, die es ermöglichen, sowohl einfache schematische Entwürfe als auch interaktive, detaillierte Prototypen zu erstellen. Figma ist besonders auf kollaborative Workflows ausgerichtet, die es mehreren Designer:innen erlauben, simultan an einem Projekt zu arbeiten. Die integrierte Kommentarfunktion und die Möglichkeit, Designs in Echtzeit zu teilen, fördern eine transparente und effektive Kommunikation.

Eine besondere Stärke von Figma ist die Möglichkeit, plattformübergreifende Designs zu erstellen, die sich flexibel an unterschiedliche Bildschirmgrößen und -formate anpassen lassen. Für den mobilen UX-Design-Prozess bietet Figma spezielle Werkzeuge zur Erstellung responsiver Layouts, die die Darstellung auf mobilen Endgeräten optimieren. Die Integration von Breakpoints ermöglicht es, Mobile-First-Designs zu entwickeln und deren Darstellung auf verschiedenen Gerätetypen zu simulieren.

Darüber hinaus verfügt Figma über eine erweiterbare Plug-in-Architektur, die den Funktionsumfang der Plattform um zusätzliche Tools und Designsysteme ergänzt. Dies ermöglicht eine hohe Flexibilität und Anpassbarkeit an projektspezifische Anforderungen. Durch die Möglichkeit, detaillierte Prototypen direkt in der Plattform zu testen, bietet Figma eine effiziente Lösung, um Abläufe und Interaktionskonzepte frühzeitig zu evaluieren und zu optimieren.

Figma unterstützt die Erstellung und Verwaltung von Designsystemen, was die Konsistenz und Effizienz im Designprozess fördert. Die Plattform speichert automatisch die Versionshistorie von Designs, sodass Änderungen nachvollzogen und frühere Versionen wiederhergestellt werden können. Figma verfügt über eine aktive Community und bietet eine Vielzahl von Ressourcen wie Templates, UI Kits und Plug-ins. Darüber hinaus legt Figma großen Wert auf Barrierefreiheit und bietet Funktionen, die es Designern erleichtern, barrierefreie User Interfaces zu erstellen.

Durch die nahtlose Integration von Design- und Prototyping-Funktionen, die Cloud-basierte Zusammenarbeit, die Unterstützung von Designsystemen und den Fokus auf Barrierefreiheit ist Figma besonders geeignet, um komplexe mobile UX-Projekte effizient und iterativ zu entwickeln. Es bietet sowohl kostenlose als auch kostenpflichtige Pakete, die sich an unterschiedliche Bedürfnisse und Teamgrößen anpassen lassen.

Weitere Informationen zu Figma: *https://www.figma.com/de-de*

4.4.2.3 Axure RD

axure

Bild 4.15
Logo von Axure. (Bildnachweis: Axure Software Solutions, Inc. auf *https://www.axure.com*)

Axure RP ist ein spezialisiertes Prototyping-Tool, das sich von anderen gängigen Lösungen durch seine Fähigkeit unterscheidet, besonders komplexe und interaktive Prototypen zu erstellen. Es wird häufig in Projekten eingesetzt, bei denen es auf umfangreiche Interaktionen, dynamische Inhalte oder detaillierte User Flows ankommt. Während Figma sich vor allem auf die kollaborative Erstellung und das Design-System-Management konzentriert, richtet sich Axure RP gezielt an erfahrene UX-Designer:innen oder Produktmanager:innen bzw. Product Owner, die funktional sehr umfangreiche Prototypen entwickeln möchten oder müssen.

Axure RP ermöglicht die Erstellung von Prototypen mit komplexer Logik, Bedingungen und interaktiven Elementen. Ein wesentliches Unterscheidungsmerkmal zu Figma ist die Integration von „Conditional Logic" und variablenbasierten Interaktionen, die es ermöglichen, verschiedene Szenarien innerhalb eines Prototyps zu simulieren. So kann beispielsweise das Verhalten der Anwendung in Abhängigkeit von Eingaben der Benutzer:innen variieren, was besonders bei Anwendungsfällen mit mehreren Entscheidungspunkten oder stark personalisierten Erlebnissen relevant ist.

Darüber hinaus bietet Axure RP die Möglichkeit, Prototypen direkt mit detaillierten Spezifikationen und Dokumentationen zu versehen, was die Übergabe an die Entwickler:innen erleichtert. Die erstellten Prototypen lassen sich auf allen gängigen mobilen Endgeräten testen, sodass auch mobile UX-Designer:innen von Axure RP profitieren können.

Ein weiterer Vorteil von Axure RP ist die Möglichkeit, detaillierte High-Fidelity-Prototypen zu erstellen, die nicht nur einfache Navigationen oder Klickpfade simulieren, sondern auch tiefergehende Interaktionen wie das dynamische Laden von Inhalten oder das Management von Datenflüssen.

Axure RP bietet außerdem einen umfangreichen Satz an Bibliotheken für UI-Komponenten und ermöglicht den Export von Prototypen nach HTML, was eine realitätsnahe Simulation in Webbrowsern erlaubt. Obwohl Axure RP nicht die gleichen Echtzeit-Kollaborationsmöglichkeiten bietet wie beispielsweise Figma, ermöglicht es durch Funktionen wie Teamprojekte und Versionskontrolle dennoch die gemeinsame Arbeit an Prototypen. Es bietet auch Integrationen mit anderen Design-Tools wie Figma, Sketch und dem abgekündigten Adobe XD, um den Design-Workflow toolübergreifend zu optimieren.

Axure RP ist ein leistungsstarkes Werkzeug für anspruchsvolle Prototyping-Projekte, die mehr als nur visuelle Darstellungen erfordern. Es eignet sich besonders für erfahrene Designer:innen und größere Projekte, bei denen detaillierte Interaktionen im Vordergrund stehen.

Weitere Informationen zu Axure RP: *https://www.axure.com*

4.4.3 Kollaborations- und Handoff-Tools

Kollaborations- und Handoff-Tools überbrücken die Lücke zwischen Design- und Entwicklungsteams und tragen zur Optimierung des gesamten UX-Prozesses aus einer End-to-End-Perspektive bei. Während viele Design-Tools wie Figma oder Axure RP bereits grundlegende Handoff-Funktionen bieten, deren Umfang jedoch variiert, spezialisieren sich dedizierte Handoff-Tools wie Zeplin auf die detaillierte Übergabe von Designspezifikationen an das Entwicklungsteam.

Diese Tools ermöglichen es UX-Designer:innen, Designs in einer für Entwickler:innen leicht interpretierbaren und direkt umsetzbaren Weise zu dokumentieren. Sie generieren exakte Spezifikationen von UI-Elementen wie Farben, Abstände, Typografie und Interaktionen und bieten Entwickler:innen direkten Zugriff auf den Code oder die benötigten Design-Schnittstellen. Dies reduziert nicht nur das Risiko von Missverständnissen und erleichtert eine pixelgenaue Umsetzung der Entwürfe, sondern fördert auch die Effizienz im Entwicklungsprozess, da Entwickler:innen direkt und an einem zentralen Ort auf die benötigten Informationen zugreifen können.

Durch die klar strukturierte und oft automatisch generierte Dokumentation der Designrichtlinien vermeiden Handoff-Tools aufwendige manuelle Übergabeprozesse. Darüber hinaus unterstützen sie die teamübergreifende Zusammenarbeit, indem sie den aktuellen Stand des Designs und der Spezifikationen für alle Beteiligten, einschließlich Product Owner und Stakeholder, transparent halten. Sie bieten eine zentrale Plattform für Feedback und Diskussion.

Der Bereich der Kollaborations- und Handoff-Werkzeuge entwickelt sich ständig weiter. Neue Technologien wie Design Tokens und automatisierte Design-Systemintegrationen gewinnen zunehmend an Bedeutung und können den Handoff-Prozess weiter optimieren. Design Tokens sind wiederverwendbare Variablen, die zentrale Designparameter wie Farben, Schriftgrößen oder Abstände in standardisierter Form speichern. Sie stellen sicher, dass Designentscheidungen konsistent in den Code übernommen werden können und somit die visuelle Konsistenz gewährleistet ist. Automatisierte Designsystem-Integrationen hingegen ermöglichen, dass Änderungen an Komponenten in einem zentralen Designsystem automatisch in die Entwicklungsumgebung übernommen werden. Dies reduziert die manuelle Arbeit und sorgt für eine ständige Synchronisation zwischen Design und Code.

4.4.3.1 Zeplin

Bild 4.16
Logo von Zeplin. (Bildnachweis: Zeplin, Inc. auf *https://zeplin.io*)

Zeplin ist ein spezialisiertes Handoff-Tool zur effizienten und automatisierten Übergabe von Designentwürfen in die Entwicklung. Es übersetzt Designdateien, die mit Tools wie Figma, Sketch oder Adobe XD erstellt wurden, in ein strukturiertes und leicht zugängliches Format, das Entwickler:innen die Arbeit deutlich erleichtert. Darüber hinaus bietet Zeplin Funktionen zur Organisation von Designs in Projekten und Komponenten, zur Erstellung von Styleguides und zur Verwaltung von Design-Versionen.

Eine Besonderheit von Zeplin ist die automatische Generierung von Spezifikationen wie Abmessungen, Farbwerten und Schriftstilen, die direkt aus dem Design übernommen werden. Dadurch werden Fehlerquellen minimiert, die bei der manuellen Übertragung von Entwürfen in Code häufig auftreten.

Zeplin hat die Fähigkeit, mit Design Tokens zu arbeiten. Diese Tokens stellen eine standardisierte Form von Designwerten wie Farben, Abstände und Schriften dar, die in den Code integriert werden können. Dies vereinfacht die Pflege und Konsistenz von Designs in großen Projekten erheblich, da Änderungen an zentralen Designwerten sofort auf alle verknüpften Elemente übertragen werden können. Zeplin bietet auch Integrationen mit automatisierten Designsystemen an, die das Handling von wiederverwendbaren UI-Komponenten und Styles weiter optimieren.

Darüber hinaus verfügt Zeplin über eine umfangreiche Kommentarfunktion, die es Designer:innen und Entwickler:innen ermöglicht, Anmerkungen und Erklärungen direkt im Design zu hinterlassen, was den Kommunikationsfluss während der Übergabephase verbessert und Transparenz herstellt. Zeplin ist sowohl als Web- als auch als Desktop-Anwendung verfügbar und bietet Integrationen mit einer Vielzahl von Design-Tools und Entwicklungsumgebungen.

Weitere Informationen zu Zeplin: *https://zeplin.io*

4.4.4 Evaluierungstools

Evaluationstools bilden die Grundlage für eine detaillierte Analyse des Verhaltens der Nutzer:innen, um auf Datenbasis fundierte Optimierungsentscheidungen treffen zu können. Die Tools sammeln sowohl quantitative als auch qualitative Daten, um beispielsweise zu verstehen, wie Nutzer:innen durch eine App navigieren, wo sie auf Schwierigkeiten stoßen und wie sie mit den verschiedenen Interface-Elementen interagieren. Typische Features sind Heatmaps, die visuell darstellen, welche Bereiche der App am häufigsten genutzt werden, und User Recordings, mit denen Interaktionen im Detail nachvollzogen werden können. Darüber hinaus können A/B-Tests, Umfragen, Nutzerbefragungen, Eye-Tracking, Click-Tracking und Conversion-Funnel-Analysen eingesetzt werden, um ein umfassendes Bild der User Experience zu erhalten.

Bei mobilen Projekten sind solche Werkzeuge hilfreich, um die User Experience auf verschiedenen Geräten und in unterschiedlichen und divergierenden Nutzungsszenarien zu verbessern und datenbasierte Optimierungen vorzunehmen. Dabei können spezifische Herausforderungen wie unterschiedliche Bildschirmgrößen, Touch-Interaktionen und Nutzungsszenarien (z. B. „zu Hause“ oder „in der U-Bahn“) berücksichtigt werden.

Idealerweise werden Evaluationstools in einem iterativen Designprozess eingesetzt, um frühzeitig Feedback einzuholen, Probleme zu identifizieren und Verbesserungen umzusetzen.

4.4.4.1 Maze

Bild 4.17
Logo von Maze. (Bildnachweis: MAZE.DESIGN INC auf *https://maze.co*)

Maze ist ein hochspezialisiertes User-Experience-Evaluationstool, das sich auf die Durchführung von User-Tests mit Prototypen konzentriert. Maze ist besonders darauf ausgelegt, UX-Designer:innen und Produktteams dabei zu unterstützen, datenbasierte Tests und Validierungen von Prototypen durchzuführen, bevor die eigentliche Entwicklung beginnt. Mit Maze können User-Tests schnell und ohne Programmierkenntnisse erstellt und durchgeführt werden. Maze unterstützt derzeit keine nativen Apps, kann also im mobilen Umfeld nur Prototypen aka „Prototype Blocks“ evaluieren.

Zu den Hauptfunktionen von Maze gehören Usability-Tests, Remote-Tests von Prototypen, Card Sorting, Tree Testing, Five-Second-Tests, A/B-Tests, Umfragen, Multiple-Choice-Fragen und Clickmaps. Maze ermöglicht es, Prototypen für mobile Anwendungen unter realistischen Bedingungen zu testen und direkt Feedback von den Nutzer:innen zu sammeln. Eine Stärke von Maze ist die nahtlose Integration mit gängigen Prototyping-Tools wie Figma, Sketch, InVision, Adobe XD und Framer.

Maze stellt sowohl qualitative als auch quantitative Daten zur Verfügung. So können UX-Designer:innen nachvollziehen, wie Nutzer:innen mit einem Prototyp interagieren, wo Schwierigkeiten auftreten und welche Designentscheidungen optimiert werden sollten. Clickmaps und Heatmaps bieten detaillierte Einblicke in das Klickverhalten, während Multiple-Choice-Fragen und Umfragen es ermöglichen, direktes Feedback von den Nutzer:innen einzuholen. Maze bietet detaillierte Analysefunktionen und Reporting-Optionen zur Visualisierung und Interpretation der Testergebnisse. Dazu gehören Heatmaps, Clickmaps, Pfadanalysen, Erfolgsquoten und Zeitmessungen.

Ein weiteres Feature von Maze ist die Möglichkeit, Testergebnisse in Echtzeit zu analysieren und sofort Rückschlüsse auf mögliche Optimierungspotenziale zu ziehen. Dies ermöglicht eine schnelle Iteration im Designprozess, ohne auf die vollständige Entwicklung warten zu müssen. Darüber hinaus ermöglicht die Flexibilität der Plattform die Abbildung unterschiedlicher Testszenarien, von einfachen Klick-Dummys bis hin zu komplexen Usability-Tests.

Maze eignet sich für verschiedene Zielgruppen, von einzelnen Designer:innen bis hin zu großen Unternehmen. Maze bietet sowohl kostenlose als auch kostenpflichtige Pakete an, wobei die kostenpflichtigen Versionen erweiterte Funktionen wie tiefere Analysen und die Integration mit Analysetools ermöglichen. Mit seiner Flexibilität und einfachen Handhabung ist Maze ein wertvolles Tool für mobile UX-Designer:innen, die schnell datenbasierte Entscheidungen treffen und ihre Prototypen optimieren möchten.

Weitere Informationen zu maze: *https://maze.co*

4.4.5 Designsysteme und Komponentenbibliotheken

Designsysteme und Komponentenbibliotheken sind grundlegende Werkzeuge an der Schnittstelle zwischen UI- und UX-Design und bilden eine wichtige Grundlage für einen strukturierten Designprozess. Sie bieten eine einheitliche Basis für das Design und die Implementierung von User Interfaces und sind somit gerade in komplexen und skalierenden Projekten hilfreich. Aus Sicht einer UX-Designers:in sind sie nicht nur funktionale Werkzeuge, sondern auch strategische Rahmenwerke, die sicherstellen, dass visuelle und interaktive Elemente konsistent verwendet werden, um eine konsistente User Experience über alle Plattformen hinweg auch in umfangreichen Projekten zu gewährleisten.

Designsysteme bestehen in der Regel aus einer Kombination von Designprinzipien, visuellen Richtlinien, wiederverwendbaren Komponenten, Markenrichtlinien, Inhaltsrichtlinien, Code-Richtlinien und Richtlinien zur Barrierefreiheit. Diese Prinzipien definieren die grundlegenden Designregeln wie Farbpaletten, Typografie und Layoutvorgaben, die über alle Anwendungen und Plattformen hinweg beibehalten werden. Ziel ist es, eine nahtlose und konsistente User Experience zu gewährleisten, indem wiederkehrende Elemente einheitlich verwendet und klar dokumentiert werden.

Komponentenbibliotheken als Teil eines Designsystems enthalten vorgefertigte UI-Elemente wie Buttons, Formulare, Drop-down-Menüs und Navigationselemente, die in verschiedenen Projekten wiederverwendet werden können. Diese modularen Bausteine sind auf Effizienz und Konsistenz ausgelegt und ermöglichen es Designer:innen, bereits bewährte Interaktionsmuster in ihre Designs zu integrieren, ohne jedes Element neu gestalten zu müssen. Für UX- und UI-Designer:innen stellt dies eine erhebliche Erleichterung dar, da der Fokus auf neue, spezifische Herausforderungen gelegt werden kann, während wiederkehrende Designaspekte durch bewährte und getestete Komponenten abgedeckt werden.

Ein weiterer Vorteil von Designsystemen ist die Verbesserung der Kommunikation und Zusammenarbeit zwischen Design- und Entwicklungsteams. Durch die klare Dokumentation von Interaktionen und visuellen Rahmenbedingungen erleichtern Designsysteme den Übergang von der Design- in die Entwicklungsphase. Entwickler:innen können genau nachvollziehen, welche Elemente wie umgesetzt werden sollen, da sie auf standardisierte Komponenten zurückgreifen können, die bereits funktional und visuell definiert sind. Dies reduziert das Risiko von Missverständnissen und Fehlern bei der Umsetzung. Darüber hinaus unterstützen Designsysteme die Skalierbarkeit, Wartbarkeit und das Branding von Anwendungen.

Moderne Designsysteme verwenden zunehmend Design Tokens. Dabei handelt es sich um konfigurierbare Variablen, die festlegen, wie visuelle Eigenschaften wie Farben, Abstände oder Schriftgrößen in einer Anwendung definiert werden. Durch den Einsatz von Design Tokens können Änderungen zentral an einer Stelle vorgenommen und sofort auf die gesamte Anwendung übertragen werden. Dies bedeutet, dass Anpassungen in Echtzeit auf alle verknüpften Designelemente angewendet werden, um die Designkonsistenz zu gewährleisten und den manuellen Änderungsaufwand zu minimieren.

Im Mobile UX Design sind Designsysteme besonders wichtig, da sie sicherstellen, dass das Erscheinungsbild und die Funktionalität einer Anwendung konsistent bleiben, unabhängig davon, auf welchen Geräten oder Bildschirmgrößen sie verwendet wird. Ein gut strukturiertes Designsystem hilft UX-Designer:innen dabei, reaktionsfähige, skalierbare und benutzer:innenfreundliche mobile Anwendungen zu entwickeln, die sich durch Kohärenz und Effizienz und wenig manuellen Anpassungsaufwand auszeichnen.

Designsysteme und Komponentenbibliotheken sind somit eine wesentliche Grundlage des modernen UX-Designprozesses. Sie helfen, Prozesse zu standardisieren, Arbeitsabläufe zu beschleunigen und eine konsistente, hochwertige User Experience sicherzustellen, während sie gleichzeitig die Zusammenarbeit zwischen Designer:innen und Entwickler:innen optimieren.

4.4.5.1 Material Design

Material Design ist ein von Google entwickeltes visuelles und funktionales Framework, das auf den Konzepten Materialität und Bewegung basiert. Es zielt darauf ab, durch konsistente Designrichtlinien eine einheitliche User Experience über verschiedene Plattformen hinweg zu ermöglichen. Die Relevanz von Material Design im Android-Kontext liegt in seiner Fähigkeit, die Interaktion mit digitalen Oberflächen intuitiv und verständlich zu gestalten, ein besonders relevanter Faktor auf mobilen Endgeräten mit ihrem begrenzten Bildschirmplatz.

Karten und Schaltflächen, die durch visuelle Überlagerungen wie Schatten oder Tiefeneffekte hervorgehoben werden, bieten den Nutzer:innen klare Orientierungspunkte auf mobilen Interfaces. Diese Hervorhebungen helfen, die Interaktivität von Elementen zu verdeutlichen und wichtige Informationen und Funktionen leichter erkennbar zu machen, wodurch die Navigation durch die Anwendung intuitiver wird.

Ein weiteres wichtiges Prinzip ist die Bewegung. Animationen dienen hier nicht nur ästhetischen Zwecken, sondern geben funktionale Hinweise auf Interaktionen. Bewegungen wie das Drücken einer Schaltfläche oder das Scrollen folgen klaren, physikalisch inspirierten Regeln und unterstützen Nutzer:innen dabei, Übergänge und Zustandswechsel in einer App nachzuvollziehen.

In der mobilen UX spielen die Konzepte Materialität und Bewegung eine besondere Rolle, da sie trotz der begrenzten Fläche mobiler Endgeräte eine eindeutige und nachvollziehbare Nutzer:innenführung ermöglichen. Durch physikalische Metaphern und gut durchdachte Bewegungsmuster wird es den Nutzer:innen erleichtert, komplexe Interaktionen intuitiv zu verstehen und eine konsistente, vorhersehbare UX zu erleben.

Material Design fördert auch die Skalierbarkeit und Reaktionsfähigkeit von Anwendungen. Durch die Implementierung von Design Tokens, standardisierten Variablen für Farben, Abstände und Schriftgrößen, können Designentscheidungen zentral getroffen und nahtlos auf die gesamte Anwendung übertragen werden. Dies ermöglicht eine einfache Wartung und Anpassung der Anwendungen an unterschiedliche Bildschirmgrößen und Geräte.

Ein weiteres Merkmal von Material Design ist die Berücksichtigung der Barrierefreiheit. Es bietet klare Richtlinien für Farbkontraste, Schriftgrößen und Screenreader-Kompatibilität, um sicherzustellen, dass mobile Anwendungen für Menschen mit Behinderungen zugänglich bleiben. Die Richtlinien enthalten konkrete Vorgaben für die Verwendung von Farben, Schriften und semantisch korrektem HTML, um die Kompatibilität mit Screenreadern wie TalkBack (Screenreader für Android) zu gewährleisten.

Material Design wird kontinuierlich weiterentwickelt, derzeit in der Version Material Design 3, und bietet umfangreiche Anpassungsmöglichkeiten wie das Material Theming, mit dem Designteams visuelle Elemente an Markenrichtlinien anpassen können, ohne die Konsistenz des Systems zu beeinträchtigen. Als Open-Source-Projekt mit einer aktiven Community bietet es zahlreiche Ressourcen, die UX- und UI-Designer:innen bei ihrer Arbeit unterstützen.

Weitere Informationen zu Material Design: *https://m3.material.io*

4.4.5.2 Human Interface Guidelines (HIG)

Die Human Interface Guidelines (HIG) sind ein umfassendes Regelwerk von Apple, das klare Richtlinien für die Gestaltung von User Interfaces in iOS, iPadOS, macOS, watchOS, tvOS und VisionOS definiert. Ziel der HIG ist es, eine konsistente, benutzer:innenfreundliche und intuitive User Experience über alle Apple-Plattformen hinweg zu gewährleisten. Für UX-Designer:innen sind die HIG eine wertvolle Ressource, da sie nicht nur gestalterische Richtlinien, sondern auch spezifische Best Practices für die Entwicklung von Anwendungen auf den verschiedenen Apple-Geräten enthalten. Apple aktualisiert die HIG regelmäßig, um sie an neue Technologien und Designtrends anzupassen.

Ein zentrales Prinzip der HIG ist das Streben nach Klarheit, Konsistenz und ästhetischer Integrität. Apple legt dabei besonderen Wert auf einfache, funktionale und visuell ansprechende Interfaces, die die Interaktion der Nutzer:innen mit digitalen Oberflächen möglichst intuitiv gestalten. Die HIG betont die Notwendigkeit, den Nutzer:innen klare visuelle Hierarchien zu bieten, die den Fokus auf wichtige Inhalte lenken und überflüssige visuelle Elemente vermeiden.

Adaptivität und Responsivität spielen eine weitere entscheidende Rolle im mobilen UX-Design. Die HIG geben klare Anleitungen, wie Designelemente skalierbar gestaltet werden können, um auf unterschiedlichen Bildschirmgrößen (z. B. iPhone, iPad, Apple Watch) nahtlos zu funktionieren.

Ein weiteres Merkmal der HIG ist der Einsatz von Bewegung und Interaktivität. Animationen und Übergänge werden als Werkzeuge betrachtet, die nicht nur ästhetische Funktionen erfüllen, sondern auch wichtige Hinweise auf den Status von Interaktionen geben. Ähnlich wie beim Material Design weist Apple darauf hin, dass Animationen sinnvoll eingesetzt werden, um Benutzer:innen visuelle Rückmeldungen zu geben, z. B. durch das „Zurückfedern" von Elementen oder subtile Übergänge zwischen Bildschirmen. Diese Bewegungsmuster sollen den Nutzungskontext verdeutlichen und die Navigationsstruktur unterstützen.

Die HIG fördern auch den Einsatz von haptischem Feedback und Gestensteuerung. Der Einsatz von Gesten wie Wischen, Tippen und Halten ermöglicht eine intuitive Interaktion, während haptisches Feedback zusätzliche Rückmeldungen liefert, die das Nutzer:innenerlebnis vertiefen und die Bedienung verständlicher machen.

Auch im Bereich der Barrierefreiheit setzen die HIG hohe Standards um. Apple stellt hierfür eine Reihe von Werkzeugen und Technologien bereit, wie z. B. VoiceOver, Bildschirmvergrößerung und Farbkontrastanpassung, die UX-Designer:innen direkt in ihre Anwendungen integrieren können.

Die HIG bieten klare Empfehlungen, wie eine Anwendung das Apple Systemdesign optimal integrieren kann. Dies schließt die Verwendung nativer Komponenten und UI-Elemente ein, um sicherzustellen, dass Apps auf jeder Plattform sofort vertraut wirken und die Nutzer:innen sich schnell zurechtfinden.

Zusätzlich zu den oben genannten Punkten gehen die HIG weiter in die Tiefe und bieten detaillierte Anleitungen zu Themen wie Informationsarchitektur, Navigation, Interaktion, Nutzerfeedback, Onboarding und Barrierefreiheit. Sie bieten separate Richtlinien für jede Apple-Plattform und Apple stellt neben den HIG auch Design-Ressourcen wie UI-Kits, Templates und Design-Tools zur Verfügung.

Die Einhaltung der Human Interface Guidelines (HIG) spielt darüber hinaus eine wichtige Rolle für Entwickler:innen, die ihre Anwendungen im öffentlichen App Store veröffentlichen möchten. Apple verlangt eine exakte Umsetzung der Richtlinien, um eine konsistente und harmonische Integration der Apps in das Betriebssystem zu gewährleisten. Dazu gehören die Verwendung nativer UI-Komponenten, die Einhaltung von Interaktionsstandards und die Berücksichtigung der Barrierefreiheit. Die HIG dienen somit als Framework, um die Qualität und Benutzer:innenfreundlichkeit einer

App zu gewährleisten und ihre Konformität mit den Systemanforderungen sicherzustellen, was generell auch eine reibungslose Zulassung im App Store erleichtert.

Weitere Informationen zu den Human Interface Guidelines (HIG): *https://developer.apple.com/design/human-interface-guidelines*

4.5 Checkliste: Herausforderungen im mobilen UX-Design

Die folgende Checkliste greift zentrale Herausforderungen im mobilen UX-Design auf und bietet Lösungsansätze, die UX-Designer:innen bei der Entwicklung benutzer:innenfreundlicher mobiler Anwendungen unterstützen. Dabei ist zu beachten, dass UI-Design und UX-Design eng miteinander verwoben sind und sich gegenseitig beeinflussen: Ein gut gestaltetes UI trägt wesentlich zu einer positiven UX bei. Diese Liste konzentriert sich auf die wichtigsten Aspekte, sie sollte aber immer projektspezifisch und strategisch angepasst und erweitert werden.

Navigation

- **Zugänglichkeit:** Ist die Hauptnavigation leicht zugänglich, auch auf größeren Bildschirmen?
- **Konsistenz:** Sind die Navigationselemente in der gesamten App einheitlich?
- **Visuelle Hierarchie:** Ist die visuelle Hierarchie der Navigationselemente klar?
- **Informationsarchitektur:** Spiegelt die Navigationsstruktur die Informationsarchitektur der Anwendung wider?
- **Gestensteuerung:** Sind wichtige Aktionen über Gesten zugänglich und intuitiv?
- **Direktzugriff:** Können Nutzer:innen wichtige Funktionen mit minimalen Klicks/Taps erreichen?
- **Progressive Disclosure:** Werden Navigationselemente auf komplexeren Seiten oder in tieferen Ebenen der App nur bei Bedarf angezeigt, um die Übersichtlichkeit zu erhöhen?

Flüssige Bedienung und Multitasking

- **Ladezeitoptimierung:** Werden Ressourcen effizient geladen, um schnelle Reaktionszeiten zu gewährleisten?

- **Daten-Caching:** Ist die App in der Lage, Inhalte zu speichern und verzögerungsfrei zu laden?
- **Performance-Optimierung:** Läuft die App flüssig und reagiert schnell auf Eingaben?
- **Animationen und Übergänge:** Sind Animationen und Übergänge organisch und tragen sie zu einer zielgerichteten User Experience bei?
- **Responsives Layout:** Ist die App für unterschiedliche Gerätegrößen und Bildschirmformate optimiert?
- **Persistente UI-Elemente:** Bleiben wichtige UI-Elemente auch beim Scrollen oder Wechseln zwischen Bildschirmen sichtbar?
- **App-Wechsel:** Wird der Status der App in Multitasking-Szenarien zuverlässig gespeichert?
- **Fehlertoleranz:** Ist die App robust und stürzt bei unerwarteten Eingaben oder Fehlern nicht ab?

4.5.1 Barrierefreiheit und Inklusion

- **Textgrößenanpassung:** Können Nutzer:innen die Textgröße verändern, um Inhalte besser lesen zu können?
- **Farbkontraste:** Ist der Farbkontrast ausreichend hoch, auch für Menschen mit Sehbehinderungen?
- **Screenreader-Kompatibilität:** Sind alle Elemente für Screenreader-Technologien zugänglich?
- **Alternativtexte:** Sind alle Bilder und interaktiven Elemente mit Alternativtexten für Screenreader versehen?
- **Fokussierbare Elemente:** Sind alle interaktiven Elemente fokussierbar?
- **Audio- und Videoinhalte:** Sind Audio- und Videoinhalte mit Untertiteln und Transkripten versehen?
- **Berücksichtigung motorischer Einschränkungen:** Ist die Oberfläche für Menschen mit motorischen Einschränkungen optimiert (z. B. durch größere Touch-Ziele)?

Offline-Funktionalitäten

- **Offline-Nutzung:** Funktioniert die Anwendung generell auch ohne Internetverbindung?

- **Datensynchronisation:** Wird der Status der App nahtlos aktualisiert, wenn die Verbindung wiederhergestellt ist? Synchronisiert die Anwendung Daten automatisch, wenn eine Internetverbindung verfügbar ist?
- **Offline-Indikatoren:** Zeigt die App klar an, welche Funktionen offline verfügbar sind und welche nicht?
- **Offline-Caching:** Werden wichtige Daten lokal gespeichert, damit die App auch ohne Verbindung zum Internet funktioniert?

Multimodale Interaktionen

- **Sprachsteuerung:** Ist die App kompatibel mit Sprachsteuerungssystemen wie Siri oder Google Assistant?
- **Haptisches Feedback:** Werden Berührungen und Interaktionen durch haptisches Feedback unterstützt?
- **Gestensteuerung:** Ermöglicht die App die schnelle Ausführung bestimmter Aktionen durch intuitive Gesten?
- **Kombination der Interaktionsformen:** Kombiniert die App verschiedene Eingabemethoden, um die Bedienung flexibler und intuitiver zu gestalten?
- **Mikrointeraktionen:** Sind die Mikrointeraktionen in der App gut gestaltet und sinnvoll eingesetzt?

Context-Awareness

- **Kontextbasierte Anpassungen:** Werden bestimmte Funktionen oder Informationen basierend auf dem Standort der Nutzer:innen angezeigt?
- **Dynamische Inhalte:** Passen sich Inhalte und UI-Elemente dynamisch an den Nutzungskontext (z. B. Tageszeit oder Netzverfügbarkeit) an?
- **Personalisierung:** Werden Nutzungsdaten verwendet, um das Design und die Interaktionen an die individuellen Bedürfnisse und Vorlieben der Nutzer:innen anzupassen? Werden dabei Datenschutzbestimmungen eingehalten?

Touch-Targets und Interaktionsflächen

- **Größe:** Sind die Touch-Targets groß genug, um sie bequem mit dem Finger treffen zu können?
- **Abstand:** Ist der Abstand zwischen den Touch-Targets ausreichend, um versehentliches Berühren zu vermeiden?
- **Rückmeldung:** Gibt es eine visuelle oder haptische Rückmeldung, wenn ein Touch-Target berührt wird?

Eingabemethoden und Formulare

- **Optimierung für mobile Eingabe:** Sind die Eingabefelder für die mobile Nutzung optimiert? (z. B. geeignete Tastaturbelegung und Autokorrektur)
- **Validierung und Fehlermeldungen:** Werden Eingaben validiert und verständliche Fehlermeldungen ausgegeben?
- **Beschriftungen und Labels:** Sind Eingabefelder eindeutig beschriftet?

Benachrichtigungen und Push-Mitteilungen

- **Relevanz:** Sind die Benachrichtigungen für die Nutzer:innen relevant und nützlich?
- **Häufigkeit:** Werden die Nutzer:innen nicht mit zu vielen Benachrichtigungen überhäuft?
- **Personalisierung:** Können die Nutzer:innen die Benachrichtigungen an ihre Bedürfnisse anpassen?

Onboarding und User Guidance

- **Einführung:** Gibt es eine klare und hilfreiche Einführung in die App?
- **Tutorials und Hilfefunktionen:** Sind Tutorials oder Hilfefunktionen vorhanden?
- **Tooltips und Hinweise:** Werden Tooltips oder Hinweise verwendet, um die Nutzer:innen durch die App zu führen?

Testing und User Feedback

- **Usability-Tests:** Wurde die App mit Usability-Tests auf Benutzer:innenfreundlichkeit getestet?
- **A/B-Tests:** Wurden A/B-Tests durchgeführt, um verschiedene Designvarianten zu vergleichen?
- **Feedbackmechanismen:** Gibt es in der App Möglichkeiten für Nutzer:innen, Feedback zu geben?

Performance und Akkulaufzeit

- **Ressourcenverbrauch:** Ist der Ressourcenverbrauch der App optimiert, um die Akkulaufzeit zu schonen?
- **Hintergrundaktivitäten:** Sind Hintergrundaktivitäten minimiert?

Sicherheit und Datenschutz

- **Authentifizierung und Autorisierung:** Sind geeignete Authentifizierungsmechanismen (z.B. komplexe Passwörter, biometrische Authentifizierung) implementiert, um den Zugriff auf sensible Daten zu schützen? Bietet die App granulare Autorisierungsmöglichkeiten, um Nutzer:innen die Kontrolle über den Zugriff auf ihre Daten zu geben?
- **Passkey-Integration:** Unterstützt die App die Verwendung von Passkeys zur Authentifizierung, um die systemische Sicherheit zu erhöhen und die Passwortverwaltung zu vereinfachen?
- **Datenspeicherung und Verschlüsselung:** Werden sensible Daten sowohl lokal auf dem Gerät als auch bei der Übertragung über das Netzwerk verschlüsselt gespeichert? Entspricht die App den relevanten Datenschutzrichtlinien und -gesetzen (z.B. DSGVO)?
- **Sicherheitslücken und Verwundbarkeiten:** Wurde die App auf Sicherheitslücken und Schwachstellen getestet (z.B. Penetrationstests)? Werden regelmäßig Sicherheitsupdates bereitgestellt, um bekannte Schwachstellen zu beheben?
- **Transparenz und Datenhoheit:** Werden Nutzer:innen verständlich darüber informiert, welche Daten erhoben werden und wie sie verwendet werden? Haben Nutzer:innen die Möglichkeit, ihre Daten einzusehen, zu korrigieren oder zu löschen?
- **Minimierung der Datenerhebung:** Werden nur die Daten erhoben, die für die Funktionalität der Anwendung unbedingt erforderlich sind? Werden Daten sparsam verwendet und nur für den vorgesehenen Zweck verarbeitet?
- **Third-Party-Bibliotheken und SDKs/FOSS-Compliance:** Werden Third-Party-Bibliotheken und SDKs auf ihre Sicherheit und Datenschutzkonformität geprüft, bevor sie in die App integriert werden?

Neue Technologien

- **Augmented Reality (AR) und Mixed Reality (MR):** Wie kann die App AR/MR-Funktionen integrieren, um die User Experience zu verbessern? Sind die AR/MR-Funktionen gut in die App integriert und intuitiv bedienbar?
- **Künstliche Intelligenz (KI):** Wie kann KI eingesetzt werden, um die App zu personalisieren, die Benutzer:innenführung zu verbessern oder Aufgaben zu automatisieren? Ist der Einsatz von KI ethisch vertretbar und für die Nutzer:innen transparent?
- **Sprachsteuerung und Conversational AI:** Können Anwendungs- oder Gerätefunktionen sinnvoll mit Spracherkennung oder in sprachgesteuerten und KI-gestützten Dialogen genutzt werden?

- **Internet der Dinge (IoT):** Wie kann die App mit anderen Geräten und dem Internet der Dinge interagieren? Ist die Kommunikation mit anderen Geräten sicher und vertrauenswürdig?

Ethische Aspekte

- **Dark Patterns:** Vermeidet die App Dark Patterns, die Nutzer:innen zu unerwünschten Aktionen verleiten?
- **Digitales Wohlbefinden:** Trägt die App zum digitalen Wohlbefinden der Nutzer:innen bei (z. B. durch Funktionen zur Begrenzung der Bildschirmzeit)?

Nachhaltigkeit

- **Energieeffizienz:** Ist der Ressourcenverbrauch der App optimiert, um die Akkulaufzeit zu schonen und den Energieverbrauch zu minimieren? Werden Hintergrundaktivitäten sparsam und zielgerichtet eingesetzt und ressourcenintensive Prozesse optimiert?
- **Datenverbrauch:** Ist der Datenverbrauch der App optimiert, um die Kosten für die Nutzer:innen zu minimieren und die Belastung der Netzinfrastruktur zu reduzieren? Werden Daten komprimiert übertragen und unnötige Datenübertragungen und API-Calls vermieden?
- **Gerätelebensdauer:** Ist die App so konzipiert, dass sie auch auf älteren Geräten performant läuft und damit die Lebensdauer von Smartphones verlängert? Werden ältere Betriebssystemversionen unterstützt?
- **Nachhaltige Design-Praktiken:** Werden nachhaltige Design-Praktiken angewendet, wie z. B. die Verwendung wiederverwendbarer Komponenten, die Reduzierung visueller Elemente und die Optimierung von Bildgrößen?
- **Umweltbewusstsein:** Informiert die App die Nutzer:innen über ihren Ressourcenverbrauch und motiviert sie zu umweltbewusstem Handeln? Bietet die App z. B. Tipps zum Energiesparen oder zur Reduzierung des Datenverbrauchs?
- **Ethische Materialbeschaffung:** Werden bei der Auswahl von Materialien und Ressourcen bei der Entwicklung der App ethische Aspekte berücksichtigt, z. B. die Vermeidung von Konfliktmineralien und die Förderung fairer Arbeitsbedingungen?

Aktuelle Trends und Technologien

- **Gamification:** Kann Gamification eingesetzt werden, um die App motivierender und ansprechender zu gestalten? Ist die Gamification sinnvoll in die App integriert und nicht aufdringlich? Welche Spielmechaniken (z. B. Punkte, Badges, Leaderboards) werden verwendet und wie motivieren sie die Nutzer:innen?

- **Voice User Interface (VUI):** Ist die App für Sprachsteuerung optimiert? Versteht die App die Sprachbefehle der Nutzer:innen zuverlässig? Bietet die App natürliche und intuitive Sprachinteraktion mit Conversational AI?
- **Super-Apps:** Bietet die App die Möglichkeit, weitere Funktionen und Dienste zu integrieren, um den Nutzer:innen eine zentrale Anlaufstelle für verschiedene Bedürfnisse zu bieten? Wie wird die Komplexität einer Super-App übersichtlich und benutzer:innenfreundlich gestaltet?
- **Design für Foldables:** Passt sich das Layout der App dynamisch an die verschiedenen Modi und Bildschirmgrößen von Foldables an, um die Vorteile dieser Geräte optimal zu nutzen?
- **5G Standalone (SA):** Nutzt die App die Vorteile von 5G Standalone (SA), um neue Funktionen und eine verbesserte Performance zu ermöglichen?
- **Edge Computing:** Werden rechenintensive Aufgaben in die Edge Cloud verlagert, um die Latenz zu reduzieren und die Reaktionsfähigkeit der App zu verbessern?
- **Hyperpersonalisierung:** Nutzt die App Daten und KI, um die User Experience individuell auf die Bedürfnisse und Vorlieben der Nutzer:innen zuzuschneiden? Werden dabei ethische Aspekte und der Datenschutz berücksichtigt?

4.6 Ausblick auf die Zukunft der mobilen UX

Die Zukunft der mobilen User Experience (UX) ist geprägt von einem rasanten technologischen Wandel, der bestehende Designansätze herausfordert, aber auch neue Möglichkeiten eröffnet. Eine bedeutende Rolle spielt dabei die Entwicklung hin zu immersiven, multimodalen Erlebnissen, bei denen die Interaktion über verschiedene sensorische Kanäle und Interfaces erfolgt. Nutzer:innen werden in Zukunft vermehrt mit Augmented Reality (AR)- oder Mixed Reality (MR)-Anwendungen interagieren, die digitale Inhalte in die reale Welt einblenden, oder in Virtual-Reality-Erlebnisse eintauchen (VR), die sie in vollständig synthetische Welten transportieren. Die nächste Generation mobiler Endgeräte – von Mixed-Reality-Brillen über fortschrittliche Wearables bis hin zu Ambient-Computing-Systemen – verspricht eine grundlegende Veränderung der Paradigmen, wie Nutzer:innen mit digitalen Inhalten interagieren.

Dabei geht es nicht mehr um die Optimierung einzelner Geräteschnittstellen, sondern um die Schaffung eines konsistenten, plattformübergreifenden Erlebnisses, das nahtlos in den Alltag integriert ist. Ambient Computing, also das Verschwinden von Technologien in den Hintergrund der physischen Welt, wird es ermöglichen, dass Geräte und Anwendungen nicht nur auf die aktive Interaktion der Nutzer:innen warten, sondern proaktiv auf deren Bedürfnisse und spezifische Kontexte reagieren. Dies bringt jedoch auch neue Herausforderungen mit sich, wie z. B. Datenschutzbedenken, die zunehmende Komplexität der Systeme und die Frage nach der ethischen Gestaltung von KI-basierten Anwendungen.

Für UX-Designer:innen bedeutet dies, dass sie sich nicht nur mit den technologischen Möglichkeiten auseinandersetzen müssen, sondern auch mit dem sich schnell verändernden Verhalten und den Bedürfnissen der Nutzer:innen. Mobile UX wird sich in den nächsten Jahren weiter von klassischen Touch-Interfaces hin zu einer Vielzahl von Interaktionsmethoden wie Sprachsteuerung, Gesten und immersives Spatial Computing entwickeln. Dabei wird die multimodale Interaktion, d.h. die Kombination verschiedener Eingabemethoden, eine immer wichtigere Rolle spielen. Neue Designparadigmen wie Natural User Interfaces (NUI) und Human-Computer Interaction (HCI) werden über den Forschungskontext hinaus für die reale Gestaltung dieser komplexen Erlebnisse relevant. In diesem schnelllebigen Markt müssen Designer:innen ihre Konzepte dynamisch an neue Technologien und Verhaltensmuster anpassen, um weiterhin effiziente und ansprechende Experiences zu schaffen.

Dieser Abschnitt untersucht die wichtigsten technologischen Entwicklungen und Trends, die die mobile UX in Zukunft beeinflussen werden, und zeigt auf, welche Fähigkeiten und Denkweisen UX-Designer:innen benötigen, um diesen Wandel erfolgreich zu gestalten. Dabei wird auch auf die zunehmende Bedeutung von Daten und Personalisierung in der mobilen UX eingegangen und wie diese zur Individualisierung und Optimierung der User Experience genutzt werden können.

4.6.1 Automatisierung, Interaktion und Personalisierung mit KI

Die fortschreitende Integration von künstlicher Intelligenz (KI) wird die mobile UX massiv verändern. KI wird es ermöglichen, dynamisch und in Echtzeit auf die Daten und den Kontext der Nutzer:innen zu reagieren und personalisierte, kontextbasierte Interfaces zu erstellen. Diese Automatisierung erlaubt es mobilen Anwendungen, sich proaktiv an die Vorlieben, Verhaltensmuster und aktuellen Bedürfnisse der Nutzer:innen in Echtzeit anzupassen, ohne dass manuelle Eingriffe erforderlich sind. Eine weitere Veränderung wird sich auf die tiefgreifende Interaktion der User:innen mit den Anwendungen auswirken: Es ist zu erwarten, dass natürliche Sprache in Zukunft die primäre Mensch-Maschine-Schnittstelle sein wird. Technologien wie Natural Language Processing (NLP) und Natural Language Understanding (NLU) ermöglichen es mobilen Anwendungen, menschliche Sprache zu verstehen und darauf zu reagieren. Dies zeigt sich bereits in der zunehmenden Verbreitung von Sprachassistenten wie Siri und Google Assistant, aber auch in Chatbots in Service-Apps und der Sprachsteuerung in Smart-Home-Anwendungen. Ein kritischer Punkt bei diesen Entwicklungen ist jedoch der Umgang mit personenbezogenen Daten. Die Balance zwischen datenbasierter Personalisierung und dem Schutz der Privatsphäre wird entscheidend sein, um das Vertrauen der Nutzer:innen zu gewinnen und langfristig zu erhalten. Datenschutzrichtlinien wie die DSGVO spielen dabei eine wichtige Rolle. Technologien wie Differential Privacy und Federated Learning bieten darüber hinaus neue Möglichkeiten, die Privatsphäre der Nutzer:innen zu schützen und gleichzeitig die Vorteile der KI-gestützten Personalisierung zu nutzen.

4.6.2 Ambient Computing und die Rolle neuer Endgeräte

Ambient Computing beschreibt ein technologisches Ökosystem, in dem Geräte und digitale Dienste nahtlos und unbemerkt in den Alltag integriert sind. Die Nutzer:innen interagieren nicht mehr bewusst mit einem einzelnen Gerät (wie z.B. einem Smartphone), sondern bewegen sich in einer Umgebung, in der verschiedene Geräte – von Smartphones, IoT-Geräten oder Wearables bis hin zu intelligenten Lautsprechern – miteinander vernetzt sind und kontextsensitiv auf die aktuellen oder antizipierten Bedürfnisse der Nutzer:innen reagieren.

Die Zukunft der mobilen UX wird zunehmend multisensorisch und verteilt sein. Wearables wie Smartwatches, XR-Brillen, IoT-Geräte und sogar intelligente Systeme und Umgebungen (z.B. Smart Homes oder Connected Cars) werden nicht nur Daten generieren, sondern auch Eingabegeräte und Schnittstellenplattformen darstellen. Die UX-Designer:innen der Zukunft müssen Interfaces gestalten, die sich über mehrere Geräte erstrecken und ein nahtloses Zusammenspiel dieser Plattformen ermöglichen.

4.6.3 Mixed Reality (MR) und Augmented Reality (AR) als Schlüsseltechnologien

Die zunehmende Verbreitung von MR- und AR-Technologien wird die UX maßgeblich verändern. Durch die Verschmelzung von realer und digitaler Welt entstehen neue Interaktionsformen, die weit über die bekannten 2D-Bildschirme hinausgehen. UX-Designer:innen werden sich mit neuen Schnittstellen auseinandersetzen müssen, die es ermöglichen, digitale Inhalte in die physische Umgebung einzubetten und über Gesten, Sprachsteuerung oder Eye Tracking zu steuern. MR- und AR-Anwendungen bieten unzählige Möglichkeiten, von immersiven Erlebnissen in den Bereichen Unterhaltung und Lernen bis hin zu neuen Formen des Online-Shoppings, bei denen die Nutzer:innen Produkte virtuell „anprobieren“ oder in ihrer realen Umgebung platzieren können.

Besonders spannend ist die Rolle von MR im Arbeitsumfeld, z.B. in der Industrie 4.0 oder im Bildungsbereich. Mobile UX wird zunehmend immersiver und alltagsintegrierter. Nutzer:innen können digitale Interfaces in ihrem natürlichen Umfeld erleben – egal ob es um die Steuerung von Maschinen in einer Fabrik geht oder um das Lernen mit interaktiven Simulationen.

4.6.4 Wearables und UX für Gesundheit und Wellness

Wearables wie Smartwatches und Fitnesstracker gewinnen im Bereich der Mobile User Experience, vor allem im Gesundheits- und Wellnessbereich, zunehmend an Bedeutung. Diese Geräte werden als Always-on-Technologien eingesetzt, die kontinuierlich Daten sammeln und Echtzeit-Feedback zu Gesundheit und Aktivität geben. UX-Designer:innen müssen Interfaces entwickeln, die auch für die physische Interaktion mit kleinen Displays optimiert sind, bei Wearables ist ein klares und prägnantes Design unerlässlich, um eine schnelle und einfache Interaktion zu ermöglichen.

Die alternde Bevölkerung und der demografische Wandel erhöhen die Relevanz von Wearables für die Gesundheitsüberwachung. UX-Designer:innen stehen vor der Aufgabe, Interfaces zu gestalten, die sowohl für jüngere, technikaffine Nutzer:innen als auch für ältere Generationen zugänglich sind. Dies beinhaltet die Anpassung von Bedienbarkeit, Lesbarkeit und Navigation, um eine inklusive Nutzung zu gewährleisten.

Ein weiterer Schwerpunkt ist die Integration von künstlicher Intelligenz, die personalisierte Gesundheitsvorhersagen ermöglicht. Die Herausforderung besteht darin, diese Vorhersagen verständlich und vertrauenswürdig zu gestalten, ohne unnötige Ängste auszulösen. Der verstärkte Einsatz von Wearables im medizinischen Kontext erfordert zudem, dass UX-Designer:innen ein besonderes Augenmerk auf die systemische Datensicherheit und den Datenschutz legen.

4.6.5 Hyperpersonalisierung und die Balance zwischen Bequemlichkeit und digitalem Wohlbefinden

Während künstliche Intelligenz (KI) und Big Data immer präzisere Möglichkeiten zur Personalisierung der mobilen UX bieten, stellen diese Technologien auch Herausforderungen dar. Hyperpersonalisierung, d.h. die kontinuierliche Anpassung der Inhalte und des Interfaces an die individuellen Vorlieben und Verhaltensweisen der Nutzer:innen, eröffnet einerseits das Potenzial, die User Experience ständig zu optimieren und die Relevanz von Informationen zu erhöhen. Andererseits birgt sie die Gefahr der kognitiven Überforderung und der Beeinträchtigung des digitalen Wohlbefindens. Durch die ständige Optimierung von Inhalten und Informationen besteht das Risiko, dass Nutzer:innen mit einer übermäßigen Menge an personalisierten Informationen konfrontiert werden, was zu Stress oder einer reduzierten Fähigkeit zur Informationsverarbeitung führen kann.

Zukünftige Entwicklungen im Bereich der mobilen UX müssen daher eine Balance zwischen sinnvoller Personalisierung, die die User Experience verbessert, und der Förderung des digitalen Wohlbefindens finden. Dies erfordert einen nutzer:innenzentrierten Ansatz, der nicht nur auf Effizienz und Optimierung abzielt, sondern auch die psychologischen und emotionalen Auswirkungen von Hyperpersonalisierung berücksichtigt. UX-Designer:innen stehen vor der Aufgabe, adaptive Systeme zu entwickeln, die es den Nutzer:innen ermöglichen, ihre eigenen Personalisierungspräferenzen zu steuern und eine gesunde Balance zwischen Informationsaufnahme und kognitiver Belastung zu finden. Besonders in der mobilen Interaktion ist es entscheidend, dass die Personalisierung transparent und kontrollierbar bleibt, um das Vertrauen der Nutzer:innen zu wahren und deren Selbstbestimmung zu fördern.

4.6.6 Nachhaltigkeit und Energieeffizienz

Angesichts der wachsenden Bedeutung ökologischer Nachhaltigkeit, sowohl in der öffentlichen Wahrnehmung als auch aus der persönlichen Verantwortung heraus, orientiert sich das Mobile UX Design zunehmend an ressourcenschonenden und energieeffizienten Ansätzen. Neben der Optimierung der Anwendungsperformance, um den Akkuverbrauch auf mobilen Endgeräten zu minimieren, wird die Effizienz der gesamten End-to-End-Architektur (E2E) immer wichtiger. Dies bedeutet, dass nicht nur die lokalen Ressourcen auf dem Endgerät, sondern auch die Belastung der Cloud-Infrastruktur und der Netzwerkkapazitäten berücksichtigt werden müssen.

Die Optimierung des Datenmanagements durch die Minimierung von Datenübertragungen und den Einsatz von Daten-Caching trägt dazu bei, unnötigen Energieverbrauch sowohl auf dem Endgerät als auch in der Cloud zu vermeiden. Vor allem bei großen Datenmengen, die in Rechenzentren verarbeitet werden, ist es wichtig, dass Entwickler:innen und UX-Designer:innen dateneffiziente Lösungen einsetzen, die sowohl den Netzwerkverkehr als auch die Auslastung der Serverkapazitäten reduzieren.

Ein wichtiges Element dieser Strategie ist die Gestaltung von Anwendungen, die energiesparend agieren und gleichzeitig den Anforderungen moderner Nutzer:innen gerecht werden. Dazu gehören unter anderem die Reduzierung von Hintergrundprozessen, die Optimierung von Ladezeiten und der Verzicht auf unnötig ressourcenintensive Funktionen. Auch visuelle Elemente wie großformatige Bilder oder aufwendige Animationen sollten effizient eingesetzt und so gestaltet werden, dass sie die Ressourcen nicht übermäßig belasten.

Nachhaltiges Mobile UX Design bedeutet auch, die Kompatibilität und Performance-Optimierung von Anwendungen zu berücksichtigen, sodass sie auf einer Vielzahl von Geräten, einschließlich älterer Modelle, reibungslos funktionieren. Dies trägt dazu bei, die Lebensdauer von Endgeräten zu verlängern und langfristig die Menge an Elektronikschrott zu reduzieren.

In diesem E2E-Kontext tragen nachhaltige Designpraktiken nicht nur zur Effizienz und Ressourcenschonung auf dem Gerät selbst bei, sondern verringern auch den ökologischen Fußabdruck des gesamten digitalen Ökosystems, von der Datenspeicherung in der Cloud bis zur Bereitstellung über Netzwerke. Diese ganzheitliche Betrachtung von Energieeffizienz und Nachhaltigkeit wird zunehmend als integraler Bestandteil des Mobile UX Designs verstanden, um die Auswirkungen auf die Umwelt langfristig zu minimieren.

4.7 Zusammenfassung und Schlüsselaspekte dieses Kapitels

4.1 Grundlagen und Bedeutung der mobilen UX

Mobile User Experience (UX) ist die entscheidende Schnittstelle zwischen Mensch und Technologie bei der Nutzung mobiler Anwendungen. Eine gut gestaltete mobile UX bestimmt maßgeblich die Qualität der Mensch-Maschine-Interaktion und ist ausschlaggebend für den Erfolg mobiler Anwendungen.

- Die UX umfasst das gesamte Spektrum der Interaktionen und objektiven und subjektiven Wahrnehmungen einer Anwendung, während sich das User Interface (UI) auf die visuelle Gestaltung der Oberfläche konzentriert.
- Eine hohe Retention Rate ist nicht nur ein Zeichen für eine gute User Experience, sondern auch ein entscheidender Faktor für den langfristigen Erfolg einer App.
- Die Entwicklung der mobilen UX hat sich in vielen Fällen vom Desktop-Design hin zum „Mobile First“-Paradigma entwickelt, bei dem die mobile Nutzung als primärer Kanal im Mittelpunkt steht.

4.2 Einführung in die mobile User Experience

Mobile User Experience (UX) umfasst die Gesamtheit aller Interaktionen, die Nutzer:innen mit einer mobilen Anwendung haben. Sie beeinflusst maßgeblich deren Wahrnehmung und Zufriedenheit mit der Anwendung und den angebotenen Diensten. Im Vergleich zu Desktop-Anwendungen ist die mobile UX durch besondere Herausforderungen gekennzeichnet, die sich aus den spezifischen technischen und kontextuellen Bedingungen mobiler Endgeräte ergeben.

- User-Centered Design (UCD) stellt die Nutzer:innen und deren Bedürfnisse in den Mittelpunkt der Entwicklung mobiler Anwendungen.
- Kontextsensitivität ist entscheidend, da mobile Nutzer:innen in kurzen und oft diskontinuierlichen Nutzungsszenarien mit der App interagieren.
- Barrierefreiheit ist ein zentraler Aspekt für eine nutzerfreundliche mobile UX und erhöht die Zugänglichkeit für alle Nutzer:innen.
- Eine erfolgreiche mobile UX ist nie statisch und erfordert kontinuierliche Anpassung und Verbesserung.

4.3 Der UX-Design-Prozess

Der UX-Design-Prozess ist ein strukturierter, iterativer Prozess mit dem Ziel, nutzer:innenfreundliche und gleichzeitig zielführende Lösungen für mobile Anwendungen zu schaffen. Er umfasst alle Phasen von der Analyse der Nutzer:innenbedürfnisse und der Definition der Projektziele über die Entwicklung von Konzepten und Prototypen bis hin zur Implementierung und Evaluation der finalen Lösung.

- Der Double Diamond Prozess unterteilt den Designprozess in die Phasen Discover, Define, Develop und Deliver.
- Design Thinking ist ein weiterer Ansatz, der die nutzer:innenzentrierte Problemlösung durch die Phasen Empathize, Define, Ideate, Prototype und Test in den Mittelpunkt stellt.
- User Research ist eine zentrale Methode im User Centered Design (UCD), um die Bedürfnisse der Nutzer:innen zu verstehen und belastbare Grundlagen für Designentscheidungen zu generieren.
- Wireframes und Prototypen ermöglichen es, Konzepte in unterschiedlichen Abstraktionsstufen zu visualisieren und zu testen.

4.4 Tools und Ressourcen für UX-Design

Für die Bewältigung der vielfältigen Aufgaben im UX-Design-Prozess existiert eine große Auswahl an spezialisierten Tools und Ressourcen, die Designer:innen in den unterschiedlichen Phasen unterstützen und die Effizienz und Qualität der Arbeitsprozesse erhöhen. Diese reichen von Anwendungen zur Durchführung von Nutzer:innenbefragungen und Usability-Tests über Software zur Erstellung von Wireframes und interaktiven Prototypen bis hin zu Plattformen für die teamübergreifende Zusammenarbeit und Dokumentation.

- Research Tools wie UserTesting und Optimal Workshop helfen bei der Sammlung und Analyse von Nutzer:innendaten.
- Wireframing- und Prototyping-Tools wie Balsamiq, Figma und Axure RD ermöglichen die Erstellung von Wireframes und interaktiven Prototypen.
- Kollaborations- und Handoff-Tools wie Zeplin optimieren die Zusammenarbeit zwischen Design- und Entwicklungsteams.
- Evaluationstools wie Maze ermöglichen die Analyse des Nutzer:innenverhaltens und die datenbasierte Optimierung der UX.
- Designsysteme und Komponentenbibliotheken wie das Material Design von Google und die Human Interface Guidelines (HIG) von Apple bieten eine einheitliche Grundlage für die Gestaltung von Benutzungsoberflächen.

4.5 Checkliste: Herausforderungen im mobilen UX-Design

Die Checkliste greift zentrale Herausforderungen im mobilen UX-Design auf und bietet Lösungsansätze, die UX-Designer:innen bei der Entwicklung benutzer:innenfreundlicher mobiler Anwendungen unterstützen. Dabei ist zu beachten, dass UI-Design und UX-Design eng miteinander verwoben sind und sich gegenseitig beeinflussen. Die Checkliste konzentriert sich auf die wichtigsten Aspekte und sollte immer projektspezifisch und strategisch angepasst und erweitert werden.

- Navigation, Performance und Barrierefreiheit sind wichtige Aspekte, die beim Mobile UX Design berücksichtigt werden müssen.
- Offline-Funktionalitäten, multimodale Interaktionen und Kontextbewusstsein sind weitere Herausforderungen.
- Der Einsatz neuer Technologien wie Augmented oder Mixed Reality (AR/MR) und künstliche Intelligenz erfordert eine intelligente Integration in die mobile UX.

4.6 Ausblick auf die Zukunft der mobilen UX

Die Zukunft der mobilen UX ist geprägt von immersiven, multimodalen Erlebnissen, der Integration neuer Technologien und dem zunehmenden Einfluss von ethischen und sozialen Aspekten. Mobile Anwendungen werden zukünftig nicht mehr nur auf Smartphones beschränkt sein, sondern sich über verschiedene Geräte und Plattformen erstrecken, die nahtlos miteinander interagieren.

- KI wird die mobile UX durch Automatisierung, Interaktion und Personalisierung verändern.
- Ambient Computing und neue Endgeräte erfordern plattformübergreifende UX-Konzepte.
- Mixed Reality (MR) und Augmented Reality (AR) ermöglichen neue Interaktionsformen und immersive Erlebnisse.
- Wearables gewinnen im Gesundheits- und Wellnessbereich an Bedeutung und erfordern spezifische UX-Designs.
- Hyperpersonalisierung muss die Balance zwischen Personalisierung und digitalem Wohlbefinden finden.
- Nachhaltigkeit und Energieeffizienz werden im Mobile UX Design immer wichtiger.

5 Mobile Application Life Cycle Management (ALM)

Dieses Kapitel befasst sich mit dem Application Lifecycle Management (ALM) für mobile Systeme und Anwendungen. Der Fokus liegt dabei auf den wesentlichen Prozessen und Herausforderungen, die den gesamten Lebenszyklus mobiler Anwendungen von der Konzeption und Entwicklung über die Verteilung bis hin zum langfristigen Betrieb und der Wartung begleiten.

Das Ziel dieses Kapitels ist es, den Leser:innen eine solide Grundlage zu bieten, um erfolgreich durch die verschiedenen Phasen des Application Lifecycle Managements für mobile Systeme zu navigieren und fundierte Entscheidungen für den Betrieb und das Management dieser Systeme zu treffen.

5.1 Phasen des Application Lifecycle Managements

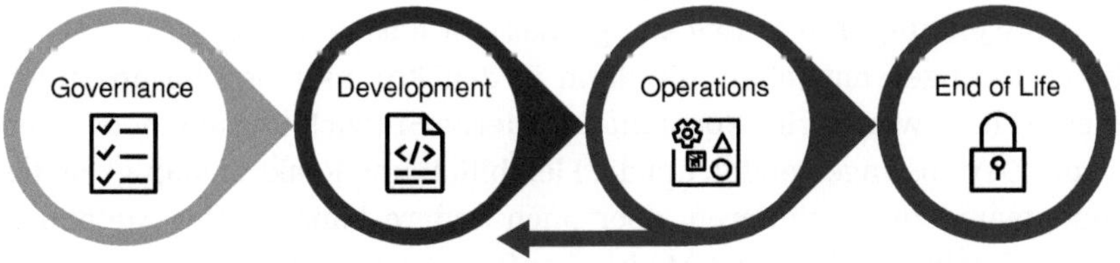

Bild 5.1 Phasen des Application Lifecycles. (Bildnachweis: eigene Grafik)

Application Lifecycle Management (ALM) ist der strukturierte Rahmen, der alle Phasen des Lebenszyklus einer Softwareanwendung von der Strategie, Planung und Entwicklung über den Betrieb bis hin zur Außerbetriebnahme umfasst. Im Kontext mobiler Systeme hat ALM eine besondere Bedeutung, da mobile Anwendungen in einem hochdynamischen Umfeld agieren, das durch schnelle Technologiezyklen, eine Vielzahl von Endgeräten und Betriebssystemversionen sowie sich ständig ändernde Nutzer:innenanforderungen geprägt ist.

Die ALM-Phasen Governance, Development, Operations und End of Life stehen nicht isoliert nebeneinander, sondern sind eng miteinander verknüpft. Entscheidungen, die in einer Phase getroffen werden, beeinflussen unmittelbar die anderen Phasen. So fließen beispielsweise Erfahrungen aus der Betriebsphase (Operations) in die Entwicklungsphase (Development) zurück, um kontinuierliche Verbesserungen und Adaptionen an veränderte Anforderungen des Marktes oder der Benutzer:innen zu ermöglichen oder können auch eine Veränderung der Governance bewirken. Im Folgenden werden die einzelnen Phasen des Lebenszyklus detailliert beschrieben und in den operativen Kontext des Betriebs eines mobilen Systems gestellt.

Governance (das „Wie")

Die Governance-Phase definiert die Rahmenbedingungen und Richtlinien, innerhalb derer das Application Lifecycle Management (ALM) stattfindet. Sie legt fest, auf welcher Basis Entscheidungen getroffen werden und welche Standards und Compliance-Richtlinien eingehalten werden sollen. Diese Phase ist entscheidend, um die übergeordneten Ziele und Strategien eines Unternehmens in Bezug auf seine Anwendungen sowohl aus interner als auch externer Sicht zu definieren und deren Einhaltung sicherzustellen. Es werden Prozesse etabliert, die sicherstellen, dass die Entwicklung, Bereitstellung und Wartung von Software in Übereinstimmung mit den Geschäftsanforderungen und den gesetzlichen und regulatorischen Anforderungen erfolgt. Die Governance bildet den Handlungsrahmen, auf dem alle nachfolgenden ALM-Aktivitäten aufbauen.

Development (das „Was")

In der Entwicklungsphase wird die Software für Front- und Backend entwickelt. Dazu gehören die Spezifikation der Anforderungen, das Design, die Programmierung und das Testen der Anwendung. Die Entwicklungsphase ist das Herzstück des ALM, da hier die Softwarelösungen entstehen, die dann in den Produktivbetrieb überführt werden. In dieser Phase werden im Normalfall moderne Entwicklungsmethoden wie Agile, Scrum oder DevOps angewendet, um die Flexibilität und Reaktionsfähigkeit des Entwickler:innenteams zu maximieren, aber auch andere konservative Methoden sind denkbar. Die Qualitätssicherung (QA) ist ebenfalls ein zentraler Bestandteil dieser Phase und stellt sicher, dass die entwickelte Anwendung den vereinbarten Qualitätsstandards entspricht.

Operations

Die Operations-Phase bezieht sich auf den eigentlichen Betrieb einer Anwendung, d.h. die Verwaltung und Wartung der Software nach der Überführung in die Produktionsumgebung, den Wirkbetrieb. Dies umfasst das Monitoring der Systemleistung, die Berücksichtigung von Feedback der Nutzer:innen und die Fehlerbehebung, das Einspielen von Patches und Updates sowie das Management von Sicherheitsrisiken. In der Betriebsphase wird sichergestellt, dass die Anwendung zuverlässig läuft und den Geschäftsanforderungen und Erwartungen der Nutzer:innen entspricht. Eine effektive Betriebsstrategie muss zusätzlich gewährleisten, dass die Software-Infrastruktur sowohl im Front- als auch im Backend skalierbar ist und sich an veränderte Anforderungen anpassen kann.

End of Life (EOL)

Die End-of-Life (EOL)-Phase markiert das Ende des Lebenszyklus einer Anwendung und ist eine kritische Phase, die gerne unterschätzt wird, da die Ressourcenplanung häufig neuen Projekten Priorität einräumt, während die EOL-Phase als weniger dringlich angesehen wird. Darüber hinaus kann es bei älteren oder komplexen Systemen an spezifischem Wissen und Erfahrung im Umgang mit EOL-Prozessen mangeln. Diese Phase erfordert deshalb besondere Aufmerksamkeit und sorgfältige Planung, um sicherzustellen, dass die Außerbetriebnahme reibungslos verläuft und die Geschäftskontinuität, englisch „Business Continuity", nicht gefährdet wird, besonders wenn Nachfolgeanwendungen eingesetzt werden sollen. Eine unzureichende Planung in dieser Phase kann zu erheblichen Risiken wie Datenverlust, Sicherheitslücken, Verlust von Kund:innen oder sogar rechtlichen Konsequenzen führen. Es ist daher unerlässlich, diese Phase mit der gleichen Sorgfalt und Professionalität zu behandeln wie die vorhergehenden Phasen des Application Lifecycle.

Im Kontext mobiler Systeme ist die EOL-Phase besonders herausfordernd, da die Software nicht nur auf zentralen Servern, die sich im Normalfall unter der direkten Kontrolle der Betreiber:innen befinden, sondern primär auf den Endgeräten der Nutzer:innen installiert ist. Dies bringt zusätzliche Komplexität mit sich, da sichergestellt werden muss, dass die App nicht nur aus den App Stores genommen wird, sondern auch keine veralteten oder unsicheren, aber trotzdem noch in Teilen funktionsfähigen Versionen bei den Nutzer:innen verbleiben, die im schlimmsten Fall weiterhin versuchen, sich mit einem nicht mehr vorhandenen Backend zu verbinden oder Sicherheitsprobleme verursachen. Ein gezielter Kommunikationsplan zur Information der Nutzer:innen sowie Mechanismen zum Blockieren veralteter Versionen sind daher unverzichtbar, beispielsweise in Form eines „Kill Switch", mit dem eine Betreiber:in eine App komplett oder in Teilbereichen funktionslos machen kann.

5.1.1 Handlungsfelder Governance

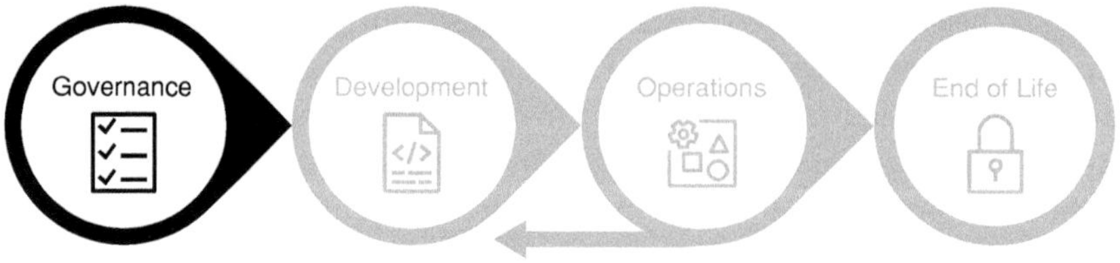

Bild 5.2 Phasen des Application Lifecycles: Governance. (Bildnachweis: eigene Grafik)

5.1.1.1 Strategie

Die Strategie in der Governance-Phase definiert den langfristigen Plan, der die Ausrichtung der Entwicklung, der Implementierung und des Betriebs mobiler Systeme steuert.

- **Zieldefinition:** Ziele für mobile Systeme müssen präzise formuliert und messbar sein, um den Erfolg der Implementierung und des Betriebs bewerten zu können. Dies beinhaltet die Definition von Key Performance Indicators (KPIs), die sowohl technische als auch geschäftliche Aspekte abdecken, wie z.B. Bewertungen (die „Sternchen"), konkrete Unternehmensziele, Performance, Sicherheit und die Einhaltung von Budgets und Zeitplänen.
- **Marktanalyse:** Die Marktanalyse dient dazu, das Wettbewerbsumfeld und die Bedürfnisse der Zielgruppe zu verstehen. Bei mobilen Systemen bedeutet dies, Trends und Präferenzen der Endnutzer:innen zu analysieren sowie technische Entwicklungen im Bereich mobiler Plattformen und Geräte zu beobachten. Dadurch können Chancen identifiziert und die Positionierung der eigenen mobilen Anwendungen im Markt kann optimiert werden.
- **Portfoliomanagement:** Das Portfoliomanagement umfasst die Verwaltung und Optimierung des gesamten Portfolios mobiler Anwendungen eines Unternehmens. Ziel ist es, sicherzustellen, dass die verschiedenen Anwendungen im Einklang mit den strategischen Zielen des Unternehmens stehen und optimal zusammenarbeiten. Dazu gehören auch Entscheidungen über die Weiterentwicklung, Einstellung oder Neuentwicklung von Anwendungen.
- **Roadmap:** Roadmaps definieren die zeitlichen Abläufe und Meilensteine für die Entwicklung, den Betrieb und die Weiterentwicklung mobiler Anwendungen. Sie stellen sicher, dass alle Beteiligten über den Zeitplan und die Prioritäten informiert sind und Ressourcen effizient eingesetzt werden.
- **Innovationsmanagement:** Das Innovationsmanagement umfasst die Identifizierung und Implementierung neuer Technologien, Methoden und Prozesse, die die Effizienz und Effektivität mobiler Anwendungen verbessern. Es soll die kontinuierliche Weiterentwicklung und Anpassung an neue Marktanforderungen sicherstellen.

- **Ressourcen- und Budgetplanung:** Die Ressourcen- und Budgetplanung stellt sicher, dass die notwendigen finanziellen und personellen Ressourcen für die Entwicklung und den Betrieb mobiler Systeme dauerhaft zur Verfügung stehen. Dies umfasst die Budgetplanung für Entwicklung, Technologiebeschaffung, Personal und Schulungen.
- **Controlling und Erfolgsmessung:** Das Controlling überwacht die Einhaltung der festgelegten Strategie, Budgets und Zeitpläne. Die Erfolgsmessung erfolgt anhand der zuvor definierten KPIs, um zu bewerten, ob die mobilen Systeme die gewünschten Ergebnisse liefern. Regelmäßige Berichte und Reviews helfen, den Fortschritt zu überwachen und gegebenenfalls Korrekturmaßnahmen einzuleiten.
- **Agile Kultur:** Die Förderung einer agilen Unternehmenskultur ermöglicht es, flexibel auf Veränderungen zu reagieren und sich kontinuierlich zu verbessern. Agile Methoden wie Scrum oder Kanban fördern die Zusammenarbeit von Teams und schaffen ein innovationsfreundliches Umfeld. In der Praxis gibt es innerhalb eines Projekts häufig noch Berührungspunkte mit anderen Vorgehensmodellen, die in den Produktions- und Betriebsprozess integriert werden müssen, oft in Form von Hybridmodellen.
- **Wissensmanagement:** Wissensmanagement oder „Knowledge Management" umfasst die systematische Erfassung, Speicherung und Verteilung von Wissen, das für die Entwicklung und den Betrieb von Anwendungen benötigt wird. Dazu gehören technische Dokumentationen, Best Practices, Lessons Learned und Schulungsunterlagen, um den Wissensaustausch zu fördern und Know-how-Verlust zu vermeiden.
- **Endgerätemanagement:** Das Endgerätemanagement berücksichtigt die Vielfalt der Geräte und Betriebssysteme, auf denen die Anwendung laufen soll. Es umfasst die Planung von Tests auf verschiedenen Plattformen sowie Strategien zur Sicherstellung der Kompatibilität mit zukünftigen Geräten und Betriebssystemversionen.

5.1.1.2 Richtlinien und Compliance

Richtlinien und Compliance in der Governance-Phase definieren verbindliche Standards und Prozesse, die gewährleisten, dass mobile Systeme den technischen, rechtlichen und organisatorischen Anforderungen entsprechen.

- **Technologiestandards:** Technologiestandards legen die Auswahl und den Einsatz von Technologien für die Entwicklung und den Betrieb mobiler Systeme fest. Diese Standards fördern die Konsistenz und Interoperabilität zwischen verschiedenen Anwendungen und Plattformen. Typische Vorgaben betreffen die Verwendung bestimmter Programmiersprachen, Entwicklungsframeworks und Softwarearchitekturen.

- **Plattformübergreifende Styleguides:** Plattformübergreifende Styleguides definieren konsistente Design- und Usability-Richtlinien für mobile Anwendungen, die auf unterschiedlichen Plattformen und Geräten funktionieren. Diese Guides beinhalten definierte Farbschemata, Schriftarten, Layoutstrukturen und Interaktionsmuster, um ein einheitliches Nutzererlebnis zu gewährleisten und die Marken- und Produktidentität in Verbindung mit den Standards der mobilen Plattformen zu wahren.
- **Standards für Sicherheit und Datenschutz:** Sicherheits- und Datenschutzstandards legen Maßnahmen fest, um die Vertraulichkeit, Integrität und Verfügbarkeit von Daten in mobilen Anwendungen zu gewährleisten. Diese Standards umfassen Richtlinien für Verschlüsselung, Authentifizierung und Autorisierung sowie den Schutz personenbezogener Daten gemäß den aktuellen gesetzlichen Anforderungen. Regelmäßige Sicherheitsüberprüfungen und Anpassungen an neue Bedrohungen und rechtliche oder regulatorische Rahmenbedingungen sind Bestandteil dieser Standards.
- **Compliance-Anforderungen:** Compliance-Anforderungen adressieren die Einhaltung gesetzlicher und regulatorischer Vorgaben. Dazu gehören nationale und internationale Gesetze sowie branchenspezifische Regelungen wie die Datenschutzgrundverordnung (DSGVO) oder beispielsweise bei Anwendungen im medizinischen Bereich der Health Insurance Portability and Accountability Act (HIPAA). Zusätzlich müssen belastbare Compliance-Monitoring-Prozesse etabliert werden, die sicherstellen, dass die Einhaltung dieser Vorschriften regelmäßig überprüft und dokumentiert wird.
- **Service Level Agreements (SLAs):** SLAs spezifizieren die Serviceanforderungen, die mobile Systeme erfüllen müssen, einschließlich der allgemeinen Verfügbarkeit, der Reaktionszeiten und der Fehlerbehebungszeiten. Diese Vereinbarungen bieten eine Grundlage für die Überwachung und Bewertung der Servicequalität und stellen sicher, dass alle Beteiligten klar definierte Erwartungen an die Leistung der Anwendung haben.
- **Impediment-Prozesse:** Impediment-Prozesse dienen der systematischen Identifizierung und Beseitigung von Hindernissen und Problemen, die während der Entwicklung und des Betriebs mobiler Systeme auftreten. Diese Prozesse beinhalten Eskalationsstrategien, regelmäßige Statusüberprüfungen und die Dokumentation von „Lessons Learned“, um einen kontinuierlichen Betrieb des Projekts innerhalb der festgelegten Qualitätsparameter zu gewährleisten.
- **Qualitätssicherung (QA/QS):** Die Qualitätssicherung (QA/QS) integriert definierte Prozesse und Standards, um die Einhaltung der Qualitätsanforderungen während des gesamten ALM-Zyklus zu gewährleisten. Dazu gehören Code-Reviews, automatisierte Testverfahren, Usability-Tests und regelmäßige Audits, welche zur kontinuierlichen Verbesserung der Anwendung beitragen.

- **Identitäts- und Zugriffsmanagement (IAM):** Das Identitäts- und Zugriffsmanagement oder „IAM", kurz für „Identity and Access Management", regelt, welche Nutzer:innen Zugriff auf spezifische Daten und Systeme haben, sowohl im Rahmen der Administration und Entwicklung als auch bei der Nutzung der Anwendung. Dies umfasst die Umsetzung von Rollenkonzepten, die Definition von Berechtigungsstufen und die regelmäßige Überprüfung und Anpassung der Zugriffsrechte, um unberechtigte Zugriffe zu verhindern.

5.1.1.3 Risikomanagement

Das Risikomanagement zielt darauf ab, potenzielle Risiken bei der Entwicklung und dem Betrieb eines mobilen Systems frühzeitig zu identifizieren, zu bewerten und geeignete Gegenmaßnahmen zu entwickeln. Ziel ist es, die Auswirkungen von Risiken auf den Betrieb und die Weiterentwicklung mobiler Systeme zu minimieren und die Geschäftskontinuität sicherzustellen.

- **Risikoidentifikation:** Die Risikoidentifikation erfasst systematisch potenzielle Risiken, die den Erfolg und den Betrieb mobiler Systeme gefährden können. Elemente sind sowohl technische Risiken wie Sicherheitslücken oder Systemausfälle als auch organisatorische Risiken wie Personalengpässe oder unklare Zuständigkeiten. In der Risikoidentifikation werden Risiken aus verschiedenen Quellen, wie vergangenen Projekten, Branchenstandards und aktuellen Markttrends, zusammengetragen und dokumentiert.
- **Risikobewertung:** Die Risikobewertung quantifiziert und qualifiziert die identifizierten Risiken anhand von Faktoren wie Eintrittswahrscheinlichkeit und potenzieller Schadenshöhe. Dabei werden Risikomatrizen und Scoringmodelle eingesetzt, um Risiken zu priorisieren und gezielte Maßnahmen zur Risikominderung zu entwickeln. Eine hohe Eintrittswahrscheinlichkeit in Verbindung mit einem hohen potenziellen Schadensausmaß erfordert in der Regel sofortige und umfassende Gegenmaßnahmen.
- **Risikominderungsstrategien:** Risikominderungsstrategien definieren die konkreten Maßnahmen zur Reduzierung der Eintrittswahrscheinlichkeit und/oder der Auswirkungen identifizierter Risiken. Diese Strategien können sowohl präventiver als auch reaktiver Natur sein. Präventive Maßnahmen umfassen die Implementierung von Sicherheitsstandards, regelmäßige Penetrationstests und die Einführung von Redundanzen im Systemdesign. Reaktive Maßnahmen umfassen detaillierte Notfallpläne, die bei Eintritt eines Risikos aktiviert werden.
- **Alternative Risikomanagementstrategien:** Neben der Risikominderung gibt es weitere Strategien im Risikomanagement, wie die Risikoakzeptanz und die Risikoübertragung. Risikoakzeptanz bedeutet, dass ein identifiziertes Risiko bewusst in Kauf genommen wird, weil die Kosten oder der Aufwand für Gegenmaßnahmen als unverhältnismäßig hoch eingeschätzt werden. Diese Strategie wird häufig bei

Risiken mit geringer Eintrittswahrscheinlichkeit und geringem Schadenspotenzial angewendet. Die Risikoübertragung hingegen beinhaltet die Verlagerung des Risikos auf Dritte, beispielsweise durch Versicherungen oder das Outsourcing bestimmter Aufgaben an Dienstleister:innen, die für die Bewältigung des Risikos verantwortlich sind. Eine weitere Strategie ist die grundsätzliche Risikovermeidung, bei der bestimmte Entscheidungen oder Tätigkeiten, die das Risiko auslösen könnten, gänzlich vermieden werden. Diese Methoden müssen sorgfältig abgewogen und in Abhängigkeit von den spezifischen Umständen des Projekts eingesetzt werden und können speziell in regulierten Branchen und Industrien schnell an Grenzen stoßen.

- **Risikocontrolling und -überwachung:** Das Risikocontrolling überwacht laufend die identifizierten Risiken und die Wirksamkeit der getroffenen risikomindernden Maßnahmen. Instrumente wie Risk Dashboards und regelmäßige Risk Reviews werden eingesetzt, um die aktuelle Risikosituation zu erfassen und mögliche Veränderungen frühzeitig zu erkennen. Veränderungen der Risikosituation erfordern häufig Anpassungen der Risikominderungsstrategien.
- **Notfallplanung und Betriebskontinuität:** Notfallplanung und Business Continuity Management (BCM) sind wesentliche Bestandteile des Risikomanagements, um die Aufrechterhaltung des Geschäftsbetriebs bei Eintritt eines Risikos sicherzustellen. Dazu gehören die Entwicklung von Notfallplänen, die Definition von Recovery Time Objectives (RTO) und die Implementierung von Disaster-Recovery-Lösungen. Regelmäßige Tests und Übungen stellen sicher, dass die Notfallpläne greifen und im Ernstfall auch funktionieren. Eigentlich eine Selbstverständlichkeit, die in der Praxis jedoch nicht immer umgesetzt wird.
- **Risikokommunikation:** Die Risikokommunikation stellt sicher, dass alle relevanten Stakeholder über die identifizierten Risiken, deren mögliche Auswirkungen und die geplanten Gegenmaßnahmen informiert sind. Dies umfasst regelmäßige Risiko-Meetings, Berichte an das Management und die Integration des Risikomanagements in die Projektkommunikation. Eine offene und transparente Kommunikation ist entscheidend, um sicherzustellen, dass alle Beteiligten auf dem gleichen Informationsstand sind und Risiken effektiv und ganzheitlich gemanagt werden können.
- **Risikodokumentation:** Die Risikodokumentation erfasst alle identifizierten Risiken, Bewertungen, Maßnahmen und Änderungen im Risikomanagementprozess. Diese Dokumentation dient als Referenz und ermöglicht es, den Umgang mit Risiken über die Zeit zu verfolgen und daraus Lehren für zukünftige Projekte zu ziehen.

5.1.2 Handlungsfelder Development

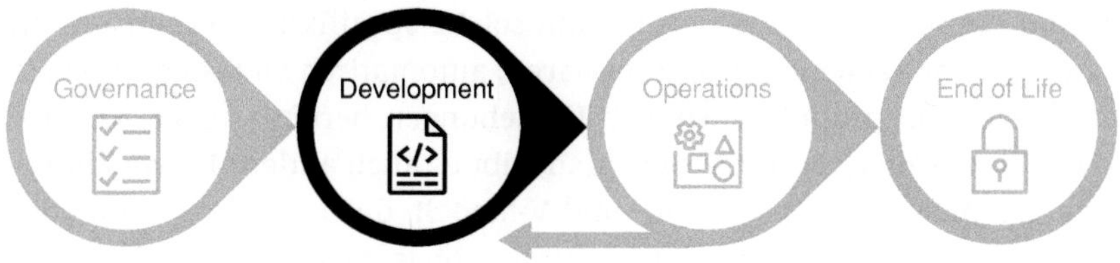

Bild 5.3 Phasen des Application Lifecycles: Development. (Bildnachweis: eigene Grafik)

5.1.2.1 Prozesse

Die Prozesse der Development-Phase steuern alle wesentlichen Aktivitäten von der Anforderungsdefinition über die Entwicklung bis hin zur Auslieferung und Wartung der Software. Diese Prozesse sind die Grundlage dafür, dass die Anwendungen effizient, qualitativ hochwertig und termingerecht bereitgestellt werden.

- **Anforderungsmanagement/Requirements Engineering:** Anforderungsmanagement oder „RE" für Requirements Engineering umfasst die systematische Erfassung, Analyse, Validierung und Verwaltung von Anforderungen an Software. Dieser Prozess stellt sicher, dass die entwickelten Anwendungen die Bedürfnisse der Nutzer:innen und die Geschäftsziele des Unternehmens erfüllen. Klare und präzise Anforderungen sind die Basis für eine erfolgreiche Implementierung und reduzieren das Risiko von Fehlentwicklungen.
- **Agile Workflows:** Agile Workflows ermöglichen eine flexible und iterative Softwareentwicklung, die es Teams erlaubt, schnell auf Änderungen und neue Anforderungen zu reagieren. Methoden wie Scrum oder Kanban fördern die kontinuierliche Zusammenarbeit und das Feedback zwischen Entwickler:innen, Testerinnen und Stakeholdern, wodurch die Qualität der Software und die Zufriedenheit der Endnutzer:innen gesteigert werden. Weiterhin berücksichtigt werden müssen Schnittstellen zu Anwendungen oder Ressourcen, die andere Vorgehensmodelle verfolgen.
- **Workflows für abteilungs- und interdisziplinäre Zusammenarbeit:** Die Entwicklung mobiler Systeme erfordert häufig die Zusammenarbeit verschiedener Abteilungen und Disziplinen wie IT, Design, Marketing und Kundenservice. Effiziente Workflows stellen sicher, dass die Kommunikation und Zusammenarbeit zwischen diesen Teams reibungslos verläuft und alle Beteiligten auf ein gemeinsames Ziel hinarbeiten. Tools wie Jira, Confluence oder Slack unterstützen diese abteilungsübergreifende Zusammenarbeit und erhöhen die Transparenz und Effizienz im Projekt.
- **Entwicklungsprozesse:** Entwicklungsprozesse umfassen alle wesentlichen Aktivitäten der Softwareentwicklung, einschließlich Anforderungsanalyse, Design, Im-

plementierung, Test, Bereitstellung und Wartung. Innerhalb dieser Prozesse haben sich bestimmte Praktiken als besonders effektiv erwiesen. Continuous Integration (CI) und Continuous Delivery (CD) sind solche spezifischen Praktiken, die darauf abzielen, Code regelmäßig zu integrieren, automatisch zu testen und Software kontinuierlich in produktionsnahen Umgebungen bereitzustellen. Obwohl CI und CD weit verbreitete Best Practices sind, gibt es auch andere Entwicklungsansätze, wie das nicht agile Wasserfall- und V-Modell, das hybride Spiralmodell oder das agile Feature-Driven Development (FDD), die je nach Projektanforderungen eingesetzt werden können und auch heute noch in der Praxis anzutreffen sind, häufig in hochspezialisierten Bereichen und in der Regel nicht in klassischen mobilen Projekten.

- **Dokumentation:** Die Dokumentation umfasst die Erstellung und Pflege aller relevanten Dokumente, die den Entwicklungs- und Betriebsprozess der Software beschreiben, zusätzlich die Dokumentation im Code selber, die „Inline-Kommentierung“. Dazu gehören technische Spezifikationen, Handbücher, API-Dokumentation und Prozessdokumentation. Eine gute Dokumentation ist unerlässlich, um den Wissenstransfer sicherzustellen, die Wartung der Software zu erleichtern und die Qualität dauerhaft sicherzustellen.
- **Release-Management:** Das Release-Management steuert den gesamten Prozess der Planung, Vorbereitung und Durchführung von Software-Releases. Es stellt sicher, dass neue Versionen termingerecht und in der gewünschten Qualität bereitgestellt werden. Dazu beinhaltet es die Planung der Release-Zyklen, das Testen und Validieren der neuen Versionen sowie die Kommunikation mit den beteiligten Teams und Stakeholdern. Ein effektives Release-Management minimiert das Fehlerrisiko und stellt sicher, dass alle Änderungen und neuen Funktionen nahtlos in die Produktionsumgebung integriert werden.

5.1.2.2 Infrastruktur

Die Infrastruktur umfasst die technischen Komponenten und Plattformen, um mobile Anwendungen effizient zu entwickeln, kontinuierlich zu integrieren, sicher bereitzustellen und ihre Leistung in Echtzeit zu überwachen.

- **Entwicklungsumgebungen:** Entwicklungsumgebungen bieten Plattformen für die Erstellung und das Testen von Software. Beispiele sind Integrated Development Environments (IDEs) wie Android Studio und Xcode, die auf die Anforderungen der mobilen Entwicklung zugeschnitten sind. Diese Umgebungen enthalten Werkzeuge für das Debugging, die Performance-Analyse und die Integration von APIs.
- **Continuous Integration (CI) und Continuous Deployment (CD):** CI-Tools wie Jenkins und GitLab CI automatisieren die Integration von Code-Änderungen und führen automatische Tests durch. CD-Tools wie Azure DevOps und GitHub Actions

automatisieren die Bereitstellung von Software in produktionsnahen Umgebungen und ermöglichen eine schnelle Auslieferung neuer Funktionen.

- **App Stores und Distributionskanäle:** Mobile Anwendungen werden über verschiedene Distributionskanäle wie den Apple App Store und den Google Play Store bereitgestellt. Diese Plattformen ermöglichen es, Anwendungen einem breiten Publikum zugänglich zu machen, Updates zu verteilen und Nutzerfeedback zu sammeln. Alternative App Stores für Android und iOS bieten zusätzliche Vertriebskanäle. Für unternehmensinterne Apps werden interne App Stores, Enterprise Mobility Management (EMM)-Lösungen oder Mobile Device Management (MDM)-Systeme eingesetzt, um die Verteilung und Verwaltung der Apps innerhalb des Unternehmens zu steuern.
- **Projektmanagement-Tools und Remote-Fähigkeit:** Projektmanagement-Tools wie Jira, Trello oder Asana unterstützen die Planung und Steuerung von Projekten. Mit diesen Tools können Aufgaben verwaltet, Fortschritte verfolgt und Teams koordiniert werden. Die Infrastruktur unterstützt auch das Arbeiten aus der Ferne, um verteilte Teams effektiv zu integrieren. Dazu dienen Collaboration-Tools wie Slack oder Microsoft Teams ebenso wie VPN-Zugänge und Cloud-basierte Entwicklungsumgebungen.
- **Testing-Infrastruktur:** Die Testing-Infrastruktur kann neben softwarebasierten Simulatoren auch Cloud-basierte oder sogar eigene physische Gerätefarmen umfassen, auf denen automatisierte Tests auf verschiedenen Geräten und Betriebssystemen einschließlich ihrer Versionen durchgeführt werden, sowie Testautomatisierungstools wie Appium und Selenium. Diese Infrastruktur ermöglicht das Testen von Anwendungen unter realistischen Bedingungen.
- **Monitoring und Analytics:** Monitoring- und Analytics-Tools wie Firebase, New Relic oder Google Analytics werden eingesetzt, um die Performance und die Nutzung der Anwendung nach dem Deployment zu überwachen. Monitoring bezieht sich auf die Live-Überwachung eines mobilen Systems und seiner Performance, um potenzielle Fehlerquellen und die Systemauslastung in Echtzeit zu erkennen und auf dieser Basis weitere Maßnahmen zur Optimierung der Verfügbarkeit zu steuern. Analytics hingegen konzentriert sich auf das Verständnis der Interaktion mit den Anwender:innen und liefert Einblicke in das Verhalten der Nutzer:innen, wodurch die Anwendung kontinuierlich optimiert und auf die realen Bedürfnisse der Nutzer:innen abgestimmt werden kann.

5.1.2.3 Code-Management

Code-Management ist ein zentraler Bestandteil des Entwicklungsprozesses und umfasst alle Aktivitäten zur Verwaltung, Kontrolle und Qualitätssicherung des Quellcodes. Diese Verfahren gewährleisten, dass der Code strukturiert, nachvollziehbar und wartbar bleibt, was besonders in komplexen Projekten mit mehreren beteiligten

Entwickler:innen von entscheidender Bedeutung ist, aber auch von Einzelkämpfer:innen nicht vernachlässigt werden sollte.

- **Versionskontrollsysteme (VCS):** Versionskontrollsysteme wie Git werden zur Verwaltung von Code-Repositories eingesetzt. Sie ermöglichen es, Änderungen am Code nachzuverfolgen, verschiedene Versionen zu verwalten und die Zusammenarbeit im Team zu koordinieren. Plattformen wie GitHub, GitLab und Bitbucket bieten zusätzlich Funktionen wie Issue Tracking, Code-Reviews und Continuous Integration (CI), die den Entwicklungsprozess unterstützen.
- **Branching-Strategien:** Branching-Strategien regeln, wie verschiedene Branches eines Projekts gehandhabt werden. Techniken wie „Feature Branching“, „Git Flow“ oder „Trunk-Based Development“ unterstützen Teams dabei, parallel an verschiedenen Features zu arbeiten, ohne die Stabilität des Master Branches zu gefährden. Eine klare Branching-Strategie minimiert Konfliktpotenziale und wird um so wichtiger, je höher die Projektkomplexität und die Anzahl der beteiligten Entwickler:innen ist.
- **Code-Reviews:** Code-Reviews ermöglichen die Überprüfung des Quellcodes durch andere Entwickler:innen im Team, um potenzielle Fehler frühzeitig zu erkennen und Best Practices zu fördern. Tools wie GitHub, GitLab und Bitbucket integrieren Code-Review-Funktionen wie „Pull Requests“, die die Zusammenarbeit und den Wissenstransfer im Team unterstützen.
- **Test-Driven Development (TDD):** Testgetriebene Entwicklung ist eine Methode, bei der Tests geschrieben werden, bevor der eigentliche Code entwickelt wird. Dies stellt sicher, dass der Code die zuvor definierten Anforderungen erfüllt, und es erleichtert die spätere Wartung. TDD hilft, Fehler sofort zu erkennen und zu beheben.
- **Statische Codeanalyse:** Die statische Codeanalyse umfasst Werkzeuge und Methoden, die den Quellcode auf mögliche Fehler, Sicherheitslücken und Verstöße gegen den Codestil untersuchen, ohne den Code auszuführen. Werkzeuge wie SonarQube oder ESLint werden eingesetzt, um die Qualität und Sicherheit des Codes zu überprüfen, bevor er in produktive Umgebungen überführt wird.
- **Wiederverwendung von Code:** Die Wiederverwendung von Code fördert dic Effizienz und Konsistenz der Entwicklung. Der Einsatz von Bibliotheken, Frameworks und wiederverwendbaren Komponenten reduziert den Entwicklungsaufwand und erhöht die Qualität der Software, da die statistische Fehlerwahrscheinlichkeit durch die Verwendung von bewährtem und getestetem Code sinkt. In mobilen Projekten ist es wichtig, plattformübergreifende Lösungen zu entwickeln, die in verschiedenen Anwendungen eingesetzt werden können. Dabei ist zu beachten, dass diese Module oder Bibliotheken wiederum einen eigenen Lifecycle haben, der mit dem Lifecycle der Zielanwendung interagiert.

- **Dokumentation:** Die Dokumentation des Codes umfasst Kommentare im Code, technische Dokumentation, API-Dokumentation und Anleitungen zur Installation und Nutzung. Gut dokumentierter Code erleichtert die Zusammenarbeit im Team und verkürzt die Einarbeitungszeit für neue Entwickler:innen.
- **Build Management:** Build Management bezieht sich auf die Verwaltung und Automatisierung des Kompilierungsprozesses, bei dem der Quellcode in ausführbare Programme umgewandelt wird. Tools wie Gradle, Maven oder Fastlane automatisieren diese Prozesse und stellen sicher, dass Builds konsistent, reproduzierbar und für verschiedene Plattformen optimiert sind.

5.1.3 Handlungsfelder Operations

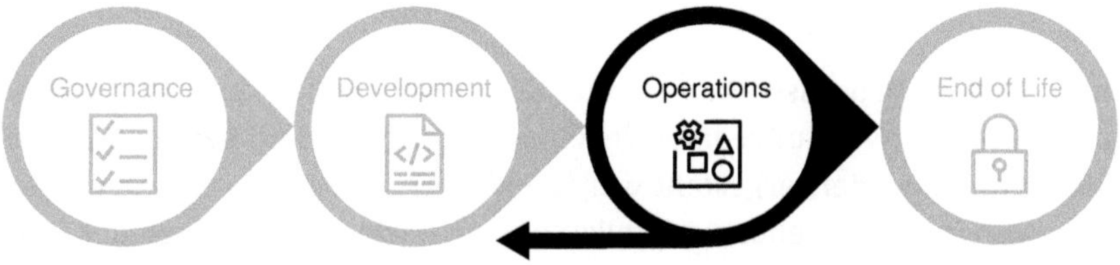

Bild 5.4 Phasen des Application Lifecycles: Operations. (Bildnachweis: eigene Grafik)

Im agilen Application Lifecycle Management (ALM) ist der Betrieb einer Anwendung nicht das Ende eines linearen Prozesses, sondern integraler Bestandteil eines kontinuierlichen Zyklus. Während des Betriebs werden laufend neue Erkenntnisse gewonnen, sei es durch Nutzer:innenfeedback, Analytics, das Monitoring der Systemperformance oder auch durch neue Marktentwicklungen oder Trends. Diese Erkenntnisse können neue Anforderungen oder Optimierungspotenziale aufzeigen, die wiederum in die Strategie und Entwicklung einfließen. So entsteht ein iterativer Prozess, in dem die Anwendung fortlaufend weiterentwickelt und verbessert wird. Diese agile Herangehensweise ermöglicht es, flexibel auf Veränderungen und neue Anforderungen zu reagieren und die Software kontinuierlich an die Bedürfnisse der Nutzer:innen und die Marktanforderungen anzupassen. Diese Adaptionsfähigkeit eines Systems an sich verändernde Rahmenbedingungen definiert einen kritischen Erfolgsfaktor für den nachhaltigen Erfolg einer Anwendung im Kontext mobiler Systeme.

5.1.3.1 Prozesse

Die Betriebsprozesse stellen sicher, dass die Anwendung zuverlässig läuft, kontinuierlich optimiert wird und den sich ändernden Anforderungen gewachsen bleibt. Sie konzentrieren sich auf die Sicherstellung der Verfügbarkeit, Sicherheit und Effizienz eines mobilen Systems.

- **Deployment-Prozesse:** Deployment-Prozesse steuern die Bereitstellung von Software-Updates und neuen Versionen auf mobilen Endgeräten sowie in der Backend-Infrastruktur. Diese Prozesse umfassen die Vorbereitung, Planung und Durchführung von Deployments sowohl in produktiven als auch in Staging-Umgebungen. Automatisierte Deployment-Pipelines, die Continuous Integration (CI) und Continuous Deployment (CD) integrieren, unterstützen dabei, Updates effizient und risikoarm auszurollen.
- **Monitoring und Performance Management:** Monitoring und Performance-Management-Prozesse nutzen spezialisierte Monitoring Tools, um die Systemleistung in Echtzeit zu überwachen. Key Performance Indicators (KPIs) wie Crashes, Latenzzeiten, Verfügbarkeit und Ressourcenauslastung werden kontinuierlich erfasst und analysiert. Diese Daten ermöglichen es, potenzielle Leistungsengpässe frühzeitig zu erkennen und gezielte Maßnahmen zur Optimierung der Systemleistung zu ergreifen.
- **Backup- und Restore-Prozesse:** Backup- und Restore-Prozesse stellen sicher, dass Unternehmens- und Anwendungsdaten regelmäßig gesichert und bei Ausfall oder Datenverlust schnell wiederhergestellt werden können. Diese Prozesse umfassen die Erstellung von inkrementellen und vollständigen Backups, das Testen der Wiederherstellbarkeit und die Definition von Recovery Time Objectives (RTOs) und Recovery Point Objectives (RPOs), um die Wiederanlaufzeiten und den maximal tolerierbaren Datenverlust zu minimieren.
- **Skalierungsstrategien:** Skalierungsstrategien befassen sich mit der Anpassung der Systemressourcen an sich ändernde Lastanforderungen. Vertikale Skalierung (Scaling Up) erhöht die Kapazität einzelner Komponenten, während horizontale Skalierung (Scaling Out) zusätzliche Instanzen hinzufügt, um die Last auf mehrere Ressourcen zu verteilen. Diese Strategien stellen im Backend eines mobilen Systems sicher, dass die Anwendung auch bei steigendem Datenverkehr und einer wachsenden Nutzerbasis performant bleibt. Parallel dazu ist es notwendig, auch die Prozesse in den Apps permanent im Hinblick auf einen sparsamen Ressourcenverbrauch zu optimieren, um eine Überprovisionierung des Backends aufgrund ineffizienter Prozesse im Frontend zu vermeiden.
- **Kostenmanagement/Controlling:** Das Kostenmanagement umfasst die kontinuierliche Überwachung und Optimierung der Betriebskosten, um die Wirtschaftlichkeit dauerhaft sicherzustellen. Dazu gehört die Analyse von Kostenstellen wie Cloud-Ressourcen, Datenbankservices, Lizenzen und Infrastrukturkosten sowie die Umsetzung von Maßnahmen zur Kostensenkung ohne Beeinträchtigung der Servicequalität.
- **Notfallplanung:** Die Notfallplanung beschreibt die Entwicklung von umfassenden Plänen und Prozessen, die den kontinuierlichen Betrieb der Anwendung auch bei schwerwiegenden Zwischenfällen sicherstellen. Diese Pläne umfassen Disas-

ter-Recovery-Strategien, die Identifizierung kritischer Geschäftsprozesse, die Festlegung von Notfallmaßnahmen und regelmäßige Notfallübungen, um die Wirksamkeit der Pläne zu testen und die Belastbarkeit des Systems sicherzustellen.

- **Mobile Device Management/Endgerätesicherheit:** Mobile Device Management (MDM) und Endpoint Security befassen sich mit der Verwaltung und Absicherung mobiler Endgeräte, die primär auf Unternehmensanwendungen zugreifen. Diese Prozesse umfassen die Durchsetzung von Sicherheitsrichtlinien, die Implementierung von Verschlüsselungsmechanismen, die Fernlöschung von Daten im Falle eines Geräteverlustes und die kontinuierliche Überwachung potenzieller Sicherheitsbedrohungen, um die Integrität und Vertraulichkeit der Daten zu gewährleisten.
- **Change-Management:** Change-Management steuert alle Änderungen an der Infrastruktur oder der Anwendung. Dazu gehört die sorgfältige Planung, Dokumentation und Genehmigung von Änderungen, um sicherzustellen, dass diese kontrolliert und ohne negative Auswirkungen umgesetzt werden. Change-Management-Prozesse minimieren das Risiko von Systemausfällen oder Leistungseinbußen durch unkoordinierte oder fehlerhafte Änderungen.
- **Monitoring und Reporting:** Monitoring- und Reporting-Prozesse erfassen kontinuierlich Leistungs- und Verfügbarkeitsdaten und stellen diese in Form von Berichten zur Verfügung. Diese Berichte dienen der Analyse des aktuellen Betriebszustandes, der Identifikation von Optimierungspotenzialen und der Dokumentation von Betriebsereignissen für interne und externe Stakeholder:innen.
- **Compliance-Management:** Das Compliance-Management stellt sicher, dass alle betrieblichen Prozesse und die gesamte Infrastruktur den gesetzlichen und regulatorischen Anforderungen entsprechen. Dazu gehört die Implementierung von Prozessen zur regelmäßigen Überprüfung und Anpassung der Betriebsabläufe an neue gesetzliche Anforderungen sowie die Erstellung von Nachweisen für Compliance-Audits.
- **Incident- und Problem-Management:** Das Incident-Management befasst sich mit der schnellen Behebung von akuten Störungen, die den Betrieb beeinträchtigen. Dies umfasst die Identifizierung, Eskalation und Lösung von Vorfällen sowie die Kommunikation mit betroffenen Stakeholder:innen. Im Gegensatz dazu konzentriert sich Problem-Management auf die Ursachenanalyse und die dauerhafte Behebung von wiederkehrenden oder schwerwiegenden Problemen, um deren zukünftiges Auftreten zu verhindern.
- **Kapazitätsmanagement:** Kapazitätsmanagement steuert die effiziente Nutzung und Verfügbarkeit von IT-Ressourcen, um auch bei Spitzenlasten einen optimalen Anwendungsbetrieb zu gewährleisten. Es umfasst die Analyse der Ressourcenauslastung, die Planung zukünftiger Anforderungen und die Umsetzung von Strategien zur rechtzeitigen Skalierung der Infrastruktur.

- **Lizenzmanagement:** Lizenzmanagement umfasst die Verwaltung und Überwachung von Softwarelizenzen, um sicherzustellen, dass alle eingesetzten Softwarelösungen rechtmäßig im Rahmen der Lizenzbedingungen und kosteneffizient genutzt werden. Dazu gehören die Überwachung der Lizenznutzung, die Einhaltung von Lizenzverträgen und die Optimierung der Lizenzkosten.

5.1.3.2 Code-Wartung

Die Code-Wartung in der Betriebsphase umfasst die kontinuierliche Überprüfung, Aktualisierung und Optimierung des Quellcodes einer Anwendung. Diese Prozesse beinhalten das Schließen von Sicherheitslücken, die Beseitigung von Bugs und die Implementierung von Code-Refactorings, um die langfristige Wartbarkeit und Performance der Anwendung zu gewährleisten.

- **OS-Updates:** Die Anwendung muss ständig an die neuesten Updates der Plattformhersteller angepasst werden, um sicherzustellen, dass der Code mit den neuesten Versionen der Betriebssysteme kompatibel bleibt. Dies beinhaltet die Anpassung des Codes an neue API-Versionen, Sicherheitsrichtlinien und Hardware-Features, die durch OS-Updates eingeführt werden. Da die großen Betriebssysteme wie iOS und Android in der Regel jährlich umfassende Updates veröffentlichen, besteht eine 1:1-Abhängigkeit von diesen Updates, und es muss entsprechend geplant werden.
- **Zertifikatsmanagement:** Das Zertifikatsmanagement umfasst die Verwaltung und Erneuerung von Sicherheitszertifikaten, die zur Authentifizierung und sicheren Kommunikation innerhalb der Applikation und bei der Kommunikation mit dem Backend verwendet werden. Abgelaufene Zertifikate stellen in der Praxis ein hohes Betriebsrisiko dar, das durch organisatorische und technische Maßnahmen kontrolliert werden muss.
- **Patch-Management:** Patch-Management bezeichnet die regelmäßige Aktualisierung des Codes, um Sicherheitslücken zu schließen und bekannte Fehler zu beheben. Diese Patches werden sowohl für die eigene Codebasis als auch für verwendete Bibliotheken und Frameworks durchgeführt, um die Sicherheit und Stabilität der Anwendung zu gewährleisten.
- **Code-Reviews:** Code-Reviews sind ein zentraler Prozess, bei dem der Quellcode von anderen Entwickler:innen überprüft wird, um Fehler, Sicherheitslücken oder Verstöße gegen vereinbarte Codestandards zu identifizieren. Dieser Peer-Review-Prozess fördert die Codequalität und gleichzeitig den Wissensaustausch im Team.
- **Refactoring:** Refactoring umfasst die strukturelle Verbesserung des Codes, ohne das äußere Verhalten der Anwendung zu verändern. Ziel ist es, den Code lesbarer, wartbarer und erweiterbarer zu machen, um langfristig die Entwicklungs- und Wartungskosten zu senken.

- **3rd Party-Libraries/FOSS:** Die Verwendung von Drittanbieter-Bibliotheken und Free and Open Source Software (FOSS) erfordert regelmäßige Überprüfungen und Aktualisierungen, um sicherzustellen, dass diese Komponenten sicher und kompatibel mit dem Rest der Codebasis bleiben. Dies umfasst auch die Verwaltung von Lizenzen und die Bewertung der Sicherheit und Qualität der verwendeten Bibliotheken.
- **Performance-Optimierung:** Die Performance-Optimierung zielt darauf ab, den Code hinsichtlich Geschwindigkeit und Ressourcenverbrauch zu verbessern. Dies kann durch Optimierungen auf Ebene des Codes, der Datenbankabfragen oder der Speicherverwaltung geschehen, um die Anwendung unter allen Bedingungen effizient laufen zu lassen.
- **Bugfixing/Fehlerbehebung:** Bugfixing umfasst die Identifizierung, Analyse und Behebung von Fehlern im Code, die während des Betriebs oder beim Testen entdeckt werden. Die Fehler werden systematisch erfasst, priorisiert und an die zuständigen Entwickler:innen oder Teams weitergeleitet. Nach der Priorisierung anhand des Schadenspotenzials des Fehlers erfolgt die Analyse und Reproduktion des Fehlers, um die genaue Fehlerursache zu ermitteln. Die Fehlerbehebung umfasst die Korrektur des Codes und gegebenenfalls ein Refactoring.
- **Security Audits:** Regelmäßige Security Audits zielen darauf ab, potenzielle Sicherheitslücken zu identifizieren und zu beheben, bevor sie aktiv von Dritten gefunden und ausgenützt werden. Dies umfasst die Durchführung von Penetrationstests, die Implementierung von Best Practices für sicheres Coding und den Einsatz von Tools zur statischen Codeanalyse, um Schwachstellen frühzeitig zu erkennen.
- **Management von Technical Debt und Legacy Code:** Technical Debt bezieht sich auf technische Kompromisse, die kurzfristig eingegangen werden, um eine schnellere Auslieferung des Codes zu ermöglichen, die aber langfristig die Wartbarkeit und Erweiterbarkeit des Codes erschweren oder sogar unmöglich machen können. Das Management von Technical Debt und Legacy Code umfasst regelmäßige Maßnahmen zur Reduzierung dieser Schulden durch Refactoring und Modernisierung alter, oft schlecht dokumentierter Codebestandteile. Dies trägt dazu bei, die Qualität und Wartbarkeit des Codes über den gesamten Lebenszyklus der Anwendung zu gewährleisten und zukünftige Entwicklungsarbeiten zu erleichtern.
- **Dokumentation der Wartungsarbeiten:** Die Dokumentation der Wartungsarbeiten umfasst die Aufzeichnung aller durchgeführten Änderungen, um Transparenz und Nachvollziehbarkeit zu gewährleisten. Diese Dokumentation unterstützt zukünftige Wartungsarbeiten, erleichtert die Übergabe von Aufgaben innerhalb des Teams und erfüllt häufig auch Compliance-Anforderungen.
- **Code-Metriken und Analyse:** Die Überwachung und Analyse von Code-Metriken wie Code-Komplexität, Testabdeckung und Code-Duplizierung helfen, die Qualität

des Codes kontinuierlich und objektiv zu bewerten und potenzielle Schwachstellen frühzeitig zu erkennen.

5.1.3.3 Support

Der Support während der Betriebsphase stellt sicher, dass die Endnutzer:innen während des Betriebs der Anwendung effektiv unterstützt werden und Probleme schnell und effizient gelöst werden können. Der Fokus liegt hier primär auf der direkten Unterstützung der Nutzer:innen, der Verwaltung von Anfragen und Service Requests sowie dem internen und externen Wissenstransfer. Parallel dienen die im Support-Prozess gewonnenen Erkenntnisse der kontinuierlichen Verbesserung der Anwendung.

- **Definition von Service Levels:** Service Levels definieren die Erwartungen an den Support, einschließlich spezifischer Reaktionszeiten, Lösungszeiten und Verfügbarkeiten. Diese Parameter werden in Service Level Agreements (SLAs) dokumentiert, die die Verpflichtungen des Supports klar definieren. Die SLAs dienen sowohl als vertragliche Grundlage bei der Zusammenarbeit mit externen Dienstleister:innen als auch als interne Vereinbarungen und unterstützen das Support-Team mit klaren Richtlinien und Erwartungen.
- **Support L1-L3:** Der Support ist typischerweise in drei Stufen eingeteilt, um Anfragen und Probleme unterschiedlicher Komplexität gezielt bearbeiten zu können. Der L1-Support übernimmt die Erstbearbeitung und Lösung einfacher Anfragen, der L2-Support kümmert sich um technische Herausforderungen, die eine tiefergehende Analyse erfordern, und der L3-Support befasst sich mit besonders komplexen oder kritischen Problemen, die häufig die Einbindung von Entwickler:innen erfordern.
- **Helpdesk und Ticketing:** Ein zentrales Helpdesk-System mit integriertem Ticketing ermöglicht die systematische Erfassung, Verfolgung und Bearbeitung von Supportanfragen. Nutzer:innen können ihre Anfragen über verschiedene Kanäle wie E-Mail, Telefon oder Chat einreichen und das System stellt sicher, dass diese an die entsprechenden Support-Level weitergeleitet werden. Das Ticketing-System bietet zudem Transparenz über den Status der Anfragen und unterstützt die Nachverfolgung bis zur endgültigen Lösung, und es ist ein wichtiger Indikator bei der Bewertung der Qualität eine mobilen Systems.
- **Automatisierung im Support:** Durch den Einsatz von KI-gestützten Chatbots und automatisierten Workflows können häufig auftretende und einfache Anfragen sofort beantwortet werden. Diese Systeme können Anfragen analysieren, vorfiltern und bei Bedarf an die entsprechenden Supportebenen weiterleiten. Die Automatisierung reduziert manuelle Eingriffe und beschleunigt die Bearbeitung von Anfragen, da mehr menschliche und qualifizierte Arbeitskraft für die Beantwortung von komplizierten Support-Tickets bereitsteht und gleichzeitig Engpässe bei unerwartet hohem Anfrageaufkommen gemildert werden.

- **FAQs und Wissensdatenbank:** Eine umfassende Wissensdatenbank sowie Frequently Asked Questions (FAQs) bieten den Nutzer:innen direkten Zugang zu Informationen, die häufig auftretende Fragen und Probleme betreffen. Diese Informationen werden regelmäßig aktualisiert und erweitert und dienen auch dem internen Support-Team als wertvolle Referenzquelle.
- **Feedback-Management:** Das Feedback-Management erfasst systematisch das Feedback der Nutzer:innen zu ihrer Supporterfahrung sowie zur Anwendung selbst. Dieses Feedback wird analysiert, um eine kontinuierliche Verbesserung sowohl des Supportprozesses als auch der Anwendung zu ermöglichen. Durch ein aktives Feedback-Management kann der Support proaktiv auf wiederkehrende Probleme reagieren, Eskalationen vermeiden und die Servicequalität kontinuierlich steigern.
- **Community-Management:** Community-Management umfasst die Betreuung und Moderation von Online-Foren oder anderen Plattformen, auf denen sich Nutzer:innen austauschen und gegenseitig unterstützen können. Diese Communities stellen eine wertvolle Ressource dar, um Wissen zu teilen, häufige Probleme zu lösen und den Support zu entlasten. Community-Management fördert zudem das Engagement der Nutzer:innen und liefert der Betreiber:in einer Anwendung wichtige Einsichten in die Befindlichkeiten der Nutzer:innen.
- **Release-Kommunikation:** Die Kommunikation von neuen Releases und Updates an die Nutzer:innen ist ein wesentlicher Bestandteil des Supports. Dazu gehört die Bereitstellung von Ankündigungen, Changelogs und detaillierten Informationen über neue Funktionen, Änderungen oder Bugfixes. Die Release-Kommunikation erfolgt über verschiedene Kanäle wie E-Mail, In-App-Benachrichtigungen oder ein Support-Portal, um sicherzustellen, dass alle Nutzer:innen informiert sind und die neuesten Updates optimal nutzen können.
- **Messung der Effektivität des Supports:** Die Effektivität des Supports kann durch verschiedene Metriken gemessen werden, wie z. B. die durchschnittliche Lösungszeit, die Anzahl der gelösten Tickets pro Zeitraum und die Zufriedenheit der Nutzer:innen. Regelmäßige Auswertungen dieser Kennzahlen helfen dabei, den Support kontinuierlich zu optimieren und auf veränderte Anforderungen der Nutzer:innen zu reagieren. Datenanalysetools und Dashboards werden eingesetzt, um diese Metriken in Echtzeit zu überwachen und Trends zu erkennen, die auf Verbesserungsbedarf hinweisen.

5.1.4 Handlungsfelder End of Life

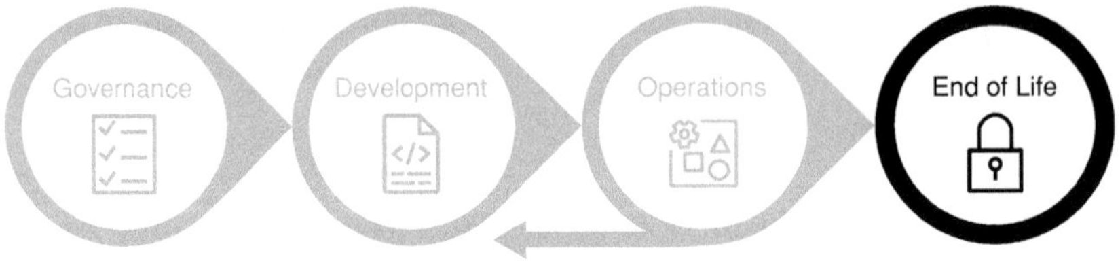

Bild 5.5 Phasen des Application Lifecycles: End of Life. (Bildnachweis: eigene Grafik)

5.1.4.1 Planung und Kommunikation

In der End-of-Life-Phase (EOL-Phase) einer Anwendung umfasst die Planung und Kommunikation alle notwendigen Schritte, um den Decommissioning-Prozess strukturiert durchzuführen und alle betroffenen Akteur:innen über alle Schritte zu informieren.

- **Strategische Entscheidungsfindung:** In dieser Phase werden strategische Entscheidungen getroffen, die den Rahmen für die EOL-Strategie vorgeben. Dazu gehören die Definition der Außerbetriebnahme-Roadmap, die Festlegung von Meilensteinen und die Zuweisung von Ressourcen für das Migrationsprojekt, sofern notwendig. Diese Planung umfasst die Außerbetriebnahme bzw. Migration aller relevanten Systemkomponenten einschließlich APIs und Backend-Services.
- **Impact- und Risikoanalyse:** Die Impact- und Risikoanalyse identifiziert und bewertet die potenziellen Auswirkungen der Abschaltung auf die IT-Infrastruktur, einschließlich vernetzter Systeme, Datenbanken und Schnittstellen zu Drittsystemen. Die Analyse konzentriert sich auf technische Risiken wie Verlust der Datenintegrität, Systemausfälle und Compliance-Verletzungen und bildet die Grundlage für die Entwicklung von Migrations- und Rollback-Strategien.
- **Risikomanagement:** Das Risikomanagement umfasst die Identifizierung, Bewertung und das Management von Risiken im Zusammenhang mit der Abschaltung. Dies umfasst die Implementierung von Failover-Mechanismen, die Planung von Rollback-Szenarien und die Bereitstellung von Notfallmaßnahmen für kritische Infrastrukturkomponenten.
- **Kommunikationsplan:** Der Kommunikationsplan legt die Prozesse und Zeitpläne für die Information aller betroffenen Stakeholdergruppen fest. Dies umfasst die Festlegung der Kommunikationskanäle, die Erstellung von Kommunikationsbausteinen und die Zuweisung von Verantwortlichkeiten.
- **Marketing und Öffentlichkeitsarbeit:** Die Kommunikation der Außerbetriebnahme nach außen erfolgt durch gezielte Marketing- und PR-Maßnahmen wie die Veröffentlichung von End-of-Life-Statements und die Information der Öffentlichkeit über die strategischen Gründe für die Außerbetriebnahme.

- **Kommunikation mit weiteren Stakeholdern:** Die Kommunikation mit internen und externen Stakehold:innen umfasst die Abstimmung mit Geschäftspartner:innen, IT-Dienstleister:innen und internen Abteilungen wie Legal und Compliance, um sicherzustellen, dass alle Beteiligten über den Prozess, die Risiken und die geplanten Maßnahmen informiert sind.
- **Benutzer:innen-Kommunikation:** Die direkte Kommunikation mit den Nutzer:innen informiert diese rechtzeitig über die bevorstehende Abschaltung und klärt über alternative Lösungen und den Supportprozess auf. Dies geschieht über alle verfügbaren Kanäle wie In-App-Benachrichtigungen, E-Mail-Kampagnen und spezielle Webseiten.
- **Vertragsmanagement:** Das Vertragsmanagement während der EOL-Phase umfasst die Beendigung oder Anpassung von Verträgen im Zusammenhang mit der Anwendung, einschließlich Lizenzverträgen, Wartungsverträgen und Service Level Agreements (SLAs) mit externen Dienstleister:innen.

5.1.4.2 Datenmigration

Die Datenmigration umfasst die systematische Überführung von Bestands- und Verkehrsdaten in neue Systeme oder deren Archivierung unter Berücksichtigung gesetzlicher Rahmenbedingungen und Compliance-Vorgaben.

- **Archivierungsstrategie:** Eine klare Archivierungsstrategie stellt sicher, dass Daten, die nicht mehr aktiv genutzt werden, gemäß den gesetzlichen Aufbewahrungspflichten sicher archiviert werden. Diese Strategie umfasst die Auswahl geeigneter Archivierungslösungen sowie die Festlegung von Zugriffs- und Löschrichtlinien.
- **Daten-Identifikation:** In einem ersten Schritt werden alle relevanten Daten identifiziert, die migriert oder archiviert werden sollen. Dazu gehört die Analyse der vorhandenen Datenbestände, um festzustellen, welche Daten für den weiteren Betrieb unerlässlich sind und welche archiviert oder gelöscht werden können.
- **Datenbereinigung:** Vor der Migration sollte eine Datenbereinigung durchgeführt werden, um Redundanzen, veraltete Informationen und fehlerhafte Datensätze zu entfernen. Dies trägt zur Effizienz und Qualität des Migrationsprozesses bei und minimiert mögliche Probleme im Zielsystem.
- **Anonymisierung oder Pseudonymisierung von Daten:** In Fällen, in denen sensible Daten migriert werden, kann es notwendig sein, diese entweder zu anonymisieren oder zu pseudonymisieren, um den Datenschutz durchgängig zu gewährleisten. Die Anonymisierung von Daten bedeutet, dass alle personenbezogenen Informationen so verändert werden, dass sie nicht mehr auf eine bestimmte Person zurückgeführt werden können. Dies ist insbesondere dann wichtig, wenn Daten in eine Umgebung übertragen werden, die weniger Sicherheit bietet als die ursprünglichen Produktivsysteme, da anonymisierte Daten keiner Person mehr

zugeordnet werden können und somit auch im Falle eines Datenverlustes keine Rückschlüsse auf die Identität der betroffenen Personen zulassen.

Bei der Pseudonymisierung werden personenbezogene Daten durch ein Pseudonym ersetzt, wobei die Zuordnung zu den ursprünglichen Daten mit Hilfe eines zusätzlichen Schlüssels möglich bleibt. Pseudonymisierte Daten bieten einen gewissen Schutz der Privatsphäre, da die direkte Identifizierung der betroffenen Person ohne den Schlüssel erschwert wird. Der Schutz ist jedoch nicht absolut, da ein Restrisiko der Identifizierung besteht, solange der Schlüssel vorhanden ist. Die Pseudonymisierung kann in verschiedenen Migrationsszenarien eine geeignete Maßnahme sein, insbesondere wenn der Schutzbedarf der verarbeiteten Daten nicht sehr hoch ist.

Beide Verfahren sind wesentliche Maßnahmen zur Einhaltung der Datenschutz-Grundverordnung (DSGVO) und sollten in Abhängigkeit von der Sensibilität der Daten und den Sicherheitsanforderungen der Zielumgebung sorgfältig ausgewählt und umgesetzt werden.

- **Migrationstools und -techniken:** Für die Migration können spezialisierte Tools und Verfahren eingesetzt werden, um eine reibungslose und fehlerfreie Übertragung der Daten zu gewährleisten. Diese Tools unterstützen den Prozess der Datenextraktion, -transformation und -übertragung in die neue Umgebung oder ein Archivsystem.
- **Testmigration:** Vor der eigentlichen Migration sollte eine Testmigration durchgeführt werden, um den Prozess unter realistischen Bedingungen zu simulieren und unerwartete Herausforderungen oder Hindernisse zu identifizieren.
- **Post-Migrations-Überprüfung:** Nach Abschluss der Migration wird eine Post-Migrationsüberprüfung durchgeführt, um die Qualität und Vollständigkeit der Datenmigration zu validieren. Dies beinhaltet die Überprüfung der Vollständigkeit und Integrität der Daten, die Auswertung der Testergebnisse und die endgültige Freigabe des Systems für den produktiven Einsatz.
- **Dokumentation:** Alle Schritte und Ergebnisse der Migration sollten sorgfältig dokumentiert werden. Diese Dokumentation umfasst den gesamten Migrationsprozess von der Datenidentifikation bis zum Post-Migration-Audit und dient als Konformitätsnachweis sowie als Referenz für zukünftige Migrationsprojekte.

5.1.4.3 Abschaltung und Post Mortem

Die tatsächliche Außerbetriebnahme eines mobilen Systems, das finale „Ziehen des Steckers", umfasst spezifische technische und organisatorische Maßnahmen zur geordneten Außerbetriebnahme der App und der sie unterstützenden Infrastruktur sowie die anschließende Analyse und Nachbereitung. Dabei wird zwischen öffentlich zugänglichen Apps, die über App Stores vertrieben werden, und Unternehmensanwendungen, die über MDM-Systeme (Mobile Device Management) verwaltet werden, unterschieden.

- **Store-Management:** Das Store-Management umfasst die Entfernung der Anwendung aus den offiziellen Distributionskanälen wie dem Apple App Store und dem Google Play Store oder den unternehmensinternen Portalen. Besondere Herausforderungen bestehen in der Handhabung alter App-Versionen, die bereits auf den Geräten der Nutzer:innen installiert sind, sowie in der Vermeidung erneuter Downloads oder Reinstallationen, wie sie bei einem Restore aus einem lokalen oder Cloud-Backup entstehen können. Im Enterprise-Kontext hingegen ermöglicht der Einsatz von Mobile Device Management (MDM)-Systemen die zentrale und automatisierte Entfernung der App von den Endgeräten der Mitarbeiter:innen.
- **Kill Switch aktivieren:** Der „Kill Switch" ist ein unverzichtbares Werkzeug zur Deaktivierung veralteter App-Versionen auf den Endgeräten der Nutzer:innen. Durch die serverseitige Steuerung wird die App vollständig oder in Teilbereichen funktionsunfähig gemacht, um sicherzustellen, dass keine veralteten oder unsicheren Versionen weiterhin in Betrieb sind oder versuchen, mit dem jetzt deaktivierten Backend zu kommunizieren. Im Unternehmenskontext kann dieser Prozess durch MDM-Systeme durchgeführt werden, die eine gezielte Deinstallation der App auf allen verwalteten Geräten ermöglichen.
- **Server- und Backend-Abschaltung:** Die geordnete Außerbetriebnahme der serverseitigen Infrastruktur umfasst die Deaktivierung aller von der App genutzten Backend-Dienste. Dies beinhaltet das kontrollierte Herunterfahren von APIs, Datenbanken und anderen Backend-Komponenten, um sicherzustellen, dass keine offenen Verbindungen oder potenzielle Sicherheitslücken bestehen bleiben. Im Unternehmenskontext ist zusätzlich darauf zu achten, dass die Integration in die bestehende IT-Infrastruktur ordnungsgemäß beendet wird, um Kollateralschäden zu vermeiden.
- **Rechtliche Bewertung und Dokumentation:** Eine umfassende rechtliche Bewertung ist notwendig, um sicherzustellen, dass alle relevanten Datenschutzgesetze und regulatorischen Anforderungen im Zuge der Außerbetriebnahme erfüllt werden. Dies umfasst die sichere Archivierung oder Löschung von Daten gemäß den gesetzlichen Anforderungen sowie die Dokumentation aller Schritte zur Sicherstellung der Compliance.
- **Relokation der Ressourcen:** Nach der erfolgreichen Abschaltung der App und ihrer Infrastruktur erfolgt die Neuverteilung oder Freigabe der genutzten IT-Ressourcen, sowohl auf technischer Ebene als auch bei der Neuorganisation der Entwickler:innen-Teams.
- **Post-Mortem-Analyse:** Im Anschluss an die Stilllegung erfolgt eine umfassende Post-Mortem-Analyse, in der alle Phasen des End-of-Life-Prozesses kritisch hinterfragt werden. Diese Analyse dient dazu, Lessons Learned zu identifizieren und

Verbesserungspotenziale für zukünftige Projekte abzuleiten. Die Ergebnisse der Post-Mortem-Analyse werden dokumentiert und in die Wissensbasis des Unternehmens integriert.

5.2 Zusammenfassung und Schlüsselaspekte dieses Kapitels

5.1.1 Handlungsfelder Governance

Governance stellt sicher, dass die ALM-Aktivitäten für alle Beteiligten innerhalb eines klar definierten und kommunizierten Rahmens ablaufen.

- Die Definition von Richtlinien, Standards und Compliance-Vorgaben stellt die Einhaltung gesetzlicher und unternehmensinterner Anforderungen sicher.
- Strategische Ziele, Portfoliomanagement und Innovationsmanagement sind entscheidend, um die langfristige Ausrichtung der mobilen Systeme zu steuern.
- Ein effektives Risikomanagement minimiert potenzielle Risiken und sichert die Geschäftskontinuität.
- Die Förderung einer agilen Unternehmenskultur ermöglicht flexible Reaktionen auf Veränderungen.
- Qualitätssicherung und Wissensmanagement sind integrale Bestandteile, die den nachhaltigen Erfolg und die Effizienz der Projekte sicherstellen.

5.1.2 Handlungsfelder Development

Die Entwicklungsphase ist das Herzstück des ALM, in der die eigentliche Software entsteht.

- Anforderungsmanagement und agile Entwicklungsprozesse stellen sicher, dass die Anwendungen den Bedürfnissen der Anwender:innen und den Unternehmenszielen entsprechen.
- Continuous Integration (CI) und Continuous Delivery (CD) ermöglichen eine schnelle und zuverlässige Bereitstellung neuer Funktionen.
- Dokumentation und Release-Management sorgen für Transparenz und reibungslose Übergänge zwischen den Entwicklungsphasen.
- Plattformübergreifende Styleguides und Testautomatisierung tragen zur Konsistenz und Qualität der Anwendungen bei.
- Code-Management-Praktiken wie Versionierung, Branching und Code-Reviews stellen eine strukturierte und fehlerfreie Entwicklung sicher.

5.1.3 Handlungsfelder Operations

Die Betriebsphase konzentriert sich auf die Wartung und Optimierung der Anwendung im Produktivbetrieb.

- Monitoring und Performance Management überwachen kontinuierlich die Systemleistung und stellen die Verfügbarkeit sicher.
- Backup- und Restore-Strategien schützen vor Datenverlust und ermöglichen eine schnelle Wiederherstellung.
- Skalierungsstrategien passen die Systemressourcen dynamisch an den Bedarf an, während Kostenmanagement und Compliance-Überwachung den wirtschaftlichen und regelkonformen Betrieb gewährleisten.
- Notfallplanung und Incident Management minimieren die Auswirkungen unerwarteter Zwischenfälle und sorgen für eine schnelle Problembehebung.
- Mobile Device Management (MDM) und Endpoint Security gewährleisten die Sicherheit der eingesetzten Endgeräte und schützen die Applikation vor unberechtigten Zugriffen.

5.1.4 Handlungsfelder End of Life

Die End-of-Life-Phase markiert das kontrollierte und sichere Ende der Anwendung.

- Strategische Planung und Kommunikation stellen sicher, dass alle Stakeholder über den Abschaltprozess informiert sind und Risiken abteilungsübergreifend minimiert werden.
- Datenmigration und Archivierung gewährleisten, dass relevante Daten ordnungsgemäß übertragen oder gesichert werden.
- Ein „Kill Switch" verhindert, dass veraltete Versionen der Anwendung genutzt werden können und das kontrollierte Herunterfahren der Backend-Systeme schließt den Lebenszyklus der Anwendung ab.
- Abschließend wird eine Post-Mortem-Analyse durchgeführt, um aus dem gesamten Prozess zu lernen und zukünftige Projekte zu optimieren.

6 Mobile Application Management (MAM) und App-Distribution

Dieses Kapitel beschäftigt sich mit dem Mobile Application Management (MAM) und der Distribution von Apps. Im Mittelpunkt stehen die spezifischen Aufgaben und Herausforderungen, die den Betrieb, die Verwaltung und die Verteilung mobiler Anwendungen kennzeichnen. Dabei werden nicht nur die verschiedenen Handlungsfelder des MAM beleuchtet, sondern auch die wesentlichen Unterschiede zwischen mobilen und konventionellen Systemen im Betrieb betrachtet.

Aufgabe dieses Kapitels ist es, den Leser:innen ein umfassendes Verständnis für die Anforderungen und Best Practices im Mobile Application Management zu vermitteln und ihnen die nötigen Werkzeuge an die Hand zu geben, um effektive und nachhaltige Strategien für die Verteilung und das Management mobiler Anwendungen zu entwickeln.

6.1 Handlungsfelder des Mobile Application Managements

Mobile Application Management ist ein Aufgabenbereich im laufenden Betrieb einer App, der verschiedene organisatorische und technische Funktionen umfasst. Diese Aufgaben können, das Vorhandensein entsprechender Mittel vorausgesetzt, von den Betreiber:innen einer App übernommen oder ganz oder in Teilen an eine Dienstleister:in ausgelagert werden.

Die Bedeutung eines strukturierten MAM wird häufig unterschätzt, gleichzeitig werden die damit verbundenen Aufwände und Kosten zu optimistisch eingeschätzt. Diese Fehleinschätzungen führen dann zu erhöhten Risiken im laufenden Betrieb mit allen damit verbundenen Konsequenzen wie Betriebsunterbrechungen, Budgetüberschreitungen, rechtlichen Problemen oder schlicht Umsatzeinbußen oder Abwanderung von Nutzer:innen.

Das Mobile Application Management übernimmt verschiedene organisatorische Aufgaben zur Überwachung der Qualität einer App im laufenden Betrieb, verfügt aber idealerweise auch über eine eigene Delivery, in der alle klassischen Ressourcen und Skills zur Wartung oder Erweiterung des Codes zur Verfügung stehen. Teil der Delivery ist auch die entsprechende Infrastruktur mit Tools und Systemen für Continuous Integration (CI) und Continuous Delivery (CD), um den Code zu verwalten und neue Versionen der App in den Stores oder anderen Kanälen veröffentlichen zu können. Das MAM muss dabei immer das gesamte mobile System im Blick haben, in dem die eigentliche App oft nur das sichtbare Frontend eines komplexen Systems darstellt.

Die operativen Modelle des MAM sind vielfältig. So können externe Dienstleister:innen für alle technischen Aufgaben eingesetzt werden, und nur der organisatorische Teil des MAM verbleibt im eigenen Unternehmen. Auch der umgekehrte Weg ist denkbar, aber in der Praxis eher aufwendig, da die Application Manager:in immer „the single point of truth“ bei der Beurteilung der aktuellen Qualität einer Anwendung sein sollte und somit im Normalfall innerhalb des eigenen Unternehmens und seiner Strukturen effektiver agieren kann.

Bei der Auslagerung von Bereichen des MAM an externe Dienstleister:innen muss über belastbare Service Level Agreements (SLAs) mit den Partner:innen sichergestellt werden, dass die eigentliche Betreiber:in immer handlungsfähig ist und im Falle von Havarien der App oder der Umsysteme jederzeit Bugs beheben, Apps bauen und in die Stores bringen kann. Ich empfehle in diesem Zusammenhang die Beachtung von Murphy's Law.

Die Ausprägung der Service Level Agreements hängt dabei von der Kritikalität des mobilen Systems ab und muss im Einzelfall betrachtet und bewertet werden, da eine Verkürzung der Reaktions- und Wiederherstellungszeiten in den SLAs oft mit einem exponentiellen Anstieg der Kosten einhergeht, sowohl bei interner als auch bei externer Umsetzung. Die App des Kleingartenvereins Wattenscheid West ist trotz anstehender Vorstandswahlen sicherlich anders zu bewerten als eine transaktionskritische App, die zudem den Hauptumsatzträger eines Unternehmens darstellt. Wichtige Parameter bei der Gestaltung eines SLA sind die Servicezeiten, die Reaktionszeit innerhalb der Servicezeiten und die Wiederherstellungszeit (Recovery Time Objective/ RTO). Die Wiederherstellungszeit einer App, die ausschließlich über die offiziellen Stores vertrieben wird, hängt zusätzlich von den Prozessen innerhalb der Stores ab, auf die in der Regel kein Einfluss genommen werden kann.

6.2 Wesentliche Unterschiede im Betrieb mobiler und konventioneller Systeme

Mobile Application Management unterscheidet sich grundlegend vom Application Management konventioneller Systeme. Mit „konventionellen“ Systemen sind hier alle Arten von digitalen Endgeräten sowohl im Frontend als auch im Backend gemeint, die über eine mehr oder weniger dauerhafte Energie- und Netzwerkversorgung verfügen und nicht den Geräteklassen Smartphone, Tablet oder Wearable zugeordnet werden können, und zudem kein mobiles Betriebssystem wie Android oder iOS unterstützen. Die genannten Faktoren stellen die wichtigsten Unterschiede beim Betrieb mobiler Systeme dar, die sowohl auf strategischer, organisatorischer als auch operativer Ebene beim Betrieb mobiler Systeme zu berücksichtigen sind.

Die Herausforderungen im Mobile Application Management sind überwiegend in der historisch gewachsenen Sichtweise auf den Betrieb von IT-Systemen begründet, sehr gut sichtbar am Beispiel gängiger Release Policies der Kernsysteme. Vor allem in der klassischen und zentralisierten Server-Client-Architektur sind jährliche oder noch längere Release-Zyklen keine Ausnahme, halbjährliche Releases gelten bereits als „agil“. Viele Kernanwendungen leben zum Teil über Jahre friedlich und unauffällig als *.jar* oder *.war* in den Rechenzentren, ohne dass ein aktiver Eingriff, geschweige denn ein Update notwendig wäre. Dieser Umstand hat auch die Unternehmenskultur auf verschiedenen Ebenen geprägt, in den meisten Fällen sind weder die organisatorischen Rahmenbedingungen noch die Infrastruktur vorhanden, um schnelle und agile Releases zu fahren. Der Fairness halber muss an dieser Stelle jedoch erwähnt werden, dass der Umgang mit heterogenen Systemlandschaften in einem geschäftskritischen Kontext einen wesentlich höheren Komplexitätsgrad aufweist als der Umgang mit einzelnen mobilen Artefakten und auch entsprechend verantwortungsvoll gehandhabt werden muss. Agilität lässt sich hier im Sinne der Betriebssicherheit nicht von heute auf morgen einschalten, zudem stehen oft regulatorische Hürden oder auch die Produktstrategie von Drittsoftware im Weg.

Entsprechend schwierig ist es oft, agile Prozesse und Strategien wie „Nightly Builds“ in einem mobilen Team zu etablieren, die dann mit den viel langsameren Kernsystemen kollidieren. Allerdings ist hier mittlerweile ein deutlicher Kulturwandel erkennbar, der die Harmonisierung zwischen konventioneller und mobiler IT zunehmend erleichtert und mobile Software mit ihren agilen Prozessen nicht mehr als Fremdkörper in der Unternehmens-IT betrachtet.

6.2.1 Release-Zyklen

Der Release-Zyklus beschreibt die Abfolge von Entwicklungs- und Bereitstellungsschritten, die eine Software durchläuft, bevor sie in einer neuen Version veröffentlicht wird. Diese Zyklen können je nach Art des Systems unterschiedlich sein und beeinflussen, wie schnell und wie häufig Updates bereitgestellt werden. Unterschiedliche Systeme erfordern unterschiedliche Vorgehensweisen: Einige konventionelle Systeme haben längere, stabilere Release-Zyklen, die auf umfassender Planung und umfangreichen Qualitätsprüfungen beruhen, während mobile Systeme aufgrund ihrer Dynamik und ständigen Weiterentwicklung kürzere, häufigere Zyklen erfordern.

Mobile Systeme

Mobile Systeme erfordern kürzere und häufigere Release-Zyklen, um sich an die raschen Veränderungen des Marktes und das direkte Feedback der Nutzer:innen anzupassen. Die ständige Aktualisierung der Gerätefunktionen und die hohe Dynamik des Marktes erfordern eine flexible und agile Herangehensweise, um im Sinne der „User Centricity“ den Bedürfnissen der Nutzer:innen jederzeit gerecht zu werden und so zeitnah wie möglich auf neue Anforderungen reagieren zu können.

- **Häufigkeit der Releases:** Mobile Anwendungen werden oft in kurzen Abständen aktualisiert, manchmal sogar täglich oder nächtlich in Form von „Nightly Builds“. Ein Nightly Build ist ein automatisierter Prozess in der Softwareentwicklung, bei dem eine Anwendung jede Nacht neu erstellt wird. Diese Builds stellen den aktuellen Entwicklungsstand dar und enthalten die neuesten Änderungen und Patches, die seit dem letzten Build vorgenommen wurden. Dadurch können Fehler im Code früher erkannt und behoben werden und Entwickler:innenteams und Tester:innen haben immer Zugriff auf den neuesten Softwarestand und können diesen sofort evaluieren.
- **Continuous Integration (CI) und Continuous Deployment (CD):** CI und CD sind in mobilen Projekten weit verbreitet, um den Entwicklungsprozess zu automatisieren und neue Versionen schnell in Produktionsumgebungen zu bringen. Dadurch können Teams Änderungen kontinuierlich integrieren, testen und ausliefern.
- **Update-Strategie:** Die Implementierung kleiner, häufiger Updates minimiert das Fehlerrisiko, da Probleme frühzeitig erkannt und behoben werden können. Diese Strategie unterstützt eine schnelle Reaktionsfähigkeit auf neue Anforderungen oder Einflussfaktoren wie Sicherheitsbedrohungen.

Konventionelle Systeme

Konventionelle Systeme zeichnen sich in der Regel durch längere und stabilere Release-Zyklen aus. Diese Systeme sind oft tief in die elementaren Geschäftsprozesse und die IT-Landschaft eines Unternehmens integriert und fehlerbehaftete Updates können weitreichende und im Zweifelsfall katastrophale Auswirkungen haben, die weit über den Schadenshorizont einer defekten mobilen App hinausgehen. Daher werden häufig umfangreiche organisatorische Vorbereitungen getroffen, um die Stabilität und Sicherheit eines Updates zu gewährleisten.

- **Geplante Wartungsfenster und Business Releases:** Änderungen an konventionellen Systemen werden häufig während geplanter Wartungsfenster oder im Rahmen von lange im Voraus geplanten Business Releases ausgerollt, um die Auswirkungen auf den laufenden Betrieb zu minimieren und die Planbarkeit im Rahmen strategischer und regulatorischer Anforderungen zu gewährleisten.
- **Umfassende Orchestrierung und Vorbereitung des Update-Prozesses:** Stabilität und Sicherheit der Kernsysteme haben oberste Priorität. Daher sind lange Test- und Qualitätssicherungsphasen üblich, um sicherzustellen, dass alle Aspekte der Änderungen gründlich getestet wurden. Vor einem Release sind deshalb umfangreiche Vorbereitungen notwendig, einschließlich der Erstellung von Drehbüchern, mehrfachen Probeläufen und Schulungen für die Nutzer:innen sowie einer detaillierten Dokumentation. Dadurch wird sichergestellt, dass alle Beteiligten auf die Änderungen vorbereitet sind und der Übergang reibungslos verläuft.
- **Regulatorische Rahmenbedingungen:** In regulierten Branchen wie dem Finanz- oder Gesundheitswesen sind zusätzliche Prüfungen und Genehmigungen vor der Durchführung von größeren Releases erforderlich. Änderungen müssen nicht nur nachweisbar technisch einwandfrei sein, sondern auch den regulatorischen Anforderungen entsprechen. Diese Prüfungen können durch interne Compliance-Teams oder externe Auditoren durchgeführt werden.

Tabelle 6.1 Übersicht Release-Zyklen

Aspekt	Mobile Systeme	Konventionelle Systeme
Häufigkeit der Releases	Häufige, kurze Intervalle, manchmal sogar nächtlich (Nightly Builds)	Längere, stabilere Release-Zyklen, oft während geplanter Wartungsfenster
Continuous Integration (CI)	Kontinuierliche Integration und automatisierte Tests	Umfangreiche Test- und Qualitätssicherungsphasen
Continuous Deployment (CD)	Automatisierte Bereitstellung neuer Versionen	Geplante Releases und umfangreiche organisatorische Vorbereitungen
Updatestrategie	Kleinere, häufigere Aktualisierungen	Lange geplante Updates, oft regulatorisch geprüft

Strategien wie Continuous Deployment (CD) sowie kürzere Release-Zyklen sind prinzipiell auch für konventionelle Systeme möglich und werden bereits in vielen Unternehmen angewendet. Dies ist vor allem dann der Fall, wenn ein Unternehmen über eine moderne, schlanke Systemarchitektur wie Cloud Native verfügt und nicht in alten, monolithischen Legacy-Systemen gefangen ist. Durch die Einführung von CD können auch konventionelle Systeme analog zu mobilen Kanälen schneller auf Marktveränderungen und Nutzerfeedback reagieren, was in wettbewerbsintensiven Märkten ein entscheidender strategischer Vorteil sein kann.

Die Anwendung von CD-Strategien in konventionellen Systemen birgt jedoch auch einige Herausforderungen, vor allem bei komplexen, hochverfügbaren Systemen mit verschiedenen Clouds, Rechenzentren und hoher Prozesskritikalität. Die Integration der verschiedenen Komponenten und Systeme einer multidimensionalen und heterogenen IT- und Serverlandschaft erfordert eine sorgfältige Planung und Koordination, deren Aufwand mit der Anzahl der beteiligten Systeme parallel zu den Risiken exponentiell steigt. Darüber hinaus können erhebliche Investitionen in Infrastruktur, zusätzliche Tools und Schulungen erforderlich sein. In stark regulierten Branchen können kurze Release-Zyklen aufgrund der notwendigen Dokumentationsprozesse und -vorgaben problematisch sein, da in erster Linie die Einhaltung gesetzlicher Vorschriften und Standards gewährleistet werden muss.

Nicht zu unterschätzen ist der „emotionale" Faktor: Die Umstellung auf CD erfordert häufig auch einen Wandel der Unternehmenskultur hin zu mehr Agilität und der Bereitschaft zu mehr interdisziplinärer Zusammenarbeit zwischen der klassischen IT und den Fachbereichen. Dieser Kulturwandel ist entscheidend für den Erfolg von CD. Unternehmen müssen bereit sein, starre Hierarchien und Strukturen aufzubrechen und eine flexible, teamorientierte Arbeitsweise zu etablieren.

Zusammenfassend erfordert die Umsetzung von CD und verkürzten Release-Zyklen in konventionellen Systemen eine sorgfältige Abwägung. Eine umfassende Analyse der bestehenden Infrastruktur, der betrieblichen Anforderungen und des regulatorischen Umfelds ist unerlässlich, um sicherzustellen, dass die potenziellen Vorteile die damit verbundenen Herausforderungen überwiegen.

6.2.2 Performance und Skalierbarkeit

Die Leistungsfähigkeit und Skalierbarkeit mobiler und konventioneller Systeme ist ein wesentlicher Faktor, der sowohl die betriebliche Effizienz als auch die grundlegende User Experience bestimmt. Beide Aspekte unterscheiden sich signifikant zwischen den beiden Systemtypen aufgrund ihrer spezifischen Einsatzumgebungen und unterschiedlichen technischen Restriktionen.

Mobile Systeme

Mobile Systeme müssen häufig mit wechselnden Netzwerkbedingungen und begrenzten Ressourcen der Endgeräte zurechtkommen, die zudem stark variieren und prinzipiell unzuverlässig sind. Diese Herausforderungen erfordern spezielle Techniken und Architekturen, um trotzdem eine hohe Skalierbarkeit und optimale Performance zu gewährleisten.

- **Variable Connectivity:** Mobile Anwendungen müssen mit einer Vielzahl von Netzwerkumgebungen zurechtkommen, von stabilen WLAN-Netzwerken bis hin zu schwankenden Mobilfunkverbindungen. Diese Umgebungen erfordern Mechanismen wie asynchrone Datenübertragung, Caching und Offline-Fähigkeit, um eine konsistente Benutzer:innenerfahrung zu gewährleisten, auch wenn die Netzwerkverbindung instabil ist.
- **Begrenzte Endgerät-Ressourcen:** Die Ressourcen mobiler Endgeräte wie CPU, Arbeitsspeicher und Akkukapazität sind begrenzt und unterscheiden sich stark von Gerät zu Gerät. Mobile Anwendungen müssen daher ressourceneffizient gestaltet werden, um die Systemleistung zu maximieren, ohne die User Experience zu beeinträchtigen. Techniken wie „Lazy Loading" und optimiertes Speichermanagement sind bewährte Stretegien, um die Performance sicherzustellen.
- **Skalierbarkeit im Backend:** Die Skalierbarkeit mobiler Anwendungen hängt stark von den Backend-Systemen ab. Eine lokale mobile Anwendung ist an sich nicht skalierbar, wenn auch optimierbar. Normalerweise sollten mobile Frontends so „dumm" wie möglich gehalten werden und so viel Geschäftslogik und Rechenleistung wie möglich in ihr Backend verlagern, es sei denn, funktionale Anforderungen wie Offlinefähigkeit oder Echtzeitberechnungen im Frontend sprechen dagegen. Durch den Einsatz von Cloud-Diensten und skalierbaren Backend-Infrastrukturen können mobile Systeme dennoch dynamisch an die Lastanforderungen angepasst werden. Cloud-Plattformen wie AWS, Azure und Google Cloud bieten Funktionen wie Load Balancing, Auto-Scaling und serverlose Architekturen (z. B. AWS Lambda), die eine automatische Anpassung der Serverkapazität an den aktuellen Bedarf ermöglichen.

Konventionelle Systeme

Konventionelle Systeme verfügen in der Regel über stabile Netzwerkbedingungen und -bandbreiten sowie leistungsfähige Hardware, die zumindest theoretisch und unbeachtet wirtschaftlicher Rahmenbedingungen wie persönlicher Kreditkartenlimits unendlich skalierbar ist. Sie sind systembedingt in der Lage, große Datenmengen effizient zu verarbeiten und eine hohe Verfügbarkeit zu gewährleisten. Aufgrund ihrer kontrollierten Betriebsumgebung bieten sie dafür optimale Voraussetzungen.

- **Stabile Connectivity:** Konventionelle Systeme profitieren von kontrollierten und stabilen Netzwerkbedingungen, typischerweise in Rechenzentren oder Unternehmensnetzwerken. Diese stabilen Bedingungen ermöglichen eine gleichbleibend hohe Leistung und minimieren das Risiko von Netzwerkausfällen.
- **Leistungsfähige Hardware:** Konventionelle Systeme verwenden leistungsfähige Server, die in der Regel über deutlich mehr Ressourcen verfügen als mobile Endgeräte. Diese Systeme können große Datenmengen effizient verarbeiten und bieten durch ihre Infrastruktur eine hohe Verfügbarkeit und Stabilität.
- **Breite Skalierbarkeit:** Konventionelle Systeme können sowohl vertikal als auch horizontal skalieren. Bei der vertikalen Skalierung (Scaling Up) wird die Kapazität eines einzelnen Servers durch Hinzufügen von Ressourcen erhöht, während bei der horizontalen Skalierung (Scaling Out) die Anzahl der Server erhöht wird, um die Last zu verteilen. Diese Strategien erfordern eine sorgfältige Planung und können durch Technologien wie Virtualisierung und Containerisierung (z.B. Docker, Kubernetes) unterstützt werden, um eine flexible und effiziente Ressourcenverteilung zu ermöglichen.
- **Performance-Optimierung:** Performance-Optimierung ist ein kontinuierlicher und selbstverständlicher Prozess in konventionellen Systemen. Dazu gehören die Optimierung von Datenbankabfragen durch Indizierung, der Einsatz von Caching-Mechanismen und der Einsatz von Loadbalancern, um die Last gleichmäßig auf mehrere Server zu verteilen. Regelmäßige Performance- und Lasttests helfen, Engpässe zu identifizieren und zu beheben, um eine optimale Systemleistung zu gewährleisten.

Tabelle 6.2 Übersicht Performance und Skalierbarkeit

Aspekt	Mobile Systeme	Konventionelle Systeme
Netzwerkbedingungen	Variable Bedingungen (WLAN, mobile Daten, offline)	Stabile und kontrollierte Netzwerkbedingungen
Endgerät-Ressourcen	Begrenzte CPU-Leistung, Arbeitsspeicher und Akkukapazität	Leistungsfähige Hardware in Rechenzentren
Backend-Unterstützung	Skalierbare Cloud-Dienste, serverlose Architekturen	Leistungsfähige Backend-Systeme, vertikale und horizontale Skalierung
Performance-Optimierung	Caching, asynchrone Datenübertragung, Lazy Loading, u. a.	Datenbankoptimierungen, Load Balancer, regelmäßige Performance-Tests

6.2.3 Security

Security ist sowohl für mobile als auch für konventionelle Systeme ein kritischer Aspekt und muss immer aus einer End-to-End-Perspektive betrachtet werden. Die unterschiedlichen Einsatzumgebungen und technischen Spezifikationen der beiden Systemtypen führen jedoch zu spezifischen Herausforderungen und Lösungsansätzen im Bereich der systemischen IT-Sicherheit.

Mobile Systeme

Mobile Systeme sind aufgrund ihrer dezentralen und per se unsicheren Nutzungsszenarien „auf der Straße“ mit Risiken wie Verlust oder Diebstahl besonders anfällig für Sicherheitsrisiken. Die Vielzahl an Endgeräten, Betriebssystemversionen und Netzen, in denen mobile Anwendungen betrieben werden, stellt darüber hinaus besondere Anforderungen an die technischen Sicherheitsmaßnahmen.

- **Gerätevielfalt und -fragmentierung:** Mobile Anwendungen müssen auf einer Vielzahl von Geräten und Betriebssystemversionen funktionieren, was bei der Optimierung einer Anwendung zu einer starken Fragmentierung sowohl auf Endgeräte- als auch auf Betriebssystemebene führt. Jede Gerätekonfiguration kann unterschiedliche Sicherheitslücken und Funktionseinschränkungen aufweisen, die berücksichtigt werden müssen. Strategien wie die konsequente Nutzung plattformspezifischer APIs (z. B. iOS Keychain, Android Keystore), in diesem Fall zur sicheren Speicherung von Anmeldeinformationen, sollten, wo immer möglich, genutzt werden, um Sicherheitsmaßnahmen möglichst systemnah zu implementieren.
- **Unsichere Netzwerke:** Mobile Anwendungen operieren häufig in unsicheren oder unzuverlässigen Netzwerkumgebungen. Die Datenübertragung muss daher durch Ende-zu-Ende-Verschlüsselung (z. B. TLS/SSL) geschützt werden, um Abhörversuche und Man-in-the-Middle-Angriffe zu verhindern. Die Implementierung von VPNs (Virtual Private Networks) kann zusätzliche Sicherheit bieten.
- **Anwendungssicherheit und Code-Obfuskation:** Mobile Anwendungen sind anfällig für Reverse Engineering, bei dem Angreifer den Quellcode analysieren und Sicherheitslücken ausnutzen können, da die Software-Artefakte auf den einzelnen Endgeräten außerhalb des eigenen Einflussbereichs liegen. Techniken zur Code-Obfuskation (z. B. ProGuard für Android) und der Einsatz von RASP (Runtime Application Self-Protection) helfen, den Code zu schützen und Angriffe zu erschweren, sie können aber nur Elemente eines übergreifenden Sicherheitskonzepts sein.
- **Sichere Datenhaltung:** Daten auf mobilen Geräten müssen jederzeit sicher gespeichert werden, um Verlust oder Manipulation vorzubeugen. Dazu gehört die Verschlüsselung der Daten sowohl im Ruhezustand (Data at Rest) als auch wäh-

rend der Übertragung (Data in Transit). Mechanismen wie Biometrie (Touch ID, Face ID) zur Authentifizierung und Zugriffskontrolle sind wichtig, um unberechtigten Zugriff im Alltag zu verhindern.

Konventionelle Systeme

Konventionelle Systeme, die in zentralisierten und kontrollierten Umgebungen betrieben werden, verwalten oft geschäftskritische Daten und Geschäftsprozesse des gesamten Unternehmens und sind daher in der subjektiven und objektiven Wahrnehmung auch deutlich schutzbedürftiger als eine mobile Anwendung. Daher verfügen diese Systeme in der Regel auch über leistungsfähige und etablierte Sicherheitskonzepte und entsprechende Ressourcen zu deren Umsetzung. Ausnahmen bestätigen hier leider oft die Regel.

- **Zentralisiertes Sicherheitsmanagement:** Konventionelle Systeme profitieren von einem zentralisierten Sicherheitsmanagement, bei dem Sicherheitsrichtlinien und -protokolle von einem zentralen IT-Team überwacht und durchgesetzt werden. Dies umfasst die Verwaltung von Firewalls, Intrusion-Detection-Systemen (IDS) und Intrusion-Prevention-Systemen (IPS). Sicherheitslösungen wie SIEM (Security Information and Event Management) helfen, Bedrohungen in Echtzeit zu erkennen und darauf zu reagieren.
- **Physische Sicherheit:** Rechenzentren, in denen konventionelle Systeme betrieben werden, verfügen über physische Sicherheitsmaßnahmen wie Zutrittskontrolle, Videoüberwachung und biometrische Zugangssysteme, um unbefugten Zutritt und damit physische Zugriffe auf die Infrastruktur zu verhindern.
- **Datensicherheit und Compliance:** Herkömmliche Systeme müssen strenge Datenschutz- und Compliance-Anforderungen erfüllen, besonders in regulierten Branchen wie dem Finanz- und Gesundheitswesen. Dazu gehört die Einhaltung von Standards wie GDPR, HIPAA und PCI-DSS. Daten werden zusätzlich durch starke Verschlüsselung, regelmäßige Backups und die Implementierung von Disaster-Recovery-Plänen geschützt. Es versteht sich von selbst, dass die Einhaltung dieser Standards immer in einer E2E-Sicht gewährleistet sein muss, was auch mobile Anwendungen betrifft.

Tabelle 6.3 Übersicht Sicherheit

Aspekt	Mobile Systeme	Konventionelle Systeme
Gerätevielfalt und -fragmentierung	Vielzahl von Endgeräten und Betriebssystemversionen, plattformspezifische APIs	Zentrale, kontrollierte Systeme mit einheitlichen Sicherheitsrichtlinien
Netzwerkbedingungen	Unsichere Netzwerke, schwankende Bandbreiten und Latenzen	Stabile, kontrollierte Netzwerke mit umfangreichen Sicherheitsmaßnahmen
Anwendungssicherheit	Code-Obfuskation, RASP	Zentrales Sicherheitsmanagement, Firewalls, IDS/IPS
Datenhaltung	Dezentral und über verschiedene Speichermedien und Clouds verteilt	Zentral und innerhalb einer kontrollierten Umgebung

6.2.4 Developer- und Betriebskultur

Die Entwicklungs- und Betriebskultur hat einen entscheidenden Einfluss auf die Effizienz, Flexibilität und Innovationskraft von Softwareprojekten. Die Unterschiede zwischen mobilen und konventionellen Systemen spiegeln sich in den Arbeitsweisen, Teamstrukturen und eingesetzten Technologien wider.

Mobile Systeme

Die Entwicklung und der Betrieb mobiler Systeme zeichnen sich im Normalfall durch eine agile und flexible Arbeitsweise aus. Diese Flexibilität ist notwendig, um den sich schnell ändernden Anforderungen und Erwartungen der Endnutzer:innen gerecht zu werden, die von mobilen Anwendungen intuitive Oberflächen, sofortige Reaktionen auf Feedback und kontinuierliche Verbesserungen erwarten.

- **Agile Methoden:** Mobile Entwicklungsteams arbeiten häufig mit agilen Methoden wie Scrum oder Kanban. Diese Ansätze fördern iterative Entwicklungszyklen, kontinuierliches Feedback und schnelle Anpassungen an sich ändernde Anforderungen. Daily Stand-ups, Sprints und Retrospektiven sind dabei gängige Instrumente der agilen Methodik, um die Kommunikation und Zusammenarbeit im Team zu optimieren.
- **DevOps-Kultur:** Die DevOps-Kultur ist in der mobilen Entwicklung weit verbreitet und fördert die enge Zusammenarbeit zwischen Entwicklungs- (Dev) und Betriebsteams (Ops). Diese Vorgehensweise zielt darauf ab, die Qualität und Geschwindigkeit der Softwarebereitstellung durch die Implementierung von CI, CD

und CM (Continuous Monitoring) zu verbessern. DevOps-Praktiken wie Infrastructure as Code (IaC), automatisiertes Testen und Monitoring-Tools wie New Relic oder Datadog helfen mobilen Teams, schnell auf Probleme zu reagieren und kontinuierliche Verbesserungen vorzunehmen. Die DevOps-Kultur fördert eine gemeinsame Verantwortung für Produktqualität und Betriebssicherheit.

- **Kleinere und interdisziplinäre Teams:** Teams, die mobile Anwendungen entwickeln und betreiben, sind oft kleiner und interdisziplinär zusammengesetzt. Entwickler:innen, Designer:innen, Tester:innen und Product Owner arbeiten eng und gleichberechtigt zusammen, um schnell funktionierende Prototypen und Updates zu liefern. Diese Teams sind oft lateral geführt und selbstorganisiert und haben die Autonomie, schnelle Entscheidungen zu treffen, was die Time-to-Market verkürzt.
- **Tooling:** Mobile Teams nutzen eine Vielzahl von Collaboration-Tools wie Slack, Jira, Confluence und GitHub, um die Zusammenarbeit zu erleichtern und Transparenz zu gewährleisten. Obwohl diese Tools natürlich auch von konventionellen IT-Abteilungen genutzt werden, profitieren mobile Teams aufgrund ihrer Autonomie und Flexibilität oft stärker davon. In mobilen Teams ist die Nutzung dieser Tools oft tief in den Arbeitsprozessen verankert, da sie häufig in verteilten Teams arbeiten, für die solche Tools unerlässlich sind. Die Selbstorganisation und die flacheren Hierarchien in mobilen Teams erleichtern den Einsatz dieser Tools, während traditionelle IT-Teams, die oft in eher hierarchischen Strukturen arbeiten, weniger flexibel bei der Auswahl und Nutzung solcher Tools sein können, was die Implementierung und den effektiven Einsatz erschwert.

Konventionelle Systeme

Die Entwicklung und der Betrieb konventioneller Systeme folgen oft noch traditionellen, hierarchischen Strukturen und Prozessen, die auf Stabilität und Berechenbarkeit ausgerichtet sind. Aber auch hier ändern sich die Zeiten und agile Methoden werden zunehmend auch in der konventionellen IT eingesetzt, oft als Mischmodelle.

- **Traditionelle Modelle und langfristige Planung:** Die Entwicklung konventioneller Systeme folgt häufig sequenziellen Modellen wie dem Wasserfallmodell, bei dem die Phasen Planung, Entwicklung, Test und Inbetriebnahme in einer festgelegten Reihenfolge ablaufen. Dieser Ansatz eignet sich für Projekte mit klaren Anforderungen und geringem Änderungsbedarf, er bietet jedoch weniger Flexibilität.
- **Größere und spezialisierte Teams:** Die Entwicklungsteams für konventionelle Systeme sind in der Regel größer und spezialisierter. Es gibt klare Rollenaufteilungen zwischen Entwickler:innen, Tester:innen, Systemadministrator:innen und Projektmanager:innen. Diese Struktur ermöglicht ein hohes Maß an Spezialisierung und Kompetenz, sie führt aber auch zu längeren Kommunikationswegen und geringerer Flexibilität.

- **Change- und Release-Management:** In konventionellen Systemen spielt das Change- und Release-Management eine zentrale Rolle. Änderungen werden sorgfältig geplant, getestet und dokumentiert, um die Stabilität und Sicherheit des Systems zu gewährleisten. Change- und Release-Manager:innen koordinieren den gesamten Prozess von der Planung über die Durchführung bis zur Nachverfolgung von Änderungen und der langfristigen Planung neuer Releases.

Tabelle 6.4 Übersicht Developer- und Betriebskultur

Aspekt	Mobile Systeme	Konventionelle Systeme
Arbeitsweise	Agile Methoden (Scrum, Kanban), flexible Prozesse	Traditionelle Modelle (z. B. Wasserfall), langfristige Planung
Teamstrukturen	Kleinere, interdisziplinäre, selbstorganisierte Teams	Größere, spezialisierte Teams mit klaren Rollentrennungen
DevOps-Kultur	DevOps-Praktiken (CI, CD, CM), gemeinsame Verantwortung	Zentrales Change- und Release-Management
Tooling	Intensive Nutzung von Kollaborationstools	Traditionelle, oft isolierte Tools und Prozesse

6.2.5 Nutzer:innendialog und Feedback

Der Prozess des Feedback-Managements und dessen Integration in den Entwicklungsprozess zeigt deutliche Unterschiede zwischen mobilen und konventionellen Systemen.

Mobile Systeme

Das Feedback der Nutzer:innen wird oft direkt und spontan über verschiedene Kanäle gesammelt, etwa durch Bewertungen in App Stores, integrierte Feedback-Mechanismen in der App selbst oder über Social Media. Dieses unmittelbare Feedback ermöglicht es den Entwicklerteams, schnell auf Probleme und Verbesserungsvorschläge zu reagieren.

- **Direktes und schnelles Feedback:** Mobile Anwendungen erhalten häufig direktes Feedback durch Bewertungen in App Stores und integrierte Feedbackmechanismen. Nutzer:innen können jederzeit direkt in den App Stores Bewertungen und Kommentare hinterlassen, die von den Entwickler:innen regelmäßig überprüft werden müssen. Diese direkte Rückmeldung ermöglicht es den Entwickler:innen, schnell auf Probleme und Verbesserungsvorschläge zu reagieren, die dann zeitnah ausgerollt werden können.
- **Nutzer:innenzentrierte Entwicklung:** Bei mobilen Systemen wird häufig besonderer Wert auf eine nutzerzentrierte Entwicklung gelegt, bei der User Experience

Design (UX) und Usability im Vordergrund stehen. Methoden wie User Centered Design (UCD) und A/B-Tests werden eingesetzt, um die User Experience kontinuierlich zu verbessern. Usability Labs und Testing Sessions mit echten Nutzer:innen ermöglichen es, die Interaktion mit der Anwendung detailliert zu analysieren und fundierte Entscheidungen zur Optimierung der ganzheitlichen User Experience zu treffen.

- **Integrierte Feedback-Tools:** In vielen mobilen Anwendungen sind direkte Feedback-Tools integriert, die es den Nutzer:innen ermöglichen, direkt aus der App heraus Feedback zu geben, Bugs zu melden oder Verbesserungsvorschläge zu machen. Tools wie Firebase Crashlytics oder Instabug unterstützen Entwickler:innen dabei, detaillierte Fehlerberichte zu erhalten und die Ursachen von Problemen schneller zu identifizieren.

Konventionelle Systeme

Die Benutzer:inneninteraktion und die Feedback-Kanäle in konventionellen Systemen sind oft indirekter und formalisierter. Diese Systeme werden häufig in professionellen Umgebungen eingesetzt, in denen formale Kommunikationswege und strukturierte Feedback-Prozesse dominieren.

- **Indirektes Feedback:** Konventionelle Systeme erhalten Feedback oft über formale Kanäle wie Helpdesks, Support-Tickets und Schulungen. Diese Feedback-Kanäle sind oft weniger direkt und können längere Bearbeitungszeiten haben. Die formale Struktur ermöglicht jedoch auch eine gründliche Analyse, Dokumentation und Nachverfolgung von Problemen und Verbesserungsvorschlägen.
- **Geschlosse Testgruppen und Beta-Tests:** Konventionelle Systeme werden oft in enger Zusammenarbeit mit ausgewählten internen Nutzer:innengruppen entwickelt und getestet. Betatests und Pilotphasen sind dabei gängige Methoden, um Feedback zu sammeln, bevor die Anwendungen allgemein verfügbar gemacht werden.

Tabelle 6.5 Übersicht Nutzer:innendialog und Feedback.

Aspekt	Mobile Systeme	Konventionelle Systeme
Feedbackkanäle	Direkte Feedback-Mechanismen (App-Store-Bewertungen, In-App-Feedback)	Formalisierte Feedback-Kanäle (Helpdesk, Support-Tickets)
Integration in den Entwicklungsprozess	User Centered Design (UCD), A/B-Tests, UX Labs	Geschlossene Testgruppen, Beta-Tests
Reaktionszeit	Schnelle Reaktionen auf Feedback, kontinuierliche Verbesserungen	Längere Bearbeitungszeiten, formalisierte Prozesse

6.2.6 Test und Testmanagement

Die Unterschiede in den Einsatzumgebungen, der Gerätevielfalt und den technischen Anforderungen führen zu grundsätzlich unterschiedlichen Strategien und Methoden beim Testen und Testmanagement von mobilen und konventionellen Systemen.

Mobile Systeme

Die Fragmentierung der mobilen Landschaft stellt eine große Herausforderung für das Testen und Testmanagement mobiler Systeme dar. Besondere Maßnahmen und Strategien sind erforderlich, um sicherzustellen, dass Anwendungen auf einer Vielzahl von Geräten und Betriebssystemversionen ordnungsgemäß funktionieren.

- **Divergenz der Geräte und Betriebssystemversionen:** Anwendungen müssen auf einer Vielzahl von Geräten mit unterschiedlichen Betriebssystemversionen und Hardwarespezifikationen getestet werden. Diese Fragmentierung der mobilen Landschaft stellt eine besondere Herausforderung dar, da Anwendungen auf unterschiedlichen Bildschirmgrößen, Auflösungen und Leistungsklassen einwandfrei funktionieren müssen. Um dieser Herausforderung zu begegnen, können Cloud-Device-Farmen wie AWS Device Farm, Firebase Test Lab oder Sauce Labs eingesetzt werden, die das Testen auf einer Vielzahl von realen Geräten ermöglichen, ohne dass ein physischer Zugriff auf diese Geräte erforderlich ist.
- **Testautomatisierung:** In der mobilen Entwicklung sind automatisierte Tests ein wesentlicher Bestandteil des Testmanagements. Tools wie Appium, Espresso (für Android) und XCUITest (für iOS) ermöglichen die Erstellung und Ausführung automatisierter Testskripte, mit denen Funktionalität, UI, Kompatibilität und Performance überprüft werden können. Automatisierte Tests tragen dazu bei, die Stabilität der Anwendung zu gewährleisten und Regressionen frühzeitig zu erkennen, wenn häufig neue Versionen bereitgestellt werden. Selbstverständlich ist automatisiertes Testen kein Privileg mobiler Systeme, sondern wird auch in konventionellen Systemen flächendeckend eingesetzt.
- **Manuelle Tests und Usability-Tests:** Trotz der Bedeutung automatisierter Tests bleiben manuelle Tests und Usability-Tests unentbehrlich. Manuelle Tests werden eingesetzt, um spezifische Anwendungsfälle und Benutzer:inneninteraktionen zu überprüfen, die spezifisch für „menschliche" Nutzer:innen sind oder schwer zu automatisieren sind. Usability-Tests konzentrieren sich darauf, das Nutzererlebnis zu evaluieren, indem reale Nutzer:innen typische Use Cases durchspielen. Dies hilft bei der Identifizierung und Behebung von Usability-Problemen in allen Projektphasen.
- **Continuous Testing:** Kontinuierliches Testen ist ein integraler Bestandteil von CI/CD-Pipelines in der mobilen Entwicklung. Bei jeder Code-Änderung werden automatisierte Tests durchgeführt, um sicherzustellen, dass die neuen Änderungen die

bestehenden Funktionen nicht beeinträchtigen. Tools wie Jenkins, GitLab CI und CircleCI integrieren die Testautomatisierung in den Entwicklungsprozess und liefern schnelles Feedback über die Qualität der Änderungen in Echtzeit.

Konventionelle Systeme

Das Testen und Testmanagement konventioneller Systeme ist oft durch umfangreiche, strukturierte und stark formalisierte Prozesse gekennzeichnet. Die Tests bilden in der Regel eine deutlich begrenztere Anzahl unterschiedlicher Endgeräte ab, die sich zudem häufig in einer kontrollierten Umgebung wie einem Unternehmensnetzwerk befinden.

- **Dedizierte Testumgebungen:** Konventionelle Systeme werden meistens in dedizierten Testumgebungen getestet, die die Produktionsumgebung so genau wie möglich nachbilden. Diese Testumgebungen umfassen produktionsähnliche Hardware, Netzwerkstrukturen und Softwarekonfigurationen, um reale Bedingungen zu simulieren. In diesen Umgebungen werden umfangreiche Integrationstests durchgeführt, um sicherzustellen, dass alle Systemkomponenten reibungslos zusammenarbeiten.
- **Change- und Release-Management:** In konventionellen Systemen spielt das Change- und Release-Management eine zentrale Rolle im Testmanagement. Jede Änderung am System durchläuft strenge Test- und Freigabeprozesse, um die Integrität und Stabilität des Systems zu gewährleisten. Change-Manager:innen koordinieren dabei den gesamten Change-Prozess einschließlich Planung, Test und Dokumentation, während Release-Manager:innen dafür sorgen, dass neue Software-Versionen sicher und effizient in die Produktionsumgebung integriert werden.

Tabelle 6.6 Übersicht Tests und Testmanagement

Aspekt	Mobile Systeme	Konventionelle Systeme
Geräte- und Betriebssystemvielfalt	Vielzahl von Geräten und Betriebssystemversionen, Nutzung von Cloud-Device-Farmen	Dedizierte Testumgebungen, die die Produktionsumgebung nachbilden
Kontinuierliches Testen	Integriert in CI/CD-Pipelines	Umfangreiche, strukturierte Testphasen und Freigabeprozesse
Organisation	Qualitätssicherung prinzipiell in der Verantwortung des Teams	Test, Change- und Releasemanagement als dedizierte Rollen

6.2.7 Infrastruktur und Backend

Die Infrastruktur zur Unterstützung von Softwareentwicklung und -betrieb unterscheidet sich deutlich zwischen mobilen und konventionellen Systemen. Mobile Systeme benötigen flexible und skalierbare Cloud-Lösungen, um den dynamischen Anforderungen und der Gerätevielfalt gerecht zu werden. Konventionelle Systeme setzen häufig auf firmeneigene Rechenzentren und Virtualisierungstechnologien, um Stabilität und Sicherheit zu gewährleisten, auch wenn ein deutlicher Trend zur Cloud-Nutzung erkennbar ist.

Mobile Systeme

Das Backend mobiler Systeme muss flexibel und skalierbar sein, um den dynamischen Anforderungen gerecht zu werden, die sich aus der Vielzahl unterschiedlicher Gerätetypen, der hohen und oft unerwarteten Marktdynamik und den variablen Netzbedingungen ergeben.

- **Cloud-basierte Infrastruktur:** Mobile Systeme nutzen in erster Linie Cloud-Dienste, um Skalierbarkeit und Flexibilität zu gewährleisten. Cloud-Plattformen wie AWS, Google Cloud und Azure bieten eine Vielzahl von Diensten, darunter Datenbanken, Speicher, Server und Netzwerkmanagement, die dynamisch an den aktuellen Bedarf angepasst werden können. Diese Plattformen unterstützen auch serverlose Architekturen (z.B. AWS Lambda, Google Cloud Functions), die den Betrieb von Anwendungen ohne die Verwaltung traditioneller Serverstrukturen ermöglichen.
- **Content Delivery Networks (CDNs):** Um die Ladezeiten und die Performance mobiler Anwendungen zu optimieren, werden häufig CDNs eingesetzt. CDNs verteilen Inhalte über mehrere geografisch verteilte Server, wodurch der Datenzugriff für Benutzer:innen beschleunigt wird. Beispiele für CDN-Anbieter sind Akamai, Cloudflare und Amazon CloudFront. Sie werden ebenso im Bereich der konventionellen IT und Webdienste eingesetzt.
- **Mobile Backend as a Service (MBaaS):** MBaaS-Plattformen wie Firebase, Backendless und AWS Amplify bieten umfassende Backend-Dienste speziell für mobile Anwendungen. Diese Dienste umfassen Datenbanken, Authentifizierung, Push-Benachrichtigungen und Server-Hosting. MBaaS erleichtert es Entwickler:innen, sich auf die Frontend-Entwicklung zu konzentrieren, während die Backend-Infrastruktur von der Plattform bereitgestellt wird.

Konventionelle Systeme

Die Infrastruktur herkömmlicher Systeme ist oft komplexer und unterliegt strengen Regularien, besonders wenn sie in sicherheitskritischen und professionellen Umgebungen wie Finanzinstituten, Regierungsbehörden und großen Unternehmen betrieben werden. Diese Umgebungen erfordern ein hohes Maß an Stabilität, Sicherheit und Compliance, um dem Betrieb geschäftskritischer Anwendungen gerecht zu werden. Darüber hinaus müssen die Systeme ständig verfügbar sein, sie müssen strenge Datenschutzanforderungen erfüllen und werden regelmäßigen Audits unterzogen, um die Einhaltung gesetzlicher und branchenspezifischer Standards zu gewährleisten.

- **On-Premises-Rechenzentren:** Konventionelle Systeme werden häufig in unternehmenseigenen Rechenzentren oder „Private Clouds" betrieben, die ein hohes Maß an Kontrolle und Sicherheit bieten. Diese Rechenzentren umfassen Server, Netzwerke, Speicherlösungen und umfassende physische Sicherheitseinrichtungen wie Zugangskontrollen, Löschsysteme und redundante Energie- und Netzwerkanbindungen. Die Nutzung eigener Rechenzentren erfordert spezialisierte IT-Teams, die für den Betrieb und die Wartung der Hard- und Software verantwortlich sind.
- **Netz- und Sicherheitsinfrastruktur:** Konventionelle Systeme erfordern umfangreiche Netzwerk- und Sicherheitsinfrastrukturen, einschließlich Firewalls, Intrusion Detection Systems (IDS) und Virtual Private Networks (VPNs), um die Sicherheit und Integrität der dort gehosteten Daten und Anwendungen zu gewährleisten. Diese Systeme müssen strenge Compliance-Anforderungen erfüllen, die durch regelmäßige Sicherheitsüberprüfungen und Audits sichergestellt werden.
- **Datenbank- und Speichersysteme:** Konventionelle Systeme verwenden robuste Datenbank- und Speichersysteme, um große Mengen an Geschäftsdaten und -prozessen sicher und effizient zu verwalten. Beispiele sind relationale Datenbanksysteme (RDBMS) wie Oracle, SQL Server und PostgreSQL. Diese Datenbanken sind auf hohe Verfügbarkeit und Datenintegrität ausgelegt und verfügen über Mechanismen wie Replikation (Verteilung von Daten auf mehrere Server), Backup (regelmäßige Sicherung der Daten) und Recovery (Wiederherstellung der Daten im Falle eines Ausfalls).

Tabelle 6.7 Übersicht Infrastruktur und Backend

Aspekt	Mobile Systeme	Konventionelle Systeme
Infrastrukturtyp	Cloud-basiert, serverlose Architekturen	On-Premises-Rechenzentren, Virtualisierung
Content Delivery	Nutzung von CDNs für optimierte Performance	Interne Netzwerke und direkte Verbindungen
Backend-Dienste	MBaaS-Plattformen (Firebase, AWS Amplify)	Firmeneigene Server, Datenbanken und Speichersysteme
Netzwerksicherheit	Cloud-basierte Sicherheitsdienste	Umfangreiche physische und virtuelle Sicherheitsvorkehrungen

6.3 Distributionskanäle für mobile Apps

Mobile Apps können abhängig von Ihrer OS-Plattform, der internen oder externen Zielgruppe und den strategischen Vorgaben der Betreiber:innen mit verschiedenen Methoden an die Nutzer:innen verteilt und im Anschluss verwaltet werden. Die unterschiedlichen Distributionsformen erfordern spezifische Vorgehensweisen und Prozesse, die im Folgenden beschrieben werden.

6.3.1 Offizielle App Stores

Die Stores der großen Plattformen Apple und Google sind trotz der Marktöffnung und der Existenz alternativer Stores bzw. des problemlosen Sideloadings bei Android nach wie vor die zentralen Dreh- und Angelpunkte für die Distribution und das Management mobiler Anwendungen. Diese Plattformen bieten Betreiber:innen mobiler Systeme die notwendige Infrastruktur, um Anwendungen effizient und sicher an die Zielgruppe zu distribuieren, Updates zu verwalten und Nutzer:innenfeedback zu sammeln. Ein professionelles Management der Distributionskanäle ist der zentrale Erfolgsfaktor für eine mobile Anwendung, wenn sich eine Anwendung an die breite Öffentlichkeit richtet und nicht nur im Enterprise-Umfeld oder bei kleinen, spezialisierten Zielgruppen zum Einsatz kommen soll.

In den letzten Jahren gerieten die Quasi-Monopole des Apple App Store, aber auch des Google Play Store weltweit durch weitreichende regulatorische Eingriffe unter Druck. Der am 1. November 2022 in Kraft getretene und ab dem 2. Mai 2023 vollumfänglich anwendbare Digital Markets Act (DMA) der Europäischen Union verpflichtet Apple und Google als „Gatekeeper", alternative App Stores und Bezahlsysteme zuzulassen, um den Wettbewerb zu fördern und den Nutzer:innen mehr Auswahl bei der Wahl ihrer Softwarequellen zu bieten. In den USA zielt der Open Apps Market Act darauf ab, wettbewerbswidrige Praktiken in App Stores zu bekämpfen. Das Gesetz soll den Wettbewerb auf dem App-Markt stärken und den Verbraucherschutz verbessern, indem es unter anderem die Dominanz von Apple und Google beim Vertrieb von Apps einschränkt.

Diese regulatorischen Maßnahmen markieren einen bedeutenden Wandel in den digitalen Ökosystemen und haben weitreichende Auswirkungen auf die Geschäftsmodelle der großen Plattformbetreiber, die sowohl Chancen als auch Risiken mit sich bringen. Während der Wettbewerb gestärkt und Entwickler:innen mehr Freiheiten gewährt werden, bestehen Befürchtungen hinsichtlich der Sicherheit und des Datenschutzes, die durch die neuen Regelungen entstehen könnten.

Apple und Google haben bereits mit den notwendigen Anpassungen in ihren Systemen begonnen, sind aber nach wie vor sehr besorgt über die langfristigen Auswirkungen auf die Sicherheit ihrer Plattformen – und selbstverständlich auf ihre lukrativen Geschäftsmodelle.

Auch aus Sicht der Betreiber:innen mobiler Anwendungen sind die Bedenken hinsichtlich Sicherheit und Datenschutz durchaus berechtigt. Bei aller berechtigten Kritik an den Geschäftspraktiken der großen Plattformen und den wichtigen Diskussionen rund um die Qualität und Sicherheit der in den offiziellen Stores angebotenen Apps sind aus operativer Sicht sowohl der Google Play Store als auch der Apple App Store, hier noch verstärkt durch das per se geschlossene und homogene Apple-Ökosystem, die derzeit professionellsten und hinsichtlich ihrer Sicherheitsvorkehrungen und -prozesse ausgereiftesten Plattformen. Insofern ist es wichtig, dass bei der Umsetzung der neuen Vorschriften ein Gleichgewicht zwischen der Förderung des Wettbewerbs und der Gewährleistung der Sicherheit der Nutzer:innen und ihrer Daten gefunden wird.

6.3.1.1 Apple App Store und App Store Connect

Bild 6.1
Apple App Store Button. (Bildnachweis: Apple Inc.)

Der Apple App Store und App Store Connect bieten Betreiber:innen mobiler Systeme ein umfassendes Toolkit, das zwei wesentliche Funktionen erfüllt: Während der Apple App Store als zentrale Plattform für den Vertrieb und die Vermarktung von Apps an die breite Öffentlichkeit dient, bietet App Store Connect die notwendigen Tools für die Verwaltung, Analyse und Monetarisierung dieser Apps.

Übersicht Funktionen und Features

- **Verwaltung und Analyse von Apps:** App Store Connect ist das zentrale Portal, über das Entwickler:innen alle Aspekte ihrer Apps verwalten können. Dazu gehören das Hochladen von Artefakten, das Verwalten von Metadaten, das Anpassen von App-Beschreibungen, Screenshots und Videos sowie das Einstellen von Zielmärkten und Sprachversionen. Über detaillierte Analytics-Tools können Entwickler:innen Einblicke in das Verhalten der Nutzer:innen gewinnen. Metriken wie Installationen, Deinstallationen, Nutzungshäufigkeit, Retention Rate und Conversion Rate sind über das Dashboard abrufbar. Diese Daten sind eine wichtige Grundlage, um fundierte Entscheidungen zur Optimierung der App-Strategie zu treffen.
- **Monetarisierung:** Apple bietet verschiedene Monetarisierungsstrategien an, die über App Store Connect verwaltet werden können. Entwickler:innen können zwischen Einmalkäufen, Abonnements und In-App-Käufen (In-App Purchases, IAPs) wählen. Für diese Verkäufe erhebt Apple eine Provision von 30 %, die jedoch für

Entwickler:innen, die weniger als 1 Mio. USD pro Jahr verdienen, auf 15 % reduziert wird (Apple Small Business Program). Bestimmte Apps, z. B. solche, die physische Waren oder Dienstleistungen verkaufen, sowie Reader-Apps und Apps, die alternative Zahlungssysteme nutzen dürfen, sind von diesen Provisionsregelungen ausgenommen. Apple bietet zudem Tools zur Verwaltung und Analyse der Verkaufsdaten, um die Performance der Monetarisierungsstrategien zu überwachen.

- **TestFlight:** TestFlight ist integraler Bestandteil von App Store Connect und ermöglicht die Verteilung von Beta-Versionen an bis zu 10 000 Tester:innen pro App. Diese Plattform erleichtert es, mit Beta-Testing Feedback von realen Nutzer:innen zu sammeln und Fehler frühzeitig zu erkennen. TestFlight unterstützt auch die Verwaltung von Testgruppen und das Aufsetzen von A/B-Tests, um verschiedene Versionen einer App parallel zu testen und belastbare Daten für die Verbesserung der finalen Version zu sammeln.
- **App-Store-Optimierung (ASO):** Die Optimierung der Sichtbarkeit und Auffindbarkeit einer App im App Store ist ein kritischer Erfolgsfaktor. App Store Connect bietet umfassende Werkzeuge für die App-Store-Optimierung (ASO), einschließlich der Verwaltung von Keywords, App-Titeln, Untertiteln und Metadaten. Durch den Einsatz von A/B-Tests können Entwickler:innen verschiedene Varianten testen und herausfinden, welche Kombinationen von visuellen und textlichen Elementen am besten performen. Die Optimierung von ASO-Strategien kann wesentlich zur Steigerung der Downloadzahlen und der Sichtbarkeit der App beitragen.

Der Veröffentlichungsprozess im Detail

- **Hochladen und Einreichen der App:** Der Veröffentlichungsprozess beginnt mit dem Hochladen der App in App Store Connect. Hier müssen die Entwickler:innen alle relevanten Informationen bereitstellen, einschließlich der App-Dateien, Screenshots, Beschreibungen und Metadaten. Außerdem müssen die Zielmärkte und Sprachen festgelegt werden, in denen die App verfügbar sein soll.
- **Prüfung der App (App Review):** Nach dem Upload wird die App von Apple sowohl maschinell als auch manuell geprüft. Dieser detaillierte Prüfprozess soll sicherstellen, dass die App den technischen und inhaltlichen Anforderungen sowie den strengen Richtlinien des App Stores entspricht. Geprüft werden Stabilität, Sicherheit und die Einhaltung der App Store Guidelines, die Datenschutz, Urheberrechte, In-App-Käufe, Usability und Apples moralische Standards umfassen. In der Wahrnehmung der Branche wird dieser Prozess oft als intransparent und willkürlich empfunden, zudem kann Apple bei der Prüfung der eingereichten Apps nicht immer die eigenen hohen Qualitätsstandards halten.
- **Release-Planung und Veröffentlichung:** Die Veröffentlichung einer App im Apple App Store erfordert eine sorgfältige Planung, vor allem im Hinblick auf den

App Review Prozess, der automatisierte und manuelle Prüfungen umfasst. Risiken bestehen vor allem in Verzögerungen, die durch eine Ablehnung durch Apple aufgrund von technischer Instabilität, Sicherheitsmängeln oder Verstößen gegen die App Store Guidelines entstehen können, sowie in Wartezeiten bis zum Beginn der eigentlichen Prüfung. Diese Risiken können die geplanten Veröffentlichungstermine erheblich verzögern oder in Härtefällen sogar ganz verhindern, da eine Ablehnung oft umfangreiche Code-Überarbeitungen und eine erneute Einreichung erforderlich macht. Um diese Gefahr zu minimieren, sollte die App mindestens eine Woche vor dem geplanten Veröffentlichungstermin eingereicht werden, um ausreichend Zeit für eventuelle Anpassungen und Nachbesserungen zu haben.

Weitere Informationen auf Apple Developer:
https://developer.apple.com/app-store
https://developer.apple.com/app-store-connect

6.3.1.2 Google Play Store und Google Play Console

Bild 6.2
Google Play Store Button. (Bildnachweis: Google LLC)

Der Google Play Store und die Google Play Console bilden die Infrastruktur für den Vertrieb, die Verwaltung und die Monetarisierung von Android-Apps. Während der Google Play Store als zentrale Vertriebsplattform dient, stellt die Google Play Console die notwendigen Werkzeuge für die Verwaltung, Analyse und Optimierung von Apps zur Verfügung.

Übersicht Funktionen und Features

- **Verwaltung und Analyse von Apps:** Die Google Play Console ermöglicht eine detaillierte Verwaltung aller Elemente einer App. Entwickler:innen können Apps hochladen, Metadaten verwalten, App-Beschreibungen und Screenshots anpassen sowie Zielmärkte und Sprachversionen definieren. Zu den erweiterten Funktionen gehören A/B-Tests und Store-Listing-Experimente zur Optimierung der Konversionsrate sowie die Nutzung der In-App-Review-API, mit der Bewertungen und Feedback von Nutzer:innen direkt in der App eingeholt werden können. Detaillierte Analysetools bieten Einblicke in das Nutzer:innenverhalten, einschließlich Installationen, Deinstallationen, Nutzungsdauer und Verweildauer, und unterstützen Betreiber:innen dabei, fundierte Entscheidungen zur Verbesserung und Optimierung ihrer App zu treffen.

- **Monetarisierung:** Google bietet verschiedene Monetarisierungsoptionen an, die über die Google Play Console verwaltet werden können. Zu den Optionen gehören einmalige Käufe, Abonnements und In-App-Käufe (IAPs). Google erhebt ebenfalls eine Standardprovision von 30 % auf diese Verkäufe, wobei diese Provision für Entwickler:innen, die weniger als 1 Mio. USD pro Jahr verdienen, auf 15 % gesenkt wird. Darüber hinaus ermöglicht Google die Integration von Anzeigen über AdMob zur zusätzlichen Refinanzierung. Eine Besonderheit von Google ist die Funktion „Abonnement pausieren", die es Nutzer:innen ermöglicht, ein Abonnement vorübergehend zu pausieren, anstatt es zu kündigen.
- **Beta-Testing und Pre-Launch-Berichte:** Die Google Play Console bietet erweiterte Möglichkeiten zum Beta-Testing, einschließlich geschlossener und offener Tests, um vor der offiziellen Veröffentlichung Feedback von Nutzer:innen zu sammeln. Eine zusätzliche Funktion ist der Staged Rollout, mit dem Updates schrittweise an einen bestimmten Prozentsatz der Nutzer:innen ausgerollt werden können, um potenzielle Probleme frühzeitig zu erkennen und zu beheben. Pre-Launch Reports liefern den Entwickler:innen wichtige Informationen über mögliche technische Probleme und Sicherheitsrisiken, indem die App automatisch auf einer Vielzahl von Geräten und unter verschiedenen Bedingungen getestet wird.
- **App-Store-Optimierung (ASO):** Die Google Play Console unterstützt Entwickler:innen auch dabei, die Auffindbarkeit einer App im Play Store zu optimieren. Neben den Standardtools für Keywords, Titel und Beschreibungen ermöglicht die Plattform die Durchführung von A/B-Tests und Store-Listing-Experimenten. Lokalisierungs-Tools helfen dabei, App-Listings für verschiedene Länder und Sprachen zu optimieren, um eine größere Nutzer:innengruppe anzusprechen. Ein weiterer wichtiger Aspekt ist die Verwaltung und Beantwortung von Nutzerbewertungen und -rezensionen, die ein wesentlicher Bestandteil der ASO-Strategie sind.

Der Veröffentlichungsprozess im Detail

- **Hochladen und Einreichen der App:** Der Veröffentlichungsprozess beginnt mit dem Hochladen der App in die Google Play Console. Entwickler:innen müssen hier alle relevanten Informationen bereitstellen, einschließlich der APK- oder AAB-Dateien, Metadaten, App-Beschreibungen und der visuellen Elemente. Auch der Zielmarkt und die gewünschten Sprachen können festgelegt werden.
- **Prüfung der App (App Review):** Nach dem Upload durchläuft die App einen Prüfprozess, der sowohl automatisierte als auch manuelle Prüfungen umfasst. Google überprüft die Einhaltung der Google-Play-Richtlinien, der Sicherheitsanforderungen, der technischen Stabilität und der Datenschutzbestimmungen, um unangemessene oder schädliche Inhalte zu vermeiden. Ein zentraler Bestandteil dieses Prozesses ist Google Play Protect, ein automatisiertes Sicherheitssystem, das Apps im Play Store und auf den Endgeräten kontinuierlich auf Malware und andere Si-

cherheitsbedrohungen überprüft. Im Vergleich zum Apple App Store setzt Google stärker auf automatisierte Prüfungen, was häufig zu schnelleren Prüfergebnissen führt. Manuelle Prüfungen finden vor allem bei Apps statt, die sensible Daten verarbeiten oder speziellen Kategorien angehören. In der Praxis kann dies zu einer geringeren Vorhersehbarkeit des Prüfungsablaufs führen, wenn Probleme auftreten, die ein manuelles Eingreifen erfordern. Auch im Google Play Store gibt es immer wieder Qualitätsprobleme und die Sicherheitsmechanismen für die Erkennung schädlicher Apps funktionieren nicht immer zuverlässig. Dennoch wird der Prüfprozess aus Sicht der Entwickler:innen meistens als unproblematischer und kalkulierbarer erlebt als bei Apple.

- **Release-Planung und Veröffentlichung:** Die Veröffentlichung einer App im Google Play Store erfordert ebenfalls eine sorgfältige Planung. Auch hier kann es bei Richtlinienverstößen zu Verzögerungen im Review-Prozess kommen, auch wenn Google im Vergleich zu Apple oft flexiblere und schnellere Prüfprozesse zulässt. Entwickler:innen sollten die App rechtzeitig einreichen, um Puffer für eventuelle Überarbeitungen einzuplanen. Google bietet zudem die Möglichkeit, den Veröffentlichungstermin genau zu steuern und Updates strategisch zu planen und die gezielte Veröffentlichung für bestimmte Länder und Gerätetypen.

> Weitere Informationen auf Google for Developers:
> *https://developer.android.com/distribute?hl=de*
> *https://developer.android.com/distribute/console?hl=de*

6.3.2 Alternative Distributionskanäle Android

Die offene Architektur von Android ermöglicht die Installation von Apps auf unterschiedliche Weise über den Google Play Store hinaus. Dazu gehören die Nutzung alternativer App Stores, die Ad-hoc-Verteilung und das Sideloading von APK-Dateien direkt auf das Gerät. Die offene Architektur von Android bietet zwar mehr Flexibilität bei der Installation von Apps, erfordert aber auch ein höheres Sicherheitsbewusstsein seitens der Nutzer:innen, wie die Aktivierung von Google Play Protect und die Auswahl seriöser Quellen, um das Gerät vor Schadsoftware zu schützen.

6.3.2.1 Alternative Stores

Für Android gibt es neben dem Google Play Store eine Reihe weiterer Stores, die zum Teil ebenfalls über eine redaktionelle Betreuung und automatische oder manuelle Prüfprozesse für die angebotenen Apps verfügen. Die hier genannten Beispiele sind einige dieser alternativen App Stores mit signifikanter Marktrelevanz auch außerhalb der asiatischen Märkte.

Anbieter:innen von mobilen Apps können in Abhängigkeit von ihrer Zielgruppe und den zur Verfügung stehenden Ressourcen für ihre Apps durchaus eine Multi-Store-Strategie verfolgen und diese dann anhand der tatsächlichen Downloadzahlen justieren, auch wenn die Konzentration auf den Google Play Store durchaus ein gangbarer Weg ist: Im Juli 2024 hatte der Google Play Store ca. 2,39 Millionen Apps im Angebot, der Amazon Appstore ca. 533.000 Apps. In relativen Zahlen ist der Google Play Store damit von der Reichweite her ca. 4,5-mal so groß wie der Amazon Appstore als zweitgrößter Store.

Quelle: statista/42matters auf *https://de.statista.com/statistik/daten/studie/208599/umfrage/anzahl-der-apps-in-den-top-app-stores*

- **Amazon Appstore:** Dieser Store ist eine der bekanntesten Alternativen zum Google Play Store und bietet eine große Auswahl an Apps, darunter auch einige exklusive Angebote. Er ist vor allem auf Amazon-Geräten wie den Kindle-Tablets weit verbreitet.
- **Samsung Galaxy Store:** Speziell für Samsung-Geräte bietet dieser Store Apps, die oft speziell für die Nutzung auf Samsung-Smartphones und Smartwatches optimiert sind.
- **APKMirror:** Diese Plattform ermöglicht den direkten Download von APK-Dateien und stellt auch App-Versionen bereit, die im Play Store möglicherweise nicht mehr verfügbar sind.
- **F-Droid:** Ein Open-Source-App-Store, der sich auf freie und quelloffene Software spezialisiert hat (FOSS). F-Droid hat sich einen guten Ruf für seinen Fokus auf Datenschutz und Sicherheit erarbeitet.
- **Aptoide:** Ein dezentraler App Store, der eine große Auswahl an Apps anbietet, die oft schneller aktualisiert werden als im Play Store. Der dezentrale Charakter von Aptoide birgt jedoch auch Sicherheitsrisiken, da keine übergeordnete Kontrolle der Inhalte stattfindet.
- **Huawei AppGallery:** Der offizielle App Store für Huawei-Geräte, der durch die US-Sanktionen gegen Huawei an Bedeutung gewonnen hat.

6.3.2.2 Sideloading

Das Sideloading von APK-Dateien (Android Package Kit) auf Android-Geräten ist eine Methode, mit der Nutzer:innen Apps direkt per Download installieren können, ohne überhaupt einen Store zu verwenden. Diese Methode bietet Flexibilität, birgt aber auch Sicherheitsrisiken. Generell muss die Installation von „Apps aus unsicheren Quellen“ in den Android-Einstellungen erlaubt werden, in neueren Android-Versionen sogar für jede einzelne App, die installiert werden soll. Dies verhindert unbeabsichtigte Installationen und erhöht die Sicherheit deutlich.

Auch wenn Apps von außerhalb des Play Stores installiert werden, bleibt Google Play Protect, sofern auf dem Endgerät verfügbar, aktiv und überwacht das Gerät kontinuierlich auf Schadsoftware. Es scannt alle installierten Apps und warnt bei verdächtigen Aktivitäten und bietet so eine zusätzliche Sicherheitsebene. Google Play Protect ist Teil der Google Play Services und damit tief in das Android-System integriert. Es setzt voraus, dass die Endgeräte von Google zertifiziert sind und den Google Mobile Services (GMS)-Vertrag erfüllen, was besonders bei günstigen No-Name-Geräten nicht vorausgesetzt werden kann.

Auch bei der Verwendung von Google Play Protect sollten Nutzer:innen APKs nur von vertrauenswürdigen Quellen wie seriösen Webseiten oder den offiziellen Seiten der Entwickler:innen herunterladen, um das Risiko von Schadsoftware zu minimieren.

Außerdem ist es wichtig, die angeforderten Berechtigungen der App vor der Installation genau zu prüfen, um sicherzustellen, dass keine unnötigen oder potenziell gefährlichen Zugriffsrechte gewährt werden. Durch diese Maßnahmen können die Risiken des Sideloadings erheblich reduziert werden, während die Vorteile dieser flexiblen Installationsmethode erhalten bleiben.

6.3.2.3 Ad-hoc-Verteilung Android

Die Ad-hoc-Verteilung von Android-Apps ist eine Methode, die es Entwickler:innen ermöglicht, ihre Anwendungen an eine begrenzte Anzahl von Nutzer:innen zu verteilen, ohne sie in einem App Store zu veröffentlichen. Diese Verteilungsstrategie wird häufig für Betatests oder spezifische Nutzer:innengruppen verwendet, um frühzeitig Feedback zu neuen Funktionen oder Versionen einer App zu erhalten. Dabei kommen verschiedene Techniken und Plattformen zum Einsatz, die den Entwickler:innen eine flexible Verteilung und das direkte Testen der Anwendungen erleichtern.

Eine gängige Methode der Ad-hoc-Verteilung ist die Nutzung von Plattformen wie Firebase App Distribution von Google oder Beta Family. Beide sind Plattformen, die Entwickler:innen bei der Verteilung und dem Testen ihrer Apps helfen, jedoch unterschiedliche Ansätze und Funktionen bieten. Firebase App Distribution ist Teil der umfassenden Firebase-Plattform, die eine Reihe von Tools für die Entwicklung von Apps bereitstellt. Es integriert sich nahtlos in andere Firebase-Dienste wie Crashlytics, um Stabilitätsdaten zu sammeln. Entwickler:innen können Vorabversionen ihrer Apps an ausgewählte Tester:innen verteilen und diese über die Firebase-Konsole, CLI-Tools oder CI/CD-Server verwalten. Die Plattform ermöglicht ein einfaches Tester:innen-Management, bei dem Tester:innen-Gruppen organisiert werden und Feedback über eine zentrale Schnittstelle gesammelt wird. Firebase App Distribution ist innerhalb der Firebase-Plattform kostenlos verfügbar.

Im Gegensatz dazu ist Beta Family eine Crowdtesting-Plattform, die es Entwickler:innen ermöglicht, ihre Apps von einer großen Community weltweit testen zu lassen. Entwickler:innen können Tester:innen nach spezifischen Kriterien wie Alter, Geschlecht, Nationalität, Gerät und Betriebssystem auswählen, um gezielte Tests durchzuführen. Beta Family fokussiert sich darauf, Feedback von realen Nutzer:innen zu sammeln. Tester:innen können für ihre Teilnahme bezahlt werden und die Plattform erhebt eine Servicegebühr auf das Testbudget. Während Firebase App Distribution mehr auf die Integration in den Entwicklungsprozess und die Verwaltung von Tester:innen abzielt, bietet Beta Family eine flexible Lösung für Crowdtesting mit einer breiten Auswahl an Tester:innen.

Daneben gibt es weitere Plattformen, die ähnliche Dienste anbieten, wie z.B. TestFairy, AppCenter (End of Life am 31. März 2025!) und Visual Studio App Center (ehemals HockeyApp). Diese Plattformen bieten verschiedene Funktionen zur Verteilung, Analyse und Fehlerbehebung, um den Entwicklungsprozess zu unterstützen und die Qualität der App in direktem Austausch mit den Endnutzer:innen kontinuierlich zu verbessern.

Eine weitere verbreitete Technik für die Ad-hoc-Verteilung ist das Sideloading über ADB (Android Debug Bridge). Die Android Debug Bridge (ADB) ist ein vielseitiges Kommandozeilen-Tool, das es Entwickler:innen ermöglicht, direkt mit Android-Geräten zu kommunizieren. ADB ist Teil des Android SDK und besteht aus drei Hauptkomponenten:

- **Client:** Läuft auf dem Entwicklungsrechner und sendet Befehle an das Android-Gerät.
- **Daemon (adbd):** Ein Hintergrundprozess, der auf dem Android-Gerät läuft und die vom Client gesendeten Befehle ausführt.
- **Server:** Läuft auf dem Entwicklungsrechner und verwaltet die Kommunikation zwischen Client und Daemon. Diese Methode ermöglicht es, eine App direkt von einem Computer aus auf einem Android-Gerät zu installieren.

Zusammenfassend ist die Ad-hoc-Verteilung von Android-Apps eine flexible und effiziente Möglichkeit, Anwendungen in frühen Entwicklungsphasen zu testen und zu optimieren. Sie ermöglicht es den Entwickler:innen, gezielt Feedback von einer kontrollierten Gruppe von Nutzer:innen einzuholen und so die Qualität der finalen Version der App zu überprüfen.

Informationen zu Firebase App Distribution:
https://firebase.google.com/docs/app-distribution
Website von Beta Family:
https://betafamily.com

6.3.3 Alternative Distributionskanäle Apple

Im Gegensatz zu Android bietet die geschlossene Architektur von Apple nur begrenzte Möglichkeiten zur Installation von Apps außerhalb des offiziellen App Stores. Diese strenge Kontrolle soll sicherstellen, dass alle Apps umfangreiche Sicherheits- und Qualitätsprüfungen durchlaufen, bevor sie auf einem iOS-Gerät installiert werden können. Allerdings schränkt diese Architektur auch die Flexibilität der Nutzer:innen ein und manifestiert eine globale Quasi-Monopolstellung für den Apple App Store.

Mit der Einführung des Digital Markets Act (DMA) der Europäischen Union, der im November 2022 in Kraft getreten ist, hat sich die Diskussion um alternative App Stores intensiviert. Ziel des DMA ist es, die Marktdominanz der großen Technologieunternehmen, der sogenannten Gatekeeper, einzuschränken und den Wettbewerb zu fördern. Die hier vorgestellten alternativen Stores zeigen im Fall von altstore.io den Zustand vor der Regulierung, während AltStore PAL (für „Public App Library“) bereits den neuen EU-Rechtsrahmen als alternativer Marktplatz ausschöpft, aber auch nur in der EU verfügbar ist (Stand 09.2024).

6.3.3.1 altstore.io

AltStore ist ein alternativer App Store für iOS, der es ermöglicht, Apps auf iPhones und iPads zu installieren, ohne den offiziellen App Store von Apple zu nutzen oder das Gerät zu jailbreaken. AltStore wurde von Riley Testut entwickelt und 2019 erstmals veröffentlicht. Die Plattform nutzt Apples Entwicklertools und Xcode-Funktionen, um Apps außerhalb des App Store zu installieren. Dieser Prozess wird oft als Sideloading bezeichnet und ermöglicht es, Apps direkt auf das Gerät zu laden, indem sie als Entwickler-Apps behandelt werden. Obwohl DMA den Weg für alternative App Stores auf Plattformen wie iOS ebnet, bleibt AltStore ein inoffizieller App Store. Das bedeutet, dass AltStore zwar existiert und genutzt werden kann, aber nicht offiziell von Apple anerkannt oder unterstützt wird.

Entstehungsgeschichte und Funktionsweise

AltStore entstand aus dem Bedürfnis heraus, Anwendungen installieren zu können, die nicht den strengen Anforderungen des Apple App Store entsprechen oder für die Apple keine offizielle Freigabe erteilt hat. Riley Testut, der Entwickler von AltStore, schuf eine Möglichkeit, diese Einschränkungen zu umgehen, indem er Apples Entwickler-Framework nutzte. Der grundlegende Mechanismus von AltStore basiert darauf, dass die Nutzer:innen einen lokalen Server auf ihrem Computer einrichten, der mit dem iOS-Gerät interagiert. Dieser Server, der AltServer, installiert Apps auf dem iOS-Gerät und erneuert regelmäßig die dafür notwendigen Entwicklerzertifikate, die im Fall der kostenlosen Zertifikate nur eine Woche gültig sind.

Technische Umsetzung

AltStore nutzt die Möglichkeit, Entwicklerzertifikate von Apple zu verwenden, um Apps zu signieren und auf iOS-Geräten zu installieren. Diese Zertifikate werden normalerweise für die Entwicklung und das Testen von Apps vor der Veröffentlichung im App Store verwendet. AltStore erweitert diese Funktionalität auf alle Nutzer:innen, indem es regelmäßig die Verbindung zwischen dem iOS-Gerät und dem Host-Computer aufrechterhält, um die Zertifikate zu erneuern. Die Nutzung von AltStore erfordert die Installation von AltServer auf einem Computer (Windows oder macOS), der dann als „Brücke" zwischen dem iOS-Gerät und dem AltStore fungiert.

Sicherheit

Ein wesentlicher Aspekt bei der Nutzung des AltStore ist die Frage der Sicherheit der dort verfügbaren Apps. Da Apps, die über den AltStore installiert werden, nicht durch den Apple App Store geprüft werden, entfallen die standardmäßigen Sicherheitsprüfungen, die Apple sonst durchführt. Während Apple für den offiziellen App Store ein umfangreiches Prüfsystem zur Gewährleistung von Sicherheit und Datenschutz eingerichtet hat, verlässt sich AltStore auf die Zertifikate der Entwickler:innen, um die Installation von Apps zu ermöglichen. Das bedeutet, dass die Sicherheit der über AltStore installierten Apps weitgehend in der Verantwortung der Entwickler:innen liegt. Nutzer:innen sollten sich daher der Risiken bewusst sein, die mit der Installation von Apps aus inoffiziellen Quellen verbunden sein können.

Fazit

AltStore bietet eine kreative technische Lösung für das Sideloading von Apps auf iOS-Geräten, ohne auf den Apple App Store angewiesen zu sein. Durch die Nutzung von Apples Entwicklerzertifikaten ermöglicht AltStore die Installation von Apps, die sonst nicht im offiziellen App Store verfügbar wären. Dennoch bleibt AltStore vorerst eine im Gesamtbild etwas komplizierte Nischenlösung für Nutzer:innen, die bereit sind, selbst Verantwortung für die Sicherheit ihrer installierten Apps zu übernehmen.

Website von AltStore: *https://altstore.io*

6.3.3.2 AltStore PAL

Bild 6.3
Bildbeschreibung: Logo von AltStore. (Bildnachweis: AltStore, LLC auf https://altstore.io)

AltStore PAL ist eine spezielle Version und Weiterentwicklung des AltStore, die seit April 2024 nur in der Europäischen Union verfügbar ist und es Nutzer:innen ermöglicht, Apps direkt auf ihren iOS-Geräten zu installieren, ohne den AltServer auf einem stationären Computer installieren zu müssen. AltStore PAL wurde entwickelt, um den neuen EU-Rechtsrahmen zu nutzen, der den Betrieb alternativer App Stores auf iOS-Geräten erlaubt.

Installation und Funktionsweise

AltStore PAL ist als alternativer App Store bzw. App-Marktplatz in das iOS-System integriert und Apps können über die App direkt auf das iOS-Gerät heruntergeladen und installiert werden, ähnlich wie im Apple App Store, wenn auch nicht so komfortabel und intuitiv.

Die Installation der AltStore-PAL-App erfordert jedoch einige technische Schritte, da die Software nicht direkt über den offiziellen Apple App Store erhältlich ist. Nutzer:innen müssen zunächst das Installationsprofil von AltStore PAL herunterladen und auf ihrem Gerät installieren. Dieses Profil ermöglicht es der App, außerhalb der üblichen Apple-Einschränkungen zu arbeiten und Apps von Drittanbieter:innen zu installieren. Nach der Installation der AltStore-PAL-App können Nutzer:innen Apps direkt aus AltStore beziehen und aktualisieren, ohne die Einschränkungen des Apple App Store aktiv umgehen zu müssen.

Ein weiteres technisches Merkmal von AltStore PAL ist die Unterstützung von Drittanbieter-Quellen, die es Nutzer:innen ermöglicht, alternative App-Repositories hinzuzufügen und so eine noch größere Auswahl an Apps zu erhalten. Diese Funktion, die auf AltStore.io nur eingeschränkt zur Verfügung stand, ist nun vollständig integriert und bietet Entwickler:innen die Möglichkeit, ihre Apps in einem größeren Ökosystem zu vertreiben, ohne auf die Infrastruktur des Apple App Store angewiesen zu sein.

AltStore PAL stellt somit eine technische und funktionale Weiterentwicklung des ursprünglichen AltStore-Konzepts dar, die sich nahtlos in den durch das DMA geschaffenen neuen regulatorischen Rahmen einfügt und Entwickler:inen und Nutzer:innen eine zumindest in der EU verfügbare alternative Plattform für den Vertrieb und die Nutzung von iOS-Apps bietet.

Installation und Einbindung in iOS 17.6.1.

Bild 6.4 Ablauf der Installation von AltStore PAL auf einem iPhone 1/2. (Bildnachweis: AltStore, eigene Screenshots)

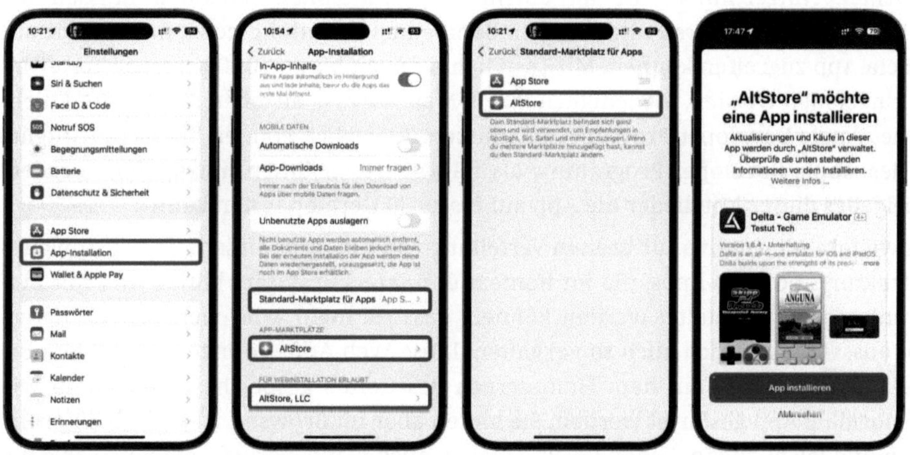

Bild 6.5 Ablauf der Installation von AltStore PAL auf einem iPhone 2/2. (Bildnachweis: AltStore, eigene Screenshots)

Download von AltStore PAL:

https://altstore.io/download

Hintergrundinfos zu AltStore PAL im Blog des AltStore-Entwicklers Riley Testut:

https://rileytestut.com/blog/2024/04/17/introducing-altstore-pal

6.3.3.3 Ad-hoc-Verteilung iOS

Die Ad-hoc-Verteilung von iOS-Apps ist eine Methode, die es Entwickler:innen ermöglicht, ihre Anwendungen an eine begrenzte Anzahl registrierter Geräte zu verteilen, ohne diese im offiziellen App Store zu veröffentlichen. Diese Verteilungsstrategie wird häufig für Beta-Tests oder interne Tests verwendet, um Feedback von ausgewählten Nutzer:innen zu erhalten und die App in einer kontrollierten Umgebung zu testen.

Für die Ad-hoc-Verteilung muss die UDID (Unique Device Identifier) von jedem Gerät, auf dem die App installiert werden soll, erfasst werden. Es gibt eine jährliche Obergrenze für die Anzahl der Geräte, die für die Ad-hoc-Verteilung registriert werden können, die derzeit bei 100 Geräten pro Jahr liegt. Diese Beschränkung stellt aus Sicht von Apple sicher, dass die Ad-hoc-Verteilung tatsächlich auf eine ausgewählte Nutzer:innengruppe beschränkt bleibt und nicht als „echter" Distributionskanal in der Breite genutzt wird.

Neben der Ad-hoc-Verteilung bietet Apple mit TestFlight ein offizielles Tool zum Betatest von Apps an. TestFlight ermöglicht es Entwickler:innen, ihre Apps an eine größere Gruppe von Test:erinnen zu verteilen, ohne diese über den App Store zu veröffentlichen. Nutzer:innen, die an einem Test teilnehmen möchten, müssen die TestFlight-App installieren und erhalten dann einen Einladungscode, mit dem sie auf die Beta-App zugreifen können. Mit TestFlight können bis zu 10 000 externe Tester:innen eingeladen werden, die lediglich ihre E-Mail-Adresse angeben müssen und nicht Teil des Apple Developer Program sein müssen. Zusätzlich können bis zu 100 Mitglieder des Apple-Developer-Programms als interne Tester:innen hinzugefügt werden, wobei jedes dieser Mitglieder die App auf bis zu 30 Geräten testen kann.

Eine weitere Alternative zur breiten Verteilung von iOS-Apps außerhalb der Apple-Infrastruktur sind Web-Apps, die im Kontext des Safari-Browsers laufen und mit Einschränkungen so gestaltet werden können, dass sie mehr oder weniger wie native Apps aussehen und sich auch so verhalten. Diese Web-Apps können mit aktivem Benutzer:innen-Eingriff auf dem Homescreen des Geräts gespeichert und direkt wie eine normale App gestartet werden. Sie laufen aber im Browser, was sie zu einer flexiblen und leicht zugänglichen Lösung macht, auch wenn sie aus Sicht von Apple natürlich nicht der reinen, hochsprachlichen Lehre der App-Entwicklung entsprechen und daher auch nicht in den Apple Store aufgenommen werden.

6.3.4 Enterprise App Stores

In der digitalen Unternehmenswelt spielen maßgeschneiderte mobile Anwendungen zur Unterstützung spezifischer Geschäftsprozesse und zur präzisen Abbildung interner Anforderungen eine zentrale und zunehmend wichtige Rolle. Diese Anwendungen sind in der Regel nicht für die Allgemeinheit bestimmt, sondern dienen ausschließlich internen Zwecken innerhalb eines Unternehmens. Um die Verteilung und Verwaltung solcher Anwendungen zu organisieren, nutzen viele Organisationen Enterprise App Stores. Diese bieten eine kontrollierte Umgebung, in der Unternehmensanwendungen zentral bereitgestellt, aktualisiert und überwacht werden können.

6.3.4.1 Bedeutung der internen Verteilung von Anwendungen

Die interne Verteilung von Apps über Enterprise App Stores ermöglicht es Unternehmen, ihre Software unabhängig von öffentlichen App Stores wie dem Apple App Store oder dem Google Play Store zu verwalten. Dies ist für Apps sinnvoll, die spezifische Funktionalitäten bieten, die nicht für den allgemeinen Markt bestimmt oder relevant sind oder sensible Unternehmensdaten verarbeiten. Durch die Nutzung eines Enterprise App Store können Unternehmen sicherstellen, dass ihre Apps ausschließlich den berechtigten Nutzer:innen zur Verfügung stehen und der Zugriff auf diese Anwendungen innerhalb der eigenen Domänen kontrolliert wird.

Ein Vorteil der internen Verteilung von Apps ist die Möglichkeit, die Software zentral zu verwalten und den gesamten Lebenszyklus der Anwendungen zu steuern. Dies umfasst die Bereitstellung von Updates, das Einspielen von Patches und die Überwachung der App-Nutzung, um die Einhaltung interner Sicherheitsrichtlinien zu gewährleisten. Enterprise App Stores bieten darüber hinaus Funktionen zur Benutzer:innenverwaltung und zur Kontrolle der Geräte, auf denen Apps installiert werden dürfen.

6.3.4.2 Unterschiede zu öffentlichen App Stores

Ein wesentlicher Unterschied zwischen Enterprise App Stores und öffentlichen App Stores liegt in den Prüf- und Freigabeprozessen. Während Apps, die über öffentliche App Stores vertrieben werden, detaillierten Prüfungen unterzogen werden, um sicherzustellen, dass sie den Richtlinien der Plattformbetreiber entsprechen, entfällt diese umfassende Prüfung bei der internen Verteilung weitgehend. Dies bedeutet, dass Unternehmen selbst die Verantwortung für die Sicherheit, Stabilität und Compliance ihrer Apps übernehmen müssen. Generell ist dies bei öffentlichen Apps letztlich auch der Fall bzw. es sollte der Fall sein, nur dass die zusätzlichen Sicherheitsebenen durch die Prüfprozesse der öffentlichen Stores weitgehend entfallen. Da keine externe Prüfung durch die Plattformanbieter erfolgt, müssen Unternehmen eigene Prüfprozesse implementieren, um die Qualität, Compliance und Sicherheit ihrer Apps zu gewährleisten. Dazu gehören interne Sicherheitsüberprüfungen, Penetrationstests und regelmäßige Updates, um Schwachstellen zu identifizieren und zu beheben.

Weitere Unterschiede bestehen bei der Zertifizierung und dem Vertrieb der Apps:

- **Zertifikatsmanagement:** Im Gegensatz zu öffentlichen App Stores, bei denen die Plattformanbieter die Zertifikate zum Signieren und Verteilen der Apps bereitstellen, müssen Unternehmen bei Enterprise App Stores ihre eigenen Zertifikate für

Code Signing, Push-Benachrichtigungen, Entwicklung und Test oder Mobile Device Management (MDM) und andere verwalten. Das Ablaufen von Zertifikaten kann dazu führen, dass Apps nicht mehr gestartet oder installiert werden können oder nicht mehr mit ihren Backends kommunizieren, und stellt eine nicht versiegende Quelle für verschiedene organisatorische und technische Herausforderungen dar.

- **Device Management:** Enterprise App Stores bieten in der Regel eine detaillierte Kontrolle darüber, auf welchen Geräten Apps installiert werden können. Unternehmen können genau festlegen, welche Geräte auf Apps zugreifen dürfen, und den Zugriff bei Bedarf sperren oder einschränken. Dies ist besonders wichtig für die Sicherheit und Compliance, vor allem bei BYOD (Bring Your Own Device)-Strategien.
- **Datenschutz und Compliance:** Unternehmensanwendungen, die über Enterprise App Stores verteilt werden, verarbeiten oft sensible und geschäftskritische Daten, wie z.B. personenbezogene Informationen von Mitarbeiter:innen, Kund:innendaten, Finanzinformationen oder strategische Geschäftsdaten. Aufgrund der Sensibilität dieser Daten ist es von entscheidender Bedeutung, dass die Verteilung und Nutzung dieser Anwendungen strenge Datenschutz- und Compliance-Anforderungen erfüllt.

6.3.4.3 Beispiele für verbreitete Enterprise App Stores

In diesem Bereich haben sich mehrere Plattformen etabliert, die Unternehmen die notwendigen Werkzeuge für die Organisation der Verteilung und Verwaltung interner Apps zur Verfügung stellen. Sie ermöglichen es, Sicherheitsrichtlinien durchzusetzen und die Kontrolle über die digitalen Assets des Unternehmens zu behalten. Im Folgenden werden einige der am häufigsten genutzten Enterprise App Stores vorgestellt.

- **Apple Developer Enterprise Program:** Dieses Programm richtet sich an Unternehmen, die iOS-Apps direkt an ihre Mitarbeiter:innen verteilen möchten. Die Verwaltung erfolgt über die Apple Developer Enterprise Program Console, über die Administrator:innen die Verteilung der Apps, die Aktivierung der Geräte und die Erneuerung der notwendigen Zertifikate zentral steuern können.

> Informationen zum Apple Developer Enterprise Program:
> *https://developer.apple.com/programs/enterprise*

- **Android Enterprise/Managed Google Play:** Android Enterprise integriert Managed Google Play, um Unternehmen eine Plattform für die sichere Verteilung und Verwaltung von Android-Apps zu bieten. Über die Google Play Console können Administratoren Apps gezielt an ausgewählte Geräte und Nutzergruppen verteilen. Diese enge Verzahnung ermöglicht ein effektives und kontrolliertes App-Management innerhalb der Unternehmensinfrastruktur.

Informationen zu Android Enterprise:
https://developers.google.com/android/work/overview?hl=de
Informationen zu Managed Google Play:
https://support.google.com/googleplay/work#topic=7042018

- **Microsoft Endpoint Manager/Microsoft Intune:** Microsoft Endpoint Manager als Plattform beinhaltet Intune und den Configuration Manager als zentrale Komponenten, um eine umfassende Verwaltung von Unternehmensanwendungen und -geräten zu ermöglichen. Intune bietet die Möglichkeit, Apps über einen internen App Store zu verteilen und gleichzeitig Sicherheitsrichtlinien durchzusetzen. Der Endpoint Manager verwaltet die gesamte Endgerätelandschaft und stellt sicher, dass die Nutzung von Apps den Unternehmensrichtlinien entspricht. Die enge Integration in das Microsoft-Ökosystem ermöglicht eine nahtlose Verwaltung von Geräten und Apps innerhalb der Unternehmensinfrastruktur.

Informationen zu Microsoft Intune:
https://learn.microsoft.com/de-de/mem/intune
Informationen zum Microsoft Configuration manager:
https://learn.microsoft.com/de-de/mem/configmgr

- **JAMF:** JAMF ist eine spezialisierte Managementlösung für die Verwaltung von Apple-Geräten in Unternehmensumgebungen. Im Gegensatz zu plattformübergreifenden Lösungen wie Microsoft Intune konzentriert sich JAMF ausschließlich auf die Verwaltung von iOS- und macOS-Geräten. Die Plattform bietet umfassende Funktionen für die Verteilung und Verwaltung von Apps, einschließlich der Möglichkeit, interne und externe Apps über den JAMF App Catalog zu verteilen. Darüber hinaus bietet JAMF erweiterte Funktionen zur Geräte- und Benutzer:innenverwaltung, die speziell auf die Anforderungen des Apple-Ökosystems zugeschnitten sind, wie z. B. die Integration mit Apple School Manager und Apple Business Manager. Sicherheitsrichtlinien können granular durchgesetzt werden und JAMF unterstützt Apple-spezifische Sicherheitsfunktionen wie FileVault zur Festplattenverschlüsselung auf Macs oder die Verwaltung von App-Berechtigungen auf iOS-Geräten. Dies macht JAMF zu einer Option für Unternehmen, die ausschließlich Apple-Hardware einsetzen und eine tiefe Integration und Verwaltung ihrer Apple-Geräte benötigen.

Informationen zu JAMF:
https://www.jamf.com/de/ressourcen/produktdokumentation/jamf-pro-leitfaden-fur-administratoren

6.4 Checkliste: Life Cycle- und Application Management in der Praxis

Die Betreiber:innen mobiler Systeme stehen vor einer Vielzahl komplexer Herausforderungen, von denen sich einige in der Praxis bereits zu echten „Klassikern“ entwickelt haben. Die folgende Checkliste erhebt keinen Anspruch auf Vollständigkeit, sondern konzentriert sich auf diese bekannten Spannungsfelder, die erfahrungsgemäß immer wieder auftreten. Sie bietet eine erste Orientierung und Unterstützung für Entwickler:innen und Betreiber:innen bei der Bewältigung der häufigsten Hindernisse und kann als Ausgangspunkt für eine individuell angepasste Managementstrategie dienen. In der Praxis sind stets die spezifischen Anforderungen und Bedingungen des jeweiligen Projekts zu berücksichtigen, weshalb die Checkliste als dynamisches Werkzeug zu verstehen ist, das laufend an neue Erkenntnisse und Entwicklungen in den eigenen Projekten angepasst wird.

Compliance und Governance

- **Einhaltung von Datenschutz- und Sicherheitsanforderungen:** Sind alle datenschutzrechtlichen Bestimmungen wie die DSGVO in den mobilen Anwendungen berücksichtigt? Sind die Apps so gestaltet, dass Nutzerdaten sicher verarbeitet und gespeichert werden? Dazu gehören die Verschlüsselung sensibler Daten im Ruhezustand und während des Datentransfers, die Implementierung sicherer Authentifizierungsmechanismen und die Einhaltung von Prinzipien wie „Privacy by Design“.
- **Etablierung von Governance-Prozessen:** Gibt es klare Richtlinien und Standards für die Entwicklung und den Betrieb mobiler Systeme? Governance-Prozesse helfen, sicherzustellen, dass alle Beteiligten die gleichen Standards einhalten, z. B. durch die Einführung von Code-Richtlinien, Sicherheitsüberprüfungen und regelmäßigen Audits. Dazu gehört auch die Regelung, welche Technologien und Frameworks eingesetzt werden.
- **Berücksichtigung von Barrierefreiheit:** Werden bei der App-Entwicklung die Anforderungen an die Barrierefreiheit erfüllt, sodass die Anwendung von möglichst vielen Nutzer:innen, einschließlich Menschen mit Behinderungen, genutzt werden kann, und werden alle gesetzlichen Vorgaben wie das Behindertengleichstellungsgesetz (BGG), das Barrierefreiheitsstärkungsgesetz (BFSG) und die Barrierefreie-Informationstechnik-Verordnung (BITV 2.0) eingehalten? Die Implementierung von Funktionen wie Screenreader-Kompatibilität, Optimierung der Touchscreen-Interaktion und die Unterstützung größerer Schriftgrößen und hoher Kontraste sind Beispiele für Maßnahmen zur Verbesserung der Barrierefreiheit.

Technologie und Infrastruktur

- **Implementierung von Testautomatisierung und Einsatz von CI/CD-Prozessen:** Sind automatisierte Tests (Unit Tests, UI Tests etc.) und Continuous Integration/ Continuous Deployment (CI/CD)-Prozesse in den Entwicklungszyklus integriert? Diese Techniken ermöglichen eine kontinuierliche Überprüfung des Codes auf Fehler und Schwachstellen sowie die automatische Bereitstellung von Updates.
- **Aktualität und Kompatibilität von Frameworks:** Werden aktuelle Entwicklungsframeworks eingesetzt, die regelmäßig aktualisiert und auch perspektivisch von der Community bzw. dem Hersteller unterstützt werden? Veraltete oder nicht mehr weiterentwickelte Frameworks können zu Sicherheitslücken und Inkompatibilitäten mit neuen Betriebssystemversionen führen und im schlimmsten Fall ein komplettes Refactoring einer Anwendung in einem neuen Framework erforderlich machen.
- **Integration und Monitoring der Schnittstellen und APIs:** Wie werden die Integration und Verifikation der Schnittstellen und APIs sichergestellt? Eine zuverlässige Anbindung an Backend-Systeme, Gerätefunktionen, externe Anwendungen und Bibliotheken ist entscheidend für den stabilen und effizienten Betrieb eines mobilen Systems. APIs müssen gut dokumentiert sein und die Implementierung einer robusten API-Versionierung vermeidet Kompatibilitätsprobleme. Regelmäßige Tests und eine kontinuierliche Überwachung der Schnittstellen stellen sicher, dass Integrationen korrekt funktionieren und Daten sicher übertragen werden. Ein robustes Fehlerhandling und die Optimierung der Schnittstellenperformance sind ebenfalls wichtig, um die Gesamtleistung des mobilen Systems zu gewährleisten.
- **Device-Management-Strategie im Unternehmen:** Wie wird der Gerätepark des Unternehmens verwaltet, insbesondere wenn viele verschiedene Gerätetypen im Einsatz sind (z. B. BYOD – Bring Your Own Device)? Device-Management-Strategien wie MDM (Mobile Device Management) helfen, Geräte zentral zu verwalten, Sicherheitsrichtlinien durchzusetzen und Software- und Betriebssystemversionen auf dem neuesten Stand zu halten. Wichtig sind klare Richtlinien für die Verwaltung und Sicherheit der Geräte, die auf die jeweiligen Einsatzszenarien abgestimmt sind.
- **Endgeräte-Strategie bei öffentlichen Apps:** Wie wird die Vielzahl an Endgeräten und Betriebssystemversionen gemanagt, die von den Nutzer:innen Ihrer App verwendet werden? Die Entwicklung öffentlicher Apps erfordert eine flexible Anpassung an unterschiedliche Hardwarekapazitäten, Bildschirmgrößen und Betriebssysteme, um eine breite Nutzerbasis abzudecken. Klare Richtlinien für die Unterstützung und den Umgang mit älteren, potenziell unsicheren Betriebssystemversionen sind wichtig, um Sicherheits- und Performanceprobleme zu minimieren. Eine Strategie besteht darin, einen „Kill Switch“ zu implementieren, mit

dem die Nutzung der Anwendung auf Geräten mit veralteten oder unsicheren Betriebssystemen gezielt eingeschränkt oder deaktiviert werden kann.

Prozesse und Methodik

- **Requirements Engineering:** Gibt es einen klar definierten Prozess zur Erfassung und Dokumentation der Anforderungen an das mobile System? Requirements Engineering (RE) stellt sicher, dass die Bedürfnisse der Nutzer:innen und Stakeholder klar erfasst und in die Entwicklung einbezogen werden. Dies beinhaltet die Definition von funktionalen und nichtfunktionalen Anforderungen sowie deren Priorisierung.
- **Qualitätssicherung:** Welche Qualitätstests auf Basis welcher Metriken werden durchgeführt, um sicherzustellen, dass das mobile System den Anforderungen entspricht und zuverlässig funktioniert? Die Qualitätssicherung umfasst Tests auf verschiedenen Ebenen (z. B. Integrationstests, Lasttests) sowie Code-Reviews.
- **Projektkommunikation:** Wie ist die Kommunikation zwischen den beteiligten Teams und Abteilungen organisiert? Eine gute Projektkommunikation stellt sicher, dass alle Beteiligten über den aktuellen Stand eines Projekts informiert sind, alle Informationen an einer zentralen Stelle zur Verfügung stehen und dass Probleme in der Entwicklung oder im Betrieb frühzeitig erkannt und gelöst werden können.
- **Methodisches Vorgehen und Spannungsfeld agil vs. linear:** Welches methodische Vorgehen wird im Projekt gewählt, speziell im Kontext mobiler Systeme mit komplexem Backend? Agilität ist in mobilen Projekten weit verbreitet, in größeren Systemlandschaften kann es jedoch vorkommen, dass traditionelle Wasserfallprozesse in Teilbereichen weiterhin Bestand haben und die Synchronisation mit agilen Prozessen erschweren. Daher ist es wichtig, eine geeignete und gegebenenfalls hybride Methodik einzusetzen, um die Vorteile beider Methoden zu kombinieren und eine reibungslose Integration in gemeinsame Prozesse zu gewährleisten.
- **DevOps und Betrieb:** Sind DevOps-Prozesse implementiert, die einen nahtlosen Übergang von der Entwicklung zum Betrieb ermöglichen? DevOps fördert die enge Zusammenarbeit von Entwicklungs- und Betriebsteams, um schneller auf Änderungen reagieren zu können und die Ausfallsicherheit zu erhöhen. Wichtige Aspekte sind dabei das Monitoring der Anwendung, die Automatisierung von Deployments und die schnelle Behebung von Fehlern.

Organisationsstrukturen und Verantwortlichkeiten

- **Verantwortlichkeiten und Rollenverteilung:** Sind die Zuständigkeiten im Projekt klar geregelt? Klare Rollen bei Entwicklung, Test, Roll-out und Betrieb vermeiden Missverständnisse und stellen sicher, dass Aufgaben effizient erledigt werden. Bei der Zusammenarbeit mit mehreren Abteilungen und einer großen Anzahl von Projektbeteiligten ist eine genaue Rollenverteilung unerlässlich, um Reibungsverluste zu vermeiden.

- **Einbindung von Fachabteilungen und externen Dienstleistern:** Wie werden verschiedene Abteilungen und externe Dienstleister in den Entwicklungs- und Betriebsprozess eingebunden? Eine enge Zusammenarbeit und eine klare Kommunikation der Erwartungen und Anforderungen mit allen Beteiligten stellt sicher, dass Anforderungen und Perspektiven berücksichtigt werden und alle an gemeinsamen Zielen arbeiten.

- **Entscheidungsprozesse und Eskalationswege:** Wie sind die Entscheidungsprozesse organisiert und gibt es klare Eskalationswege? Dies betrifft sowohl operative Entscheidungen im täglichen Projektablauf als auch strategische Entscheidungen auf übergeordneter Ebene. Eine gut strukturierte Entscheidungs- und Eskalationskette ist notwendig, um Verzögerungen zu vermeiden und sicherzustellen, dass bei auftretenden Problemen schnell gehandelt werden kann.

- **Empowerment und Teamdynamik:** Wie wird das Team befähigt, selbständig zu arbeiten und Entscheidungen zu treffen? Teams, die über die notwendigen Ressourcen und das Vertrauen verfügen, um eigenständig Entscheidungen treffen zu können, arbeiten effizienter und können schneller auf neue Herausforderungen reagieren. Gezieltes ideologisches und faktisches Empowerment fördert die Motivation und das Engagement der Teammitglieder, was wiederum die Teamdynamik verbessert, innovativere Lösungsansätze fördert und damit zu besserer Software führt.

- **Stakeholder-Management:** Wie werden alle relevanten Stakeholder im Projekt identifiziert und ihre Erwartungen berücksichtigt? Ein erfolgreiches Projekt beginnt mit der systematischen Identifikation aller Stakeholder, bei komplexen Gemengelagen in der Form einer Stakeholder-Matrix, gefolgt von einer Analyse ihrer Sichtweisen und Erwartungen. Ein effektives Stakeholdermanagement stellt sicher, dass die Bedürfnisse und Interessen aller Stakeholder verstanden und in den Projektverlauf integriert werden, was wesentlich zur Akzeptanz der Lösung und zum nachhaltigen Projekterfolg beiträgt.

6.5 Zusammenfassung und Schlüsselaspekte dieses Kapitels

6.1 Handlungsfelder des Mobile Application Managements

Mobile Application Management (MAM) ist ein kritischer Aufgabenbereich im laufenden Betrieb einer App, der sowohl organisatorische als auch technische Funktionen und Aufgaben umfasst.

- Ein strukturiertes MAM ist unerlässlich, um Risiken wie Betriebsunterbrechungen, Budgetüberschreitungen oder rechtliche Probleme zu minimieren.
- MAM umfasst sowohl die Qualitätsüberwachung als auch – wenn möglich – eine dedizierte Delivery-Infrastruktur für Continuous Integration (CI) und Continuous Delivery (CD).
- Die Auslagerung von MAM-Aufgaben an externe Dienstleister:innen erfordert sorgfältige Service Level Agreements (SLAs), um die Handlungsfähigkeit der Betreiber:innen sicherzustellen.
- Eine effektive MAM-Strategie berücksichtigt die Kritikalität des mobilen Systems und passt die Reaktions- und Wiederherstellungszeiten in den SLAs entsprechend an.

6.2 Wesentliche Unterschiede im Betrieb mobiler und konventioneller Systeme

- Das Mobile Application Management unterscheidet sich grundlegend vom Management konventioneller Systeme, was sich in verschiedenen strategischen, organisatorischen und operativen Aspekten widerspiegelt.
- Mobile Systeme erfordern kürzere und häufigere Release-Zyklen, während konventionelle Systeme oft längere und stabilere Zyklen aufweisen.
- Die Performance und Skalierbarkeit mobiler Systeme wird durch variable Netzwerkbedingungen und begrenzte Endgeräteressourcen beeinflusst, während konventionelle Systeme im Normalfall stabile Netzwerkbedingungen und leistungsfähige Hardware nutzen.
- Sicherheit in mobilen Systemen ist aufgrund von Faktoren wie Gerätevielfalt und unsicheren Netzwerken eine größere Herausforderung als in kontrollierten, zentralisierten Umgebungen konventioneller Systeme.
- Agile Methoden und DevOps-Kulturen sind in mobilen Projekten weit verbreitet, während konventionelle Systeme oft noch traditionellen, hierarchischen Strukturen oder hybriden Organisationsmodellen folgen.

- Das Feedback der User in mobilen Systemen ist direkter und schneller, was kontinuierliche Verbesserungen ermöglicht, während konventionelle Systeme eher formalisierte Feedbackkanäle nutzen.

6.3 Distributionskanäle für Mobile Apps

- Die Verteilung von mobilen Apps kann über verschiedene Kanäle erfolgen, abhängig von der OS-Plattform, der Zielgruppe und den strategischen Zielen der Betreiber:innen der App.
- Offizielle App Stores wie der Apple App Store und der Google Play Store bieten eine zentrale Infrastruktur für Distribution, Management und Monetarisierung und sind eng in die Ökosysteme der Plattformhersteller integriert, sie setzen aber auch konsequent die technischen und wirtschaftlichen Konditionen innerhalb der Ökosysteme durch.
- Alternative Distributionskanäle wie Sideloading und alternative Stores bieten mehr Flexibilität für Entwickler:innen und User:innen, bergen jedoch auch höhere Sicherheitsrisiken und erfordern zusätzliche organisatorische und technische Prozesse.
- Enterprise App Stores ermöglichen die interne Verteilung und Verwaltung von Unternehmens-Apps, erfordern aber eigene Zertifikate und Prüfprozesse, um Sicherheit und Compliance zu gewährleisten.

6.4 Checkliste: Life Cycle und Application Management in der Praxis

- Die praxisorientierte Checkliste für Life Cycle und Application Management umfasst zentrale Aspekte wie Compliance, Governance, Technologie, Infrastruktur, Prozesse und Methodik.
- Datenschutz und Datensicherheit sind durch verschlüsselte Datenhaltung und sichere Authentifizierungsmechanismen zu gewährleisten.
- CI/CD-Prozesse und automatisierte Tests sind die Grundlage für eine kontinuierliche Qualitätssicherung und effiziente Updates.
- Eine klare Rollenverteilung und die enge Zusammenarbeit zwischen internen Abteilungen und externen Dienstleister:innen oder Teams sind entscheidend für den Projekterfolg.
- Agile Methoden und eine DevOps-Kultur fördern eine schnelle Reaktionsfähigkeit und eine Kultur der kontinuierlichen Verbesserung.
- Stakeholder-Management und klare Entscheidungsprozesse sind notwendig, um Anforderungen und Erwartungen effektiv in den Projektverlauf zu integrieren.

7 Mobile Security: Risiken und Prävention

Dieses Kapitel behandelt die wesentlichen Aspekte der mobilen Sicherheit, die für die Konzeption, die Entwicklung und den Betrieb mobiler Systeme von Bedeutung sind. Das Kapitel gibt einen breiten Überblick über die aktuellen Sicherheitsbedrohungen sowie die spezifischen Sicherheitsanforderungen an mobile Systeme aus End-to-End-Sicht (E2E). Es werden sowohl technische als auch organisatorische Maßnahmen beschrieben, um die Sicherheit mobiler Endgeräte und Anwendungen sicherzustellen und durch die Betrachtung von Fallstudien und Praxisbeispielen vertieft, um das Verständnis für die Komplexität und Vielschichtigkeit mobiler Sicherheit und bestehender Angriffsvektoren zu erhöhen. Ziel dieses Kapitels ist es, die Leser:innen in die Lage zu versetzen, fundierte Entscheidungen im Bereich der mobilen Sicherheit zu treffen und wirksame Schutzmaßnahmen im kompletten Lifecycle eines mobilen Systems zu implementieren und im Betrieb zu gewährleisten.

7.1 Bedeutung und Relevanz in der heutigen digitalen Welt

Mobile Endgeräte sind in der heutigen digitalisierten und vernetzten Welt aus dem Alltag der Benutzer:innen nicht mehr wegzudenken. Smartphones, Tablets und Wearables haben sich zu unverzichtbaren und ubiquitären Werkzeugen entwickelt, deren Funktionen und Anwendungen weit über reine Kommunikationsaufgaben hinausgehen. Sie sind digitale Assistenten, Zahlungsmittel, Gesundheitsmonitore und zentrale Schnittstellen für persönliche und berufliche Anwendungen. Diese Vielseitigkeit und Allgegenwärtigkeit sowie ihre Nähe zu vertraulichen und höchst intimen Informationen machen mobile Endgeräte aber auch zu attraktiven Zielen für Cyberkriminelle.

Die Relevanz mobiler Sicherheit kann daher nicht hoch genug bewertet werden und stellt eine zentrale Herausforderung innerhalb mobiler Ökosysteme dar, besonders für die Anbieter:innen und Betreiber:innen mobiler Systeme oder Anwendungen. Mobile Geräte speichern und verarbeiten eine immense Menge an sensiblen Daten, von persönlichen Nachrichten und Fotos über Finanztransaktionen bis hin zu geschäftskritischen Informationen. Ein unzureichender Schutz dieser Daten kann schwerwiegende Folgen haben, nicht nur für den Einzelnen, sondern auch für Unternehmen und die Gesellschaft als Ganzes.

Ein wesentlicher Aspekt der mobilen Sicherheit ist der Schutz vor unberechtigtem Zugriff und Datenverlust. Dazu gehören Maßnahmen wie die Verschlüsselung von Daten, starke Authentifizierungsmethoden und die Implementierung von Sicherheitsprotokollen. Auch die Sicherheit auf Netzwerkebene ist ein relevanter Faktor, da durch die mobile Natur der Endgeräte zusätzliche Risiken entstehen, vor allem durch die Nutzung unsicherer WLANs. Auch wenn HTTPS die Integrität der Datenpakete an sich schützt, gibt es weitere kritische Angriffsvektoren, die durch die Nutzung von VPN-Diensten mitigiert werden können.

Die Bedrohungslandschaft für mobile Endgeräte ist vielfältig und entwickelt sich ständig weiter, der Wettlauf zwischen Cyberkriminellen und Geräte- und Softwarehersteller:innen wird immer intensiver und leider gewinnt nicht immer die „gute Seite“. Zu den häufigsten Bedrohungen zählen Malware, Phishing-Attacken und Schwachstellen in Betriebssystemen und Anwendungen. Ein prominentes Beispiel für eine solche Bedrohung ist die Spyware Pegasus der NSO Group, die gezielt Sicherheitslücken der Betriebssysteme ausnutzt, um Daten auszuspionieren. Solche Angriffe unterstreichen die Notwendigkeit kontinuierlicher Sicherheitsupdates und Patches, um bekannte Schwachstellen zu schließen.

Neben den technischen Schutzmaßnahmen spielt auch die Sensibilisierung der Benutzer:innen eine Schlüsselrolle. Sicherheitsbewusstsein und ein verantwortungsvoller Umgang mit mobilen Geräten können viele potenzielle Angriffe verhindern. Dazu gehören das regelmäßige Aktualisieren von Software, das Vermeiden von unsicheren Downloads und die Sensibilisierung für Phishing-Versuche ebenso wie das Einhalten wichtiger Verhaltensweisen in Bezug auf Passwortsicherheit und Geräteschutz.

Die Verwaltung und Sicherung der Geräte im Unternehmensumfeld ist ein weiterer wesentlicher Sicherheitsaspekt. Enterprise Mobility Management (EMM), Mobile Device Management (MDM) und Unified Endpoint Management (UEM) sind Lösungen, die Unternehmen dabei unterstützen, die Sicherheit ihrer mobilen Endgeräte und ihrer kompletten Infrastruktur zu gewährleisten. Sie ermöglichen die zentrale Verwaltung und Durchsetzung von Sicherheitsrichtlinien, die Verteilung von Updates und die Überwachung der Geräte auf potenzielle Bedrohungen.

Im Gesamtbild erfordert mobile Sicherheit einen holistischen Ansatz. Nur durch eine Kombination aus robusten technischen Lösungen, kontinuierlicher Anwender:innenschulung und einer proaktiven Sicherheitsstrategie können die vielfältigen Bedrohungen effektiv abgewehrt und die Integrität der mobilen Endgeräte geschützt werden – und damit die Daten der Benutzer:innen.

7.2 Nicht mehr nur „Telefon“: Die neuen Rollen des Smartphones

Das Mobiltelefon hat sich in den letzten Jahren von einem einfachen Kommunikationsgerät zu einem digitalen Multifunktionswerkzeug entwickelt, das in nahezu allen Bereichen des täglichen Lebens eine Rolle spielt. Die Funktionen und Einsatzmöglichkeiten von Smartphones sind vielfältig und weitreichend, ebenso die damit verbundenen Sicherheitsanforderungen und -herausforderungen. Im Folgenden werden einige der „neuen“ Funktionen und Aufgaben mobiler Endgeräte beschrieben.

- **Kommunikationszentrale:** Das Smartphone ist nach wie vor das wichtigste Kommunikationsmittel, aber die Art und Weise, wie die Menschen miteinander kommunizieren, hat sich dramatisch verändert. Neben traditionellen Telefonanrufen und SMS nutzen Benutzer:innen heute eine Vielzahl von Messaging-Apps wie WhatsApp, Telegram und Signal, die nicht nur Textnachrichten, sondern auch Multimedia-Nachrichten, Videoanrufe und Sprachnachrichten unterstützen. Diese Apps ermöglichen eine sofortige und globale Kommunikation, die wesentlich zur Vernetzung unserer Welt beigetragen hat.
- **Digitaler Assistent:** Dank Sprachassistenten wie Siri, Google Assistant oder Alexa sind Smartphones zu persönlichen Assistenten geworden. Diese Assistenten können Aufgaben wie das Setzen von Erinnerungen, das Versenden von Nachrichten, das Abspielen von Musik und das Abrufen von Informationen übernehmen. Sie nutzen zunehmend künstliche Intelligenz, um die Bedürfnisse und den Kontext der Benutzer:innen besser zu verstehen und proaktive Unterstützung zu bieten. Sie werden in naher Zukunft durch den weitreichenden Einsatz von KI deutlich an Leistungsfähigkeit und Alltagstauglichkeit gewinnen.
- **Zahlungsmittel:** Die Integration mobiler Bezahlsysteme wie Apple Pay, Google Pay und Samsung Pay hat das Smartphone in eine digitale Brieftasche verwandelt. Benutzer:innen können kontaktlos bezahlen, Überweisungen tätigen, Aktien kaufen und ihre Finanzen verwalten. Diese Bezahlmethoden sind grundsätzlich sicher und bequem, sofern die systemische Sicherheit des Endgerätes gewährleistet ist.
- **Digitaler Identitätsnachweis:** Verschlüsselte digitale Identitäten ersetzen zunehmend physische Ausweisdokumente wie Führerschein oder Personalausweis. Diese Funktionalität erhöht die Sicherheit und Bequemlichkeit der Benutzer:innen, indem sie den Zugriff auf persönliche Informationen digital kontrolliert und authentifiziert.

- **Digitaler Schlüssel:** Digitale Schlüssel und NFC-Technologien ermöglichen das Öffnen von Türen, Autos oder Schließfächern. Diese Funktion bietet mehr Sicherheit und Bequemlichkeit im Vergleich zu physischen Schlössern, da mechanisch kopierbare Schlüssel überflüssig werden. Darüber hinaus können digitale Schlüssel auf einfache Weise gemeinsam genutzt oder bei Bedarf widerrufen werden.
- **Gesundheits- und Fitness-Monitoring:** Mit der Integration von Gesundheits- und Fitness-Apps hat das Smartphone eine wichtige Rolle bei der Überwachung und Optimierung der Gesundheit übernommen. Anwendungen wie Apple Health und Google Fit tracken Aktivitäten, überwachen Vitaldaten und helfen den Benutzer:innen, einen gesünderen Lebensstil zu führen und ihr „Wellbeing" zu organisieren. In Kombination mit Wearables wie Smartwatches können sie detaillierte Gesundheitsanalysen liefern und sogar medizinische Probleme frühzeitig erkennen. Sensoren und Apps überwachen Gesundheitsdaten und ersetzen zum Teil herkömmliche medizinische Geräte, elektronische Patientenakten (ePA) ersetzen die physische Krankenakte, und mobile Apps werden zur gleichberechtigten Therapieform.
- **Zugriff auf vertrauliche Daten:** Cloud-Speicher und Unternehmensanwendungen ermöglichen den ortsunabhängigen Zugriff auf persönliche und geschäftliche Daten. Dies erhöht die Produktivität und Flexibilität der Benutzer:innen, birgt aber auch Sicherheitsrisiken, die durch entsprechende Schutzmaßnahmen kontrolliert werden müssen.
- **Authentifizierung:** Zwei-Faktor-Authentifizierung und quasi-biometrische Daten wie Fingerabdruckscans oder Gesichtserkennung bieten zusätzliche Sicherheitsebenen. Diese Methoden schützen sensible Daten und reduzieren das Risiko von Identitätsdiebstahl und Datendiebstahl.
- **Fernsteuerung:** Smartphones können als Fernbedienung für sicherheitsrelevante Systeme wie Überwachungskameras oder Alarmanlagen dienen oder im Smart Home die Steuerung und Automatisierung der Haustechnik übernehmen. Diese Funktionalität erhöht die Sicherheit und Kontrolle im privaten und gewerblichen Umfeld und kann zudem den ressourcenschonenden Umgang mit Energie erleichtern.
- **Digitale Signaturen:** Dokumente können direkt vom Smartphone aus rechtsgültig unterschrieben werden. Dies beschleunigt den Geschäftsverkehr und vereinfacht Prozesse in Bereichen wie Vertragsmanagement, öffentlicher Verwaltung und Finanzwesen.

7.3 Unterschiede zwischen mobiler und konventioneller IT-Sicherheit

Die Anforderungen und Herausforderungen an die Sicherheit mobiler Endgeräte unterscheiden sich erheblich von denen herkömmlicher IT-Systeme. Diese Unterschiede sind auf die Mobilität der Geräte, die Vielfalt der Hard- und Software sowie die mobil-spezifischen Nutzungsmuster zurückzuführen. Im Folgenden werden die wichtigsten Unterschiede beschrieben:

- **Physischer Zugang und Mobilität:** Mobile Endgeräte sind aufgrund ihrer Portabilität einem höheren Risiko ausgesetzt, verloren zu gehen oder gestohlen zu werden. Dies eröffnet potenziellen Angreifer:innen im Vergleich zu stationären IT-Systemen zusätzliche Angriffsvektoren. Gelangt ein ungeschütztes mobiles Gerät in die Hände eines Angreifers, kann es kompromittiert werden, um Daten auszuspähen, Schadsoftware zu installieren oder andere schädliche Aktionen durchzuführen. Herkömmliche IT-Systeme sind in der Regel physisch sicherer und weniger zugänglich. Daher ist ein robustes Endpoint-Management mit Mechanismen wie Remote-Sperrung, Remote-Löschung und Datenverschlüsselung unerlässlich, um die Datenintegrität und -vertraulichkeit auch in mobilen Nutzungsszenarien zu gewährleisten.
- **Diversifizierung der Softwarequellen:** Die Anwendungslandschaft auf mobilen Endgeräten ist vielfältiger als auf traditionellen IT-Systemen. Neben den primären App-Vertriebsplattformen wie Google Play und Apple App Store gibt es sekundäre und tertiäre App Stores sowie bei Android-Geräten das Sideloading, also das direkte Laden von APKs auf das Endgerät. Dies erhöht die Gefahr der Einschleusung von Malware erheblich.
- **Netzwerksicherheit:** Mobile Endgeräte wechseln ständig zwischen verschiedenen Netzwerkumgebungen wie Mobilfunknetzen, öffentlichen und privaten Wi-Fi-Netzwerken. Diese dynamischen Netzwerkumgebungen machen die Netzwerksicherheit komplexer als in stabilen, stationären IT-Infrastrukturen. Mobile Geräte sind dadurch anfälliger für Man-in-the-Middle-Angriffe (MitM), bei denen Angreifer:innen Daten abfangen oder manipulieren. Zudem können unsichere öffentliche Netze als Einfallstor für Malware und andere Angriffe dienen. Ende-zu-Ende-Verschlüsselung und Intrusion-Detection-Systeme sollten daher zumindest im professionellen Bereich zum Standard gehören, um die Integrität des Netzwerks zu wahren.
- **Sicherheitsarchitekturen mobiler Betriebssysteme:** Mobile Betriebssysteme wie Android und iOS verwenden ein Capability-Based Access Control (CBAC)-System, bei dem Anwendungen nur auf die Ressourcen und Funktionen zugreifen können, für die sie explizit Berechtigungen erhalten haben. Dies steht im Gegen-

satz zu traditionellen IT-Systemen, die häufig auf rollenbasierten Zugriffskontrollsystemen basieren. Darüber hinaus implementieren mobile Betriebssysteme strikte App-Isolationsmechanismen wie Sandboxing, die verhindern, dass schädliche Apps auf Daten anderer Apps zugreifen können. In traditionellen IT-Systemen sind Anwendungen nicht immer so strikt voneinander getrennt.

- **Integrierte Hardware-Sicherheitsmodule:** Viele moderne mobile Geräte verfügen über dedizierte Hardware-Sicherheitsmodule, wie z. B. die Secure Enclave im iPhone. Diese Module unterstützen kryptographische Operationen und die sichere Speicherung von biometrischen Daten und Schlüsseln. Solche spezialisierten Hardwarekomponenten sind in traditionellen IT-Systemen weniger verbreitet, was einen deutlichen Sicherheitsvorteil für mobile Geräte darstellt, sofern die zur Verfügung stehenden Möglichkeiten konsequent genutzt werden.
- **Fragmentierte Datenpersistenz:** Die Datenpersistenz auf mobilen Geräten ist häufig unübersichtlich und fragmentiert, da die Daten auf verschiedene Speichermedien zwischen internem Speicher, externen SD-Karten und Cloud-Speicher verteilt sein können. Diese Fragmentierung erschwert die Durchsetzung einheitlicher Verschlüsselungs- und Sicherheitsrichtlinien. Im Gegensatz dazu werden Daten in traditionellen IT-Systemen in der Regel zentral gespeichert, was eine konsistentere und weniger komplexe Sicherheitsstrategie ermöglicht.
- **Hardware- und Plattformdiversität:** Die mobile Landschaft zeichnet sich durch eine Vielzahl von Geräteherstellern, Modellen und Hardwarekonfigurationen aus, die im geschäftlichen Umfeld durch Bring Your Own Device (BYOD)-Richtlinien noch gefördert wird. Im Gegensatz zu traditionellen IT-Umgebungen, in denen häufig standardisierte Hardware zum Einsatz kommt, müssen mobile Sicherheitsstrategien eine weitaus größere Gerätevielfalt berücksichtigen. Die Fragmentierung der Betriebssysteme, in erster Linie im Android-Bereich, erschwert zudem das Management von Sicherheitspatches und Updates.

7.4 Bedrohungslandschaft und Angriffsvektoren

Mobile Systeme und Endgeräte sind heute sowohl klassischen Bedrohungen als auch kanalspezifischen mobilen Risiken ausgesetzt. Als zentrale Schnittstellen zum digitalen Leben der Benutzer:innen speichern sie eine Fülle sensibler persönlicher und geschäftlicher Daten und machen sie in Verbindung mit der durch Vernetzung und Mobilität vergrößerten Angriffsfläche zu attraktiven Zielen für Cyberkriminelle oder auch staatliche Organisationen. Im Folgenden werden die wichtigsten Angriffsmethoden und deren Prävention beschrieben.

7.4.1 Arten von Bedrohungen und Angriffen auf mobile Systeme und Präventionsmaßnahmen

Malware

Malware umfasst verschiedene Arten bösartiger Software, die entwickelt wurde, um Schaden anzurichten, Daten zu stehlen oder die Kontrolle über ein Gerät zu erlangen. Malware kann auf verschiedene Weise auf mobile Geräte gelangen, häufig durch Drive-by-Downloads oder Application Spoofing, im Normalfall aber ganz trivial durch den aktiven Download der Nutzer:innen. Bei Drive-by-Downloads wird Schadsoftware automatisch heruntergeladen und installiert, wenn die Nutzer:innen infizierte Websites besuchen, ohne dass eine bewusste Interaktion zur Installation der Malware erforderlich ist. Beim Application Spoofing hingegen werden Benutzer:innen getäuscht, indem gefälschte Versionen legitimer Anwendungen erstellt werden, die bei der Installation Malware enthalten.

- **Trojaner:** Diese tarnen sich als legitime Software, um unbemerkt Zugang zu Systemen zu erhalten und Schadcode auszuführen. Ein Beispiel sind „Banking-Trojaner“, die Banking-Apps angreifen und Zugangsdaten stehlen, um dann auf die kompromittierten Konten zuzugreifen.
- **Ransomware:** Diese Art von Malware verschlüsselt die Daten auf dem Gerät und fordert für die Entschlüsselung ein Lösegeld. Beispiele wie „Svpeng“ oder „DoubleLocker“ für Android-Geräte haben gezeigt, wie schnell sich solche Bedrohungen auch im Bereich mobiler Software verbreiten können.
- **Spyware:** Diese Software sammelt heimlich Informationen über die Aktivitäten der Benutzer:innen, einschließlich Anrufprotokollen, Nachrichten und Standortdaten. Ein bekanntes Beispiel ist „Pegasus“, eine von der NSO Group entwickelte Spyware.

Präventionsmaßnahmen (Auswahl):

- Installation zuverlässiger Antiviren- und Anti-Malware-Programme speziell für mobile Geräte.
- Herunterladen von Apps nur aus offiziellen und vertrauenswürdigen App Stores wie Google Play und Apple App Store.
- Regelmäßige Aktualisierung des Betriebssystems und der installierten Apps, um bekannte Sicherheitslücken zu schließen.
- Aktivierung von Sicherheitsfunktionen wie Google Play Protect, die Apps kontinuierlich auf schädliches Verhalten überprüfen.

Phishing

Phishing-Angriffe zielen darauf ab, Benutzer:innen dazu zu bringen, vertrauliche Informationen preiszugeben, indem sie sich als vertrauenswürdige Quellen ausgeben. Mobiles Phishing kann über E-Mail, SMS, gefälschte Websites, Messaging-Anwendungen, soziale Medien oder sogar QR-Codes erfolgen. Die Techniken umfassen:

- **Spear-Phishing:** Gezielte Angriffe auf bestimmte Personen oder Organisationen mit personalisierten Nachrichten, die oft detaillierte Informationen über das Angriffsziel enthalten und entsprechend unverdächtig erscheinen.
- **Smishing:** Phishing-Angriffe, die über SMS-Nachrichten verbreitet werden. Ein Beispiel ist eine gefälschte Nachricht von einer Bank, die dazu auffordert, auf einen Link zu klicken und Zugangsdaten zu aktualisieren.
- **Vishing:** Voice-Phishing-Angriffe über Telefonanrufe, bei denen der Angreifer versucht, durch direkte Kommunikation an sensible Informationen zu gelangen.
- **Social Engineering:** Bei Phishing-Angriffen werden häufig Techniken des Social Engineering eingesetzt, um die Opfer zu manipulieren und zu täuschen. Dazu gehört das Auslösen von Angst, Dringlichkeit oder Neugier, um die Opfer zu unüberlegten Handlungen und zur Preisgabe persönlicher Daten zu verleiten.

Präventionsmaßnahmen (Auswahl):

- Sensibilisierung der Benutzer:innen für Phishing-Angriffe durch regelmäßige Schulungen und Aufklärungskampagnen.
- Einsatz von E-Mail- und SMS-Filtertechnologien, um verdächtige Nachrichten zu blockieren und Benutzer:innen vor möglichen Phishing-Versuchen zu warnen.
- Implementierung von Zwei-Faktor-Authentifizierung (2FA) für zusätzliche Sicherheit, die den Zugriff auf Konten auch dann schützt, wenn Anmeldeinformationen kompromittiert wurden.
- Verwendung von Browsern und E-Mail-Clients mit integrierten Schutzmechanismen gegen Phishing.

Man-in-the-Middle-Angriffe (MitM)

Bei MitM-Angriffen platziert sich der Angreifer zwischen dem mobilen Gerät und dem Server, um den Datenverkehr abzufangen und zu manipulieren. Diese Angriffe können in unsicheren WLAN-Netzwerken oder durch manipulierte Apps durchgeführt werden. Die Techniken umfassen:

- **ARP-Spoofing:** Der Angreifer fälscht ARP-Meldungen (Address Resolution Protocol), um den Datenverkehr auf sich umzuleiten. Dadurch kann er den Datenverkehr überwachen und manipulieren.

- **DNS-Spoofing:** Hierbei manipuliert der Angreifer DNS-Anfragen (Domain Name System), um Benutzer:innen auf gefälschte Websites umzuleiten, wo sie ihre Anmeldeinformationen preisgeben sollen.
- **Session Hijacking:** Bei dieser Technik übernimmt der Angreifer eine bestehende Sitzung und gibt sich als die rechtmäßige Benutzer:in aus. Dies kann geschehen, wenn Session-Tokens unverschlüsselt übertragen werden, besonders in unsicheren Netzwerken.

Präventionsmaßnahmen (Auswahl):

- Nutzung von VPN-Diensten (Virtual Private Network) zur Verschlüsselung des Datenverkehrs, um MitM-Angriffe zu erschweren.
- Vermeidung der Nutzung öffentlicher und unsicherer WLANs für sensible Transaktionen und Kommunikation.
- Konsequente Implementierung von TLS/HTTPS für sichere Kommunikation, um sicherzustellen, dass Daten zwischen Gerät und Server verschlüsselt übertragen werden.
- Einsatz von Certificate Pinning, um zu gewährleisten, dass nur bestimmte, vertrauenswürdige Zertifikate akzeptiert werden. Dies verhindert, dass gefälschte Zertifikate verwendet werden, um sich als legitimer Server auszugeben.

Rooting und Jailbreaking

Auch wenn Rooting (bei Android) und Jailbreaking (bei iOS) per se keine Angriffe darstellen, sondern immer eine aktive Entscheidung der Nutzer:in voraussetzen, werden damit die vom Hersteller implementierten Beschränkungen und Sicherheitsmechanismen des Betriebssystems umgangen. Dies kann die systemische Sicherheit des Geräts erheblich und nachhaltig beeinträchtigen, da es dem Angreifer ermöglicht, tiefere und umfassendere Rechte im System zu erlangen und die normalerweise durchaus wirksamen Sicherheitsmechanismen der mobilen Betriebssysteme auf diese Weise zu umgehen. Durch Rooting und Jailbreaking wird das Gerät generell anfälliger für Malware und andere Bedrohungen, und von einem produktiven Einsatz außerhalb experimenteller Umgebungen oder zu Testzwecken ist generell abzuraten.

Präventionsmaßnahmen (Auswahl):

- Verhinderung bzw. striktes Verbot von Rooting und Jailbreaking beim Zugriff auf Unternehmensnetzwerke, um die vom Hersteller vorgesehenen Sicherheitsmechanismen beizubehalten und die Integrität des Betriebssystems zu schützen.
- Einsatz von Mobile Device Management (MDM)-Lösungen, um Rooting und Jailbreaking in Unternehmensumgebungen zu erkennen und die Einhaltung von Sicherheitsrichtlinien durchzusetzen.

- Schulung der Benutzer:innen über die Risiken und Gefahren von Rooting und Jailbreaking, um ein Bewusstsein für potenzielle Sicherheitsbedrohungen zu schaffen.

Exploits und Schwachstellen

Sicherheitslücken in Betriebssystemen und Anwendungen werden von Angreifer:innen ausgenutzt, um sich unberechtigten Zugriff auf mobile Geräte zu verschaffen. Zu den häufigsten Exploits zählen Zero-Day-Exploits und Remote Code Execution (RCE). Ein Zero-Day-Exploit nutzt eine Schwachstelle aus, die dem Hersteller noch nicht bekannt ist und daher noch nicht gepatcht wurde. RCE ermöglicht es Angreifer:innen, beliebigen Code auf dem Zielgerät auszuführen und die vollständige Kontrolle zu übernehmen. Darüber hinaus existieren in der freien Wildbahn auch bereits bekannte Schwachstellen, die aber weiterhin ausgenutzt werden können, sofern die Hersteller der verwundbaren Anwendungen noch keinen Patch bereitgestellt haben oder dieser von den Nutzer:innen noch nicht installiert wurde.

Präventionsmaßnahmen (Auswahl):

- Regelmäßige Installation von Sicherheitsupdates und Patches für Betriebssysteme und Anwendungen, um bekannte Schwachstellen zu schließen.
- Einsatz von Sicherheitstools, die Schwachstellen erkennen, melden und dokumentieren, um proaktiv auf potenzielle Bedrohungen reagieren zu können.
- Umsetzung von Sicherheitsrichtlinien, die den Einsatz veralteter Software verhindern und sicherstellen, dass alle Systeme und Anwendungen auf dem neuesten Stand sind.
- Einsatz von Mobile Threat Defense (MTD), einer Klasse von Sicherheitslösungen, die speziell entwickelt wurden, um mobile Geräte wie Smartphones und Tablets vor Cyber-Bedrohungen zu schützen.

Network Injection Attacks

Angreifer können mit Network Injection Attacks schädliche Datenpakete in den Netzwerkverkehr einschleusen, um Malware zu verbreiten oder den Betrieb des Geräts oder eines Systems zu stören. Solche Angriffe können über unsichere WLANs oder kompromittierte Mobilfunkverbindungen erfolgen.

Präventionsmaßnahmen (Auswahl):

- Einsatz von Sicherheitslösungen, die den Datenverkehr überwachen und schädliche Aktivitäten erkennen, um frühzeitig auf Angriffe reagieren zu können.
- Implementierung von Intrusion-Detection-Systemen (IDS) und Intrusion-Prevention-Systemen (IPS), um verdächtige Netzwerkaktivitäten zu erkennen und zu verhindern.

- Durchgängige Verschlüsselung aller Netzwerkverbindungen, um die Datenintegrität zu jedem Zeitpunkt einer Session zu garantieren.

Botnets

Infizierte Mobilgeräte können zu aktiven Teilnehmern eines Botnetzes werden, einer Gruppe von mit dem Internet verbundenen Geräten, die von Angreifer:innen kontrolliert werden, um koordinierte Angriffe wie Distributed Denial of Service (DDoS) durchzuführen. Botnet-Software kann über Malware oder Application Spoofing verbreitet werden und stellt eine erhebliche Bedrohung für die globale Netzwerkinfrastruktur dar.

Präventionsmaßnahmen (Auswahl):

- Regelmäßiges Scannen und Entfernen von Malware mit Antivirensoftware, um die Infektion von Geräten zu verhindern und zu bekämpfen.
- Vermeidung der Installation von Anwendungen aus unsicheren Quellen zur Minimierung des Risikos einer Infektion durch Botnets.
- Überwachung des Netzwerkverkehrs auf Anzeichen ungewöhnlicher Aktivitäten, die auf eine Botnet-Infektion hindeuten könnten.

Side-Channel Attacks

Eine Side-Channel Attack ist ein Spezialfall eines komplexen Angriffs, der immer mit einem sehr hohen logistischen Aufwand aufseiten der Angreifer:in verbunden ist und zudem eine physische Nähe zum angegriffenen Endgerät voraussetzt. Der Angriff zielt nicht direkt auf die Software, sondern auf physikalische und hardwarebasierte Schwachstellen, wie z. B. die elektromagnetische Abstrahlung oder das Stromverbrauchsverhalten eines Geräts. Diese Angriffe können Informationen über die allgemeinen Aktivitäten eines Geräts preisgeben, aber auch kritische Informationen wie kryptografische Schlüssel, spezifische Benutzer:innenaktivitäten oder sogar den Inhalt von Speicherbereichen, ohne dass das Betriebssystem oder die Software des Endgeräts direkt kompromittiert wird.

Präventionsmaßnahmen (Auswahl):

- Implementierung von physischen Sicherheitsmaßnahmen, also die Platzierung von Geräten in gesicherten Umgebungen, wie z. B. EMV-geschützten Räumen, um elektromagnetische Emissionen zu minimieren.
- Verwendung von Sicherheits-APIs, die gegen solche Angriffe gehärtet sind und zusätzliche Schutzmaßnahmen bieten.
- Schulung der Benutzer:innen über die Risiken und Anzeichen solcher Angriffe, um ein Bewusstsein für diese Bedrohungen zu schaffen.

Obwohl die genannten Präventivmaßnahmen im Normalfall einen ausreichenden Schutz auch für den Betrieb kritischer mobiler Systeme bieten, gibt es Szenarien, in denen diese Maßnahmen nicht ausreichen. Dies ist meist dann der Fall, wenn staatliche Organisationen wie Geheimdienste oder die global organisierte Kriminalität involviert sind. Diese Akteure verfügen über beträchtliche Ressourcen, fortgeschrittene Technologien und ausgeklügelte Methoden, um selbst die robustesten Sicherheitsmechanismen zu überwinden. In solchen Fällen setzen die Angreifer häufig auf Zero-Day-Exploits, maßgeschneiderte Malware und vielschichtige Phishing-Kampagnen, die speziell für einzelne Ziele entwickelt wurden, um herkömmliche Abwehrmaßnahmen zu umgehen. Sie nutzen auch Methoden wie soziale Manipulation, Insider-Bedrohungen und komplexe physische Überwachungsmethoden, um ihre Ziele zu erreichen.

Betroffene in kritischen Bereichen sollten bei Verdacht auf einen Angriff sofort reagieren, indem sie das betroffene Gerät vom Internet trennen und ihre IT-Abteilung oder ihren Sicherheitsbeauftragten informieren. Eine gründliche forensische Analyse sollte durchgeführt werden, um das Ausmaß des Angriffs zu verstehen und die Angriffsvektoren zu identifizieren. Dabei sollten spezialisierte und aktuelle Forensik-Tools eingesetzt und alle relevanten Informationen und Hinweise gesichert werden. Es ist wichtig, alle betroffenen Benutzer:innen und Stakeholder über den Vorfall und die getroffenen Maßnahmen zu informieren, wobei verschlüsselte oder physische Kommunikationswege genutzt werden sollten. Darüber hinaus sollten die Betroffenen mit Cybersicherheitsunternehmen und Behörden zusammenarbeiten, um professionelle Unterstützung bei der Bewältigung des Vorfalls zu erhalten, und den Vorfall den zuständigen staatlichen Stellen und CERTs (Computer Emergency Response Teams), sofern vorhanden, melden. Nach einem Angriff sollten alle betroffenen Systeme und Anwendungen mit den neuesten Sicherheits-Patches und -Updates versorgt und zusätzliche Sicherheitsmaßnahmen wie eine erweiterte Netzwerküberwachung, strengere Zugangskontrollen und verstärkte Authentifizierungsmechanismen implementiert werden.

Regelmäßige Schulungen zur Sensibilisierung der Benutzer:innen sind ebenfalls ein kritischer Erfolgsfaktor, um das Bewusstsein für fortschrittliche Bedrohungen zu schärfen und sichere Verhaltensweisen zu fördern. Langfristig muss eine umfassende Sicherheitsstrategie entwickelt werden, die regelmäßige Überprüfungen, Penetrationstests und Anpassungen an neue Bedrohungen umfasst.

7.5 Fallbeispiel Spyware: NSO Group Pegasus

Die NSO Group, ein ursprünglich israelisches Technologieunternehmen, ist durch die Entwicklung der fortschrittlichen Spyware Pegasus weltweit bekannt geworden. Dieses Fallbeispiel beschreibt die Entstehung, Funktionsweise, Einsatzmethoden und Gegenmaßnahmen im Zusammenhang mit Pegasus.

Die Informationen in diesem Kapitel beruhen auf öffentlich zugänglichen Quellen und Berichten. Aufgrund des per se geheimen Charakters von Spionagesoftware wie Pegasus ist es schwierig, den vollständigen Wahrheitsgehalt dieser Informationen unabhängig zu überprüfen. Die NSO Group und ähnliche Unternehmen sind in einem Bereich tätig, der eng mit Geheimdiensten und staatlichen Sicherheitsbehörden verbunden ist, die Überprüfbarkeit und Transparenz der Informationen wird dadurch erheblich erschwert.

Für die Leser:innen ist es wichtig zu verstehen, dass die hier genannten Details auf Berichten von Sicherheitsexpert:innen, Whistleblowern und journalistischen Recherchen beruhen. Während diese Quellen wertvolle Einblicke bieten, können die tatsächlichen Fähigkeiten und Einsatzmethoden von Pegasus von den dargestellten Informationen abweichen und sollten daher kritisch betrachtet werden. Alle Informationen müssen vor dem Hintergrund der begrenzten Verfügbarkeit von verifizierten Daten und der inhärenten Geheimhaltung durch staatliche Akteure und Geheimdienste interpretiert werden.

7.5.1 Unternehmensprofil der NSO Group

NSO Group Technologies wurde 2010 in Herzlia, Israel, gegründet und hat sich auf die Entwicklung von Cyber-Intelligence-Software spezialisiert. Die Gründer Niv Carmi, Shalev Hulio und Omri Lavie leiten das Unternehmen, dessen Name sich aus den Anfangsbuchstaben ihrer Vornamen ableitet. Ursprünglich in Herzlia ansässig, ist die NSO Group heute eine Tochtergesellschaft von Q Cyber Technologies, einem Unternehmen mit Sitz in Luxemburg und Teil eines unübersichtlichen internationalen Firmengeflechts. Mit einem Umsatz von 243 Millionen US-Dollar im Jahr 2020 und rund 700 Mitarbeiter:innen ist die NSO Group führend in der Entwicklung von Überwachungstools, die weltweit von Regierungen und Geheimdiensten eingesetzt werden. Aktuellere Zahlen sind nicht verfügbar.

7.5.2 Die Software Pegasus

Pegasus ist eine hochentwickelte Spyware, die sich durch ihre modulare Architektur auszeichnet. Diese Architektur ermöglicht gezielte Überwachungsaktionen und eine hohe Anpassungsfähigkeit an verschiedene mobile Betriebssysteme, darunter iOS und Android, sowie an Desktop-Betriebssysteme.

Die Spyware wurde entwickelt, um umfassende Überwachungsfunktionen zu bieten, die sowohl technische als auch operative Flexibilität ermöglichen. Dies bedeutet, dass Pegasus nicht nur in der Lage ist, Daten aus einer Vielzahl von Quellen zu extrahieren, sondern auch gezielt auf die spezifischen Sicherheitsmechanismen der verschiedenen Betriebssysteme einzugehen und diese zu umgehen.

Soweit bekannt, nutzt Pegasus neben den klassischen Methoden wie Spear-Phishing oder physischem Gerätezugriff vor allem Zero-Day-Exploits und Zero-Click-Attacken, um sich unbemerkt Zugriff auf die Geräte der Zielpersonen zu verschaffen. Zero-Day-Exploits sind Sicherheitslücken in Betriebssystemen oder Anwendungen, die den Herstellern noch nicht bekannt sind und daher noch nicht gepatcht wurden. Durch diese Schwachstellen kann sich die Spyware unbemerkt auf einem Gerät installieren und umfangreiche Überwachungsfunktionen ausführen, ohne dass die Nutzer:in dies bemerkt oder verhindern kann. Zero-Day-Exploits sind besonders wertvoll, da es kaum spezifische Schutzmaßnahmen gibt.

Zero-Click-Attacken können im Gegensatz zu herkömmlichen Angriffen, die eine Interaktion der Benutzer:in wie das Klicken auf einen Link oder das Öffnen einer Datei erfordern, bereits durch das bloße Empfangen einer Nachricht oder das Aufrufen einer präparierten Webseite ausgelöst werden. Diese Methode erleichtert die Infektion eines Geräts erheblich und erhöht die Erfolgsrate der Angriffe, da menschliche Faktoren oder natürliches Misstrauen komplett umgangen werden. Das bedeutet, dass sich Pegasus ohne jegliches Zutun der Nutzer:in installieren kann und sofort Zugriff auf sensible Daten wie Nachrichten, Anrufprotokolle, Fotos und Standortinformationen erlangt. Schon diese beiden Methoden machen Pegasus zu einer besonders gefährlichen und schwer erkennbaren Spyware, die umfangreiche Überwachungsfunktionen ausführen kann und gleichzeitig schwer zu entdecken und zu bekämpfen ist.

7.5.3 Funktionen von Pegasus (Auswahl)

Die Pegasus Suite umfasst mindestens die folgenden Funktionen:

- **Remote Control System (RCS):** Fernsteuerung des infizierten Geräts.
- **Data Harvesting:** Systematische Extraktion von Daten wie SMS, E-Mails, Anruflisten, Fotos, Kalendereinträgen und mehr.
- **Umgebungsüberwachung:** Aktivierung des Mikrofons und der Kamera des Geräts zur heimlichen Überwachung.
- **Tracking:** Verfolgung der physischen Bewegungen des Geräts.
- **Umgehung der Verschlüsselung:** Entschlüsselung verschlüsselter Kommunikation und Daten.
- **Kommunikation:** Nutzung verschlüsselter Kanäle zur Datenübertragung an Command-and-Control-Server (C2).
- **Stealth-Funktionen:** Vermeidung der Erkennung durch gängige Antiviren-Software und Sicherheitsmechanismen des Betriebssystems.

7.5.4 Zielsetzung und Einsatz

Pegasus wurde offiziell zur Terrorismusbekämpfung und zur Unterstützung der Strafverfolgung entwickelt. Die Software ermöglicht es Regierungsbehörden und Geheimdiensten, umfassende Überwachungsmaßnahmen durchzuführen, indem sie Zugriff auf verschlüsselte Nachrichten, Anrufprotokolle, Standortdaten und andere Aktivitäten auf den infizierten Geräten erhält und somit eine fast lückenlose Überwachung der Zielpersonen ermöglicht.

Die NSO Group bewirbt Pegasus als ein Werkzeug, das dabei helfen kann, terroristische Aktivitäten aufzudecken, kriminelle Netzwerke zu zerschlagen und potenzielle „Bedrohungen für die nationale Sicherheit" zu identifizieren. Theoretisch ermöglicht Pegasus den Behörden, frühzeitig einzugreifen und präventive Maßnahmen zu ergreifen, um terroristische Anschläge und andere schwere Straftaten zu verhindern. Insbesondere die Definition des Begriffs „Bedrohung der nationalen Sicherheit" ist dabei oft vage und wird von autoritären Regimen gerne missbraucht, um legitime Kritik und die politische Opposition zu unterdrücken. Der Einsatz von Pegasus in solchen Fällen stellt eine ernsthafte Bedrohung für die Meinungs- und Pressefreiheit und andere grundlegende Menschenrechte dar.

Pegasus wird wahrscheinlich in vielen Ländern der Welt eingesetzt, darunter – ohne Anspruch auf Vollständigkeit – Aserbaidschan, Bahrain, Dschibuti, die Dominikanische Republik, Ägypten, El Salvador, Thailand, Estland, Frankreich, Deutschland, Ungarn, Indien, Irak, Israel, Mexiko, Saudi-Arabien und die Vereinigten Arabischen Emirate (Quelle: Wikipedia).

In der Praxis ist der Einsatz von Pegasus von zahlreichen Kontroversen und ethischen Bedenken geprägt. Es gibt mehrere dokumentierte Fälle, in denen die Spionagesoftware nicht nur gegen Terrorverdächtige und Schwerverbrecher:innen eingesetzt wurde, sondern auch gegen Journalist:innen, Menschenrechtsaktivist:innen, politische Gegner:innen und andere Personen, die in keiner Verbindung zu kriminellen Aktivitäten stehen. Die weitreichenden Überwachungsmöglichkeiten von Pegasus werfen zudem erhebliche datenschutzrechtliche Bedenken und Fragen nach der Verhältnismäßigkeit solcher Überwachungsmaßnahmen und dem Schutz der Privatsphäre in der digitalen Welt auf.

Auch wenn Pegasus in bestimmten Fällen zur Terrorismusbekämpfung und Strafverfolgung beitragen kann, dürfen die Risiken und negativen Auswirkungen von Spyware im Allgemeinen und von Pegasus im Besonderen nicht unterschätzt werden. Der Missbrauch von Pegasus zur Unterdrückung von Dissens, zur Einschüchterung von Kritiker:innen und zur Verletzung der Privatsphäre ist verbreitet und stellt eine ernsthafte Bedrohung für demokratische Werte und die Rechtsstaatlichkeit dar.

Es ist wichtig, den Einsatz von Überwachungstechnologien wie Pegasus kritisch zu hinterfragen und den potenziellen Nutzen gegen die Risiken und negativen Auswirkungen abzuwägen. Eine offene Diskussion über die ethischen und rechtlichen Grenzen solcher Technologien ist unerlässlich, um sicherzustellen, dass sie nicht zur Unterdrückung und Verletzung von Menschenrechten missbraucht werden.

7.5.5 Schutz- und Gegenmaßnahmen

Der Apple-Blockierungsmodus

Der Blockierungsmodus oder „Lockdown Mode" bietet einen starken Schutz vor hochentwickelten Cyberangriffen für gefährdete Nutzer:innen wie Journalist:innen, Aktivist:innen und hochrangige Beamt:innen. Wenn der Modus aktiviert ist, werden verschiedene Funktionen und Dienste stark eingeschränkt, um die Angriffsflächen zu minimieren:

- **Nachrichten:** Anhänge mit Ausnahme von Bildern und Linkvorschauen werden blockiert.
- **Webbrowsing:** Bestimmte Webtechnologien wie JavaScript werden deaktiviert, was das Laden von Websites verlangsamen oder unmöglich machen kann.
- **Apple-Dienste:** Eingehende Einladungen und FaceTime-Anrufe von unbekannten Personen werden blockiert.
- **Kabelverbindungen:** Das Gerät muss entsperrt werden, bevor es mit Zubehör oder einem anderen Computer kommunizieren kann.
- **Freigaben und Alben:** Geteilte Alben in Fotos werden entfernt und neue Einladungen blockiert.
- **Konfigurationen:** Profile können nicht installiert und das Gerät kann nicht für das Mobile Device Management registriert werden.
- **Drahtlose Konnektivität:** Das Gerät verbindet sich nicht automatisch mit unsicheren WLAN-Netzwerken und trennt ein unsicheres WLAN-Netzwerk, wenn der Blockierungsmodus aktiviert wird.

Apple empfiehlt, den Modus nur dann zu aktivieren, wenn man glaubt, einem ernsthaften Risiko durch hochentwickelte Cyberangriffe ausgesetzt zu sein. Der Blockierungsmodus kann in den Einstellungen von iPhone, iPad und Mac aktiviert werden und ist in den neuesten Versionen von iOS, iPadOS, watchOS und macOS verfügbar.

Informationen von Apple zum Blockierungsmodus: *https://support.apple.com/de-de/105120*

Über den Blockierungsmodus hinaus hat Apple die von Pegasus genutzten Angriffsvektoren mit den Notfall-Updates iOS 16.6.1, iPadOS 16.6.1, macOS 13.5.2 und watchOS 9.6.2 geschlossen. Diese Updates waren eine direkte Reaktion auf die Expolit-Kette BLASTPASS.

Der BLASTPASS-Exploit nutzte eine Kombination aus PassKit-Anhängen mit schädlichen Bildern und einer Schwachstelle in der ImageIO-Komponente, die für die Verarbeitung von Bilddateien zuständig ist. Die schädlichen Bilder wurden vom Angreifer über iMessage an das Opfer gesendet. PassKit ist ein Framework von Apple, das zur Erstellung von Karten für Apple Wallet verwendet wird. Die Möglichkeit, Schadcode über diesen Mechanismus auszuführen, deutete auf eine Schwachstelle in der Verarbeitung von Bildern durch ImageIO hin. Apple hat zwei CVEs (Common Vulnerabilities and Exposures) für diese Schwachstellen veröffentlicht: CVE-2023-41064 (ImageIO) und CVE-2023-41061 (Wallet).

BLASTPASS wurde von Citizen Lab bei der Untersuchung des Computers eines Mitarbeiters einer zivilgesellschaftlichen Organisation mit internationalen Büros in Washington DC entdeckt und aktiv von Pegasus ausgenutzt. BLASTPASS ist eine Zero-Click-Schwachstelle, d.h. sie kann ohne jegliche Interaktion des Opfers ausgenutzt werden.

Citizen Lab ist ein interdisziplinäres Labor an der Universität Toronto, das 2001 gegründet wurde. Es konzentriert sich auf Forschung, Entwicklung und Einhaltung der Menschenrechte im Bereich der globalen Sicherheit und Informationskontrolle. Citizen Lab analysiert die technische und politische Dimension von Internet-Überwachungs- und Zensurtechnologien, deckt den Missbrauch von Spionagesoftware wie Pegasus auf und arbeitet an der Schnittstelle von Menschenrechten, Kommunikationstechnologien und globaler Sicherheit. Das Team besteht aus Expert:innen verschiedener Disziplinen, darunter Politikwissenschaft, Recht, Informatik und Ingenieurwesen. Citizen Lab ist eine unabhängige Forschungseinrichtung, die sich durch Spenden und Zuwendungen finanziert.

Informationen zu BLASTPASS: *https://citizenlab.ca/2023/09/blastpass-nso-group-iphone-zero-click-zero-day-exploit-captured-in-the-wild*

Darknet Diaries ist ein von Jack Rhysider moderierter Podcast, der sich auf wahre Begebenheiten aus der Welt der Cyberkriminalität und Informationssicherheit konzentriert. Die unten verlinkte Episode befasst sich ausführlich mit der NSO Group und Pegasus. Darknet Diaries ist sowohl für IT-Profis als auch für Laien informativ und allen Security-interessierten Leser:innen wärmstens empfohlen.

https://darknetdiaries.com/episode/100

7.5.6 Spyware und künstliche Intelligenz

Die fortschreitende Entwicklung und Nutzung künstlicher Intelligenz (KI) hat das Potenzial, die Landschaft der Cybersicherheit grundlegend zu verändern. Speziell im Bereich der Spyware spielt KI eine wichtige Rolle, da sie sowohl Angreifern als auch Verteidigern neue Werkzeuge und Möglichkeiten bietet, die Art und Weise, wie Bedrohungen entwickelt, erkannt und bekämpft werden, maßgeblich zu beeinflussen. Folgende Aspekte des Einsatzes von KI im Sicherheitsumfeld sind besonders relevant:

Weiterentwicklung von Spyware durch KI

- **Automatisierung und Skalierbarkeit:** Machine-Learning-Algorithmen können zur Automatisierung von Angriffsprozessen eingesetzt werden. KI kann in großen Datenmengen Muster erkennen und darauf aufbauend Angriffsstrategien optimieren. Dies ermöglicht Angreifern, Operationen in größerem Maßstab durchzuführen und gleichzeitig die Effizienz dieser Angriffe zu steigern.
- **Stealth- und Tarntechniken:** KI kann eingesetzt werden, um fortschrittliche Methoden zur Tarnung von Spyware zu entwickeln. Durch Analyse der Erkennungsalgorithmen von Sicherheitssoftware kann KI neue Techniken entwickeln, um Spyware vor Entdeckung zu schützen. Dies könnte beispielsweise durch polymorphe Codes geschehen, die sich ständig verändern und dadurch schwerer zu erkennen sind.
- **Social-Engineering-Angriffe:** KI kann zur Verfeinerung von Social-Engineering-Angriffen eingesetzt werden. Durch die Analyse von Verhaltensdaten und sozialen Interaktionen können gezielte Phishing-Angriffe erstellt werden, die speziell auf die Gewohnheiten und Vorlieben der Zielpersonen zugeschnitten sind. Dadurch erhöht sich die Wahrscheinlichkeit, dass Zielpersonen auf bösartige Links oder Anhänge klicken.
- **Datenanalyse und -auswertung:** Sobald ein Gerät infiziert ist, kann KI große Mengen an gesammelten Daten effizient auswerten. So lassen sich schnell wertvolle Informationen wie Schlüsselwörter in Nachrichten oder bestimmte Verhaltensmuster extrahieren. Solche Analysen können in Echtzeit durchgeführt werden, wodurch die Überwachung effizienter und zielgerichteter wird.

Abwehrmöglichkeiten durch KI

Trotz der erheblichen Bedrohungen, die von KI-gestützter Spyware ausgehen, bietet KI auch erhebliche Potenziale zur Abwehr solcher Angriffe:

- **Anomalieerkennung (Anomaly Detection):** KI kann eingesetzt werden, um Anomalien im Systemverhalten zu erkennen, die auf eine Infektion mit Spyware hindeuten. Algorithmen des maschinellen Lernens können normale Verhaltensmuster erlernen und Abweichungen identifizieren, die auf bösartige Aktivitäten hindeuten.
- **Verhaltensbasierte Erkennung (Behavior-based Detection):** KI-basierte Sicherheitslösungen können das Verhalten von Anwendungen und Prozessen in Echtzeit überwachen. Durch die Analyse von Abweichungen vom Normalverhalten können verdächtige Aktivitäten frühzeitig erkannt und gestoppt werden.

- **Automatisierte Bedrohungsanalyse (Automated Threat Analysis):** KI kann große Mengen an Bedrohungsdaten analysieren und Zusammenhänge zwischen verschiedenen Angriffsmustern erkennen. Dadurch können Bedrohungen schneller und genauer identifiziert und entsprechende Gegenmaßnahmen entwickelt werden.
- **Adaptive Sicherheitsstrategien:** KI kann eingesetzt werden, um adaptive Sicherheitsstrategien zu entwickeln, die sich dynamisch an neue Bedrohungen anpassen. Durch kontinuierliches Lernen und Anpassen kann KI dazu beitragen, Sicherheitsmaßnahmen stets auf dem neuesten Stand zu halten.

7.6 Aktuelle Trends und Statistiken zu mobiler Sicherheit

Die Erhebung zuverlässiger Zahlen über mobile Bedrohungen ist schwierig. Mehrere Faktoren tragen dazu bei:

- Viele Vorfälle im Bereich der mobilen Sicherheit werden nicht öffentlich gemacht, vorzugsweise wenn sie hochsensible Informationen oder staatliche Akteure betreffen. Unternehmen und Behörden können aus verschiedenen Gründen zögern, Sicherheitsverletzungen zu melden, was die Verfügbarkeit verlässlicher Daten einschränkt.
- Angriffsmethoden wie Phishing sind nicht mobil-spezifisch, sondern können über alle digitalen oder physischen Kanäle hinweg genutzt werden. Diese Durchmischung der Medien verzerrt die Bewertung der absoluten Angriffshäufigkeit auf mobile Endgeräte.
- Die Bedrohungslandschaft für mobile Endgeräte ist äußerst dynamisch und entwickelt sich ständig weiter. Neue Bedrohungen können innerhalb kürzester Zeit auftauchen und sich verbreiten, was die Bereitstellung aktueller und genauer Zahlen erschwert.
- Die breite Masse der mobilen Bedrohungen findet auf Android-Geräten statt. Die höhere Prävalenz auf Android-Geräten lässt sich auf die größere Marktpräsenz von Android, die Offenheit des Betriebssystems und die fragmentierte Gerätelandschaft zurückführen, die eine einheitliche und zeitnahe Verteilung von Sicherheitsupdates erschwert.

Um zumindest globale Trends und deren relative Entwicklung auf der Zeitachse einschätzen zu können, stütze ich mich auf den durchaus renommierten, wenn auch wegen seiner russischen Herkunft und möglicher Regierungsnähe in der Kritik stehenden Sicherheitssoftware-Hersteller Kaspersky und dessen regelmäßig erscheinenden Report „IT threat evolution" auf *securelist.com*. Die im Folgenden genannten Statistiken und Zahlen beziehen sich daher ausschließlich auf Android-Geräte, zudem ist die tatsächliche Verbreitung der Kaspersky-Software auf mobilen Endgeräten unbekannt. Kaspersky selbst spricht in seinen Presseinformationen von „weltweit über 400 Millionen Benutzer:innen der verschiedenen Sicherheitslösungen", die aber auch Software für stationäre Computer beinhaltet.

Laut Kaspersky Security Network wurden im ersten Quartal 2024

- 10,1 Millionen Angriffe mit Malware, Adware oder unerwünschter mobiler Software blockiert.
- Die häufigste Bedrohung für mobile Geräte ist Adware, die 46 % aller erkannten Bedrohungen ausmacht. Adware (kurz für „Advertising Software") ist Software, die ohne Wissen oder Zustimmung der Benutzer:innen auf ihren Smartphones oder Tablets installiert wird und unerwünschte Werbeanzeigen einblendet. Diese Werbung kann in Form von Pop-ups, Bannern oder Benachrichtigungen erscheinen. Adware kann aber nicht nur lästig sein, sondern auch das Surfverhalten der Benutzer:innen ausspionieren und persönliche Daten sammeln.

  Obwohl das persönliche Gefährdungspotenzial von Adware im Vergleich zu anderen Bedrohungen oft geringer ist, sollte sie nicht unterschätzt werden. Sie kann die Leistung des Geräts beeinträchtigen, den Datenverbrauch erhöhen und im schlimmsten Fall zu ungewollten Käufen oder Abonnements führen.
- Über 389 000 schädliche Installationspakete wurden entdeckt:
  - 11 729 Pakete im Zusammenhang mit mobilen Banking-Trojanern.
  - 1990 Pakete waren mobile Ransomware-Trojaner.
- Die Anzahl der Angriffe mit Malware, Adware oder unerwünschter Software auf mobile Geräte ist im Vergleich zum Vorjahreszeitraum gestiegen, im Vergleich zum vierten Quartal 2023 jedoch leicht auf 10 100 510 Vorfälle gesunken.

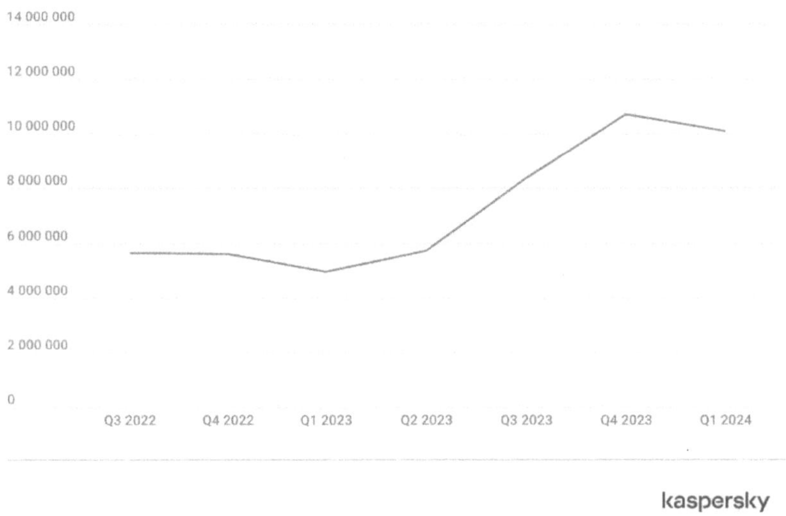

Bild 7.1 Anzahl der Angriffe mit Malware, Adware oder unerwünschter Software auf Android-Mobilgeräte, erfasst nur bei aktiven Nutzer:innen von Kaspersky-Software. (Bildnachweis: Kaspersky Lab auf *https://securelist.com/it-threat-evolution-q1-2024-mobile-statistics/112750)*

- Der rasante Anstieg der Gesamtzahl der Angriffe zwischen dem zweiten und vierten Quartal 2023 ist hauptsächlich auf die Zunahme der Aktivitäten von Adware und Trojanern zurückzuführen, die sich in absoluten Zahlen etwa verdoppelt haben. Andere Arten schädlicher und unerwünschter Anwendungen haben ebenfalls an Aktivität zugenommen, sodass sich die Verteilung der Bedrohungen nach Typ nicht dramatisch verändert hat.
- Im ersten Quartal 2024 setzte sich die Zunahme von Angriffen auf modifizierte WhatsApp-Apps fort. So wurde beispielsweise Trojan-Spy.AndroidOS.Agent.ahu entdeckt, ein Trojaner, der sich in einer WhatsApp-Modifikation verbirgt und verschlüsselte Messenger-Datenbanken samt Entschlüsselungsschlüsseln stiehlt. Eine weitere schädliche WhatsApp-Modifikation, Trojan-Downloader.AndroidOS.Agent.ms, ist in der Lage, beliebige Software herunterzuladen und zu installieren. Dieser Trojaner war sogar auf einigen Geräten ab Werk vorinstalliert.
- Die häufigsten Bedrohungen waren weiterhin Adware (46,16 %), die am weitesten verbreiteten Adware-Familien waren BrowserAd (28,5 % aller Adware), Adlo (15,3 %) und HiddenAd (12,65 %), sowie Malware vom Typ RiskTool (21,27 %). RiskTools sind Programme, die ursprünglich für legitime Zwecke entwickelt wurden, aber potenziell für schädliche Aktivitäten missbraucht werden können.

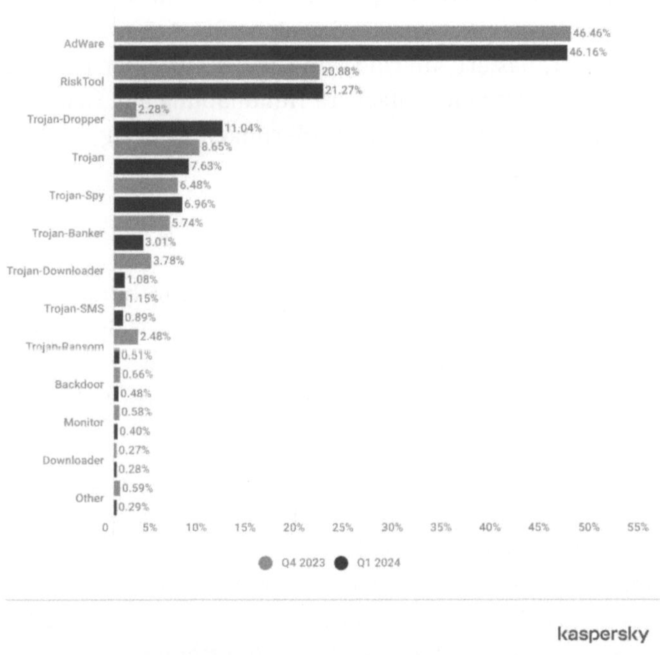

Bild 7.2 Verteilung der entdeckten schädlichen mobilen Android-Apps nach Typ, Q4 2023 und Q1 2024, erfasst nur bei aktiven Nutzer:innen von Kaspersky-Software. (Bildnachweis: Kaspersky Lab auf *https://securelist.com/it-threat-evolution-q1-2024-mobile-statistics/112750)*

Der vollständige Report „IT threat evolution in Q1 2024. Mobile statistics": *https://securelist.com/it-threat-evolution-q1-2024-mobile-statistics/112750*

7.7 Vergleich der Sicherheitsarchitekturen von iOS und Android

Die Sicherheitsarchitekturen von iOS und Android weisen grundlegende Unterschiede auf. Beide Ansätze haben spezifische Vor- und Nachteile in Bezug auf Sicherheit, die sowohl Benutzer:innen als auch Entwickler:innen berücksichtigen müssen. Im folgenden Abschnitt werden die Sicherheitsmerkmale der beiden Betriebssysteme beschrieben und die wichtigsten Unterschiede herausgearbeitet.

7.7.1 Sicherheitsmerkmale der Betriebssysteme

Die Sicherheitsfunktionen von Android und iOS spiegeln die unterschiedlichen Designphilosophien der beiden dominierenden Betriebssysteme wider. Während iOS von Apple als geschlossenes Ökosystem konzipiert wurde, das eine enge Integration von Hardware und Software ermöglicht, basiert Android von Google auf einer offenen Architektur, die mehr Flexibilität und oft eine einfachere Handhabung aus Sicht der Entwickler:innen bietet, aber auch zusätzliche Herausforderungen in Bezug auf die Sicherheit mit sich bringt, denen aktiv begegnet werden muss.

Apple iOS

- iOS bietet Entwickler:innen eine einheitliche und konsistente Umgebung, da es nur auf Apple-Hardware läuft. Diese Integration ermöglicht es Entwickler:innen, mit einer stabilen und vorhersehbaren Hardware-Plattform mit einer begrenzten Anzahl von Endgeräten zu arbeiten, was die Optimierung von Anwendungen deutlich erleichtert.
- Apple führt im eigenen App Store vor der Veröffentlichung einer App relativ strenge Sicherheitsprüfungen durch. Diese Praxis reduziert das Risiko, dass schädliche Apps in den Store gelangen, auch wenn die Kontrollmechanismen nicht immer zufriedenstellend funktionieren. Durch verschiedene regulatorische Eingriffe wird das Monopol des Apple App Stores jedoch aufgeweicht und es ist möglich, analog zu Android auch iOS-Apps aus alternativen Stores zu installieren.
- iOS-Updates sind für alle aktuellen Geräte gleichzeitig verfügbar, sodass Sicherheitslücken schnell geschlossen werden können. Auf Code-Ebene muss dabei si-

chergestellt werden, dass Apps mit den neuesten iOS-Versionen kompatibel sind und die aktuellen Sicherheitsprotokolle verwenden.

- Apple stellt eine Reihe von Sicherheits-APIs zur Verfügung, die Entwickler:innen nutzen können, um zusätzliche Sicherheitsfunktionen in ihre Apps zu integrieren. Dazu gehören APIs für biometrische Authentifizierung (Face ID, Touch ID), Datenverschlüsselung und sichere Kommunikation. Diese APIs sind auf allen halbwegs aktuellen Endgeräten zuverlässig verfügbar.
- iOS verwendet eine strenge Sandbox-Architektur, die sicherstellt, dass Apps nur eingeschränkten Zugriff auf das System und andere Apps haben. In der Praxis ist dies ein mächtiges und sehr grundlegendes Sicherheitsparadigma, es erhöht auf Entwicklungsseite aber die Komplexität bei allen Arten von Inter-App-Aktivitäten, also dem Austausch von Daten oder Interaktion über verschiedene Anwendungen hinweg, erheblich.
- Apple bietet die Keychain als sicheren Speicherort für sensible Daten wie Passwörter und Zertifikate an. Entwickler:innen haben mit der Keychain ein systemnahes und innerhalb des Apple-Ökosystems endgeräteunabhängiges Tool zur Verfügung, dass vertrauliche Informationen sicher speichert und authentifiziert verfügbar macht.

Google Android

- Die offene Architektur von Android bietet mehr Flexibilität und Anpassbarkeit, Apps können und müssen an eine Vielzahl von Geräten und Benutzungsoberflächen angepasst werden. Dies bringt jedoch die Herausforderung mit sich, dass auch die Sicherheitsstandards je nach Hersteller und installierter Betriebssystemversion variieren können und dass die Konsistenz der Sicherheitsimplementierung für eine potenziell große Anzahl von Geräte/OS-Kombinationen gewährleistet werden muss.
- Da Android-Nutzer:innen Apps aus verschiedenen Quellen außerhalb der „offiziellen" Stores installieren können, müssen zusätzliche Maßnahmen ergriffen werden, um zu gewährleisten, dass ihre Apps vor Manipulation und Malware geschützt sind. Dazu gehören die Verwendung von Code Signing und regelmäßige Sicherheitsaudits.
- Google Play Protect ist ein wichtiger Bestandteil der Sicherheit von Android. Es ist eine Kombination aus verschiedenen Sicherheitsmaßnahmen, die sowohl im Google Play Store als auch auf den Geräten selbst aktiv sind. Google Play Protect überprüft nicht nur Apps im Play Store bei der Bereitstellung einer App, sondern ist auch auf den Endgeräten installiert und scannt diese kontinuierlich auf Malware. So können auch neue Bedrohungen erkannt werden, die im Google Play Store möglicherweise noch nicht bekannt sind. Android-Apps sollten deshalb immer

den von Google definierten Best Practices entsprechen, um zu verhindern, dass sie als potenziell unsicher geflaggt werden.

- Google bietet ebenfalls eine Reihe von Sicherheits-APIs an, darunter solche für verschlüsselte Kommunikation, Authentifizierung und sichere Datenspeicherung. Entwickler:innen sollten diese APIs konsequent nutzen, um die Sicherheit ihrer Apps zu erhöhen.
- Die Fragmentierung des Android-Ökosystems bedeutet, dass Sicherheitsupdates oft gar nicht, verzögert oder ungleichmäßig verteilt werden. Um so wichtiger ist es, dass Sicherheitsimplementierungen auch auf älteren Android-Versionen funktionieren, da nicht alle Benutzer:innen sofort auf die neuesten Versionen aktualisieren können oder wollen.
- Android bietet grundsätzlich Unterstützung für biometrische Authentifizierungsmethoden wie Fingerabdruck- und Gesichtserkennung. Entwickler:innen sollten diese Funktionen in ihre Apps integrieren, um die Sicherheit und Benutzungsfreundlichkeit zu erhöhen. Es ist jedoch zu beachten, dass viele dieser Funktionen nicht auf allen Geräten und Android-Versionen und deren verschiedenen Kombinationen verfügbar sind.

7.7.2 Vergleich der Sicherheits-Features

Die nachfolgende Übersicht enthält die relevanten Unterschiede zwischen den Sicherheitskonzepten von iOS und Android:

Aspekt	iOS	Android
Tiefliegende Systemarchitektur	Geschlossenes Ökosystem mit enger Kontrolle über Hard- und Software.	Offenes Ökosystem mit mehr Flexibilität und Anpassungsmöglichkeiten.
Sicherheitsupdates	Regelmäßige, zentrale Updates von Apple für alle unterstützten Geräte, oft über viele Jahre hinweg.	Updates sind abhängig vom Hersteller oder sogar vom Mobilfunkanbieter.
Sicherheitshardware	Secure Enclave und Secure Element zur sicheren Speicherung und Verarbeitung sensibler Daten wie biometrische Informationen und Passwörter.	Einige Geräte verfügen über spezielle Sicherheitschips (z. B. Titan M im Google Pixel), dies ist jedoch kein Standard und variiert je nach Hersteller.

Aspekt	iOS	Android
Berechtigungssysteme	Benutzer:innen müssen explizit zustimmen, bevor Apps auf sensible Daten wie Standort, Kamera, Mikrofon oder Kontakte zugreifen können. iOS zeigt klar strukturierte Dialoge an, in denen die angeforderte Berechtigung und deren Zweck erläutert werden. Berechtigungen können jederzeit in den Einstellungen widerrufen werden.	Benutzer:innen müssen ebenfalls explizit zustimmen, bevor Apps auf sensible Daten zugreifen. Seit Android 6.0 (Marshmallow) werden Berechtigungen zur Laufzeit abgefragt. Benutzer:innen können Berechtigungen in den App-Einstellungen verwalten und widerrufen. Die Fragmentierung des Systems kann jedoch zu Inkonsistenzen führen, da nicht alle Geräte die neueste Version des Betriebssystems verwenden.
Datenverschlüsselung	Standardmäßig Verschlüsselung aller Benutzer:innendaten.	Geräteverschlüsselung in der Regel verfügbar, aber je nach Hersteller und Gerätemodell unterschiedlich implementiert. Proaktive Sicherstellung durch Entwickler:innen notwendig.
App-Sandboxing und Zugriffskontrolle	Strikte Sandbox-Architektur, die Anwendungen voneinander isoliert. Apps von Drittanbietern haben nur eingeschränkten Zugriff auf Systemressourcen und Benutzerdaten.	Verwendung von Sandboxen, aber Implementierung variiert je nach Gerät, Hersteller und OS-Version. Generell weniger strikte Kontrolle als bei iOS.
Nutzertracking und Privatsphäre	Starke Datenschutzrichtlinien und -funktionen, einschließlich App-Tracking-Transparenz und eingeschränktem Zugriff auf Standortdaten.	Datenschutzfunktionen variieren je nach Gerät und Hersteller. Android 12 und spätere Versionen bieten verbesserte Datenschutzfunktionen.
Schutz vor Jailbreaking/Rooting	Jailbreaking wird aktiv verhindert und erkannt.	Rooting wird erkannt, aber weniger streng verhindert.
Community	Kleine, aber engagierte Sicherheitscommunity. Apple bietet Bug-Bounty-Programme an.	Größere und vielfältigere Sicherheits-Community. Google bietet ebenfalls Bug-Bounty-Programme an.

7.7.3 Zusammenfassung und Handlungsempfehlungen

Um sichere Software für beide Plattformen zu konzipieren, zu entwickeln und zu betreiben, müssen Entwickler:innen die spezifischen Designphilosophien und Sicherheitskonzepte der jeweiligen Betriebssysteme verstehen und berücksichtigen. Trotz der Unterschiede in den Sicherheitsarchitekturen liegt die letztendliche Verantwortung für die Sicherheit einer App und eines mobilen Systems immer bei den Entwickler:innen und Betreiber:innen.

Die im Folgenden genannten Empfehlungen bieten einige technische und operative Ansätze, um Sicherheitsrisiken zu minimieren:

- Seien Sie sich der unterschiedlichen Sicherheitsarchitekturen von iOS und Android und deren Einschränkungen bewusst und optimieren Sie Ihre Anwendungen entsprechend.
- Setzen Sie das Prinzip der geringsten Rechte (Least Privilege) in Ihren Apps konsequent um. Fordern Sie nur die unbedingt notwendigen Berechtigungen an und erläutern Sie den Benutzer:innen klar und transparent, warum diese Berechtigungen benötigt werden.
- Nutzen Sie die datenschutzfreundlichen Funktionen beider Plattformen, wie z.B. die App-Tracking-Transparenz von iOS und die verbesserten Datenschutzfunktionen ab Android 12 und höher.
- Verschlüsseln Sie alle Nutzerdaten sowohl im Ruhezustand als auch während der Übertragung. Nutzen Sie die Sicherheits-APIs von iOS und Android, um sicherzustellen, dass Daten sicher gespeichert und übertragen werden.
- Implementieren Sie Ende-zu-Ende-Verschlüsselung (E2E) für Kommunikationsanwendungen, um zu gewährleisten, dass Daten während der gesamten Übertragung geschützt sind.
- Halten Sie Ihre Anwendungen auf dem neuesten Stand und stellen Sie sicher, dass sie mit den aktuellen Betriebssystemversionen kompatibel sind. Dazu gehört auch die Integration von Sicherheitspatches und Updates, sobald diese verfügbar sind.
- Führen Sie regelmäßig Sicherheitsaudits und Penetrationstests durch, um Schwachstellen zu identifizieren und zu beheben.
- Nutzen Sie die Sicherheitsvorteile der offiziellen App Stores. Stellen Sie sicher, dass Ihre Apps die Sicherheitsanforderungen der Stores erfüllen.
- Nutzen Sie Code Signing, um die Authentizität und Integrität Ihrer Apps sicherzustellen.
- Entwickeln und testen Sie Ihre Apps so, dass sie auf allen gewünschten Betriebssystem/Gerätekombinationen sicher und effizient laufen. Berücksichtigen Sie da-

bei die unterschiedlichen Sicherheitsfunktionen und -implementierungen der verschiedenen Geräte und Hersteller.

- Seien Sie sich bewusst, dass Sie als Entwickler:in oder Betreiber:in letztendlich für die Sicherheit Ihrer App verantwortlich sind. Dies betrifft nicht nur die Anwendung selbst, sondern auch die Sicherheit des gesamten mobilen Systems in einer End-to-End-Sicht (E2E).
- Stellen Sie sicher, dass Ihre Sicherheitsstrategien die gesamte Architektur und den gesamten Lebenszyklus Ihrer App abdecken – von der Konzeption über die Entwicklung bis hin zu Betrieb, Wartung und EOL (End of Lifecycle).

7.8 Enterprise Mobility Management (EMM), Mobile Device Management (MDM) und Unified Endpoint Management (UEM)

Neben der Sicherheit auf Applikationsebene ist das aktive Management der Endgeräte und Endpunkte eines mobilen Systems ein weiterer, ebenso wichtiger Eckpfeiler einer ganzheitlichen Sicherheitsarchitektur. EMM, MDM und UEM werden primär im Unternehmensumfeld eingesetzt, einzelne Technologien und Strategien finden aber auch in Endverbraucher:innen-Apps wie z. B. im Banking Anwendung. Mobile Endgeräte sind aufgrund ihres mobilen Charakters besonderen Risiken ausgesetzt, auf physischer Ebene durch Diebstahl oder schlichten Verlust, auf digitaler Ebene durch sich ständig ändernde Netzwerkbedingungen.

7.8.1 Begriffsklärung EMM, MDM und UEM

Die Grenzen zwischen EMM, MDM und UEM sind fließend und die verwendeten Begriffe können je nach Quelle oder Sichtweise variieren. Einige Anbieter:innen verwenden EMM und UEM synonym, während andere EMM als Oberbegriff für alle Aspekte des Mobile Enterprise Management verwenden und MDM als eine Komponente davon betrachten. Die folgende Beschreibung behandelt EMM als Oberbegriff und MDM und UEM als Komponenten davon und konzentriert sich auf das Mobile Device Management.

Enterprise Mobility Management (EMM)

EMM ist ein umfassendes Framework für die Verwaltung und Sicherung mobiler Geräte, Anwendungen und Daten in Unternehmensnetzwerken. EMM umfasst MDM, MAM (Mobile Application Management), MIM (Mobile Information Management),

MCM (Mobile Content Management) und Identity & Access Management (IAM) bzw. Mobile Identity Management (MIM). EMM-Lösungen ermöglichen es Unternehmen, ihre mobile Infrastruktur zu verwalten, Sicherheitsrichtlinien durchzusetzen und die Produktivität der Benutzer:innen durch komfortable und kanalübergreifende Sicherheitsworkflows zu steigern.

Mobile Device Management (MDM)

MDM ist eine Komponente von EMM und konzentriert sich auf die Verwaltung und Sicherung mobiler Geräte wie Smartphones und Tablets. MDM-Lösungen bieten Funktionen zur Gerätekonfiguration, Softwareverteilung, Richtlinienverwaltung, Bestandsüberwachung und Fernlöschung. Diese Funktionen sind entscheidend, um die Sicherheit und Effizienz des mobilen Geräteparks eines Unternehmens zu gewährleisten.

Unified Endpoint Management (UEM)

UEM erweitert die MDM-Funktionalität und integriert die Verwaltung aller Endgeräte, einschließlich Laptops, Desktops und IoT-Geräte. UEM bietet Vorteile wie eine einheitliche Verwaltung, konsistente Richtlinien, verbesserte Sicherheit und eine konsistente Benutzererfahrung. Durch die zentrale Verwaltung aller Endpunkte – die Betonung liegt auf „aller“ – sind Unternehmen in der Lage, ganzheitliche Sicherheitsstrategien und -richtlinien in der gesamten Infrastruktur umzusetzen.

7.8.2 Systemübersicht am Beispiel Microsoft Intune

Microsoft Intune ist eine weit verbreitete und umfassende Cloud-basierte Lösung für Mobile Device Management (MDM) und Mobile Application Management (MAM). Es ist eine Kernkomponente des Microsoft Endpoint Manager und vollständig in das Microsoft 365/Azure-Ökosystem integriert. Intune soll hier zur allgemeinen Veranschaulichung und Beschreibung von MDM- und MAM-Diensten dienen, die in funktional ähnlicher Form auch von anderen Anbietern wie Jamf Pro, Ivanti (ehemals Mobile Iron), Blackberry Spark und anderen angeboten werden.

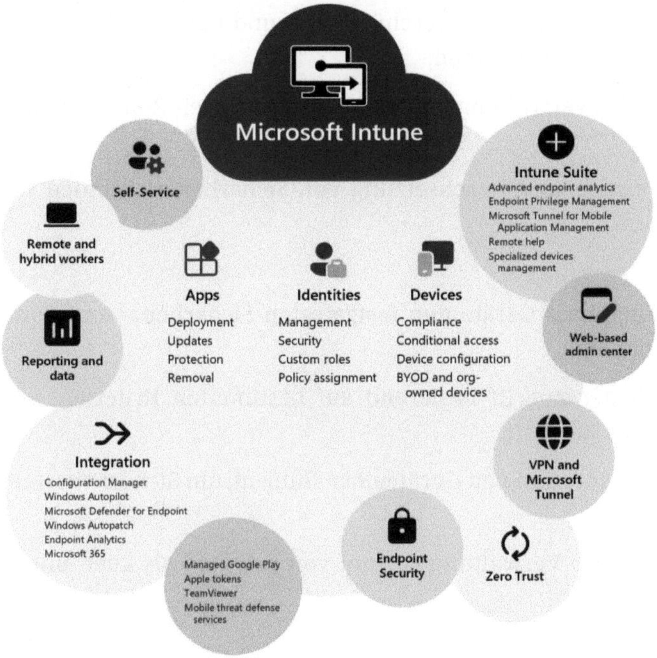

Bild 7.3 Systemübersicht am Beispiel Microsoft Intune.
(Bildnachweis: Microsoft Corporation auf *https://learn.microsoft.com)*

Glossar

Self-Service: Ein Feature, das Benutzer:innen ermöglicht, bestimmte Aufgaben selbstständig und ohne zusätzlichen Support durchzuführen, wie z. B. das Zurücksetzen von Passwörtern oder die Registrierung neuer Geräte. Dies reduziert den Bedarf an IT-Support und erhöht die Effizienz durch einheitliche und automatisierte Prozesse.

App-Verwaltung:

- Deployment: Die Verteilung und Installation von Anwendungen auf verwalteten Geräten.
- Updates: Verwaltung und Verteilung von Software-Updates, um sicherzustellen, dass alle Anwendungen auf dem neuesten Stand sind.
- Protection: Schutz von Anwendungen vor unbefugtem Zugriff und Datenverlust.
- Removal: Die Möglichkeit, Anwendungen von Geräten zu deinstallieren, wenn sie nicht mehr benötigt werden oder wenn Sicherheitsrisiken bestehen.

Identities:

- Management: Verwaltung von Benutzeridentitäten und -zugriffen innerhalb der Organisation.

- Security: Sicherstellung, dass Identitäten geschützt sind und nur autorisierte Benutzer:innen Zugriff auf Ressourcen haben.
- Custom roles: Erstellung und Verwaltung von benutzerdefinierten Rollen mit spezifischen Berechtigungen.
- Policy assignment: Zuweisung und Durchsetzung von Sicherheitsrichtlinien für Benutzer:innenidentitäten.

Devices:

- Compliance: Sicherstellung, dass Geräte den festgelegten Sicherheits- und Compliance-Richtlinien entsprechen.
- Conditional access: Bedingter Zugriff basierend auf bestimmten Kriterien, wie dem Gerätestatus oder dem Standort.
- Device configuration: Konfiguration von Geräteeinstellungen, um Sicherheitsstandards zu erfüllen.
- BYOD and Org-owned devices: Verwaltung sowohl von privaten als auch unternehmenseigenen Geräten.

Integration:

- Configuration Manager: Integration mit Microsoft Endpoint Configuration Manager zur zentralisierten Verwaltung von Geräten.
- Windows Autopilot: Automatisierte Bereitstellung und Konfiguration von Windows-Geräten.
- Microsoft Defender for Endpoint: Integration mit Sicherheitslösungen zur Bedrohungserkennung und -abwehr.
- Windows Autopatch: Automatische Bereitstellung von Windows-Updates.
- Endpoint Analytics: Analysen zur Überwachung und Optimierung der Geräteleistung und -sicherheit.
- Microsoft 365: Nahtlose Integration mit dem Microsoft 365-Ökosystem für einheitliche Verwaltungs- und Sicherheitslösungen.

Remote and hybrid workers: Unterstützung für Remote- und Hybridarbeitskräfte durch die Bereitstellung sicherer und verwalteter Zugänge zu Unternehmensressourcen, unabhängig vom Standort.

Reporting and data: Erstellung von Berichten und Analyse von Daten zur Überwachung der Geräteleistung, Einhaltung von Sicherheitsrichtlinien und Erkennung von Anomalien in Echtzeit.

Endpoint Security: Schutz von Endpunkten wie Laptops, Desktops und mobilen Geräten vor Bedrohungen durch Integration mit Sicherheitslösungen wie Microsoft Defender.

Web-based admin center: Ein webbasiertes Verwaltungsportal, das es Administrator:innen ermöglicht, alle Aspekte der Geräte- und Anwendungsverwaltung zentral zu steuern und zu überwachen.

VPN and Microsoft Tunnel: Bereitstellung sicherer VPN-Verbindungen und des Microsoft Tunnel für den sicheren Zugriff auf Unternehmensressourcen.

Zero Trust: Zero Trust ist ein modernes Sicherheitskonzept, das davon ausgeht, dass Bedrohungen sowohl innerhalb als auch außerhalb des lokalen Netzwerks (LAN/ Local Area Network) existieren und dass keine Benutzer:in oder kein Gerät automatisch und implizit vertrauenswürdig ist. Im Zero-Trust-Modell wird jeder Zugriff auf Unternehmensressourcen authentifiziert, autorisiert und verschlüsselt, unabhängig davon, ob er aus dem internen Netzwerk (LAN) oder von außerhalb (WAN/Wide Area Network) erfolgt. Das Prinzip der minimalen Rechtevergabe (Least Privilege) reduziert die Angriffsfläche und begrenzt den potenziellen Schaden durch kompromittierte Accounts oder Geräte. Zero Trust erfordert eine kontinuierliche Überwachung und Auswertung des Zugriffsverhaltens in Echtzeit. Anomalien werden sofort erkannt und entsprechende Maßnahmen eingeleitet. Netzwerk- und Mikrosegmentierung beschränken darüber hinaus den Zugriff auf Daten, selbst wenn ein Angreifer in einen Teil des Netzwerks eindringt. Starke Authentifizierungsmethoden wie Multi-Faktor-Authentifizierung (MFA) und biometrische Authentifizierung stellen sicher, dass selbst kompromittierte Anmeldedaten keinen Zugriff auf Unternehmensressourcen ermöglichen.

Intune Suite: Eine erweiterte Suite von Funktionen, einschließlich erweiterter Endpunktanalysen, Endpoint Privilege Management, Microsoft Tunnel for Mobile Application Management, Remotehilfe und spezialisierter Gerätemanagementfunktionen.

7.8.3 Zentrale MDM-Services

Die im Folgenden beschriebenen MDM-Dienste stellen den Standardumfang dar, der typischerweise in allen entsprechenden Lösungen vorhanden ist. Das Vorhandensein dieser Dienste in einer technischen Lösung oder einem Produkt ist allerdings kein Ersatz für eine umfassende Sicherheitsstrategie. Zudem erfordern die komplexen Möglichkeiten dieser Dienste immer ein aktives Management und eine kontinuierliche Überwachung und Optimierung, um die Sicherheit und Effizienz des gesamten Gerätebestands dauerhaft zu gewährleisten.

Service	Beschreibung
Gerätekonfiguration (Device Configuration)	Zentrale Konfiguration mobiler Geräte, einschließlich der Einrichtung von Netzwerkzugängen, E-Mail-Konten und Sicherheitsrichtlinien. Administrator:innen können detaillierte Einstellungen vornehmen, um sicherzustellen, dass alle Geräte den Unternehmensstandards und -policies entsprechen. Dazu gehört auch die Verwaltung von Wi-Fi-Netzwerken, VPN-Zugängen und anderen kritischen Konfigurationen, um eine einheitliche und sichere Arbeitsumgebung unabhängig vom Aufenthaltsort der Nutzer:innen bereitzustellen.
Softwareverteilung (Deployment)	Zentrale Verteilung und Installation von Anwendungen und Software-Updates (siehe auch „Patch-Management"). Unternehmen können sicherstellen, dass alle Geräte mit den erforderlichen Anwendungen ausgestattet und stets auf dem neuesten Stand sind. Dies umfasst die automatisierte Bereitstellung von Unternehmensanwendungen, die Verteilung von Betriebssystem-Updates und die Verwaltung von Anwendungsaktualisierungen, um Sicherheitslücken zu schließen und die Funktionalität von Anwendungen auf dem neuesten Stand zu halten.
Patch-Management	Verwaltung und Verteilung von Software-Patches und Sicherheitsupdates. Durch die zentrale Verwaltung von Updates können Sicherheitslücken zeitnah geschlossen und die Betriebssicherheit kann durchgehend gewährleistet werden. Dieser Service stellt sicher, dass alle Geräte mit den neuesten Sicherheitspatches versorgt sind und reduziert das Risiko, dass Geräte durch bekannte Schwachstellen kompromittiert werden.
Richtlinienverwaltung (Policy Management)	Ermöglicht die Definition und Durchsetzung von Sicherheitsrichtlinien. Unternehmen können spezifische Passwortanforderungen definieren, Verschlüsselungseinstellungen festlegen und den Zugriff auf Unternehmensressourcen kontrollieren. Richtlinien können nach Gerätetyp, Benutzergruppe oder Anwendung differenziert werden, um maßgeschneiderte Sicherheitsmaßnahmen zu implementieren und die Compliance mit internen und externen Vorschriften herzustellen.
Bestandsüberwachung (Asset/Inventory Management)	Detaillierte Übersicht über alle verwalteten Geräte, einschließlich Hardwareinformationen, installierte Anwendungen und Gerätestatus. Administrator:innen können den gesamten Gerätebestand überwachen, Geräteidentifikationsnummern, Seriennummern und Firmware-Versionen einsehen sowie den Zustand und die Nutzung der Geräte verfolgen, um eine effektive Verwaltung und schnelle Problemlösung zu ermöglichen.

Service	Beschreibung
Fernlöschung (Remote Wipe)	Fernlöschung von Daten auf verloren gegangenen oder gestohlenen Geräten. Dieser Dienst schützt sensible Unternehmensdaten, indem alle Daten auf einem Gerät per Fernzugriff gelöscht werden, um das Risiko von Datenverlusten und Missbrauch zu minimieren. Dies kann je nach Bedarf und Dringlichkeit vollständig oder selektiv erfolgen.
Anwendungssicherheit (Application Security)	Verwaltung von Anwendungen durch Erstellung von Whitelists und/oder Blacklists, sichere Verteilung und Isolierung von Anwendungen. Unternehmen können kontrollieren, welche Anwendungen auf Geräten installiert und genutzt werden können und sicherstellen, dass nur zugelassene und sichere Anwendungen auf Unternehmensdaten zugreifen oder auf Endgeräten installiert werden können. Dadurch wird das Risiko von Sicherheitsverletzungen und Malware minimiert.
Netzwerksicherheit (Network Security)	Konfiguration und Verwaltung sicherer Netzwerkverbindungen, einschließlich VPN. Dieser Service stellt sicher, dass mobile Geräte sicher auf Unternehmensressourcen zugreifen können, auch wenn sie sich außerhalb des Unternehmensnetzwerks befinden. Dazu gehören die Einrichtung sicherer Kommunikationskanäle, die Überwachung des Netzwerkverkehrs und die Implementierung von Sicherheitsprotokollen zur Verhinderung unbefugter Zugriffe.
Geräteüberwachung und -ortung (Device Monitoring and Location Tracking)	Überwachung und Lokalisierung von Geräten in Echtzeit. Administrator:innen können Geräte überwachen, um den Status, die Nutzung und den Standort zu verfolgen. Dies ist besonders nützlich für die Verwaltung von Geräten, die außerhalb der Unternehmensdomäne verwendet werden, und es hilft, verlorene oder gestohlene Geräte schnell zu lokalisieren oder anormale Nutzungsmuster zu erkennen und entsprechende Maßnahmen zu ergreifen.
Compliance-Berichte (Compliance Reporting)	Erstellung detaillierter Berichte über die Einhaltung von Sicherheitsrichtlinien und gesetzlichen Vorschriften. Diese Berichte helfen Unternehmen, die Einhaltung interner Richtlinien und externer Vorschriften zu überwachen, Schwachstellen zu identifizieren und die Richtlinien kontinuierlich zu optimieren. Compliance-Berichte liefern auch Nachweise für Audits und helfen bei der Erfüllung regulatorischer Anforderungen.
Benutzerzugriffssteuerung (User Access Control)	Kontrolle des Benutzer:innenzugriffs auf Geräte und Anwendungen. Unternehmen können Benutzer:innenrollen und -rechte verwalten und sicherstellen, dass nur autorisierte Benutzer:innen auf sensible Daten und Anwendungen zugreifen können. Dieser Service umfasst die Verwaltung von Anmeldeinformationen, die Durchsetzung von Multi-Faktor-Authentifizierung (MFA) und die Überwachung von Zugriffsaktivitäten.

Service	Beschreibung
Datensicherung und -wiederherstellung (Data Backup and Recovery)	Datensicherung und -wiederherstellung zur Vermeidung von Datenverlusten und zur Gewährleistung der Datenintegrität. Regelmäßige Backups und einfache Wiederherstellungsoptionen stellen sicher, dass Daten im Falle eines Geräteausfalls, Diebstahls oder einer Datenkorruption schnell und vollständig wiederhergestellt werden können, um die Business Continuity zu gewährleisten.
Geräte- und Datenverschlüsselung (Device and Data Encryption)	Verschlüsselung von Geräten und Daten zum Schutz sensibler Informationen. Dieser Service umfasst die Verschlüsselung von Daten im Ruhezustand und während der Übertragung, um sicherzustellen, dass sensible Informationen vor unbefugtem Zugriff geschützt sind. Dazu gehören die Verwendung starker Verschlüsselungsalgorithmen und die Verwaltung von Schlüsseln und Zertifikaten.
Jailbreak/Root-Erkennung (Jailbreak/Root Detection)	Überwachung und Erkennung von Geräten, die einem Jailbreak oder Rooting unterzogen wurden. Manipulierte Geräte können isoliert, mit zusätzlichen Sicherheitsmaßnahmen versehen oder vom Zugriff auf Unternehmensressourcen ausgeschlossen werden, um das Risiko von Sicherheitsverstößen zu minimieren.
Endpunkt- und Bedrohungsmanagement (Endpoint/Threat Management)	Integration von Sicherheitslösungen zur Erkennung und aktiven Abwehr von Bedrohungen für mobile Geräte. Dies umfasst Antivirenprogramme, Malware-Erkennung und andere Sicherheitsfunktionen, um sicherzustellen, dass die Geräte vor Bedrohungen geschützt sind und potenzielle Angriffe frühzeitig erkannt und gestoppt werden können. Dieser Dienst unterstützt eine proaktive Sicherheitsstrategie und trägt zur Sicherheit der gesamten IT-Infrastruktur bei.

7.9 Die Top-10-Handlungsfelder rund um Mobile Security für das kommende Jahrzehnt

1. **Erweiterte Authentifizierungsmethoden und Tokenisierung:** Im Bereich mobiler Systeme sind fortgeschrittene Authentifizierungsmethoden wie FIDO2-Standards und WebAuthn-Protokolle wichtig, um passwortlose und stärkere Authentifizierungsmechanismen zu implementieren. Biometrische Verfahren wie Fingerabdruck- und Gesichtserkennung bieten zusätzliche Sicherheitsebenen, die schwer zu fälschen sind. Verhaltensbasierte Algorithmen, die auf maschinellem Lernen beruhen, ermöglichen es, ungewöhnliche Aktivitäten zu erkennen und sofort Gegenmaßnahmen einzuleiten. Diese Methoden erfordern jedoch eine sorg-

fältige Implementierung und kontinuierliche Anpassung an neue Bedrohungen und die betriebliche Realität.

2. **IoT und Sicherheit vernetzter „Dinge“:** „Mobile Endgeräte“ werden zunehmend nicht mehr auf klassische Smartphones beschränkt sein, sondern eine Vielzahl vernetzter Geräte unterschiedlicher Intelligenz und Leistungsfähigkeit umfassen. Mit dem exponentiellen Wachstum dieses Internet of Things (IoT) müssen Entwickler:innen und Betreiber:innen mobiler Systeme robuste Sicherheitsprotokolle und -standards implementieren, um die Kommunikation zwischen mobilen Plattformen und allen Arten von vernetzten Geräten zu schützen. Dies umfasst die Verwendung sicherer Kommunikationsprotokolle, die Implementierung starker Verschlüsselung und die regelmäßige Aktualisierung der Gerätefirmware, sofern möglich.
3. **Schutz gegen fortgeschrittene Malware:** Die Bedrohungsszenarien durch fortgeschrittene Malware erfordert den Einsatz von strikten Sandboxing-Techniken und Intrusion-Detection-Systemen (IDS) auf mobilen Geräten, um Zero-Day-Exploits und Advanced Persistent Threats (APTs) zu erkennen und zu isolieren. Entwickler:innen und Betreiber:innen müssen Verhaltensanalysen und maschinelles Lernen nutzen, um untypische Muster zu erkennen und proaktive Schutzmaßnahmen zu ergreifen. Kontinuierliche Überwachung und schnelle Reaktionsfähigkeit sind entscheidend, um Sicherheitslücken effektiv zu schließen und mobile Systeme zu schützen.
4. **Datenschutz und Einhaltung der DSGVO:** Datenschutz und die Einhaltung von Datenschutzgesetzen wie der DSGVO sind für die Entwicklung und den Betrieb mobiler Systeme von wachsender Bedeutung, sowohl aus Sicht der Gesetzgeber:innen als auch der Nutzer:innen. Obligatorische Ende-zu-Ende-Verschlüsselung und Data Loss Prevention (DLP)-Tools können helfen, Datenlecks zu verhindern und die Einhaltung gesetzlicher Vorschriften zu gewährleisten. Dies erfordert regelmäßige Datenschutzüberprüfungen, Schulungen der Mitarbeiter:innen und die Implementierung strenger Zugriffsrichtlinien, um die Privatsphäre der Benutzer:innen zu schützen.
5. **Edge Computing im mobilen Umfeld:** Die Verlagerung der Datenverarbeitung mobiler Systeme an den Rand des Netzwerks bringt erhebliche Vorteile, erfordert aber auch neue Sicherheitsstrategien. Firewalls und VPN-Lösungen müssen implementiert werden, um die Integrität und Sicherheit der Daten auch in der Edge Cloud zu garantieren. Edge Computing reduziert Latenzzeiten und verbessert die Reaktionsfähigkeit mobiler Anwendungen, stellt aber zusätzliche Anforderungen an die Wahrung der Datenintegrität und den Schutz vor unberechtigtem Zugriff, da die Komplexität und entsprechend auch der Aufwand für die Härtung der genutzten Infrastruktur durch die Auslagerung einzelner Prozesse oder Dienste in die Edge Cloud steigt.

6. **Quantensichere Kryptographie:** Die Entwicklung von Quantencomputern stellt die Wirksamkeit klassischer Kryptographie in Frage. Um sicherzustellen, dass Daten auf mobilen Geräten auch im Zeitalter der Quantencomputer geschützt bleiben, müssen Methoden der Post-Quanten-Kryptographie bereits jetzt evaluiert und, wenn möglich, auch implementiert werden. Diese neuen kryptographischen Algorithmen müssen resistent gegen Angriffe von Quantencomputern sein und dürfen gleichzeitig die Leistungsfähigkeit und Effizienz mobiler Systeme nicht beeinträchtigen.
7. **Künstliche Intelligenz und maschinelles Lernen:** Künstliche Intelligenz (KI) und maschinelles Lernen (ML) werden zunehmend zur Erkennung von Anomalien und zur Vorhersage von Sicherheitsbedrohungen in mobilen Systemen eingesetzt. Neuronale Netze und Deep-Learning-Modelle ermöglichen die Analyse großer Datenmengen und die Erkennung von Mustern, die auf potenzielle Schwachstellen hinweisen. Diese Technologien ermöglichen es, proaktiv auf Bedrohungen zu reagieren und Sicherheitsmaßnahmen kontinuierlich zu verbessern. Gleichzeitig können aber auch Angreifer KI und ML nutzen, um komplexe Exploits zu entwickeln, was zu einem ständigen Wettrüsten zwischen Angreifern und Verteidigern führt.
8. **Sicherheit von 5G und zukünftigen Netzwerktechnologien wie 6G:** Die Einführung von 5G- und perspektivisch 6G-Netzen eröffnet neue Möglichkeiten für mobile Anwendungen. Technologien wie Network Slicing und Software-Defined Networking (SDN) in 5G-Netzen ermöglichen eine flexiblere und effizientere Netzkonfiguration, höhere Geschwindigkeiten, spezialisierte Dienste und eine verbesserte Netzleistung. Diese Fortschritte erfordern jedoch zusätzliche Sicherheitsmaßnahmen, um den Schutz und die Integrität der Systeme sicherzustellen.
9. **Supply-Chain-Sicherheit:** Die Sicherheit der Lieferkette für Hardware, Software und Komponenten wie SDKs oder Open-Source-Bibliotheken ist ein weiterer, oft vernachlässigter, aber kritischer Aspekt der systemischen Sicherheit mobiler Systeme. Code Signing und vertrauenswürdige Quellen stellen die Authentizität der Software sicher, um sicherzustellen, dass alle Komponenten eines mobilen Systems vertrauenswürdig sind und nicht manipuliert wurden. Regelmäßige Überprüfungen und Audits der Lieferkette helfen, Schwachstellen zu identifizieren und zu beheben.
10. **Aufklärung, Schulung und Sensibilisierung:** Neben allen technischen Tools ist ein wesentlicher Bestandteil der mobilen Sicherheit die Sensibilisierung und Schulung der Entwickler:innen und Nutzer:innen. Regelmäßige Schulungen zu aktuellen Sicherheitsthemen und -vorfällen sowie die Etablierung von Best Practices in Verbindung mit der Durchführung von Phishing-Simulationen und Red-Team-Übungen sind unerlässlich, aber auch kostenintensiv. Diese Maßnahmen tragen wesentlich dazu bei, das allgemeine Sicherheitsbewusstsein zu schärfen

und die Reaktionsfähigkeit auf Sicherheitsvorfälle im gesamten Unternehmen zu verbessern. Die Entwicklung einer nachhaltigen Sicherheitskultur sowohl aufseiten der Entwickler:innen als auch aufseiten der Benutzer:innen ist entscheidend für die systemische Sicherheit und garantiert, dass alle Mitarbeiter:innen die Bedeutung von Sicherheitsmaßnahmen verstehen und diese im Alltag konsequent umsetzen.

7.10 Zusammenfassung und Schlüsselaspekte dieses Kapitels

7.1 Bedeutung und Relevanz in der heutigen digitalen Welt

Mobile Endgeräte sind in der digitalisierten und vernetzten Welt allgegenwärtig und unverzichtbar. Ihre Funktionen gehen weit über die reine Kommunikation hinaus und machen sie zu zentralen Werkzeugen in unserem Alltag. Diese Vielseitigkeit und die Nähe zu persönlichen Informationen machen sie aber auch zu attraktiven Zielen für Cyberkriminelle.

- Mobile Geräte speichern und verarbeiten große Mengen sensibler und persönlicher Daten, deren unzureichender Schutz schwerwiegende Folgen für alle Beteiligten haben kann.
- Maßnahmen wie konsequente Datenverschlüsselung, starke Authentifizierung und die Implementierung von Sicherheitsprotokollen sind unerlässlich.
- Die Netzwerksicherheit kann durch die Nutzung sicherer Netzwerke oder von VPN-Diensten optimiert werden.
- Regelmäßige Sicherheitsupdates auf Betriebssystem- und Anwendungsebene sind notwendig, um bekannte Schwachstellen zu schließen.
- Die Sensibilisierung der Benutzer:innen im Umgang mit Sicherheitsthemen spielt eine Schlüsselrolle, um viele potenzielle Angriffe zu verhindern oder die Auswirkungen zu begrenzen.
- Im Unternehmensumfeld sind Lösungen wie Enterprise Mobility Management (EMM), Mobile Device Management (MDM) und Unified Endpoint Management (UEM) wichtig, um die Sicherheit der mobilen Endgeräte zu gewährleisten.

7.2 Nicht mehr nur „Telefon“: Die neuen Rollen des Smartphones

Smartphones haben sich von einfachen Kommunikationsgeräten zu digitalen Multifunktionswerkzeugen der Nutzer:innen entwickelt. Sie spielen in fast allen Bereichen des täglichen Lebens eine Rolle und stellen neue Anforderungen an Sicherheitsstrategien.

- Smartphones sind heute zentrale Kommunikationsschnittstellen und werden für alle Arten von Social-Media- und Messaging-Anwendungen oder Videotelefonie genutzt.
- Sprachassistenten wie Siri und Google Assistant haben Smartphones zu persönlichen digitalen Assistenten gemacht.
- Mobile Bezahlsysteme wie Apple Pay und Google Pay machen das Smartphone zum Zahlungsmittel.
- Verschlüsselte digitale Identitäten ersetzen zunehmend physische Ausweisdokumente.
- NFC-Technologien öffnen Türen und Autos.
- Gesundheits- und Fitness-Apps in Verbindung mit Wearables übernehmen wichtige Aufgaben im Gesundheitsmonitoring.
- Cloud-Speicher und Unternehmensanwendungen ermöglichen den sicheren Zugriff auf vertrauliche Daten auch im beruflichen Umfeld.
- Zwei-Faktor-Authentifizierung und Biometrie bieten zusätzliche Sicherheitsebenen.

7.3 Unterschiede zwischen mobiler und konventioneller IT-Sicherheit

Die Sicherheitsanforderungen und -herausforderungen für mobile Endgeräte unterscheiden sich deutlich von denen herkömmlicher IT-Systeme. Diese Unterschiede ergeben sich aus der Mobilität der Geräte an sich, der Vielfalt der Hard- und Software sowie den spezifischen Nutzungsmustern mobiler Technologien.

- Mobile Endgeräte sind aufgrund ihrer Mobilität einem höheren Risiko ausgesetzt, verloren zu gehen oder gestohlen zu werden.
- Die Diversifizierung der Softwarequellen erhöht das Risiko der Einschleusung von Schadsoftware.
- Die Netzwerksicherheit wird durch den ständigen Wechsel zwischen verschiedenen Netzwerkumgebungen komplexer.
- Mobile Betriebssysteme verwenden strenge Mechanismen zur Isolierung von Anwendungen und ein auf Fähigkeiten basierendes Zugangskontrollsystem (CBAC).
- Moderne mobile Geräte verfügen über dedizierte Hardware-Sicherheitsmodule wie Secure Enclave.
- Die Datenhaltung ist häufig fragmentiert, was die Durchsetzung einheitlicher Sicherheitsrichtlinien erschwert.
- Die Vielfalt der Geräte und Betriebssysteme erhöht die Komplexität der Sicherheitsstrategie.

7.4 Bedrohungslandschaft und Angriffsvektoren

Mobile Systeme und Endgeräte sind sowohl klassischen Bedrohungen als auch spezifischen mobilen Risiken ausgesetzt. Diese Bedrohungen ergeben sich aus der großen Menge an gespeicherten sensiblen Daten und der durch die mobile Nutzung erweiterten Angriffsfläche.

- Malware, darunter Trojaner, Ransomware und Spyware, stellt eine erhebliche Gefahr dar.
- Phishing-Angriffe wie Spear-Phishing, Smishing und Vishing zielen darauf ab, Benutzer:innen zur Preisgabe vertraulicher Informationen zu bewegen.
- Man-in-the-Middle-Angriffe (MitM) wie ARP-Spoofing, DNS-Spoofing und Session-Hijacking gefährden die Netzwerksicherheit.
- Rooting und Jailbreaking umgehen Sicherheitseinschränkungen des Betriebssystems.
- Exploits und Schwachstellen, auch Zero-Day-Exploits und Remote Code Execution (RCE), werden von Angreifern ausgenutzt.
- Bei Network Injection Attacks werden schädliche Datenpakete in den Netzwerkverkehr eingeschleust.
- Infizierte mobile Geräte können Teil von Botnetzen werden und für DDoS-Angriffe missbraucht werden.
- Side-Channel-Attacken zielen auf physische und hardwarebasierte Schwachstellen ab.

7.5 Fallbeispiel Spyware: NSO Group Pegasus

Die NSO Group, ein ursprünglich israelisches Technologieunternehmen, ist durch die Entwicklung der fortschrittlichen Spyware Pegasus weltweit bekannt geworden. Das Fallbeispiel beleuchtet die Entstehung, Funktionsweise, Einsatzmethoden und Gegenmaßnahmen im Zusammenhang mit Pegasus.

- Pegasus nutzt Zero-Day-Exploits und Zero-Click-Attacken, um sich unbemerkt Zugriff auf die Geräte von Zielpersonen zu verschaffen.
- Zu den Funktionen von Pegasus gehören die Fernsteuerung des infizierten Geräts, die systematische Extraktion von Daten, die Überwachung der Umgebung und die Verfolgung der physischen Bewegungen des Geräts.
- Pegasus wurde offiziell zur Terrorismusbekämpfung und Strafverfolgung entwickelt, jedoch auch gegen Journalist:innen, Menschenrechtsaktivist:innen und politische Gegner:innen eingesetzt.

- Zu den Schutzmaßnahmen gehören unter anderem der Sperrmodus von Apple und regelmäßige Sicherheitsupdates.
- Künstliche Intelligenz spielt sowohl bei der Entwicklung als auch bei der Abwehr von Spyware eine immer wichtigere Rolle.

7.6 Aktuelle Trends und Statistiken zur mobilen Sicherheit

Die Bedrohungslandschaft für mobile Endgeräte ist äußerst dynamisch und entwickelt sich ständig weiter. Die Erkenntnisse basieren auf Daten und Berichten von Sicherheitsexperten und Anbietern von Sicherheitslösungen.

- Laut Kaspersky Security Network wurden im ersten Quartal 2024 10,1 Millionen Angriffe mit Malware, Adware oder unerwünschter mobiler Software abgewehrt.
- Die häufigste Bedrohung war Adware, die 46 Prozent aller erkannten Bedrohungen ausmachte.
- Mehr als 389 000 schädliche Installationspakete wurden entdeckt, darunter 11 729 Pakete in Verbindung mit mobilen Banking-Trojanern und 1990 Pakete mit mobiler Ransomware.
- Die Anzahl der Angriffe ist im Vergleich zum Vorjahr gestiegen, im Vergleich zum vierten Quartal 2023 jedoch leicht gesunken.
- Ein prominentes Beispiel für eine Bedrohung ist der Trojan-Spy.AndroidOS.Agent.ahu, der verschlüsselte Messenger-Datenbanken stiehlt.

7.7 Vergleich der Sicherheitsarchitekturen von iOS und Android

Die Sicherheitsarchitekturen von iOS und Android unterscheiden sich grundlegend. Diese Unterschiede spiegeln die unterschiedlichen Designphilosophien der beiden dominierenden Betriebssysteme wider und haben erhebliche Auswirkungen auf die Sicherheit und Verwaltung mobiler Anwendungen und Geräte.

- Apple iOS bietet eine homogene Umgebung, strenge Sicherheitskontrollen im App Store und regelmäßige Updates auch für ältere Geräte.
- iOS verwendet eine konsequente Sandbox-Architektur und die Keychain für die sichere Speicherung sensibler Daten.
- Auch Android verfügt über entsprechende Mechanismen, deren Verfügbarkeit aber immer von der spezifischen Geräte-Betriebssystem-Kombination abhängt.
- Google Android bietet mehr Flexibilität und Anpassbarkeit, aber die Sicherheitsstandards variieren je nach Hersteller und Betriebssystemversion.
- Google Play Protect überprüft Apps und scannt Geräte kontinuierlich auf Malware.

- Android-Nutzer:innen können generell Apps aus verschiedenen Quellen installieren, was zusätzliche Sicherheitsmaßnahmen erfordert.
- Das fallende Monopol des Apple App Store erlaubt es auch Apple-Nutzer:innen, Software aus verschiedenen Quellen zu installieren.
- Sicherheitsupdates werden bei Android oft verzögert oder ungleichmäßig verteilt.
- Beide Systeme unterstützen je nach verwendetem Endgerät biometrische Authentifizierungsmethoden.

7.8 Enterprise Mobility Management (EMM), Mobile Device Management (MDM) und Unified Endpoint Management (UEM)

Neben der Sicherheit auf Applikationsebene ist das aktive Management der Endgeräte und Endpunkte eines mobilen Systems ein weiterer, ebenso wichtiger Eckpfeiler einer ganzheitlichen Sicherheitsarchitektur. EMM, MDM und UEM spielen in Unternehmensumgebungen eine entscheidende Rolle, um die Sicherheit und Verwaltung mobiler Geräte zu gewährleisten.

- EMM umfasst die Verwaltung und Sicherung mobiler Geräte, Anwendungen und Daten im Unternehmensnetzwerk.
- MDM konzentriert sich auf die Verwaltung und Sicherung mobiler Geräte durch Gerätekonfiguration, Softwareverteilung und Richtlinienverwaltung.
- UEM integriert die Verwaltung aller Endgeräte, einschließlich Laptops, Desktops und IoT-Geräte.
- Microsoft Intune dient als Beispiel für eine umfassende MDM- und MAM-Lösung.
- Zentrale MDM-Dienste umfassen Gerätekonfiguration, Softwareverteilung, Patch-Management, Richtlinienverwaltung und Remote-Löschung.

7.9 Die Top-10-Handlungsfelder rund um Mobile Security für das kommende Jahrzehnt

Die zukünftigen Herausforderungen und Chancen im Bereich Mobile Security erfordern neue Ansätze und innovative Lösungen. Die genannten Handlungsfelder adressieren technologische Entwicklungen und sich verändernde Bedrohungslandschaften, um die Sicherheit mobiler Systeme auch perspektivisch zu realisieren.

- Fortschrittliche Authentifizierungsmethoden und Tokenisierung erfordern die Implementierung von FIDO2-Standards und WebAuthn-Protokollen.
- Die Sicherheit von IoT-Infrastrukturen muss durch robuste Sicherheitsprotokolle und -standards gewährleistet werden.
- Fortgeschrittene Malware erfordert den Einsatz strenger Sandboxing-Techniken und Intrusion-Detection-Systeme (IDS).

- Datenschutz und die Einhaltung der Datenschutz-Grundverordnung und anderer gesetzlicher Vorgaben erfordern neben der Implementierung technischer Verfahren auch organisatorische Maßnahmen.
- Edge Computing im mobilen Umfeld erfordert neue Sicherheitsstrategien und -Architekturen.
- Quantensichere Kryptographie muss durch die Implementierung von Post-Quantenkryptographie-Methoden gewährleistet werden.
- Künstliche Intelligenz und maschinelles Lernen werden eingesetzt, um Anomalien zu erkennen und Sicherheitsbedrohungen vorherzusagen.
- Die Sicherheit zukünftiger Mobilfunknetze wie 5G und 6G erfordert ein ganzheitliches Sicherheitskonzept, das auch neue Technologien wie Network Slicing oder Software-Defined Networking (SDN) umfasst, um neue Angriffsvektoren auf Basis dieser Technologien zu verstehen und ihnen wirksam begegnen zu können.
- Aufklärung, Schulung und Sensibilisierung der Entwickler:Innen und Nutzer:Innen sind für die systemische Sicherheit mobiler Systeme von entscheidender Bedeutung.

8 Mobile KI: Power aus den Ökosystemen

Künstliche Intelligenz (KI) ist zu einem zentralen Bestandteil moderner mobiler Systeme geworden. Getrieben wird diese Entwicklung sowohl durch die zunehmende Leistungsfähigkeit und Funktionsvielfalt mobiler Endgeräte als auch durch die enormen technologischen Fortschritte in Bereichen wie Machine Learning (ML), Natural Language Processing (NLP) oder Computer Vision (CV).

Die Interaktion mobiler Endgeräte mit KI-basierten Anwendungen basiert oft auf hybriden Architekturen, bei denen rechenintensive Aufgaben in der Cloud ausgeführt werden und mobile Geräte als eigentliches User Interface und Datenlieferanten dienen. Diese hybride Architektur ermöglicht es, die Vorteile der Cloud (z. B. hohe Rechenleistung, Skalierbarkeit, Speicherkapazität) mit den Vorteilen mobiler Endgeräte (z. B. Portabilität, kontextsensitive Datenerfassung durch hochwertige Sensoren, intuitive Benutzer:innenschnittstellen) zu kombinieren.

Es gibt jedoch einen Trend hin zu On-Device AI, bei der KI-Funktionen direkt auf dem Mobilgerät ausgeführt werden. Diese Entwicklung wird durch Fortschritte bei der mobilen Hardware wie spezialisierte und schnelle KI-Chips, z. B. Apples Neural Engine (ANE) oder Googles Tensor Processing Unit (TPU), den Wunsch nach besserem Datenschutz und die Notwendigkeit geringer Latenzen gefördert. On-Device AI stellt jedoch auch Entwickler:innen vor Herausforderungen: KI-Modelle, besonders Deep-Learning-Modelle wie multimodale Large Language Models (LLMs), sind rechenintensiv und verbrauchen entsprechend viel Energie und Computing Power, während mobile Geräte im Vergleich zu Cloud-Infrastrukturen nur über deutlich begrenzte Ressourcen verfügen.

Die Optimierung von lokalen KI-Modellen für mobile Endgeräte ist somit ein wichtiger Evolutionsschritt, um eine effiziente und ressourcenschonende mobile Implementierung zu gewährleisten. Neben der Reduzierung der Modellgröße bzw. des lokalen Speicherbedarfs durch Techniken wie Komprimierung und Quantisierung spielt auch die Optimierung der Modellkomplexität eine Rolle. Diese umfasst nicht nur die Anzahl der Parameter und die Modellarchitektur, sondern auch die Art der verwendeten Operationen und die Verbindungen zwischen den Neuronen. Weitere relevante Optimierungstechniken sind die Verwendung energieeffizienter Modelle und die Optimierung des Codes für die Ausführung auf mobiler Hardware. Ziel der Optimierung ist es, ein ausgewogenes Verhältnis zwischen Modellgenauigkeit, Komplexität und Größe zu erreichen, um den Anforderungen mobiler Anwendungsfälle und -szenarien gerecht zu werden und gleichzeitig den Energie- und Ressourcenbedarf zu reduzieren. Google hat hier mit seinen Gemini-Nano-Modellen große Fortschritte gemacht und plant den On-Device-Einsatz auf Pixel-Smartphones noch im Jahr 2024.

Die lokale Verarbeitung sensibler Daten auf mobilen Endgeräten erfordert trotz der Vermeidung des Datentransfers auf externe Server weiterhin umfassende Sicherheitsvorkehrungen. Sowohl geeignete Zugriffskontrollmechanismen als auch wirksame Verschlüsselungsverfahren müssen implementiert werden, um die Integrität und Vertraulichkeit der Daten der Nutzer:innen zu gewährleisten. Darüber hinaus müssen auch die KI-Modelle selbst vor potenziellen Angriffen geschützt werden, die ihre Funktionsweise manipulieren oder beeinträchtigen könnten.

Zusätzlich sind ethische und gesellschaftliche Implikationen zu berücksichtigen: Die Gewährleistung der Nachvollziehbarkeit und Erklärbarkeit der Entscheidungsfindung von KI-Modellen (Explainable AI, XAI) ist essenziell, um Vertrauen in KI-Systeme zu fördern und die Reproduzierbarkeit von Ergebnissen zu gewährleisten. XAI dient als Werkzeug zur Analyse und Überprüfung von Modellentscheidungen, um potenzielle Verzerrungen (Bias) aufzudecken und eine objektive Bewertung der Modelle und der von ihnen generierten Ergebnisse zu ermöglichen.

Dieses Kapitel behandelt die technischen Grundlagen wichtiger KI-Disziplinen und ihre Relevanz für mobile Anwendungen, die durch leistungsfähige mobile Ökosysteme wie die von Apple und Google zunehmend direkt auf mobilen Endgeräten verfügbar sind und neue Möglichkeiten für intelligente und kontextsensitive Anwendungen in vielen alltäglichen und auch hochspezialisierten Anwendungsszenarien eröffnen.

8.1 Angewandte KI in mobilen Systemen

Für den Einsatz in mobilen Systemen sind vor allem spezifische Technologien und Anwendungen der KI relevant, die einen direkten Einfluss auf die User Experience und Nutzungsszenarien haben. Im Folgenden werden diese zentralen Technologien und ihre Bedeutung im mobilen Kontext und die konkreten Anwendungsmöglichkeiten im mobilen Umfeld behandelt, ohne dabei auf die tiefen technischen Details oder theoretischen Grundlagen der künstlichen Intelligenz einzugehen.

8.1.1 Spracherkennung und Natural Language Processing (NLP)

Spracherkennung und NLP bilden die Grundlage für eine intuitive Mensch-Computer-Interaktion auf mobilen Endgeräten, sowohl in gesprochener als auch in geschriebener Sprache. Speech-to-Text (STT) wandelt gesprochene Sprache in maschinenlesbaren Text um und ermöglicht so die sprachbasierte Steuerung und Bedienung von Anwendungen. Text-to-Speech (TTS) ergänzt diese Funktionalität durch die Umwandlung von Textdaten in natürliche, gesprochene Sprache, was die organische Interaktion und Zugänglichkeit von Anwendungen erhöht. Natural Language Processing ist ein interdisziplinäres Forschungsfeld zwischen Informatik und Linguistik.

Durch die Umwandlung von Sprache in Text und die Analyse der semantischen Bedeutung ermöglicht NLP die automatisierte Beantwortung von Anfragen, die Extraktion von Informationen und die direkte Interaktion mit den Nutzer:innen in Form von „menschenähnlichen“ Dialogen. Sprachassistenten wie der Google Assistant demonstrieren die Leistungsfähigkeit dieser Technologien im mobilen Kontext, während Apples Siri mit der Einführung von „AI“ – Apple Intelligence – an Alltagstauglichkeit gewinnen dürfte. Anwendungen wie ChatGPT verfügen ebenfalls bereits über leistungsstarke STT- und TTS-Engines.

Aktuelle Entwicklungen im Bereich NLP konzentrieren sich auf die Integration von Large Language Models (LLMs). Diese umfassend trainierten KI-Modelle sind in der Lage, komplexe Sprachstrukturen zu verarbeiten und kontextsensitive Antworten zu generieren. LLMs erkennen syntaktische und semantische Nuancen der menschlichen Sprache in einem spezifischen Kontext und liefern auf dieser Basis kohärente, inhaltlich passende Antworten. Diese Technologie findet Anwendung in Sprachassistenten und Chatbots sowie in mobilen Anwendungen zur Text- und Codegenerierung, in Frage-Antwort-Systemen und weiteren Anwendungsbereichen. Weiterhin ermöglichen NLP-Technologien erweiterte Funktionen wie maschinelle Übersetzung, Sentiment-Analyse und Spam-Erkennung auf mobilen Endgeräten.

8.1.2 Conversational AI

Conversational AI ermöglicht es mobilen Anwendungen, kontextbezogene und mehrstufige Dialoge zu führen, die über einfache Sprachbefehle hinausgehen. Anstatt nur einzelne Befehle sequenziell zu verarbeiten, berücksichtigen diese Systeme den gesamten Verlauf eines Dialogs und frühere Interaktionen zusammen mit spezifischen Kontext-Informationen der Nutzer:innen, um natürlichere und relevantere Antworten zu generieren. Diese Technologie basiert auf einer Kombination von Natural Language Processing (NLP) und Large Language Models (LLMs). NLP ermöglicht es der KI, menschliche Sprache zu verstehen und zu interpretieren, während LLMs auf großen Datensätzen trainiert werden und in der Lage sind, menschenähnlichen Text zu generieren und Zusammenhänge zu erkennen. Dadurch können Anwendungen auf komplexe Anfragen und Folgefragen reagieren und einen flüssigeren und „menschlicheren" Dialog aufbauen.

Ein Beispiel hierfür ist der Google Assistant. Durch Multi-Turn-Dialoge kann der Assistant weiterführende Informationen wie verschiedene Routenoptionen oder personalisierte Empfehlungen integrieren. Statt einer einfachen Antwort auf die Frage nach dem Weg zu einem Restaurant kann der Assistant im Dialog verschiedene Routen mit unterschiedlichen Verkehrsmitteln vorschlagen und auf Rückfragen der Nutzer:in, z. B. nach der schnellsten oder der verkehrsärmsten Route, reagieren. Google arbeitet jedoch bereits an Nachfolgern des Assistant, die auf neuen KI-Modellen basieren und noch leistungsfähiger sein werden.

Auf der Google I/O 2024 wurde „Project Astra" vorgestellt, ein neuer KI-Assistent, der deutlich stärker auf die individuellen Bedürfnisse und den Kontext der Nutzer:innen eingehen soll. Astra soll in der Lage sein, komplexe Aufgaben wie die Planung einer Reise oder die Verwaltung der Finanzen zu übernehmen. Weiterhin wird Google den Assistant mit seinem leistungsfähigen Sprachmodell Bard kombinieren. Der „Assistant with Bard" soll die Stärken beider Systeme vereinen und so eine noch intuitivere und hilfreichere User Experience schaffen. Mit Gemini Nano entwickelt Google ein weiteres KI-Modell, das speziell für mobile Anwendungen optimiert ist und die Entwicklung neuer Funktionen für Conversational AI beschleunigen soll.

Die tiefgreifende und anwendungsübergreifende Personalisierung ist ein entscheidendes Merkmal von Conversational AI. Die Systeme passen die Antworten an individuelle Präferenzen an und lernen kontinuierlich aus dem Verhalten und dem Kontext der Nutzer:innen. Dies findet Anwendung in Bereichen wie Shopping oder Fitness, wo die KI auf Basis des bisherigen Verhaltens gezielte Empfehlungen geben kann. So kann beispielsweise eine Fitness-App mit Conversational AI personalisierte Trainingspläne erstellen und die Nutzer:in durch ihr Training begleiten, indem sie auf ihre individuellen Bedürfnisse und Fortschritte eingeht.

Der Echtzeitzugriff auf Kontextdaten ergänzt diese Funktionen, indem aktuelle Informationen wie Wetter, Aufenthaltsort, persönliche Termine oder Reiseziele direkt in die Konversation eingebunden werden. So kann ein Reiseassistent mit Conversational AI nicht nur Informationen zu Sehenswürdigkeiten und Hotels geben, sondern auch aktuelle Wetterdaten und Verkehrsinformationen berücksichtigen, um die Reiseplanung zu optimieren.

Durch den Einsatz von KI-Chips und Edge Computing (On-Device AI) werden viele dieser Prozesse direkt auf den mobilen Geräten ausgeführt. Conversational AI schafft so eine personalisierte, dialogfähige User Experience, die mobile Anwendungen zu interaktiven und sprachgesteuerten Begleitern im Alltag macht.

Weitere Informationen zum Projekt Astra von Google: *https://deepmind.google/technologies/gemini/project-astra*

8.1.3 Computer Vision (CV)

Mithilfe von Computer-Vision-Technologien (CV) können mobile Geräte visuelle Informationen aus ihrer Umgebung erfassen und kontextsensitiv interpretieren. Anwendungen umfassen Bilderkennung, Objekterkennung, Szenenverständnis, Augmented Reality (AR) und Mixed Reality (MR). KI-gestützte Bilderkennung wird beispielsweise in Google Lens eingesetzt, um verschiedene Objekte wie Pflanzen, Produkte, Sehenswürdigkeiten, Tiere und Kunstwerke zu identifizieren und Informationen darüber bereitzustellen. Die Fotos-App von Apple verwendet ähnliche Technologien, um Personen, Orte und Objekte in der Fotobibliothek zu kategorisieren und durchsuchbar zu machen. Weiterhin kann die App ähnliche Fotos gruppieren, automatisch Alben erstellen und Gesichter erkennen und benennen. Ein weiteres Beispiel ist die Google Translate App, die mithilfe der Kamera Texte beliebiger Weltsprachen direkt in Echtzeit übersetzen kann, indem sie Zeichen und Schrift auf Bildern und in Live-Videos erkennt.

Augmented Reality (AR)-Anwendungen wie Snapchat und Instagram bieten AR-Filter für interaktive Effekte, während das Handyspiel Pokémon GO die reale Welt mit virtuellen Elementen in Form von „Pocket Monsters“ verbindet. Zusätzlich gibt es viele weitere AR-Anwendungen, z. B. für Navigation, Shopping und Bildung. Mixed Reality (MR)-Anwendungen, wie sie mit der Apple Vision Pro oder der Meta Quest 3(s) möglich sind – prinzipiell ebenfalls mobile Endgeräte und zudem Mitglieder der iOS- bzw. Android-Familie –, gehen darüber hinaus, indem sie digitale Inhalte räumlich präzise und interaktiv in die physische Umgebung integrieren und es den Nutzer:innen ermöglichen, mit diesen Objekten dynamisch zu interagieren. MR-Anwendungen werden unter anderem in Bereichen wie Gaming, Design, Planung, Training und Kollaboration eingesetzt.

Auch hier ermöglicht die zunehmende Leistungsfähigkeit von KI-Chips in modernen Smartphones und auch XR-Headsets die effiziente Ausführung komplexer Computer-Vision-Algorithmen und beschleunigt damit Machine Learning (ML)-basierte Bildverarbeitungsaufgaben in Echtzeit.

8.1.4 Retrieval-Augmented Generation (RAG)

Retrieval-Augmented Generation (RAG) kombiniert generative Textverarbeitung mit der Fähigkeit, externe Wissensquellen und Echtzeitdaten in die Antworten eines KI-Systems zu integrieren. Anstatt sich nur auf statische und vorverarbeitete Trainingsdaten zu verlassen, wie es bei herkömmlichen KI-Modellen der Fall ist, kombiniert RAG die Vorteile von Information Retrieval (IR) und generativer Textgenerierung. Dadurch entsteht ein dynamisches System, das kontextbezogene, aktuelle und umfassende Informationen liefert. Aus der Sicht mobiler Systeme findet die Generierung und Verarbeitung dieser unter Umständen komplexen Inhalte weitgehend in der Cloud statt und mobile Endgeräte dienen primär als Schnittstellen und Datenlieferanten und steuern Kontextinformationen bei.

In Geschäftsanwendungen wird RAG zunehmend eingesetzt, um den Zugriff auf unternehmensspezifische Prozesse und Informationen zu ermöglichen. So kann eine Vertriebsanwendung mithilfe von RAG auf aktuelle Bestands-, Preis- und Lieferinformationen zugreifen und eine Anfrage direkt mit den aktuellsten Unternehmensdaten aus dem ERP- oder CRM-System beantworten und so z. B. dem Vertrieb eine detaillierte Antwort mit personalisierten Angeboten, Bestellhistorien oder spezifischen Produktinformationen bereitstellen. So entsteht eine effiziente und unmittelbare Interaktion, die auf die jeweiligen Bedürfnisse der Kund:innen zugeschnitten ist und dem Vertrieb mit wenig Aufwand die Möglichkeit gibt, fundierte und kontextbezogene Auskünfte zu geben.

Ein weiteres Beispiel ist der Kundendienst. Hier kann RAG zur Lösung komplexer Anfragen eingesetzt werden, die spezifisches Wissen aus unterschiedlichen Datenquellen erfordern. Eine mobile Supportanwendung könnte auf Unternehmenshandbücher, Schulungsmaterialien und technische Dokumentationen zugreifen und detaillierte und belastbare Antworten basierend auf dem spezifischen Servicefall und seinem technischen und organisatorischen Kontext liefern und so eine aussagekräftige Antwort auf Anfragen zu laufenden Serviceprozessen generieren.

RAG bietet einen konsolidierten Zugriff auf aktuelle und kontextbezogene Informationen durch den Einsatz leistungsfähiger Cloud-Modelle in Kombination mit APIs und Unternehmenssystemen. Die mobile Anwendung wird zur flexiblen Schnittstelle, während die eigentliche Datenverarbeitung und -bereitstellung in der Cloud stattfindet. In der Praxis ist die Konditionierung eines RAG-Systems mittlerweile mit sehr überschaubarem Aufwand realisierbar und kann auch im Rahmen eines „PoC" (Proof of Concept) oder „MVP" (Minimum Viable Product) schnell und kostengünstig umgesetzt werden. Im privaten oder experimentellen Umfeld lässt sich der Ansatz auch problemlos mit bestehenden multimodalen Sprachmodellen wie ChatGPT simulieren, indem ein Thread manuell mit verschiedenen Dokumenten und Informationen angereichert wird, die dann im jeweiligen Kontext des Sprachmodells zur Verfügung stehen.

Beim experimentellen Einsatz von ChatGPT oder ähnlichen Sprachmodellen sollte darauf geachtet werden, keine persönlichen oder nicht anonymisierten Dokumente hochzuladen, da die Daten in der globalen Cloud der Anbieter:innen verarbeitet werden und somit einem Datenschutz- und Sicherheitsrisiko ausgesetzt sein könnten. Es sollten nur anonymisierte oder allgemein verfügbare Informationen verwendet werden, um die Privatsphäre und Vertraulichkeit der Informationen zu gewährleisten. Für den Unternehmenseinsatz stehen Lösungen zur Verfügung, die alle gesetzlichen Datenschutzanforderungen wie die DSGVO in der EU erfüllen und speziell für den sicheren Umgang mit sensiblen Daten konzipiert sind.

8.1.5 Intelligent Document Processing (IDP)

Intelligent Document Processing (IDP) ermöglicht es mobilen Anwendungen, strukturierte und unstrukturierte Daten aus verschiedenen physischen und digitalen Dokumentenquellen effizient zu extrahieren und in weitere Prozesse zu integrieren. IDP nutzt eine Kombination aus Natural Language Processing (NLP), Machine Learning (ML) und Computer Vision (CV), um Texte, Tabellen, Dateien wie Bilder oder PDFs und spezifische Informationen in Dokumenten zu erkennen und in strukturierte Daten umzuwandeln. Diese Fähigkeit ist besonders wertvoll für mobile Systeme, da die Erfassung von physischen Dokumenten oft ein mobiler Use Case ist und IDP-Prozesse flexibel sowohl auf dem Gerät selbst (On-Device AI) als auch in der Cloud ausgeführt werden können, je nach Anforderung an Rechenleistung und Datensicherheit. So kann beispielsweise eine Nutzer:in unterwegs mit ihrem Smartphone ein Dokument scannen und wichtige Informationen auch ohne Internetverbindung extrahieren.

IDP ergänzt und unterstützt andere Technologien wie Retrieval-Augmented Generation (RAG), indem relevante Informationen aus Dokumenten extrahiert und für generative KI-Modelle zugänglich gemacht werden. RAG-Modelle kombinieren die Fähigkeiten des Information Retrieval mit den generativen Fähigkeiten großer Sprachmodelle, um präzisere und informativere Antworten zu liefern. IDP liefert die benötigten Fakten und Informationen aus Dokumenten. Beispielsweise kann IDP in einer Geschäftsanwendung Verträge oder interne Dokumente verarbeiten und die extrahierten Daten über APIs zur Verfügung stellen, die RAG-Modelle für personalisierte und aktuelle Antworten nutzen. In Kundenanwendungen kann IDP beispielsweise Vertragsinhalte scannen und analysieren, die RAG dann in eine umfassende Beratung oder automatisierte Antwort integrieren kann.

Im Finanz- und Versicherungssektor eignet sich IDP besonders für die Bearbeitung von Rechnungen, Verträgen oder Schadensmeldungen. Eine mobile Anwendung könnte Versicherungsdokumente oder Schadensmeldungen in Echtzeit scannen und Daten wie Kundendaten, Schadenshöhe und Belegdatum extrahieren, die dann direkt in das CRM oder ERP übertragen werden. Auf diese Weise reduziert IDP den manuellen Aufwand und beschleunigt den Prozess der Informationsbeschaffung und -verarbeitung erheblich.

Im Bereich Logistik und Supply Chain Management wird IDP häufig eingesetzt, um Lieferpapiere, Frachtbriefe und Bestellformulare präzise und effizient zu erfassen. Mobile Logistikanwendungen können Dokumente beim Wareneingang scannen, Daten wie Artikelnummern und Lieferadressen in Echtzeit extrahieren und in interne Systeme integrieren. Die Kombination von IDP mit maschinellem Lernen ermöglicht zudem das Erkennen von Mustern und Trends in belegbasierten Daten, die für eine optimierte Prozessplanung und Entscheidungsfindung genutzt werden können.

Durch die Integration mehrerer KI-Disziplinen und die Verknüpfung mit anderen Technologien wie RAG macht IDP mobile Anwendungen zu leistungsstarken Werkzeugen für datenintensive Branchen, indem sie die Verarbeitung und Analyse von Dokumenten in Echtzeit ermöglicht und gleichzeitig ein hohes Maß an Datensicherheit gewährleistet.

8.1.6 Adaptive User Experience

Adaptive User Experience beschreibt die Fähigkeit mobiler Anwendungen, ihr User Interface und ihre Funktionalität dynamisch an den Kontext, das Verhalten und die spezifischen Bedürfnisse der Nutzer:innen anzupassen. Eine adaptive UX geht über einfache, statische Interfaces hinaus, indem sie Informationen aus verschiedenen Quellen und Interaktionen in Echtzeit einbezieht und so die Anwendung flexibel auf Veränderungen in der Nutzungssituation reagieren lässt. Ziel einer adaptiven UX ist es, die User Experience durch eine kontextbezogene und personalisierte Bedienung zu optimieren und eine nahtlose, intuitive Interaktion zu fördern.

Zur Realisierung einer adaptiven UX tragen verschiedene der hier genannten Disziplinen der KI bei:

- **Natural Language Processing (NLP) und Computer Vision (CV)** analysieren Spracheingaben und visuelle Umgebungen, um kontextabhängige Anpassungen vorzunehmen. NLP-basierte Anwendungen passen sich dynamisch an Sprachbefehle an, während CV-Anwendungen visuelle Daten und Kontextinformationen hinzufügen. Beispielsweise kann CV adaptive Benutzer:innenschnittstellen unterstützen, indem es Produktbilder in E-Commerce-Anwendungen analysiert und ähnliche Produkte vorschlägt oder Dokumente in Finanzanwendungen erkennt und verarbeitet.
- **Machine Learning (ML)** ist entscheidend für das Erkennen von Nutzungsmustern und die darauf aufbauende Anpassung von User Interfaces und Interaktionen. ML-Modelle analysieren kontinuierlich die Interaktionen der Nutzer:innen, um häufig genutzte Inhalte oder Funktionen an prominenter Stelle anzuzeigen. So nutzen Streaming-Apps wie Netflix und Spotify serverseitiges ML, um Inhalte auf individuelle Präferenzen abzustimmen und das Interface dynamisch anzupassen. In E-Commerce-Apps können ML-Algorithmen das Kaufverhalten analysieren und darauf basierende Empfehlungen in der Navigation hervorheben.
- **Retrieval-Augmented Generation (RAG)** erweitert die adaptive UX um die Fähigkeit, relevante Informationen aus externen Wissensquellen oder Echtzeitdaten zu extrahieren und personalisierte Inhalte zu generieren. RAG-basierte Anwendungen in Bereichen wie Nachrichten oder Finanzen können aktuelle Informationen in Echtzeit abrufen und die User Experience an den jeweiligen Kontext anpassen. Konkret könnte ein Reiseassistent mithilfe von RAG beispielsweise aktuelle Wetter- oder Verkehrsdaten einbinden und personalisierte Routen- oder Unterkunftsempfehlungen in die Oberfläche integrieren.

- **Intelligent Document Processing (IDP)** erweitert die adaptive UX, indem es mobilen Anwendungen ermöglicht, Inhalte aus Dokumenten direkt zu verarbeiten und dem Nutzungskontext entsprechend darzustellen. So könnte eine Business-App Dokumente wie Verträge oder Rechnungen scannen und wesentliche Informationen extrahieren, die der Nutzer:in in relevanten Kontexten angezeigt werden. Eine Vertriebsanwendung könnte beispielsweise Vertragsdaten scannen und dynamisch anpassen, um gezielte Produktangebote und Handlungsanweisungen zu erstellen, die in Echtzeit auf der Benutzer:innenoberfläche angezeigt werden.
- **Reinforcement Learning (RL)** ist ein Paradigma des maschinellen Lernens, bei dem ein KI-Agent durch Interaktion mit seiner Umgebung lernt, optimale Aktionen auszuführen, indem er für zielführende Anpassungen belohnt wird. RL-Algorithmen passen die Anordnung von UI-Elementen dynamisch an, indem sie durch kontinuierliche Benutzer:inneninteraktion lernen, welche Anpassungen die User Experience nachhaltig verbessern.
- **Federated Learning** ist eine dezentrale Machine-Learning-Technologie, bei der mehrere Geräte gemeinsam ein Modell trainieren, ohne ihre Daten an einen zentralen Server senden zu müssen. Sie ermöglicht den Einsatz von adaptive UX unter datenschutzfreundlichen Bedingungen, indem das Modelltraining direkt auf dem Gerät durchgeführt wird, ohne dass personenbezogene Daten an zentrale Server übertragen werden. Dies ist besonders relevant für Fitness- oder Gesundheits-Apps, die Bewegungsdaten und Gesundheitsinformationen lokal analysieren und individuelle Empfehlungen für die Nutzer:innen bereitstellen können.

Durch diese KI-gestützten Technologien wird die User Experience mobiler Anwendungen reaktionsfähiger und intuitiver, indem sie sich kontinuierlich an den Kontext, das Verhalten und die Präferenzen der Nutzer:innen anpasst. Adaptive UX fördert eine personalisierte und effiziente Interaktion und macht die mobile Anwendung zu einem dynamischen und universellen Werkzeug.

8.2 KI-bezogene APIs und SDKs der Betriebssysteme in der Praxis

Die mobilen Betriebssysteme bieten Entwickler:innen bereits „out of the box" spezialisierte APIs und SDKs zur Implementierung fortgeschrittener KI-Funktionen wie Sprachverarbeitung, Bildanalyse und kontextbasierte Personalisierung. Diese Schnittstellen ermöglichen den effizienten Einsatz von KI-Modellen direkt auf den Geräten oder über Cloud-Dienste, ohne dass fundiertes KI-Know-how erforderlich ist. Im Folgenden wird eine Auswahl dieser APIs vorgestellt.

8.2.1 Apple iOS (Auswahl)

> Mit iOS 18.1, das Ende Oktober 2024 veröffentlicht wurde, werden weitere KI-Funktionen unter dem Namen „Apple Intelligence" eingeführt. Dazu gehören KI-gestützte Schreibwerkzeuge, die Texte umschreiben, korrigieren oder zusammenfassen können, sowie eine verbesserte intelligente Antwortfunktion in Mail und Nachrichten. Die meisten dieser neuen Funktionen wie die KI-gestützten Schreibwerkzeuge, werden zunächst nur in den USA verfügbar sein, bevor sie voraussichtlich ab 04.2025 in der EU eingeführt werden.

1. **Core ML**

   Core ML ermöglicht die Integration von Machine-Learning-Modellen in iOS-Apps, um Aufgaben wie Bildklassifikation, Objekterkennung, Sprachverarbeitung und Texterkennung direkt auf dem Gerät auszuführen.

   Technische Details:

   - Unterstützt verschiedene Modellformate, einschließlich .mlmodel (Core ML-spezifisches Format), .onnx (Open Neural Network Exchange) und .tflite (TensorFlow Lite).
   - Optimiert die Modelle für die Ausführung auf Apple-Hardware, um geringe Latenzzeiten und einen effizienten Energieverbrauch zu gewährleisten.
   - Bietet APIs für die Vorverarbeitung der Eingabedaten und die Nachverarbeitung der Ausgabeergebnisse.
   - Ermöglicht die Kombination verschiedener Modelle zu komplexeren KI-Pipelines.

   Praxisbeispiele:

   - Bilderkennung in einer Foto-App: Ein Core-ML-Modell kann Objekte, Szenen und Gesichter in Bildern erkennen, um automatische Tagging-Funktionen, Inhaltsfilter oder personalisierte Fotoalben zu ermöglichen.
   - Sprachverarbeitung in einem Sprachassistenten: Ein Core-ML-Modell kann Sprache in Text umwandeln, Absichten erkennen und Antworten generieren, um eine natürliche Sprachinteraktion zu ermöglichen.
   - Texterkennung in einer Anwendung zum Scannen von Dokumenten: Ein Core-ML Modell kann Text in gescannten Dokumenten erkennen und in editierbaren Text umwandeln.

2. **Natural Language Framework/Natural Language API**

   Die Natural Language API bietet Funktionen zur Verarbeitung und Analyse von Text, um semantische Informationen zu extrahieren und Aufgaben wie Stimmungsanalyse, Tokenisierung, Named Entity Recognition (NER) und Spracherkennung zu ermöglichen.

Technische Details:

- Bietet APIs für die Tokenisierung von Text, die Identifizierung von Wortarten und grammatischen Strukturen, die Extraktion von Named Entities (z. B. Personen, Orte, Organisationen) und die Analyse der Stimmung eines Textes.
- Unterstützt mehrere Sprachen.
- Erlaubt die Integration mit anderen NLP-Bibliotheken und Frameworks.

Praxisbeispiele:

- Stimmungsanalyse in einer Social-Media-Applikation: Die Natural Language API kann die Stimmung von User-Kommentaren analysieren, um Trends zu erkennen oder Inhalte zu filtern.
- Named Entity Recognition in einer News-App: Die API kann Named Entities in Nachrichtenartikeln erkennen, um Personen, Orte und Organisationen zu verlinken oder Inhalte zu kategorisieren.
- Spracherkennung in einer Übersetzungssoftware: Die API kann die Sprache eines Textes erkennen, um die Übersetzung zu optimieren.

3. **Vision Framework**

   Das Vision Framework ermöglicht die Analyse von Bildern und Videos, um Informationen zu extrahieren und Aufgaben wie Objekterkennung, Gesichtserkennung, Szenenklassifizierung und Texterkennung durchzuführen.

   Technische Details:

   - Bietet APIs für die Erkennung von Objekten, Gesichtern, Szenen und Text in Bildern und Videos.
   - Unterstützt unterschiedliche Bild- und Videoformate.
   - Ermöglicht die Integration mit anderen Bildverarbeitungsbibliotheken und -frameworks.
   - Nutzt die Hardwarebeschleunigung von Apple-Geräten für eine effiziente Verarbeitung.

   Praxisbeispiele:

   - Objekterkennung in einer Einkaufs-App: Das Vision Framework kann Produkte in Bildern erkennen, um Benutzer:innen beim Einkaufen zu helfen oder automatische Produktvorschläge zu generieren.
   - Gesichtserkennung in einer Sicherheits-App: Das Framework kann Gesichter in Bildern oder Videos erkennen, um den Zugang zu Geräten oder Anwendungen zu kontrollieren.
   - Szenenklassifizierung in einer Reise-App: Das Framework kann Szenen in Bildern klassifizieren, um Benutzer:innen bei der Planung von Reisen zu helfen oder relevante Informationen zu Sehenswürdigkeiten bereitzustellen.

4. **Create ML**

   Create ML ist ein Tool, mit dem Entwickler:innen ihre eigenen Machine-Learning-Modelle erstellen und trainieren können, ohne tiefgreifende Machine-Learning-Expertise zu benötigen.

   Technische Details:

   - Bietet ein grafisches User Interface zum Erstellen und Trainieren von Modellen.
   - Unterstützt verschiedene Machine-Learning-Aufgaben, einschließlich Bildklassifikation, Objekterkennung, Texterkennung und Tabellendatenklassifikation.
   - Ermöglicht das Training von Modellen mit eigenen Daten.
   - Erzeugt Core-ML-Modelle, die direkt in iOS-Apps integriert werden können.

   Praxisbeispiele:

   - Entwicklung eines Modells zur Erkennung von Pflanzenkrankheiten in einer Landwirtschafts-App.
   - Erstellung eines Modells zur Klassifizierung von Kundenbewertungen in einer E-Commerce-App.
   - Training eines Modells zur Vorhersage von Maschinenausfällen in einer Industrieanwendung.

5. **Speech Framework**

   Das Speech Framework stellt Funktionen zur Spracherkennung und Sprachsynthese bereit, um die Interaktion mit Apps über Sprache zu ermöglichen.

   Technische Details:

   - Bietet APIs für die Umwandlung von Sprache in Text (Spracherkennung/STT) und von Text in Sprache (Sprachsynthese/TTS).
   - Unterstützt unterschiedliche Sprachen und Akzente.
   - Erlaubt die Anpassung der Spracherkennung an spezifische Anwendungsfälle.
   - Nutzt die Hardwarebeschleunigung der Apple-Geräte für eine effiziente Verarbeitung.

   Praxisbeispiele:

   - Sprachsteuerung in einer Smart-Home-Anwendung: Das Speech Framework ermöglicht die Steuerung von Geräten im Smart Home über Sprachbefehle.
   - Diktierfunktion in einer Textverarbeitungs-App: Das Framework ermöglicht die Eingabe von Text per Sprache.
   - Sprachbasierte Navigation in einer Kartenanwendung: Das Framework ermöglicht die Eingabe von Navigationszielen per Sprache.

8.2.1.1 Neue KI-Funktionen in iOS 18.1. (Auswahl, Stand November 2024 in Europa)

Bild 8.1 ChatGPT-Integration in iOS 18 (USA). (Bildnachweis: Apple Inc. auf *https://www.apple.com/de/newsroom/2024/06/introducing-apple-intelligence-for-iphone-ipad-and-mac*)

- **Apple Intelligence (AI) und Private Cloud Compute (PCC):** Apple Intelligence nutzt eine Kombination aus On-Device-Processing und der neuen „Private Cloud Compute"-Technologie, um komplexe Aufgaben auszuführen, ohne dass private Daten dauerhaft in die Cloud übertragen werden. Diese Infrastruktur erlaubt es, leistungsfähige KI-Modelle wie generative Sprachmodelle sicher und effizient einzusetzen. Eine Kernfunktion ist der Datenschutz: Apple speichert keine Anfragen und garantiert eine sichere Verarbeitung der Daten der Nutzer:innen. Apple plant, die Privacy-First-Architektur von Private Cloud Compute weiter auszubauen und für die gesamte Apple-Hardware-Produktpalette zu optimieren.
- **Siri-Verbesserungen („New Siri"):** Siri wird mit einer verbesserten natürlichen Sprachverarbeitung auf Basis von OpenAI-Technologie ausgestattet, die komplexere Dialoge und Zusammenhänge versteht. Für deutsche Nutzer:innen ist diese Funktion allerdings erst für 2025 angekündigt. Siri wird dann flüssiger zwischen Text- und Sprachmodus wechseln können und flexiblere Antworten und mehr allgemeines Wissen bieten.

- **Erweiterte Funktionen in Fotos:** In der Fotos-App wurde das „Clean Up"-Tool erweitert, um störende Objekte in Bildern intelligent zu entfernen, ohne den Hauptinhalt zu verändern. Zusätzlich ermöglicht die natürlichsprachliche Suche eine präzisere Suche nach bestimmten Bildinhalten oder Szenen in Videos.
- **Zusammenfassungen und Transkripte:** In den Apps Telefon und Notizen können Anrufe und Audioaufnahmen nun automatisch transkribiert werden. Die Funktion zur Zusammenfassung dieser Inhalte ist allerdings in der EU noch nicht verfügbar.
- **Fokus- und Benachrichtigungsmanagement:** Die neue Fokus-Option „Reduce Interruptions" filtert Benachrichtigungen basierend auf deren Dringlichkeit, wodurch Nutzer:innen nur wirklich relevante Informationen erhalten. Außerdem können E-Mails in der Mail-App priorisiert und mit intelligenten Antworten versehen werden und Benachrichtigungen über neue Inhalte in Apps werden auf eine übersichtliche Zusammenfassung reduziert.
- **Erweiterte Suche im App Store:** Eine neue, auf natürlicher Sprache basierende Suchfunktion im App Store hilft Nutzer:innen, gezielt nach Apps zu suchen und relevante Inhalte leichter zu finden, was die User Experience weiter verbessert. Apple plant außerdem, mithilfe von KI Zusammenfassungen von Bewertungen zu erstellen. Diese Funktion ist jedoch noch nicht verfügbar.
- **KI-gestützte Funktionen in professionellen Anwendungen:** Apple hat bereits neue KI-Funktionen in Final Cut Pro und Logic Pro für macOS integriert, die professionelle Nutzer:innen im Bereich der Videobearbeitung und Musikproduktion unterstützen. Perspektivisch ist zu erwarten, dass dieser Ansatz auch auf die mobilen Versionen der Anwendungen ausgeweitet wird. Final Cut Pro für macOS nutzt die Funktion „Enhance Light and Color", um mithilfe der Neural Engine von Apple Silicon Macs Farbton, Kontrast und Helligkeit automatisch anzupassen. Die Funktion „Smooth Slo-Mo" erzeugt intelligente Zeitlupen mit nahtlos generierten Bildern. Darüber hinaus analysiert Final Cut Pro Videomaterial automatisch, um Personen, Objekte und Szenen zu identifizieren und Clips intelligent zu organisieren. In Logic Pro helfen KI-basierte virtuelle Musiker, sogenannte „Session Player", bei der Erstellung realistischer Begleitspuren für Schlagzeug, Bass und Keyboard. Die Funktion „Stem Splitting" trennt Audio in einzelne Bestandteile wie Gesang, Schlagzeug, Bass und andere Instrumente. Für die Nutzung der KI-Funktionen in Final Cut Pro und Logic Pro ist ein Mac mit Apple Silicon Chip erforderlich.

Weitere Informationen zum KI-Update in iOS 18.1: *https://www.apple.com/newsroom/2024/10/apple-intelligence-is-available-today-on-iphone-ipad-and-mac*

8.2.2 Google Android (Auswahl)

Mit den kommenden Android-Updates werden die bestehenden KI-Funktionen auf den aktuellen Geräten der Pixel-Familie und auf ausgewählten High-End-Smartphones von Drittanbietern wie Samsung weiter ausgebaut. Google legt einen starken Fokus auf generative KI und plant, diese tiefer in verschiedene Apps und Systemdienste zu integrieren. So sollen Nutzer:innen beispielsweise in Google Messages mithilfe von KI schneller Nachrichten verfassen und Texte umschreiben, korrigieren oder zusammenfassen können. Zudem sollen KI-Funktionen die Bildbearbeitung in Google Fotos vereinfachen und personalisierte Hintergründe für Nutzer:innen generieren. Auch hier ist es möglich, dass einige dieser Funktionen zunächst nur in den USA verfügbar sein werden.

1. **ML Kit**

   ML Kit ist eine umfassende Bibliothek für Machine Learning in mobilen Android-Apps. Sie unterstützt eine Vielzahl von Funktionen wie Bild- und Textanalyse sowie Sprachverarbeitung direkt auf dem Gerät.

   Technische Details:

   - Unterstützt Modelle in Formaten wie TensorFlow Lite und Firebase ML.
   - Bietet API-Zugriff auf verschiedene ML-Modelle, einschließlich vorkonfigurierter Modelle für Gesichtserkennung, Barcode-Scannen, Texterkennung, Bildbeschriftung, Objekterkennung und -verfolgung, Posenerkennung und Übersetzung.
   - Ermöglicht Entwickler:innen, vortrainierte Modelle zu verwenden oder eigene Modelle zu integrieren, entweder direkt im Code oder über Firebase.
   - Bietet die Möglichkeit, Modelle lokal auf dem Gerät oder in der Cloud auszuführen, je nach Anwendungsanforderungen und geforderter Latenz.

   Praxisbeispiele:

   - Bilderkennung in Social Media Apps: ML Kit kann Gesichtserkennung und Objektklassifikation für Anwendungen wie Filter und Stickererstellung nutzen.
   - Texterkennung in Notiz-Apps: ML Kit kann gedruckten Text in Bildern erkennen und in editierbaren Text umwandeln; ideal für Produktivitätstools.
   - Spracherkennung für Chatbots: Die Spracherkennungsfunktionen von ML Kit können für Sprachdialoge und die Echtzeitanalyse von Spracheingaben verwendet werden.
   - Live-Übersetzung in einer Kommunikationsanwendung: ML Kit kann Sprache in Echtzeit übersetzen, um die Kommunikation zwischen Menschen mit unterschiedlichen Muttersprachen zu ermöglichen.

2. **Google Assistant SDK**

   Das Google Assistant SDK ermöglicht die direkte Integration des Google Assistant in Android-Apps. Es unterstützt die Erstellung von Multi-Turn-Dialogen und ermöglicht Entwickler:innen, benutzer:innendefinierte Sprachbefehle zu definieren.

   Technische Details:

   - Bietet APIs für die Integration in Smart-Home-Anwendungen, E-Commerce und andere Anwendungen mit Sprachinteraktion.
   - Unterstützt Multi-Turn-Dialoge, bei denen der Assistent den Gesprächsverlauf aufzeichnet.
   - Kann über Dialogflow erweitert werden, um kontextabhängige Interaktionen und komplexere Dialogabläufe zu ermöglichen.
   - Anpassbar an spezifische Anforderungen durch benutzer:innendefinierte Befehle und Dialoge.

   Praxisbeispiele:

   - Voice Commerce Integration in Shopping-Apps: Ermöglicht personalisierte Einkaufserlebnisse durch Spracheingabe.
   - Sprachgesteuerte Navigation in Kartenanwendungen: Integration von Sprachnavigation und Echtzeit-Verkehrsinformationen direkt in die App.
   - Smart-Home-Steuerung: Entwickler:innen können das SDK verwenden, um die Steuerung von Smart-Home-Geräten per Sprachbefehl zu ermöglichen, z.B. für Licht- oder Thermostatsteuerung.
   - Interaktive Spiele: Das SDK kann verwendet werden, um Spiele mit sprachgesteuerten Charakteren und Interaktionen zu entwickeln.

3. **Gemini API**

   Die Gemini API bietet Zugriff auf Googles neueste Generation von multimodalen KI-Modellen, die für leistungsstarke generative KI-Anwendungen entwickelt wurden. Sie bietet Unterstützung für kontextsensitive Inhalte und dynamische Textgenerierung.

   Technische Details:

   - Gemini ist in verschiedenen Größen verfügbar, von „Nano" für On-Device-Anwendungen mit geringem Ressourcenverbrauch bis hin zu „Ultra" für anspruchsvolle KI-Aufgaben in der Cloud.
   - Bietet Zugriff auf maschinelle Lernmodelle zur Verarbeitung und Generierung von Text, Code, Bildern, Audio und Video.
   - Ermöglicht die direkte Integration in Messaging-Apps, Chatbots und andere Anwendungen, die kontextbezogene Inhalte benötigen.

Praxisbeispiele:

- Kontextsensitive Chatbots in Kundendienst-Apps: Gemini Nano kann verwendet werden, um personalisierte, kontextsensitive Antworten in Echtzeit zu liefern.
- In-App-Textgenerierung: Ermöglicht in Messaging-Apps die automatische Vervollständigung oder Vorschläge für Chat-Nachrichten basierend auf dem Gesprächskontext.
- Personalisierte Textvorschläge für die Erstellung von Inhalten: Content-Apps nutzen Gemini zur automatischen Generierung von Titeln, Beschreibungen oder anderen Textelementen.
- Code-Generierung und -Vervollständigung in Entwicklungsumgebungen: Gemini kann Entwickler:innen beim Schreiben von Code unterstützen, indem es Code vorschlägt und Fehler erkennt.

4. **Cloud Vision API**

   Die Cloud Vision API bietet Entwickler:innen Zugriff auf Googles Modelle für optische Zeichenerkennung (OCR) und Dokumentenanalyse.

   Technische Details:

   - Ermöglicht die hochgenaue Extraktion von Text aus gescannten Dokumenten und Bildern mit OCR in verschiedenen Formaten. Die API unterstützt eine Vielzahl von Sprachen und kann sowohl gedruckten als auch handgeschriebenen Text erkennen.
   - Identifiziert und extrahiert relevante Informationen aus Dokumenten wie Namen, Adressen, Daten, Beträge und Schlüsselwörter. Die API kann auch die Struktur von Dokumenten analysieren, um z. B. Überschriften, Absätze und Tabellen zu identifizieren.
   - Kategorisiert und klassifiziert Dokumente automatisch anhand ihres Inhalts.
   - Kann mit anderen Google Cloud APIs kombiniert werden, um zusätzliche Funktionen zu ermöglichen, wie z. B. die Übersetzung von extrahiertem Text oder die Speicherung von Dokumenten in der Google Cloud.
   - Die Verarbeitung erfolgt in der Google Cloud, was eine hohe Skalierbarkeit und Verfügbarkeit gewährleistet.

   Praxisbeispiele:

   - Automatisierung von Geschäftsprozessen: Die API kann verwendet werden, um die Extraktion von Informationen aus Dokumenten wie Rechnungen, Bestellungen und Verträgen zu automatisieren. Dies kann helfen, Zeit und Kosten zu sparen und die Effizienz von Geschäftsprozessen zu verbessern.
   - Die API kann als Grundlage für die Entwicklung von Dokumentenmanagementsystemen verwendet werden, die die Speicherung, Organisation und Suche von Dokumenten erleichtern.

- Die API kann bei der Entwicklung von barrierefreien Anwendungen genutzt werden, die sehbehinderten Menschen den Zugang zu Informationen in Dokumenten erleichtern.
- Die API kann verwendet werden, um Suchmaschinen zu entwickeln, die den Inhalt von Dokumenten indizieren und durchsuchen können.

8.2.2.1 Neue KI-Funktionen in Android 15 (Auswahl, Stand November 2024 in Europa)

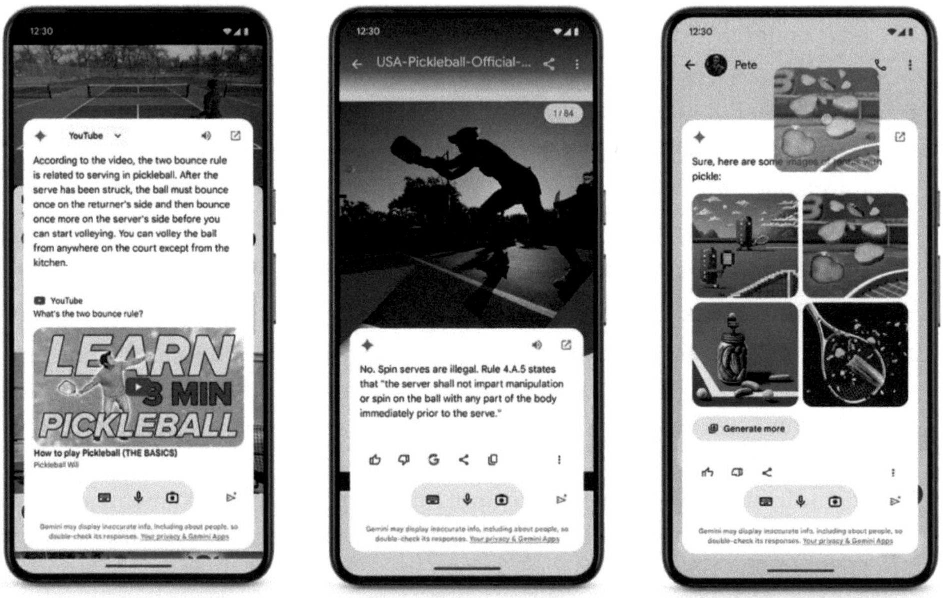

Bild 8.2 Gemini-Overlay in Android 15 auf einem Pixel 8 (USA). (Bildnachweis: Google LLC auf *https://blog.google/intl/de-de/produkte/android-chrome-mehr/android-google-ai-io-2024)*

- **Gemini-Integration:** Mit Android 15 wird die Gemini-KI-Plattform umfassend und tief in das Betriebssystem integriert, was die Möglichkeiten der natürlichen Sprachinteraktion deutlich erweitert. Durch die Integration können Nutzer:innen Fragen in natürlicher Sprache stellen, die in Echtzeit mit kontextbasierten Informationen und Vorschlägen beantwortet werden. Gemini versteht den Dialogverlauf, kann auf frühere Interaktionen zurückgreifen und die Bedeutung der Nutzer:innenanfragen im Gesamtkontext der App-Inhalte erfassen. Nutzer:innen können zudem Grafiken oder visuelle Inhalte direkt auf dem Bildschirm innerhalb des Gemini-Overlays erstellen, die sich unmittelbar in andere Apps wie Gmail oder Google Messages übertragen lassen. Diese Erweiterungen reduzieren den Bedarf an externen Bildquellen und beschleunigen die Effizienz der App-Nutzung, da Gemini-Dienste im Overlay direkt „über“ der jeweiligen App verfügbar sind.

- **Circle to Search:** Die „Circle to Search“-Funktion ist eine neue Screen-Geste zur intuitiven Auswahl beliebiger Inhalte auf dem aktuellen Screen, auch mathematische Formeln oder andere wissenschaftliche Inhalte. Durch einfaches Markieren von Formeln oder physikalischen Konzepten analysiert und berechnet das System Aufgaben direkt im Bildschirmkontext. Die zugrunde liegende LearnLM-Technologie ermöglicht es der Funktion, durch kontinuierliches Lernen immer anspruchsvollere Problemstellungen zu bewältigen, sodass in Zukunft auch fortgeschrittene mathematische und naturwissenschaftliche Fragestellungen erkannt und gelöst werden können.
- **KI-gestützte Betrugserkennung:** Android 15 erweitert den Sicherheitsdienst Google Play Protect um eine KI-gestützte Erkennung verdächtiger Aktivitäten, die in Echtzeit auf dem Gerät analysiert werden. Mithilfe maschineller Lernmodelle erkennt das System Anomalien bei der Interaktion von Apps mit sensiblen Berechtigungen und kann betrügerische Muster identifizieren, ohne dass Nutzungsdaten zur Analyse an externe Server übertragen werden müssen. Diese On-Device-Verarbeitung gewährleistet sowohl den Schutz privater Informationen als auch eine flexible und dynamische Überwachung der Sicherheitslage. Ein wichtiger Aspekt dieser KI-gestützten Überwachung ist die kontinuierliche Anpassung der Analysealgorithmen an sich verändernde Bedrohungen.
- **Diebstahlsicherung:** Die neue Diebstahlsicherung nutzt KI-gestützte Bewegungsanalysen, um ungewöhnliche Bewegungsmuster des Geräts zu erkennen und es sofort zu sperren. Typische Muster wie plötzliche Erschütterungen oder abrupte Positionsänderungen aktivieren diesen Schutz, der vor allem in öffentlichen Bereichen sinnvoll ist. Diese Funktion basiert auf der Auswertung von Sensordaten und ermöglicht im Fall eines Diebstahls die sofortige Sicherung der Daten, wodurch der Zugriff durch unbefugte Dritte effektiv blockiert wird.
- **Augmented Reality in Google Maps:** Android 15 erweitert die Nutzung von Augmented Reality (AR) durch KI-basierte Inhalte in Google Maps. Diese Funktion reichert die Kartenansicht mit kontextrelevanten Informationen an, die durch visuelle Analyse der Umgebung in Echtzeit generiert werden. Google verwendet dazu das visuelle KI-System Visual Positioning Service (VPS), das mit Street-View-Daten trainiert wurde. Dieses System erkennt markante Merkmale der Umgebung, um die Position der Nutzer:in genau zu bestimmen. Die AR-basierte Wegfindung wird damit für die Nutzer:innen immersiver und intuitiver, indem Sehenswürdigkeiten, Standorte und Wegbeschreibungen nahtlos in die reale Umgebung eingeblendet werden. Dies erhöht die Orientierungsmöglichkeiten und verbessert die Nutzung von Google Maps in urbanen und touristischen Kontexten.

Weitere Informationen zum KI-Update in Android 15: *https://blog.google/products/android/google-ai-android-update-io-2024*

8.3 Embedded AI der Betriebssysteme

Embedded AI beschreibt die Integration von KI-Funktionen direkt auf Betriebssystemebene, wodurch eine tief verankerte, automatisierte Optimierung von Systemprozessen ermöglicht wird, ohne dass Nutzer:innen oder Entwickler:innen aktiv eingreifen oder eigene Modelle trainieren und einbinden müssen. Diese Art der KI-Infrastruktur zielt darauf ab, die User Experience, Effizienz und Sicherheit von mobilen Betriebssystemen auf systemischer Ebene zu verbessern. Sowohl Apple als auch Google setzen in ihren aktuellen Betriebssystemversionen iOS 18 bzw. Android 15 verstärkt auf Embedded AI, wenn auch mit teilweise unterschiedlichen Ansätzen und Schwerpunkten.

Neben diesen offensichtlichen Vorteilen birgt Embedded AI jedoch auch Herausforderungen hinsichtlich der Intransparenz ihrer Wirkungsweise aus Sicht der Nutzer:innen. Da viele der Optimierungen automatisiert im Hintergrund ablaufen, können Nutzer:innen nicht mehr zuverlässig nachvollziehen, welche KI-Prozesse aktiv sind und wie diese auf Daten zugreifen oder diese verändern. Ein gutes Beispiel ist die automatische Bildoptimierung, die Fotos in Echtzeit bearbeitet und anpasst. Dies verbessert zwar die visuelle Qualität, kann aber auch zu einer Manipulation der Realität führen, die letztlich das ursprüngliche Bild verfälscht. Diese unbemerkte „Korrektur" der Realität wirft ethische Fragen auf: Erfüllen solche KI-gestützten Manipulationen noch den Anspruch auf Authentizität? Und wie verändert dies die Wahrnehmung des „Echten" durch Nutzer:innen, die sich auf diese automatisch modifizierten Darstellungen verlassen?

Die derzeit implementierten KI-Funktionen stellen vermutlich erst den Anfang dieser Entwicklung dar, und zukünftige KI-Integrationen könnten immer komplexere Anpassungen in unterschiedlichen Domänen vornehmen, die noch weniger offensichtlich sind. Insofern sind auch Fragen nach der Verantwortung der Entwickler:innen und Unternehmen für die Transparenz und Nachvollziehbarkeit solcher Systeme von eminenter Wichtigkeit.

8.3.1 Apple iOS 18

In iOS 18 bietet Apple eine Vielzahl von KI-gestützten Funktionen auf Betriebssystemebene an, von denen einige derzeit in der EU nur eingeschränkt oder gar nicht verfügbar sind (Stand: 11.24.).

- **Automatische Bildbearbeitung und Kameraoptimierung:** Die Kamera- und Foto-App von iOS 18 nutzt maschinelles Lernen, um die Bildqualität während der Aufnahme automatisch zu verbessern. Funktionen wie die Anpassung von Licht, Farbe und Kontrast erfolgen in Echtzeit. Zusätzlich ermöglicht das neue „Clean

Up"-Tool in der Fotos-App das Entfernen unerwünschter Objekte aus Bildern, wobei KI-Algorithmen störende Elemente identifizieren und entfernen, ohne das Hauptmotiv zu beeinträchtigen.

- **Gesundheits- und Bewegungsanalyse:** iOS 18 erweitert die Gesundheitsfunktionen durch die genaue Analyse von Schlaf- und Aktivitätsmustern. Durch die Integration von Algorithmen des maschinellen Lernens erkennt das System automatisch Schlafphasen, Atemfrequenzen und Indikatoren der Herzgesundheit. Diese Funktionen sind nahtlos in die Health-App integriert, wo sie in anschaulichen Diagrammen dargestellt werden. Andere Funktionen wie die Zyklusanalyse und die Fertilitätsvorhersage nutzen ebenfalls KI, um Muster und Prognosen für die Optimierung des persönlichen Wohlbefindens und Gesundheitsmanagements zu erstellen.
- **Zusammenfassungen und Transkripte:** Verschiedene iOS-18-Apps bieten erweiterte Transkriptions- und Zusammenfassungsfunktionen, die für die Effizienz im Alltag besonders hilfreich sein können. In Notizen und Safari können beispielsweise Sprachaufzeichnungen automatisch transkribiert und Artikel im Reader-Modus auf wesentliche Inhalte zusammengefasst werden. Die Funktion „Text Summarization" analysiert lange Texte und bietet kompakte Übersichten, die ein schnelles Erfassen der wichtigsten Inhalte ermöglichen.
- **Natural Language Search:** Die Fotos-App ermöglicht die Suche nach Bildern in natürlicher Sprache. Nutzer:innen können beispielsweise Begriffe wie „Sommerurlaub am Strand mit Hund" eingeben und die KI durchsucht das Archiv nach passenden Bildern. Dies geschieht durch eine kontextbasierte Erkennung von Szenen und Objekten, sodass auch Bildinhalte gefunden werden, die nicht mit Schlagworten versehen wurden.
- **Intelligentes Benachrichtigungsmanagement und Fokusmodi:** Die intelligenten Fokusmodi in iOS 18 sind darauf ausgelegt, Benachrichtigungen dynamisch nach Wichtigkeit zu filtern. Das System priorisiert relevante Benachrichtigungen und minimiert Ablenkungen, indem weniger wichtige Benachrichtigungen automatisch unterdrückt werden.

Die integrierten KI-Funktionen in iOS 18 bilden die Grundlage für die Verbesserung der Nutzer:innen-Interaktion mit dem Gerät bei gleichzeitiger Steigerung von Effizienz und Komfort im Alltag. Sie zeigen, wie tief KI-Funktionen in die Betriebssystemebene eingebettet ist und verdeutlichen Apples Bemühungen, durch den Einsatz automatisierter KI-Optimierungen eine nahtlose und intuitive User Experience zu gewährleisten, die keine direkte Interaktion der Nutzer:innen erfordert.

8.3.2 Google Android 15

Auch in Android setzt Google verstärkt auf KI-gestützte Technologien, die tief integriert auf Systemebene arbeiten, um die User Experience und die Effizienz des Betriebssystems zu steigern. Im direkten Vergleich mit iOS hat sich Google hier einen deutlichen Vorsprung erarbeitet.

- **Automatische Bildoptimierung:** Auch Android 15 nutzt maschinelles Lernen, um Aufnahmen während der Bild- und Videoerstellung automatisch zu verbessern. Die Kamera passt Licht, Farben und Kontrast in Echtzeit an, um auch bei schwierigen Lichtverhältnissen eine hohe Detailgenauigkeit zu gewährleisten. Diese Funktion erlaubt es der Benutzer:in, konsistente Ergebnisse in professioneller Qualität ohne Nachbearbeitung zu erzielen. Ermöglicht wird dies durch die neue Kamera-API, die es Entwickler:innen erlaubt, verschiedene KI-Funktionen in ihre eigenen Kamera-Apps zu integrieren und anzupassen.
- **Dynamic Performance Framework:** Das „Dynamic Performance Framework" ist eine wesentliche Neuerung in Android 15. Es steuert die Ressourcenverteilung auf Basis von maschinellem Lernen. Es analysiert nicht nur die Auslastung der Apps und verteilt die Prozessorressourcen dynamisch, um den Energieverbrauch zu optimieren, sondern lernt auch das Nutzer:innenverhalten und optimiert die Geräteleistung entsprechend. So kann es beispielsweise Anwendungen, die häufig genutzt werden, im Hintergrund aktiv halten, um einen schnelleren Start zu ermöglichen. Das verlängert die Akkulaufzeit und sorgt dafür, dass auch ressourcenintensive Anwendungen effizient ausgeführt werden können.
- **Private Space:** Android 15 bietet mit „Private Space" einen neuen Bereich, der speziell für sensible Daten wie Gesundheits- und Finanzinformationen ausgelegt ist. Dieser Bereich ist durch zusätzliche Authentifizierungsmechanismen gesichert und logisch vom restlichen System getrennt. Sandbox-Technologien und Verschlüsselung stellen die logische Trennung sicher. KI wird darüber hinaus von Android in verschiedenen sicherheitsrelevanten Bereichen eingesetzt, z. B. zur Erkennung von Phishing-Angriffen und zur Verbesserung der Genauigkeit der biometrischen Authentifizierung. Im Kontext des Private Space soll KI künftig zur Erkennung von Anomalien im Nutzer:innenverhalten eingesetzt werden, um potenzielle Sicherheitsbedrohungen zu identifizieren
- **Verbessertes Multitasking und Bildschirmaufzeichnung:** Android 15 bietet verbesserte Multitasking-Optionen und eine neue „Partial Screen Recording"-Funktion, die eine selektive Bildschirmaufnahme ermöglicht. KI hilft dabei, den für die Aufnahme relevanten Bildschirmbereich automatisch zu erkennen. Diese Funktion ist speziell bei größeren Geräten wie Foldables und Tablets sinnvoll, bei denen die Bildschirmnutzung durch anpassbare Split-Screen-Layouts angepasst wird. Intelligentes Ressourcenmanagement stellt sicher, dass Multitasking ohne Leistungseinbußen möglich ist.

Analog zur Vorgehensweise von Apple zeigen die Embedded-AI-Funktionen in Android 15 Googles Ziel, die User Experience durch maschinelles Lernen kontinuierlich zu verbessern. Die integrierten Technologien verbessern die Effizienz, Sicherheit und Stabilität des Systems und bieten Entwickler:innen eine solide Grundlage für die Erweiterung ihrer Anwendungen mit KI-gestützten Funktionen.

8.4 KI-Integration in mobilen Betriebssystemen: Apple und Google im Vergleich

Die Integration von KI in die Betriebssysteme iOS und Android zeigt deutliche strategische Unterschiede: Apple betont Privacy-by-Design mit differenziertem Datenschutz und fokussiert auf datenschutzorientierte, anwendungsspezifische Verbesserungen für eine nahtlose User Experience. Dabei integriert Apple KI-Funktionen eng in seine Hardware. Google hingegen setzt stärker auf dynamische, KI-gesteuerte Systeme zur übergreifenden Optimierung von Performance und Interaktionen mit Nutzer:innen. Google verfolgt einen offeneren Ansatz und muss seine KI-Lösungen auf einer Vielzahl von Geräten mit unterschiedlichen Leistungsmerkmalen stabil betreiben. Diese unterschiedlichen Ansätze prägen jeweils die Systemarchitektur und spiegeln die jeweiligen technologischen Philosophien der beiden Unternehmen wider. Beide Unternehmen sehen in der KI eine Schlüsseltechnologie der Zukunft und investieren erhebliche Ressourcen in deren Weiterentwicklung.

- **Fokus auf Datenschutz und Datenlokalität bei Apple:** Apple verfolgt bei der Integration von KI einen stark datenschutzorientierten Ansatz, bei dem ein Großteil der KI-Funktionen lokal auf dem Gerät ausgeführt wird. Technologien wie „On-Device Processing" sind fest in iOS integriert, sodass Apple den Nutzer:innen KI-Funktionen bereitstellen kann, ohne kontinuierlich Daten in die Cloud zu übertragen. Apple nutzt dafür spezielle Hardware wie die Neural Engine, die für KI-Aufgaben optimiert ist und die lokale Verarbeitung ermöglicht. So wird beispielsweise die Bilderkennung direkt auf dem Gerät verarbeitet, um die Privatsphäre zu maximieren. Auch die Spracherkennung in Siri wird größtenteils lokal verarbeitet.
- **Offene Plattform und Entwickler-Toolkits bei Google:** Google verfolgt eine eher offene und entwicklungsorientierte Strategie, bei der viele Embedded-AI-Funktionen nicht nur in das System integriert sind, sondern auch von Entwickler:innen gezielt genutzt und erweitert werden können. Das „Dynamic Performance Framework" in Android 15, das die dynamische Ressourcenverteilung optimiert, und die neue Kamera-API, die KI-gestützte Bildverarbeitungsfunktionen für Entwickler:innen zugänglich macht, zeigen Googles Interesse an einer flexiblen und skalierbaren Lösung. Neben dem Dynamic Performance Framework und der Kamera-API

bietet Google weitere KI-Tools an, wie z.B. TensorFlow Lite für die Entwicklung von KI-Modellen für mobile Geräte. Das Google Assistant SDK ermöglicht es Entwickler:innen, den Google Assistant in eigene Apps zu integrieren. Damit will Google nicht nur den Endnutzer:innen ein verbessertes KI-Erlebnis bieten, sondern auch Drittentwickler:innen direkt in das Ökosystem einbinden, um eine breitere Innovationsbasis zu schaffen.

- **Skalierbare Infrastruktur und Gerätevielfalt bei Google:** Android ist in einer sehr diversifizierten Endgerätlandschaft präsent, die von preisgünstigen Smartphones bis hin zu High-End-Foldable-Computern reicht. Das bedeutet, dass KI-Lösungen an unterschiedliche Leistungsprofile angepasst werden müssen. Google verfolgt daher eine skalierbare KI-Infrastruktur, die sowohl ressourcenschonend als auch flexibel ist und sich an unterschiedliche Hardware-Anforderungen anpassen kann. Google nutzt Federated Learning, um KI-Modelle auf einer Vielzahl von Geräten zu trainieren, ohne die Daten zentral zu speichern. So nutzt Gboard, die Tastatur-App von Google, Federated Learning, um die Wortvorhersage zu verbessern. Apples iOS hingegen ist für die kontrollierte Integration von Hardware und Software innerhalb der eigenen Gerätefamilie optimiert und kann so spezialisierte KI-Lösungen für eine eng begrenzte Anzahl von Endgeräten bereitstellen.

8.5 Implementierungsstrategien für mobile KI: Embedded AI, Edge Computing/Edge AI und Standard-Cloud-Lösungen im Vergleich

Die Wahl der geeigneten Implementierungsstrategie für KI in mobilen Systemen erfordert eine sorgfältige Abwägung der projektspezifischen bzw. anwendungsbezogenen Anforderungen. Entwickler:innen und Betreiber:innen stehen vor der Herausforderung, die Architektur zu wählen, die nicht nur technisch, sondern auch wirtschaftlich und Compliance-bezogen optimal ist. Ob Embedded AI, Edge Computing bzw. Edge AI oder eine Standard-Cloud-Lösung zum Einsatz kommt, hängt von verschiedenen Faktoren wie der benötigten Rechenleistung, der erforderlichen Latenz und den Anforderungen an Datenschutz und Datenhoheit ab. Jede dieser Strategien hat ihre eigenen Vor- und Nachteile, die je nach konkreter Zielsetzung und Nutzungskontext abgewogen werden müssen. Da jede Anwendung individuelle Anforderungen stellt, ist die Wahl der KI-Implementierungsstrategie immer eine Einzelfallentscheidung, die auf fundierten technischen, wirtschaftlichen und strategischen Überlegungen beruhen muss.

8.5.1 Embedded AI

Embedded AI beschreibt die direkte Integration vorgefertigter KI-Modelle in das Betriebssystem mobiler Geräte, die den Nutzer:innen ohne zusätzliche Entwicklungszeit für eigene KI-Modelle zur Verfügung stehen. Diese KI-Funktionen laufen lokal auf dem Gerät und sind eng in die Hard- und Software integriert, sodass sie ohne Netzwerkverbindung und ohne weiteres Zutun von Entwickler:innen arbeiten. Durch die Bereitstellung standardisierter System-APIs durch die Betriebssystemhersteller können eingebettete KI-Funktionen schnell und effizient in mobile Anwendungen integriert werden. Diese Implementierungsweise bietet eine Vielzahl von Vorteilen, sie bringt jedoch auch spezifische Herausforderungen für Entwickler:innen und das Ressourcenmanagement mit sich.

8.5.1.1 Vorteile

- **Hohe Reaktionsgeschwindigkeit und Verarbeitung in Echtzeit:** Durch die lokale Berechnung auf dem Gerät können Eingaben nahezu in Echtzeit verarbeitet werden, was eine besonders flüssige und reaktionsschnelle User Experience ermöglicht. Funktionen wie die automatische Bildoptimierung oder die Spracherkennung profitieren stark von diesen kurzen Latenzzeiten, die für eine organische User Experience entscheidend sind.
- **Datenschutz und Privacy durch lokale Verarbeitung:** Da die Datenverarbeitung ausschließlich auf dem Gerät stattfindet, bleiben sensible Daten lokal. Diese Architektur entspricht den strengen Anforderungen vieler Datenschutzbestimmungen und schafft bei Anwendungen, die mit persönlichen oder sensiblen Informationen arbeiten, Vertrauen bei den Nutzer:innen.
- **Einfache Integration über System-APIs:** Entwickler:innen können KI-Funktionen wie Bildanalyse oder Sprachverarbeitung einfach über die standardisierten APIs des Betriebssystems ansprechen. Dies ermöglicht eine schnelle Implementierung KI-gestützter Funktionen ohne tiefes KI-Know-how und ohne eigene Modelle entwickeln, trainieren oder pflegen zu müssen. Diese Entlastung ermöglicht es den Entwickler:innen, sich auf das spezifische Design der Anwendung und die Interaktionen zu konzentrieren.

8.5.1.2 Herausforderungen

- **Eingeschränkte Anpassungsmöglichkeiten und Kontrolle:** Da die KI-Modelle tief in das Betriebssystem integriert sind, haben Entwickler:innen nur eingeschränkte Möglichkeiten zur Anpassung oder Feinabstimmung. Die zugrunde liegenden Modelle und Algorithmen werden ausschließlich vom Hersteller des Betriebssystems bereitgestellt, sodass individuelle Modifikationen oft nicht oder nur mit hohem Aufwand möglich sind. Dies kann zu Einschränkungen führen, wenn spezifische Anforderungen an die KI-Logik gestellt werden oder eigene Domänendaten integriert werden sollen.

- **Ressourcenintensität und Stromverbrauch:** Die Verarbeitung komplexer KI-Modelle direkt auf dem Gerät belastet die lokalen Ressourcen, in erster Linie Prozessor- und Akkukapazität. Entwickler:innen müssen deshalb auf ein effizientes Ressourcenmanagement achten und die Nutzung dieser Funktionen gezielt steuern, um die Systemleistung und Akkulaufzeit nicht unnötig zu belasten.
- **Abhängigkeit von OS-Updates:** Da Embedded AI direkt in das Betriebssystem integriert ist, werden Funktionsverbesserungen oder neue Features nur über Betriebssystem-Updates bereitgestellt. Dies bedeutet, dass Entwickler:innen bei der Implementierung neuer Funktionen auf die Update-Zyklen des Betriebssystemherstellers in Verbindung mit der Update-Disziplin der Nutzer:innen angewiesen sind, was die Agilität bei der Implementierung neuer Funktionen einschränken kann und die Komplexität der Softwareentwicklung erheblich erhöht, da zusätzlich verschiedene Betriebssystem- und Endgerätekonfigurationen im Kontext der verfügbaren KI-Funktionen berücksichtigt werden müssen.

8.5.2 Edge Computing/Edge AI

Edge Computing beschreibt die Verlagerung rechenintensiver KI-Prozesse in Rechenzentren in der Nähe des Endgeräts, z. B. in lokale oder virtuelle Rechenzentren von Mobilfunkbetreibern oder direkt an zentrale Netzknoten wie Mobilfunkzellen. Diese Architektur erlaubt es, KI-gestützte Analysen und Prozesse dezentral auszuführen, ohne die Hardware-Ressourcen des Endgeräts wesentlich zu belasten. Dies ist für rechenintensive Anwendungen vorteilhaft, bei denen eine stabile Netzverbindung verfügbar ist, da die Verarbeitung auf Edge-Knoten mit hoher Rechenleistung und geringer Latenz erfolgt.

8.5.2.1 Vorteile

- **Reduzierte Latenz und Echtzeitverarbeitung durch verteilte Rechenzentren:** Durch die Nähe des Edge-Rechenzentrums zum Endgerät minimiert Edge Computing die Latenz erheblich, da die Daten nicht erst an ein zentrales Rechenzentrum im WAN und zurück gesendet werden müssen. Dies ermöglicht eine nahezu verzögerungsfreie Verarbeitung, die besonders für Echtzeitanwendungen wie Videoanalyse oder Augmented Reality geeignet ist. Entwickler:innen können so KI-Funktionen realisieren, die schnelle Reaktionszeiten erfordern, ohne dass das mobile Gerät überlastet wird.
- **Hohe Rechenleistung ohne Belastung des Endgeräts:** Da die rechenintensive KI-Verarbeitung in den Edge-Rechenzentren stattfindet, werden die Ressourcen des Endgeräts weitgehend geschont. So kann auch weniger leistungsfähige oder

energieeffiziente Hardware von den Vorteilen leistungsfähiger KI-Funktionen profitieren. Das mobile Endgerät benötigt lediglich eine stabile Netzwerkverbindung, vorzugsweise 5G, aber nur wenig CPU- oder Akkukapazität.

- **Datenschutz und regulatorische Vorteile durch lokale Verarbeitung:** Edge Computing ermöglicht die Datenverarbeitung in Rechenzentren in der physischen Nähe der Nutzer:innen, was dazu beiträgt, persönliche Daten lokal zu halten und die Anforderungen des Datenschutzes besser zu erfüllen. Datenübertragungen zu zentralen Cloud-Servern können minimiert werden, sodass sensible Informationen zuverlässig innerhalb einer bestimmten Region verarbeitet werden können.

8.5.2.2 Herausforderungen

- **Abhängigkeit von stabiler Netzwerkanbindung:** Da die KI-Funktionen im Edge-Rechenzentrum und nicht auf dem Endgerät ausgeführt werden, ist eine zuverlässige und latenzarme Netzwerkverbindung erforderlich. In Regionen oder Situationen mit instabilen Verbindungen kann dies die Funktionsfähigkeit der Anwendungen beeinträchtigen, was für Entwickler:innen zusätzliche Anforderungen an die Netzwerkoptimierung und das Fehlermanagement bedeutet.
- **Sicherheitsanforderungen an verteilte Systeme:** Die Verlagerung sensibler Daten auf externe Edge-Computing-Knoten stellt vor allem aufgrund der hohen Systemkomplexität veränderte Anforderungen an die IT-Sicherheit. Entwickler:innen und Betreiber:innen dieser Systeme müssen daher spezifische Sicherheitsprotokolle implementieren, um die Datenintegrität und Vertraulichkeit in der verteilten Struktur zu gewährleisten.
- **Ständige und schnelle Zellenwechsel der Endgeräte:** Da mobile Endgeräte häufig schnell von einer Funkzelle in eine andere wechseln, können Verbindungen zu bestimmten Edge-Knoten unterbrochen werden, und die Latenzzeiten steigen. Dies stellt eine zusätzliche Herausforderung für die Synchronisierung von KI-Prozessen dar, da Daten bei einem Zellenwechsel an einen neuen Edge-Knoten übertragen oder neu verarbeitet werden müssen. Auch wenn dies primär eine Aufgabe des tiefen Cloud-Managements ist, müssen Entwickler:innen trotzdem mit potenziellen Unterbrechungen und Verzögerungen planen und gegebenenfalls Mechanismen zur schnellen Übergabe der Daten zwischen den Knoten berücksichtigen, um eine stabile User Experience zu gewährleisten.
- **Erhöhter Planungsaufwand für Integration:** Die dezentrale Struktur einer Edge-Cloud erfordert eine gezielte Planung und Abstimmung mit den Anbietern der Edge-Infrastruktur und führt eine zusätzliche Netzwerkschicht und einen weiteren Infrastruktur-Dienstleister ein, die inhaltlich und technisch gemanagt werden müssen. Entwickler:innen stehen daher vor der Herausforderung, die Interoperabilität zwischen den mobilen Anwendungen und den Netz- bzw. Cloud-Schichten in einem dynamischen Nutzungskontext sicherzustellen.

8.5.3 Standard Cloud AI

Standard Cloud AI beschreibt die Auslagerung von KI-basierten Prozessen in zentrale, oft weltweit verteilte Cloud-Rechenzentren, oft in die Rechenzentren der Hyperscaler wie Google Cloud Platform (GCP), Amazon Web Services (AWS) oder Microsoft Azure. Diese Architektur bietet hohe Rechenleistung und Zugriff auf spezialisierte KI-Modelle, die laufend aktualisiert werden können. Entwickler:innen sind dabei nicht durch die Hardware-Limits des mobilen Endgerätes eingeschränkt und können dennoch skalierbare KI-Funktionen bereitstellen.

8.5.3.1 Vorteile

- **Unbegrenzte Computing-Power und kontinuierliche Modellverbesserung:** Cloud-basierte KI bietet nahezu unbegrenzte Rechenleistung und die Möglichkeit, Modelle zentral zu aktualisieren und zu optimieren. Dies ermöglicht die Verarbeitung rechenintensiver KI-Modelle wie Deep Learning. Die zentrale Speicherung ermöglicht zudem eine dynamische Skalierung und ein verbessertes Training.
- **Große Datenbasis und Cross-Device-Funktionalität:** Durch die Möglichkeit, beliebig große Datenmengen in der Cloud zu speichern und zu verarbeiten, können KI-Modelle auf eine reichhaltige und stetig wachsende Datenbasis zugreifen und so die Genauigkeit der Ergebnisse verbessern. Die zentrale Verfügbarkeit der Modelle ermöglicht zudem die geräteübergreifende Nutzung von KI-basierten Funktionen und die Bereitstellung von Erfahrungen in einem plattformübergreifenden Kontext.
- **Minimierte Entwicklungs- und Wartungskosten für KI-Modelle:** Entwickler:innen profitieren von vortrainierten Modellen und APIs, die von Cloud-Anbietern zur Verfügung gestellt werden und den Zugriff auf eine Vielzahl von KI-gestützten Funktionen ermöglichen. Dies reduziert den Aufwand für Training, Wartung und Anpassung eigener Modelle erheblich, da sie auf bereits entwickelte, ausgereifte Lösungen zurückgreifen können.

8.5.3.2 Herausforderungen

- **Latenz und Abhängigkeit von der Netzwerkanbindung:** Da die gesamte KI-Verarbeitung in entfernten Rechenzentren stattfindet, ist eine stabile Internetverbindung mit geringer Latenz in einer E2E-Sicht entscheidend. Bei schlechter Verbindung oder hohen Latenzen können Verzögerungen auftreten, die die User Experience beeinträchtigen oder transaktionskritische Prozesse gefährden.
- **Datenschutz und gesetzliche Anforderungen:** Durch die zentrale Speicherung und Verarbeitung in der Cloud ergeben sich erhöhte Anforderungen an den Datenschutz. Entwickler:innen und Betreiber:innen mobiler Anwendungen müssen sicherstellen, dass alle rechtlichen Anforderungen an den Umgang mit personen-

bezogenen Daten erfüllt werden, besonders wenn diese in Rechenzentren außerhalb des Landes oder der Region verarbeitet werden. Ein aktives Risikomanagement ist hier entscheidend, um Datenschutzverstöße zu vermeiden.

- **Energie- und Kostenaufwand durch Cloud Computing:** Die zentrale Verarbeitung und Speicherung großer Datenmengen führt zu einem hohen Energieverbrauch und damit zu hohen Betriebskosten, die die Cloud-Anbieter an ihre Kund:innen weitergeben. Dies ist besonders relevant für Anwendungen, die häufig und in Echtzeit auf KI-Funktionen zugreifen. Entwickler:innen sollten daher bei der Nutzung von Cloud-Diensten eine sorgfältige Kosten-Nutzen-Abwägung treffen und vor allem das Kleingedruckte sorgfältig lesen, um überraschende Kostensteigerungen bei der Nutzung von KI-Services zu vermeiden.

8.6 Exkurs: soziologische und ethisch-moralische Einordnung von KI in mobilen Systemen

Durch die fortschreitende Integration von KI in mobile Systeme gewinnen diese zunehmend an Bedeutung als direkte Brücke zwischen Nutzer:innen und intelligenter, KI-gestützter Technologie. Da mobile Endgeräte tief in persönliche Lebensbereiche integriert sind und dadurch spezifische und aus verschiedenen Perspektiven wertvolle Nutzer:innen-Daten generieren, können KI-basierte Anwendungen weitreichende positive Effekte erzielen, die direkten Einfluss auf verschiedene persönliche Lebensbereiche der Nutzer:innen haben, aber auch aus gesamtgesellschaftlicher Sicht relevant sind – siehe medizinische Forschung oder „personal wellbeing". Diese Daten eröffnen somit die Möglichkeit, Anwendungen präziser auf individuelle Bedürfnisse auszurichten und im Gesamtbild gesellschaftlich relevante Mehrwerte zu schaffen.

Entwickler:innen und Betreiber:innen mobiler Systeme sind daher gefordert, technische Überlegungen mit ethischen und gesellschaftlichen Perspektiven zu verbinden. Nur so kann KI in mobilen Systemen langfristig nachhaltig und sozialverträglich eingesetzt werden und eine positive und visionäre gesellschaftliche Transformation unterstützen.

An dieser Stelle möchte ich auf das Essay „Machines of Loving Grace – How AI Could Transform the World for the Better", auf Deutsch in etwa „Maschinen der liebevollen Gnade – Wie KI die Welt zum Besseren verändern könnte", von Dario Amodei hinweisen. Das Essay ist aus meiner Sicht ein wegweisendes und visionäres Plädoyer für die positive Gestaltung der gemeinsamen KI-Zukunft. Interessantes Detail am Rande: Dario Amodei bezieht sich mit dem Titel seines Essays vielleicht auf das 1967 (!) veröffentlichte Gedicht „All Watched Over by Machines of Loving Grace" von Richard Brautigan. In diesem Gedicht beschreibt Brautigan eine utopische Zukunft, in der Maschinen und Computer eine harmonische Beziehung zwischen Natur und Mensch ermöglichen. Die Maschinen überwachen die Welt mit einer Art wohlwollender und liebevoller Gnade, was eine sowohl technokratische als auch zutiefst menschliche Vision von Technologie als unterstützende und fürsorgliche Kraft beschreibt.

Dario Amodei ist ehemaliger Vice President of Research bei OpenAI, leitete dort die Entwicklung der großen Sprachmodelle GPT-2 und GPT-3 und war Mitentwickler des Ansatzes „Reinforcement Learning from Human Feedback" (RLHF), der für die Steuerbarkeit und Sicherheit moderner KI-Systeme maßgebend ist. Seine Arbeit bei OpenAI, die prinzipiell auch technischen Fortschritt mit ethischen Prinzipien verband, führte 2021 zur Gründung der Anthropic PBC, die er gemeinsam mit seiner Schwester Daniela ins Leben rief.

Anthropic ist eine gemeinnützige Organisation bzw. „Public Benefit Corporation (PBC)", die KI-Modelle entwickelt und sich dabei auf Sicherheit und Zuverlässigkeit konzentriert. Ihr Ansatz basiert auf der Responsible Scaling Policy (RSP), einem Rahmenwerk, das Sicherheitsstandards analog zu Biosicherheitsstufen definiert. Diese Richtlinien sollen gewährleisten, dass leistungsfähige KI-Systeme verantwortungsvoll und in Übereinstimmung mit ethischen Standards entwickelt werden. Die Mission von Anthropic ist es, transformative und gesellschaftlich nützliche KI bereitzustellen, die gleichzeitig sicher und kontrollierbar ist.

Zu den Produkten von Anthropic gehört das KI-Modell Claude, das in Bereichen wie Dialog, Textverarbeitung und Codegenerierung eingesetzt wird und sich durch Sicherheitsmechanismen und ethische Standards auszeichnet. Die Einrichtung eines langfristigen Treuhandfonds stellt sicher, dass ein Teil der Unternehmensgewinne in gemeinnützige Projekte und die Weiterentwicklung sicherer KI fließt, um nachhaltige und sozial verantwortliche Innovationen zu fördern. Anthropic nimmt damit eine Vorreiterrolle ein, indem es ethische Standards mit wissenschaftlichen und gesellschaftlichen Zielen verbindet.

In seinem Essay untersucht Dario Amodei das transformative Potenzial von KI, die Lebensqualität in verschiedenen Bereichen entscheidend zu verbessern, und betont gleichzeitig die Notwendigkeit, klare ethische und gesellschaftliche Rahmenbedingungen zu schaffen, um diese positiven Entwicklungen verantwortungsvoll zu gestalten. Die Kernaussagen des Essays lassen sich in folgende Themenbereiche einteilen:

- **Biologie und physische Gesundheit:** Amodei beschreibt die Vision, dass KI-gestützte Fortschritte in der Medizin die Entdeckung neuer Wirkstoffe beschleunigen und die personalisierte Medizin sowie diagnostische Verfahren revolutionieren könnten. Durch diese Anwendungen könnte KI den allgemeinen Gesundheitszustand erheblich verbessern und die gesunde Lebenserwartung verlängern. Amodei sieht darin eine Art „biologische Freiheit", die es dem Einzelnen ermöglichen könnte, seine körperliche Gesundheit selbstbestimmter zu gestalten.
- **Neurowissenschaften und Psyche:** Neben der physischen Gesundheit hebt Amodei die Möglichkeiten von KI im Bereich der psychischen Gesundheit hervor.

Er sieht großes Potenzial in KI-gestützten Analysen und Interventionen, die durch Früherkennung und individuell angepasste Behandlungspläne psychische Belastungen reduzieren könnten. Diese Entwicklung könnte zu einer Verbesserung des kognitiven und emotionalen Wohlbefindens auf breiter Ebene beitragen.

- **Wirtschaftliche Entwicklung und Armutsbekämpfung:** Amodei beschreibt die Rolle von KI als Motor für wirtschaftliche Produktivität und Wachstum in ökonomisch benachteiligten Regionen. Er weist aber auch darauf hin, dass KI bei ungleicher Verteilung bestehende Ungleichgewichte verschärfen kann. Er betont daher die Notwendigkeit gezielter politischer Maßnahmen, um sicherzustellen, dass die wirtschaftlichen Vorteile der KI allen zugute kommen und dazu beitragen, die soziale und wirtschaftliche Kluft zu schließen, anstatt sie zu vergrößern.
- **Frieden und Staatsführung:** Amodei sieht in KI auch die Möglichkeit, Regierungen effizienter zu machen und das Rechtssystem gerechter und transparenter zu gestalten. KI könnte demokratische Institutionen stärken, indem sie informierte Entscheidungsfindung, Transparenz und Rechenschaftspflicht fördert – Aspekte, die er als entscheidend für den Schutz der Menschenrechte und soziale Gerechtigkeit ansieht.
- **Arbeit und Sinnhaftigkeit:** Trotz der in einigen Bereichen durchaus berechtigten Sorge, dass KI Arbeitsplätze vernichten könnte, ist Amodei der Ansicht, dass sinnvolle Arbeit und Selbstverwirklichung auch in einer von KI geprägten Wirtschaft möglich bleiben. Er skizziert ein Szenario, in dem sich die Menschen verstärkt kreativen, bildenden und gemeinschaftlichen Aktivitäten zuwenden, die auch in einem sich wandelnden Arbeitsmarkt Bestand haben werden.

Amodeis Essay schließt mit einem Plädoyer dafür, die Entwicklung der KI sowohl mit positiver Projektion als auch mit Vorsicht voranzutreiben. Er betont die Bedeutung einer optimistischen Vision für die Zukunft der KI, die jedoch stets von klaren Sicherheitsstandards und ethischen Grundsätzen begleitet sein muss, um die Risiken zu begrenzen und den größtmöglichen Nutzen für die globale Gesellschaft sicherzustellen.

Amodei beschreibt das transformative Potenzial von KI und benennt gleichzeitig Faktoren, die ihre Entwicklung und Verbreitung einschränken. Amodei plädiert für einen realistischen Blick auf KI, sie kann bedeutende Fortschritte bringen, ist aber auch an physische, soziale und strukturelle Grenzen gebunden, die nicht ignoriert werden dürfen:

- **Geschwindigkeit der Außenwelt:** Technologischer Fortschritt ist oft an natürliche zeitliche Grenzen gebunden, die auch die leistungsfähigste KI nicht überschreiten kann. Prozesse in der Biologie, den Materialwissenschaften oder der Softwareentwicklung laufen nach festen Regeln ab, die nicht unendlich beschleunigt werden können. Diese Geschwindigkeitsgrenze setzt auch der Evolution der KI einen festen Rahmen.

- **Daten als Fundament der KI-Entwicklung:** Eine zentrale Voraussetzung für den Erfolg von KI-Modellen ist der Zugang zu einer umfassenden, robusten, repräsentativen und kontinuierlich aktualisierten Datenbasis. Ohne ausreichende Daten kann auch eine hochentwickelte KI nur begrenzt lernen und Schlussfolgerungen ziehen. In spezialisierten Bereichen wie der Teilchenphysik, aber auch in komplexen gesellschaftlichen Anwendungen stellt der Mangel an relevanten und qualitativ hochwertigen Daten eine erhebliche Einschränkung dar. Hier könnte eine „superintelligente" KI zwar theoretisch neue Hypothesen entwickeln, sie wäre aber in ihrer Fähigkeit, diese Hypothesen zu verifizieren, durch die begrenzte Datenverfügbarkeit eingeschränkt.
- **Komplexität und Chaos:** Die intrinsische Komplexität und das deterministische Chaos begrenzen die Fähigkeit der KI, präzise Vorhersagen zu treffen. Der Begriff „deterministisches Chaos" beschreibt hier das Phänomen, dass ein dynamisches System ein scheinbar zufälliges, chaotisches Verhalten zeigt, obwohl es vollständig durch deterministische Regeln gesteuert wird. Das heißt, das Verhalten des Systems wird nicht durch äußere Zufallsfaktoren verursacht, sondern ergibt sich ausschließlich aus den Eigenschaften des Systems selbst. Beispielsweise stoßen selbst leistungsfähige KI-Systeme bei komplexen, nichtlinearen Systemen wie dem Dreikörperproblem an ihre Grenzen. Das Verständnis dieser limitierenden Faktoren hilft, realistische Erwartungen an KI-gestützte Vorhersagen zu formulieren und deren Risikopotenzial abzuschätzen.
- **Rechtliche und gesellschaftliche Grenzen:** Technologische Durchbrüche werden oft durch Gesetze und gesellschaftliche Normen eingeschränkt. Auch wenn KI potenziell bahnbrechende Entwicklungen vorantreiben kann, müssen rechtliche, ethische und gesellschaftliche Grenzen beachtet werden. In der Praxis bedeutet dies, dass eine enge Zusammenarbeit mit der Gesellschaft unabdingbar ist, um technische Möglichkeiten und gesellschaftliche Akzeptanz in Einklang zu bringen.
- **Naturgesetze:** Schließlich gibt es auch physikalische Grenzen, die die Entwicklung von KI einschränken. Die Unmöglichkeit, die Lichtgeschwindigkeit zu überschreiten, oder Mindestanforderungen an Energie und Speicherplatz begrenzen die Leistungsfähigkeit von Hardware und damit auch von KI-Systemen. Diese physikalischen Gesetze stellen eine unverrückbare Grenze dar.

Amodeis Ansatz bleibt dabei pragmatisch: Die Anerkennung dieser Grenzen ist für eine verantwortungsvolle Gestaltung von KI unerlässlich, da sie sowohl die Potenziale als auch die Grenzen der Technologie definieren. Sein Appell richtet sich daher insbesondere an die IT-Branche, sich nicht nur auf die Entwicklung immer leistungsfähigerer Systeme zu konzentrieren, sondern auch die Rahmenbedingungen und ethischen Grundsätze zu berücksichtigen, die für eine verantwortungsvolle und nachhaltige Nutzung der Potenziale notwendig sind. Dies erfordert ein Umdenken, das nicht nur technologischen Fortschritt anstrebt, sondern auch die Voraussetzungen dafür schafft, dass dieser Fortschritt gesellschaftlich tragfähig und damit „implementierbar“ ist.

Das vollständige Essay von Dario Amodei: *https://darioamodei.com/machines-of-loving-grace*

8.7 Zusammenfassung und Schlüsselaspekte dieses Kapitels

8.1 Angewandte KI in mobilen Systemen

Entscheidend für den erfolgreichen KI-Einsatz in mobilen Systemen sind spezifische KI-Technologien, die die User Experience mobiler Anwendungen verbessern und neue Nutzungsszenarien ermöglichen. Zu diesen Technologien zählen:

- Spracherkennung und Natural Language Processing (NLP)
- Conversational AI für kontextbezogene Dialoge
- Computer Vision (CV) zur Interpretation von visuellen Informationen
- Retrieval-Augmented Generation (RAG) zur Kombination von generativer Textverarbeitung mit externen Wissensquellen
- Intelligent Document Processing (IDP) zur Datenextraktion aus Dokumenten
- Adaptive User Experience (UX) zur dynamischen Anpassung des User Interface

8.2 KI-bezogene APIs und SDKs der Betriebssysteme in der Praxis

Mobile Betriebssysteme bieten „ab Werk“ leistungsfähige APIs und SDKs für die Implementierung von KI-Funktionen.

- Apple iOS integriert Core ML, Natural Language Framework, Vision Framework, Create ML und Speech Framework.
- Google Android beinhaltet ML Kit, Google Assistant SDK, Gemini API und Cloud Vision API.
- Apple Intelligence und Private Cloud Compute in iOS ermöglichen komplexe KI-Aufgaben unter Wahrung der Privatsphäre.
- Android integriert Gemini als LLM für natürliche Sprachinteraktion und bietet Funktionen wie Circle to Search, KI-gestützte Betrugserkennung und Diebstahlschutz.

8.3 Embedded AI der Betriebssysteme

Embedded AI beschreibt die Integration von KI-Funktionen auf Betriebssystemebene zur Optimierung von Systemprozessen.

- Sowohl Apple als auch Google setzen verstärkt auf Embedded AI.
- Embedded AI birgt Herausforderungen hinsichtlich der Intransparenz ihrer Wirkungsweise.
- iOS 18 bietet Funktionen wie automatische Bildverarbeitung, Gesundheits- und Bewegungsanalyse, Zusammenfassungen, Transkriptionen, natürlichsprachliche Suche und intelligentes Benachrichtigungsmanagement.
- Android 15 bietet ähnliche Funktionen wie automatische Bildoptimierung, Dynamic Performance Framework, Private Space, verbessertes Multitasking und Bildschirmaufzeichnung.

8.4 Integration von KI in mobile Betriebssysteme: Apple und Google im Vergleich

Beide Plattformen investieren massiv in die Weiterentwicklung ihrer Betriebssysteme durch KI-Integration, der direkte Vergleich zeigt dabei klare strategische und technologische Unterschiede in den Ansätzen.

- Apple räumt dem Schutz personenbezogener Daten durch „On-Device-AI" Vorrang ein, bei der die Verarbeitung größtenteils lokal auf dem Gerät erfolgt, um den Datenaustausch mit der Cloud zu minimieren.
- Google fördert ein offenes Ökosystem durch die Bereitstellung von APIs und SDKs, die es Entwickler:innen ermöglichen, KI-Funktionen flexibel in Android-Anwendungen zu integrieren.
- Googles cloudbasierte KI-Infrastruktur ist auf Skalierbarkeit ausgelegt, um eine breite Palette von Android-Geräten zu unterstützen und ressourcenintensive KI-Anwendungen zu ermöglichen.

8.5 Implementierungsstrategien für Mobile KI: Embedded AI, Edge Computing/ Edge AI und Standard-Cloud-Lösungen im Vergleich

Die Wahl der Implementierungsstrategie hängt von Faktoren wie erforderlicher Rechenleistung, Latenzanforderungen, Datenschutz und Wirtschaftlichkeit ab.

- Embedded AI bietet hohe Reaktionsgeschwindigkeit, Datenschutz und einfache Integration, bringt aber auch Herausforderungen hinsichtlich Anpassungsmöglichkeiten, Ressourcenintensität und Abhängigkeit von OS-Updates mit sich.
- Edge Computing bietet hohe Rechenleistung und ebenfalls niedrige Latenzen, erfordert jedoch eine stabile Netzwerkverbindung des Endgeräts und stellt höhere Sicherheitsanforderungen aufgrund der komplexeren Netzwerkstruktur.

- Standard Cloud AI bietet zum Preis höherer Latenzzeiten unbegrenzte Rechenleistung, eine große Datenbasis, Zugriff auf leistungsfähige, vortrainierte Modelle und kann Entwicklungskosten minimieren, stellt aber erhöhte Anforderungen an den Datenschutz und ist mit einem hohen Energie- und Kostenaufwand verbunden.

8.6 Exkurs: Soziologische und ethisch-moralische Einordnung von KI in mobilen Systemen

Die Integration von KI in mobile Systeme eröffnet ein breites Spektrum an Möglichkeiten, verschiedene Lebensbereiche positiv zu beeinflussen und die Lebensqualität der Menschen zu erhöhen.

- Entwickler:innen müssen technische Überlegungen mit ethischen und gesellschaftlichen Perspektiven verbinden.
- Dario Amodei skizziert in seinem Essay „Machines of Loving Grace" die transformative Kraft von KI und die Notwendigkeit ethischer Rahmenbedingungen.
- Amodei beschreibt das Potenzial von KI in Bereichen wie Biologie, Neurowissenschaften, Wirtschaft, Politik, Arbeit und Sinnfindung.
- Er beschreibt aber auch die Grenzen der KI, die durch die Geschwindigkeit der Außenwelt, den Bedarf an Daten, die intrinsische Komplexität, rechtliche und soziale Normen sowie Naturgesetze definiert werden.

9 Mobile Business: Geschäftsmodelle und globaler Markt

Mobile Business hat sich zu einem der dynamischsten und einflussreichsten Sektoren der globalen Wirtschaft entwickelt. Mobile Technologien prägen nicht nur das Verhalten der Konsument:innen, sondern verändern ganze Branchen und Märkte. Die Flexibilität und Skalierbarkeit mobiler Systeme eröffnet Unternehmen vielfältige Möglichkeiten, innovative Geschäftsmodelle zu entwickeln, neue Marktsegmente zu erschließen und ihre Wertschöpfungsketten nachhaltig zu optimieren.

Dieses Kapitel analysiert aktuelle Entwicklungen und Herausforderungen im Mobile Business. Es beleuchtet zentrale Mechanismen wie Skalen- und Netzwerkeffekte, zeigt die Rolle mobiler Systeme als Wachstumstreiber auf und gibt einen fundierten Ausblick auf Trends und zukünftige Entwicklungen. Ziel ist es, den Leser:innen ein umfassendes Verständnis für die strategischen Potenziale und die ökonomische Relevanz des Mobile Business zu vermitteln und mögliche Handlungsansätze für eigene Projekte aufzuzeigen.

9.1 Definition Mobile Business

Mobile Business umfasst alle Geschäftsaktivitäten, die durch den Einsatz mobiler Technologien wie Smartphones, Tablets und Wearables ermöglicht oder unterstützt werden. Dazu gehören nicht nur der Kauf und Verkauf von Produkten und Dienstleistungen über mobile Endgeräte (M-Commerce), sondern auch Kommunikation, Information, Marketing, Kundenservice und die Optimierung interner Prozesse. Mobile Business richtet sich an den spezifischen Anforderungen mobiler Nutzungsszenarien aus und berücksichtigt dabei die sich wandelnden soziokulturellen Präferenzen der Nutzer:innen, einschließlich der Nutzung von Smartphones als primären digitalen Kanal, den steigenden Wunsch nach ständiger Verfügbarkeit digitaler Dienste und

Angebote sowie die zunehmende Akzeptanz standortbasierter und personalisierter Anwendungen.

Um diesen Entwicklungen gerecht zu werden, müssen mobile Systeme spezifische Anforderungen erfüllen, die sowohl technische Aspekte als auch Präferenzen der Nutzer:innen berücksichtigen:

- **Optimierung für kleinere Bildschirmgrößen und Touch-Interaktion:** Mobile Anwendungen müssen nicht nur an die kleineren Displays von Smartphones und Tablets angepasst werden, sondern erfordern auch eine intuitive und effiziente Benutzer:innenführung mittels Touch-Gesten. Die damit verbundene Vereinfachung des User Interface (UI) und die direkte haptische Interaktion entsprechen dem steigenden Bedürfnis der Nutzer:innen nach einem stets verfügbaren, schnellen und unkomplizierten Zugang zu Informationen und Diensten. Aus ökonomischer Sicht ist dies besonders relevant, da eine positive User Experience direkt zur Kunden:innenbindung beiträgt und die Abbruchrate bei der Nutzung von Anwendungen reduziert.
- **Mobile Konnektivität und Netzwerkstabilität:** Die Abhängigkeit mobiler Anwendungen von instabilen mobilen Datenverbindungen erfordert ein hohes Maß an Anpassungsfähigkeit und Resilienz der Anwendung. Apps müssen so gestaltet sein, dass sie trotz schwankender Verbindungsqualität, temporärem Netzausfall oder eingeschränkter Bandbreite stabil und zuverlässig funktionieren. Dazu gehören Strategien wie das Zwischenspeichern von Daten, intelligente Synchronisationsmechanismen und die dynamische Anpassung der Datenübertragung an die verfügbare Netzkapazität, um sicherzustellen, dass Dienste auch bei eingeschränkter Netzqualität zuverlässig funktionieren. Eine reibungslose Konnektivität ist wirtschaftlich relevant, da jede Störung oder Verzögerung den Eindruck der App beeinträchtigen kann und sich direkt auf Umsatzverluste oder die Zufriedenheit der Nutzer:innen auswirkt.
- **Standortbezogene Dienste und Kontextsensivität:** Die Möglichkeit, den Standort der Nutzer:innen in Echtzeit zu erfassen und zu verarbeiten, eröffnet eine Vielzahl von Potenzialen für das Mobile Business. So können beispielsweise personalisierte Angebote direkt an das lokale Umfeld angepasst werden, etwa Rabatte in nahe gelegenen Geschäften oder Empfehlungen für Restaurants in der Umgebung. Solche ortsbezogenen Informationen fördern nicht nur die unmittelbare Nutzungsbereitschaft, sondern stärken auch die langfristige Kund:innenbindung durch eine relevantere User Experience.

Aus ökonomischer Sicht bieten standortbezogene Dienste erhebliche Mehrwerte durch gezielte Werbekampagnen und Kommunikationsmaßnahmen, die die lokalen Präferenzen und das Verhalten der Nutzer:innen berücksichtigen. So können Unternehmen auf Basis von Geofencing oder Beacon-Technologien Werbung und Angebote dynamisch anpassen und in Echtzeit ausspielen. Gleichzeitig ermöglichen kontextbezogene Daten detaillierte Analysen des Nutzerverhaltens, wie bevorzugte Standorte, Verweildauer oder Bewegungsmuster. Diese Informationen können genutzt werden, um datengetriebene Marketingstrategien zu entwickeln, die nicht nur die Konversionsraten, sondern auch die langfristige Profitabilität steigern.

- **Optimale Nutzung der begrenzten Ressourcen mobiler Endgeräte:** Mobile Anwendungen müssen so konzipiert sein, dass sie die begrenzten Ressourcen mobiler Endgeräte wie Akkulaufzeit, Rechenkapazität und Speicherplatz optimal nutzen. Besonders auf Geräten mit geringeren technischen Spezifikationen ist ein ressourcenschonendes Design entscheidend, um eine stabile Performance und lange Betriebszeiten zu gewährleisten. Dies ist nicht nur aus technischer Sicht relevant, sondern hat auch betriebswirtschaftliche Implikationen: Effizient und performant arbeitende Apps steigern die Kund:innenzufriedenheit, senken die Abbruchraten während der Nutzung und fördern die langfristige Bindung der Nutzer:innen an die Anwendung.

Die effiziente Ressourcennutzung wirkt sich zudem positiv auf das Markenimage aus, da Nutzer:innen energiesparende und reibungslos funktionierende Anwendungen als qualitativ hochwertig wahrnehmen. Unternehmen profitieren, da leistungsfähige Anwendungen die Wahrscheinlichkeit erhöhen, dass sie wiederholt genutzt und nicht deinstalliert werden. Darüber hinaus trägt ein ressourcenschonendes App-Design indirekt zu einer nachhaltigen Nutzung mobiler Geräte bei, da es den Stromverbrauch und die Belastung der Hardware reduziert und somit die Lebensdauer der Geräte verlängern kann.

- **Sicherheit und Datenschutz:** Mobile Anwendungen verarbeiten häufig personenbezogene und sensible Daten wie Standortdaten, Zahlungsdaten oder persönliche Gesundheitsdaten. Unternehmen müssen daher strenge Anforderungen an Datensicherheit und Datenschutz erfüllen, die über die bloße Einhaltung gesetzlicher Vorschriften wie der DSGVO (Datenschutz-Grundverordnung) hinausgehen. Sicherheitslücken und Datenschutzverletzungen können nicht nur das Vertrauen der Nutzer:innen nachhaltig schädigen, sondern auch erhebliche finanzielle und rechtliche Konsequenzen wie Bußgelder, Schadenersatzforderungen oder Reputationsverlust nach sich ziehen.

Die Integration von Best-Practice-Sicherheitsmaßnahmen ist daher unerlässlich. Dazu gehören unter anderem:

  - Ende-zu-Ende-Verschlüsselung: Alle Daten sollten während der Übertragung und Speicherung verschlüsselt werden, um einen unbefugten Zugriff zu verhindern.
  - Zwei-Faktor-Authentifizierung (2FA): Diese Maßnahme reduziert das Risiko des Identitätsdiebstahls erheblich und stärkt die Zugriffskontrolle.

- Regelmäßige Sicherheits-Audits: Durch die kontinuierliche Überprüfung und Aktualisierung der Sicherheitsinfrastruktur können potenzielle Schwachstellen frühzeitig erkannt und behoben werden.
- Datensparsamkeit: Das Prinzip der Minimierung der erhobenen und gespeicherten Daten hilft, die Angriffsfläche für potenzielle Sicherheitsverletzungen zu reduzieren.

Neben den technischen Maßnahmen spielt auch die Kommunikation mit den Nutzer:innen eine wichtige Rolle. Transparenz darüber, wie Daten verarbeitet und geschützt werden, stärkt das Vertrauen und fördert die Bereitschaft, eine mobile Anwendung zu nutzen. Aus strategischer Sicht ist die Sicherstellung von Datenschutz und Datensicherheit daher nicht nur eine technische Herausforderung, sondern auch ein Wettbewerbsvorteil, der die langfristige Bindung der Nutzer:innen an eine Marke unterstützt und die Positionierung des Unternehmens im Markt stärkt.

Im Gegensatz zum E-Business, das alle elektronisch unterstützten Geschäftsprozesse in allen digitalen Medien umfasst, steht beim Mobile Business die Nutzung mobiler Technologien mit ihren spezifischen Eigenschaften und Einsatzszenarien zur Erschließung neuer Geschäftspotenziale im Vordergrund. Mobile Business bedeutet dabei nicht nur die Anpassung klassischer Geschäftsprozesse an mobile Endgeräte, sondern erfordert eine gezielte Neukonzeption von Geschäftsmodellen und deren zugrunde liegenden Abläufen und Verfahren. Beispiele hierfür sind die Entwicklung von Mobile-First-Plattformen wie Instagram oder die Integration von Mobile Payment in bestehende Commerce-Angebote. Diese mobilen Geschäftsmodelle sollten so gestaltet sein, dass sie den Anforderungen der Nutzer:innen an ständige Verfügbarkeit, personalisierte Interaktionen und unmittelbaren Zugang gerecht werden. Unternehmen müssen ihre Strategien so ausrichten, dass sie flexibel auf die mobilen Nutzungskontexte und Erwartungen der Nutzer:innen reagieren können. Nur durch eine solche präzise Ausrichtung auf die Besonderheiten der mobilen Nutzung können die Potenziale des Mobile Business voll ausgeschöpft werden und sich Unternehmen im wettbewerbsintensiven mobilen Marktumfeld nachhaltig behaupten.

9.1.1 Ökonomische Relevanz des Mobile Business

Mobile Business ist eine der Säulen der digitalen Transformation und beeinflusst Strukturen und Prozesse in zahlreichen Branchen. Die stetig wachsende Verbreitung von Smartphones und mobilen Internetzugängen hat dazu geführt, dass Nutzer:innen weltweit zu jeder Zeit und von nahezu jedem Ort aus auf digitale Dienste zugreifen können. Unternehmen, die ihre Geschäftsprozesse und Angebote für mobile Plattformen optimieren, profitieren von zahlreichen Wettbewerbsvorteilen in der digitalen Wirtschaft.

Die Studie DIGITAL 2024 Global Overview Report von Meltwater News US Inc. belegt, wie dominant mobile Kanäle auch in globaler Perspektive sind: Sie machten im

Januar 2024 31,3 Prozent aller internetfähigen Geräte aus und sind damit einsamer Spitzenreiter bei den vernetzten persönlichen Geräten, Tendenz weiter steigend.

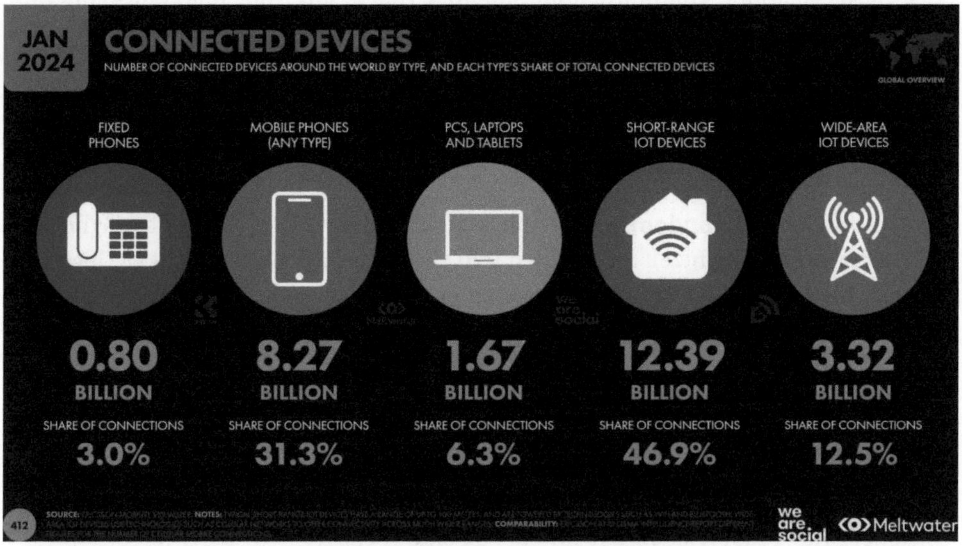

Bild 9.1 Relevanz mobiler Endgeräte: Anzahl der weltweit vernetzten Geräte nach Typ und Anteil der einzelnen Gerätetypen an den insgesamt vernetzten Geräten. (Bildnachweis: DIGITAL 2024 Global Overview Report von Meltwater News US Inc. auf *https://www.meltwater.com/de/global-digital-trends*)

9.1.2 Ökonomische Potenziale und Erfolgsfaktoren

Die ökonomischen Potenziale des Mobile Business basieren auf einer Vielzahl von Erfolgsfaktoren, die den Einsatz mobiler Technologien für Unternehmen besonders wertschöpfend machen. Von der erweiterten Reichweite über Effizienzgewinne bis hin zu neuen Geschäftsmodellen eröffnen mobile Geschäftsmodelle vielfältige Möglichkeiten zur Wertschöpfung und Optimierung der Kundenbindung.

- **Erweiterte Reichweite und verbesserte Zielgruppenansprache:** Mobile Business ermöglicht es Unternehmen, eine deutlich größere Zielgruppe anzusprechen, vor allem in Märkten und Altersgruppen mit hoher Smartphone-Affinität. Die Mobilität und Verfügbarkeit von mobilen Endgeräten fördert die Interaktion mit und die Bindung an eine Marke oder ein Produkt und erlaubt es, gezielt auf die individuellen Bedürfnisse der Nutzer:innen einzugehen. Dies führt nicht nur zu einer höheren Reichweite, sondern auch zu einer stärkeren Kundenbindung und bietet Unternehmen einen direkten Feedback-Kanal zur Optimierung ihrer Dienstleistungen und Produkte.

- **Effizienzsteigerung durch Automatisierung und Mobilität:** Mobile Technologien tragen jenseits der an die Endkund:innen gerichteten Angebote erheblich zur Effizienzsteigerung innerhalb von Unternehmen bei. Apps für Zeiterfassung, Lagerverwaltung, Kommunikation und den Zugriff auf Unternehmensdaten optimieren interne Prozesse und ermöglichen es Mitarbeiter:innen, unabhängig vom Standort effizient zu arbeiten. Die dadurch gewonnene Flexibilität und Reaktionsfähigkeit erhöht die betriebliche Agilität und verbessert die Ressourcennutzung, was sich direkt auf die Wettbewerbsfähigkeit eines Unternehmens und seiner Produkte auswirkt.
- **Personalisierte Kundeninteraktion und verbesserter Service:** Die Möglichkeit, mobile Daten in Echtzeit zu erfassen und zu analysieren, ermöglicht es Unternehmen, die Interaktion mit ihren Kund:innen zu optimieren. Mobile Anwendungen erlauben es, gezielte und personalisierte Angebote zu erstellen und den Nutzer:innen relevante Informationen zum richtigen Zeitpunkt bereitzustellen. Beispiele hierfür sind personalisierte Empfehlungen in E-Commerce-Apps oder standortbezogene Angebote in Retail-Apps. Durch mobile Push-Benachrichtigungen, Chatbots und kontextbezogene Dienste können Unternehmen schnell und effizient auf Anfragen reagieren und den Service verbessern. Stärkere Kundenbindung und höhere Kundenzufriedenheit sind die direkte Folge.
- **Plattformökonomie als Motor für Wachstum und Innovation:** Die Plattformökonomie, die digitale Plattformen als Vermittler zwischen Anbieter:innen und Nutzer:innen nutzt, profitiert besonders von mobilen Technologien. Plattformen wie Uber oder Airbnb basieren auf mobilen Infrastrukturen und ermöglichen nahtlose, ortsunabhängige Interaktionen. Weitere Beispiele für erfolgreiche Plattformen finden sich im Bereich der FinTech-Branche oder der Sharing Economy. Diese Geschäftsmodelle wären ohne mobile Technologien nicht denkbar, da sie auf Echtzeitdaten, standortbezogene Dienste und mobile Bezahlmöglichkeiten angewiesen sind. Die Plattformökonomie demonstriert, wie Mobile Business innovative Marktstrukturen schafft und neue Umsatzpotenziale erschließt, indem es bestehende Geschäftsmodelle disruptiv verändert.

9.1.3 Innovative Mobile-Only/First-Geschäftsmodelle

Mobile Business ermöglicht die Entwicklung von Geschäftsmodellen, die ausschließlich auf den spezifischen Eigenschaften mobiler Technologien basieren. Einge solcher „Mobile Only"- bzw. „Mobile First"-Geschäftsmodelle sind:

- **Ride-Hailing-Dienste wie Uber und Lyft:** Diese Dienste basieren im Frontend ausschließlich auf mobilen Technologien, da sie eine direkte, mobile Interaktion in Echtzeit zwischen Fahrer:innen und Passagier:innen benötigen. Mithilfe von GPS-Tracking und standortbezogenen Diensten können Nutzer:innen ihre Fahrt buchen und bezahlen, den Standort des Fahrzeugs verfolgen und die Ankunftszeit abschätzen – alles vollständig in die mobile App integriert. Diese Dienste haben das Konzept der Personenbeförderung radikal verändert und ein vollständig neues und mobiles Geschäftsmodell geschaffen.

- **Food Delivery Apps wie DoorDash, Lieferando und Uber Eats:** Diese Anwendungen verbinden Kund:innen, Restaurants und Lieferfahrer:innen und ermöglichen eine dynamische Koordination der Bestellungen und Auslieferungen. Die Nutzer:innen können die Zubereitung und den Lieferstatus ihres Essens in Echtzeit verfolgen. Diese Echtzeitlogistik wäre ohne mobile Technologien und GPS-Integration nicht realisierbar.
- **Standortbezogene soziale Medien und Entertainment wie Snapchat und Pokémon Go:** Diese Anwendungen nutzen die Möglichkeiten mobiler Endgeräte, um standortspezifische Erlebnisse zu schaffen. Snapchat bietet Geofilter, die an bestimmten Orten aktiviert werden, und Linsen, die Augmented Reality (AR) nutzen, um die Umgebung der Nutzer:in spielerisch zu erweitern. Pokémon Go integriert GPS-Daten und die Smartphone-Kamera, um Spieler:innen in der realen Welt zu bewegen und Pokémon in ihrer Umgebung erscheinen zu lassen. Der Mehrwert dieser Anwendungen beruht auf der Kombination von GPS, Kamera und mobiler Internetverbindung.
- **Gesundheits- und Fitness-Tracking-Apps wie Strava und MyFitnessPal:** Diese Apps nutzen die Sensoren und Ortungsdienste von Smartphones, um Gesundheits- und Fitnessdaten wie Distanzen, Routen und Aktivitätsniveau in Echtzeit zu erfassen. Strava ermöglicht es Nutzer:innen, ihre sportlichen Aktivitäten zu dokumentieren, ihre Leistungen in Echtzeit zu vergleichen und zu teilen. Diese Apps basieren auf mobilen Endgeräten und schaffen ein Nutzererlebnis, das speziell auf die mobile Nutzung zugeschnitten ist.

Mobile Business spielt somit eine zentrale Rolle in der digitalen Wirtschaft, indem es nicht nur bestehende Prozesse optimiert, sondern völlig neue Möglichkeiten für Wachstum, Innovation und Kund:innenbindung schafft. Unternehmen, die Mobile Business als integralen Bestandteil ihrer Geschäftsstrategie betrachten, profitieren von den zahlreichen Vorteilen und sichern sich langfristig einen strategischen Vorteil im digitalen Marktumfeld.

Das wirtschaftliche Potenzial rein digitaler mobiler Geschäftsmodelle lässt sich gut an der Analyse „The Highest Earning Apps“ des amerikanischen Statistik-Anbieters Appfigures ablesen. Appfigures Inc. hat sich auf App-Analyse, -Optimierung und -Intelligence spezialisiert, das Unternehmen bietet eine Reihe von Dienstleistungen und Tools für App-Entwickler, Publisher, Vermarkter und Analysten an.

Bild 9.2 Rangliste der Apps mit den höchsten monatlichen Nettoumsätzen nach Store-Gebühren im globalen Markt 09.2024. (Bildnachweis: Appfigures Inc auf *https://appfigures.com/resources/insights/20241004?f=2*)

9.2 Mobile Systeme als Innovations- und Wachstumstreiber

Mobile Systeme haben sich als zentrale Innovations- und Wachstumstreiber in nahezu allen Branchen etabliert. Ihre technologische Vielfalt, gepaart mit hoher Verfügbarkeit und User Centricity, ermöglicht nicht nur die Optimierung und Mobilisierung bestehender Geschäftsprozesse, sondern auch die Erschließung völlig neuer Geschäftsmodelle und Marktsegmente. Unternehmen profitieren dabei von den einzigartigen Eigenschaften mobiler Plattformen wie ihrer Skalierbarkeit, der Möglichkeit zur Integration von Echtzeitdaten und der tiefen Verankerung im Alltag der Nutzer:innen.

Die wachsende Bedeutung mobiler Systeme zeigt sich in einer Vielzahl von Entwicklungen: von datengetriebener Hyperpersonalisierung und nahtlosen Omnichannel-Erlebnissen bis hin zur Etablierung neuer Plattformökonomien und der Integration nachhaltiger Geschäftsmodelle. Dabei stehen nicht nur technologische Fortschritte im Vordergrund, sondern auch die Frage, wie mobile Technologien gezielt als Instrument des strategischen Managements zur Förderung von Innovation und Wachstum eingesetzt werden können.

Dieser Abschnitt beleuchtet die verschiedenen Mechanismen, die mobile Systeme zu Wachstumstreibern machen, und analysiert ihre Auswirkungen auf Geschäftsmodelle, Marktstrukturen und die globale Wirtschaft.

9.2.1 Disruptive Innovation nach Christensen

Clayton M. Christensen beschreibt die Auswirkungen disruptiver Innovation im Kontrast zu erhaltender Innovation in seinem 1997 erschienenen Buch „The Innovator's Dilemma: When New Technologies Cause Great Firms to Fail", das zu einem Standardwerk der Managementliteratur geworden ist und Innovatoren und Disruptoren wie Steve Jobs, Jeff Bezos und Andy Grove beeinflusst hat. In seinem Buch analysiert er, wie erfolgreiche Unternehmen trotz ihres umfassenden Know-hows und ihrer Marktführerschaft durch disruptive Innovationen bedroht werden können. Christensen argumentiert, dass etablierte Unternehmen sich oft zu sehr auf die Bedürfnisse ihrer bestehenden Kunden und auf inkrementelle Innovationen konzentrieren, während sie neue Märkte – oft am unteren Ende der Wertschöpfung – vernachlässigen. Dort entstehen disruptive Technologien, die zunächst mit einfacheren Produkten oder Dienstleistungen beginnen, bevor sie sich im Laufe der Zeit verbessern und in den Mainstream-Markt eindringen.

Die Theorie der disruptiven Innovation lässt sich direkt auf mobile Systeme und deren Geschäftsmodelle übertragen. Mobile Angebote oder Dienste starten häufig als einfachere und kostengünstigere Lösungen, die zunächst als Nischenprodukte für spezifische Anwendungen entwickelt werden. Durch den schnellen technologischen Fortschritt und die steigende Nutzerakzeptanz haben sich mobile Systeme jedoch zu einem zentralen Medium für die Interaktion mit digitalen Diensten entwickelt und bieten damit ideale Voraussetzungen, ihre Reichweite in kurzer Zeit überproportional zu steigern. Geschäftsmodelle im Mobile Business, wie z. B. die bereits erwähnten Ride-Hailing-Apps, Social-Media-Plattformen oder mobile Bezahlsysteme, haben bereits in vielen Fällen bestehende Branchen neu strukturiert und ermöglichen es, bisher unerschlossene Kundensegmente durch flexible und personalisierte Angebote anzusprechen.

Für Unternehmen, die mobile Geschäftsmodelle entwickeln oder betreiben, ist es daher wichtig, den Begriff der disruptiven Innovation zu verstehen, um nicht nur reaktiv Marktverschiebungen zu erkennen, sondern proaktiv neue Wertschöpfungspotenziale zu identifizieren und umzusetzen.

Gegenüberstellung von erhaltender und disruptiver Innovation in mobilen Systemen

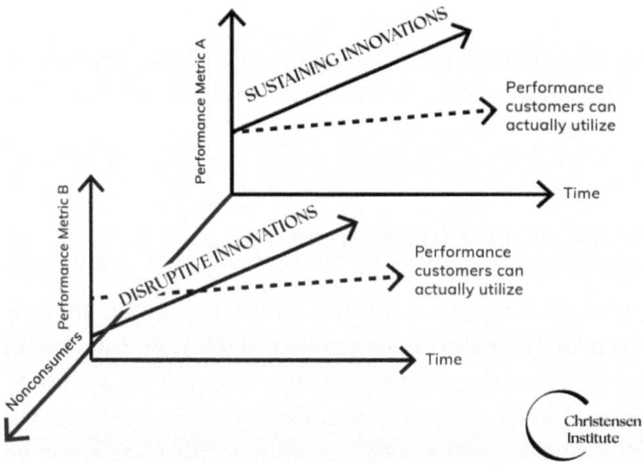

Bild 9.3 Gegenüberstellung von erhaltenden (sustaining) und disruptiven Innovation und ihrer Wertschöpfung im Markt nach Christensen. (Bildnachweis: Clayton Christensen Institute auf *https://www.christenseninstitute.org/theory/disruptive-innovation)*

Die Gegenüberstellung in Bild 13.3 veranschaulicht Clayton Christensens Konzept der disruptiven Innovation und stellt es der erhaltenden Innovation gegenüber.

Die Darstellung beruht auf drei Dimensionen: Zeit (X-Achse), Leistung (Y-Achse) und der impliziten Dimension „Kund:innenanforderungen“.

Dimensionen der Gegenüberstellung

- **X-Achse – Zeit (Time):** Die Zeitachse zeigt, wie sich Innovationen über die Jahre entwickeln und von einem Nischenmarkt zum Mainstream werden können.
- **Y-Achse – Leistung (Performance Metric):** Die vertikale Achse stellt das Leistungsniveau der Produkte oder Dienstleistungen in Bezug auf die Marktanforderungen dar. Es werden zwei Leistungsniveaus unterschieden:
  - Hohe Leistungsanforderungen (Performance Metric A): Diese beziehen sich auf die Erwartungen etablierter Kund:innen, die umfassendere Funktionen und hohe Qualität verlangen. Die Anforderungen steigen häufig im Laufe der Zeit, da Kund:innen von etablierten Produkten kontinuierliche Verbesserungen erwarten.

- Niedrige Leistungsanforderungen (Performance Metric B): Diese Leistungsanforderungen sind für „Nicht-Konsument:innen" oder Kund:innen mit geringeren Ansprüchen relevant, die bisher nicht im Fokus etablierter Anbieter standen. Disruptive Innovationen richten sich häufig an diese Gruppe, da sie zunächst nicht die Erwartungen des Mainstream-Marktes erfüllen müssen.

- Gestrichelte Linien: Leistungen, die Kund:innen tatsächlich nutzen können (Performance customers can actually utilize): Das Leistungsniveau, das Kund:innen in der Praxis tatsächlich nutzen. Diese Linien zeigen, dass die umgesetzen Innovationen oft über das hinausgehen, was die Mehrheit der Kund:innen benötigt oder nutzen will. Dies kann zu einer Überentwicklung führen, bei der Produkte zunehmend komplexer und teurer werden, ohne einen zusätzlichen Mehrwert für alle Kund:innen zu generieren. Disruptive Innovationen hingegen beginnen meist mit einer niedrigeren, aber ausreichenden Leistung und richten sich an Nutzer:innen, die Wert auf Einfachheit, Erschwinglichkeit und grundlegende Funktionalität legen.

Erhaltende Innovation (Sustaining Innovation)

Erhaltende Innovation bezeichnet die kontinuierliche Weiterentwicklung bestehender Produkte und Dienstleistungen, die darauf abzielt, die steigenden Leistungsansprüche der etablierten Kund:innen zu erfüllen. Sie konzentriert sich auf die Verbesserung von Funktionalität, Effizienz oder Qualität innerhalb des bestehenden Marktes und zielt darauf ab, die Kund:innenbindung zu stärken, indem eine hochwertige Leistung angeboten wird, die den Erwartungen und Bedürfnissen der Hauptkund:innen entspricht.

Der strategische Fokus bei erhaltenden Innovationen verläuft im Allgemeinen linear entlang der Anforderungen bestehender Nutzer:innen. Dazu gehören regelmäßig technologische Upgrades und Funktionserweiterungen, die Produkte für bestehende Zielgruppen attraktiver machen. Ein Beispiel aus dem Bereich mobiler Software ist die kontinuierliche Verbesserung von App-Features und Usability, wie z. B. neue Funktionen in Messaging-Apps (z. B. Ende-zu-Ende-Verschlüsselung, Reaktionen auf Nachrichten). In der Darstellung (siehe Bild 9.3) zeigt die Linie der erhaltenden Innovationen daher einen kontinuierlichen Anstieg, da die Unternehmen darauf abzielen, die stetig steigenden Leistungsanforderungen ihrer Hauptkund:innen zu erfüllen.

Ein wichtiges Merkmal erhaltender Innovationen ist die Ausrichtung auf anspruchsvolle Kund:innen, die bereit sind, für verbesserte Funktionalität und höhere Qualität zu zahlen. Häufig führen diese Innovationen zu einem höheren Nutzen für diejenigen, die das Potenzial eines Produkts oder einer Dienstleistung voll ausschöpfen können. Sie birgt aber auch ein potenzielles Risiko: Wenn das Produkt immer leistungsfähiger wird, ohne dass die Mehrheit der Kund:innen diese Leistungssteigerung voll ausschöpfen kann oder möchte (wie in Bild 9.3 durch die gestrichelte Linie angedeutet), kann es zu einer Überentwicklung, dem „Overprovisioning" kommen. Diese

Überentwicklung ist wirtschaftlich relevant, da sie die Produktions- und Betriebskosten erhöht und die Nachfrage möglicherweise nicht in gleichem Maße steigt.

Für Unternehmen bedeutet die Entscheidung für eine konservative Innovationsstrategie, sich auf den Ausbau der Marktführerschaft und die Schaffung von Mehrwert für bestehende Zielgruppen zu konzentrieren. Diese Innovationsstrategie zielt darauf ab, durch kontinuierliche Investitionen in leistungssteigernde Entwicklungen die Kundenbindung zu erhöhen und den Wettbewerbsdruck innerhalb eines bestehenden Marktes zu verringern. Gleichzeitig besteht jedoch die Gefahr, dass neue Märkte und weniger anspruchsvolle Kundengruppen vernachlässigt werden, was langfristig Raum für disruptive Innovationen schafft, die von diesen „Nicht-Konsument:innen" angenommen werden.

Disruptive Innovationen

Disruptive Innovation bezeichnet die Einführung neuer Produkte oder Dienstleistungen, die bestehende Märkte oder Technologien grundlegend verändern, indem sie zunächst Nischenmärkte oder weniger anspruchsvolle Kund:innen ansprechen, die von etablierten Angeboten bisher unzureichend bedient wurden. Anfangs bieten disruptive Innovationen eine einfachere oder billigere Alternative zu bestehenden Lösungen und erfüllen Leistungsanforderungen auf einem niedrigeren, aber für die Zielgruppe immer noch relevanten Niveau. Im Gegensatz zu erhaltenden Innovationen zielen disruptive Innovationen damit auf die Erschließung neuer Kundensegmente, die bisher keine vergleichbaren Lösungen nutzen.

Ein zentrales Merkmal disruptiver Innovationen ist ihre Fähigkeit, den Markt von unten nach oben zu transformieren. Während sich etablierte Unternehmen häufig auf das obere Marktsegment konzentrieren, indem sie anspruchsvolle und zahlungskräftige Kund:innen bedienen, beginnen disruptive Innovationen typischerweise bei den „Nicht-Konsument:innen" oder bei Kund:innen mit geringeren oder sehr spezifischen Leistungsanforderungen. Mit zunehmender technischer Reife und Effizienz durchlaufen sie jedoch eine steile Entwicklungskurve, die es ihnen ermöglicht, schrittweise in den Mainstream vorzudringen und dort schließlich als wettbewerbsfähige Alternative zu bestehenden Angeboten wahrgenommen zu werden.

Für Unternehmen, die im Bereich mobiler Systeme tätig sind, bedeutet die Umsetzung disruptiver Innovationen Herausforderung und Chance zugleich. Durch die Ausrichtung auf neue, oft unterversorgte Märkte und Zielgruppen können sie neue Wachstumsquellen erschließen und sich in Bereichen positionieren, die für etablierte Anbieter nicht lohnend erscheinen. Die Einführung disruptiver Technologien erfordert jedoch ein Umdenken in der Innovationsstrategie, da traditionelle Leistungsindikatoren und Qualitätsstandards oft weniger entscheidend sind als strategische Flexibilität und die Fähigkeit, neue Nutzungskontexte zu identifizieren, zu verstehen und zu monetarisieren.

9.2.1.1 Fallstudie für disruptive Innovation: die Neobank Revolut

Bild 9.4 Revolut-App für iPhone im deutschen Apple App Store. (Bildnachweis: Revolut Bank UAB auf *https://apps.apple.com/de/app/revolut-die-finanz-super-app/id932493382*)

Ein beeindruckendes Beispiel aus dem Fintech-Sektor für eine disruptive Innovation ist die in London ansässige Neobank Revolut, die 2015 von Nikolay Storonsky und Vlad Yatsenko gegründet wurde. Mit der Entwicklung einer App-basierten Banking-Lösung hat Revolut nicht nur eine mobile Alternative zu traditionellen Bankdienstleistungen geschaffen, sondern auch grundlegende Annahmen über die Rolle von physischen Bankfilialen und den Zugang zu Finanzdienstleistungen in digitalen Kanälen infrage gestellt.

Gründung und frühe Jahre

Die Idee zu Revolut entstand aus Frustration über hohe Gebühren und schlechte Wechselkurse bei Auslandsreisen, einem im Prinzip sehr spezifischen Marktsegment mit einer begrenzten Zielgruppe – siehe Bild 13.3 und die Indikatoren für disruptive Innovation. Storonsky, der zuvor bei Credit Suisse und Lehman Brothers gearbeitet hatte, und Yatsenko, ein ehemaliger Entwickler bei der Deutschen Bank, begannen mit der Entwicklung einer Multiwährungs-Bankkarte, die es den Benutzer:innen ermöglichen sollte, Währungen zu einem günstigen Kurs umzutauschen und in verschiedenen Ländern zu nutzen.

Die erste Investition kam von Storonsky selbst, der rund 300.000 Pfund in das Projekt steckte. Revolut startete offiziell im Juli 2015 im Technologieinkubator Level39 in Canary Wharf in London. Bereits in den ersten Tagen zog die Plattform Tausende von Nutzer:innen an.

Expansion und Wachstum

In den folgenden Jahren baute Revolut sein Angebot kontinuierlich aus und deckt inzwischen das vollständige Leistungsspektrum einer Vollbank ab. 2017 führte das Unternehmen Kryptowährungsdienste ein. Im Jahr 2018 erhielt Revolut eine spezialisierte Banklizenz von der litauischen Zentralbank, die es dem Unternehmen ermöglichte, Einlagen anzunehmen und Verbraucherkredite zu vergeben. Diese Lizenz wurde 2021 zu einer Vollbanklizenz erweitert.

Revolut expandierte rasch international. Im Jahr 2019 trat das Unternehmen in den australischen Markt ein und schloss Partnerschaften mit Visa und Mastercard, um seine Präsenz in den USA und anderen Märkten auszubauen.

Marktpostion und Unternehmenswert

Revolut hat weltweit mehr als 45 Millionen Kund:innen und einen Unternehmenswert von 45 Milliarden US-Dollar. Damit ist Revolut nach eigenen Angaben „das wertvollste private Technologieunternehmen in Europa" – man beachte hier die Selbstdefinition als „Technologieunternehmen" und nicht als „Bank". Im Jahr 2023 erzielte Revolut einen Umsatz von 2,2 Mrd. USD (ein Anstieg von 95 % gegenüber dem Vorjahr) und einen Rekordgewinn vor Steuern von 545 Mio. USD. Das Unternehmen setzte diesen Trend im ersten Halbjahr 2024 mit einem jährlichen Umsatzwachstum von über 80 % und einer verbesserten Rentabilität fort. Die Bank berichtet außerdem, dass sie die am schnellsten wachsende Finanz-App in 19 Märkten ist (basierend auf den Downloads im Apple App Store und Google Play Store) und dass sie auf dem besten Weg ist, bis Ende 2024 die Marke von 50 Millionen Kunden zu überschreiten.

Mobile First und „Lifestyle-Banking"

Revolut verfolgt seit seiner Gründung eine konsequente Mobile-First-Strategie, die es den Nutzer:innen ermöglicht, sämtliche Bankdienstleistungen ausschließlich über eine App in Anspruch zu nehmen, wodurch die Notwendigkeit physischer Filialen entfällt, aber auch die Bedeutung des klassischen browserbasierten Internetbankings in den Hintergrund tritt. Dieser Ansatz reduziert die infrastrukturellen und operativen Kosten einer Bank erheblich und ermöglicht eine Skalierbarkeit, die im traditionellen Bankgeschäft, wo physische Präsenz oft noch ein kostentreibender Faktor ist, nur schwer zu realisieren wäre. Durch die intuitive Bedienbarkeit und die konsequente User Centricity der App hat Revolut auch im Bereich der User Experience Maßstäbe gesetzt, die von klassischen Banken selten erreicht werden.

Über die Funktionalitäten klassischer Finanzprodukte hinaus integriert Revolut zunehmend Elemente des „Lifestyle Banking". Dazu gehören Premiumkonten, die Zugang zu exklusiven Vorteilen wie Flughafenlounges, Versicherungsangeboten und individualisierten Karten bieten. Diese Zusatzleistungen sind Ausdruck einer strategischen Neuausrichtung des Bankwesens, bei der die Positionierung als „Transaktionsinstitut" durch einen ganzheitlicheren Ansatz ersetzt wird, der die Lebens- und Konsumgewohnheiten der Nutzer:innen ganzheitlich adressiert und mit entsprechenden Portfolioelementen unterstützt. Budgetierungs- und Planungstools, Krypto-Assets, Rabatte durch Partnerschaften sowie zusätzliche Angebote wie Revolut Stays (Buchungsplattform für Unterkünfte) oder sogar Mobilfunkverträge erweitern das Portfolio von Revolut um Komponenten, die klassische Banken in der Regel nicht anbieten. Die Verschmelzung von Finanz- und Lifestyle-Elementen hebt die Plattform auf eine neue Wertschöpfungsebene, die über reine Finanzdienstleistungen hinausgeht und vor allem gezielt die langfristige Kund:innenbindung fördert.

Diese strategische Erweiterung des Mobile-Banking-Modells stellt eine disruptive Herausforderung für das traditionelle Bankgeschäft dar. Revolut bietet nicht nur eine kostengünstigere Alternative zu den etablierten Anbieter:innen, sondern positioniert sich gleichzeitig als umfassende Lifestyle-Plattform und wird zudem von der Zielgruppe als „cool" wahrgenommen. Die zunehmende Verbreitung von Smartphones und die steigende Nutzung von Mobile Banking Apps begünstigen diesen Trend und schaffen die Basis für innovatives Banking, das ganz auf mobile Technologien ausgerichtet ist.

Für die traditionellen Banken war der Aufstieg von Revolut in vielerlei Hinsicht ein „Weckruf", der zu einem massiven Ausbau der eigenen digitalen und mobilen Angebote geführt und die Paradigmen des Bankings völlig neu definiert hat.

> Weitere Informationen auf der deutschen Homepage von Revolut: *https://www.revolut.com/de-DE*

9.2.1.2 Fazit und strategische Einordnung

Die Theorie der disruptiven Innovation nach Christensen beschreibt, wie technologische Innovationen etablierte Märkte grundlegend verändern und bestehende Marktführer:innen herausfordern können. Sie verdeutlicht, dass Unternehmen, die sich ausschließlich auf die inkrementelle Weiterentwicklung bestehender Angebote und die Befriedigung etablierter Kundensegmente konzentrieren, häufig den Anschluss an neue Märkte und Kundengruppen verlieren. Mobile Geschäftsmodelle sind ein prägnantes Beispiel für diese Dynamik. Durch ihre kostengünstigen, leicht zugänglichen Lösungen haben mobile Systeme die Voraussetzungen, initial Nischenmärkte schnell zu erschließen und durch die Kombination aus technologischem Fortschritt und wachsender Nutzer:innenbasis spontan in den Mainstream vorzudringen.

9.2.2 Asset-Light-Geschäftsmodelle

Das Asset-Light-Modell beschreibt ein betriebswirtschaftliches Konstrukt, das gezielt auf die Minimierung der Kapitalbindung in physischen Vermögenswerten abzielt. Anstatt eigene physische Ressourcen zu erwerben oder zu verwalten, konzentrieren sich Asset-Light-Unternehmen im Kontext digitaler Märkte auf ihre eigentlichen Kernkompetenzen und den Aufbau und die Verwaltung digitaler Plattformen, die als Vermittler zwischen Anbieter:innen und Nutzer:innen fungieren. Dieses Modell nutzt vorhandene externe Ressourcen zur Erbringung von Dienstleistungen und delegiert kapitalintensive Investitionen an Dritte. Im Gegensatz zu traditionellen Unternehmen mit hohem Anlagevermögen (z. B. Produktionsanlagen oder Immobilien) verfügen Asset-Light-Unternehmen vor allem über immaterielle Werte wie Prozesswissen, Software-Infrastrukturen, Marktzugang oder Nutzer:innendaten, die skalierbar und agil an veränderte Marktanforderungen angepasst werden können.

Asset-Light-Geschäftsmodelle profitieren in besonderem Maße von der digitalen und mobilen Transformation, da auf Basis mobiler Systeme Transaktionsfriktionen reduziert und die Marktallokation verbessert werden können – zwei zentrale Hemmnisse für eine nahtlose Skalierung und Effizienzsteigerung in traditionellen Geschäftsmodellen.

Optimierung von Transaktionsfriktionen

Als Transaktionsfriktionen werden in den Wirtschaftswissenschaften alle Hindernisse bezeichnet, die den reibungslosen Ablauf einer Transaktion behindern. Sie entstehen durch Informationsasymmetrien, Suchkosten, Verhandlungskosten und andere Faktoren, die den Austausch von Gütern oder Dienstleistungen erschweren und sind somit eine zentrale Herausforderung sowohl des User-Experience-Designs als auch der tiefer liegenden Prozesse eines Unternehmens.

Mobile Endgeräte und Apps bieten ideale Voraussetzungen, um Transaktionen effizienter und reibungsloser zu gestalten. Technologien wie GPS, biometrische Authentifizierung und Push-Benachrichtigungen ermöglichen zielgerichtete und kontextsensitive Interaktionen, die den gesamten Prozess von der ersten Kontaktaufnahme bis zum Abschluss einer Transaktion optimieren. Der Begriff „Transaktion" umfasst dabei nicht nur den eigentlichen Austausch von Gütern oder Dienstleistungen, sondern alle Schritte und Interaktionen, die zwischen Anbieter:in und Kund:in stattfinden, um einen erfolgreichen Geschäftsprozess zu realisieren.

- Apps auf mobilen Geräten integrieren Echtzeitdaten und Kontextinformationen der Nutzer:innen, wodurch Informationsasymmetrien reduziert werden und Nutzer:innen unmittelbaren und präzisen Zugang zu relevanten Informationen über Angebote, Preise und Verfügbarkeit erhalten. Dies reduziert die Suchkosten und beschleunigt die Entscheidungsfindung erheblich.

- GPS und andere Lokalisierungstechnologien ermöglichen standortbezogene Dienste, die Transaktionen genau auf den Standort der Nutzer:in ohne zusätzliche und potenziell händische Interaktion abstimmen. So können Dienste wie Carsharing und Lieferplattformen relevante Informationen in Echtzeit interpretieren, bereitstellen und Interaktionen optimieren.
- Biometrische Authentifizierungstechnologien wie Fingerabdruck- oder Gesichtserkennung (im Falle von iOS Touch- bzw. Face-ID) ermöglichen eine sichere und schnelle Verifikation der Nutzer:innen und bilden die Basis für vertrauenswürdige Transaktionen. Die Verfügbarkeit einer belastbaren biometrischen Authentifizierung direkt auf den mobilen Endgeräten vereinfacht alle sicherheitskritischen Transaktionsschritte und reduziert mögliche Barrieren im „Sales Funnel" durch Medienbrüche oder komplizierte Authentifizierungsprozesse.
- Echtzeit-Benachrichtigungen unterstützen die unmittelbare Kommunikation, die das Engagement der Nutzer:innen erhöht und bei zeitkritischen Entscheidungen und Prozessschritten unterstützt, z. B. durch das Senden von Verfügbarkeitsupdates oder Sicherheitsbestätigungen.
- Darüber hinaus senkt die mobile Payment-Infrastruktur die Transaktionskosten und -hürden durch „One-Click"-Shopping und die direkte Integration von Bezahldiensten wie Apple Pay oder Google Pay erheblich.

Mobile Endgeräte und ihre spezifischen Technologien bieten erhebliche Vorteile bei der Reduzierung von Transaktionsfriktionen und tragen maßgeblich zur Optimierung der User Experience bei. Die Kombination von Echtzeitdaten, Lokalisierungsmöglichkeiten, biometrischer Authentifizierung und nahtlos integrierten Zahlungsmethoden schafft eine Plattform, die den Transaktionsfluss in jeder Phase effizienter gestaltet. Diese Technologien senken nicht nur Kosten und Zeitaufwand für die Nutzer:innen, sondern reduzieren auch die Komplexität der gesamten Transaktionskette aus Sicht der Unternehmen, indem sie eine zielgerichtete, standortbasierte und kontextsensitive Interaktion ermöglichen. Die Vermeidung von Medienbrüchen und die Erhöhung von Sicherheit und Zuverlässigkeit tragen dazu bei, dass mobile Endgeräte eine zentrale Rolle im Asset-Light-Modell spielen, indem sie eine hohe Servicequalität und schnelle Anpassungsfähigkeit bei minimalen Transaktionskosten gewährleisten.

Optimierung der dualen Marktallokation

Der Begriff Marktallokation beschreibt in der Volks- und Betriebswirtschaftslehre den Prozess der Verteilung knapper Ressourcen (Güter, Dienstleistungen, Kapital, Arbeit) in einer Marktwirtschaft. Eine effiziente Marktallokation liegt dann vor, wenn diese Ressourcen optimal eingesetzt und verteilt werden, um die Bedürfnisse der Marktteilnehmer:innen, also sowohl der Anbieter:innen als auch der Nachfrager:innen, bestmöglich zu befriedigen und den größtmöglichen gesellschaftlichen und ökonomischen Nutzen zu erzielen. Ein umfassendes Verständnis der Marktallokation im

Bereich mobiler Systeme erfordert die Betrachtung beider Marktseiten – der Nachfrage- und der Angebotsseite. Mobile Plattformen wie z. B. der Fahrdienst bzw. „Vermittlungsdienst für Personenbeförderung" Uber agieren als Vermittler:innen, die das Angebot (in diesem Fall Fahrer:innen) und die Nachfrage (in diesem Fall Fahrgäste) in Echtzeit harmonisieren. Durch den Einsatz mobiler Technologien wie GPS, Echtzeitdatenanalyse und dynamischer Preisgestaltung auf Basis von Algorithmen und Machine Learning können Angebot und Nachfrage flexibel und präzise zusammengeführt werden. Dies führt nicht nur zu einer besseren Auslastung der Ressourcen auf der Angebotsseite, indem die Fahrer:innen optimal auf die Fahrgäste verteilt werden und marktgerechte Preise für ihre Dienstleistungen erzielen können, sondern erhöht auch die Verfügbarkeit und damit die Attraktivität dieser Dienstleistungen auf der Nachfrageseite, insofern handelt es sich um eine Win-Win-Situation.

Der Einsatz mobiler Technologien ermöglicht zudem eine kontinuierliche Optimierung der Ressourcenallokation durch die Echtzeitanalyse von Angebots- und Nachfrageschwankungen. Durch variable Preisanpassungen oder Anreize, z. B. gezielte Bonuszahlungen, werden die Fahrer:innen in Gebiete mit hoher Nachfrage gelenkt. Die mobile Infrastruktur schafft somit eine direkte Verbindung zwischen Anbieter:innen und Nachfrager:innen, die es ermöglicht, Ressourcen immer dort einzusetzen, wo sie am dringendsten benötigt werden und parallel dazu die Erlöse sowohl aus Sicht der Anbieter:innen als auch aus Sicht der Plattformbetreiber:innen zu optimieren.

Dieser Mechanismus der dualen Marktallokation bietet Unternehmen auch in der Sharing Economy strategische Vorteile, da er eine flexible Anpassung an sich verändernde Angebots- und Nachfragebedingungen ermöglicht. Die Echtzeit-Datenverarbeitung durch mobile Systeme in Kombination mit umfassenden statischen und dynamischen Daten der Nutzer:innen erlaubt eine präzise Steuerung der Ressourcen. Kapazitäten können gezielt an den tatsächlichen Bedarf angepasst werden, was nicht nur die Effizienz der Ressourcennutzung erhöht, sondern auch das Risiko eines Overprovisioning – d. h. der Bereitstellung von mehr Ressourcen als für den normalen Betrieb eines Systems oder Dienstes tatsächlich erforderlich – oder einer temporären Überlastung reduziert.

Durch diese datenbasierte Adaptionsfähigkeit mobiler Systeme wird zusätzlich die Servicequalität aus Sicht der User Centricity verbessert. Mobile Systeme ermöglichen eine kontinuierliche Marktbeobachtung, die es Unternehmen erlaubt, Dienstleistungsangebote nahezu in Echtzeit auf veränderte Anforderungen und Präferenzen der Nutzer:innen abzustimmen. Dies führt zu einem flexiblen und dynamischen Geschäftsmodell, in dem Preise, Verfügbarkeiten und Features dynamisch angepasst werden können, um eine marktgerechte Allokation zu gewährleisten. Ohne die technische Basis mobiler Systeme – einschließlich der Fähigkeit zur Echtzeit-Datenverarbeitung und zur automatisierten, datengetriebenen Entscheidungsfindung – wäre eine derart präzise Marktreaktion und damit eine effiziente duale Marktallokation nur schwer realisierbar.

9.2.2.1 Fallstudie für Asset-Light-Geschäftsmodelle: Airbnb

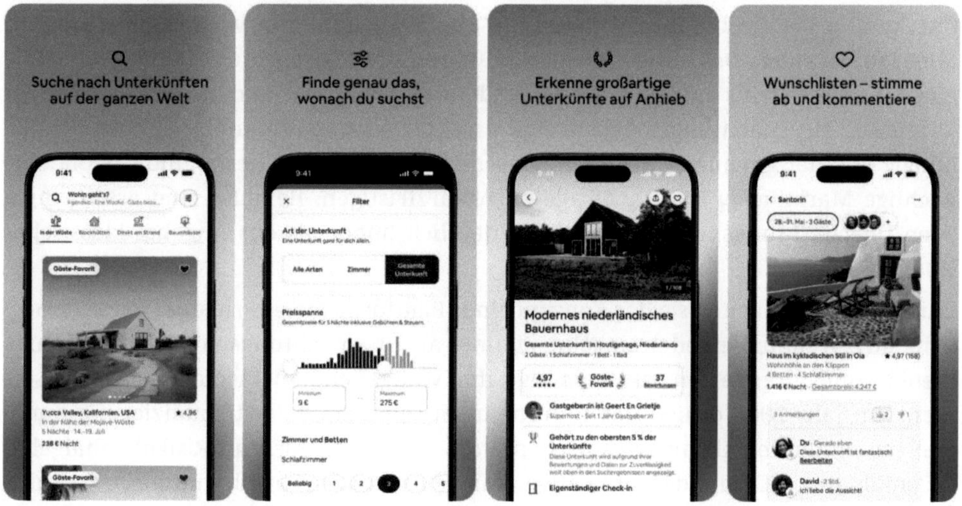

Bild 9.5 Airbnb App für iPhone im deutschen Apple App Store. (Bildnachweis: Airbnb, Inc. auf *https://apps.apple.com/de/app/airbnb/id401626263*)

Das 2008 von Brian Chesky, Joe Gebbia und Nathan Blecharczyk in San Francisco gegründete Unternehmen Airbnb ist ein klassisches Beispiel für ein Asset-Light-Geschäftsmodell im Kontext mobiler Technologien und der Sharing Economy. Das Unternehmen verzichtet auf eigene physische Vermögenswerte wie Hotels oder Ferienwohnungen und konzentriert sich stattdessen auf die Vermittlung zwischen privater Nachfrage und externen Anbieter:innen von Unterkünften über eine digitale Plattform – die klassische duale Ressourcenallokation. Airbnb hat den globalen Reisemarkt maßgeblich beeinflusst, indem es Reisenden weltweit Zugang zu einer Vielzahl von Unterkünften bietet, die zuvor nicht oder nur schwer zugänglich waren. Durch die Vermittlung von Privatunterkünften hat Airbnb dabei nicht nur die Tourismusbranche an sich verändert, sondern auch die lokale Wirtschaft in vielen Städten beeinflusst. Airbnb verschafft Anwohner:innen zusätzliche Einnahmen durch die Vermietung ihrer Immobilien oder Teilen davon, fördert den Tourismus auch abseits der bekannten Pfade und unterstützt indirekt auch lokale Unternehmen und Gewerbetreibende durch die erhöhte Besucherfrequenz. Gleichzeitig wird das Geschäftsmodell von Airbnb auch durchaus kritisch gesehen, da es in einigen Städten steigende Mietpreise und die Verdrängung von langjährigen Anwohner:innen verursacht hat. Weitere Kritikpunkte sind die unzureichende Regulierung, Sicherheitsbedenken und Fragen des Datenschutzes.

Gründung und frühe Jahre

Die Idee zu Airbnb, ursprünglich „AirBed & Breakfast“, entstand 2007, als Brian Chesky und Joe Gebbia ihre Wohnung in San Francisco untervermieteten, um ihre Miete zu bezahlen. Der oft erzählte Gründungsmythos besagt, dass die Idee während eines Designfestivals entstand, als die Stadt ausgebucht war und die beiden Gründer kurzfristig Übernachtungsmöglichkeiten in ihrer eigenen Wohnung anboten. Unabhängig von der genauen Entstehungsgeschichte erkannten Chesky und Gebbia eine wichtige Marktlücke: Die Nachfrage nach kurzfristigen, flexiblen und erschwinglichen Übernachtungsmöglichkeiten war deutlich höher als das Angebot klassischer Hotels.

Daraufhin entwickelten sie das Konzept einer Plattform, die es Privatpersonen ermöglicht, ihre Wohnungen oder einzelne Zimmer als Übernachtungsmöglichkeiten anzubieten – und adressierten damit ein bis dahin weitgehend unerschlossenes Marktsegment. Im Jahr 2009 erhielt das Unternehmen seine erste Seed-Finanzierung durch den renommierten US-amerikanischen Start-up-Accelerator und Risikokapitalgeber Y-Combinator (YC), die den offiziellen Markteintritt von Airbnb markierte und den Grundstein für die Expansion und die langfristige Wachstumsstrategie des Unternehmens legte. Airbnb befindet sich in illustrer Gesellschaft, Y-Combinator hat seit seiner Gründung mehrere tausend Unternehmen gefördert und Start-ups wie Dropbox, Stripe, Reddit, Coinbase, DoorDash, Twitch oder Instacart finanziert.

Expansion und Wachstum

Nach dem offiziellen Markteintritt im Jahr 2008 startete Airbnb eine rasante Expansion, die von einer klar definierten Wachstumsstrategie und einem tiefen Verständnis der lokalen Marktanforderungen geprägt war. Bereits in den ersten Jahren konzentrierte sich das Unternehmen auf die gezielte Erschließung internationaler Märkte. Durch intensive Marketingkampagnen, Partnerschaften mit lokalen Akteuren und den Aufbau lokaler Niederlassungen konnte Airbnb seine Plattform in kurzer Zeit global etablieren und seine Nutzerbasis signifikant erweitern. Bereits 2021 überschritt Airbnb die Marke von einer Milliarde Gästen.

Eine zentrale Rolle spielte dabei die konsequente Weiterentwicklung der mobilen App, die als Dreh- und Angelpunkt für die Interaktion zwischen Anbieter:innen und Nachfrager:innen dient. Die App ermöglicht es Gastgeber:innen, ihre Angebote jederzeit anzupassen und bietet Reisenden eine intuitive, mobile Buchungsplattform, die durch Echtzeitverfügbarkeitsanzeigen und standortbasierte Suchoptionen komfortabel nutzbar ist. Zudem investierte Airbnb frühzeitig in die Lokalisierung der Plattform, um kulturelle und rechtliche Besonderheiten der jeweiligen Zielmärkte zu berücksichtigen und so die Akzeptanz bei den Nutzer:innen zu fördern.

Ein weiterer entscheidender Faktor für das Wachstum war die kontinuierliche Erweiterung des Serviceangebots: Airbnb ergänzte die ursprüngliche Vermittlung von Unterkünften um zusätzliche Services wie „Airbnb Experiences“, die Reisenden eine große Auswahl an lokalen Erlebnissen und Aktivitäten bieten, und führte Premium-Optionen wie „Airbnb Plus“ für hochwertigere Unterkünfte ein. Diese strategischen Erweiterungen machten die Plattform nicht nur für neue Zielgruppen attraktiv, sondern legten auch den Grundstein für eine langfristige Kundenbindung und die Positionierung als umfassende Reise- und Lifestyle-Plattform.

Heute ist Airbnb in mehr als 220 Ländern vertreten. Diese Expansion verlief nicht ohne Herausforderungen, darunter regulatorische Probleme und rechtliche Auseinandersetzungen in verschiedenen Ländern, die Airbnb teilweise durch intensive Lobbyarbeit und Kooperationen mit lokalen Behörden zu lösen versuchte. Airbnb ist es trotz aller Herausforderungen gelungen, sich als Marktführer im Bereich der privaten Kurzzeitvermietung zu etablieren. Das Unternehmen ist so dominant, dass sein Name häufig als Synonym für diese Art der Unterkunft verwendet wird.

Marktpostion und Unternehmenswert

Airbnb hatte im Jahr 2023 eine geschätzte Nutzer:innenbasis von 265 Millionen Menschen. In finanzieller Hinsicht verzeichnete Airbnb im Jahr 2023 einen Umsatz von 9,9 Milliarden US-Dollar, was einem Anstieg von 19,2 % gegenüber dem Vorjahr entspricht. Im zweiten Quartal 2024 stieg der Umsatz auf 2,75 Milliarden US-Dollar, getrieben von einem soliden Wachstum der gebuchten Übernachtungen und einem moderaten Anstieg des durchschnittlichen Tagespreises. Die Nettogewinnmarge lag in diesem Quartal bei 20 %, was auf eine effiziente Kostenstruktur und schlanke Prozesse hinweist.

Der Aktienkurs lag Anfang November 2024 bei 134,61 US-Dollar. Die Marktkapitalisierung des Unternehmens betrug zu diesem Zeitpunkt rund 84 Milliarden US-Dollar. Diese Bewertung spiegelt das Vertrauen der Investoren in das Geschäftsmodell und das zukünftige Wachstumspotenzial von Airbnb wider.

Trotz regulatorischer Herausforderungen und zunehmender Konkurrenz durch etablierte Online-Reisebüros, behauptet Airbnb seine führende Marktposition. Das Unternehmen investiert kontinuierlich in die Erweiterung seines Serviceangebots und die Verbesserung der User Experience, um seine Marktposition zu festigen und weiter auszubauen.

Mobile First und „Experience-Driven Travel“

Airbnb verfolgt seit seiner Gründung eine konsequente Mobile First Strategie, die es den Nutzer:innen ermöglicht, sämtliche Aspekte der Reiseplanung und Buchung über eine intuitiv benutzbare App abzuwickeln. Die App dient als zentrale Plattform für die Suche nach Unterkünften, die direkte Kommunikation mit Gastgeber:innen sowie den gesamten Buchungsprozess, wodurch das komplette „Management“ einer Reise erheblich vereinfacht wird. Zu den Features, die zur hohen Benutzer:innenfreundlichkeit der App beitragen, zählen unter anderem umfangreiche Filterfunktionen, detaillierte Bewertungen von Unterkünften und Gastgeber:innen sowie eine integrierte Kommunikationsfunktion.

Neben der Vermittlung von Unterkünften hat Airbnb das Konzept des „Experience-Driven Travel" eingeführt, das die Plattform zu einer umfassenden Anlaufstelle für lokale Erlebnisse und Aktivitäten macht. Mit „Airbnb Experiences" ermöglicht das Unternehmen Reisenden, authentische Aktivitäten zu buchen, die von Ortskundigen angeboten werden – von kulinarischen Touren über Handwerksworkshops bis hin zu geführten Wanderungen. Dieser Ansatz fördert das Konzept des „Reisens wie ein:e Einheimische:r", das klassische Hotelkonzepte erweitert und Reisenden Einblicke in das lokale Leben ermöglicht, die in traditionellen Unterkünften selten zugänglich sind.

Um die Personalisierung weiter zu optimieren, setzt Airbnb auf Algorithmen und maschinelles Lernen, um den Nutzer:innen gezielt Vorschläge für Unterkünfte und Aktivitäten zu machen, die zu ihrem Buchungsverhalten und ihren individuellen Präferenzen passen. Dazu analysiert Airbnb verschiedene Nutzerdaten wie frühere Buchungen, Reiseziele, Reisezeiträume, gewünschte Ausstattungsmerkmale und Interaktionen mit der Plattform. Basierend auf diesen Daten erhält die Nutzer:in personalisierte Empfehlungen, die ihr helfen, die passende Unterkunft und die gewünschten Aktivitäten zu finden. Durch den Einsatz von Datenanalyse und fortschrittlicher Personalisierungstechnologie kann Airbnb eine nutzerzentrierte Plattform schaffen, die sowohl spontane Entscheidungen unterstützt als auch die langfristige Planung erleichtert. Dies fördert eine hohe Bindung der Nutzer:innen zur Marke und Plattform, da Airbnb konsequent auf persönliche Präferenzen und Reisemuster eingeht und damit aus Sicht der Nutzer:innen eine hohe Relevanz erreicht.

Die Kombination aus Mobile-first-Design, User Centricity und der Einbindung lokaler Erlebnisse hat Airbnb als Marktführer in der privaten Kurzzeitvermietung etabliert und das Unternehmen weit über das herkömmliche Unterkunftsangebot hinaus positioniert. Heute bietet Airbnb nicht nur eine kostengünstige und flexible Alternative zu traditionellen Unterkünften, sondern schafft mit seiner mobilen Plattform potenziell ein völlig neues Reiseerlebnis, das die Reiseplanung und -buchung transformiert hat.

Weitere Informationen auf der deutschen Homepage von Airbnb: *https://www.airbnb.de*

9.2.2.2 Fazit und strategische Einordnung

Asset-Light-Geschäftsmodelle profitieren von der Flexibilität und Skalierbarkeit mobiler Technologien. Durch die Vermeidung hoher Fixkosten für materielle Vermögenswerte und die Nutzung externer Ressourcen erreichen diese Unternehmen eine hervorragende operative Agilität und Kapitaleffizienz, die eine dynamische Marktanpassung und beschleunigte Expansion begünstigen.

Die duale Marktallokation, unterstützt durch Echtzeitdaten und datengetriebene Preis- und Kapazitätsanpassungen, optimiert nicht nur die Ressourcenauslastung, sondern erhöht auch die Servicequalität durch präzise Anpassung an die Nachfrage. Dies macht das Asset-Light-Modell in Kombination mit mobilen Systemen zu einer strategisch bevorzugten Wahl für Unternehmen in wettbewerbsintensiven und sich schnell verändernden Märkten. Es ermöglicht Unternehmen, schneller auf volatile Marktbedingungen zu reagieren, Angebots- und Nachfrageschwankungen effizient auszugleichen und letztlich sowohl den Ressourceneinsatz als auch die Kapitalrendite (ROA/Return on Assets) nachhaltig zu optimieren.

9.2.3 Skalen- und Netzwerkeffekte mobiler Plattformen und Metcalfe's Law

Das Modell der Skalen- und Netzwerkeffekte beschreibt ein betriebswirtschaftliches Prinzip, das gezielt auf die Steigerung der Effizienz und Attraktivität digitaler Plattformen durch eine wachsende Nutzer:innenbasis abzielt. Während Skaleneffekte entstehen, wenn die durchschnittlichen Stückkosten durch ein steigendes Transaktionsvolumen sinken, nehmen Netzwerkeffekte zu, je mehr Akteure sich auf der Plattform vernetzen. Vor allem mobile Plattformen mit ihrem oft starken und schnellen Wachstum profitieren von diesen Effekten, da der marginale Aufwand, weiteren Nutzer:innen Zugang zur Plattform zu gewähren, gering bleibt oder in vielen Fällen gegen null tendiert. Plattformen im Mobile Business schaffen hier zusätzlich die Grundlage für eine kontinuierliche, ortsunabhängige Nutzung und intensive Interaktion der Nutzer:innen untereinander bzw. zwischen Anbieter:innen und Nachfrager:innen.

Der theoretische Hintergrund des Netzwerkeffekts wird dem amerikanischen Elektroingenieur und Technologiepionier Robert Metcalfe zugeschrieben. Metcalfe, Miterfinder des Ethernet, präsentierte die Grundidee 1983 während seiner Zeit bei 3Com, „damals" ein wichtiger Netzwerk-Pionier und führendes Unternehmen für Netzwerkkarten und Ethernet-Technologien. Metcalfe's Law hat seine Wurzeln in der Analyse von physischen Ethernet-Systemen. Metcalfe argumentierte, dass die Kosten eines Netzwerks linear mit der Anzahl der installierten Netzwerkkarten steigen, während der Nutzen quadratisch wächst, da jede neue Verbindung die Interaktionsmöglichkeiten für alle Teilnehmer:innen erhöht.

George Gilder, ein amerikanischer Ökonom, Investor und Autor, formulierte diese Idee dann 1993 prägnant als „Metcalfe's Law". Es besagt, dass der potenzielle Wert eines Netzwerks (V) proportional zum Quadrat der Anzahl seiner Benutzer:innen (n) wächst: $V = n^2$. Diese vereinfachte Betrachtung berücksichtigt zwar nicht, dass sich eine Teilnehmer:in nicht mit sich selbst verbindet und dass jede Verbindung zwischen zwei Teilnehmer:innen nur einmal gezählt werden sollte, da A-B die gleiche Verbindung wie B-A ist, sie veranschaulicht aber gut das zugrunde liegende Prinzip.

Es gibt jedoch auch Kritik an Metcalfes ursprünglichem Ansatz. Er geht davon aus, dass jede Verbindung innerhalb eines Netzwerks den gleichen Wert hat, was in der Realität nicht der Fall ist. Verbindungen können von unterschiedlicher Qualität sein, und der Wert eines Netzwerks hängt stark von der Intensität und Relevanz der Interaktionen ab, ein Faktor, der von mobilen Systemen optimal unterstützt wird. Metcalfe selbst hat seine Theorie später dahingehend modifiziert, dass er ein langsameres Wachstum des Netzwerkwertes annimmt ($n \log n$ statt n^2), da in großen Netzwerken der Grenznutzen neuer Verbindungen abnimmt. Der Begriff Grenznutzen beschreibt den zusätzlichen Nutzen oder Wert, den eine Person durch eine zusätzliche Einheit eines Gutes oder einer Dienstleistung erhält. Im Kontext von Metcalfe's Law bezieht er sich auf den zusätzlichen Wert, der durch das Hinzufügen einer weiteren Nutzer:in zu einem Netzwerk entsteht.

Metcalfe's Law bleibt ein fundamentales Konzept zum Verständnis von Netzwerkeffekten. Es erklärt, warum digitale Plattformen und Ökosysteme, die auf Interaktionen basieren, einen enormen Wert generieren können. Seine Bedeutung zeigt sich heute in Phänomenen wie Social-Media-Plattformen, Kryptowährungen und dem Internet der Dinge (IoT).

Das dynamische Zusammenspiel von Skalen- und Netzwerkeffekten

Eine mobile Plattform kann sowohl von Skalen- als auch von Netzwerkeffekten profitieren. Beide Effekte verstärken sich gegenseitig und tragen wesentlich zum Erfolg mobiler Geschäftsmodelle bei, zum einen sinken die durchschnittlichen Betriebskosten pro Nutzer:in, je mehr Nutzer:innen das Angebot nutzen. Dies liegt daran, dass die Fixkosten (z.B. für die Entwicklung und den Betrieb der Infrastruktur) auf eine größere Anzahl von Nutzer:innen verteilt werden. Zum anderen steigt der Mehrwert der Plattform für die einzelne Nutzer:innen durch die wachsende Anzahl an Interaktionsmöglichkeiten und das erweiterte Angebot. So bietet ein Online-Marktplatz mit vielen Nutzer:innen eine größere Auswahl an Produkten, und ein soziales Netzwerk mit vielen Nutzer:innen ermöglicht es, mit mehr Menschen in Kontakt zu treten. Dieser steigende Mehrwert führt zu einem sich selbst verstärkenden Wertschöpfungseffekt: Mehr Nutzer:innen führen zu einem höheren Mehrwert, was wiederum neue Nutzer:innen anzieht.

Mobile Business-Plattformen wie Social-Media-Netzwerke und Online-Marktplätze schaffen durch Funktionen wie Echtzeitbenachrichtigungen, standortbezogene Dienste und mobile Bezahlsysteme eine nutzerzentrierte Infrastruktur. Echtzeitbenachrichtigungen fördern die Interaktion, indem sie Nutzer:innen gezielt über relevante Ereignisse informieren. Standortbezogene Dienste ermöglichen personalisierte Angebote basierend auf der aktuellen Umgebung der Nutzer:innen. Mobile Bezahlsysteme beschleunigen Transaktionen und erhöhen den Komfort. Diese und weitere Services tragen zu einer nutzer:innenzentrierten Infrastruktur und gleichzeitig effizienten Prozesslandschaft bei, die Transaktionskosten senkt und gleichzeitig die Servicequalität maximiert.

Wettbewerbsdynamik und strategische Bindung der Nutzer:innen

Die realisierten Skalen- und Netzwerkeffekte schaffen aus wettbewerbsstrategischer Sicht deutliche Markteintrittsbarrieren für neue Anbieter:innen, das „Winner-takes-it-all"-Prinzip. Plattformen mit hoher Marktdurchdringung und einem aktiven Netzwerk erzeugen Lock-in-Effekte, die ein dauerhaftes Verbleiben der Nutzer:innen auf einer Plattform wahrscheinlicher machen. Diese Effekte treten sowohl bei mobilen als auch bei webbasierten Angeboten auf, wobei mobile Plattformen diese Effekte aufgrund ihrer ständigen Verfügbarkeit, der Möglichkeit von Push-Benachrichtigungen und einer stärkeren Personalisierung noch verstärken können. Im Ergebnis erschweren diese Faktoren den Wechsel zu einer anderen Plattform mit einem zumindest anfänglich entsprechend geringeren persönlichen Nutzwert zusätzlich. Sehr deutlich wird dieser Effekt auch bei der Betrachtung der beiden mobilen Betriebssysteme Android und iOS, die innerhalb ihres Duopols äußerst wirksame Mechanismen gefunden haben, um den Wechsel zwischen den Plattformen zu erschweren.

Allerdings gibt es in der Praxis auch Gegenbeispiele, bei denen mehrere Plattformen nebeneinander existieren können. Dies ist beispielsweise bei stationären Betriebssystemen der Fall: Während Windows den Desktop-Markt dominiert (~73 % globaler Marktanteil 2024), haben macOS und Linux in spezifischen Nischen stabile Marktanteile. Gründe hierfür sind auch die wachsende Interoperabilität, zunehmend offene Standards sowie regulatorische Eingriffe.

Datengetriebene Innovation durch Netzwerk- und Skaleneffekte

Der Skaleneffekt ermöglicht es mobilen Plattformen, schnell eine große Nutzer:innenbasis zu erreichen und große Datenmengen zu generieren, während der Netzwerkeffekt die Anzahl der Transaktionen und Interaktionen mit oder auf der Plattform und damit die Menge der für die Analyse zur Verfügung stehenden Daten kontinuierlich erhöht. Die so entstehenden Daten können mithilfe von Analytics-Tools und App Intelligence analysiert werden, um Interaktionsmuster, Präferenzen und Verhaltensweisen der Nutzer:innen besser zu verstehen. Die gewonnenen Erkenntnisse sind dann die Grundlage zur stetigen Optimierung der User Experience und zur Entwicklung innovativer und marktgerechter Features. Dies stärkt nicht nur erneut die Bindung der Nutzer:innen an die Plattform, sondern ermöglicht es dieser auch, sich agil und im besten Fall prädiktiv an neue Marktanforderungen anzupassen und auf gesellschaftliche oder technologische Trends zu reagieren. Plattformen, die auf mobilen Systemen basieren, können so durch ihre Reichweite und Flexibilität ihren Innovationszyklus im Vergleich zu konventionellen Systemen beschleunigen und sich langfristig und nachhaltig am Markt profilieren.

9.2.3.1 Fallstudie für Skalen- und Netzwerkeffekte: WhatsApp

Bild 9.6 WhatsApp im deutschen Apple App Store. (Bildnachweis: WhatsApp Inc. auf *https://apps.apple.com/de/app/whatsapp-messenger/id310633997*)

Gründung und erste Jahre

WhatsApp wurde 2009 von Brian Acton und Jan Koum gegründet, zwei ehemaligen Yahoo-Mitarbeitern, die eine Alternative zu kostenpflichtigen SMS-Diensten schaffen wollten. Von Anfang an bot die Anwendung eine einfache und werbefreie Möglichkeit, Nachrichten über das Internet zu versenden, was sie vor allem in preissensiblen Märkten schnell populär machte.

Die Gründer verfolgten die Philosophie „no ads, no games, no gimmicks". WhatsApp war anfangs kostenlos, wurde dann aber auf ein Abo-Modell umgestellt, bei dem die Nutzer:innen nach einem Jahr kostenloser Nutzung jährlich 0,99 US-Dollar zahlten. Dieses Modell schuf eine erste Monetarisierungsbasis, war aber aufgrund der eingeschränkten Skalierbarkeit langfristig nicht tragfähig.

WhatsApp hatte bereits 2013 etwa 400 Millionen monatlich aktive Nutzer:innen und war in über 100 Ländern präsent.

Übernahme durch Facebook und strategische Neuausrichtung

Die Übernahme von WhatsApp durch Facebook (heute Meta) im Jahr 2014 für 19 Milliarden US-Dollar markierte einen strategischen Wendepunkt. Meta erkannte das immense Potenzial der App als Plattform für soziale Netzwerke und digitale Kommunikation und setzte auf eine langfristige Skalierung der Nutzer:innenbasis. In diesem Zuge wurde 2016 das Abo-Modell abgeschafft und die App komplett kostenlos angeboten, was die Hürden für eine globale Expansion weiter senkte.

Durch die Integration in das Meta-Ökosystem konnte WhatsApp von der bestehenden Infrastruktur und den Ressourcen von Facebook profitieren, darunter Serverkapazitäten, Datenanalysen und strategische Partnerschaften. Dies beschleunigte die technische Entwicklung der App und eröffnete neue Monetarisierungsmöglichkeiten, beispielsweise durch WhatsApp Business für Unternehmen und WhatsApp Pay für mobile Zahlungen.

Aktuell (Stand November 2024) verfügt WhatsApp laut Schätzungen über mehr als 2 Milliarden Nutzer:innen weltweit und könnte in Kürze die Grenze von 3 Milliarden überschreiten. In einigen Ländern wie Indien hat WhatsApp eine Quasi-Monopolstellung erreicht und ist dort nicht nur für die private Kommunikation, sondern auch für geschäftliche Interaktionen und den Zugang zu Informationen und Dienstleistungen unverzichtbar geworden.

Skalen- und Netzwerkeffekte bei WhatsApp

Am Beispiel von WhatsApp lassen sich die Auswirkungen von Skalen- und Netzwerkeffekten und deren gegenseitige Verstärkung besonders gut beobachten:

Skaleneffekte:

- Die Skaleneffekte bei WhatsApp resultieren in erster Linie aus der Effizienz der Plattform hinsichtlich ihrer Betriebskostenstruktur. Die initialen Fixkosten für Entwicklung, Wartung und Betrieb der App inklusive Infrastruktur, Sicherheit und Weiterentwicklung werden durch die stetig wachsende Userbasis auf immer mehr Personen verteilt. Dies führt zu signifikanten Einsparungen der durchschnittlichen Betriebskosten pro Nutzer:in, bei WhatsApp sind diese Marginal- bzw. Grenzkosten vor allem nach der Integration in die Facebook/Meta-Infrastruktur nahezu vernachlässigbar.
- Zudem profitiert WhatsApp von den technologischen und finanziellen Ressourcen der Muttergesellschaft Meta. Die Integration in das umfassende Ökosystem von Meta inkl. Facebook, Instagram und Threads bietet Skaleneffekte, da bestehende Technologien und Rechenzentren gemeinsam genutzt werden können. Diese Synergien erlauben es WhatsApp, neue Nutzer:innen in Millionenhöhe ohne merklichen Anstieg der Betriebskosten aufzunehmen. Gleichzeitig können technische Innovationen wie verbesserte Verschlüsselung, serverseitige Performance-Optimierungen oder neue Features effizient und kostengünstig umgesetzt werden. Dieser Skalierungsprozess führt zu einer stetigen Verbesserung der User Experience und der Produktqualität bei sinkenden Grenzkosten.

Netzwerkeffekte:

- Die Netzwerkeffekte von WhatsApp ergeben sich vor allem aus der sozialen Dynamik der Plattform, die darauf ausgelegt ist, direkte und persönliche Interaktionen zwischen den Nutzer:innen in allen Lebensbereichen zu fördern und mobil bereitzustellen. Für einen Dienst wie WhatsApp bedeutet dies, dass jede neue Nutzer:in das Netzwerk nicht nur für sich selbst wertvoller macht, sondern auch für alle bestehenden Mitglieder, da sich die Kommunikationsmöglichkeiten innerhalb des Netzwerks erweitern. Je mehr Menschen WhatsApp nutzen, desto attraktiver wird die Plattform als bevorzugtes Kommunikationsmittel.

- Diese Netzwerkeffekte zeigen sich besonders deutlich in der Dominanz von WhatsApp als Standardkommunikationsmittel in vielen Regionen der Welt. Der etablierte Status der App erschwert es konkurrierenden Plattformen, neue Nutzer:innen zu gewinnen, da die „Wechselkosten", in diesem Fall der Verlust von Bequemlichkeit, für bestehende Nutzer:innen hoch sind. Ein Umstieg auf alternative Dienste würde bedeuten, dass Kontakte möglicherweise nicht mehr erreicht werden können oder mehrere Dienste genutzt werden müssen, was den Lock-in-Effekt und die faktische Loyalität der Nutzer:innen gegenüber WhatsApp zusätzlich verstärkt.

Zusammenspiel von Skalen- und Netzwerkeffekten:

- Das Zusammenspiel von Skalen- und Netzwerkeffekten bei WhatsApp ist ein zentraler Faktor für den nachhaltigen Erfolg der Plattform. Die durch Skaleneffekte sinkenden durchschnittlichen Kosten pro Nutzer:in ermöglichen es, die Plattform kostenlos anzubieten, was wiederum die Eintrittsbarriere für neue Nutzer:innen minimiert und das Wachstum des Netzwerks beschleunigt. Gleichzeitig erhöhen Netzwerkeffekte den Mehrwert für bestehende und neue Mitglieder, was die Attraktivität der Plattform erhöht und das Nutzer:innenwachstum weiter vorantreibt. Dieser Kreislauf aus Kostensenkung und Attraktivitätssteigerung bildet eine sich selbst verstärkende Dynamik, die WhatsApp eine marktführende Position gesichert hat.

WhatsApp und Meta: Monetarisierung durch Daten, Dienste und Synergien

Trotz seiner kostenlosen Nutzung für Endnutzer:innen ist WhatsApp ein zentraler Baustein in der übergeordneten Monetarisierungsstrategie von Meta. Diese basiert auf verschiedenen Ansätzen:

WhatsApp Business Platform:

- Mit der Einführung von WhatsApp Business und der WhatsApp Business API hat WhatsApp neue Einnahmequellen erschlossen. Diese Dienste richten sich an Unternehmen, die WhatsApp für Kundenkommunikation, Marketing und Transaktionen nutzen möchten. Die Business API ermöglicht es großen Unternehmen, automatisierte Antworten, Integration in CRM-Systeme und personalisierte Kommunikation über WhatsApp anzubieten.
- Die Monetarisierung erfolgt durch Gebühren für die API-Nutzung, konversationsbasierte Preise (Gebühren pro Konversation mit Kund:innen) und Zusatzservices.

- Für kleine und mittlere Unternehmen bietet WhatsApp Business kostenlose Basisfunktionen, während erweiterte Funktionen wie katalogbasierte Produktanzeigen und Click-to-WhatsApp-Anzeigen den Einstieg in kostenpflichtige Dienste erleichtern.

> Weitere Informationen zu Diensten und Preisgestaltung der WhatsApp Business Platform: *https://developers.facebook.com/docs/whatsapp*

Integration ins Meta-Ökosystem:

- WhatsApp ist eng in die Infrastruktur von Meta integriert und steigert den Wert des gesamten Ökosystems. Obwohl WhatsApp selbst keine direkten Werbeanzeigen schaltet, trägt es dazu bei, die Nutzer:innenbasis innerhalb des Meta-Universums zu vergrößern und deren Engagement zu fördern.
- Die indirekte Monetarisierung erfolgt durch die Weiterleitung des Traffics an Plattformen wie Facebook und Instagram, wo Meta durch Werbung Einnahmen generiert. Beispielsweise können Unternehmen WhatsApp-Buttons auf ihren Facebook-Seiten einbinden, um die Kommunikation mit ihren Kund:innen zu erleichtern.
- Meta kann aggregierte und anonymisierte Daten über das Kommunikationsverhalten, Interaktionen und Trends auf WhatsApp analysieren, um Rückschlüsse auf die Nutzung anderer Meta-Dienste zu ziehen und seine Produkte und Dienstleistungen zu verbessern. Diese Erkenntnisse fließen in die Optimierung der Werbestrategien von Meta ein, ohne die Privatsphäre der WhatsApp-Nutzer:innen direkt zu beeinträchtigen.

Langfristige Perspektive – Super-App-Ansatz:

- Meta positioniert WhatsApp zunehmend als Einstiegspunkt für eine breitere Palette von Diensten, ähnlich wie WeChat in China.
- Die Einführung von Funktionen wie Mobile Payment (WhatsApp Pay) in ausgewählten Märkten deutet auf eine Monetarisierung durch Finanztransaktionen hin. Gebühren für Peer-to-Peer-Überweisungen und Zahlungen an Unternehmen könnten in Zukunft eine wichtige Rolle spielen. Allerdings steht die Expansion von WhatsApp Pay aufgrund regulatorischer Hürden und der starken Konkurrenz durch etablierte Zahlungsdienstleister vor Herausforderungen.
- Erweiterungen wie In-App-Shopping oder Abomodelle könnten zusätzliche Einnahmequellen schaffen. Beispiele hierfür sind die Integration von Shops in WhatsApp Business und die Möglichkeit für Creators, kostenpflichtige Gruppenchats anzubieten.

9.2.3.2 Fazit und strategische Einordnung

Skalen- und Netzwerkeffekte stellen zentrale Mechanismen für die wirtschaftliche Skalierbarkeit und strategische Positionierung mobiler Plattformen dar. Die Integration mobiler Technologien verstärkt diese Effekte, indem sie ständige Verfügbarkeit und Interaktion in Echtzeit ermöglicht. Dadurch entstehen nicht nur signifikante Markteintrittsbarrieren für Mitbewerber:innen, sondern parallel auch eine hohe Nutzer:innenbindung, die durch personalisierte Services und intuitive Nutzungserlebnisse gestärkt wird. Plattformen, die Skalen- und Netzwerkeffekte strategisch nutzen, profitieren von diesem positiven Kreislauf aus wachsender Nutzer:innenbasis, sinkenden Grenzkosten und steigender Plattformattraktivität.

Für Unternehmen im Mobile Business sind diese Effekte nicht nur ein betriebswirtschaftliches Prinzip, sondern in vielen Situationen eine strategische Notwendigkeit. Sie bestimmen nicht nur die ökonomische Effizienz, sondern auch die Fähigkeit, neue Märkte zu erschließen, Innovationen voranzutreiben und langfristig eine führende Marktposition zu sichern.

Obwohl Skalen- und Netzwerkeffekte für mobile Plattformen diese erheblichen wirtschaftlichen Vorteile bieten, bergen sie auch Risiken und Herausforderungen, die besonders im Hinblick auf Wettbewerb, Datenschutz und Nutzer:innenautonomie kritisch betrachtet werden müssen.

Ein zentrales Risiko ist die Marktkonzentration. Plattformen, die stark von diesen Effekten profitieren, neigen dazu, eine marktbeherrschende Stellung zu erreichen, was zu einem „Winner-takes-it-all"-Szenario oder zu oligopolistischen Marktstrukturen führen kann, in denen wenige große Akteure den Markt dominieren (z.B. der App-Store-Markt mit Apple und Google). Diese Dynamik kann dazu führen, dass kleinere Mitbewerber:innen verdrängt und Eintrittsbarrieren für neue Akteur:innen unüberwindbar werden. Ein solcher Mangel an Wettbewerb birgt die Gefahr von Innovationsstau und Marktverzerrungen, bei denen marktbeherrschende Plattformen ihre Marktmacht missbrauchen können, um Preise, Konditionen und Zugangsmöglichkeiten zu ihren Gunsten zu gestalten. Regulierungsansätze wie der Digital Markets Act (DMA) der EU zielen darauf ab, die Marktmacht solcher „Gatekeeper" zu begrenzen und einen fairen Wettbewerb sicherzustellen. Die Dominanz von Plattformen ist jedoch nicht immer statisch. Neue Technologien, innovative Geschäftsmodelle oder veränderte Präferenzen der Nutzer:innen können die Marktlandschaft dynamisch verändern, wie z.B. der Aufstieg von TikTok als Herausforderer etablierter Social-Media-Plattformen zeigt.

Darüber hinaus werfen die Datenkonzentration und die damit verbundene Macht ethische und rechtliche Fragen auf. Mobile Plattformen, die auf Echtzeitinteraktionen und personalisierten Diensten basieren, sammeln eine enorme Menge an wertvollen Nutzer:innendaten. Obwohl diese Daten eine Grundlage für die Optimierung von Diensten darstellen, besteht die Gefahr des Datenmissbrauchs, z.B. durch Profiling, gezielte Werbung, Manipulation oder Datenlecks. Transparenz und Kontrolle über die Datennutzung sowie die Einhaltung strenger Datenschutzbestimmungen wie der EU-Datenschutz-Grundverordnung (DSGVO) sind daher essenziell, um das Vertrauen der Nutzer:innen langfristig zu sichern. Zukünftig könnten Technologien wie dezentrale Datenhaltung und Privacy Enhancing Technologies (PETs) den Datenschutz weiter verbessern.

Ein weiterer kritischer Punkt betrifft die Abhängigkeit der Nutzer:innen von einzelnen Plattformen. Lock-in-Effekte, die durch hohe Wechselkosten wie z. B. den Verlust von Inhalten, Kontakten oder Netzwerken oder durch Inkompatibilität zwischen Plattformen entstehen, können die Autonomie der Nutzer:innen erheblich einschränken. Je stärker die Netzwerkeffekte sind, desto höher sind in der Regel die Wechselkosten und desto stärker ist der Lock-in-Effekt. Abhängigkeit kann zu einer einseitigen Machtverteilung führen, bei der Plattformen die Bedingungen für ihre Nutzung diktieren und die Wahlmöglichkeiten der Nutzer:innen begrenzen. Lösungsansätze wie die Förderung von Interoperabilität, standardisierten Schnittstellen und Datenportabilität, aber auch die Entwicklung von Open-Source-Alternativen könnten hier Abhilfe schaffen und einen faireren Wettbewerb ermöglichen.

Diese kritischen Aspekte verdeutlichen, dass der Umgang mit Skalen- und Netzwerkeffekten eine Balance zwischen ökonomischer Effizienz und sozialer Verantwortung erfordert. Eine nachhaltige Plattformstrategie sollte daher nicht nur auf die Maximierung von Wachstum und Marktanteilen abzielen, sondern auch die langfristigen Auswirkungen auf Wettbewerb, Datenschutz und Nutzer:innenautonomie berücksichtigen. Regulierungsmaßnahmen, die auf Transparenz, Fairness und Chancengleichheit abzielen, spielen dabei eine entscheidende Rolle, um die Vorteile von Skalen- und Netzwerkeffekten mit gesellschaftlichen Werten in Einklang zu bringen.

9.2.4 Nachhaltige Geschäftsmodelle mit mobilen Technologien

Nachhaltige Geschäftsmodelle beschreiben ein betriebswirtschaftliches und ethisches Konzept, das über die reine Gewinnmaximierung hinaus die ökologischen und sozialen Auswirkungen unternehmerischen Handelns berücksichtigt. Das Prinzip der Triple Bottom Line (People, Planet & Profit), formuliert von John Elkington, bildet dabei den zentralen Rahmen. In Kombination mit mobilen Technologien bieten sie Unternehmen eine Grundlage, um ökologische Verantwortung mit ökonomischem Erfolg zu verbinden. Der Fokus liegt dabei auf der intelligenten Nutzung digitaler Plattformen, der datengetriebenen Optimierung und der Förderung von positiven Verhaltensänderungen bei den Nutzer:innen. Im Gegensatz zu traditionellen Geschäftsmodellen, die häufig auf linearen Produktions- und Konsumprozessen basieren, zeichnen sich nachhaltige mobile Geschäftsmodelle dadurch aus, dass sie Ressourcen effizient nutzen, gesellschaftlichen Mehrwert schaffen und die Prinzipien der Kreislaufwirtschaft („Circular Economy") berücksichtigen.

Ressourceneffizienz durch digitale Transformation

Mobile Technologien ermöglichen es Unternehmen, ihre Geschäftsprozesse umfassend zu optimieren und dabei Ressourcen effizienter zu nutzen. Cloud-basierte Plattformen und serverlose Architekturen reduzieren den Energieverbrauch und die Kosten für den Unterhalt der physischen Infrastruktur. Verschiedene Beispiele aus der Praxis zeigen, wie mobile Plattformen die effiziente Nutzung vorhandener Ressourcen maximieren können: Ride-Sharing-Apps wie Uber oder Mobilitätsplattformen wie FreeNow nutzen mobile Systeme, um die Auslastung von Fahrzeugen und Transportdienstleistungen zu optimieren und unnötige Leerfahrten zu vermeiden. Weitere Beispiele sind Smart-Home-Anwendungen zur Energieeinsparung oder Agrar-Apps zur Reduzierung des Düngemittel- und Wasserverbrauchs. Auch die „Sharing Economy" mit Beispielen wie Airbnb oder Flinkster, dem Carsharing-Angebot der Deutschen Bahn, trägt zur wirtschaftlichen Nutzung von Ressourcen bei. Darüber hinaus fördern mobile Lösungen die Digitalisierung physischer Prozesse, beispielsweise durch die Einführung digitaler Tickets, papierloser Verträge oder virtueller Güter. Diese digitale Transformation reduziert nicht nur den direkten Materialverbrauch in Form von Papier und den Energieverbrauch für die Erstellung und gegebenenfalls den Versand der physischen Ausdrucke, sondern ermöglicht auch eine effizientere Skalierung der Dienste in Echtzeit.

Effizienzsteigerungen können aber auch zu sogenannten Rebound-Effekten führen, die bei der Umsetzung nachhaltiger Geschäftsmodelle berücksichtigt werden müssen: So kann die verstärkte Nutzung von Fahrgemeinschaften aufgrund der komfortablen Verfügbarkeit und Organisation zu einer Zunahme des Individualverkehrs insgesamt führen, auch wenn die Auslastung der spezifischen einzelnen Ressourcen – in diesem Fall Autos – optimiert wird. Dies kann zum einen dadurch geschehen, dass aufgrund der höheren Bequemlichkeit und der geringeren Kosten pro Person und Kilometer häufiger oder längere Strecken mit dem Pkw zurückgelegt werden (direkter Rebound-Effekt). Andererseits können die eingesparten Kosten für andere konsumintensive Aktivitäten verwendet werden, die wiederum die individuelle CO_2-Bilanz verschlechtern (indirekter Rebound-Effekt).

Ähnliche Effekte sind auch in anderen Bereichen zu beobachten:

Im Energiesektor kann die Einführung energieeffizienter Technologien wie LED-Beleuchtung oder Smart-Home-Systeme zwar den Energieverbrauch pro Einheit senken, gleichzeitig aber den absoluten Energieverbrauch erhöhen. Dieser Effekt wird als Jevons-Paradoxon bezeichnet, ein ökonomisches Phänomen, das im 19. Jahrhundert vom britischen Ökonomen William Stanley Jevons beschrieben wurde. Es besagt, dass technologische Fortschritte, die die Effizienz im Umgang mit einer Ressource erhöhen, deren Stückkosten senken und damit die Nachfrage nach dieser Ressource stimulieren können. Im Falle von Energie kann dies bedeuten, dass aufgrund niedrigerer Energiekosten mehr Geräte genutzt werden oder zusätzliche Nutzungsszenarien entstehen, wodurch der Gesamtenergieverbrauch trotz höherer Effizienz steigt. Das

Jevons-Paradoxon verdeutlicht die Notwendigkeit, Effizienzsteigerungen nicht isoliert zu betrachten, sondern immer auch die Nachfrageentwicklung und die damit verbundene Systemdynamik zu berücksichtigen.

Der Rebound-Effekt belegt auch, dass technologische Innovationen allein nicht ausreichen, um Nachhaltigkeitsziele zu erreichen. Entscheidend ist die Einbettung dieser Lösungen in einen ganzheitlichen Ansatz, der auch die bewusste Steuerung von Konsummustern, die Internalisierung externer Kosten und Suffizienzstrategien berücksichtigt. Die Internalisierung externer Kosten bedeutet, dass die tatsächlichen sozialen und ökologischen Auswirkungen eines Produkts oder einer Dienstleistung in den Preis eingerechnet werden, zum Beispiel durch Steuern, Abgaben oder Zertifikatshandelssysteme. Ziel ist es, Konsument:innen und Unternehmen dazu zu bewegen, ressourcenschonendere Entscheidungen zu treffen. Suffizienzstrategien setzen dagegen auf die bewusste Reduktion des Konsums und die Anpassung von Lebens- und Wirtschaftsstilen, um den Ressourcenverbrauch insgesamt zu minimieren. Dabei geht es nicht um Effizienzsteigerungen, sondern um Verhaltensänderungen wie den Verzicht auf unnötige Konsumgüter oder die Verlängerung der Nutzungsdauer von Produkten. Beide Ansätze ergänzen technologische Maßnahmen und tragen dazu bei, die Nachfrage nach Ressourcen zu verringern und eine nachhaltigere Wirtschaft zu fördern.

Datengetriebene Innovation und Nachhaltigkeit

Mobile Systeme ermöglichen durch die Integration von Echtzeitdaten, Sensorik und intelligenten Algorithmen eine dynamische Steuerung und Optimierung von Geschäftsprozessen entlang definierter Nachhaltigkeitskriterien. Die Fähigkeit, große Datenmengen in Echtzeit zu generieren, zu verarbeiten und zu analysieren, ermöglicht es Unternehmen, flexibel auf sich verändernde Rahmenbedingungen zu reagieren und gleichzeitig ökologische und ökonomische Ziele zu verfolgen. So lassen sich beispielsweise Lieferketten nicht nur hinsichtlich ihrer betrieblichen Effizienz, sondern auch in Bezug auf den CO_2-Ausstoß optimieren. Ebenso können Energienetze durch datengetriebene Modelle dynamisch an Schwankungen von Angebot und Nachfrage angepasst werden, wodurch der Anteil erneuerbarer Energien erhöht und Leitungsverluste minimiert werden.

Eine Schlüsselrolle spielt dabei der Einsatz von künstlicher Intelligenz (KI), die es ermöglicht, Umwelt- und Prozessdaten präzise und in Echtzeit zu analysieren und Optimierungsentscheidungen zu treffen. Anwendungen reichen von der Modellierung energieeffizienter Logistikrouten bis hin zur Entwicklung nachhaltiger Materialien durch simulationsgestützte Verfahren. Plattformen wie Too Good To Go zeigen, wie datengetriebene Innovation nicht nur die betriebliche Effizienz steigert, sondern auch einen signifikanten sozialen und ökologischen Mehrwert schafft.

Darüber hinaus eröffnet die Blockchain-Technologie neue Möglichkeiten für Transparenz und Rückverfolgbarkeit entlang globaler Lieferketten. Durch unveränderliche

Transaktionsaufzeichnungen und Smart Contracts können Unternehmen die Herkunft und Nachhaltigkeit von Produkten zuverlässig nachweisen. Beispiele hierfür sind Blockchain-Lösungen zur Rückverfolgung von fair gehandelten Rohstoffen, wie sie von Plattformen wie *provenance.org* u. a. für Kaffee oder Baumwolle oder *everledger.io* u. a. für Diamanten genutzt werden. Diese Plattformen bieten Unternehmen die Möglichkeit, die Herkunft und den Lebenszyklus ihrer Produkte nachvollziehbar darzustellen und dadurch das Vertrauen der Verbraucher:innen durch verifizierte Transparenz nachhaltig zu fördern.

Der datengetriebene Ansatz mobiler Systeme verändert damit nicht nur Geschäftsmodelle, sondern schafft auch eine Grundlage für die Skalierung nachhaltiger Praktiken. Er schlägt eine Brücke zwischen ökonomischer Effizienz und ökologischer Verantwortung, indem er es Unternehmen nicht nur ermöglicht, ressourcenschonender zu agieren, sondern auch einen aktiven Beitrag zur Lösung globaler Herausforderungen wie Klimawandel und Ressourcenknappheit zu leisten.

Förderung nachhaltiger Entscheidungen der Nutzer:innen

Ein weiterer zentraler Aspekt nachhaltiger Geschäftsmodelle mit mobilen Technologien ist die gezielte Gestaltung und Förderung nachhaltigen Verhaltens der Nutzer:innen. Durch die Integration von Gamification-Ansätzen oder die Bereitstellung personalisierter Empfehlungen fördern mobile Plattformen umweltfreundliche Entscheidungen. Hier kann das Konzept des „Nudging“ Anwendung finden: Dabei handelt es sich um eine Methode des User Experience Designs, die gezielt Design-, Informations- und Interaktionselemente in digitalen Umgebungen einsetzt, um Nutzer:innen auf subtile Weise zu Entscheidungen zu ermutigen, die sowohl für sie selbst als auch für die Gesellschaft vorteilhaft sein können. Die Entscheidungsfreiheit der Nutzer:innen bleibt dabei vollständig erhalten, lediglich der Rahmen, in dem Entscheidungen getroffen werden, wird so gestaltet, dass bestimmte Alternativen durch ihre Präsentation oder Priorisierung attraktiver oder leichter zugänglich werden. Beispiele für die Anwendung von Nudging-Strategien im Bereich mobiler Technologien sind die Voreinstellung von umwelt- oder ressourcenschonenden Optionen in Online-Shops, wie z. B. der automatische Versand per CO_2-neutraler Lieferung oder die Auswahl nachhaltiger Produktalternativen.

Auf Social-Media-Plattformen kann die Sichtbarmachung sozialer Normen genutzt werden, etwa durch die Hervorhebung von Informationen wie „80 % der Nutzer:innen in Ihrer Region haben sich für plastikfreie Verpackungen entschieden“. Solche Ansätze nutzen das Prinzip sozialer Vergleichsprozesse, um nachhaltiges Verhalten zu fördern. Darüber hinaus spielen Gamification-Elemente in Apps eine wichtige Rolle, indem sie Nutzer:innen spielerisch dazu anregen, nachhaltige Ziele zu erreichen, z. B. durch die Vergabe von Punkten oder Abzeichen für umweltbewusstes Verhalten wie Energiesparen oder die Nutzung öffentlicher Verkehrsmittel. Diese Strategien kombinieren psychologische Prinzipien und digitale Technologien, um positive

Verhaltensänderungen zu unterstützen, ohne die Autonomie der Nutzer:innen zu beeinträchtigen. Die Personalisierung von Nudges auf Basis von Daten der Nutzer:innen kann deren Wirksamkeit erhöhen. Ethisches digitales Nudging basiert dabei auf Transparenz und Vertrauen, Nutzer:innen sollten sich der Beeinflussung bewusst sein und die Möglichkeit haben, sich dagegen zu entscheiden.

Sogar Fitness-Apps wie Strava fördern nachhaltige Mobilität, indem sie Aktivitäten wie Radfahren oder Laufen durch soziale Interaktion und Wettbewerbselemente attraktiv machen. Nutzer:innen können ihre Leistungen teilen, sich mit Gleichgesinnten vernetzen und durch Rankings oder Herausforderungen motiviert werden, ihre Mobilität umweltfreundlicher zu gestalten. Diese Ansätze binden die Kund:innen aktiv in die Umsetzung nachhaltiger Ziele ein und stärken gleichzeitig die Markenbindung und auch Netzwerkeffekte.

Die aktive Verhaltensgestaltung der Nutzer:innen erfordert allerdings eine sorgfältige Beachtung ethischer und rechtlicher Aspekte im Hinblick auf die Nutzung persönlicher Daten, die gerade in mobilen Systemen im Überfluss zur Verfügung stehen. Datenschutz und Datensicherheit spielen dabei eine Schlüsselrolle, um Vertrauen zu schaffen und sicherzustellen, dass die erhobenen Daten nur im Rahmen der vereinbarten Zwecke verwendet werden. Darüber hinaus reichen technologische Lösungen allein nicht aus, um nachhaltiges Verhalten flächendeckend zu fördern. Sie müssen durch gesellschaftliche Veränderungen, Bildungsinitiativen und klare politische Rahmenbedingungen ergänzt werden, um langfristig wirksam zu sein.

9.2.4.1 Fallstudie für nachhaltige Geschäftsmodelle: Too Good To Go

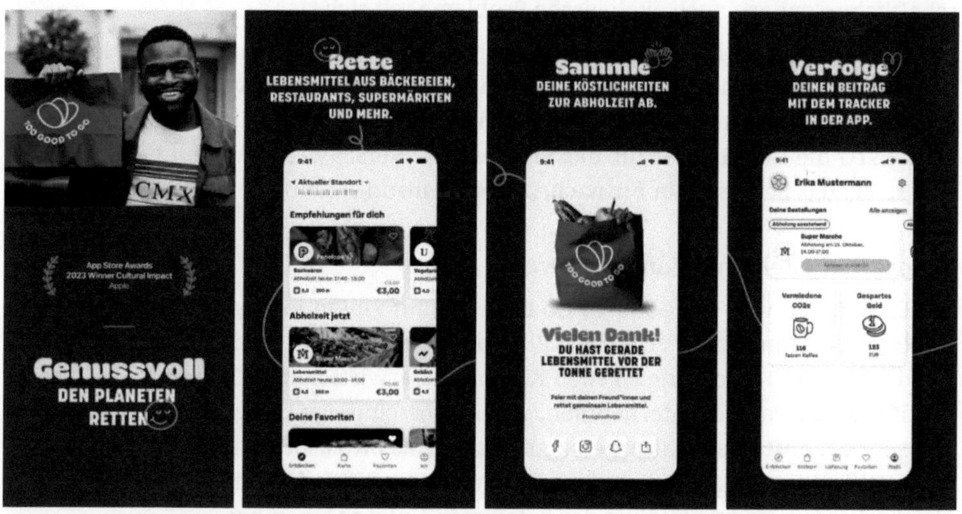

Bild 9.7 To Good To Go im deutschen Apple App Store. (Bildnachweis: Too Good To Go ApS auf *https://apps.apple.com/de/app/too-good-to-go-essen-retten/id1060683933*)

Too Good To Go (TGTG) ist eine 2016 in Dänemark gegründete Plattform. Das Unternehmen verfolgt das Ziel, überschüssige Lebensmittel zu retten, die ansonsten im Abfall landen würden und hat dafür eine mobile App entwickelt, die Anbieter:innen wie Restaurants, Bäckereien und Supermärkte mit Nachfrager:innen verbindet. Die App ermöglicht es Kund:innen, Lebensmittel zu einem reduzierten Preis in sogenannten „Überraschungspaketen" zu kaufen. Mit laut eigenen Angaben über 100 Millionen registrierten Nutzer:innen und 170 000 aktiven Partner:innen in mehr als 17 Ländern (Stand November 2024) gilt Too Good To Go als eine der erfolgreichsten mobilen Plattformen im Bereich nachhaltiger Geschäftsmodelle.

Too Good To Go ist ein B Corp Social-Impact-zertifiziertes Unternehmen, das 2019 erstmals die B Corporation-Zertifizierung mit einer Punktzahl von 81,6 erhielt und Anfang 2024 mit einer verbesserten Punktzahl von 93,4 rezertifiziert wurde. Die B Corporation-Zertifizierung misst den sozialen und ökologischen Mehrwert eines Unternehmens für die Gesellschaft. Zertifizierte B Corps müssen strenge Sozial- und Umweltstandards einhalten und ihre Leistungsbereitschaft in fünf Wirkungsbereichen nachweisen: Governance (z. B. ethische Unternehmensführung und Transparenz), Mitarbeiter :innen (z. B. faire Löhne und Arbeitsbedingungen), Gesellschaft (z. B. lokales Engagement und Unterstützung benachteiligter Gruppen), Umwelt (z. B. Ressourcenschonung und Klimaschutz) und Kund:innen (z. B. faire Geschäftspraktiken und Kund:innenzufriedenheit).

Lebensmittelverschwendung ist weltweit eine der Hauptursachen für CO_2-Emissionen. Laut einem Bericht des Umweltprogramms der Vereinten Nationen (UNEP), dem Food Waste Index Report 2021, wurden im Jahr 2019 weltweit 17 % aller Lebensmittel für Endverbraucher:innen verschwendet. Dies bringt nicht nur ethische und wirtschaftliche, sondern auch ökologische Probleme mit sich.

Seit ihrer Gründung hat die Plattform nach eigenen Angaben mehr als 350 Millionen Mahlzeiten gerettet und damit 891.000 Tonnen CO_2-Emissionen vermieden (Stand November 2024). Neben der direkten Reduzierung von Lebensmittelabfällen sensibilisiert TGTG die Gesellschaft für das Problem der Verschwendung von Lebensmitteln und stärkt das Bewusstsein für nachhaltigen Konsum.

Geschäftsmodell und Monetarisierung

Die Einnahmen von Too Good To Go basieren auf einem Provisionsmodell: Für jede erfolgreiche Transaktion erhält die Plattform eine Gebühr. Durch diese Provisionen deckt Too Good To Go seine eigenen Kosten und erwirtschaftet Gewinne. Gleichzeitig profitieren die Partnerunternehmen, da sie überschüssige Lebensmittel monetarisieren können, anstatt sie entsorgen zu müssen, was oft zusätzliche Kosten verursacht. Dieses Win-Win-Modell verbindet ökonomische und ökologische Vorteile und trägt gleichzeitig zur Markenbildung der beteiligten Unternehmen bei.

Mobile First

Die mobile App ist das Herzstück des Geschäftsmodells. Sie nutzt Echtzeitdaten, um überschüssige Lebensmittel mit potenziellen Käufer:innen zu matchen. Zu den Funktionen der App gehören:

- **Geolokalisierung:** Nutzer:innen können Geschäfte in ihrer Nähe identifizieren, die überschüssige Lebensmittel anbieten.
- **Push-Benachrichtigungen:** Die App informiert Nutzer:innen proaktiv über neue Angebote, um die Interaktion und Transaktionsrate zu erhöhen.
- **Intuitives User Interface:** Das Design der App fördert eine einfache Nutzung und ermöglicht schnelle Transaktionen, was die Akzeptanz und Kaufbereitschaft der Nutzer:innen erhöht.
- **Analytics:** Die App nutzt Algorithmen, um Angebot und Nachfrage zu optimieren, z. B. durch personalisierte Empfehlungen.
- **Bezahlfunktion:** Die App ermöglicht eine sichere und bequeme Bezahlung der Überraschungspakete.
- **Bewertungssystem:** Nutzer:innen können die Partnerunternehmen bewerten und so die Qualität des Angebots sichern.

Herausforderungen und langfristige Perspektive

Trotz des Erfolges von Too Good To Go gibt es auch einige potenzielle Herausforderungen, die es zu bewältigen gilt:

- **Die Skalierung in neue Märkte:** Die Expansion in Länder mit geringerer digitaler Infrastruktur oder anderen Konsumgewohnheiten erfordert Anpassungen der Prozesse und des Geschäftsmodells.
- **Kulturelle Barrieren:** Die Akzeptanz von „Überraschungspaketen" oder „fast abgelaufenen Lebensmitteln" ist kulturell unterschiedlich und erfordert spezifische Kommunikationsstrategien.
- **Mitbewerber:innen:** Neue Plattformen mit ähnlicher Zielsetzung wie Olio drängen auf den Markt und erhöhen den Wettbewerbsdruck.
- **Qualitätskontrolle und Lebensmittelrecht:** Die Gewährleistung der Lebensmittelqualität und -sicherheit ist eine große Herausforderung, da Überraschungspakete oft Lebensmittel enthalten, die kurz vor dem Verfallsdatum stehen und somit lebensmittelrechtlich kritisch sein können.

Zusätzliche Potenziale und eine Erweiterung des Geschäftsmodells könnten sich durch den Einsatz von KI ergeben:

- **Optimierung von Angebots- und Nachfrageprognosen:** KI-Algorithmen könnten historische Verkaufsdaten und externe Faktoren wie Wetter, Feiertage oder lokale Veranstaltungen analysieren, um vorherzusagen, wann und wo überschüssige Lebensmittel am wahrscheinlichsten verfügbar sein werden. Dies könnte nicht nur die Effizienz des Angebotsmanagements verbessern, sondern auch die Wahrscheinlichkeit erhöhen, dass alle angebotenen Produkte verkauft werden.

- **Dynamische Preisgestaltung:** Durch den Einsatz von KI könnte eine dynamische Anpassung der Preise in Echtzeit ermöglicht werden, basierend auf Faktoren wie der verbleibenden Haltbarkeit der Lebensmittel, der aktuellen Nachfrage oder regionalen Präferenzen der Verbraucher:innen. Dies würde die Verkaufschancen kurz vor Ablauf der Haltbarkeit erhöhen.
- **Personalisierung der User Experience:** Mithilfe von KI könnten personalisierte Empfehlungen für Nutzer:innen generiert werden, z. B. auf Basis ihrer bisherigen Einkäufe, bevorzugten Lebensmittelkategorien oder Gesundheitspräferenzen. Dies könnte die Kundenzufriedenheit und die Kundenbindung weiter erhöhen und gleichzeitig die Wahrscheinlichkeit eines Kaufs steigern.
- **Optimierung der Logistik:** KI könnte dazu beitragen, die Abholung und Verteilung überschüssiger Lebensmittel effizienter zu gestalten. KI-Systeme könnten beispielsweise Abholrouten für Partnerunternehmen optimieren oder Nutzer:innen in Echtzeit über die beste Abholzeit informieren, um Engpässe zu vermeiden.
- **Analyse und Visualisierung von Daten zur Nachhaltigkeit:** Durch KI-gestützte Datenanalysen könnten Partnerunternehmen und Endnutzer:innen besser über ihren Beitrag zur Reduzierung von Lebensmittelverschwendung informiert werden. Interaktive Dashboards könnten beispielsweise visualisieren, wie viele Mahlzeiten gerettet oder wie viel CO_2 eingespart wurde, und so das Bewusstsein für nachhaltigen Konsum weiter stärken.
- **Automatisierte Qualitätskontrollen:** KI könnte helfen, die Qualität und Sicherheit von Lebensmitteln zu überprüfen, etwa durch Bilderkennungstechnologien, die den Zustand von Produkten automatisch bewerten und kategorisieren.

Weitere Informationen auf der deutschen Homepage von Too Good To Go:
https://www.toogoodtogo.com/de/about-us

9.2.4.2 Fazit und strategische Einordnung

Nachhaltige Geschäftsmodelle mit mobilen Technologien bieten ein enormes Potenzial, wirtschaftlichen Erfolg mit ökologischer und sozialer Verantwortung zu verbinden. Sie ermöglichen es Unternehmen, durch datengetriebene Prozesse und intelligente Systeme Effizienzsteigerungen zu realisieren und gleichzeitig einen positiven Beitrag für Gesellschaft und Umwelt zu leisten. Beispiele wie Too Good To Go zeigen, dass diese Modelle nicht nur ökologisch, sondern auch ökonomisch erfolgreich sein können, indem sie neue Märkte und Einnahmequellen für alle beteiligten Akteur:innen erschließen.

Erneut spielen mobile Endgeräte und Systeme hierbei eine zentrale Rolle, da sie tief in den Alltag der Nutzer:innen integriert sind und vielfältige Möglichkeiten bieten, nachhaltige Strukturen und Verhaltensweisen zu fördern. Durch Funktionen wie Echtzeitdatenverarbeitung, personalisierte Kommunikation und Gamification in Verbindung mit Kontextinformationen können mobile Plattformen gezielt dazu beitragen, das Verhalten der Nutzer:innen positiv zu beeinflussen und damit einen nachhaltigen Wandel im Konsumverhalten und in der verantwortungsvollen Ressourcennutzung zu unterstützen.

Dennoch gibt es Herausforderungen, die nicht außer Acht gelassen werden dürfen. Effizienzsteigerungen können auch hier zu Rebound-Effekten führen, bei denen die Einsparungen durch eine erhöhte Nachfrage oder Nutzung teilweise oder vollständig kompensiert werden. Unvorhergesehene Wechselwirkungen in den Versorgungsketten können die positiven Effekte ebenfalls abschwächen. Beispielsweise kann eine Plattform zur Reduzierung von Lebensmittelverschwendung, die einen plötzlichen Anstieg der Nachfrage nach bestimmten Produkten auslöst, unerwünschte Folgen wie Überproduktion oder ineffiziente Logistikprozesse in vorgelagerten Stufen der Lieferkette haben. Solche Effekte können nicht nur den ökologischen Nutzen schmälern, sondern auch neue Abfallströme oder wirtschaftliche Belastungen für die beteiligten Unternehmen erzeugen.

Für Unternehmen im Mobile Business ist es daher entscheidend, nachhaltige Geschäftsmodelle nicht nur technologisch, sondern auch strategisch und ethisch zu gestalten. Eine ganzheitliche Perspektive, die mögliche Nebenwirkungen, gesellschaftliche Veränderungen und regulatorische Rahmenbedingungen berücksichtigt, ist notwendig. Nur durch eine Balance zwischen operativer und technologischer Effizienz, Innovation und sozialer Verantwortung können mobile Plattformen ihr volles Potenzial entfalten und langfristig zum Wandel hin zu einer nachhaltigeren Wirtschaft beitragen.

9.3 Trends und zukünftige Entwicklungen im Mobile Business

Im Bereich des Mobile Business zeichnen sich verschiedene technologiegetriebene Trends ab, die nicht nur die Entwicklung neuer Geschäftsmodelle vorantreiben, sondern auch bestehende Marktstrukturen und Ökosysteme nachhaltig beeinflussen werden.

Für die Betreiber:innen mobiler Systeme besteht die Herausforderung darin, diese Trends nicht nur zu antizipieren, sondern gezielt für die Entwicklung neuer Wertschöpfungsmodelle und Marktstrategien zu nutzen.

Dieser Abschnitt beleuchtet verschiedene einflussreiche Trends und ihre Implikationen für die Akteur:innen im Mobile Business. Es bietet eine strategische Perspektive, wie mobile Technologien als Innovations- und Wachstumstreiber genutzt werden können und welche Chancen und Risiken mit diesen Entwicklungen verbunden sind.

9.3.1 KI und datengetriebene Hyperpersonalisierung: Maßgeschneiderte User Experiences

Die Integration von künstlicher Intelligenz (KI) in mobile Systeme eröffnet neue Möglichkeiten für eine datenbasierte Hyperpersonalisierung, die über klassische Ansätze der Zielgruppenansprache hinausgeht. Hyperpersonalisierung basiert auf der Analyse und Synthese großer Datenströme, einschließlich Verhaltens- und Präferenzmustern, Standortdaten und Echtzeitinteraktionen und berücksichtigt damit den 360°-Kontext einer Nutzer:in. Sie ermöglicht es, mobile Anwendungen präzise auf die Bedürfnisse einzelner Nutzer:innen – und nicht nur „Kohorten" – abzustimmen und damit eine hohe Relevanz und Effizienz der Interaktionen zu erreichen.

Für Unternehmen im Mobile Business stellt Hyperpersonalisierung einen strategischen Mehrwert dar, da sie nicht nur zur Steigerung der Kund:innenzufriedenheit und -bindung beiträgt, sondern auch eine optimierte Ressourcenallokation und höhere Konversionsraten ermöglicht. Gleichzeitig bringt sie aber auch Herausforderungen in den Bereichen Datenschutz, Datenethik und Compliance mit sich.

Hyperpersonalisierung, die datenbasierte Personalisierung in Echtzeit, ist nicht nur ein technologischer Fortschritt, sondern impliziert auch tiefgreifende Auswirkungen auf die Marktstruktur mobiler Plattformen. Größere Plattformen profitieren von ihrer Fähigkeit, aufgrund ihrer großen Nutzer:innenbasis und ihrer skalierbaren IT-Infrastruktur kontinuierlich mehr Daten zu generieren und zu verarbeiten und damit ihre Hyperpersonalisierungsstrategien weiter zu verfeinern. Dies ermöglicht es ihnen, gezieltere und effektivere Nutzer:innenansprachen zu entwickeln, was ihre Marktposition weiter stärkt.

Im Gegensatz dazu verfügen kleinere Anbieter:innen oft nur über eine begrenzte Datenbasis, was ihre Fähigkeit, vergleichbare Personalisierungsansätze umzusetzen, einschränkt und sie dazu zwingt, Nischenstrategien zu verfolgen, die sich auf spezifische Zielgruppen oder einzigartige Wertversprechen konzentrieren und damit ihre globale Reichweite einschränken.

Diese Dynamik birgt in ihrer Gesamtheit das Potenzial, die Wettbewerbslandschaft weiter zu verändern bzw. zu verzerren, indem sie die marktbeherrschende Dominanz einzelner Unternehmen exponentiell verstärken kann und den Zugang kleinerer Akteur:innen zu größeren Märkten weiter erschwert. Hyperpersonalisierung wird damit zu einem Hebel für Marktmacht und zu einem zentralen Treiber für die Veränderung der Wettbewerbsdynamik im Mobile Business.

9.3.2 Mobile Commerce 4.0: Verschmelzung der Online- und Offline-Welt

Commerce 4.0 beschreibt die tiefgreifende Integration von Online- und Offline-Handelskanälen, die durch mobile Technologien, Mixed oder Augmented Reality (MR/AR) und künstliche Intelligenz (KI) vorangetrieben wird. Diese Entwicklung erweitert traditionelle Commerce-Modelle, indem sie physische und digitale Elemente zu einer hybriden User Experience verbindet. Mobile Endgeräte spielen dabei eine Schlüsselrolle als Schnittstelle, die Echtzeitdaten und kontextsensitive Interaktionen ermöglicht.

Die technologische Basis von Commerce 4.0 liegt in der Fähigkeit mobiler Plattformen, physische und virtuelle Räume miteinander zu verbinden. Geolokalisierungsfunktionen, AR- und MR-Anwendungen sowie kontextbasierte Interaktion erlauben es, Kund:innen personalisierte Informationen und Services direkt in ihrer physischen Umgebung bereitzustellen. Beispiele hierfür sind virtuelle Anproben, die Darstellung zusätzlicher Produktinformationen über AR oder die Nutzung von MR für immersive User Journeys.

Für Unternehmen im Mobile Business bietet Commerce 4.0 einen erheblichen strategischen Vorteil, da es die Grenzen zwischen Online- und Offline-Welt auflöst und damit neue Interaktions- und Monetarisierungsmodelle schafft. Die Kombination aus personalisierten digitalen Angeboten und physischer Verfügbarkeit ermöglicht es, Kund:innen nicht nur effektiv zu erreichen, sondern auch ihre Markenloyalität durch persönliche und relevante Erlebnisse zu stärken.

Commerce 4.0 hat aber auch wieder tiefgreifende Auswirkungen auf die Wettbewerbsstruktur. Große Plattformbetreiber:innen, die in der Lage sind, umfangreiche Daten über physische und digitale Kund:inneninteraktionen zu sammeln, auszuwerten und dann in personalisierte Experiences zu übersetzen, werden ihre Marktposition weiter ausbauen können. Im Gegensatz dazu stehen kleinere Anbieter:innen, die durch spezialisierte oder innovative Ansätze Nischenmärkte bedienen müssen.

9.3.3 Plattformökonomien und Super-Apps: Ein digitales Universum

Plattformökonomien bilden eine zentrale Grundlage für die Entwicklung moderner Geschäftsmodelle im Mobile Business. Super-Apps, die eine Vielzahl von Diensten wie Kommunikation, Payment, Mobilität und E-Commerce auf einer Plattform bündeln, stellen eine Weiterentwicklung dieser Plattformstrategie dar. In Asien haben sich Super-Apps wie WeChat (China), Grab (Südostasien) oder Gojek (Indonesien) als zentrale Knotenpunkte digitaler Ökosysteme etabliert. Aber auch in anderen Regionen der Welt, etwa in Indien mit MyJio, gewinnen Super-Apps an Bedeutung. Selbst in westlichen Märkten ist das Konzept auf dem Vormarsch, wie beispielsweise bei PayPal oder in Ansätzen bei Google zu beobachten ist.

Mit über 1,3 Milliarden monatlich aktiven Nutzer:innen (Stand September 2024) ist WeChat das Paradebeispiel für eine erfolgreiche Super-App. Ursprünglich als Messaging-Dienst gestartet, hat sich die Plattform zu einem digitalen Ökosystem entwickelt, das eine Vielzahl von Diensten umfasst, darunter soziale Netzwerke, mobile Zahlungen, E-Commerce und Mini-Programme. Diese Mini-Programme ermöglichen es Unternehmen und Entwickler:innen, leichtgewichtige Apps innerhalb von WeChat zu betreiben, was die Plattform zu einem „One-Stop-Shop" für verschiedenste Nutzungsszenarien macht.

Zu den wichtigsten Funktionen von WeChat gehört WeChat Pay, ein vollständig integriertes mobiles Zahlungssystem, das sowohl für Online- als auch für Offline-Transaktionen genutzt werden kann. WeChat Pay nutzt in erster Linie QR-Codes, bietet aber auch NFC-basierte kontaktlose Zahlungen an. Darüber hinaus bietet WeChat eine breite Palette an sozialen Funktionen, darunter „Moments" (ein sozialer Feed), Sprach- und Videoanrufe, WeChat Channels (eine Plattform für Kurzvideos), offizielle Accounts für Unternehmen und Organisationen sowie WeChat Groups für Gruppenchats. Diese Funktionsvielfalt macht die Plattform zu einem integralen digitalen Interaktionshub und ersetzt in China nicht verfügbare Dienste wie Facebook, TikTok, WhatsApp und Instagram vollständig.

WeChat zeichnet sich durch seine Fähigkeit aus, die datengestützte Personalisierung und Konvergenz verschiedener Dienste zu fördern. Mithilfe künstlicher Intelligenz bietet die Plattform personalisierte Empfehlungen, automatisierte Chatbots und erweiterte Funktionen für das Kundenbeziehungsmanagement (CRM). Diese Funktionen machen die Plattform nicht nur zu einer Transaktionsplattform, sondern auch zu einem strategischen Instrument für Unternehmen, die langfristige Kundenbeziehungen aufbauen und ihre Marketingstrategien optimieren möchten.

WeChat steht jedoch im Hinblick auf Datenschutz und staatliche Kontrolle auch in der Kritik. Die Plattform ist eng mit der chinesischen Regierung verflochten, was sich in der Unterstützung bei der Durchsetzung nationaler Zensurgesetze und Überwachungspraktiken widerspiegelt. Inhalte, die als politisch sensibel oder regierungskritisch eingestuft werden, können auf der Plattform blockiert oder entfernt werden.

Darüber hinaus gibt es Bedenken hinsichtlich der Erfassung und Verarbeitung persönlicher Daten der Nutzer:innen. WeChat speichert umfassende Informationen, darunter Kommunikationsdaten, Transaktionshistorien und Standortinformationen, die potenziell der staatlichen Überwachung zugänglich gemacht werden können. Diese enge Verbindung zwischen WeChat und staatlichen Stellen wirft ernste Fragen zur Privatsphäre und den Rechten der Nutzer:innen auf. Kritiker:innen argumentieren, dass diese Praktiken nicht nur die individuelle Autonomie untergraben, sondern auch die Meinungsfreiheit und das Recht auf Datenschutz gefährden.

Internationale Beobachter:innen und Organisationen wie Human Rights Watch haben wiederholt darauf hingewiesen, dass die mangelnde Transparenz der Plattform und die starke staatliche Einflussnahme ein Risiko für die digitale Freiheit darstellen.

In diesem Zusammenhang wird WeChat nicht nur als Produkt technologischer Innovation gesehen, sondern auch als Instrument der Machterhaltung eines politischen Systems in einem streng regulierten digitalen Ökosystem.

Die Attraktivität von Super-Apps liegt in ihrer Fähigkeit, nahtlose Interaktionen über verschiedene Funktionsbereiche und Inhalte hinweg zu ermöglichen. Sie bieten konsistente User Experiences, senken die Schwelle zur Nutzung verschiedener Dienste und fördern ein komfortables „One-Stop-Shopping"-Erlebnis durch integrierte Funktionalitäten wie Bezahlung und Buchung von Tickets. Durch die Aggregation einer Vielzahl von Diensten entsteht ein zentraler Zugangspunkt, der sowohl die Effizienz und Bequemlichkeit für Nutzer:innen steigert, als auch eine breite Grundlage für Monetarisierung und Skalierung für Unternehmen bietet.

Technologisch basieren Super-Apps auf skalierbaren Plattformarchitekturen und der intensiven Nutzung datengetriebener Prozesse. Die Analyse großer Datenmengen ermöglicht die gezielte Personalisierung von Angeboten auch über verschiedene Dienste hinweg. Gleichzeitig verstärken sich durch die Integration neuer Dienste die Netzwerkeffekte der Plattform, was ihre Attraktivität weiter erhöht und hohe Markteintrittsbarrieren für Wettbewerber:innen aufbaut.

Aus wettbewerbsstrategischer Sicht können Super-Apps zu einer zunehmenden Marktkonzentration führen. Ihr Erfolg basiert auf der Fähigkeit, verschiedene Wertschöpfungsströme zu integrieren und aufgrund ihrer Marktgröße Skaleneffekte zu realisieren, z. B. durch niedrigere Transaktionskosten, effizientere Marketingkampagnen und bessere Verhandlungspositionen gegenüber Dienstleister:innen und Partnerunternehmen.

Super-Apps und Plattformökonomien stehen beispielhaft für den Wandel mobiler Geschäftsmodelle. Ihre strategische Bedeutung liegt nicht nur in der Bündelung vielfältiger Dienste, sondern auch in ihrer Eigenschaft, komplexe und vielfältige Daten ihrer Nutzer:innen zu sammeln, diese zu aggregieren und dann als Grundlage für den Einsatz von KI und datengetriebene Entscheidungsprozesse zu nutzen.

9.4 Zusammenfassung und Schlüsselaspekte dieses Kapitels

9.1 Definition Mobile Business

Mobile Business ist ein zentraler Bestandteil der digitalen Wirtschaft und prägt durch seine technologische Dynamik und User Centricity zahlreiche Branchen.

- Mobile Technologien fördern die Entwicklung innovativer Geschäftsmodelle durch hohe Flexibilität und Skalierbarkeit.

- Wichtige Erfolgsfaktoren umfassen Skalen- und Netzwerkeffekte, datenbasierte Entscheidungen und die Fähigkeit, sich schnell an Marktveränderungen anzupassen.
- Mobile-Only- und Mobile-First-Geschäftsmodelle haben das Potenzial, traditionelle Marktstrukturen zu transformieren und neue Wertschöpfungsansätze zu etablieren.

9.2 Mobile Systeme als Innovations- und Wachstumstreiber

Mobile Systeme ermöglichen nicht nur die Optimierung bestehender Prozesse, sondern treiben auch die Erschließung neuer Märkte und Geschäftsmodelle voran.

- Disruptive Innovationen, wie im Fall der Neobank Revolut, transformieren etablierte Branchen durch digitale Geschäftsmodelle, die bestehende Wertschöpfungsketten verändern.
- Asset-Light-Modelle wie Airbnb nutzen mobile Technologien, um die Skalierbarkeit und operative Agilität zu erhöhen und gleichzeitig die Fixkosten zu minimieren. Dies schafft die Grundlage für eine effiziente Ressourcenallokation und die gezielte Erschließung globaler Märkte.
- Skalen- und Netzwerkeffekte wie bei WhatsApp sind entscheidend für die wirtschaftliche Entwicklung mobiler Plattformen. Sie fördern nicht nur die Nutzer:innenbindung, sondern auch den Aufbau potenziell marktbeherrschender Plattformökonomien.
- Nachhaltige Geschäftsmodelle wie Too Good To Go zeigen, wie mobile Systeme zur Förderung ökologischer und sozialer Ziele eingesetzt werden können, indem sie den Ressourcenverbrauch reduzieren und eine solide wirtschaftliche Grundlage für die Akteure schaffen.

9.3 Trends und zukünftige Entwicklungen im Mobile Business

Die zukünftige Entwicklung mobiler Geschäftsmodelle wird von technologischen Innovationen und veränderten Kundenbedürfnissen geprägt sein.

- KI und datengetriebene Hyperpersonalisierung ermöglichen maßgeschneiderte Nutzer:innen-Erlebnisse, die sowohl Effizienz als auch Kundenzufriedenheit steigern.
- Commerce 4.0 integriert Online- und Offline-Welten durch den Einsatz immersiver Technologien wie Augmented Reality (AR) und Mixed Reality (MR), die eine nahtlose und hybride User Experience ermöglichen.
- Plattformökonomien und Super-Apps konsolidieren vielfältige Funktionen in einer zentralen Plattform, wodurch sie für die Nutzer:innen eine bequeme und effiziente Zugangsplattform zu verschiedenen digitalen Diensten schaffen, zugleich aber Fragen der Marktkonzentration und des Datenschutzes aufwerfen.

10 Mobile XR: AR/MR/VR und Spatial Computing

In diesem Kapitel werden wesentliche Aspekte mobiler XR-Technologien wie Augmented Reality (AR), Mixed Reality (MR) und Virtual Reality (VR) behandelt, die für die Entwicklung, Nutzung und Integration mobiler Systeme von Bedeutung sind. Es bietet einen umfassenden Überblick über die theoretischen Grundlagen, die technologischen Voraussetzungen und die praktischen Einsatzmöglichkeiten von XR auf mobilen Endgeräten wie Smartphones und Tablets.

Das Kapitel beleuchtet die systematische Einordnung von AR, MR und VR einschließlich der zugrunde liegenden Konzepte wie das Realitäts-Virtualitäts-Kontinuum, das xReality- und das 4C-Framework. Darüber hinaus werden praxisrelevante Anwendungsfelder vorgestellt, die von Bildung und Training über Handel und Industrie bis hin zu Entertainment und medizinischen Anwendungen reichen. Ein besonderer Fokus liegt auf den technologischen Grundlagen, die die Entwicklung mobiler XR-Anwendungen ermöglichen, wie Sensorfusion, SLAM und On-Device AI. Zusätzlich wird die zukünftige Entwicklung mobiler XR-Technologien analysiert, einschließlich der Bedeutung von Smart Glasses, der Integration von XR in den Alltag und infrastruktureller Anforderungen wie 6G und Edge Computing.

Ziel dieses Kapitels ist es, den Leser:innen ein fundiertes Verständnis für die innovative Kraft mobiler XR-Technologien zu vermitteln und Impulse für die praktische und strategische Nutzung dieser Technologien zu geben.

10.1 Grundlagen: „Die" Realität, AR, MR und VR im Überblick

Die Begriffe Augmented Reality (AR), Mixed Reality (MR) und Virtual Reality (VR) beschreiben Technologien, die die physische Realität entweder durch digitale Inhalte ergänzen oder vollständig ersetzen. Diese Technologien unterscheiden sich in ihren technischen Voraussetzungen, Interaktionsmöglichkeiten und Anwendungsbereichen. Im Folgenden werden die verschiedenen Terminologien und Begriffe rund um diese Technologien systematisch eingeordnet und definiert.

„Die" Realität

Die physische Realität (oder das, was wir dafür halten) ist die natürliche, nicht computergenerierte Welt, die wir direkt mit unseren Sinnen wahrnehmen. Sie ist der Ausgangspunkt für alle Formen von Extended Reality (XR), da diese immer auf die physische Umgebung Bezug nehmen – sei es durch Ergänzung, Interaktion oder vollständigen Ersatz.

Ein kurzer philosophischer Exkurs: Was ist „Realität"? Realität ist nichts Absolutes, sondern stark von der subjektiven Wahrnehmung und Interpretation jedes Einzelnen geprägt. Unsere Sinne filtern und interpretieren Informationen aus der Umwelt, sodass die von uns wahrgenommene Realität immer auch ein Konstrukt unserer individuellen Perspektive ist. Technologien wie AR, MR und VR erweitern diese subjektive Wahrnehmung, indem sie neue Ebenen der Realität schaffen, die zwar digital erzeugt, aber für die Nutzer:innen ebenso „real" erfahrbar sind.

Augmented Reality (AR)

Augmented Reality (AR) bezeichnet die Ergänzung der physischen Realität durch digitale Inhalte, die nahtlos in die Umgebung eingebettet sind. Diese Inhalte können Texte, Bilder, Videos oder dreidimensionale Objekte sein und bieten verschiedene Möglichkeiten der Interaktion. Die physische und die digitale Ebene bleiben dabei klar getrennt, wobei die physische Realität weiterhin die dominante Umgebung darstellt.

Merkmale von AR:

- **Dominanz der physischen Realität:** Die physische Welt bleibt jederzeit sichtbar und bildet die Grundlage für digitale Ergänzungen.
- **Echtzeit-Anpassung:** Mithilfe von Sensorik wie Kameras, GPS und Bewegungssensoren passen sich die digitalen Inhalte dynamisch an die Umgebung und die Position der Nutzer:innen an. AR-Anwendungen nutzen dazu Algorithmen, die Kamerabilder, Sensorinformationen und Positionsdaten kombinieren, um digitale Inhalte passgenau in die physische Welt zu integrieren.

- **Vielfältige Darstellungsformen:** AR-Inhalte reichen von einfachen Overlays (z. B. Text oder Marker) bis hin zu interaktiven 3D-Modellen, die visuell mit der Umgebung oder den Nutzer:innen interagieren können.
- **Hohe Verfügbarkeit:** Die weite Verbreitung von Smartphones und Tablets hat AR populär gemacht, da diese Geräte bereits mit den notwendigen Sensoren und Rechenkapazitäten ausgestattet sind. Dies hat zu einer raschen Adaption und Entwicklung zahlreicher AR-Anwendungen geführt.

Anwendungsbeispiele:

- **Navigationsanwendungen:** Mit der Funktion „Google Maps Live View" können Wegbeschreibungen direkt in die Umgebung eingeblendet werden. Über dem Kamerabild erscheinen Pfeile und Markierungen, um Nutzer:innen in Echtzeit zu führen.
- **Visualisierung von Möbeln:** Die „IKEA-App" ermöglicht es Nutzer:innen, Möbelstücke in den eigenen Wohnräumen zu platzieren und aus verschiedenen Blickwinkeln zu betrachten (siehe Abschnitt 10.3.3).
- **Lern-Apps:** Die App „Merge Cube" erlaubt es Schüler:innen, digitale 3D-Objekte wie das Sonnensystem oder anatomische Modelle direkt in der Hand zu halten und aus allen Perspektiven zu erkunden. Diese immersive Methode fördert das interaktive Lernen und macht komplexe Themen anschaulich und „begreifbar".

Mixed Reality (MR)

Mixed Reality (MR) beschreibt die nahtlose Integration von digitalen Inhalten in die physische Welt, sodass diese nicht nur als Teil der realen Umgebung wahrgenommen werden, sondern auch aktiv mit ihr interagieren können. Im Vergleich zu Augmented Reality (AR) bietet MR eine tiefere Verschmelzung von realen und virtuellen Elementen, die es Nutzer:innen ermöglicht, beide Welten gleichzeitig wahrzunehmen und zu manipulieren.

Merkmale von MR:

- **Dynamische Interaktion:** Digitale Inhalte sind präzise in die physische Umgebung eingebettet und reagieren dynamisch auf Veränderungen in Echtzeit. Ermöglicht wird dies durch fortschrittliche Sensorik und Algorithmen, die kontinuierlich Daten über Position, Bewegung und Kontext der Nutzer:innen erfassen.
- **Gleichzeitige Manipulation realer und virtueller Objekte:** Nutzer:innen können physische und digitale Elemente simultan betrachten und mit beiden interagieren. Dadurch wird die physische Umgebung zu einem aktiven Bestandteil der digitalen Erfahrung.
- **Technologische Anforderungen:** MR erfordert leistungsfähige Hardware, die sowohl die physische Welt präzise abbilden als auch virtuelle Inhalte in Echtzeit ver-

arbeiten kann. Dazu gehören Geräte mit hochentwickelten Sensoren, räumlichem Tracking und leistungsfähigen Prozessoren.

- **Wachsende Endgerätebasis:** Die zunehmende Verfügbarkeit von MR-Geräten wie Microsoft HoloLens 2 (End of Lifecycle), Magic Leap 2, Apple Vision Pro und eingeschränkt auch Meta Quest 3 hat die Anwendungsmöglichkeiten von MR erheblich erweitert. Diese Geräte bieten nicht nur immersive Erlebnisse, sondern auch eine hohe Präzision bei der Integration und Interaktion von physischen und virtuellen Objekten.

Anwendungsbeispiele:

- **Industrie und Wartung:** Die Microsoft HoloLens 2 wird in der Industrie eingesetzt, um Arbeitsanweisungen direkt in das Sichtfeld der Nutzer:innen einzublenden. Dies ermöglicht freihändiges Arbeiten, zum Beispiel bei Wartungsaufgaben oder in der Logistik.
- **Design und Prototyping:** Die Magic Leap 2 wird verwendet, um komplexe 3D-Modelle in die physische Umgebung zu projizieren. Designer:innen können Entwürfe virtuell überprüfen, anpassen und in Echtzeit testen.
- **Training und Ausbildung:** Die Apple Vision Pro kombiniert MR mit hoher visueller Qualität und intuitiven Steuerungsmöglichkeiten, um immersive Lernumgebungen für medizinisches oder technisches Training bereitzustellen.
- **Gaming und Unterhaltung:** Meta Quest 3 ermöglicht es Nutzer:innen, digitale Inhalte in ihre physische Umgebung einzubinden, um Spiele und interaktive Medien in einem hybriden Raum zu erleben.

Virtual Reality (VR):

Virtual Reality (VR) ersetzt die physische Realität vollständig durch eine computergenerierte Umgebung, die den Nutzer:innen ein hohes Maß an Immersion und Interaktivität bietet. In VR sind physische Elemente nicht mehr sichtbar und alle Interaktionen finden ausschließlich in der virtuellen Umgebung statt. Diese vollständige Isolation von der realen Welt ermöglicht völlig neue Erlebnisse und Nutzungsszenarien, die in der physischen Realität nicht oder nur schwer realisierbar wären.

Merkmale von VR:

- **Vollständige Immersion:** VR vermittelt das Gefühl, sich tatsächlich in einer anderen Welt zu befinden. Dies wird durch hochauflösende Displays, weite Sichtfelder und räumlichen Sound verstärkt. Nutzer:innen werden vollständig von der physischen Umgebung isoliert.
- **Ausschließlich virtuelle Interaktion:** Alle Handlungen und Erfahrungen finden in der computergenerierten Welt statt. Die Nutzer:innen können Objekte greifen, virtuelle Räume erkunden oder komplexe Aufgaben simulieren. Dies geschieht häufig mithilfe von Controllern, Handtrackern oder anderen Eingabegeräten.

- **Technologische Anforderungen:** VR erfordert leistungsfähige Hardware, die das Echtzeit-Rendering komplexer 3D-Umgebungen ermöglicht. Dazu gehören Headsets mit präzisem Tracking, leistungsfähige Prozessoren und Sensoren zur Bewegungs- und Raumerfassung. Geräte wie Varjo XR-4, Valve Index oder eher im Consumer-Bereich die Meta Quest 3 setzen hier die aktuellen Maßstäbe.

Anwendungsbeispiele:

- **Training:** VR wird häufig für simulationsbasiertes Training eingesetzt, um realitätsnahe Szenarien in einer sicheren Umgebung zu trainieren. Anwendungsbeispiele finden sich unter anderem in der Luftfahrt (Flugsimulatoren), in der Medizin (chirurgisches Training) und im militärischen Bereich. VR-Trainingssimulationen bieten gegenüber herkömmlichen Methoden Vorteile wie höhere Immersion, gesteigerte Motivation, reduzierte Kosten und verbesserte Lernerfolge.
- **Gaming und Unterhaltung:** VR ermöglicht immersive Spielerlebnisse, bei denen Nutzer:innen vollständig in virtuelle Welten eintauchen können (z. B. Half-Life: Alyx). Neben traditionellen VR-Spielen gibt es auch neue Formen der Unterhaltung wie VR-Escape Rooms, VR-Kinos und interaktive VR-Erlebnisse. E-Sport mit VR-Spielen entwickelt sich zunehmend zu einer eigenen Disziplin mit professionellen Spielern und Turnieren.
- **Virtuelle Touren:** VR ermöglicht es, reale Orte virtuell zu bereisen, Sehenswürdigkeiten zu erkunden und neue Perspektiven zu erleben (z. B. Google Earth VR). Virtuelle Touren werden nicht nur für touristische Zwecke eingesetzt, sondern auch in der Immobilienbranche (virtuelle Rundgänge), in Museen (virtuelle Ausstellungen) und in der Architektur (virtuelle Gebäudemodelle).
- **Therapie und Rehabilitation:** VR wird in der Medizin zur Behandlung von Phobien, Angststörungen und posttraumatischen Belastungsstörungen eingesetzt. In der Rehabilitation hilft VR Patient:innen mit motorischen oder kognitiven Beeinträchtigungen, ihre Fähigkeiten durch gezielte Übungen in einer sicheren virtuellen Umgebung zu verbessern.
- **Design und Produktentwicklung:** VR ermöglicht Designer:innen und Ingenieur:innen, Produkte in einer virtuellen Umgebung zu visualisieren und zu testen, bevor sie physisch hergestellt werden. Dies erleichtert die Iteration von Entwürfen, reduziert die Entwicklungskosten und verbessert die Qualität der Endprodukte.

Virtuelle Realität (VR) ist keine primär mobile Technologie im Sinne von Standard-Endgeräten wie Smartphones oder Tablets, da sie für die vollständige Immersion immer ein stereoskopisches Headset erfordert, das die physische Realität vollständig ersetzt. Solche VR-kompatiblen Headsets wie Meta Quest 3, Pico 4 Ultra oder die Apple Vision Pro sind speziell für die Darstellung computergenerierter Umgebungen mit präziser räumlicher Verfolgung, hochauflösenden Displays und räumlichem Audio konzipiert. Sie ermöglichen damit den Nutzer:innen, vollständig in virtuelle Welten einzutauchen.

Die zugrunde liegenden Anwendungsfälle, wie z. B. Trainingssimulationen oder Lernumgebungen, können prinzipiell auch in 2D auf einem Smartphone oder Tablet umgesetzt werden. Dabei gehen jedoch die charakteristischen Eigenschaften von VR, speziell Immersion und Präsenzgefühl, verloren. Auf mobilen Endgeräten bleibt das Erlebnis trotz des prinzipiell dreidimensionalen Kontextes einer Anwendung oft rein visuell und „zweidimensional" und bietet im Vergleich zu VR- und MR-Erlebnissen weniger Interaktionsmöglichkeiten.

Dennoch ist die enge technologische Verwandtschaft moderner Headsets mit aktuellen Smartphones ein wichtiger Faktor im Umgang mit VR, vor allem aus Sicht der Entwickler:innen. Geräte wie die Meta Quest 3 oder die Pico 4 Ultra basieren auf Android, die Apple Vision Pro auf visionOS, einer Weiterentwicklung von iOS. Diese Betriebssysteme ermöglichen die Nutzung bestehender Entwicklungsumgebungen wie Xcode, Android Studio, ARCore und ARKit sowie die nahtlose Adaption von Anwendungen, die für Smartphones oder Tablets entwickelt wurden. Dadurch wird ein hohes Maß an Kompatibilität und Effizienz bei der Entwicklung von XR-Anwendungen erreicht.

Diese Verwandtschaft spiegelt sich auch in der Hardwarearchitektur wider. Viele Android-basierte Headsets wie die Meta Quest 3 oder die Pico 4 verwenden den Snapdragon XR2, der speziell für XR-Anwendungen entwickelt wurde. Dieser Prozessor basiert auf derselben Technologie wie die Snapdragon-Chips, die in vielen Smartphones zum Einsatz kommen. Die Apple Vision Pro hingegen nutzt den leistungsstarken M2-Chip, der ursprünglich für MacBooks und iPads entwickelt wurde, in Kombination mit dem R1-Chip, der speziell für die Verarbeitung von Sensordaten und Echtzeit-Machine-Learning optimiert wurde. Diese Kombination ermöglicht die präzise Erfassung und echtzeitnahe Verarbeitung großer Datenmengen, die für immersive XR-Erlebnisse erforderlich sind. Zudem sind viele der verwendeten Sensortechnologien auch in Smartphones zu finden.

Moderne XR-Headsets können daher aus systemischer Sicht als spezialisierte Weiterentwicklungen mobiler Endgeräte bzw. klassischer Smartphones verstanden werden. Sie basieren auf den gleichen technologischen Prinzipien wie Smartphones, sind aber für immersive und räumliche Nutzungsszenarien optimiert, die an dieser Stelle deutlich über die Fähigkeiten von Smartphones hinausgehen.

Extended Reality (XR)

Extended Reality (XR) ist der Oberbegriff für alle Technologien, die die physische Realität durch digitale Inhalte erweitern, transformieren oder vollständig ersetzen. XR umfasst sowohl AR, MR als auch VR.

Der Begriff XR ist technologieneutral und beschreibt keine spezifische Technologie oder Hardware, sondern dient als übergeordneter Rahmen für alle Anwendungen, die physische und virtuelle Welten miteinander verbinden.

Spatial Computing

Spatial Computing oder „räumliche Datenverarbeitung" ist der Oberbegriff für Technologien, die digitale Inhalte nahtlos in die physische Welt integrieren und im dreidimensionalen Raum intuitiv erfahrbar machen. Es nutzt Technologien wie Sensorik (z. B. Kameras, LiDAR, Ultraschallsensoren, GPS), Computer Vision und künstliche Intelligenz (KI), um die physische Umgebung präzise zu erfassen und in digitale Modelle (z. B. 3D-Punktwolken, Mesh-Modelle, semantische Karten) zu übersetzen. Diese Modelle werden in Echtzeit mit digitalen Informationen angereichert, z. B. durch Einblendung virtueller Objekte, Anzeige von Informationen zu realen Objekten oder Unterstützung bei der Navigation und Wegfindung.

Diese Form der Datenverarbeitung bildet die technologische Grundlage für zahlreiche Anwendungen in den Bereichen der Extended Reality (XR), Robotik, Internet der Dinge (IoT) und autonomes Fahren, da sie eine nahtlose Verbindung zwischen physischer und virtueller Welt ermöglicht.

10.1.1 Das Realitäts-Virtualitäts-Kontinuum nach Milgram et al.

Das Konzept des Realitäts-Virtualitäts-Kontinuums (Reality-Virtuality Continuum) wurde ursprünglich 1994 von Paul Milgram et al. in ihrem Artikel „Augmented Reality: A class of displays on the reality-virtuality continuum" vorgestellt. Es beschreibt ein Spektrum, das die verschiedenen Grade der Integration virtueller und realer Welten darstellt. Auf der einen Seite des Kontinuums befindet sich die physische Realität – die Welt, die wir direkt mit unseren Sinnen erfahren. Auf der anderen Seite befindet sich die vollständig virtuelle Realität (VR), die eine vollständig computergenerierte Umgebung darstellt. Zwischen diesen beiden Extremen gibt es verschiedene Zwischenstufen, die unter dem Begriff Mixed Reality (MR) zusammengefasst werden.

Das Kontinuum ist wie folgt aufgebaut:

- **Real Environment:** Die physische, nicht computergenerierte Welt.
- **Augmented Reality (AR):** Eine Erweiterung der physischen Realität durch computergenerierte Elemente. Diese Elemente können Informationen, Objekte oder Interaktionen sein, die in die reale Welt eingebettet sind.
- **Augmented Virtuality (AV):** Eine überwiegend virtuelle Umgebung, die durch Elemente der physischen Realität ergänzt wird. Dies kann zum Beispiel die Integration von Live-Videodaten in eine virtuelle Umgebung sein.
- **Virtual Environment (VR):** Eine vollständig computergenerierte Umgebung, die die Nutzer:in vollständig von der physischen Realität isoliert.

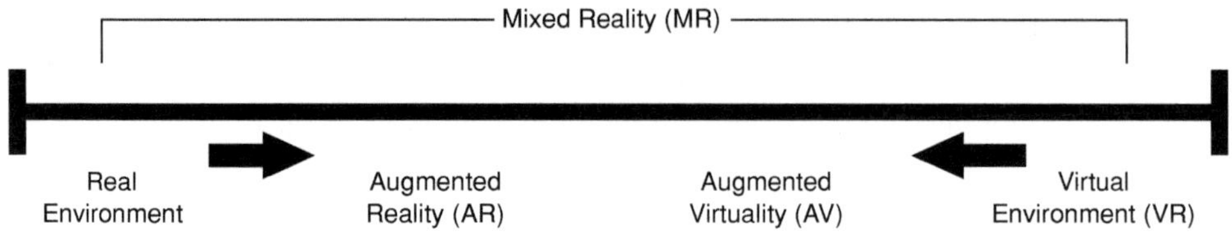

Bild 10.1 Realitäts-Virtualitäts-Kontinuum nach Milgram et al. (Bildnachweis: eigene Adaption der Originalgrafik)

Bedeutung und Anwendung

Das Realitäts-Virtualitäts-Kontinuum bietet eine wertvolle theoretische Grundlage für die Entwicklung und Analyse von XR-Anwendungen. Es hilft zu verstehen, wie virtuelle und reale Elemente nahtlos integriert werden können, um immersive und interaktive Erlebnisse zu schaffen.

Kritische Diskussion

Trotz seiner Nützlichkeit hat das Realitäts-Virtualitäts-Kontinuum aber auch einige offensichtliche Schwächen. Ein Kritikpunkt ist die strikte Linearisierung der Technologien, die die komplexen und oft überlappenden Anwendungen von VR, AR und MR nicht immer adäquat widerspiegelt. Besonders der Begriff „Augmented Virtuality" erscheint in diesem Zusammenhang unscharf und hat sich weder wissenschaftlich noch inhaltlich durchsetzen können.

Allein aufgrund seines Alters und dieser Kritikpunkte wird deutlich, dass eine Weiterentwicklung des Modells notwendig ist. Das xReality-Framework von Rauschnabel et al. greift diese Schwächen auf und bietet eine umfassendere Perspektive, indem es verschiedene XR-Technologien nicht nur entlang eines Kontinuums, sondern auch in Bezug auf Nutzer:innenerfahrungen und technologische Interaktionen differenziert. Dies ermöglicht eine wesentlich präzisere Einordnung und Analyse der vielfältigen Anwendungen von XR-Technologien in der Praxis.

Quelle

Milgram, P., Takemura, H., Utsumi, A. & Kishino, F. (1995). Augmented reality: a class of displays on the reality-virtuality continuum Proceedings Of SPIE, The International Society For Optical Engineering/Proceedings Of SPIE. *https://doi.org/10.1117/12.197321*

10.1.2 Das xReality-Framework nach Rauschnabel et al.

Das xReality-Framework von Rauschnabel et al. (2022) geht über die einfache, eindimensionale Darstellung des Realitäts-Virtualitäts-Kontinuums hinaus und bietet eine umfassendere Perspektive auf die Komplexität von XR. Es berücksichtigt nicht nur technologische Aspekte, sondern auch die subjektive Erfahrung der Nutzer:in und die vielfältigen Interaktionsmöglichkeiten, die XR bietet.

Ein zentraler Aspekt des Frameworks ist die klare Unterscheidung zwischen Augmented Reality (AR) und Virtual Reality (VR), basierend darauf, ob die physische Umgebung Teil der User Experience ist oder nicht. Diese Unterscheidung ist entscheidend, da sie die grundlegend unterschiedlichen Anwendungsbereiche und Anforderungen der beiden Technologien widerspiegelt.

Darüber hinaus führt das Framework zwei separate Kontinua ein, um die gesamte Bandbreite der AR- und VR-Erfahrungen abzudecken:

- **AR-Kontinuum:** Dies reicht von Assisted Reality mit minimaler Erweiterung der Realität, z. B. textbasierte Arbeitsanweisungen, bis hin zu Mixed Reality, bei der virtuelle und reale Objekte nahtlos ineinander übergehen und nicht mehr unterscheidbar sind. Der entscheidende Faktor in diesem Kontinuum ist die lokale Präsenz, d. h. wie real sich virtuelle Objekte in der physischen Umgebung anfühlen. Je nach Nutzungskontext und Use Case kann auch eine geringe lokale Präsenz und damit eine klare Trennung zwischen digitalen und physischen Objekten zielführend sein, besonders in Situationen, in denen sich die Nutzer:innen z. B. bei der Nutzung einer AR-Navigations-App jederzeit darüber im Klaren sein sollten, was gerade „echt“ ist.
- **VR-Kontinuum:** Dieses reicht von der atomistischen VR, bei der die virtuelle Umgebung primär funktional und aufgabenorientiert ist (z. B. Schulungen), bis zur holistischen VR, die ein vollständig immersives Erlebnis bietet, das sich kaum von der Realität unterscheidet. Der Grad der Telepräsenz, d. h. das Gefühl, tatsächlich in der virtuellen Umgebung anwesend zu sein, bestimmt die Position einer Anwendung in diesem Kontinuum.

Bedeutung und Anwendung

Das xReality-Framework ist ein umfassendes Modell zur Kategorisierung von Extended Reality (XR)-Technologien, das sowohl die technologischen Grundlagen als auch die subjektive User Experience und die Interaktionsmöglichkeiten berücksichtigt. Es ermöglicht eine differenzierte Betrachtung von AR und VR entlang zweier Kontinua, basierend auf dem Grad der lokalen Präsenz bzw. der Telepräsenz. Damit bietet das Framework eine gemeinsame Sprache und ein fundiertes Verständnis für die vielfältigen Anwendungen und Auswirkungen von XR-Technologien in Forschung und Praxis und kann als verlässliche Grundlage für die Konzeption von XR-Anwendungen dienen.

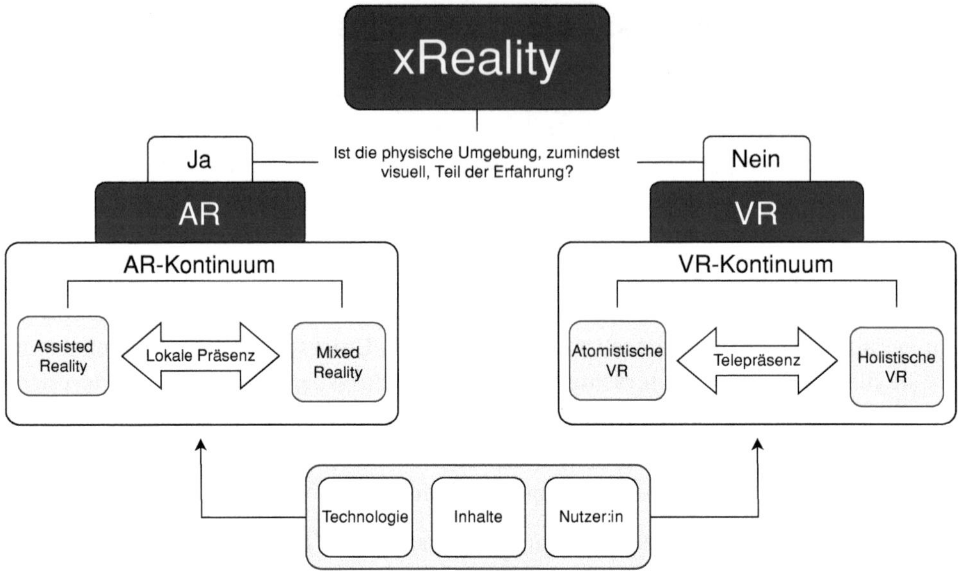

Bild 10.2 Das xReality-Framework nach Rauschnabel et al. (Bildnachweis: eigene Adaption der Originalgrafik)

Quelle

Rauschnabel, P. A., Felix, R., Hinsch, C., Shahab, H. & Alt, F. (2022). What is XR? Towards a Framework for Augmented and Virtual Reality. Computers in Human Behavior, 133, 107289. *https://doi.org/10.1016/j.chb.2022.107289*

10.2 Die Kraft der Immersion

Immersion beschreibt das Gefühl des vollständigen Eintauchens in eine digitale oder erweiterte Umgebung. Sie ist ein entscheidender Erfolgsfaktor für Extended Reality (XR)-Technologien, da sie die Wahrnehmung, die psychologischen Prozesse und das Verhalten der Nutzer:innen maßgeblich beeinflusst. Eine hohe Immersion erzeugt ein Gefühl der Präsenz und der emotionalen Verbundenheit mit der virtuellen oder erweiterten Umgebung. Die User Experience wird dadurch nicht nur intensiver, sondern auch nachhaltiger und erzeugt „bleibende Eindrücke".

Auch wenn diese Mechanismen ebenso in den Bereichen Gaming, Entertainment und Medienkonsum wirken, eröffnet Immersion in Szenarien, die im weitesten Sinne mit Wissensvermittlung und Lernprozessen zu tun haben, völlig neue Möglichkeiten, da sie die Aufmerksamkeit, Interaktionsbereitschaft und emotionale Beteiligung der Nutzer:innen bündelt und gezielt auf den Lernprozess ausrichtet. Immersive Erlebnisse schaffen nicht nur eine intensivere Bindung an die virtuelle Lernumgebung, sondern fördern auch die Motivation und optimieren die kognitive Verarbeitung der Inhalte.

Vornehmlich im Gesundheitswesen, der Produktion, im Bildungssektor, der Luft- und Raumfahrt sowie im Rettungs- und Sicherheitswesen werden immersive Technologien eingesetzt, um realitätsnahe Bedingungen zu schaffen, die in der physischen Welt zu teuer, zu riskant oder schlicht nicht durchführbar wären. So ermöglichen XR-gestützte Simulationen beispielsweise das Training chirurgischer Eingriffe im Gesundheitswesen, ohne echte Patient:innen zu gefährden, oder das Training von Notfallsituationen im Sicherheitswesen, die aufgrund logistischer Herausforderungen und per se riskanter Rahmenbedingungen ansonsten kaum durchführbar wären. In der Produktion erleichtern immersive Technologien das realitätsnahe Training im sicheren Umgang mit komplexen Maschinen oder gefährlichen Arbeitsumgebungen, in der Luft- und Raumfahrt schaffen sie realistische Szenarien zur Vorbereitung auf kritische Missionen. In der Bildung ermöglichen sie die interaktive Auseinandersetzung mit abstrakten oder schwer zugänglichen Themen – von virtuellen Exkursionen bis hin zur realistischen und dreidimensionalen Simulation naturwissenschaftlicher Experimente.

10.2.1 Immersion im Kontext des Lernens: Didaktische und psychologische Mechanismen

Die folgende Analyse basiert auf den wichtigsten Ergebnissen der Studie von Marougkas et al. (2023), die sich mit der Rolle von Virtual Reality (VR) in Bildungskontexten befasst. Diese Studie bietet eine solide Grundlage für die Untersuchung der didaktischen und psychologischen Mechanismen der Immersion im Lernprozess. Die Autoren identifizieren drei Hauptansätze, wie Immersion das Lernen fördern kann: erfahrungsbasiertes Lernen, konstruktivistisches Lernen und Unterstützung der kognitiven Verarbeitung. Ergänzend wird die Flow-Theorie von Csikszentmihalyi (1990) herangezogen, um den Einfluss von Immersion auf Motivation und Konzentration zu untersuchen.

Quelle

Marougkas, A., Troussas, C., Krouska, A., & Sgouropoulou, C. (2023). Virtual Reality in Education: A Review of Learning Theories, Approaches and Methodologies for the Last Decade. Electronics, 12(13), 2832. *https://doi.org/10.3390/electronics12132832*

Csikszentmihalyi, M. (1990). Flow: The Psychology of Optimal Experience. Harper & Row.

10.2.1.1 Erfahrungsbasiertes Lernen (Experiential Learning)

Erfahrungsbasiertes Lernen, wie es in der Studie von Marougkas et al. (2023) beschrieben wird, ist ein Ansatz, der darauf abzielt, Wissen und Fähigkeiten durch direkte Interaktion mit der Umwelt zu erwerben. Dieser Lernprozess basiert auf der aktiven Beteiligung der Lernenden, die in realitätsnahen Szenarien Aufgaben ausführen, Entscheidungen treffen und durch Reflexion neue Erkenntnisse gewinnen. Im Mittelpunkt steht die Annahme, dass Lernen effektiver und nachhaltiger ist, wenn es durch konkrete Erfahrungen unterstützt wird. XR-Technologien – einschließlich Virtual Reality (VR), Augmented Reality (AR) und Mixed Reality (MR) – erweitern die Möglichkeiten des erfahrungsbasierten Lernens erheblich, indem sie immersive Umgebungen schaffen, in denen Lernende sicher experimentieren, Fehler machen und aus diesen lernen können.

Durch den Einsatz von XR-Technologien können theoretische Inhalte praxisnah vermittelt und direkt auf realitätsnahe Situationen angewendet werden. Während AR und MR digitale Informationen in die reale Welt integrieren und so kontextbezogenes Wissen vermitteln, bietet VR vollständig immersive Umgebungen, die sich ideal für fokussiertes und ablenkungsfreies Lernen eignen. Die Ergebnisse von Marougkas et al. (2023) zeigen, dass XR-Technologien nicht nur die Interaktion mit Lerninhalten fördern, sondern auch die Motivation und das Engagement der Lernenden deutlich steigern.

Potenziale des erfahrungsbasierten Lernens mit XR

- **Realitätsnähe:** XR-Technologien ermöglichen es den Lernenden, theoretisches Wissen direkt in praxisnahen Szenarien anzuwenden. Dies fördert ein tieferes Verständnis komplexer Zusammenhänge.
- **Sicheres Experimentieren:** XR schafft eine kontrollierte Umgebung, in der Lernende riskante oder komplexe Aufgaben durchführen können, ohne reale Konsequenzen für sich oder andere befürchten zu müssen.
- **Direktes und individuelles Feedback:** Immersive Technologien bieten die Möglichkeit, in Echtzeit Feedback zu Handlungen zu geben, was die Reflexion und Verbesserung von Verhaltensmustern erleichtert.
- **Motivation durch Interaktivität:** Die interaktive und immersive Natur von XR motiviert die Lernenden, sich aktiv mit den Inhalten auseinanderzusetzen und selbstständig zu lernen.
- **Flexibilität und Anpassbarkeit:** XR-Technologien können individuell an die Bedürfnisse der Lernenden angepasst werden, wobei sowohl Anfänger:innen als auch Fortgeschrittene von den gleichen Werkzeugen profitieren können.
- **Integration von Theorie und Praxis:** XR ermöglicht es, theoretisches Wissen nahtlos mit praktischen Anwendungen zu verknüpfen, was die Lernenden stärker in den Prozess einbindet und nachhaltigere Lernerfolge ermöglicht.

10.2.1.2 Konstruktivistisches Lernen

Konstruktivistisches Lernen basiert auf der Annahme, dass Lernende ihr Wissen aktiv durch Exploration und Interaktion konstruieren. Der Lernprozess wird nicht durch die bloße Aufnahme von Wissen bestimmt, sondern durch die aktive Auseinandersetzung mit Inhalten und die eigenständige Erarbeitung von Verständnis. Im Zentrum steht die Überzeugung, dass Lernende durch ihre persönlichen Erfahrungen und die Interaktion mit der Umwelt ihre individuellen Perspektiven entwickeln. XR-Technologien erweitern diesen Ansatz, indem sie interaktive, immersive Umgebungen schaffen, die eine selbstbestimmte Wissenskonstruktion fördern.

Mithilfe von XR-Technologien können Lerninhalte individuell erforscht und auf eine Weise erlebt werden, die klassische didaktische Methoden nicht bieten können. Besonders AR und MR ermöglichen es Lernenden, ihre physische Umgebung mit digitalen Inhalten zu erweitern und so eigene Verbindungen zwischen Theorie und Praxis herzustellen. VR hingegen bietet vollständig virtuelle Umgebungen, die exploratives Lernen in realitätsfernen Szenarien ermöglichen. Die Studie von Marougkas et al. (2023) zeigt, dass XR-Technologien die Motivation und das Engagement der Lernenden fördern, indem sie ihnen die Freiheit geben, Inhalte in ihrem eigenen Tempo zu entdecken und zu verstehen.

Potenziale konstruktivistischen Lernens mit XR

- **Individuelle Wissenskonstruktion:** XR-Technologien ermöglichen es Lernenden, durch Interaktion und Exploration selbstständig Verbindungen zwischen theoretischem Wissen und praktischen Anwendungen herzustellen.
- **Interaktive Lernumgebungen:** Immersive Technologien ermöglichen das direkte Erleben und Erforschen von Inhalten, wodurch das Lernen intensiver und nachhaltiger wird.
- **Selbstbestimmtes Lernen:** XR unterstützt die Lernenden dabei, ihr eigenes Lerntempo und ihren individuellen Lernweg zu bestimmen, was die intrinsische Motivation stärkt.
- **Realitätsnahe Kontextualisierung:** AR und MR erweitern die physische Welt um digitale Inhalte, die kontextbezogenes Lernen fördern.
- **Exploration komplexer Szenarien:** Mit VR können Lernende komplexe oder realitätsferne Szenarien erleben, die in der physischen Welt nur schwer oder gar nicht zugänglich wären.
- **Förderung des kritischen Denkens:** Interaktive XR-Umgebungen fordern die Lernenden heraus, eigenständig Probleme zu lösen, fundierte Entscheidungen zu treffen und die Konsequenzen dieser Entscheidungen zu erfahren.

10.2.1.3 Optimierung der kognitiven Informationsverarbeitung

Der Begriff der kognitiven Informationsverarbeitung beschreibt die mentale Verarbeitung von Informationen, einschließlich ihrer Aufnahme, Organisation, Speicherung und ihres Abrufs. Effektive Lernprozesse setzen voraus, dass Informationen nicht nur aufgenommen, sondern auch tief verarbeitet werden, um langfristig im Gedächtnis verankert zu werden. XR-Technologien können die kognitive Verarbeitung unterstützen, indem sie immersive, interaktive Umgebungen schaffen, die die Aufmerksamkeit der Lernenden fokussieren und eine tiefere Auseinandersetzung mit den Inhalten fördern.

XR ermöglicht es, komplexe Informationen intuitiv darzustellen und gleichzeitig abstrakte Konzepte durch Visualisierungen und Simulationen greifbar zu machen. Während AR und MR reale Umgebungen durch digitale Inhalte ergänzen und damit kontextbezogenes Lernen fördern, bietet VR in diesem Zusammenhang vollständig immersive Szenarien, die es ermöglichen, sich auf die relevanten Informationen zu konzentrieren, ohne durch äußere Ablenkungen gestört zu werden.

Potenziale zur Unterstützung der kognitiven Informationsverarbeitung durch XR

- **Steigerung der Aufmerksamkeit:** XR-Technologien schaffen immersive Umgebungen, die die Aufmerksamkeit der Lernenden auf den Lerninhalt lenken und externe Ablenkungen minimieren.
- **Visuelle und interaktive Darstellung:** XR ermöglicht die Darstellung komplexer Informationen durch Visualisierungen und Simulationen, die das Verständnis abstrakter Konzepte erleichtern.
- **Fokus auf praxisorientiertes Lernen:** Die Integration von Theorie und Praxis fördert die tiefere Verarbeitung von Informationen, indem Lernende die Inhalte in realitätsnahen Szenarien anwenden können.
- **Langfristige Gedächtnisbildung:** Der immersive Charakter von XR unterstützt die Verankerung von Informationen im Langzeitgedächtnis, da die Inhalte durch Interaktion und Realitätsnähe einprägsamer werden.
- **Kontextbezogenes Lernen:** AR und MR erweitern die reale Umgebung um relevante digitale Inhalte, sodass Lernende Informationen direkt im passenden Kontext verarbeiten können.
- **Reduktion kognitiver Überlastung:** Durch die klare und strukturierte Darstellung von Inhalten in einem konkreten und praxisnahen Kontext hilft XR, die Informationsmenge beherrschbar zu machen und eine Überforderung der Lernenden zu vermeiden.

10.2.1.4 Flow-Theorie

Die von Mihaly Csikszentmihalyi (1990) entwickelte Flow-Theorie beschreibt den Zustand des völligen Aufgehens in einer Tätigkeit, bei der das Bewusstsein für Zeit und Umgebung weitgehend verloren geht. Dieser auch als „im Flow sein" bezeichnete Zustand wird durch eine perfekte Balance zwischen den Anforderungen einer Aufgabe und den Fähigkeiten der ausführenden Person erreicht. Flow ist oft mit einem hohen Maß an intrinsischer Motivation, Produktivität und Freude an der Tätigkeit an sich verbunden. Im Kontext des Lernens und der Wissensvermittlung gilt der Flow-Zustand als besonders wertvoll, da er die Aufmerksamkeit vollständig fokussiert, Ablenkungen minimiert und die kognitive Verarbeitung fördert.

XR-Technologien bieten ideale Bedingungen, um Flow-Zustände zu begünstigen. Immersive und interaktive Umgebungen bieten klare Ziele, unmittelbares Feedback und eine hohe Kohärenz zwischen den Handlungen der Lernenden und den Reaktionen der Umgebung. Diese Elemente fördern nicht nur die Konzentration, sondern steigern auch die intrinsische Motivation und die emotionale Bindung an die Inhalte.

Potenziale der Flow-Theorie mit XR

- **Förderung von Konzentration und Fokussierung:** Immersive XR-Umgebungen unterstützen Flow-Erlebnisse, indem sie Ablenkungen minimieren und die Aufmerksamkeit der Lernenden gezielt auf die Inhalte lenken.
- **Klarheit und Struktur:** XR-Technologien bieten strukturierte, aber flexible Szenarien, die es den Lernenden ermöglichen, sich auf klar definierte Ziele zu konzentrieren.
- **Unmittelbares Feedback:** XR-Systeme bieten Echtzeit-Feedback, das den Lernenden hilft, ihre Handlungen zu überprüfen und anzupassen. Dies unterstützt das Gefühl der Kontrolle und erhöht das Engagement.
- **Motivation durch Immersion:** Die immersive Natur von XR fördert die intrinsische Motivation, da die Lernenden tief in die Inhalte eintauchen und eine starke emotionale Bindung zur virtuellen oder erweiterten Umgebung aufbauen können.
- **Individuell angepasste Herausforderungen:** Durch die Anpassung des Schwierigkeitsgrades an die individuellen Fähigkeiten der Lernenden hilft XR, Frustration zu vermeiden und die Balance zwischen Anforderungen und Fähigkeiten zu halten – eine Grundvoraussetzung für Flow-Erlebnisse.

10.2.2 Herausforderungen und Grenzen des Einsatzes von XR-Technologien

Der Einsatz von XR-Technologien birgt nicht nur ein enormes Potenzial, sondern auch spezifische Herausforderungen, die ihre Verbreitung und effektive Nutzung beeinflussen. Diese betreffen sowohl kognitive und physiologische Aspekte der Nutzer:innen als auch technische und betriebliche Rahmenbedingungen, deren Wechselwirkungen die praktischen Grenzen von XR-Anwendungen definieren.

10.2.2.1 Kognitive Überlastung

Kognitive Überlastung tritt auf, wenn die Anforderungen an die Informationsverarbeitung die Kapazitäten des Arbeitsgedächtnisses übersteigen, d.h. die kognitiven Ressourcen – wie Wahrnehmung, Aufmerksamkeit, Denken und Gedächtnis – überbeansprucht werden. Nach dem Arbeitsgedächtnismodell entsteht Langzeitgedächtnis, wenn auditive und visuelle Informationen tiefer verarbeitet werden als oberflächliche oder alltägliche Beobachtungen. Faktoren wie überflüssige Reize, unstrukturierte Inhalte oder fehlende Anpassung an den Wissensstand der Nutzer:innen erhöhen die kognitive Belastung und können zu Stress, Frustration und verminderter Lernleistung führen.

Im Kontext von XR-Technologien treten solche Überforderungen häufig auf, wenn immersive Umgebungen eine Vielzahl sensorischer Reize oder komplexe Inhalte ohne klare Struktur bieten. Die Kombination von visuellen, auditiven und haptischen Signalen, die für sich genommen nützlich sein können, kann in ihrer Gesamtheit die kognitiven Fähigkeiten der Lernenden überfordern.

Arten der kognitiven Belastung bei XR-Technologien

- **Intrinsische kognitive Belastung:** Diese bezieht sich auf die Komplexität des Lernmaterials selbst und ist oft unvermeidbar. In XR-Umgebungen hängt sie von der Schwierigkeit der Aufgaben oder der Darstellung komplexer Modelle ab.
- **Extrinsische kognitive Belastung:** Sie wird durch die Art der Präsentation verursacht, z.B. durch schlecht gestaltete User Interfaces, irrelevante Informationen oder ablenkende Animationen. In XR können überladene Oberflächen oder unnötige visuelle Elemente die Verarbeitung der Informationen erschweren.
- **Lernbezogene kognitive Belastung:** Sie entsteht, wenn Lernende aktiv versuchen, Informationen zu verarbeiten und in ihr Wissen zu integrieren. Sie ist erwünscht und fördert ein vertieftes Verständnis. XR unterstützt dies durch interaktive Elemente und selbstgesteuertes Lernen.

Der Expertise Reversal Effect im Kontext kognitiver Überlastung

Der Expertise Reversal Effect beschreibt das Phänomen, dass Lernmethoden, die für Anfänger:innen hilfreich sind, bei Fortgeschrittenen zu einer kognitiven Überlastung führen können. Eine Erklärung für diesen Effekt liefert die Cognitive Load Theory nach Sweller (1988), die sich mit der Optimierung von Lernprozessen beschäftigt.

Während Anfänger:innen von detaillierten Anleitungen und Hilfestellungen profitieren, können diese für Fortgeschrittene redundant und störend sein. Dies liegt daran, dass Fortgeschrittene bereits über gut entwickelte mentale Modelle verfügen. Mentale Modelle sind interne Repräsentationen externer Systeme, die es uns ermöglichen, die Welt zu verstehen und Vorhersagen zu treffen. Fortgeschrittene haben durch ihre Erfahrung im Vergleich zu Anfänger:innen komplexere und differenziertere mentale Modelle entwickelt, die ihnen helfen, Informationen effizienter zu organisieren und zu verarbeiten. Wenn ihnen jedoch zu viele Werkzeuge oder detaillierte Erklärungen angeboten werden, die nicht zu ihren bestehenden Schemata passen, führt dies zu einer Überlastung des Arbeitsgedächtnisses und behindert den Lernprozess.

Im Kontext von XR-Technologien ist es daher entscheidend, Lerninhalte und -methoden dynamisch an den Kenntnisstand und das Vorwissen der Nutzer:innen anzupassen.

Quelle

Sweller, J. (1988). Cognitive load during problem solving: Effects on learning. Cognitive Science, 12(2), 257–285. *https://doi.org/10.1207/s15516709cog1202_4*

10.2.2.2 Physische Grenzen und Haptik

Trotz ihrer immersiven Möglichkeiten stoßen XR-Technologien dort an funktionale Grenzen, wo reale Handlungen und haptisches Feedback eine zentrale Rolle im Lern- oder Arbeitsprozess spielen. Anwendungen wie VR- oder MR-basierte Trainings können visuelle und kognitive Inhalte realitätsnah simulieren, jedoch fehlt oft die physische Komponente, die für bestimmte Aufgaben entscheidend ist. Ein Beispiel hierfür ist die Maschinenwartung: Während VR-Anwendungen die korrekte Positionierung einer Schraube visualisieren und den Anzugspunkt markieren können, ist die tatsächliche Ausführung – etwa das Anziehen dieser Schraube mit exakt 20 Newtonmetern – ohne reales Werkzeug oder eine entsprechende physische Simulation nicht zielführend durchführbar.

Haptische Systeme wie Force-Feedback-Handschuhe oder hoch spezialisierte Trainingsgeräte für komplexe Übungsszenarien bieten Ansätze, diese Lücke zu schließen. In der chirurgischen Ausbildung können solche Geräte beispielsweise den Druck simulieren, der beim Schneiden durch Gewebe ausgeübt werden muss. Solche Technologien sind jedoch kostenintensiv, technisch komplex und für einen breiten Einsatz noch nicht skalierbar. Darüber hinaus können sie nur begrenzt das gesamte Spektrum physischer Interaktionen simulieren, besonders wenn es auf feinmotorische Präzision oder Kraftanwendung ankommt.

Die physische Welt bleibt ein unverzichtbarer Bestandteil in Bereichen, in denen eine direkte Interaktion mit Materialien, Werkzeugen oder anderen physischen Objekten erforderlich ist. Während XR-Technologien die theoretische und kognitive Vorbereitung optimieren können, wird die praktische Umsetzung der Ausbildung für viele Arbeitsprozesse weiterhin von „echten" Trainingsmethoden abhängen.

10.2.2.3 Hohe Betriebshürden bei spezialisierter XR-Hardware

Der Einsatz von spezialisierter XR-Hardware wie VR/MR-Headsets, Tracking-Systemen oder haptischen Feedback-Technologien stellt neue Anforderungen an den IT-Betrieb. Häufig werden diese Geräte als Fremdkörper in den IT-Strukturen der Unternehmen wahrgenommen, da sie sich nur schwer in bestehende Betriebsprozesse und -standards integrieren lassen. Dies zeigt sich beispielsweise bei der Integration von VR-Headsets in bestehende MDM-Systeme (Mobile Device Management), der Einbindung von Sicherheitsprotokollen (Firewalls, VPNs, 2FA) oder der Fernwartung der Geräte.

Auch das Lifecycle-Management ist im Detail oft aufwendig und nicht durch bestehende Supportprozesse abgedeckt. Headsets, Controller, Trackingsysteme und haptische Komponenten müssen regelmäßig gewartet, kalibriert und aktualisiert werden, um ihre Funktionalität zu gewährleisten, und unterliegen häufig einem erhöhten mechanischen Verschleiß. Zudem sind sie im täglichen Gebrauch im Normalfall empfindlicher als herkömmliche Endgeräte und entsprechend anfälliger für Beschädigungen aller Art, zudem sind sie aus hygienischer Sicht durch den engen physischen Kontakt mit den Träger:innen nicht immer unproblematisch. Diese Aufgaben des IT-Betriebs gehen weit über die etablierten Standardprozesse für Smartphones oder Laptops hinaus und erfordern dedizierte Ressourcen und Spezialwissen.

10.2.2.4 Physiologische Herausforderungen

Der Einsatz von XR-Technologien ist nicht nur mit technischen und betrieblichen Herausforderungen verbunden, sondern kann auch physiologische Belastungen für die Nutzer:innen verursachen. Die genannten Effekte können prinzipiell in allen XR-Szenarien auftreten, sind aber bei der Nutzung von Headsets und VR-Umgebungen besonders ausgeprägt.

Motion Sickness, auch „VR-Sickness" genannt, tritt auf, wenn eine Diskrepanz zwischen den visuellen Eindrücken in der virtuellen Umgebung und den Signalen des Gleichgewichtssinns besteht. Diese Diskrepanz führt zu einem Konflikt im Gehirn, da das visuelle System Bewegung wahrnimmt, während das vestibuläre System, das Gleichgewichtsorgan, keine Bewegung registriert. Diese neuronale Fehlinterpretation führt zu typischen Symptomen wie Übelkeit, Schwindel, Kopfschmerzen und Augenermüdung. Diese Effekte sind häufig auf niedrige Bildwiederholraten, mangelnde

Synchronisation zwischen Kopfbewegung und Bilddarstellung oder unnatürliche Bewegungsmechaniken in der virtuellen Umgebung zurückzuführen. Weitere Faktoren, die Motion Sickness beeinflussen können, sind die individuelle Anfälligkeit für Reisekrankheit, das Stressniveau und die allgemeine körperliche Verfassung. Nutzer:innen sind besonders anfällig bei längeren Sitzungen oder in Anwendungen, die schnelle Bewegungen oder Richtungswechsel erfordern.

Ein weiteres Phänomen ist die „XR-Fatigue“, ein Sammelbegriff für verschiedene Formen der Ermüdung, die durch die Nutzung von XR-Systemen hervorgerufen werden können. Dazu gehören Digital Eye Strain, d.h. die Ermüdung der Augen durch hochauflösende Bildschirme und schnelle Fokuswechsel, sowie Postural Fatigue, d.h. die körperliche Ermüdung durch das Tragen von Headsets, das Halten von Controllern oder das Einnehmen bestimmter Körperhaltungen über einen längeren Zeitraum. Diese Belastungen können durch das Gewicht der Geräte und ihre oft eingeschränkte Ergonomie verstärkt werden. Hinzu kommt Cognitive Fatigue, die geistige Ermüdung durch die hohe kognitive Belastung in XR-Umgebungen. Zudem empfinden viele Nutzer:innen das Tragen von Headsets als unangenehm oder beengend, was die Akzeptanz und Nutzungsdauer einschränkt.

Diese physiologischen Herausforderungen schränken nicht nur die effektive Nutzungsdauer von XR-Anwendungen ein, sondern beeinflussen auch die Effizienz und Akzeptanz von XR-Technologien. Vor allem in Arbeits- oder Trainingskontexten, in denen längere Sitzungen erforderlich sind, müssen Strategien entwickelt werden, um diese Belastungen zu minimieren. Mögliche Lösungsansätze sind höhere Bildwiederholraten, ergonomisch optimierte Headsets und adaptive Anwendungen, die regelmäßige Pausen unterstützen. Dazu können auch die Optimierung der virtuellen Umgebung, beispielsweise durch Vermeidung überladener Szenen und realistische Beleuchtung, sowie die Integration von Ruhephasen und die Anpassung der Nutzungsdauer an die individuellen Bedürfnisse der Nutzer:innen beitragen.

Weitere Fortschritte in der Hard- und Softwareentwicklung werden dazu beitragen, die physiologischen Belastungen zu reduzieren und die Nutzung von XR-Technologien komfortabler und effizienter zu gestalten. Die intensive Forschung auf diesem Gebiet liefert laufend neue Erkenntnisse, um die Akzeptanz und Effizienz von XR-Systemen weiter zu steigern.

10.3 Populäre AR- und MR-Anwendungen für Smartphones und Tablets

Augmented Reality (AR) und Mixed Reality (MR) sind längst keine Zukunftstechnologien mehr, sondern fest in den Alltag vieler Nutzer:innen integriert. Durch die Verbreitung moderner Smartphones und Tablets mit leistungsfähigen Prozessoren und

Sensoren sind AR- und MR-Anwendungen heute so zugänglich wie nie zuvor und bieten sowohl einen ästhetischen als auch funktionalen Mehrwert. Vom Einrichten der eigenen Wohnung über das Lernen und Trainieren bis hin zur kreativen Selbstverwirklichung – AR und MR bieten vielfältige Einsatzmöglichkeiten, die weit über reine Unterhaltung oder „Spielereien“ hinausgehen.

Im mobilen Kontext haben AR- und MR-Anwendungen ihren festen Platz gefunden, da sie vorhandene Geräte nutzen und keine teure Zusatzhardware erfordern. Unternehmen wie IKEA, Snapchat oder SketchAR zeigen, wie diese Technologien dazu beitragen, alltägliche Herausforderungen zu lösen, die Produktivität zu steigern und die Customer Experience zu verbessern. Die folgenden Beispiele zeigen einige dieser Apps, die bereits heute für Millionen von Menschen einen echten Mehrwert schaffen.

10.3.1 SketchAR

SketchAR ist eine Augmented-Reality-Anwendung, die darauf abzielt, Zeichenfähigkeiten durch interaktive visuelle Unterstützung zu vermitteln. Die App nutzt AR-Technologie, um virtuelle Zeichenvorlagen auf physische Oberflächen wie Papier oder auch Wände zu projizieren, die die Nutzer:innen anschließend nachzeichnen können. Zusätzlich werden Algorithmen der künstlichen Intelligenz (KI) eingesetzt, um den Lernfortschritt zu analysieren und personalisierte Übungen anzubieten. SketchAR ist sowohl für Smartphones und Tablets als auch für Apple Vision Pro verfügbar, die die Anwendungsmöglichkeiten auch auf immersivere MR-Umgebungen erweitert.

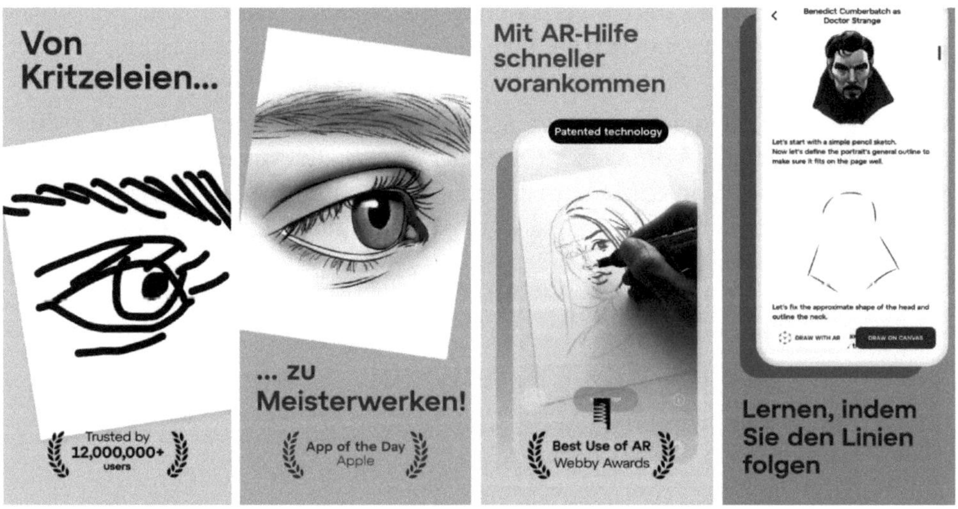

Bild 10.3 SketchAR-App für iPhone im deutschen Apple App Store. (Bildnachweis: Sketchar Inc. auf *https://apps.apple.com/de/app/sketchar-ar-zeichen-app/id1221482822*)

Mit nach eigenen Angaben über 11 Millionen Downloads weltweit zeigt die App eine hohe Akzeptanz und Beliebtheit in der Zielgruppe der Lernenden und Kunstinteressierten. Die Entwickler:innen von SketchAR verfolgen das Ziel, kreatives Potenzial zu erkennen und durch die Kunst des Zeichnens zu realisieren. Die App wird kontinuierlich weiterentwickelt, um den Lernprozess zu optimieren und den Nutzer:innen ein unterhaltsames und trotzdem effektives Erlebnis zu bieten.

10.3.2 Snapchat

Snapchat ist eine der weltweit führenden mobilen Anwendungen, die Augmented Reality integriert, um kreative und interaktive Inhalte zu erstellen und zu teilen. Mit 443 Millionen täglich aktiven Nutzer:innen im dritten Quartal 2024 (Quelle: Statista) hat Snapchat die AR-Technologie in den Alltag integriert und zu einem breit akzeptierten Werkzeug für soziale Interaktionen gemacht.

Ein zentrales Feature von Snapchat ist die „Snap Lenses"-Funktion, die es Nutzer:innen ermöglicht, virtuelle Inhalte in die physische Welt zu projizieren. Die Möglichkeiten sind vielfältig und reichen von Animationen, die in der Umgebung platziert werden können, über Gesichtsfilter, die Emotionen oder Gegenstände virtuell hinzufügen, bis hin zu interaktiven Spielen und virtuellen Anproben von Kleidung. Mit dem Lens Studio können auch individuelle AR-Inhalte erstellt werden. Dies ist für Unternehmen interessant, die personalisierte Marketingkampagnen mit hohem Interaktionspotenzial entwickeln möchten, z.B. durch virtuelle Produktplatzierungen oder die Integration von Gamification-Elementen.

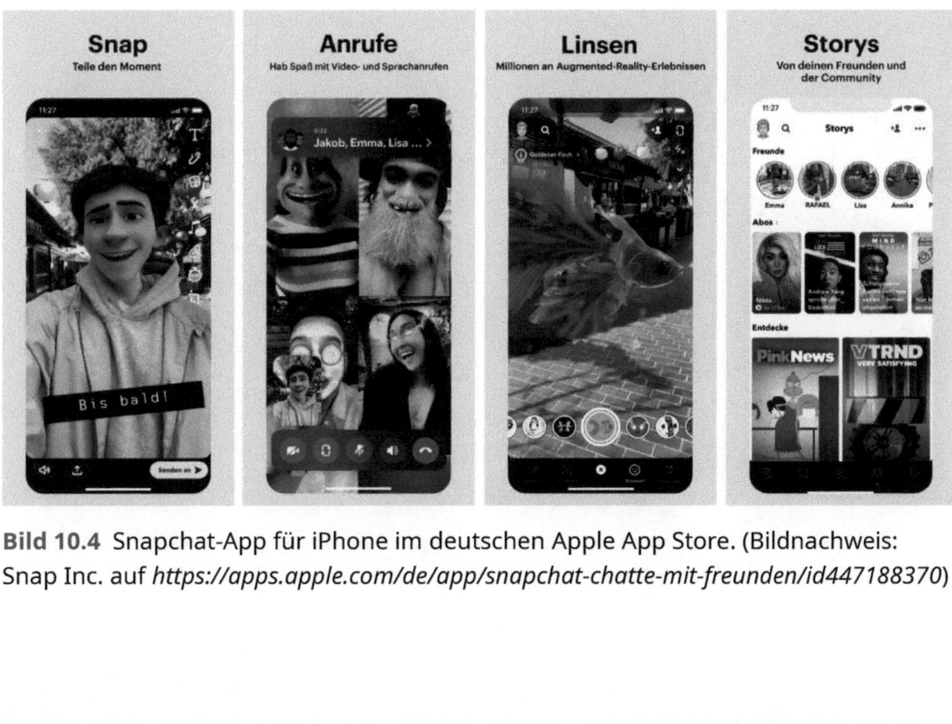

Bild 10.4 Snapchat-App für iPhone im deutschen Apple App Store. (Bildnachweis: Snap Inc. auf *https://apps.apple.com/de/app/snapchat-chatte-mit-freunden/id447188370*)

Snapchat zeichnet sich auch durch seine Benutzer:innenfreundlichkeit aus und ermöglicht den Zugang zu AR-Inhalten auf Standardgeräten wie Smartphones. Die intuitive Gestensteuerung und die einfache Integration von AR-Inhalten in Snaps machen die Anwendung für ein breites Publikum zugänglich. Die Plattform demonstriert, wie AR-Technologien für die breite Öffentlichkeit zugänglich gemacht werden können und spielt eine bedeutende Rolle in der Popularisierung von Augmented Reality.

10.3.3 IKEA

Die IKEA-App, ehemals „IKEA Place", ist eine E-Commerce-App mit Augmented-Reality-Funktionen, die es Nutzer:innen ermöglicht, Möbelstücke virtuell in ihren eigenen Räumen zu platzieren, um deren Größe, Design und Passform vor dem Kauf zu prüfen. Die 2017 erstmal veröffentlichte App, die sowohl für iOS- als auch für Android-Geräte verfügbar ist, nutzt AR-Technologie, um realistische 3D-Modelle der Möbelstücke zu projizieren und diese präzise in der physischen Umgebung zu verankern. Diese Visualisierung ermöglicht nicht nur eine ästhetische Beurteilung, sondern auch eine praktische Überprüfung ohne Maßband, ob ein Möbelstück physisch in einen bestimmten Raum passt. Dies hilft, Fehlkäufe zu vermeiden und verbessert das Einkaufserlebnis durch die visuelle Unterstützung des Entscheidungsprozesses.

Die App nutzt ARKit und ARCore, die AR-Frameworks von Apple und Google, um eine nahtlose und präzise Integration der virtuellen Möbel in die reale Umgebung der Nutzer:innen zu gewährleisten – IKEA war einer der „Early Adopters" dieser Technologien.

Bild 10.5 IKEA-App für iPhone im deutschen Apple App Store. (Bildnachweis: Inter IKEA Systems B.V. auf *https://apps.apple.com/de/app/IKEA/id1452164827*)

Die IKEA App ist ein Beispiel dafür, wie AR-Technologie im E-Commerce nicht nur die Kundenbindung stärkt, sondern auch die Barriere zwischen digitalem und physischem Einkaufserlebnis überwindet. Die App gilt als eines der erfolgreichsten AR-Tools im Einzelhandel und unterstreicht die Rolle von Mobile XR bei der Transformation der Customer Experience.

10.4 Mobile XR-Plattformen und Frameworks: Technologische Grundlagen

Die Entwicklung von AR-, MR- und VR-Anwendungen ist ohne die Unterstützung durch leistungsfähige Frameworks und Plattformen mit vertretbarem Aufwand kaum möglich. Diese betriebssystemnahen Frameworks bieten Entwickler:innen die notwendigen Werkzeuge und Ressourcen, um immersive und interaktive Erlebnisse zu schaffen. Sie sind entscheidend für die effiziente und effektive Erstellung von XR-Anwendungen für mobile Endgeräte und stellen leistungsfähige APIs zur Verfügung. Im folgenden Abschnitt werden die wichtigsten nativen mobilen XR-Plattformen und Frameworks vorgestellt, die für die Entwicklung von AR-, MR- und VR-Anwendungen auf verschiedenen Betriebssystemen benötigt werden.

10.4.1 ARKit (Apple)

ARKit ist Apples Framework zur Entwicklung von Augmented Reality (AR)-Anwendungen für iOS und iPadOS. Mit der Veröffentlichung von visionOS erweitert sich der Anwendungsbereich von ARKit auch auf die Apple Vision Pro. Damit steht Entwickler:innen ein umfassendes Toolset zur Verfügung, um immersive und interaktive AR-Erlebnisse zu schaffen. Ich benutze im Folgenden entsprechend der Apple-Nomenklatur ausschließlich den Begriff „Augmented Reality" (AR), auch wenn der Übergang zur Mixed Reality (MR) fließend ist.

Kernfunktionen von ARKit

- **Motion Tracking:** ARKit nutzt die Sensoren des Geräts, wie die Kamera und den Bewegungssensor, um die Position und Bewegung des Geräts im Raum genau zu verfolgen. Dadurch können virtuelle Objekte präzise in der realen Welt platziert und in Echtzeit realistisch bewegt werden.
- **Plane Detection:** ARKit kann horizontale und vertikale Oberflächen erkennen und virtuelle Objekte auf diesen Oberflächen verankern. Diese Fähigkeit ist entscheidend für viele AR-Anwendungen, bei denen virtuelle Objekte stabil im dreidimensionalen Raum platziert werden müssen, z. B. auf Tischen, Böden oder Wänden.

- **Scene Understanding:** ARKit analysiert die Umgebung und erkennt spezifische Merkmale wie Texturen und Konturen. Dadurch können virtuelle Objekte realistischer in die physische Welt integriert werden. Diese Funktion wird kontinuierlich verbessert, um immer detailliertere Umgebungsanalysen zu ermöglichen.
- **Light Estimation:** Diese Funktion passt die Beleuchtung virtueller Objekte an die Lichtverhältnisse in der realen Welt an. Dies trägt wesentlich zur Glaubwürdigkeit und Immersion des AR-Erlebnisses bei.
- **People Occlusion:** ARKit kann erkennen, ob sich Personen vor oder hinter virtuellen Objekten befinden und diese entsprechend partiell ausblenden. Dies erhöht den Realismus von MR-Darstellungen erheblich.

> Weitere Informationen zu ARKit: *https://developer.apple.com/augmented-reality/arkit*

10.4.2 RealityKit (Apple)

RealityKit ist Apples Framework für die Entwicklung von AR-Anwendungen für iOS, iPadOS, visionOS und stark eingeschränkt auch für macOS. Es ergänzt ARKit und bietet fortschrittliche Rendering-Technologien, physikalische Simulationen und räumliches Audio, um noch immersivere und interaktivere AR-Erlebnisse zu ermöglichen. Obwohl RealityKit keine explizite MR-Plattform ist, können viele seiner Funktionen – wie die präzise Verankerung digitaler Objekte oder die erweiterte Sensorintegration – in Richtung MR genutzt werden. Unterstützt durch die Einführung von visionOS und der Apple Vision Pro können Anwendungen, die RealityKit nutzen, in MR-Szenarien integriert werden. Generell sind im Apple-Ökosystem die Übergänge zwischen AR und MR fließend.

Kernfunktionen von RealityKit

- **3D-Rendering:** RealityKit verwendet fortschrittliche Rendering-Technologien, um realistische 3D-Darstellungen zu erzeugen. Es unterstützt physikbasierte Materialien und realistische Beleuchtung, um eine hohe visuelle Qualität zu gewährleisten.
- **Physik und Animation:** Das Framework enthält eine leistungsfähige Physik-Engine, die realistische Bewegungen und Interaktionen ermöglicht. Entwickler:innen können dynamische Animationen und physikalische Simulationen erstellen, um lebendige AR-Erlebnisse zu schaffen.
- **Spatial Audio:** RealityKit unterstützt räumliches Audio, das die präzise Positionierung von Klangquellen in der 3D-Umgebung ermöglicht. Dies verstärkt das Gefühl der Immersion und bietet den Nutzer:innen eine realistischere und intensivere akustische Erfahrung.

- **Entity-Component-System:** RealityKit verwendet ein Entity-Component-System (ECS), das eine flexible und modulare Struktur für die Erstellung von AR/MR-Inhalten bietet. Entwickler:innen können Entities (Objekte) und Components (Eigenschaften) kombinieren, um komplexe Szenen zu erstellen.
- **AR Anchors:** RealityKit unterstützt AR Anchors, die es ermöglichen, virtuelle Objekte präzise in der realen Welt zu verankern. Dies ist besonders nützlich für Anwendungen, bei denen virtuelle Inhalte stabil in der physischen Umgebung platziert werden müssen.
- **Collaboration:** Mit RealityKit können Entwickler:innen Multiplayer-AR-Erlebnisse erstellen, bei denen mehrere Benutzer:innen gleichzeitig in einer gemeinsamen AR-Umgebung interagieren können. Dies wird durch die nahtlose Synchronisation von AR-Daten über das Netzwerk ermöglicht.
- **SwiftUI-Integration:** RealityKit lässt sich nahtlos in SwiftUI integrieren, wodurch die Entwicklung von User Interfaces erheblich vereinfacht wird. Mit SwiftUI können Entwickler:innen benutzer:innendefinierte AR-Erfahrungen erstellen und dabei die deklarative Syntax nutzen, die die Erstellung komplexer UI-Komponenten vereinfacht.
- **Photogrammetrie:** RealityKit unterstützt Photogrammetrie, eine Technik zur Erstellung von 3D-Modellen aus Fotos. Diese Funktion ermöglicht es, realistische 3D-Modelle von physischen Objekten zu erstellen, die dann in AR-Anwendungen integriert werden können.
- **Object Capture:** RealityKit bietet eine Object-Capture-Funktion, mit der Entwickler:innen 3D-Modelle von realen Objekten erstellen können, indem sie Fotos mit dem iPhone oder iPad aufnehmen. Diese Modelle können dann direkt in RealityKit-Anwendungen verwendet werden, um realistische und detaillierte AR-Erlebnisse zu schaffen.

Weitere Informationen zu RealityKit: *https://developer.apple.com/augmented-reality/realitykit*

10.4.3 visionOS und Apple Vision Pro (Apple)

Die Einführung von visionOS und der Apple Vision Pro erweitert das Potenzial von ARKit erheblich. Die Vision Pro und visionOS kombinieren die Leistungsfähigkeit von ARKit mit der mächtigen Hardware der Vision Pro und eröffnen damit völlig neue Möglichkeiten für die Integration von Immersion und intuitiver Interaktion in innovativen Spatial-Computing-Anwendungen.

- **visionOS SDK:** Das visionOS SDK enthält alle Werkzeuge, die Entwickler:innen benötigen, um Anwendungen für die Apple Vision Pro zu entwickeln. Dazu gehören erweiterte Funktionen wie die Simulation von Augenkontakt und Gestensteuerung, die die User Experience weiter verbessern.
- **Reality Composer Pro:** Reality Composer Pro ist ein leistungsstarkes Werkzeug innerhalb des visionOS SDK, mit dem Entwickler:innen 3D-Inhalte für ihre Anwendungen erstellen und testen können. Es unterstützt Rapid Prototyping und die Integration von 3D Assets direkt in Xcode.
- **Simulation und Debugging:** Mit dem visionOS-Simulator können Entwickler:innen ihre Anwendungen in einer virtuellen Umgebung testen, die die Bedingungen der realen Welt nachbildet. Werkzeuge wie RealityKit Trace helfen dabei, die Performance zu optimieren und sicherzustellen, dass die Anwendungen reibungslos funktionieren.
- **Unterstützung für SwiftUI:** visionOS integriert ebenfalls nahtlos SwiftUI, was eine konsistente User Experience als auch endgeräteübergreifende Entwicklung für verschiedene Apple-Geräte ermöglicht.

Weitere Informationen zu visionOS: *https://developer.apple.com/visionos*

10.4.4 ARCore (Google)

ARCore ist Googles Plattform für die Entwicklung von Augmented Reality (AR)-Anwendungen auf Android-Geräten. Es bietet Entwickler:innen ein umfassendes Toolkit, um interaktive und immersive AR-Apps zu erstellen, die auf einer breiten Palette von Android-Smartphones und -Tablets laufen. ARCore kombiniert Endgerätesensoren und Algorithmen, um die physische Welt zu verstehen und virtuelle Objekte nahtlos in diese Welt zu integrieren und mit ihnen zu interagieren.

Kernfunktionen von ARCore

- **Motion Tracking:** ARCore nutzt die Bewegungssensoren und die Kamera des Geräts, um die Position und Orientierung des Geräts im Raum zu verfolgen. Diese Funktion ermöglicht es, virtuelle Objekte präzise in der realen Welt zu platzieren und sie in Echtzeit zu bewegen, wodurch ein realistisches AR-Erlebnis entsteht.
- **Environmental Understanding:** ARCore kann horizontale und vertikale Flächen sowie deren Grenzen erkennen. Diese Fähigkeit ist entscheidend für AR-Anwendungen, bei denen virtuelle Objekte in einem physischen dreidimensionalen Raum platziert werden müssen.

- **Light Estimation:** ARCore analysiert die Lichtverhältnisse in der Umgebung und passt die Beleuchtung der virtuellen Objekte entsprechend an. So wirken die virtuellen Elemente realistisch und fügen sich nahtlos in die physische Umgebung ein.
- **Augmented Images:** Mit ARCore können Entwickler:innen spezifische Bilder erkennen und verfolgen, um AR-Inhalte darauf zu platzieren. Dies ermöglicht Anwendungen wie interaktive Poster, erweiterte Kunstwerke und Produktinformationen, die auf realen Bildern basieren.
- **Cloud Anchors:** Diese Funktion ermöglicht die Erstellung von Multiplayer-AR-Erlebnissen, bei denen mehrere Nutzer:innen gleichzeitig dieselben virtuellen Objekte sehen und mit ihnen interagieren können. Cloud Anchors synchronisieren AR-Daten über das Internet und ermöglichen so gemeinsame AR-Erlebnisse.
- **Persistent Cloud Anchors:** Diese Weiterentwicklung der Cloud Anchors ermöglicht es, AR-Inhalte an festen Positionen zu verankern, die dauerhaft bestehen bleiben. Dies ist nützlich für Anwendungen, die wiederkehrende AR-Erlebnisse an denselben Orten anbieten wollen, wie z. B. Museumsführungen oder touristische Stadtrundgänge.
- **ARCore Depth API:** Die Depth API nutzt Tiefeninformationen der Umgebung, um realistischere Interaktionen zwischen virtuellen und realen Objekten zu ermöglichen. Entwickler:innen können Depth in ihre Anwendungen integrieren, um realistische Okklusionen oder physikbasierte Interaktionen zu erzeugen.
- **Augmented Faces:** Dieses Subsystem ermöglicht die Erkennung und Verfolgung von Gesichtern, um AR-Inhalte auf das Gesicht der Benutzer:in zu projizieren. Dies wird häufig in Anwendungen wie virtuellen Schminkspiegeln, Masken oder Gesichtsfiltern verwendet.
- **Photogrammetrie und Objekterfassung:** ARCore bietet Werkzeuge zur Erstellung von 3D-Modellen aus Fotos, die mit dem Smartphone aufgenommen wurden. Diese Modelle können direkt in AR-Anwendungen verwendet werden, um detaillierte und realistische virtuelle Objekte zu erzeugen.

Weitere Informationen zu ARCore: *https://developers.google.com/ar*

10.4.5 Android XR (Google)

Android XR ist Googles neueste Plattform für Extended Reality (XR), die im Dezember 2024 vorgestellt und in Zusammenarbeit mit Samsung und Qualcomm entwickelt wurde, um AR-, MR- und VR-Anwendungen auf einer Vielzahl von Android-basierenden Endgeräten zu unterstützen. Diese Partnerschaften kombinieren jahrelange Investitionen in künstliche Intelligenz und XR sowohl auf Hardware- als auch auf Softwareseite, um innovative Erlebnisse auf XR-Headsets und zukünftigen Geräten wie Smart bzw. „wearable“ Glasses, also Brillen, die sich im Formfaktor an normalen Alltagsbrillen orientieren, zu ermöglichen.

Kernfunktionen von Android XR

- **XR Depth API:** Ermöglicht eine genauere Erfassung von Tiefeninformationen und verbessert die Platzierung und Interaktion virtueller Objekte in der physischen Umgebung. Anwendungen wie Raumplanung oder Simulationen profitieren besonders von dieser erweiterten Tiefenerkennung.
- **Scene Viewer:** Ermöglicht die direkte Darstellung von 3D-Objekten in mobilen Anwendungen oder Webbrowsern ohne zusätzliche Software. Dies erleichtert den Einsatz von XR im E-Commerce und in Bildungsanwendungen.
- **Multi-Device Collaboration:** Bietet Werkzeuge für die Echtzeit-Synchronisation von XR-Inhalten zwischen mehreren Geräten und ermöglicht so kollaborative Anwendungen in Bereichen wie Architekturvisualisierung oder Ausbildung.
- **Optimierung für XR-Hardware:** Die Plattform wurde speziell für moderne XR-Geräte wie Mixed-Reality-Headsets und Smart Glasses entwickelt und unterstützt hochauflösende Displays, LiDAR-Sensoren und leistungsstarke Kameras.
- **Android XR SDK:** Parallel zur Plattform wurde das Android XR SDK als Developer Preview veröffentlicht. Dieses umfassende Entwicklungsframework ermöglicht es Entwickler:innen, immersive XR-Erlebnisse mit vertrauten Android-APIs und Tools zu erstellen. Das SDK unterstützt verschiedene Entwicklungsumgebungen, darunter Jetpack XR SDK für Kotlin und Android Studio, Android XR Extensions für Unity sowie OpenXR 1.1 für native Sprachen wie C/C++.

Die strategische Bedeutung von Android XR

Die Einführung von Android XR ist ein wichtiger Meilenstein für Google und die gesamte XR-Branche. Durch die enge Zusammenarbeit mit Samsung und Qualcomm wird ein robustes und vor allem kalkulierbares Ökosystem geschaffen, das Hard- ware- und Software-Innovationen nahtlos integriert und der aktuellen – und aus Sicht von Software-Dienstleister:innen im XR-Bereich durchaus problematischen – Fragmentierung des Marktes entgegenwirkt. Die strategischen Partnerschaften zielen darauf ab, die Entwicklung und Verbreitung von XR-Technologien im Markt zu beschleunigen und ein vielfältiges Angebot an Geräten und Anwendungen für Endnutzer:innen bereitzustellen.

Durch die Bereitstellung des Android XR SDK und dessen Integration in bestehende Android-Entwicklungsframeworks erleichtert Google den Einstieg in die XR-Entwicklung erheblich. Es fördert die Erstellung innovativer Anwendungen mit vertretbarem Aufwand und stärkt Googles Position im Wettbewerb mit anderen XR-Plattformen wie Apple ARKit oder visionOS sowie Cross-Plattform-Frameworks wie Unity oder der Unreal Engine.

10.4.6 Plattformübergreifende XR-Entwicklung

Bei der Entwicklung von XR-Anwendungen, besonders wenn eine breite und heterogene Zielgruppe erreicht werden soll, müssen häufig verschiedene Geräte und Plattformen gleichzeitig unterstützt werden. Während plattformspezifische SDKs wie ARKit und ARCore optimal auf ihr jeweiliges Ökosystem abgestimmt sind, fehlt ihnen die Flexibilität, um Anwendungen über Betriebssystem- und Hardwaregrenzen hinweg konsistent bereitzustellen. Plattformübergreifende Entwicklungsumgebungen wie Unity, die Unreal Engine oder Godot bieten hier eine wertvolle Alternative, indem sie eine einheitliche Codebasis für verschiedene Plattformen ermöglichen. Sie setzen auf Programmiersprachen wie C# oder C++, die unabhängig von den nativen Sprachen der Betriebssysteme wie Swift oder Kotlin verwendet werden. Dies ermöglicht es Entwickler:innen, mit einer universellen Sprache und Umgebung zu arbeiten, auch wenn in der Praxis weiterhin Spezialkenntnisse in den jeweiligen plattformabhängigen Sprachen erforderlich sind.

Plattformspezifische SDKs bieten eine tiefe Integration mit der jeweiligen Hardware, was Funktionen wie hochpräzises Motion-Tracking oder optimierte Tiefenerkennung ermöglicht. Diese Integration maximiert die Performance, erfordert aber separate Entwicklungszyklen und plattformspezifisches Wissen, was den Aufwand für komplexe Multiplattform-Projekte erhöht. Cross-Platform-Engines hingegen abstrahieren viele Hardware- und Betriebssystemdetails, sodass Anwendungen mit weniger Anpassungen auf unterschiedlichen Geräten bereitgestellt werden können. Dies reduziert die Entwicklungszeit und langfristig auch den Wartungsaufwand, da Updates zentral für alle unterstützten Plattformen implementiert werden.

Darüber hinaus sind Unity und Unreal Engine auch leistungsfähige 3D-Entwicklungsumgebungen, die umfassende Werkzeuge für die Erstellung, Bearbeitung und Optimierung von 3D-Assets bieten. Sie ermöglichen die nahtlose Integration von extern erstellten Modellen (z. B. aus Blender oder Maya) und bieten fortschrittliche Funktionen wie Level-of-Detail-Management (LOD), Occlusion Culling und Lightmapping, um die Performance auf unterschiedlichen Geräten zu optimieren. Diese Mechanismen sind entscheidend, um die Balance zwischen visueller Qualität und Hardware-Beschränkungen in Echtzeit-Rendering-Umgebungen zu gewährleisten, vornehmlich bei Anwendungen mit hohen Anforderungen an Bildwiederholraten und geringe Latenz.

Entscheidungsfaktoren: Plattform-SDKs vs. Cross-Plattform-Engines

- **Performance:** Native SDKs wie ARKit und ARCore bieten durch die direkte Integration mit Hardware und APIs eine optimierte Performance, besonders bei rechenintensiven Aufgaben wie Motion Tracking oder Rendering. Plattformübergreifende Engines abstrahieren viele Details, was in manchen Szenarien zu einem etwas höheren Ressourcenverbrauch führt. Fortschritte wie OpenXR, ein offener Standard für XR-Anwendungen, der die Interoperabilität zwischen verschiedenen XR-Plattformen und -Geräten verbessern soll, reduzieren diese Unterschiede jedoch zunehmend.
- **Flexibilität:** Cross-Plattform-Engines ermöglichen die Entwicklung einer einzigen Codebasis für mehrere Plattformen. Dies spart Entwicklungszeit und erleichtert die Wartung, da Anpassungen für verschiedene Plattformen minimiert werden. Im Gegensatz dazu erfordern native SDKs separate Entwicklungs- und Wartungszyklen für jedes Zielsystem.
- **Zielgruppenansprache:** Plattformübergreifende Engines sind ideal, um eine breite Zielgruppe über Smartphones, Tablets und XR-Headsets hinweg zu erreichen. Native SDKs bieten Vorteile, wenn die Anwendung eng mit nativen Diensten oder Hardware-Features eines Ökosystems integriert werden soll.
- **Entwickler:innen-Ökosystem:** Unity und die Unreal Engine bieten umfangreiche Bibliotheken, vorgefertigte Plug-ins und aktive Entwickler:innen-Communities. Ressourcen wie der Unity Asset Store und der Unreal Marketplace erleichtern die Entwicklung erheblich, besonders für Teams mit weniger Erfahrung in der XR-Entwicklung.
- **Kosten und Lizenzmodelle:** Native SDKs wie ARKit und ARCore sind kostenlos und ohne Lizenzgebühren nutzbar. Cross-Plattform-Engines wie Unity und Unreal Engine arbeiten dagegen mit Lizenzmodellen, die auf Umsatz, Nutzungszahlen oder festen Gebühren basieren, während Godot Open Source und damit kostenlos nutzbar ist. Diese Kostenmodelle sollten bei der Planung berücksichtigt werden, da sie sich in erster Linie bei kommerziell erfolgreichen Anwendungen massiv auf die Gesamtkosten auswirken können.

Ein Vergleich der drei Cross-Platform-Frameworks des Software-Dienstleisters Ruah Tech Solutions: *https://ruahtech.com.au/unreal-vs-unity-vs-godot*

10.5 Strategische Einordnung und Perspektiven mobiler XR-Technologien

Mobile XR-Technologien stehen an einem entscheidenden Meilenstein ihrer Entwicklung: Sie haben das Potenzial, über spezialisierte und oft industrielle Anwendungen hinaus in den Alltag breiter Nutzer:innengruppen vorzudringen. Drei Schlüsselfaktoren spielen dabei eine Rolle: die zunehmende Verbreitung von Spatial Computing durch verbesserte technologische Rahmenbedingungen, die Weiterentwicklung von Smart Glasses als komplementäre mobile Endgeräte sowie der Aufbau leistungsfähiger Infrastruktur wie 6G. Diese Strömungen sind nicht isoliert zu betrachten, sondern greifen ineinander und bilden eine dynamische Landschaft, in der technische Innovationen, wirtschaftliche Rahmenbedingungen und gesellschaftliche Akzeptanz eng miteinander verknüpft sind.

10.5.1 Spatial Computing als Alltagstechnologie

Aus Sicht mobiler Systeme ist zu erwarten, dass Spatial Computing die Verbreitung von XR-Technologien, insbesondere in der Ausprägung Augmented Reality (AR), weiter vorantreiben wird. Smartphones und Tablets spielen dabei eine zentrale Rolle, da ihre moderne Sensorik und immer effizientere Soft- und Hardware XR-Anwendungen leistungsfähiger und alltagstauglicher machen. Fortschritte in der Kamera- und Sensortechnologie wie Tiefensensoren (z. B. LiDAR), hochauflösende Kameras und GPS-Systeme mit erhöhter Genauigkeit ermöglichen eine präzise Lokalisierung und stabile Integration digitaler Inhalte in die physische Umgebung. Ergänzend kommen Inertialsensoren wie Beschleunigungssensoren und Gyroskope zum Einsatz, die in Kombination mit Algorithmen zur simultanen Lokalisierung und Kartierung (SLAM) eine zuverlässige Verankerung virtueller Objekte in Echtzeit gewährleisten.

Ein entscheidender Faktor ist die Sensorfusion – die kombinierte Nutzung und Auswertung unterschiedlicher Sensordaten in Echtzeit, um eine präzise Positionierung und ein kohärentes räumliches Verständnis zu ermöglichen. Im Kontext von SLAM ermöglicht Sensorfusion die präzise Kombination von Positionsdaten aus GPS, Bewegungsdaten aus Inertialsensoren und visuellen Informationen aus Kamerasystemen in Echtzeit. Dadurch werden stabile und präzise AR-Erlebnisse auch in komplexen oder GPS-limitierten Umgebungen wie Innenräumen möglich.

Darüber hinaus wird der Einsatz von On-Device AI und maschinellem Lernen (ML) die Entwicklung mobiler XR-Technologien weiter vorantreiben. KI-basierte Funktionen wie Objekterkennung, semantisches Mapping und Szenenanalyse ermöglichen eine tiefere Kontextualisierung der Umgebung und die adaptive Anpassung digitaler Inhalte in Echtzeit. Diese Technologien reduzieren die Abhängigkeit von Cloud-basierten Berechnungen und minimieren Latenzzeiten.

Die Kombination von Sensorfusion, SLAM und On-Device AI bildet die Grundlage für eine neue Generation von AR-Anwendungen, die sich nahtlos in alltägliche Kontexte integrieren lassen – von Navigation, Commerce und Bildung bis hin zu Unterhaltung und Spielen. Aber auch im Kontext der Industrie 4.0 werden AR-Technologien zunehmend auf mobilen Endgeräten eingesetzt, um Training und Ausbildung zu optimieren, die Interaktion mit digitalen Zwillingen zu vereinfachen, Wartungsprozesse zu digitalisieren oder komplexe Steuerungs- und Entscheidungsprozesse zu unterstützen.

10.5.2 Smart Glasses als nächste mobile XR-Plattform

Smart Glasses oder „smarte Brillen“ entwickeln sich zunehmend zur nächsten Stufe mobiler XR-Technologien und werden in den nächsten Jahren eine Schlüsselrolle bei der Verbreitung von AR und MR spielen. Während Smartphones und Tablets die primäre Plattform für mobile XR-Anwendungen bleiben, bieten Smart Glasses das Potenzial für nahtlosere und immersivere Erlebnisse. Sie ermöglichen freihändige Interaktionen und ein kontinuierliches Sichtfeld. Das bedeutet, dass die Nutzer:innen die virtuelle und die physische Umgebung gleichzeitig und ohne „Medienbruch“ erleben können. Diese Eigenschaft ist besonders wichtig für Anwendungen wie Navigation, Arbeitsanweisungen oder situative Informationen, da die Nutzer:innen nicht zwischen einem Gerät und ihrer Umgebung wechseln müssen, sondern beide Ebenen parallel wahrnehmen und mit ihr interagieren können.

Ein vielversprechendes Beispiel dafür ist die angekündigte Meta Orion, die als kompakteres und alltagstauglicheres Gerät im Vergleich zu früheren VR/MR-Headsets wie der Meta Quest 3 konzipiert wird. Mit einem schlanken Formfaktor, hochauflösenden Displays und der Integration von Sensoren wie LiDAR und Kameras soll die Meta Orion sowohl AR- als auch MR-Erlebnisse ermöglichen. Ihre Leistungsfähigkeit wird durch die Kombination eines speziell entwickelten XR-Chips mit energieeffizienten Komponenten ermöglicht, die trotz des kompakten Formfaktors eine ausreichende Akkulaufzeit gewährleisten sollen. Gerüchte sprechen von einem Erscheinungstermin im Jahr 2027, zudem könnte mit der Meta Hypernova eine einfachere Version der Orion und die Nachfolgerin der bereits auf dem Markt befindlichen Ray-Ban Meta Smart Glasses schon früher erscheinen – auch hier handelt es sich jedoch um unbestätigte Spekulationen.

Trotz ihres Potenzials stehen Smart Glasses vor ernsthaften Herausforderungen bezüglich ihrer Marktakzeptanz, wie der Misserfolg der ersten Generation der Google Glasses im Jahr 2013 und die damalige „Glasshole“-Debatte zeigen. Neben dem Formfaktor, der sich möglichst nah an „normalen“ Brillen orientieren soll, zudem leistungsfähige Hardware, ausreichende Akkulaufzeit und ergonomisches, „tragbares“ Design vereinen muss, sind weitere, durchaus komplexe technologische Hürden zu überwinden. Dazu gehören die Entwicklung energieeffizienter Prozessoren, die Miniaturisierung der Komponenten und die Optimierung der Displays. Hinzu kommen hohe Herstellungskosten, die eine Marktdurchdringung erschweren, sowie Bedenken hinsichtlich des Datenschutzes und der Akzeptanz durch die Nutzer:innen. Vornehmlich die permanente Bildaufnahme durch die Kameras, die Möglichkeit der Echtzeit-Gesichtserkennung und die Verarbeitung und -speicherung persönlicher Daten werfen ethische und rechtliche Fragen auf.

Mittel- bis langfristig werden Smart Glasses die Nutzung von XR-Technologien transformieren, indem sie die Interaktion mit digitalen Inhalten natürlicher, intuitiver und vor allem „hands-free" machen und XR-Anwendungen aus der Abhängigkeit von Touchscreens befreien, auch wenn auf absehbare Zeit klassische Smartphones weiterhin die Schaltzentralen und „Companions" der Smart Glasses bleiben werden. Ihre Verbreitung wird stark von weiteren technologischen Durchbrüchen bei Displays, Sensoren, Energieeffizienz und der Entwicklung neuer Inhalte und Anwendungen, der gesellschaftlichen Akzeptanz und wirtschaftlichen Faktoren wie Forschungs- und Entwicklungskosten, Produktions- und Skalierungskosten sowie der Preisgestaltung für die Endnutzer:innen abhängen.

10.5.3 Infrastruktur als kritischer Erfolgsfaktor

Die Infrastruktur hinter mobiler XR-Technologie ist der entscheidende Faktor, um immersive Anwendungen in Echtzeit und mit hoher Stabilität bereitzustellen. Im Kontext von Spatial Computing und der nahtlosen Verschmelzung von digitaler und physischer Realität sind hohe Bandbreiten und extrem niedrige Latenzen lebenswichtig. Echtzeit-XR-Anwendungen wie SLAM-basierte Navigation, kollaborative AR-Umgebungen oder datenintensive Visualisierungen komplexer 3D-Assets stellen enorme Anforderungen an die Netzwerkleistung. Jede Verzögerung in der Datenübertragung – selbst im Millisekundenbereich – kann die User Experience empfindlich stören, da virtuelle Objekte instabil erscheinen, Bewegungen asynchron wirken oder Interaktionen verzögert stattfinden. Diese Anforderungen übersteigen die derzeitige Leistungsfähigkeit der 5G-Netze, selbst in ihrer Stand-Alone-Variante (5G SA).

6G, die sechste Generation digitalen Mobilfunks, gilt als Schlüsseltechnologie zur Bewältigung dieser Herausforderungen. Mit geplanten Datenraten im Terabit-Bereich und theoretischen Latenzzeiten von unter einer Millisekunde schafft 6G die Grundlage für eine neue Generation von XR-Anwendungen. Diese Fortschritte ermöglichen nicht nur höhere Datenraten, sondern auch die synchrone Bearbeitung komplexer Aufgaben wie holografische Kollaboration, präzise Fernsteuerung und nahtlose Interaktion mit digitalen Zwillingen. Damit eröffnen sich Anwendungsfelder, die heute aufgrund technischer Restriktionen oder hoher Infrastrukturkosten noch nicht abbildbar sind.

Neben der Netzinfrastruktur spielen lokale Rechenkapazitäten eine zentrale Rolle, um den Anforderungen von Echtzeitanwendungen gerecht zu werden. On-Device AI und Edge Computing ergänzen die Netzwerkressourcen, indem sie datenintensive Prozesse wie SLAM, Objekterkennung oder semantisches Mapping direkt auf dem Endgerät oder in der Nähe der Nutzer:innen ausführen. Diese lokale Verarbeitung reduziert nicht nur die Latenzzeiten, sondern auch die Abhängigkeit von zentralisierten Cloud-Diensten, was zusätzlich in Umgebungen mit eingeschränkter Netzabdeckung – etwa in Innenräumen mit begrenzter Netzanbindung oder in ländlichen Regionen ohne entsprechende Infrastruktur – entscheidend ist. Edge Computing entlastet auch zentrale Rechenzentren und erhöht die Energieeffizienz, indem Berechnungen geografisch näher an der Datenquelle durchgeführt werden.

Trotz der Fortschritte bei On-Device AI und Edge Computing bleibt die Rolle der „klassischen" Cloud-basierten Backend-Systeme wichtig. Cloud-Infrastrukturen ermöglichen zentralisierte Funktionen, die lokal oder mit Edge Computing nur schwer realisierbar wären. Dazu gehören die Synchronisation von Anwendungen über mehrere Geräte hinweg, z. B. für kollaborative XR-Umgebungen, die Bereitstellung und Aktualisierung hochauflösender Geoinformationsdaten für globale SLAM- und Navigationsanwendungen sowie die Analyse und Speicherung großer Datenmengen. Hauptsächlich datenbasierte Optimierungsprozesse profitieren von der Verfügbarkeit zentraler Cloud-Ressourcen. Diese Prozesse umfassen die Verarbeitung und Interpretation von Daten der Nutzer:innen, um Anwendungen dynamisch an individuelle Präferenzen oder spezifische Nutzungskontexte anzupassen. Auch langfristige Mustererkennung, etwa zur Identifikation von Effizienzsteigerungspotenzialen oder zur Verbesserung der persönlichen User Experience, werden durch Cloud-basierte Machine-Learning-Modelle unterstützt. Diese zentralen Dienste gewährleisten nicht nur die Konsistenz mobiler XR-Anwendungen über verschiedene Geräte und Plattformen hinweg, sondern sind auch eine wesentliche Voraussetzung für deren Skalierbarkeit und kontinuierliche datengetriebene Weiterentwicklung.

Die Zukunft mobiler XR-Technologien liegt in der intelligenten Integration dieser verschiedenen Komponenten. Die Kombination aus leistungsfähigen Mobilfunknetzen wie 6G, lokaler Verarbeitung durch On-Device- oder Edge-Computing sowie den zentralen Stärken klassischer Cloud-Dienste ermöglicht eine dynamische Infrastruktur, die flexibel, skalierbar und leistungsfähig genug ist, um den steigenden Anforderungen mobiler XR-Anwendungen gerecht zu werden. Herausforderungen wie die Standardisierung von Schnittstellen, die Sicherstellung einer ausreichenden Netzabdeckung und -kapazität sowohl in dicht besiedelten urbanen Gebieten als auch in ländlichen Regionen sowie die Reduzierung des Energieverbrauchs der mobilen Endgeräte und der gesamten Infrastruktur sind weitere zentrale Themen, um die langfristige Akzeptanz und Nachhaltigkeit von XR-Technologien sicherzustellen.

10.5.4 Das 4C-Framework: ein ganzheitliches Verständnis der Interaktion mit Augmented Reality (AR)

Das 4C-Framework von Rauschnabel et al. bietet eine fundierte und umfassende Perspektive, um die komplexe Interaktion von Nutzer:innen mit Augmented Reality (AR) strategisch analysieren und optimieren zu können. Das Modell dient nicht nur als theoretische Grundlage, um die vielfältigen Aspekte von AR-Erfahrungen zu systematisieren, sondern bietet auch praxisorientierte Ansätze, die die Entwicklung, Bewertung und Implementierung solcher Technologien gezielt unterstützen. Es ermöglicht Unternehmen und Entwickler:innen, strategische Entscheidungen zu treffen, die gleichermaßen auf die Bedürfnisse der Nutzer:innen sowie auf technische und inhaltliche Anforderungen abgestimmt sind. Neben dieser klaren Strukturierung von AR-Experiences verweist das Framework auch auf zukünftige Forschungspotenziale, wie die Verfeinerung der Messmethoden oder die Erprobung des Modells in weiteren technologischen Kontexten wie Virtual Reality (VR) und dem Metaverse, um seine Anwendbarkeit weiter zu validieren.

Das Framework betrachtet die vier Dimensionen Consumer (Konsument:in), Content (Inhalte), Context (Kontext) und Computing Device (Endgerät) und untersucht, wie diese Faktoren zusammenwirken, um ein nachhaltiges Engagement mit AR-Anwendungen zu fördern. Im Folgenden werden die Dimensionen und Ihre Abhängigkeiten beschrieben.

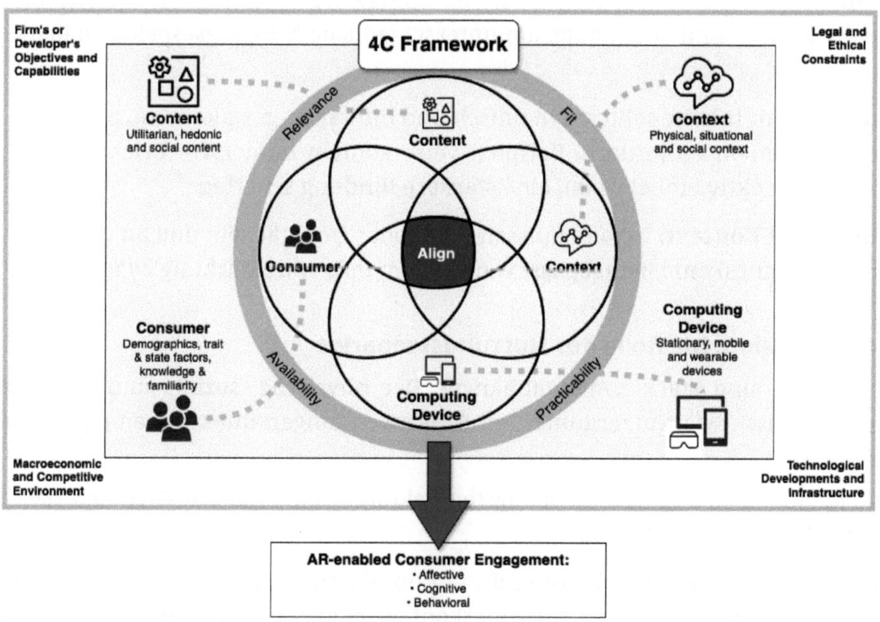

Bild 10.6 Das 4C-Framework nach Rauschnabel et al. (Bildnachweis: eigene Adaption der Originalgrafik)

Consumer-Dimension: Nutzer:innenzentrierte Entwicklung

Im Zentrum des Frameworks steht die Nutzer:innenperspektive, die „User Centricity“. Die Dimension untersucht, wie demographische, psychologische und erfahrungsbasierte Faktoren die Wahrnehmung und Nutzung von AR beeinflussen.

Für mobile XR-Technologien bedeutet dies:

- **Anpassung an Zielgruppen:** Das Framework betont, wie wichtig es ist, unterschiedliche Bedürfnisse der Nutzer:innen zu berücksichtigen. Faktoren wie Technologieaffinität, Nutzungsmotive und kulturelle Unterschiede können die Akzeptanz von AR-Anwendungen maßgeblich beeinflussen.
- **Konsequente Personalisierung:** Durch die Berücksichtigung individueller Profile der Nutzer:innen können Inhalte und Interaktionen gezielt angepasst werden, um eine stärkere emotionale und im Ergebnis auch faktische Bindung zu schaffen.

Content-Dimension: Der Wert der Inhalte

Die Qualität und Relevanz der bereitgestellten Inhalte sind entscheidende Faktoren für den Erfolg mobiler XR-Anwendungen.

Das 4C-Framework betont hierbei:

- **Inhaltsvielfalt:** Sowohl utilitaristische (z. B. praktische Tools wie Navigationshilfen, Produktvisualisierungen oder Assistenzfunktionen, die den Alltag der Nutzer:innen erleichtern und einen direkten funktionalen Mehrwert bieten) als auch hedonische Inhalte (z. B. Kommunikation, interaktive Spiele, kreative Filter und virtuelle Events) sind notwendig, um unterschiedliche Nutzungsaspekte zu bedienen.
- **Interaktivität:** Inhalte sollten dynamisch und interaktiv gestaltet sein, um ein tieferes Engagement zu fördern. Beispielsweise können immersive Erlebnisse, die Nutzer:innen aktiv einbeziehen, eine stärkere Bindung schaffen.
- **Qualität und Kontext:** Inhalte müssen von hoher Qualität sein und an den spezifischen Nutzungskontext angepasst werden, um ihre volle Wirkung zu entfalten.

Context-Dimension: Die Rolle des Nutzungsszenarios

AR-Erfahrungen sind stark kontextabhängig. Der physische, soziale und zeitliche Kontext beeinflusst, wie Nutzer:innen mit AR-Anwendungen interagieren und diese wahrnehmen.

Die folgenden Punkte zeigen die wichtigsten Faktoren, um eine effektive und nachhaltige Nutzung zu gewährleisten:

- **Kontextuelle Adaption:** Inhalte und Funktionen einer AR-Anwendung müssen dynamisch an den jeweiligen Nutzungskontext angepasst werden. Dies umfasst physische Umgebungen, soziale Interaktionen und zeitliche Verfügbarkeit.

- **Alltagsintegration:** Anwendungen sollen so gestaltet sein, dass sie in Alltagssituationen einfach genutzt werden können. Dies erhöht die Nutzungshäufigkeit und Akzeptanz.
- **Situative Relevanz:** Inhalte, die auf spezifische Situationen zugeschnitten sind, können eine höhere Bindung der Nutzer:innen erzielen.

Computing-Device-Dimension: Die Rolle der Hardware

Die vierte Dimension des 4C-Frameworks bezieht sich auf das Endgerät, das die AR-Erlebnisse ermöglicht.

Für mobile XR-Technologien sind insbesondere die folgenden Aspekte relevant:

- **Performance:** Leistungsfähige und im Alltag verfügbare Hardware ist entscheidend, um ein flüssiges und immersives Nutzererlebnis zu gewährleisten.
- **Ergonomie:** Benutzungsfreundlichkeit und Tragekomfort von XR-Geräten wie Smart Glasses spielen eine wichtige Rolle.
- **Plattform-Ökosysteme:** Eine gute Integration in bestehende Entwicklungsplattformen erleichtert die Entwicklung, den Betrieb und die Wartung von Anwendungen.

Praktische Umsetzung und strategische Bedeutung

Das 4C-Framework macht deutlich, dass der Erfolg von AR-Anwendungen nicht von einzelnen Dimensionen abhängt, sondern von der engen Verzahnung aller vier Komponenten. Nur durch die optimale Abstimmung von Consumer (Konsument:in), Content (Inhalt), Context (Kontext) und Computing Device (Endgerät) lassen sich Erlebnisse schaffen, die Nutzer:innen langfristig binden und begeistern.

Unternehmen und Entwickler:innen sollten bei der Konzeption von AR-Anwendungen systematisch sicherstellen, dass die folgenden Rahmenbedingungen erfüllt sind:

- Die Zielgruppe (Consumer) ist klar definiert und deren Bedürfnisse und Erwartungen sind objektiv verstanden und dokumentiert.
- Die Inhalte (Content) sind relevant, qualitativ hochwertig und interaktiv, um einen klar definierten Mehrwert aus Sicht der Nutzer:innen zu generieren.
- Der spezifische Nutzungskontext (Context) wird berücksichtigt, um situationsgerechte und kontextrelevante Experiences bereitzustellen.
- Die zur Verfügung stehende und in der Praxis genutzte Hardware (Computing Device) ist ausreichend verfügbar, leistungsfähig, ergonomisch und barrierefrei, um eine fließende und homogene User Experience zu gewährleisten.

Quelle

Philipp A. Rauschnabel, Reto Felix, Jonas Heller, Chris Hinsch: The 4C framework: Towards a holistic understanding of consumer engagement with augmented reality. Computers in Human Behavior,Volume 154, 2024,108105, ISSN 0747-5632, *https://doi.org/10.1016/j.chb.2023.108105*

10.6 Zusammenfassung und Schlüsselaspekte dieses Kapitels

10.1 Grundlagen: „Die" Realität, AR, MR und VR im Überblick

Augmented Reality (AR), Mixed Reality (MR) und Virtual Reality (VR) sind zentrale Technologien im Kontext von Extended Reality (XR). Theoretische Modelle wie das Realitäts-Virtualitäts-Kontinuum nach Milgram und das xReality-Framework nach Rauschnabel ermöglichen eine systematische Einordnung und Analyse der unterschiedlichen Anwendungsformen.

- Das Realitäts-Virtualitäts-Kontinuum von Milgram et al. beschreibt ein Spektrum von realen bis vollständig virtuellen Umgebungen, ergänzt durch Zwischenstufen wie Augmented Reality und Augmented Virtuality.
- Das xReality-Framework von Rauschnabel et al. erweitert dieses Modell durch die Berücksichtigung von User Experience und technologischen Interaktionen, was eine differenzierte Analyse ermöglicht.
- Immersion, Interaktivität und Präsenz sind Schlüsselfaktoren für XR-Erfahrungen.

10.2 Die Kraft der Immersion

Immersion ist ein Schlüsselfaktor für die Effektivität von XR-Anwendungen. Sie beeinflusst Lern-, Arbeits- und Unterhaltungserfahrungen durch erhöhte Aufmerksamkeit, Motivation und Interaktionsbereitschaft.

- Erfahrungsbasiertes und konstruktivistisches Lernen profitieren von immersiven Technologien, die praxisnahe Szenarien und eigenständige Wissenskonstruktion ermöglichen.
- Die Flow-Theorie zeigt, wie XR-Anwendungen die User Experience durch Förderung von Konzentration und intrinsischer Motivation verbessern.
- Herausforderungen wie kognitive Überlastung und XR-Fatigue begrenzen die potenziellen Einsatzmöglichkeiten, während physikalische Grenzen und fehlendes haptisches Feedback den Nutzen in spezifischen Szenarien einschränken.

10.3 Populäre AR- und MR-Anwendungen für Smartphones und Tablets

SketchAR, Snapchat und die IKEA-App zeigen die Relevanz mobiler XR-Technologien in kreativen, sozialen und kommerziellen Kontexten.

- SketchAR nutzt AR, um kreative Fähigkeiten durch visuelle Hilfen und interaktive Lernmodule zu fördern.
- Snapchat integriert AR in soziale Netzwerke und ermöglicht durch Funktionen wie Lenses und Filter innovative Formen der Interaktion.
- Die IKEA-App unterstützt durch AR eine visuelle Produktpräsentation, die Fehlkäufe vermeidet und das Einkaufserlebnis verbessert.

10.4 Mobile XR-Plattformen und Frameworks: Technologische Grundlagen

Die technologische Basis für mobile XR-Anwendungen bilden plattformspezifische SDKs und plattformübergreifende Entwicklungsframeworks.

- ARKit und RealityKit (Apple) sowie ARCore und Android XR (Google) bieten spezifische Werkzeuge zur Entwicklung nativer Anwendungen, die eine tiefe Integration in die jeweilige Hardware ermöglichen.
- Plattformübergreifende Frameworks wie Unity, die Unreal Engine und Godot ermöglichen durch eine einheitliche Codebasis die effiziente Entwicklung für verschiedene Plattformen und Geräte. Darüber hinaus bieten sie umfassende Werkzeuge zur Erstellung und Optimierung von 3D-Assets.
- Die Entscheidung zwischen nativen und plattformübergreifenden Ansätzen wird von Faktoren wie Performance, Flexibilität, Zielgruppenansprache und Kostenstrukturen beeinflusst.

10.5 Strategische Einordnung und Perspektiven mobiler XR-Technologien

Mobile XR-Technologien nähern sich einem entscheidenden Wendepunkt, an dem technologische Fortschritte, verbesserte Infrastruktur und eine wachsende gesellschaftliche Akzeptanz zusammenkommen, um den Übergang vom Nischenprodukt zum Massenmarkt zu ermöglichen.

- Spatial Computing wird durch Fortschritte in Sensorfusion, SLAM und On-Device AI zur Alltagstechnologie, die durch mobile Geräte wie Smartphones und Tablets geprägt ist.
- Intelligente Brillen wie die Meta Orion bieten neue Möglichkeiten für freihändige und immersive Interaktionen, stellen jedoch Herausforderungen an Design, Technologie und Datenschutz dar.
- Netzwerktechnologien wie 6G und Edge Computing sind entscheidend für die Skalierbarkeit und Effizienz von XR-Anwendungen. Gleichzeitig bleiben zentrale

Cloud-Dienste unverzichtbar, um Daten zu synchronisieren, Prozesse zu optimieren und globale Anwendungen zu unterstützen.

- Das 4C-Framework von Rauschnabel et al. bietet eine systematische Grundlage zur Analyse der komplexen Wechselwirkungen zwischen Nutzer:innen, Inhalten, Kontexten und Endgeräten und verdeutlicht, wie strategische Entscheidungen für ein nachhaltiges Engagement der Nutzer:innen in AR-Umgebungen optimiert werden können.

11 Mobile Metaverse: Definition, Technologie, Status und Vision

In diesem Kapitel werden die wesentlichen Aspekte des Mobile Metaverse behandelt, die für die zukünftige Entwicklung, Nutzung und Integration mobiler Systeme von Bedeutung sind. Es gibt einen umfassenden Überblick über die Definitionen und Konzepte des Metaverse, den aktuellen Stand der Technik und die Visionen für die Zukunft. Das Kapitel beleuchtet die historische Entwicklung des Begriffs und die technologischen Grundlagen, die zur Realisierung des Metaverse beitragen.

Eine wichtige Abgrenzung: Technologien wie Augmented Reality (AR), Mixed Reality (MR) und Virtual Reality (VR), die im vorangegangenen Kapitel behandelt wurden, sind zwar wesentliche Bausteine des Metaverse, stellen aber nicht das Metaverse selbst dar. Eine AR- oder MR-Anwendung kann einzelne Aspekte des Metaverse aufgreifen, bleibt aber isoliert und in ihrer Funktionalität begrenzt. Das Metaverse ist ein umfassenderes Konzept – eine skalierbare, vernetzte und immersive digitale Infrastruktur, die verschiedene Technologien, Anwendungen und Plattformen integriert und damit weit über die Möglichkeiten einzelner XR-Anwendungen hinausgeht.

Darüber hinaus werden konkrete Anwendungsfälle und Beispiele für Proto-Metaversen vorgestellt, um die praktische Relevanz und die Potenziale für mobile Endgeräte und Anwendungen aufzuzeigen. Ziel dieses Kapitels ist es, den Leser:innen ein fundiertes Verständnis für die Komplexität und die vielfältigen Einsatzmöglichkeiten des Mobile Metaverse zu vermitteln und weiterhin Impulse und Handlungsempfehlungen für die Umsetzung eigener Projekte zu geben.

11.1 Definitionen und Konzepte des Metaverse

Das Metaverse ist ein sich schnell entwickelndes, inhaltlich und technisch komplexes Phänomen, das weit über bildgebende Technologien wie VR-Headsets hinausgeht, die in der öffentlichen Wahrnehmung oft die Sicht auf das Metaverse dominieren, auch wenn immersive Technologien eine zentrale Rolle im Metaverse spielen werden. Es ist ein unscharfer und interpretationsbedürftiger Begriff, der in Ermangelung einer abschließenden Definition derzeit noch von vielen Missverständnissen, Buzzwords und marketinggetriebenen Visionen geprägt ist. Aber Ungewissheit und Verwirrung sind keine Gegenargumente, sondern vielmehr Merkmale der Disruption, um mit dem amerikanischen Autor Matthew Ball zu sprechen. Es ist wichtig, den Marketing-Hype von der tatsächlichen Bedeutung zu unterscheiden und ein realistisches Bild der Chancen, aber auch der Herausforderungen zu entwickeln.

Das Metaverse ist mehr als nur eine große, bunte 3D-Welt. Es ist vielmehr eine zukünftige Iteration des Internets, die unser Leben analog zu den Umwälzungen, die das „alte" Internet bereits in allen Lebensbereichen bewirkt hat, weiter verändern und disruptieren wird. Dabei wird es sich viel organischer und selbstverständlicher als das bisherige bildschirmzentrierte Internet auch in unseren physischen, dreidimensionalen Lebensraum integrieren und diesen mit Spatial Computing um weitere digitale Ebenen und Interaktionsmöglichkeiten erweitern.

> *Ich definiere das Metaverse als skalierendes und interoperables Netzwerk von in Echtzeit berechneten, virtuellen, dreidimensionalen Welten. Eine praktisch unbegrenzte Zahl von Nutzerinnen und Nutzern kann diese Welten gleichzeitig und dauerhaft erleben. Sie haben dabei ein Gefühl von physischer Präsenz und es findet ein ständiger Datenaustausch statt, beispielsweise hinsichtlich Identität, Geschichte, Gütern, Kommunikation und Zahlungen. Einfacher gesagt: Es handelt sich um ein synchrones, dreidimensionales Echtzeitinternet.*
>
> Matthew Ball. Interview mit *Achim Fehrenbach*. Zeit Online, 16. Oktober 2022.

Derzeit gibt es nicht „das" Metaverse, sondern nur verschiedene Proto-Metaversen mit unterschiedlichen Schwerpunkten und Technologien. Einige konzentrieren sich auf Spiele und Unterhaltung, andere auf soziale Interaktion oder industrielle und wirtschaftliche Aktivitäten. Zudem fehlt den aktuellen Proto-Metaversen ein wichtiger Aspekt der Ball'schen Definition: Sie sind mehr Intra- als Internet, basieren zudem auf völlig unterschiedlichen technischen Standards und verfügen insofern nicht über die Interkonnektivität als zentrales Merkmal des „echten" Metaverse.

Das Metaverse integriert eine Vielzahl von Technologien, darunter immersive Technologien wie Virtual, Mixed oder Augmented Reality, Digital Twins und IoT, künstliche Intelligenz (KI), stationäre und mobile Hochgeschwindigkeitsnetzwerke, High Performance Computing (HPC), Edge Computing, Blockchain, Non-Fungible Token (NFT) und Cryptocurrencies, aber auch Interoperabilitätsstandards. Gerade letztere sind ein wesentlicher Schritt in der Evolution des Metaverse, besonders der Schritt von vielen, getrennten Proto-Metaversen hin zu „dem" Metaverse wird ohne system- und technologieübergreifende Standards nicht möglich sein. Das Internet, wie wir es kennen, würde ohne seine einheitlichen Technologien und Datenformate wie TCP/IP, HTTP, HTML oder GIF, JPEG und MP3 nicht existieren.

Einige Metaverse-Visionen betonen die Bedeutung der Dezentralisierung, die den Nutzer:innen mehr Kontrolle über ihre Daten und digitalen Identitäten gibt. Blockchain-Technologie und Web3-Konzepte spielen in diesem Zusammenhang eine wichtige Rolle, um ein offeneres und partizipativeres digitales Ökosystem im Metaverse zu schaffen, das nicht mehr nur in den Silos der Big-Tech-Player wie Alphabet, Meta, Apple oder Microsoft stattfindet.

Mobile Systeme spielen im Metaverse eine entscheidende Rolle, da sie eine ständige und ortsunabhängige Teilnahme an dieser neuen hybriden Realität ermöglichen und somit eine Brücke zwischen der physischen und der virtuellen Welt schlagen. Durch ihre Allgegenwärtigkeit, wachsende Leistungsfähigkeit und Funktionsvielfalt ermöglichen sie nicht nur den einfachen und ubiquitären Zugang zum Metaverse, sondern auch immersive AR- und VR-Erlebnisse, soziale Interaktionen, standortbezogene Anwendungen und alle Arten von wirtschaftliche Aktivitäten in der zunehmend virtuellen Welt des Metaverse.

Die Akteur:innen der sich formierenden Metaverse-Ökonomie stehen vor mehreren zentralen Herausforderungen: von der präzisen Definition und kritischen Reflexion grundlegender Begriffe über die Entwicklung konkreter Anwendungsszenarien bis hin zur Formulierung einer gemeinsamen Vision. Diese Schritte sind trotz vielversprechender globaler Aktivitäten in diese Richtung weiterhin notwendig, um das Metaverse als kohärentes und interoperables Ökosystem zu realisieren.

> Zur Vertiefung empfehle ich das Buch „The Metaverse: Fully Revised and Updated Edition: Building the Spatial Internet" von Matthew Ball (07.2024)
>
> ISBN 978-1324095286

11.1.1 Historischer Überblick und Entwicklung des Begriffs „Metaverse"

Der Begriff „Metaverse" tauchte erstmals 1992 in Neal Stephensons Science-Fiction-Roman „Snow Crash" auf. In dieser dystopischen Erzählung beschreibt Stephenson das Metaverse als eine virtuelle Realität, in die Menschen durch Avatare eintauchen können, um miteinander zu interagieren und verschiedenen Aktivitäten nachzugehen. Das Metaverse in Snow Crash ist eine fortschrittliche, immersive Online-Welt, die als Weiterentwicklung des Internets dargestellt wird.

Das visionäre Konzept von Neal Stephenson hat seit seiner Einführung in der Technologie- und Populärkultur große Resonanz gefunden und das Metaverse hat durch den technologischen Fortschritt und das wachsende Interesse großer Unternehmen über die populärkulturelle Komponente hinaus stark an Bedeutung gewonnen. Die Umbenennung von Facebook in Meta im Jahr 2021 unterstreicht die zentrale Rolle, die das

Unternehmen bei der Entwicklung und Förderung des Metaverse spielen möchte. Mark Zuckerberg, CEO von Meta, sieht das Metaverse weiterhin als „die nächste große IT-Plattform“ und investiert Milliarden in die Entwicklung dieser Vision, auch wenn derzeit das allgegenwärtige Thema KI im Vordergrund steht.

Matthew Ball, einer der führenden Vordenker des Metaverse, beschreibt in seinem Buch „The Metaverse: And How It Will Revolutionize Everything“ die Entwicklung des Begriffs und hebt hervor, wie er sich von einer literarischen Fiktion zu einer ernstzunehmenden technologischen Vision entwickelt hat. (Ball, 2022).

Ein weiterer Meilenstein in der Popularisierung des Metaverse-Konzepts war der Roman „Ready Player One“ von Ernest Cline, der 2011 veröffentlicht wurde. Ready Player One beschreibt eine ebenfalls eher dystopische Zukunft, in der die Menschen den Großteil ihres Lebens in einer virtuellen Realität namens Oasis verbringen. Die Oasis ist eine gigantische, allumfassende und immersive Online-Welt, die ihren Nutzer:innen unzählige Möglichkeiten zur Interaktion, zum Spielen, Lernen und Arbeiten bietet. Clines Roman, der 2018 von Steven Spielberg durchaus sehenswert verfilmt wurde, hat das Bewusstsein der Öffentlichkeit und der Technologiebranche für die Möglichkeiten und Herausforderungen des Metaverse geschärft und inspiriert.

Die technische Realisierung des Metaverse hat ihre Wurzeln in einer Vielzahl von Innovationen und technologischen Fortschritten, die zusammenwirken, um immersive, interaktive und vernetzte digitale Welten zu schaffen. Ein wesentlicher Faktor ist dabei die Entwicklung und Verbreitung von Virtual Reality (VR), Augmented Reality (AR) und der Mixed Reality (MR) oder „Spatial Computing“. VR-Headsets wie Oculus Rift, HTC Vive und vor allem Meta Quest 2 und 3 haben mit ihrer von Meta Platforms vorangetriebenen breiten Marktdurchdringung den Zugang zu immersiven Erfahrungen demokratisiert und einem breiten, wenn auch noch begrenzten Publikum zugänglich gemacht.

Wichtige Impulse für die Weiterentwicklung des Metaverse kommen aus der Industrie, besonders aus der Gruppe der „Big Five“ Alphabet (Google), Amazon, Apple, Meta Platforms (ehemals Facebook) und Microsoft, aber auch von Anbietern wie Nvidia. Meta konzentriert sich stark auf soziale Interaktionen und virtuelle Gemeinschaften, während Microsoft mit Produkten wie Microsoft Mesh die Zusammenarbeit und Produktivität im beruflichen und professionellen Kontext fördert. Nvidia wiederum arbeitet an der Schaffung des „Omniverse“, einer Plattform für virtuelle Zusammenarbeit und Simulation, die in der Industrie 4.0 Anwendung findet.

Die Apple Vision Pro, die im Februar 2024 auf den Markt kam, stellt einen weiteren wichtigen Meilenstein bei der Entwicklung von VR und AR hin zum Spatial Computing dar. Mit ihren hochauflösenden Displays, modernen und hochwertigen Sensoren in Kombination mit hoher On-Device-Rechenleistung bietet die Vision Pro ein immersives Erlebnis und eine Systemqualität innerhalb des Apple-Ökosystems, die sich sowohl für Anwendungen im privaten Bereich als auch für produktive Anwendungen im industriellen Kontext eignet. Tim Cook, CEO von Apple, sagt über die Vision Pro:

„Through a tight integration of hardware and software, we designed a revolutionary new product category that marks the most advanced personal electronics device ever“ – eine Einschätzung, die durchaus zutreffend ist.

Neben den Entwicklungen im Bereich der Endgeräte spielen auch Infrastruktur- und Netzwerktechnologien eine entscheidende Rolle. High Performance Computing (HPC), Cloud- und Edge Computing sind notwendig, um die riesigen Datenmengen echtzeitnah zu verarbeiten, die im Metaverse generiert werden und echtzeitnah verarbeitet werden müssen. Hinzu kommt, dass die derzeit am meisten verbreiteten Netzwerktechnologien wie 4/5G im mobilen oder V-DSL im stationären Bereich nicht oder nur eingeschränkt in der Lage sein werden, die niedrigen Latenzzeiten und hohen Bandbreiten bereitzustellen, die für ein reibungsloses und immersives Nutzer:innenerlebnis im Metaverse erforderlich sind. Als Benchmark müssen wir dabei von einer verlässlichen Bandbreite von mindestens 1 Gbit/s (symmetrisch, d.h. im Up- und Downstream) und E2E-Latenzzeiten von unter 20 ms ausgehen, beides Werte, die im Rahmen konventioneller und allgemein verfügbarer IT-Infrastruktur derzeit nicht oder nur unter Laborbedingungen und an wirklich guten Tagen erreicht werden.

Eine Schlüsselfunktion hat dabei die Glasfaser, auf Englisch „fibre optic“, eine Technologie zur Datenübertragung mittels Lichtwellen. Sie bietet extrem hohe Datenraten, die für den effizienten Transport großer Datenmengen erforderlich sind, verbunden mit einer deutlichen Reduzierung der Latenzzeiten. Beide Eigenschaften sind kritische Erfolgsfaktoren für die Unterstützung von echtzeitnahen Anwendungen im Metaverse.

Die 6G-Technologie, die voraussichtlich um 2030 kommerziell verfügbar sein wird, bietet erhebliche Verbesserungen gegenüber der aktuellen 5G-Technologie. Es ist zu erwarten, dass 6G-Netze Datenübertragungsraten von bis zu 1 Terrabit pro Sekunde (Tbps) und extrem niedrige Latenzzeiten von weniger als 1 Millisekunde haben werden, wobei sich diese Angaben nur auf die Funkstrecke bis zum ersten Router in der Edge-Cloud, nicht aber auf die E2E-Latenz eines Systems beziehen. Diese Verbesserungen sind entscheidend für die Unterstützung von Ultra-HD-Streaming, hochauflösenden 3D-Grafiken und anderen datenintensiven Anwendungen in Echtzeit. Technisch basiert 6G auch auf der Nutzung höherer Frequenzbänder, einschließlich Terahertz-Wellen, die eine weitaus höhere Datenkapazität bieten als die derzeit verwendeten Frequenzen. Diese höheren Frequenzen jenseits der Mikrowellen ermöglichen eine dichtere Netzabdeckung und eine größere Anzahl gleichzeitig verbundener Geräte, sie sind derzeit aber regulatorisch noch nicht erfasst. Darüber hinaus wird 6G Technologien wie künstliche Intelligenz (KI) und maschinelles Lernen (ML) für die Netzoptimierung und das Ressourcenmanagement nutzen, um die Effizienz und Leistungsfähigkeit des Netzes weiter zu steigern.

11.2 Das Metaverse im Kontext mobiler Systeme

Mit der fortschreitenden Entwicklung des Metaverse wird die zentrale Rolle der mobilen Zugangskanäle, die sich bereits heute immer mehr zur primären Zugangstechnologie für digitale Angebote aller Art entwickelt haben, weiter in den Vordergrund rücken. Diese Rolle wird auch im Metaverse beibehalten und durch zusätzliche Technologien und Endgeräte jenseits von Smartphones wie XR-Headsets und Smart Glasses ergänzt. Um mobile Anwendungen sinnvoll in das Metaverse zu integrieren, reicht es nicht aus, heutige Anwendungen und Dienste mehr oder weniger unverändert in einen einfachen dreidimensionalen Kontext zu übersetzen oder als zweidimensionale Fenster in einem immersiven Raum abzubilden. Vielmehr gilt es, bestehende Paradigmen hinsichtlich der User Experience einer Anwendung völlig neu zu bewerten und für unterschiedliche Immersionsgrade aufzubereiten sowie die erweiterten technischen und inhaltlichen Möglichkeiten der Metaverse-Technologien wertschöpfend in bestehende oder neu zu entwickelnde Systeme zu integrieren.

11.2.1 Relevanz für mobile Systeme und Anwendungen

Ausgehend von der Definition des Metaverse als Evolution des Internets können mobile Endgeräte weiterhin ihre systembedingten Vorteile ausspielen und diese in Metaverse-Szenarien transportieren. Dabei ist zu erwarten, dass sich die Relevanz des klassischen Smartphones verändert und die Geräteflotte der Nutzer:innen im Alltag zunehmend von anderen Endgeräten wie XR-Headsets ergänzt wird. Für Betreiber:innen mobiler Systeme ergibt sich damit die Herausforderung, ihre Anwendungen und Systeme auch für die Nutzung mit diesen alternativen Zugangskanälen zu optimieren und mediengerechte Nutzer:innenerfahrungen zu liefern.

Die im Folgenden genannten Geräteklassen, hier im Kontext des xReality-Frameworks von Rauschnabel et al., sind im weitesten Sinne mobil und werden über das Smartphone hinaus zu relevanten Zugangsmedien für das Metaverse.

Smart Glasses (lokale Präsenz)

Smart Glasses sind tragbare Endgeräte, die in Form einer klassischen Brille getragen werden. Sie verfügen über integrierte Displays, Sensoren, Kameras und Prozessoren, die es den Nutzer:innen ermöglichen, digitale Informationen in ihr Sichtfeld einzublenden und mit diesen zu interagieren, während sie weiterhin ihre physische Umgebung wahrnehmen. Eine einfache Ausprägung dieser Brillen sind „Datenbrillen", die nur ein kleines Display in das Sichtfeld der Nutzer:innen einblenden und im Normalfall zweidimensionale Informationen anzeigen und darüber hinaus nicht oder nur eingeschränkt mit ihrer Umwelt interagieren. Smart Glasses haben je nach Modell und Hersteller unterschiedliche Funktionen und Ausstattungsmerkmale (Auswahl):

- **Augmented Reality (AR):** Smart Glasses mit Displays können digitale Informationen, wie Text, Bilder oder Animationen, über die reale Welt legen. Dies ermöglicht Anwendungen wie Navigation, Spiele, Bildung/Schulung und Kommunikation.
- **Spracherkennung und Natural Language Processing (NLP):** Nutzer:innen können verschiedene Aufgaben erledigen und mit Anwendungen interagieren, ohne ihre Hände benutzen zu müssen. Dies ist in klassischen Hands-free-Szenarien in Bereichen wie Wartung, Reparatur und Fertigung von großem Wert.
- **Konnektivität:** Smart Glasses sind häufig mit Smartphones oder anderen mobilen Geräten verbunden oder verfügen über einen eigenen Netzzugang, sodass Informationen wie Nachrichten, Anrufe, E-Mails und Benachrichtigungen angezeigt werden können.
- **Kameras und Sensoren:** Die Geräte sind meistens mit Kameras ausgestattet, die Fotos und Videos aufnehmen können, zusätzlich mit Sensoren, die Positon, Bewegungen, Gesten und die Umgebung der Nutzer:in erkennen können.
- **Beispielgeräte mit unterschiedlichem Funktionsumfang:** Google Glass Enterprise Edition 2 (abgekündigt), Nreal Air, Nreal Light, Amazon Echo Frames, Meta Ray-Ban Stories, Vuzix Blade 2, etc.

Mixed-Reality-Headsets (lokale Präsenz)

Mixed-Reality-Headsets sind tragbare Geräte, die in Form von kopfumfassenden Headsets getragen werden. Die Verbindung virtueller und realer Welten ist eine wesentliche Eigenschaft von Mixed-Reality-Headsets. Im Gegensatz zu reinen Virtual Reality (VR)- oder Augmented Reality (AR)-Brillen bieten MR-Headsets eine immersive Erfahrung, bei der virtuelle Objekte in die physische Umgebung eingebettet und mit dieser interaktiv verbunden werden. Diese Technologie ermöglicht es Nutzer:innen, sowohl reale als auch digitale Elemente gleichzeitig zu sehen und zu manipulieren. Mixed Reality (MR)-Headsets verfügen über folgende zentrale Merkmale und Anwendungen (Auswahl):

- **Erhöhte Immersion:** Die Verwendung von MR-Headsets ermöglicht die Verschmelzung der physischen und digitalen Welt, sodass virtuelle Objekte in der realen Umgebung erscheinen und mit dieser interagieren können.
- **Erweiterte Interaktion:** Die Nutzer:innen haben die Möglichkeit, mit virtuellen Objekten in Echtzeit zu interagieren, als wären diese physisch vorhanden.
- **Sensorik und Tracking:** Die Geräte sind mit einer Vielzahl von Sensoren ausgestattet, welche die Erfassung von Bewegungen, Gesten sowie der Umgebung der Nutzer:in ermöglichen. Die genannten Sensoren ermöglichen präzise Interaktionen sowie das nahtlose Einfügen digitaler Objekte in die physische Welt.

- **Spatial Mapping:** Die Erfassung und Analyse der Umgebung ermöglicht es MR-Headsets, ein detailliertes räumliches Mapping zu erstellen, welches die Platzierung und Interaktion von virtuellen Objekten in der realen Welt zulässt.
- **Beispielgeräte mit unterschiedlichem Funktionsumfang:** Microsoft HoloLens, Nreal Light und Magic Leap. Die Apple Vision Pro und eingeschränkt auch die Meta Quest 3 und Pro können ebenfalls als MR-Headset genutzt werden, sie stellen jedoch aufgrund ihres geschlossenen Designs einen Sonderfall dar und integrieren die Außenwelt ausschließlich über Kameras. Beide unterstützen ebenfalls VR.

Virtual-Reality-Headsets (Telepräsenz)

Virtual Reality (VR)-Headsets sind ebenfalls kopfumschließende Headsets und lassen die Nutzer:innen vollständig in eine virtuelle Umgebung eintauchen. Im Gegensatz zu AR-Brillen, die virtuelle Elemente in die reale Welt einblenden, versetzen VR-Headsets die Nutzer:innen in eine vollständig virtuelle Welt. Diese immersive Technologie ermöglicht es, in digitalen Welten zu navigieren und zu interagieren, als wäre man physisch anwesend. VR-Headsets zeichnen sich durch die folgenden Hauptmerkmale und Anwendungen aus, die sich teilweise mit denen von MR-Headsets überschneiden:

- **Tiefe Immersion:** VR-Headsets bieten eine tiefe Immersion, indem sie die physische Realität vollständig ausblenden und die Nutzer:innen in eine virtuelle Umgebung eintauchen lassen. Diese Immersion wird durch hochauflösende Displays und ein weites Sichtfeld unterstützt, wodurch das Gefühl entsteht, tatsächlich in der virtuellen Welt zu sein.
- **Erweiterte Interaktion:** Nutzer:innen können auf eine Weise mit der virtuellen Welt interagieren, die natürliche Bewegungen und Gesten widerspiegelt. Controller oder Handtracking-Technologien ermöglichen Aktionen wie Greifen, Werfen oder Zeichnen, wodurch die Erfahrung realistischer und intuitiver wird.
- **Sensorik und Tracking:** VR-Headsets sind mit einer Vielzahl von Sensoren ausgestattet, die Kopf- und Körperbewegungen präzise erfassen. Diese Sensoren ermöglichen eine genaue Positionierung und Bewegungsverfolgung in der virtuellen Welt, wodurch die Bewegungen der Nutzer:innen nahtlos und ohne Verzögerung in den virtuellen Raum übertragen werden.
- **3D-Audio:** Viele VR-Headsets bieten räumliches Audio, das Geräusche aus verschiedenen Richtungen im Raum simuliert. Dies verstärkt das Gefühl der Immersion und ermöglicht es den Nutzer:innen, Geräuschquellen präzise zu lokalisieren und auf sie zu reagieren. 3D- oder Spatial Audio ist ein wichtiges Merkmal immersiver Erfahrungen.
- **Haptisches Feedback:** VR-Controller sind oft mit haptischem Feedback ausgestattet, das Vibrationen oder andere taktile Empfindungen erzeugt, um physische In-

teraktionen in der virtuellen Welt realistischer zu machen. Dies trägt dazu bei, dass die Nutzer:innen eine tiefere Einbettung in die virtuellen Umgebung erfahren.

- **Beispiele für Geräte mit unterschiedlichem Funktionsumfang:** Meta Quest 2, 3 und Pro, Apple Vision Pro, HTC Vive Pro 2, Pico 4, Sony PlayStation VR, Valve Index.

11.2.2 Das Metaverse in eigenen Projekten

Metaverse-Technologien bieten bereits heute zahlreiche sinnvolle Möglichkeiten, die Entwickler:innen und Betreiber:innen von mobilen Systemen nutzen können, um innovative Projekte oder Geschäftsmodelle zu realisieren. Es ist nicht notwendig, auf das Metaverse in seiner finalen Ausprägung zu warten, allein schon vor dem Hintergrund, dass völlig unklar ist, wie diese dann aussehen wird, wann sich das Metaverse als Massenmedium etabliert haben wird und wie verschiedene Herausforderungen primär im Infrastrukturbereich, siehe „6G" oder „High Performance Computing", bewältigt werden können. Stattdessen können und sollten bereits verfügbare und ausgereifte Schlüsseltechnologien in iterativen Schritten eingesetzt werden, um kontinuierliche Innovationen voranzutreiben. Dieser Ansatz entspricht dem Prinzip „Evolution statt Revolution" und ist sowohl aus Sicht des Innovationsmanagements als auch aus betriebswirtschaftlicher Sicht pragmatisch und realistisch.

Die im Folgenden genannten Technologien haben bereits einen Reifegrad erreicht, der ihren produktiven Einsatz ermöglicht:

- **Immersive Technologien (VR, AR, MR):** Diese Technologien ermöglichen es, sowohl virtuelle als auch erweiterte Realitäten zu schaffen, in denen Nutzer:innen agieren. VR bietet eine vollständige Immersion in eine computergenerierte Umgebung, AR ergänzt die reale Welt mit digitalen Informationen und MR kombiniert beide Ansätze, um eine nahtlose Integration virtueller Objekte in die physische Umgebung zu ermöglichen. Sowohl AR- als auch einfache und nicht immersive MR-Anwendungen können auf Smartphones ohne zusätzliche Hardware implementiert werden. In mobilen Systemen können diese Technologien für Schulungen, Produktpräsentationen, interaktive Verkaufsräume und vieles mehr eingesetzt werden.

- **Internet of Things (IoT):** IoT-Technologien ermöglichen die Vernetzung und Kommunikation zwischen physischen Geräten und Systemen. Im Kontext des Metaverse können IoT-Sensoren und -Aktoren genutzt werden, um Echtzeitdaten aus der physischen Welt zu erfassen und in die virtuelle Umgebung zu integrieren. Dies ermöglicht beispielsweise die Überwachung und Steuerung von Produktionsprozessen oder die Schaffung smarter Umgebungen, die sich an die Bedürfnisse der Nutzer:innen anpassen.

- **Digital Twins:** Digitale Zwillinge sind virtuelle Repräsentationen von physischen Objekten oder Systemen, die deren Verhalten in Echtzeit simulieren können. Diese Technologie ermöglicht die Überwachung, Analyse und Optimierung komplexer Systeme unter Verwendung von Echtzeitdaten aus der physischen Welt. Im Metaverse können mithilfe digitaler Zwillinge virtuelle Modelle von Fabriken, Städten oder Produkten erstellt und in Echtzeit demonstriert, überwacht und gesteuert werden.
- **Künstliche Intelligenz (KI):** KI ist die Basis der Analyse großer Datenmengen und der Automatisierung komplexer Prozesse im Metaverse. Sie ermöglicht personalisierte Erlebnisse durch die Analyse des Verhaltens und der Präferenzen der Nutzer:innen und die Anpassung von Inhalten in Echtzeit. KI-gestützte Chatbots oder Avatare und virtuelle Assistenten können die Interaktion im Metaverse verbessern, indem sie Unterstützung und Interaktion in Echtzeit anbieten. Darüber hinaus kann KI eingesetzt werden, um die Ressourcennutzung zu optimieren und die Sicherheit und Effizienz von Netzwerken und Systemen im Metaverse zu verbessern.

11.3 Beispiele für mobile Proto-Metaversen

Auch wenn „das" Metaverse noch nicht existiert, gibt es bereits verschiedene – und durchaus vielversprechende – Proto-Metaversen, die auch in mobilen Medien umgesetzt sind. Im Folgenden werden einige Beispiele vorgestellt.

11.3.1 Pokémon GO

Bild 11.1
Pokémon Go. (Bildnachweis: Niantic auf *https://nianticlabs.com/press*)

Ja, in der Tat. Pokémon Go ist tatsächlich schon ein bisschen Metaverse. Es kann als ein Proto-Metaverse betrachtet werden, da es viele wesentliche Merkmale des Metaverse vereint und erfolgreich umsetzt. Das Spiel nutzt Augmented Reality (AR) und Geolocation-Technologien, um die physische und die digitale Welt miteinander zu verbinden. Die Spieler:innen bewegen sich in der realen Welt, um virtuelle Pokémon zu fangen, die über das Kamerabild des Smartphones in die physische Umgebung projiziert werden. Durch den Einsatz von AR entsteht ein immersives und interaktives

Spielerlebnis, das das Metaverse-Konzept der nahtlosen Integration virtueller Objekte in die reale Welt vorwegnimmt.

Ein weiterer wichtiger Aspekt ist die soziale Komponente von Pokémon Go. Das Spiel fördert Interaktion durch gemeinsame Events wie Raid-Kämpfe und Community Days, bei denen Spieler:innen zusammenkommen, um besondere Challenges zu meistern oder seltene Pokémon zu fangen. Diese sozialen Aktivitäten fördern die Bildung von Gemeinschaften und Netzwerken, ähnlich wie im Metaverse, in dem Nutzer:innen in virtuellen Welten interagieren und gemeinsame Erlebnisse schaffen.

Auch in wirtschaftlicher Hinsicht bietet Pokémon Go Elemente des Metaverse. Das Spiel integriert In-App-Käufe, bei denen die Spieler:innen virtuelle Gegenstände erwerben können. Dieses digitale Ökosystem ist ein zentraler Bestandteil des Metaverse, in dem der Handel mit virtuellen Gütern und Dienstleistungen eine wesentliche Rolle spielt.

Technologisch nutzt Pokémon Go moderne AR-Technologien und Echtzeit-Datenintegration, um eine dynamische und sich ständig verändernde Spielwelt zu schaffen. Die permanente Weiterentwicklung und Einführung neuer Features und Events durch das Entwicklerteam von Niantic hält das Spiel für die Nutzer:innen relevant und attraktiv, was ein weiteres Merkmal eines erfolgreichen Proto-Metaverse ist.

AR-Einsatz in Pokémon GO: *https://youtu.be/7ZrmPTPgY3I?si=ioVRCQb6cw6CjD_a*

11.3.2 Fortnite

Bild 11.2
Fortnite Logo. (Bildnachweis: Epic Games, Inc)

Ein weiteres prominentes Beispiel für ein Proto-Metaverse ist Fortnite. Das Spiel wurde 2017 von Epic Games veröffentlicht und hat sich seitdem zu einer globalen Plattform entwickelt, die weit über das ursprüngliche Battle-Royale-Game hinausgeht. Fortnite bietet ein immersives Erlebnis, das durch regelmäßige Updates, In-Game-Events und Kooperationen mit bekannten Marken und Persönlichkeiten ständig erweitert wird.

Ein wichtiges Element von Fortnite sind die Live-Events, die zeitlich begrenzt sind und Tausende von Nutzer:innen gleichzeitig anziehen. Diese Events können Konzerte, Filmpremieren oder spezielle Spielereignisse sein. So haben beispielsweise Konzerte von Künstlern wie Travis Scott und Marshmello Millionen von Zuschauer:innen angezogen und sind ein beeindruckendes Beispiel für die Verschmelzung von Unterhaltung und interaktiver Technologie.

Fortnite fokussiert sich stark auf soziale Interaktion. Nutzer:innen können sich zu Teams zusammenschließen, gemeinsam Missionen erfüllen und an verschiedenen Wettbewerben teilnehmen. Die Möglichkeit, mit anderen Nutzer:innen zu kommunizieren und gemeinsam zu spielen, fördert die Bildung von stabilen Gemeinschaften und Netzwerken innerhalb des Spiels.

Fortnite integriert verschiedene ökonomische Elemente, die typisch für ein Proto-Metaverse sind. Die Nutzer:innen können mit der In-Game-Währung (V-Bucks) virtuelle Gegenstände wie Skins, Emotes und andere kosmetische Upgrades erwerben. Diese digitalen Güter tragen zur Personalisierung der Avatare der Nutzer:innen bei und ermöglichen die Schaffung einer individuellen Identität im virtuellen Raum.

Darüber hinaus hat Fortnite mit dem „Creative Mode“ eine Plattform geschaffen, auf der Nutzer:innen ihre eigenen Inseln und Spielmodi gestalten können. Diese nutzer:innendefinierten Inhalte fördern den Austausch innerhalb der Community, regen die Kreativität an und bieten eine nahezu unbegrenzte Vielfalt an unterschiedlichen Spielerfahrungen.

Technologisch nutzt Fortnite die ebenfalls von Epic Games entwickelte Unreal Engine, um eine hochgradig anpassbare und visuell beeindruckende Spielwelt zu schaffen. Die Plattform unterstützt Cross-Play, was bedeutet, dass Nutzer:innen auf verschiedenen Geräten (PC, Konsole, Mobilgerät) miteinander interagieren können. Dies erhöht die Reichweite und Zugänglichkeit des Spiels erheblich.

Obwohl Fortnite als Spiel begann, hat es sich durch kontinuierliche Erweiterungen und die Integration sozialer und ökonomischer Elemente zu einem wichtigen Akteur im Bereich der Proto-Metaversen entwickelt. Die plattformübergreifende Verfügbarkeit und die vielfältigen Interaktionsmöglichkeiten machen Fortnite zu einem guten Beispiel für die Entwicklung von Metaverse-Erfahrungen auf mobilen und anderen Geräten.

Weitere Informationen zu Fortnite: *https://de.wikipedia.org/wiki/Fortnite*

11.3.3 The Sandbox

Bild 11.3
The Sandbox. (Bildnachweis: The Sandbox auf *https://press.sandbox.game)*

The Sandbox ist ein Proto-Metaverse, das 2012 von Pixowl ursprünglich als mobiles Spiel entwickelt wurde. Heute hat sich The Sandbox zu einer dezentralen Metaverse- und Gaming-Plattform auf der Ethereum-Blockchain entwickelt. Sie ermöglicht es Nutzer:innen, virtuelle Grundstücke zu erwerben, diese zu personalisieren und mit spielbaren Inhalten und Erlebnissen zu füllen.

Ein zentraler Bestandteil von The Sandbox sind virtuelle Grundstücke (LAND), die in Form von Non-Fungible Tokens (NFTs) erworben werden können. Diese Grundstücke können weiter personalisiert und zu größeren Grundstücken (ESTATES) kombiniert werden, um komplexere Spielumgebungen zu entwerfen. Mit dem Softwaretool Game Maker können Nutzer:innen ihre eigenen 3D-Spielerlebnisse entwickeln, testen und teilen, ohne dass Programmierkenntnisse erforderlich sind. Dies fördert die Kreativität und das Engagement der Nutzer:innen auf der Plattform und ermöglicht die Monetarisierung der erstellten Inhalte über den Marktplatz.

Ein weiterer Aspekt von The Sandbox ist die Integration prominenter Marken und Persönlichkeiten wie Snoop Dogg, Adidas und The Walking Dead, die exklusive virtuelle Events und Erlebnisse anbieten. Diese Integration zieht sowohl Mainstream- als auch Krypto-Enthusiast:innen an und stärkt die Gemeinschaft.

Soziale Interaktion und spielerische Elemente sind ebenfalls wesentliche Merkmale von The Sandbox. Die Nutzer:innen können ihre Avatare anpassen, die Umgebung erkunden, Rätsel lösen und an Spielen und Quests teilnehmen. Diese Interaktionen schaffen ein dynamisches und immersives Metaverse-Erlebnis.

Die Monetarisierungsmodelle von The Sandbox sind vielfältig. Nutzer:innen können durch Pay-to-Play-Erlebnisse, das Vermieten ihrer LANDs und die Nutzung von Werbeflächen Einnahmen erzielen.

Obwohl The Sandbox als mobiles Spiel begann, hat es sich durch die Integration von Blockchain-Technologie und NFTs zu einer umfassenden Metaverse-Plattform entwickelt, die auf PC, Mac und mobilen Geräten zugänglich ist. Diese plattformübergreifende Verfügbarkeit und die kreativen und wirtschaftlichen Möglichkeiten machen The Sandbox zu einem wichtigen Akteur im mobilen Metaverse-Segment.

Weitere Informationen zu The Sandbox: *https://www.sandbox.game/en*

11.3.4 Microsoft Flight Simulator

Bild 11.4
Microsoft Flight Simulator (Bildnachweis: Microsoft Corporation)

Obwohl es sich nicht um eine mobile Anwendung handelt, ist der Microsoft Flight Simulator 2024 ein wichtiges Beispiel für ein technisch komplexes Proto-Metaverse und wird deshalb hier genannt. Er bildet bereits viele der Grundprinzipien des Metaverse ab und ist zudem technologisch extrem weit entwickelt. Die Integration von hochauflösenden Satellitenbildern und Echtzeitdaten für Wetter und Luftverkehr ermöglicht eine dynamische und sich ständig verändernde virtuelle Welt auf Basis realer Daten, ein wesentliches Merkmal des Metaverse. Diese Detailtreue schafft eine immersive Umgebung, die durch die Unterstützung von VR noch verstärkt wird, wobei das für November 2024 angekündigte Update noch erweiterte VR-Funktionen enthalten wird.

In sozialer Hinsicht bietet der MS Flight Simulator eine umfangreiche Multiplayer-Komponente, die es den Spieler:innen ermöglicht, gemeinsam zu fliegen und Flughäfen zu besuchen. Die Möglichkeit, eigene Inhalte zu erstellen und zu teilen, fördert die Beteiligung und Kreativität der Nutzer:innen, ähnlich wie im Metaverse, wo die Nutzer:innen aktiv zur Gestaltung der Umgebung beitragen. In wirtschaftlicher Hinsicht verfügt der Simulator über einen integrierten Marktplatz für den Handel mit digitalen Gütern und Dienstleistungen, der wirtschaftliche Interaktionen innerhalb der virtuellen Welt ermöglicht. Partnerschaften mit Flugzeugherstellern und Technologieunternehmen schlagen eine weitere Brücke zwischen realer und virtueller Welt.

Weitere Informationen zum Microsoft FlightSimulator: *https://www.flightsimulator.com*

11.4 Nutzungsszenarien für mobile Geräte im Metaverse

Mobile Endgeräte und Systeme werden im zukünftigen Metaverse zweifellos eine tragende Rolle spielen und bestehende Anwendungen um Metaverse-Komponenten erweitern oder völlig neue Anwendungsszenarien ermöglichen. Sie dienen als Bindeglied zwischen der physischen und der virtuellen Welt und ermöglichen eine ortsunabhängige und permanente Teilnahme an der hybriden Realität des Metaverse. Erreicht wird dies durch die Kombination von moderner Hardware, leistungsfähigen Netzwerken und innovativen Softwarelösungen, die zusammen ein immersives und interaktives Erlebnis im mobilen Metaverse schaffen.

Die Integration mobiler Endgeräte in das zukünftige Metaverse hängt entscheidend von der weiteren Entwicklung der mobilen Netzinfrastruktur ab. Derzeit stehen die erforderlichen Bandbreiten und niedrigen Latenzzeiten noch nicht zuverlässig zur Verfügung. Schnelle Zugangstechnologien wie 5G Standalone (5G SA) und zukünftig 6G sind essenziell, da sie die notwendigen niedrigen Latenzzeiten und hohen Bandbreiten für eine nahtlose und immersive Nutzung bereitstellen. Diese Technologien sind auch die Grundlage für die effiziente Nutzung von Cloud-Diensten, da das Metaverse aus systemischer Sicht hauptsächlich in der Cloud und nicht auf Endgeräten stattfinden wird.

Edge Computing und Cloud-Dienste spielen eine Schlüsselrolle bei der Auslagerung rechenintensiver Aufgaben und der Optimierung der User Experience mobiler Anwendungen im Metaverse. Zu diesen Aufgaben gehört das rechenintensive Echtzeit-Rendering von 3D-Grafiken, das über Cloud-Rendering-Dienste bereitgestellt und dann gestreamt werden kann. Auch KI-gesteuerte Interaktionen wie das Erkennen und Interpretieren von Verhaltensmustern der Nutzer:innen erfordern hohe Rechenkapazitäten. Die kontinuierliche Analyse und Verarbeitung großer Datenmengen zur Personalisierung der Nutzer:innenerfahrung oder zur Bereitstellung kontextbezogener Informationen in Echtzeit ist ein weiterer Bereich, der hohe Rechenressourcen erfordert, die auf mobilen Endgeräten auf absehbare Zeit nicht zur Verfügung stehen werden.

Bereits heute ist absehbar, in welchen Szenarien mobile Endgeräte ihre Stärken auch im Metaverse ausspielen werden. Ich beziehe mich hier ausschließlich auf Bereiche, die auch mit herkömmlichen Smartphones umgesetzt werden können und gehe nicht auf andere XR-Hardware wie Headsets ein, obwohl auch diese im weitesten Sinne zu den mobilen Endgeräten gezählt werden können.

- **Immersive Erlebnisse und Entertainment:** Mobile Endgeräte wie Smartphones und Tablets werden zu zentralen Plattformen für immersive Erlebnisse im Metaverse und ermöglichen den Einsatz von Augmented Reality (AR) und Mixed Reality (MR) ohne zusätzliche Hardware direkt auf dem Gerät, allerdings um den Preis eingeschränkter Immersion. Spiele, virtuelle Konzerte und interaktive Medien können so jederzeit und überall konsumiert werden, die Nutzer:innen können virtuelle Welten erkunden, in denen sie in Echtzeit mit anderen interagieren und an gemeinsamen Aktivitäten teilnehmen.

- **Soziale Interaktion und virtuelle Gemeinschaften:** Durch mobile Technologien können soziale Interaktionen im Metaverse intensiviert und erweitert werden. AR- oder MR-gestützte soziale Netzwerke ermöglichen es Nutzer:innen, virtuelle Avatare zu erstellen und diese in die reale Welt zu projizieren, um mit Freundinnen und Familie zu kommunizieren. Diese erweiterten sozialen Netzwerke bieten neue Möglichkeiten für persönliche Begegnungen und die Bildung von Gemeinschaften, unabhängig von geografischen Entfernungen.
- **Anwendungen für Bildung und Beruf:** Mobile Endgeräte haben eine transformative Funktion im Bildungs- und Berufssektor. AR- und MR-Technologien ermöglichen immersive Lernumgebungen, die den traditionellen Unterricht ergänzen oder ersetzen. Schüler:innen und Student:innen können virtuelle Labore und historische Stätten besuchen, während Berufstätige in virtuellen Büros oder Laboren zusammenarbeiten und an interaktiven Workshops teilnehmen können. Solche Anwendungen fördern das Lernen und die Zusammenarbeit und ermöglichen eine flexible und ortsunabhängige Gestaltung des Arbeits- und Bildungsalltags.
- **Gesundheit und Wellness:** Im Gesundheitsbereich bieten mobile Metaverse-Anwendungen Potenzial für neue Therapie- und Diagnoseverfahren. AR- und MR-basierte Anwendungen könnten Patient:innen durch virtuelle Therapiesitzungen führen, Rehabilitationsübungen visualisieren oder medizinisches Personal in Simulationen trainieren. Wellness-Apps könnten virtuelle Trainer:innen integrieren, die Nutzer:innen durch personalisierte Fitnessprogramme führen und motivieren.
- **Handel und Konsum:** Der mobile Handel wird sich durch Metaverse-Technologien verändern. AR- und MR-Anwendungen ermöglichen es Nutzer:innen, Produkte virtuell in ihrer realen Umgebung zu betrachten und auszuprobieren, bevor sie eine Kaufentscheidung treffen. Das Einkaufserlebnis wird dadurch persönlicher und interaktiver werden, virtuelle Einkaufszentren und Märkte werden entstehen, in denen Nutzer:innen Produkte entdecken und in Echtzeit mit Händler:innen und anderen Käufer:innen interagieren können.

11.5 Zusammenfassung und Schlüsselaspekte dieses Kapitels

11.1 Definitionen und Konzepte des Metaverse

Das Metaverse ist eine sich schnell entwickelnde, inhaltlich und technisch komplexe Zukunftsvision des Internets. Es integriert verschiedene Technologien wie VR, MR, AR, IoT, künstliche Intelligenz und andere, um immersive und interaktive digitale Welten zu schaffen. Mobile Systeme spielen dabei eine Schlüsselrolle, da sie eine permanente und ortsunabhängige Nutzung ermöglichen.

- Der Begriff „Metaverse“ hat seine Wurzeln in der Science-Fiction-Literatur und hat sich zu einer ernstzunehmenden technologischen Vision entwickelt.
- Das Metaverse umfasst eine Vielzahl fortschrittlicher Technologien und erfordert die Entwicklung und Implementierung von verlässlichen Interoperabilitätsstandards.
- Dezentralisierung und Blockchain-Technologie rund um das Web 3.0 spielen perspektivisch eine zentrale Rolle für ein offenes und partizipatives digitales Ökosystem.
- Die endgültige Gestalt des Metaverse ist derzeit noch unklar und wird sich iterativ und parallel zur Verfügbarkeit neuer Technologien entwickeln.

11.2 Das Metaverse im Kontext mobiler Systeme

Smartphones und andere mobile Endgeräte werden durch XR-Headsets und Smart Glasses ergänzt, bestehende Anwendungen und Systeme müssen für diese alternativen Zugangskanäle optimiert werden. Ebenso müssen bestehende Paradigmen der User Experience neu bewertet und an die technischen und inhaltlichen Möglichkeiten des Metaverse angepasst werden. Die Integration mobiler Endgeräte in das Metaverse bietet sowohl Herausforderungen als auch Chancen für die Entwicklung neuer Anwendungen und Geschäftsmodelle.

- Mobile Anwendungen müssen für unterschiedliche Immersionsgrade optimiert werden.
- Smart Glasses bieten AR-Funktionen, Spracherkennung, Konnektivität und integrierte Kameras.
- MR-Headsets verbinden virtuelle und reale Welten für immersive Erlebnisse, ermöglichen erweiterte Interaktionen und nutzen präzise Sensorik und Tracking.
- VR-Headsets bieten tiefe Immersion und erweiterte Interaktionen in einer vollständig virtuellen Umgebung.

- Metaverse-Technologien wie immersive Medien, IoT, Digital Twins und KI können bereits heute produktiv eingesetzt werden.
- Bestehende und neue Projekte und Anwendungen können von der kontinuierlichen Innovation durch Metaverse-Technologien profitieren, ohne auf die finale Ausprägung des Metaverse warten zu müssen.
- Die Integration mobiler Geräte erfordert die Anpassung und Erweiterung bestehender Systeme und Anwendungen, um die erweiterten technischen und inhaltlichen Möglichkeiten des Metaverse zu nutzen.

11.3 Beispiele für mobile Proto-Metaversen

Obwohl das Metaverse noch nicht vollständig definiert ist, existieren bereits verschiedene Proto-Metaversen, die wesentliche Merkmale des zukünftigen Metaverse aufweisen und auf mobilen Endgeräten genutzt werden können. Diese Plattformen demonstrieren, wie XR, soziale Interaktionen und ökonomische Elemente integriert werden können, um immersive und dynamische Erlebnisse zu schaffen.

- Pokémon GO kombiniert AR und Geolokalisierung für ein immersives Spielerlebnis und fördert soziale Interaktionen und verfügt über ein In-Game-Wirtschaftssystem.
- Fortnite bietet neben Gaming auch Live-Events und diverse soziale Interaktionen auf Basis der hauseigenen Unreal Engine.
- The Sandbox nutzt die Blockchain-Technologie und NFTs zur Personalisierung und Monetarisierung virtueller Grundstücke und Inhalte.
- Der Microsoft Flight Simulator ist zwar an sich keine mobile Anwendung, integriert aber reale Daten in eine immersive virtuelle Welt und bietet umfangreiche Multiplayer-Komponenten und ein Wirtschaftssystem.

11.4 Nutzungsszenarien für mobile Geräte im Metaverse

Mobile Endgeräte werden als Bindeglied zwischen physischer und virtueller Welt dienen und eine ortsunabhängige Teilnahme an der hybriden Realität des Metaverse ermöglichen. Die Integration mobiler Endgeräte erfordert die Weiterentwicklung der mobilen Netzinfrastruktur, wobei Technologien wie 5G SA und zukünftig 6G von entscheidender Bedeutung sind.

- Mobile Endgeräte unterstützen immersive Erlebnisse und Unterhaltung durch AR- und MR-Technologien.
- AR- und MR-gestützte soziale Netzwerke erweitern die soziale Interaktion und Gemeinschaftsbildung.
- Anwendungen für Bildung und Beruf nutzen AR- und MR-Technologien für immersive Lernumgebungen und virtuelle Zusammenarbeit.

- AR- und MR-Anwendungen ermöglichen neue Therapie- und Diagnoseverfahren im Gesundheitswesen.
- AR- und MR-Anwendungen verändern den mobilen Handel durch virtuelle Produkterfahrungen und immersive Einkaufserlebnisse.

12 Green IT und Green Coding: Definition und Handlungsansätze

In diesem Kapitel werden zentrale Ansätze und Methoden zur Reduzierung des ökologischen Fußabdrucks mobiler Systeme durch Green IT und Green Coding vorgestellt. Während Green IT als umfassendes Konzept die gesamte IT-Infrastruktur sowie deren Design, Betrieb und Entsorgung umfasst, zielt Green Coding speziell auf die Entwicklung energieeffizienter Softwarelösungen ab. Ziel dieses Kapitels ist es aufzuzeigen, wie Energieverbrauch, Emissionen und Ressourcenbedarf über den gesamten Lebenszyklus eines Systems gemessen, bewertet und optimiert werden können. Dabei werden nicht nur technische Aspekte wie Codeanalyse, Energy Profiling und Performance Monitoring betrachtet, sondern auch strategische Handlungsempfehlungen für die Entwicklung nachhaltiger Softwarearchitekturen, die Umsetzung internationaler Energieeffizienzstandards und die Einführung praktischer Werkzeuge in den Softwareentwicklungsprozess gegeben.

12.1 Green IT: Definition und Bedeutung

Green IT ist zu einem wichtigen Bestandteil globaler Nachhaltigkeitsstrategien in der IT-Industrie geworden. Sie bezeichnet die Gesamtheit aller Technologien und Praktiken, die darauf abzielen, den ökologischen Fußabdruck von IT-Systemen zu minimieren und gleichzeitig die Effizienz dieser Systeme zu steigern.

In Zeiten zunehmender Digitalisierung und wachsender Technologieabhängigkeit steigt der absolute Energieverbrauch der IT-Branche weiter an, obwohl die Energieeffizienz von IT-Geräten generell in den letzten Jahren deutlich zugenommen hat. Die Internationale Energieagentur (IEA), eine wichtige Organisation im Bereich der globalen Energiepolitik, geht in ihrer Studie „Electricity 2024“ davon aus, dass allein der Energieverbrauch von Rechenzentren (ohne Kryptowährungen und Übertragungsnetze, einschließlich KI) in der EU im Jahr 2026 mehr als 5 % des gesamten Energieverbrauchs ausmachen wird. Auch mobile Systeme spielen dabei eine wichtige Rolle, da sie zunehmend auf energieintensive Cloud-Dienste und KI-Technologien angewiesen sind.

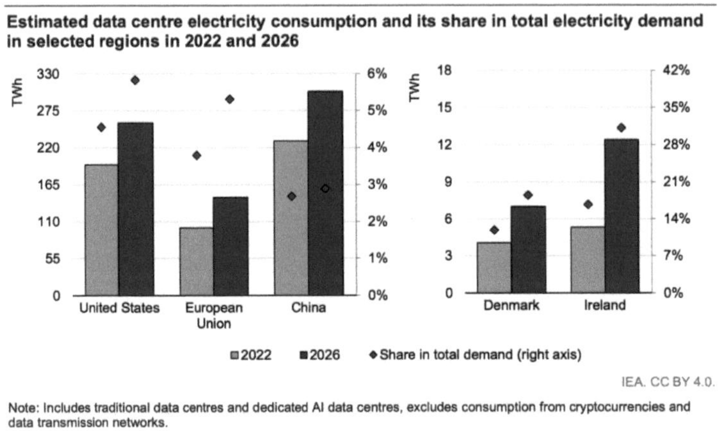

Bild 12.1 Schätzung der Entwicklung des Energieverbrauchs von Rechenzentren in verschiedenen Regionen 2022–2026. (Bildnachweis: IEA auf *https://iea.blob.core.windows.net/assets/6b2fd954-2017-408e-bf08-952fdd62118a/Electricity2024-Analysisandforecastto2026.pdf*)

Die Bedeutung von Green IT geht über einzelne Technologien hinaus und umfasst den gesamten Lebenszyklus von IT-Systemen – von der ressourcenintensiven Herstellung, die einen wesentlichen Anteil am ökologischen Fußabdruck eines IT-Systems hat, über den Betrieb bis hin zur Entsorgung. In der Herstellungsphase stehen der Einsatz von Recyclingmaterialien, die Reduktion kritischer Rohstoffe und die Verbesserung der Arbeitsbedingungen im Fokus der Nachhaltigkeitsdebatte. Im wissenschaftlichen Diskurs steht Green IT im Kontext der Nachhaltigkeitstheorien und der ökologischen Modernisierung, die darauf abzielen, technologische Innovationen zu fördern, um Umweltbelastungen zu reduzieren.

Green IT ist nicht nur eine technische Herausforderung, sondern auch eine ökonomische und regulatorische Notwendigkeit. Regulatorische Maßnahmen oder Umweltzeichen wie die Ökodesign-Richtlinie der EU oder der Blaue Engel fördern die Entwicklung energieeffizienter IT-Produkte. Mit der zunehmenden Bedeutung von Nachhaltigkeitszielen wie den Sustainable Development Goals (SDGs) und den globalen CO_2-Reduktionszielen spielt Green IT eine Schlüsselrolle dabei, wie Unternehmen und Regierungen ihre Umweltauswirkungen minimieren können. Die EU arbeitet derzeit an einer überarbeiteten Ökodesign-Richtlinie, die strengere Anforderungen an die Energieeffizienz von IT-Produkten stellen wird.

Die Green-IT-Forschung konzentriert sich derzeit auf die Erfassung und das Verständnis der Umweltauswirkungen von „großen“ IT-Infrastrukturen, sie geht aber mittlerweile weit darüber hinaus. Neben energieeffizienten Technologien für Rechenzentren, wie intelligente Kühlsysteme und erneuerbare Energien, werden auch Aspekte wie der Lebenszyklus von Software, die Optimierung von IT-Prozessen sowie die Herstellung und Entsorgung von Hardware betrachtet. Der Bericht von McKinsey & Company „The green IT revolution: A blueprint for CIOs to combat climate change“ zeigt, dass Smartphones, Drucker und Co. weltweit 1,5- bis 2-mal mehr CO_2 produzieren als Rechenzentren. Änderungen im Beschaffungswesen können hier 50–60 % der Emissionen durch Endgeräte einsparen.

Dabei muss der Horizont über die derzeit viel diskutierten KI-gestützten Verfahren zur Ressourcenoptimierung hinaus erweitert werden. Obgleich Machine-Learning-Modelle eine dynamische Anpassung von Ressourcen wie Rechenleistung, Speicher und Netzwerkbandbreite in Echtzeit ermöglichen, liegen die Optimierungspotenziale tiefer, beispielsweise bei ressourceneffizienten Algorithmen und Datenstrukturen, der Minimierung von Datenübertragungen, der effizienten Nutzung von Hardware sowie bei der Softwarearchitektur und Code-Optimierung selbst.

The green IT revolution: A blueprint for CIOs to combat climate change. *https://www.mckinsey.com/de/news/presse/green-it-dekarbonisierung-unternehmens-it-studie*

12.1.1 Definition von Green IT

Green IT beschreibt den systematischen Ansatz, Informations- und Kommunikationstechnologien (IKT) nach den Prinzipien der Nachhaltigkeit zu gestalten. Es umfasst Maßnahmen, die den ökologischen Fußabdruck von IT-Systemen minimieren, die Ressourcenschonung fördern und gleichzeitig die Energieeffizienz maximieren. Green IT bezieht sich nicht nur auf den Einsatz energieeffizienter Hard- und Software, sondern auf den gesamten Lebenszyklus von IT-Systemen, von der Herstellung über den Betrieb bis hin zur umweltgerechten Entsorgung und Verlängerung der Lebensdauer durch Wiederverwendung.

Ein zentraler Aspekt von Green IT ist die Energieeffizienz in allen Bereichen der IT. Die Effizienz von IT-Hardware hat sich in den letzten Jahrzehnten deutlich verbessert, aber der steigende Bedarf an Rechenleistung, besonders durch die Zunahme von Cloud-Diensten, Big Data und KI, führt zu einem weiteren Anstieg des Gesamtenergieverbrauchs. Green IT versucht daher, eine Balance zwischen steigendem Energiebedarf und technologischem Fortschritt zu schaffen, indem Technologien und Prozesse entwickelt werden, die auf eine nachhaltige Ressourcennutzung abzielen.

Neben der Energieeffizienz sind weitere Aspekte von Green IT die Reduzierung von Elektroschrott, die Verwendung umweltfreundlicher Materialien und die Förderung fairer Arbeitsbedingungen in der IT-Produktion.

Systemisch lässt sich Green IT in vier Hauptdimensionen unterteilen:

- **Hardwareebene:** Die Entwicklung und der Einsatz energieeffizienter Hardwarekomponenten stellen zentrale Aspekte von Green IT dar. Neben Prozessoren, Speichermedien und Netzteilen sind auch Peripheriegeräte und Netzwerkkomponenten von dieser Entwicklung betroffen. Moderne Prozessoren, sowohl für mobile Geräte als auch für Server, verfügen über eine Reihe von Technologien zur Reduktion des Energieverbrauchs. Dazu zählen beispielsweise die dynamische Frequenzskalierung, welche eine Anpassung der Taktfrequenz und Spannung an die aktuelle Auslastung ermöglicht, sowie das Power Gating, welches das Abschalten nicht benötigter Funktionsblöcke erlaubt. ARM-Prozessoren sind für ihre Energieeffizienz in mobilen Geräten bekannt, sie werden jedoch zunehmend auch in Servern eingesetzt. Dies ist darauf zurückzuführen, dass sie bei bestimmten Einsatzszenarien eine deutlich höhere Energieeffizienz als traditionelle x86-Prozessoren aufweisen.
- **Softwareebene:** Die Optimierung von Software und Algorithmen zur Reduzierung des Energieverbrauchs, auch Green Coding genannt. Dazu gehören die Entwicklung ressourcenschonender Algorithmen, die weniger Rechenleistung und Speicherplatz benötigen, sowie die Verwendung energieeffizienter Programmiersprachen und Frameworks. Auch die Optimierung von Datenbanken und Netzwerkprotokollen sollte berücksichtigt werden.
- **IT-Betrieb:** Dazu gehört das nachhaltige Management von IT-Infrastrukturen wie Rechenzentren, Netzwerken und Servern. Technologien wie Virtualisierung und Cloud Computing tragen zur Optimierung der Ressourcennutzung bei, indem sie eine flexible und effiziente Zuweisung von Rechenleistung ermöglichen. Neben Virtualisierung und Cloud Computing spielen weitere Technologien eine wichtige Rolle für einen nachhaltigen IT-Betrieb, wie z. B. die Wärmeabfuhr und -rückgewinnung in Rechenzentren und der Einsatz von Smart Grids zur optimierten Energienutzung. Auch Konzepte wie Edge Computing spielen eine immer wichtigere Rolle, da sie die Datenverarbeitung näher an die Endgeräte verlagern und so den Energieverbrauch in zentralisierten Rechenzentren reduzieren können.
- **Entsorgung und Recycling:** Green IT beschäftigt sich auch mit dem Ende des Lebenszyklus von IT-Geräten. Hier stehen die umweltgerechte Entsorgung von IT-Hardware und das Recycling von Rohstoffen im Vordergrund. Neben E-Waste-Management sind auch Konzepte wie Circular Economy und Product-as-a-Service zu nennen, die dazu beitragen, die Lebensdauer von IT-Produkten zu verlängern und den Ressourcenverbrauch zu optimieren.

Durch diese ganzheitliche Betrachtung von IT-Systemen versucht Green IT, den ökologischen und ökonomischen Herausforderungen der Digitalisierung zu begegnen, ohne den technologischen Fortschritt zu bremsen.

Für Entwickler:innen, Designer:innen und Betreiber:innen mobiler Systeme ist dabei hauptsächlich die Softwaredimension, also das Green Coding, relevant. Dies sollte sie jedoch nicht davon abhalten, auch die anderen Aspekte – Hardware, IT-Betrieb und Entsorgung – sowohl im privaten als auch im beruflichen Umfeld zu berücksichtigen und zu optimieren, um den ökologischen Fußabdruck ihrer Aktivitäten zu reduzieren.

12.1.2 Bedeutung von Green IT im Kontext von Klimawandel und Nachhaltigkeit

IT im Allgemeinen und mobile Systeme im Besonderen spielen eine entscheidende Rolle bei der globalen Herausforderung, den Klimawandel zu bekämpfen und nachhaltige Produktions- und Konsummuster zu fördern. IT ist damit nicht nur ein technischer Treiber, sondern ein zentraler Akteur.

Neben der technologischen Dimension können nachhaltige Prinzipien, die durch IT-Systeme unterstützt werden, zur Sensibilisierung und Verhaltensänderung der Nutzer:innen beitragen. Während der IT-Sektor selbst einen wachsenden absoluten Energieverbrauch aufweist, bietet er gleichzeitig enorme Potenziale, um Effizienzsteigerungen in vielen anderen Bereichen zu ermöglichen. Durch den gezielten Einsatz von IT können Prozesse optimiert, Ressourcen geschont und der CO_2-Fußabdruck von Unternehmen und Individuen deutlich reduziert werden.

Eine wesentliche Stärke moderner IT-Systeme ist es, als Enabler für „grüne" technologische Innovationen in den unterschiedlichsten Branchen zu fungieren. Hier einige Beispiele, wie IT zu Energieeffizienz und Ressourcenschonung beitragen kann:

- **Smart Cities:** In der städtischen Infrastruktur können IT-Systeme zur Maximierung der Energieeffizienz beitragen. Sensorgestützte Technologien ermöglichen die Optimierung des Energieverbrauchs in Gebäuden und bei der Straßenbeleuchtung, während intelligente Verkehrssysteme den CO_2-Ausstoß verringern, indem sie Staus reduzieren und die Elektromobilität fördern. Weitere Anwendungen von Green IT in Smart Cities sind die intelligente Abfallwirtschaft, die Optimierung der Wasserversorgung und die Verbesserung der Luftqualität. Die Bürger:innen interagieren mit diesen Systemen primär über mobile Apps.
- **Digitale Zwillinge:** Digitale Zwillinge oder Digital Twins – virtuelle Abbilder physischer Objekte oder Prozesse – ermöglichen es Unternehmen, detaillierte Simulationen verschiedener physischer Prozesse durchzuführen und Ressourcen auf Basis dieser Einsichten effizienter zu nutzen. In der Industrie können digitale Zwillinge den Energieverbrauch in Produktionsprozessen erheblich senken, in-

dem Maschinen optimal eingestellt und Wartungszyklen genau geplant werden. Digitale Zwillinge können aber auch in anderen Bereichen eingesetzt werden, etwa im Gebäudemanagement, in der Logistik oder im Gesundheitswesen. Auch hier werden im operativen Bereich mobile Lösungen eingesetzt.

- **Nachhaltige Lösungen für die Logistik:** IT kann die Logistikbranche nachhaltig transformieren und tut dies in Teilbereichen bereits. Durch den Einsatz von Big Data und KI können Lieferketten effizienter gestaltet, Transporte optimiert und damit CO_2-Emissionen vermieden oder minimiert werden. KI kann auch dazu beitragen, die Auslastung von Transportmitteln zu erhöhen und den Einsatz alternativer Antriebstechnologien zu fördern. Use Cases in der Logistik haben aufgrund ihres per se mobilen Charakters häufig mobile Frontends.
- **Optimierte Produktionsprozesse durch KI und Big Data:** In der produzierenden Industrie kann IT dazu beitragen, den Ressourcenverbrauch zu senken. Durch den Einsatz von Big Data und KI können Unternehmen Produktionsprozesse analysieren und optimieren, um Materialverschwendung zu minimieren und die Energieeffizienz zu steigern. Predictive Maintenance ist ein Beispiel dafür, wie IT dazu beitragen kann, Maschinenstillstände zu vermeiden, den Energieverbrauch zu senken und Ressourcen effizienter zu nutzen, indem die Lebensdauer von Maschinen verlängert und unnötige Reparaturen und der Austausch von Komponenten vermieden werden. Neben der Wartung können KI und Big Data auch in anderen Bereichen der Produktion eingesetzt werden, um die Energieeffizienz zu steigern, z. B. bei der Prozessoptimierung, der Qualitätskontrolle und der Entwicklung nachhaltiger Materialien. Auf dem Shop Floor, dem Zentrum der eigentlichen Produktion, kommen zunehmend mobile Anwendungen zum Einsatz. Damit können Produktionsverantwortliche und Mitarbeiter:innen in Echtzeit auf wichtige Betriebsdaten zugreifen, Maschinen überwachen und Prozesse steuern.
- **Apps zur Unterstützung der Kreislaufwirtschaft:** Mobile Anwendungen können dazu beitragen, das Bewusstsein für die Kreislaufwirtschaft bzw. Circular Economy zu schärfen und die Wiederverwendung von Produkten zu erleichtern. Apps, die den Austausch, die Reparatur oder das Recycling von Produkten erleichtern, sind Kernelemente der Kreislaufwirtschaft. Sie können Verbraucher:innen dabei helfen, bewusster mit Materialien und Produkten umzugehen und ihren CO_2-Fußabdruck und Ressourcenverbrauch zu minimieren. Neben den genannten Beispielen gibt es auch Apps, die das Ausleihen und Teilen von Produkten ermöglichen und so zur Nachhaltigkeit beitragen.
- **Intelligente Lösungen zur CO_2-Reduktion im Alltag:** Mobile Systeme bieten Möglichkeiten, den CO_2-Ausstoß im Alltag zu reduzieren. Apps, die die Mobilitäts- oder Konsumgewohnheiten der Nutzer:innen analysieren, können Vorschläge zur Nutzung öffentlicher Verkehrsmittel oder Fahrgemeinschaften machen und so den individuellen CO_2-Fußabdruck reduzieren. Darüber hinaus ermöglichen sie

die Überwachung des Energieverbrauchs im Haushalt und helfen so, diesen zu optimieren. Mobile Anwendungen können auch dazu beitragen, den CO_2-Fußabdruck von Reisen zu reduzieren, indem sie Informationen über die Umweltverträglichkeit verschiedener Verkehrsmittel und Unterkünfte bereitstellen und die effizientesten Lösungen komfortabel buchbar machen.

- **Energieeffiziente Mobilfunknetze:** Der Übergang zu 5G- und 5G-SA (Standalone)-Netzen, und die Entwicklung energieeffizienter Mobilfunktechnologien bieten das Potenzial, den Energieverbrauch von Mobilfunknetzen erheblich zu senken, sowohl auf Seite der MNOs (Mobile Network Operators) als auch auf Seite der Konsument:innen. 5G-SA-Netze nutzen fortschrittliche Mechanismen wie das Network Slicing, das physische Netze in separate virtuelle Schichten aufteilt, um Ressourcen zielgerichteter einzusetzen. Darüber hinaus ermöglichen Technologien wie der Advanced Sleep Mode (ASM) in Basisstationen, Netzkomponenten automatisch in einen Energiesparmodus zu versetzen, wenn sie nicht genutzt werden. Auch künstliche Intelligenz kann dazu beitragen, den Netzbetrieb zu optimieren und den Energieverbrauch zu senken, indem KI-basierte Systeme den Datenverkehr in Echtzeit analysieren und die Nutzung der Netzressourcen entsprechend optimieren.
- **Mobile IoT-Anwendungen im Energiemanagement:** Das Internet of Things (IoT) spielt eine immer wichtigere Rolle bei der Steigerung der Energieeffizienz, und mobile Systeme sind dabei entscheidende Steuerungsinstrumente und Datenlieferanten. Smart-Home- und Smart-Building-Lösungen können über mobile Geräte intelligent gesteuert werden, indem sie Systeme wie Heizung, Beleuchtung und Klimatisierung in Echtzeit an die aktuellen Bedürfnisse der Nutzer:innen anpassen. Technologien wie intelligente Thermostate, Bewegungssensoren und automatisierte Beleuchtungssysteme ermöglichen als Systemkomponenten Energieeinsparungen, indem sie nur dann aktiv sind, wenn sie tatsächlich benötigt werden. Neben Smart Home und Smart Building gibt es weitere IoT-Anwendungen im Bereich der Energieoptimierung, wie z. B. Grid Management, bei dem mobile Systeme die Überwachung und Steuerung von Energienetzen sowie die Optimierung des Energieverbrauchs in der Industrie unterstützen.
- **Apps für E-Mobilität:** Mobile Anwendungen für E-Mobilität sind ein Wachstumsmarkt. Sie helfen Nutzer:innen, E-Fahrzeuge effizienter zu betreiben, indem sie den Ladestand überwachen, Ladestationen finden und die Verfügbarkeit von Lademöglichkeiten in Echtzeit anzeigen. Diese Apps unterstützen die Elektromobilität und tragen dazu bei, den Übergang zu nachhaltigen Verkehrslösungen zu beschleunigen. Mobile Anwendungen können auch dazu beitragen, die Integration von Elektrofahrzeugen in das Energiesystem zu erleichtern, indem sie beispielsweise die Möglichkeit bieten, den Ladevorgang an den aktuellen Strombedarf anzupassen oder sogar gespeicherte Energie bei Versorgungsengpässen in das Netz zurückzuspeisen.

- **Smarte Apps zur Abfallvermeidung:** Apps wie Too Good To Go oder OLIO tragen dazu bei, die Verschwendung von Lebensmitteln zu reduzieren. Nutzer:innen können über Apps überschüssige Lebensmittel von Restaurants oder Privatpersonen erwerben oder teilen, was nicht nur zur Ressourcenschonung beiträgt, sondern auch den CO_2-Ausstoß reduziert, der bei der Produktion und dem Transport von Lebensmitteln entsteht. Neben Apps zur Reduzierung der Lebensmittelverschwendung gibt es auch Apps, die die Mülltrennung und das Recycling erleichtern und Informationen über lokale Entsorgungsmöglichkeiten bereitstellen.

12.1.3 Abgrenzung von Green IT und Green Coding

Green IT und Green Coding sind eng miteinander verknüpft und verfolgen dasselbe übergeordnete Ziel: den ökologischen Fußabdruck von IT-Systemen zu minimieren. Genauer gesagt ist Green Coding ein Teilbereich von Green IT, der sich spezifisch auf die Softwareentwicklung bezieht. Während Green IT alle Bereiche eines Unternehmens betrifft, wird Green Coding primär von Softwareentwickler:innen umgesetzt.

Green IT bezieht sich auf die gesamte IT-Infrastruktur und die nachhaltige Gestaltung ihrer Hardware-, Betriebs- und Entsorgungsebene. Ziel ist es, IT-Systeme in allen Phasen ihres Lebenszyklus energiesparend und ressourcenschonend zu gestalten. Dabei spielen nicht nur Rechenzentren eine Rolle, sondern auch Endgeräte, Netzwerke, Speicherlösungen und Serverinfrastrukturen.

Green Coding hingegen konzentriert sich auf die Optimierung von Software, also auf die Entwicklung ressourcenschonender Anwendungen. Ziel ist es, Algorithmen und Programme so zu entwickeln, dass sie möglichst wenig Rechenleistung, Speicher- und Netzwerkressourcen beanspruchen und damit den Energieverbrauch minimieren. Neben der Optimierung von Netzwerkaufrufen sind die effiziente Nutzung von Datenstrukturen und Algorithmen, die Reduktion der Codekomplexität und die Vermeidung unnötiger Berechnungen weitere wichtige Aspekte des Green Codings. Dies ist insbesondere bei mobilen Systemen entscheidend, die mit begrenzten Ressourcen wie „Batteriekapazität“ oder „Bandbreite“ arbeiten müssen.

Ein Beispiel aus dem Bereich Green Coding ist die Optimierung von Netzwerkaufrufen. Mobile Anwendungen verbrauchen viel Energie, wenn Daten über das Netz übertragen werden. Durch den Einsatz von Techniken wie Caching, Batching und Datenkompression kann dieser Energieverbrauch deutlich reduziert werden. Auch der sparsame Umgang mit Hintergrundprozessen und die Implementierung von Lazy Loading tragen zur Energieeinsparung bei. Mobile Betriebssysteme bieten hierfür spezifische APIs, mit denen der Energieverbrauch auf Hardwareebene gesteuert werden kann, z. B. durch die Regulierung der Prozessorauslastung oder die intelligente Nutzung von Sensoren und Netzwerken. Darüber hinaus bieten sie weitere Möglichkeiten zur Energieoptimierung, wie z. B. die Drosselung von Hintergrundaktivitäten und die Optimierung der Lokalisierung.

Obwohl die Wahl der Programmiersprache in bestimmten Fällen den Energieverbrauch beeinflussen kann, ist die effiziente Implementierung von Algorithmen und Datenstrukturen in der Regel entscheidender. Green Coding ist dabei für mobile Entwickler:innen ein direkter Hebel, um den Energieverbrauch ihrer Anwendungen zu optimieren.

Trotz der zentralen Rolle von Green Coding sollten Entwickler:innen mobiler Anwendungen die Prinzipien der Green IT auch im Gesamtkontext berücksichtigen. Eine nachhaltige Softwarelösung nützt wenig, wenn die zugrunde liegenden IT-Systeme ineffizient arbeiten. Die Zusammenarbeit zwischen Entwickler:innen, IT-Architekt:innen und Betriebsverantwortlichen ist daher unerlässlich, um sowohl die Software als auch die gesamte Infrastruktur möglichst ressourcenschonend zu designen. Dabei sollte auch die Einbeziehung der Nutzer:innen nicht vergessen werden, da diese durch ihr Verhalten maßgeblich zum Energieverbrauch von IT-Systemen beitragen.

12.2 Prinzipien und Handlungsfelder von Green Coding

Die allgemeinen Prinzipien des Green Coding sind grundsätzlich plattformunabhängig und bilden die Grundlage für die Entwicklung energieeffizienter und ressourcenschonender Software. Bei mobilen Systemen, die aufgrund ihrer grundsätzlich begrenzten Ressourcen besonders sensibel auf ineffiziente Programmierung reagieren, sind diese Strategien von besonderer Tragweite. Entwickler:innen mobiler Anwendungen sollten diese Prinzipien frühzeitig im Entwicklungsprozess berücksichtigen, allerdings diese allgemeinen Strategien in der Praxis durch eigene Standards, projektspezifische Anforderungen und plattformspezifische Best Practices ergänzen, um die Optimierung einer spezifischen Anwendung zu ermöglichen.

- **Effiziente Algorithmen und Datenstrukturen:** Die Wahl geeigneter Algorithmen und Datenstrukturen hat direkten Einfluss auf den Energieverbrauch und die Performance mobiler Anwendungen. Für die jeweilige Hardware optimierte Algorithmen helfen, unnötige CPU-Zyklen und Speicherbelegungen zu vermeiden. Die Auswahl sollte immer im Einklang mit den spezifischen Anforderungen der Anwendung und der Hardwareumgebung erfolgen.
- **Reduktion der Code-Komplexität:** Klare und modulare Code-Strukturen erleichtern die Wartung und ermöglichen effizientere Optimierungen. Komplexer Code erschwert nicht nur die Implementierung von Verbesserungen, sondern führt häufig auch zu einer ineffizienten Nutzung von Ressourcen. Eine modulare Architektur vereinfacht die Handhabung und trägt zu einer stabileren und effizienteren Anwendung bei.
- **Vermeidung überflüssiger Berechnungen:** Unnötige Berechnungen belasten die begrenzten Ressourcen mobiler Systeme. Lazy Loading und Memorisierung sind

Methoden, um nur die tatsächlich benötigten Daten zu verarbeiten und so die CPU-Last zu reduzieren. Weitere Techniken wie Caching oder Schleifenoptimierung tragen dazu bei, die Rechenzyklen zu reduzieren und damit Energie und Speicher effizient zu nutzen.

- **Optimierung der Netzwerk-Kommunikation:** Netzwerkoperationen verbrauchen auf mobilen Geräten besonders viel Energie, da sie die Aktivierung von Funkmodulen wie LTE oder Wi-Fi erfordern. Durch den Einsatz von Batching, Caching und Datenkompression kann der Datenverkehr reduziert werden. Technologische Ansätze wie HTTP/2 und die Optimierung von Protokollen können ebenfalls dazu beitragen, die Menge der übertragenen Daten zu minimieren und damit die Akkulaufzeit zu verlängern.
- **Minimierung der I/O-Operationen:** I/O-Operationen wie das Lesen und Schreiben von Daten verbrauchen erhebliche Ressourcen. Eine Reduzierung der Speicherzugriffe, z. B. durch intelligentes Caching, verbessert sowohl die Leistung als auch den Energieverbrauch. Auch Zugriffe auf andere Ein- und Ausgabegeräte wie Kamera oder Mikrofon sollten minimiert werden.
- **Optimierung der Benutzer:innenoberfläche (UI):** Das Display ist einer der größten Energieverbraucher mobiler Geräte. Eine ressourcenschonende Gestaltung der User Interfaces hilft, die Akkulaufzeit zu verlängern. Reduzierte Animationen und einfache visuelle Effekte tragen zur Senkung des Energieverbrauchs bei, ohne die UX negativ zu beeinflussen. Auch die Farbwahl und die Effizienz von UI-Komponenten können gezielt optimiert werden, um den Energieverbrauch zu senken.
- **Deaktivierung nicht erforderlicher Hardwareressourcen:** Mobile Endgeräte verfügen über zahlreiche energieverbrauchende Hardwarekomponenten wie Sensoren oder Funkmodule, die bei Inaktivität oder Nichtgebrauch deaktiviert oder in energiesparende Modi versetzt werden sollten.
- **Nutzung von Energiesparmodi:** Mobile Betriebssysteme bieten systemübergreifende Stromsparmodi, die den Energieverbrauch von Anwendungen reduzieren, indem die CPU-Leistung gedrosselt und Hintergrundaktivitäten reduziert werden. Anwendungen sollten so entwickelt werden, dass sie diese Modi sinnvoll unterstützen und ihre eigenen energieintensiven Prozesse entsprechend anpassen, wenn der Stromsparmodus aktiviert ist.
- **Einsatz von Green Coding Tools:** Tools wie der Android Profiler oder Xcode Instruments bieten detaillierte Einblicke in den Energieverbrauch einer Anwendung. Sie helfen dabei, ineffiziente Codebereiche zu identifizieren und Optimierungsmöglichkeiten aufzuzeigen. Diese Tools sollten als Standard eingesetzt werden, um die Effizienz mobiler Anwendungen kontinuierlich zu verbessern.
- **Kontinuierliche Verbesserung und Kooperation:** Green Coding ist ein iterativer und interdisziplinärer Prozess, der eine kontinuierliche Optimierung erfordert.

Entwickler:innen sollten ihre Anwendungen regelmäßig überprüfen und an neue Technologien und Best Practices anpassen. Dabei ist eine enge Zusammenarbeit zwischen den verschiedenen Teams – von Designer:innen, Entwickler:innen bis hin zu den Backend-Verantwortlichen – unerlässlich, um energieeffiziente Lösungen zu entwickeln und nachhaltig zu implementieren.

12.3 Optimierung der Energieeffizienz in mobilen Anwendungen

Die folgenden Maßnahmen beziehen sich spezifisch auf Energiesparstrategien in der mobilen Softwareentwicklung und sind auf die besonderen Gegebenheiten mobiler Endgeräte zugeschnitten. Sie basieren auf den oben genannten Prinzipien des Green Coding. Ziel ist es, Prozesse zu identifizieren, die den Energieverbrauch mobiler Endgeräte maßgeblich beeinflussen und Techniken und Verfahren zu implementieren, die diesen minimieren.

12.3.1 Plattformspezifische Energieoptimierungen

Die mobilen Betriebssysteme bieten eine Vielzahl von Mechanismen, um den Energieverbrauch von Anwendungen zu steuern und zu optimieren. Im Folgenden werden beispielhaft einige Tools und APIs vorgestellt. Für eine vertiefte Auseinandersetzung mit dem Thema empfehle ich die entsprechenden Dokumentationen auf *https://developer.apple.com* und *https://developer.android.com*.

Android (Auswahl)

- **Doze Mode:** Der Doze Mode versetzt das Gerät in einen Energiesparmodus, wenn es längere Zeit inaktiv ist, z. B. wenn es liegt und der Bildschirm ausgeschaltet ist. Anwendungen, die nicht explizit als „High Priority" gekennzeichnet sind, haben dann eingeschränkten Zugriff auf CPU-Ressourcen und Netzwerkaktivitäten. Entwickler:innen sollten sicherstellen, dass ihre Apps diesen Modus unterstützen, indem sie die Nutzung von Netzwerkverbindungen und Hintergrundprozessen auf ein Minimum reduzieren. Google hat den Doze-Modus seit seiner Einführung mit Android 6.0 (Marshmallow) kontinuierlich weiterentwickelt. Neuere Versionen bieten erweiterte Funktionen wie App Standby Buckets, die Apps je nach Nutzungshäufigkeit und Nutzer:innenverhalten in verschiedene Prioritätsstufen einteilen.
- **App Standby:** Diese Funktion schränkt die Ressourcenverfügbarkeit für Apps ein, die über einen längeren Zeitraum nicht aktiv genutzt werden. Entwickler:innen

können den Standby-Status einer App überprüfen und ihre Anwendung entsprechend optimieren, um ressourcenschonende Hintergrundaktivitäten zu gewährleisten. Konkret bedeutet dies z. B. die zeitversetzte Ausführung von Aufgaben mithilfe des WorkManagers.

Weitere Informationen in der Android-Dokumentation:
https://developer.android.com/training/monitoring-device-state/doze-standby.html?hl=en

iOS (Auswahl)

- **Background Modes:** iOS lässt Apps nur in bestimmten Hintergrundmodi laufen, z. B. für Ortungsdienste, Audio-Wiedergabe, VoIP, Hintergrund-Downloads oder Bluetooth-Zubehör. Entwickler:innen sollten sicherstellen, dass ihre Apps diese Modi effizient nutzen und die vom Betriebssystem vorgegebenen Einschränkungen respektieren. iOS kann und wird Hintergrundaktivitäten dynamisch einschränken oder beenden, wenn die Ressourcen knapp werden oder die Nutzer:in die App längere Zeit nicht verwendet hat.
- **Background Fetch:** iOS ermöglicht es Apps, Daten in dynamisch vom System festgelegten Intervallen im Hintergrund abzurufen. Apps können eine gewünschte Frequenz angeben, aber iOS bestimmt die optimalen Intervalle basierend auf dem Nutzungsverhalten und anderen Faktoren. Die Häufigkeit der Datenabrufe sollte minimiert werden, ohne die Funktionalität der App zu gefährden, und Hintergrundprozesse sollten nur dann ausgeführt werden, wenn sie für die Funktionalität der App unbedingt notwendig sind – eigentlich Allgemeinplätze, die in der Praxis dennoch häufig vernachlässigt werden. Background Fetch ist generell nicht für zeitkritische Aufgaben geeignet.
- **Low Power Mode:** Der Low Power Mode in iOS reduziert systemweite Hintergrundaktivitäten, drosselt die CPU- und GPU-Geschwindigkeit, reduziert die Bildschirmhelligkeit und deaktiviert energieintensive Funktionen, um den Akkuverbrauch zu senken. Außerdem werden einige visuelle Effekte deaktiviert und automatische Downloads sowie das Abrufen von E-Mails eingeschränkt. Entwickler:innen sollten darauf achten, dass ihre Apps auf diesen Modus reagieren, indem sie beispielsweise den Energieverbrauch von Hintergrundprozessen oder Netzwerkanfragen weiter reduzieren, wenn der Modus aktiviert ist. Der Energiesparmodus wird entweder manuell durch die Nutzer:in oder automatisch bei niedrigem Akkustand aktiviert.

Weitere Informationen im WWDC22-Video „Power down: Improve battery life“:
https://developer.apple.com/videos/play/wwdc2022/10083

12.3.2 Optimierung der App-Architektur (Auswahl)

Die Energieeffizienz einer mobilen Anwendung wird maßgeblich durch ihre zentrale Architektur bestimmt. Während der Code die einzelnen Prozesse und Funktionen einer Anwendung steuert, bildet sie das Fundament für den gesamten Ressourcenverbrauch. Eine optimierte Architektur ermöglicht es, die CPU- und Speicherauslastung gezielt zu reduzieren, Datenströme effizient zu verwalten und Hintergrundprozesse zu minimieren. Entwickler:innen sollten daher Architekturmuster und Designprinzipien priorisieren, die speziell auf die Bedürfnisse mobiler Plattformen abgestimmt sind und den Energieverbrauch nachhaltig optimieren. Dies sind einige Strategien für eine energieeffiziente Architektur:

- **Modularisierung des Codes:** Eine gut strukturierte, modulare Anwendungsarchitektur hilft, nur die benötigten Teile der Anwendung zu laden und auszuführen. Dies reduziert den Ressourcenverbrauch und erhöht die Energieeffizienz. Ziel ist es, unnötige Abhängigkeiten zu minimieren und die Ausführung von überflüssigem Code zu vermeiden. Neben der Energieeffizienz fördert die Modularisierung auch die Wiederverwendbarkeit, Wartbarkeit und Testbarkeit des Codes.
- **Lazy Loading:** Lazy Loading ist eine Technik, bei der nur die tatsächlich benötigten Ressourcen geladen werden, anstatt alles beim Start der Anwendung zu laden. Dies reduziert den Speicherbedarf und die CPU-Last, was bei mobilen Endgeräten mit begrenzten Ressourcen zu erheblichen Energieeinsparungen führt. Bei großen Anwendungen verkürzt Lazy Loading die Startzeit und verbessert die User Experience.
- **State-Management:** Effizientes State-Management trägt zur Senkung des Energieverbrauchs bei. Eine effiziente Verwaltung des Anwendungszustands, insbesondere im Hintergrund, vermeidet unnötige Aktualisierungen und Berechnungen. Das State-Management beeinflusst die Reaktionsfähigkeit und den Datenfluss einer Anwendung.
- **Caching:** Das Zwischenspeichern von Daten, Bildern oder anderen Ressourcen minimiert den Netzwerkverkehr und reduziert den Energieverbrauch. Lokale Caches verhindern wiederholte Anfragen an Server und reduzieren so die Nutzung von Netzwerkressourcen und den damit verbundenen Energieverbrauch. Caching-Strategien müssen die Aktualität der Daten berücksichtigen und veraltetes Caching vermeiden. Caching-Strategien wie „Least Recently Used“ (LRU), „First In, First Out“ (FIFO) oder andere Strategien können entsprechend den spezifischen Anforderungen der Anwendung ausgewählt werden.
- **Multithreading und Parallelisierung:** Multithreading ermöglicht die gleichzeitige Ausführung von Tasks, ohne den Hauptthread zu blockieren. Dies verbessert die Leistung und schont die Batterie bei energieintensiven Prozessen wie Bildverarbeitung oder Datenverarbeitung. Die effiziente Nutzung von Multithreading er-

fordert eine sorgfältige Synchronisation und kann die Komplexität des Codes erhöhen.

- **Effizientes Datenhandling:** Der Transport und die Verarbeitung großer oder komplexer Datenmengen ist ressourcenintensiv. Sowohl die Datenstruktur als auch die Datenverarbeitung sollten optimiert werden, um den Ressourcenverbrauch zu minimieren. Dazu gehören die Reduzierung von Datenbankabfragen, die Komprimierung von Daten und die Minimierung von Schreiboperationen. Daten sollten so organisiert und verarbeitet werden, dass sie effizient und mit minimalem Einsatz von CPU-Zyklen und Speicherressourcen verarbeitet werden können.
- **Optimierung der Netzwerkarchitektur:** Anwendungen sollten asynchrone Netzwerkaufrufe effizient handhaben. Die Architektur kann Datenaufrufe bündeln (Batching), um die Netzwerkauslastung zu minimieren. Die Reduzierung von Polling-Prozessen vermeidet unnötigen Netzwerkverkehr. Komprimierte Datenformate und effiziente Protokolle reduzieren den Energieverbrauch zusätzlich.
- **Ressourcenschonende UI-Architektur:** Die Architektur der Benutzer:innenoberfläche spielt eine wesentliche Rolle für den Energieverbrauch. Der sparsame Einsatz von Animationen, die Minimierung von Rendervorgängen und eine durchdachte Layoutoptimierung reduzieren die CPU- und GPU-Belastung. Die Auswahl der optimalen UI-Elemente und Bibliotheken beeinflusst den Energieverbrauch.
- **Observer-Pattern für Events und Notifications:** Anstatt periodisch abzufragen, ob neue Ereignisse eingetreten sind (Polling), können Apps das Observer-Pattern verwenden, um nur auf tatsächliche Ereignisse zu reagieren. Das Observer-Pattern erlaubt eine lose Kopplung zwischen Komponenten und erhöht die Flexibilität des Codes.

12.3.3 Hardware-Aware Development

Hardware-Aware Development beschreibt den Ansatz, die spezifischen Eigenschaften und Fähigkeiten der verfügbaren Hardware explizit zu berücksichtigen und gezielt zu nutzen, um den Energieverbrauch von Anwendungen zu optimieren. Im Gegensatz zu allgemeinen Energiesparstrategien, die sich primär auf die Softwarearchitektur oder programmatische Ansätze konzentrieren, steht hier die effiziente Steuerung und Nutzung spezifischer Hardwarekomponenten wie GPUs, Sensoren oder dedizierter Prozessoren im Vordergrund.

Einsatz von Hardwarebeschleunigung

- **GPUs:** Entwickler:innen sollten, wann immer möglich, auf die Hardwarebeschleunigung der GPU (Graphical Processing Unit) setzen, um grafische Aufgaben (z. B.

Animationen, Rendering) zu optimieren. Die GPU kann viele dieser Aufgaben effizienter erledigen als die CPU, was nicht nur die Performance verbessert, sondern auch den Stromverbrauch senkt. Moderne Low-Level-Grafik-APIs wie Vulkan oder Metal bei Apple-Geräten sind noch energieeffizienter als ältere APIs wie OpenGL ES, da sie den Overhead reduzieren und eine bessere Kontrolle über die GPU-Ressourcen ermöglichen.

- **Video- und Audio-Dekodierung:** Mobile Plattformen bieten Hardware-Dekoder für die Wiedergabe von Medien. Dies spart Energie im Vergleich zu softwarebasierten Dekodierungslösungen. Es sollte geprüft werden, ob alle relevanten Formate unterstützt werden und wie diese effizient integriert werden können. Darüber hinaus ist zu berücksichtigen, dass die Wahl des Videoformats (z. B. H.265/HEVC) und der Auflösung Einfluss auf den Energieverbrauch hat. So ist z. B. H.265 effizienter als H.264. Entwickler:innen sollten daher das energieeffizienteste Format wählen, das die Anforderungen der Anwendung und der User Experience erfüllt.

Sensoren-Management

- **Optimierung der Sensornutzung:** Sensoren wie GPS, Beschleunigungssensoren oder Gyroskope sind energieintensiv. Entwickler:innen sollten diese nur dann aktivieren, wenn sie wirklich benötigt werden und sie für längere Zeiträume deaktivieren oder in einen Energiesparmodus versetzen, wenn sie nicht gebraucht werden. Geofencing und „Sensor Fusion"-Technologien helfen, den Energieverbrauch durch die kombinierte Nutzung mehrerer Sensoren zu reduzieren. Zusätzlich kann die Genauigkeit der Sensoren reduziert werden, wenn die Anwendung im aktuellen Nutzungsszenario keine hohe Präzision benötigt.
- **Adaptive Abtastung:** Die Abtastrate der Sensoren kann je nach Anwendungsszenario in Echtzeit angepasst werden. So können z. B. GPS-Abfragen bei geringer Bewegungsgeschwindigkeit seltener durchgeführt werden, zusätzlich kann auch das „Batching" von Sensor-Events Energie sparen. Dabei werden mehrere Sensorereignisse gesammelt und gemeinsam verarbeitet, anstatt sie einzeln abzuarbeiten.

Displaymanagement und Helligkeitssteuerung

- **Adaptive Helligkeitssteuerung:** Die Anpassung der Displayhelligkeit an die Umgebungshelligkeit mithilfe des Umgebungslichtsensors bietet ein erhebliches Einsparpotenzial, da das Display bei mobilen Geräten in der Regel zu den Komponenten mit dem höchsten Energieverbrauch gehört. Anwendungen können die vom System bereitgestellten APIs nutzen, um die Helligkeit auf Basis des Umgebungslichtsensors automatisch anzupassen. Die Nutzer:innen sollten allerdings immer die Möglichkeit haben, die automatische Helligkeitssteuerung zu überschreiben, falls ihre individuellen Bedürfnisse davon abweichen.

- **Dark Mode:** Durch den Einsatz des Dark Mode in OLED-Displays kann der Energieverbrauch deutlich gesenkt werden, da dunkle Pixel weniger Energie verbrauchen. Entwickler:innen sollten die App so gestalten, dass sie den Dark Mode unterstützt und die User Experience trotzdem positiv bleibt. Es ist jedoch zu beachten, dass der Dark Mode nur bei OLED-Displays zu einer signifikanten Energieeinsparung führt. Bei LCD-Displays ist der Effekt vernachlässigbar.

Hardware-Sleep-States

- **Energiemanagement bei längerer Inaktivität:** Moderne mobile Betriebssysteme bieten APIs, um das Gerät oder bestimmte Komponenten in einen Ruhezustand zu versetzen, wenn sie nicht genutzt werden. Dies betrifft Netzwerkschnittstellen, Prozessoren und Sensoren. Entwickler:innen sollten diese Möglichkeiten voll ausschöpfen, um an dieser Stelle den Energieverbrauch mit minimalem Aufwand erheblich zu reduzieren.
- **Wake Locks bei Android vermeiden:** Entwickler:innen sollten Wake Locks (ein Mechanismus, der verhindert, dass das Gerät in den Ruhezustand wechselt) nur dann verwenden, wenn es unbedingt notwendig ist. Die missbräuchliche Verwendung von Wake Locks führt zu erheblichen Energieverlusten. Es gibt verschiedene Arten von Wake Locks (z. B. „partial wake locks", „full wake locks"). Entwickler:innen sollten die am wenigsten energieintensive Art verwenden, die für ihre Anwendung erforderlich ist. Apple bietet Entwickler:innen kein direktes Äquivalent zu Wake Locks an. Stattdessen verwendet iOS ein anderes Energiemanagementmodell, das auf Hintergrundaufgaben und -modi basiert.

Effiziente Nutzung der Netzwerkschnittstellen

- **WLAN vs. Mobile Daten:** Anwendungen sollten WLAN bevorzugen, wenn es verfügbar ist, da WLAN-Verbindungen in der Regel energieeffizienter sind als mobile Datenverbindungen, auch wenn diese Prioritäten im Normalfall vom OS gesteuert werden. Entwickler:innen können Mechanismen implementieren, die den bevorzugten Netzwerktyp erkennen und auf energieeffiziente Alternativen umschalten. Darüber hinaus sind verschiedene Mobilfunkstandards auch unterschiedlich energieeffizient. Beispielsweise bietet 5G im Vergleich zu älteren Standards wie 4G/LTE potenziell eine höhere Energieeffizienz bei hohen Datenraten.
- **Network Offloading:** Komplexe Datenverarbeitungsaufgaben, die viel Rechenleistung und damit Energie benötigen, können in die Cloud ausgelagert werden, allerdings um den Preis eines erhöhten Energieverbrauchs durch den Transport der Daten zu und von einem entfernten Rechenzentrum. Dies kann zusätzliche Auswirkungen auf den Datenschutz und die Datensicherheit haben, vor allem, wenn Daten außerhalb der EU verarbeitet werden. Darüber hinaus bietet die fortschreitende Entwicklung der Fähigkeiten mobiler Endgeräte neue Möglichkeiten

durch den Einsatz von Edge AI direkt auf dem Endgerät. Die hohe Energieeffizienz moderner, speziell für KI-Aufgaben optimierter Prozessoren wie Neural Processing Units (NPUs) ermöglicht es, datenintensive Berechnungen lokal auf dem Gerät durchzuführen. Dies kann eine realistische Alternative zu Cloud-basierten Lösungen darstellen, da bei vertretbarem Energieverbrauch die Latenzzeiten deutlich reduziert werden können, ohne die Vertraulichkeit und Sicherheit der Daten zu gefährden. In der Praxis müssen Entwickler:innen die Faktoren User Experience, Datenschutz, lokaler versus systemischer Energieverbrauch, Komplexität der Programmierung und Verfügbarkeit plattformspezifischer Optimierungstools sorgfältig gegeneinander abwägen.

Nutzung spezieller Hardwarefunktionen

- **Nutzung dedizierter Chips (z. B. Neural Processing Unit, NPU):** Viele moderne mobile Endgeräte verfügen über spezialisierte Chips, die für Aufgaben des maschinellen Lernens oder der künstlichen Intelligenz optimiert sind. Diese Einheiten sind oft effizienter als allgemeine CPU-Prozesse und sollten für energieintensive Aufgaben verwendet werden. Entwickler:innen sollten sich mit den verfügbaren Hardwarefunktionen des Zielgeräts vertraut machen und diese gezielt nutzen.
- **APIs zur Batterieoptimierung:** Betriebssysteme wie Android und iOS bieten APIs, die speziell für das Batteriemanagement entwickelt wurden. Entwickler:innen können darauf zugreifen, um sicherzustellen, dass ihre Anwendungen auf verschiedene Akkuzustände reagieren und den Energieverbrauch automatisch reduzieren, wenn die Batterie schwächer wird. Dabei sollte allerdings darauf geachtet werden, dass diese Maßnahmen nicht mit den systemischen Energieoptimierungsfunktionen des Betriebssystems kollidieren.

Adaptive Connectivity

- **Bluetooth Low Energy (BLE):** Im Vergleich zum klassischen Bluetooth ist BLE deutlich energieeffizienter und sollte für Verbindungen mit geringem Datenaufkommen, wie z. B. IoT-Kommunikation, eingesetzt werden. BLE eignet sich für die Kommunikation mit Wearables, klassischen Computer-Peripheriegeräten oder Smart Home/IoT-Geräten.
- **Optimierung der 5G-Nutzung:** In 5G-SA-Netzen (Stand Alone) bieten moderne Endgeräte neue Energiemanagementfunktionen wie den „Connected Mode DRX“ (Discontinuous Reception), um den Stromverbrauch zu senken, wenn das Gerät im verbundenen Zustand auf eingehende Daten wartet. Darüber hinaus kann die 5G-Nutzung dynamisch an die aktuellen Anforderungen der Anwendung angepasst und beispielsweise die Datenrate reduziert werden, wenn keine hohe Bandbreite benötigt wird.

12.4 Fallstudien

In diesem Abschnitt werden Apps vorgestellt, die das Konzept von Green IT und Green Coding in der Praxis veranschaulichen und zeigen, wie ressourcenschonende Softwarelösungen unter Berücksichtigung von Green-Coding-Prinzipien wie energieeffizienten Algorithmen, optimierter Netzwerkkommunikation und minimalen Hardwareanforderungen umgesetzt werden können, ohne die Funktionalität oder die User Experience negativ zu beeinflussen.

12.4.1 Facebook Lite (Android)

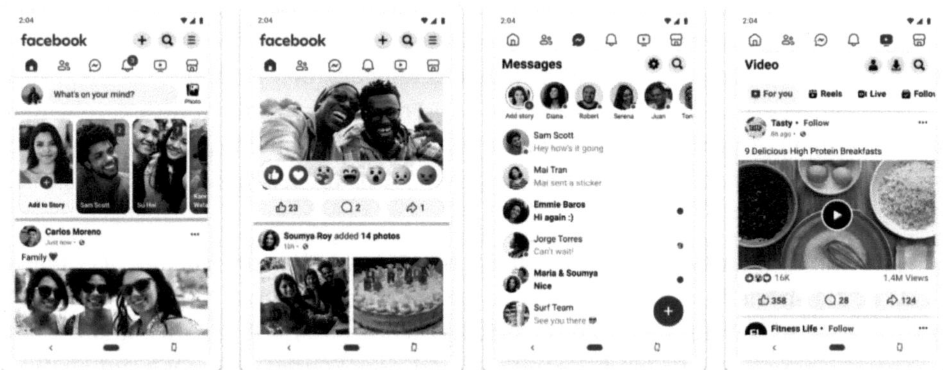

Bild 12.2 Facebook Lite im Google Play Store. (Bildnachweis: Meta Platforms, Inc. auf *https://play.google.com/store/apps/details?id=com.facebook.lite*)

Facebook Lite wurde als ressourcenschonende Alternative zur herkömmlichen Facebook App für Regionen mit begrenzter Netzwerkinfrastruktur und/oder für Nutzer:innen mit leistungsschwächeren Smartphones entwickelt. Die App ist ein gutes Beispiel für Green Coding, da sie grundlegende Facebook-Funktionen energie- und ressourceneffizient bereitstellt und gleichzeitig Energieverbrauch, Netzwerkauslastung und Systemanforderungen minimiert. Facebook Lite wurde laut Statistik im Play Store bereits über 1.000.000.000 Mal (!) heruntergeladen (Stand Oktober 2024).

- **Speicher- und Datenverbrauch:** Facebook Lite benötigt deutlich weniger Speicherplatz auf dem Gerät als die reguläre App, aktuell (Stand Oktober 2024) je nach installierter Android-Version ab 2 MB. Die Standard-App hat in der Version 485.0.0.70.77 eine Download-Größe von 135 MB. Erreicht wird dies durch den Einsatz von leichtgewichtigen Datenstrukturen, einem vereinfachten User Interface und optimierten Ressourcen. Um den Datenverbrauch zu reduzieren, setzt die App auf das Laden von Bildern mit geringerer Auflösung und ist für Netzwerke mit geringer Bandbreite optimiert, indem sie die Daten stark komprimiert und so den Datenverbrauch und den Energiebedarf für die Datenübertragung deutlich reduziert. Diese Maßnahmen sind nicht nur für Nutzer:innen mit eingeschränktem Datenvolumen nützlich, sondern tragen auch zu einer insgesamt besseren Energieeffizienz bei.

- **Energieeffizientes User Interface:** Facebook Lite verzichtet auf komplexe Animationen und aufwendige visuelle Elemente, um den Energieverbrauch von GPU und CPU zu reduzieren. Der Fokus liegt auf den Kernfunktionen wie der Darstellung von Beiträgen, Bildern und Nachrichten. Dieses schlankere User Interface benötigt weniger Rechenleistung, was den Ressourcenbedarf deutlich reduziert.
- **Netzwerkoptimierung:** Um den Energieverbrauch weiter zu senken, minimiert Facebook Lite die Anzahl der Netzwerkanfragen und nutzt effiziente Caching-Strategien. Die Anwendung verwendet effiziente Protokolle und reduziert die Häufigkeit von Datenaufrufen.
- **Betrieb in schwierigen Netzwerkumgebungen:** Facebook Lite funktioniert auch unter schlechten Netzwerkbedingungen. Die Anwendung ist für 2G- und 3G-Netze optimiert, kann aber auch 4G- und 5G-Netze nutzen. Durch die Minimierung von Hintergrunddaten bietet die Anwendung auch bei unbeständigen Verbindungen eine robuste User Experience, ohne viel Energie für wiederholte Netzwerkverbindungen zu verbrauchen. Dies zeigt, wie Green Coding nicht nur den Energieverbrauch adressiert, sondern auch den Betrieb unter schwierigen technischen Bedingungen verbessern kann.
- **Reduzierung von Hintergrundprozessen:** Im Gegensatz zur Standard-App führt Facebook Lite nur sehr wenige Hintergrundprozesse aus. Die App aktualisiert Inhalte hauptsächlich dann, wenn sie aktiv genutzt wird. Die Vermeidung unnötiger Hintergrundaktivitäten und die Reduzierung des Stromverbrauchs im Standby-Modus führen erneut zu einer längeren Akkulaufzeit und verbessern die Gesamteffizienz der App.

Facebook Lite zeigt, wie durch eine sorgfältig optimierte Architektur und eine bewusste Reduktion von Funktionen die Energieeffizienz deutlich gesteigert werden kann. Es veranschaulicht die Kernprinzipien von Green Coding und bietet eine nachhaltige Lösung für Nutzer:innen in Regionen mit eingeschränkter Infrastruktur oder mit älteren Geräten.

> Facebook Lite im Google Play Store: *https://play.google.com/store/apps/details?id=com.facebook.lite*

12.4.2 Google Maps Go (Android)

Bild 12.3 Google Maps Go im Google Play Store. (Bildnachweis: Google LLC auf *https://play.google.com/store/apps/details?id=com.google.android.apps.mapslite*)

Google Maps Go wurde als schlanke Version der regulären Google-Maps-Anwendung entwickelt, um ressourcenschwachen Geräten und Netzwerken mit geringer Bandbreite eine effiziente Navigation und Kartendarstellung zu ermöglichen. Diese Anwendung ist vor allem in Regionen mit schwacher oder teurer Netzwerkinfrastruktur und bei Nutzer:innen mit einfachen Smartphones beliebt und wurde laut Google Play Store bereits über 500 000 000 Mal heruntergeladen (Stand Oktober 2024). Google Maps Go ist ein weiteres anschauliches Beispiel für Green Coding, da es die wichtigen Kernfunktionen von Google Maps mit einem deutlich geringeren Ressourcenverbrauch zur Verfügung stellt.

- **Speicher- und Datenverbrauch:** Im Vergleich zur Hauptversion benötigt Google Maps Go deutlich weniger Speicherplatz und Bandbreite. Während die vollständige Google-Maps-App eine Downloadgröße von über 100 Megabyte haben kann, ist Google Maps Go als Progressive Web App (PWA) nur wenige Megabyte groß. Eine Progressive Web App (PWA) ist eine Webanwendung, die moderne Webtechnologien wie HTML, CSS und JavaScript nutzt, um eine App-ähnliche User Experience zu bieten. PWAs kombinieren die Vorteile von Websites und nativen Apps, indem sie über das Browser-Stack zugänglich sind und gleichzeitig Funktionen wie Offline-Nutzung oder Push-Benachrichtigungen erlauben. Durch ein zusätzlich stark optimiertes Datenmanagement und den Verzicht auf speicherintensive Funktionen lädt die App nur die nötigsten Kartendaten und verwendet Vector Tiles zur effizienten Darstellung von Karteninformationen, um sowohl den Speicherbedarf als auch den Energieverbrauch zu reduzieren.
- **Netzwerkoptimierung:** Ähnlich wie bei Facebook Lite wurde auch bei Google Maps Go großer Wert auf eine minimale Netzwerkbelastung gelegt. Die App stellt

nur die nötigsten Netzwerkanfragen und kann auch bei langsamen Internetverbindungen stabil betrieben werden. Durch den Einsatz der PWA-Technologie verlagert Google Maps Go die Rechenlast auf Server, was die Belastung der mobilen Endgeräte reduziert und den Netzwerkverkehr optimiert. Die Anwendung nutzt effiziente Kommunikationsprotokolle und Caching-Mechanismen, um den Datenverkehr zu reduzieren. Bereits abgerufene Daten werden lokal gespeichert und müssen nicht erneut heruntergeladen werden.

- **Energieeffizientes User Interface:** Google Maps Go verzichtet auf aufwendige Animationen und rechenintensive visuelle Effekte, der Fokus liegt auf den Kernfunktionen wie der Anzeige von Routen und Kartendaten. Die minimalistische Gestaltung der Benutzer:innenoberfläche benötigt weniger Rechenleistung und fokussiert sich auf die Basis-Interaktionen.
- **Betrieb in schwierigen Netzwerkumgebungen:** Die Anwendung wurde speziell für den Einsatz in 2G- und 3G-Netzen optimiert, kann aber auch in 4G- und 5G-Umgebungen eingesetzt werden. Durch die Reduzierung unnötiger Datenübertragungen bietet Google Maps Go auch bei instabilen Verbindungen eine konsistente User Experience, ohne dabei den Akku übermäßig zu belasten.
- **Integration Cloud-basierter Dienste:** Google Maps Go nutzt die Möglichkeiten des Cloud Computing, um energieintensive Rechen- und Datenverarbeitungsaufgaben auf externe Server zu verlagern. Durch die Verlagerung rechenintensiver Prozesse wie Routenberechnung und Verarbeitung von Verkehrsdaten in die Cloud bei gleichzeitiger Minimierung des notwendigen Netzwerkverkehrs wird das mobile Endgerät entlastet und erneut der systemische Energieverbrauch gesenkt.

Google Maps Go ist ein weiteres Beispiel dafür, wie durch gezielte Optimierung und bewusste Reduktion von Funktionen eine ressourcenschonende mobile Anwendung entwickelt werden kann, die dennoch die Grundbedürfnisse der Nutzer:innen erfüllt. Es zeigt, wie selbst komplexe Dienste wie Echtzeitnavigation energieeffizient mit Green-Coding-Prinzipien realisiert werden können, ohne Kompromisse bei zentralen Funktionen einzugehen.

Google Maps Go im Play Store: *https://play.google.com/store/apps/details?id=com.google.android.apps.mapslite*

12.5 Die Zukunft von Green IT und Green Coding

In diesem Abschnitt werden zentrale Trends und mögliche Entwicklungen im Bereich Green IT und Green Coding aufgezeigt, die das Potenzial haben, die IT-Branche in Zukunft maßgeblich zu beeinflussen. Von energieeffizienter Hardware über nachhaltige Softwarearchitekturen bis hin zu neuen Geschäftsmodellen und veränderten Berufsbildern illustrieren die diskutierten Themen eine umfassende Transformation hin zu nachhaltigeren IT-Praktiken. Die vorgestellten Ansätze bieten Anhaltspunkte für Unternehmen und Entwickler:innen, um den steigenden ökologischen und regulatorischen Anforderungen gerecht zu werden und Green IT als festen Bestandteil der digitalen Zukunft zu verankern.

12.5.1 Trends und Entwicklungen

- **Energieeffiziente Hardware:** Ein zentraler Bestandteil von Green IT ist die Entwicklung und Implementierung von Hardware, die speziell für einen geringen Energieverbrauch ausgelegt ist. Dazu gehören energieeffiziente Prozessoren (z. B. ARM, RISC-V), optimierte Speichertechnologien (z. B. DDR5 RAM, Low Power SSDs), Netzwerkkomponenten und spezialisierte Hardware wie NPUs für KI-Anwendungen. Diese Technologien tragen wesentlich zur Senkung des Energieverbrauchs von Servern, mobilen Endgeräten und Embedded Systems bei.
- **KI-basierte Energieoptimierung:** Künstliche Intelligenz (KI) spielt eine entscheidende Rolle bei der Optimierung des Energieverbrauchs von Software und Hardware. Adaptive KI-Algorithmen analysieren den Ressourcenbedarf von Anwendungen und steuern dynamisch den Energieverbrauch, z. B. durch Anpassung der Prozessorleistung, Verteilung der Rechenlast auf mehrere Server oder Optimierung der Kühlung in Rechenzentren. KI kann auch in der Softwareentwicklung eingesetzt werden, um energieeffizienten Code zu generieren und zu optimieren.
- **Nachhaltige Softwarearchitekturen:** Der Trend zu nachhaltigen Softwarearchitekturen wie Microservices, Serverless Computing und Event-Driven Architecture ermöglicht eine flexible Skalierung und effizientere Nutzung von IT-Ressourcen. Durch die Aufteilung in kleine, eigenständige Dienste oder den Einsatz von serverlosen Architekturen, bei denen Ressourcen nur bei Bedarf bereitgestellt und ausgeführt werden, kann der Energieverbrauch gezielter gesteuert und dynamisch optimiert werden.
- **Green Coding in der Cloud:** Die Cloud bietet ein großes Potenzial für Green IT, da Rechenzentren ihre Ressourcen effizienter nutzen und die Auslastung der Server zentral optimieren können. Serverless Computing und die gemeinsame Nutzung von Servern in Cloud-Diensten tragen prinzipiell zur Senkung des Energieverbrauchs bei. Gleichzeitig stellt die zunehmende Nutzung von Cloud-Diensten eine Herausforderung dar, da der weltweite Energiebedarf von Rechenzentren auch aufgrund der steigenden Nachfrage nach KI-Diensten stetig zunimmt.
- **Shift-Left-Ansatz:** Der Shift-Left-Ansatz betont die frühzeitige Berücksichtigung von Nachhaltigkeitsaspekten im Softwareentwicklungsprozess. Durch die Integra-

tion energieeffizienter Algorithmen, Datenstrukturen und Architekturen schon in der Designphase einer mobilen Anwendung können später unnötige Ineffizienzen und Ressourcenverschwendung vermieden werden. Der Shift-Left-Ansatz zielt darauf ab, Software von Grund auf und strukturell nachhaltig zu gestalten und ihre Umweltverträglichkeit nachhaltig sicherzustellen.

- **Messung und Überwachung:** Eine kontinuierliche Überwachung des Energieverbrauchs durch Energy Profiling Tools ist notwendig, um Optimierungspotenziale in Software und Hardware zu identifizieren. Tools wie der Android Profiler, Xcode Instruments und verschiedene andere Softwarelösungen ermöglichen die Analyse des Energieverbrauchs einzelner Systemkomponenten und helfen bei der Optimierung ineffizienter Codeabschnitte oder Hardwarekonfigurationen.

12.5.2 Auswirkungen dieser Trends auf die Softwareentwicklung und die IT-Industrie insgesamt

Die Entwicklungen im Bereich Green IT und Green Coding haben sowohl praktische als auch strategische Konsequenzen für die Softwareentwicklung und die IT-Industrie. Sie werden nicht nur technische Standards prägen, sondern auch Berufsbilder erweitern und wirtschaftliche Strukturen beeinflussen. Im Folgenden werden die wichtigsten Veränderungen und ihre Auswirkungen beleuchtet.

12.5.2.1 Veränderte Anforderungen an Softwarearchitekturen

Mit den fortschreitenden Entwicklungen im Bereich Green IT und Green Coding verändern sich die Anforderungen an moderne Softwarearchitekturen. Die Energieeffizienz von Software in mobilen Systemen rückt stärker in den Vordergrund und erfordert von Entwickler:innen, Architekturen zu entwerfen, die ressourcenschonend arbeiten, ohne die Performance oder Skalierbarkeit zu beeinträchtigen. Dazu gehören die folgende Ansätze:

- **Stärkere Modularisierung:** Anwendungen werden zunehmend in kleinere Microservices aufgeteilt, um Ressourcen gezielter skalieren zu können. Microservice-Architekturen ermöglichen es, nur die benötigten Services zu betreiben und inaktive Komponenten abzuschalten.
- **Edge-First-Architekturen:** Durch die zunehmende Bedeutung von Edge Computing in der IT-Infrastruktur müssen Architekturen an den dezentralen Charakter von Datenverarbeitungsmodellen angepasst werden. Das bedeutet, dass Software so gestaltet sein muss, dass sie sowohl zentral (in der Cloud) als auch dezentral (am Edge) effizient arbeiten kann.
- **Adaptive Softwarearchitekturen:** Durch die Integration von künstlicher Intelligenz (KI) und maschinellem Lernen (ML) in Softwarearchitekturen können Sys-

teme ihren Energieverbrauch dynamisch anpassen, indem sie ihre Prozessor- und Speicherressourcen situationsgerecht skalieren. Dies erfordert den Einsatz intelligenter Algorithmen, die die Systemlast in Echtzeit analysieren und den Ressourcenverbrauch anpassen.

12.5.2.2 Nachhaltigkeit als Wettbewerbsfaktor in der IT-Wirtschaft

Nachhaltigkeit ist nicht mehr nur ein moralischer Imperativ, sondern entwickelt sich zu einem entscheidenden Wettbewerbsfaktor in der IT-Branche. Unternehmen, die ihre Software- und Hardwarelösungen nach den Prinzipien der Green IT gestalten, haben zunehmend Vorteile gegenüber ihren Mitbewerber:innen:

- **Nachhaltigkeitszertifikate und Compliance:** Unternehmen müssen oder sollten gesetzliche Vorgaben und internationale Standards wie ISO 14001 für Umweltmanagementsysteme oder den Blauen Engel für energieeffiziente Hardware erfüllen. Die Einhaltung dieser Standards verbessert nicht nur das Unternehmensimage, sondern wird zunehmend von Kund:innen und Investor:innen nachgefragt.
- **Kostenoptimierung:** Energieeffiziente Soft- und Hardware führt zu einer deutlichen Senkung der Betriebskosten in großen Rechenzentren und bei Cloud-Anbietern, aber letztlich auch bei den Konsument:innen. Durch eine optimierte Energie- und Ressourcennutzung können Unternehmen ihre Betriebskosten senken und nachhaltige Lösungen wirtschaftlich rentabel machen.
- **Reputation und Kunden:innenbindung:** Kund:innen legen zunehmend Wert auf umweltfreundliche Produkte und Dienstleistungen. IT-Unternehmen, die Nachhaltigkeit in ihr Geschäftsmodell integrieren, können sich besser im Wettbewerb differenzieren und Kunden:innen langfristig binden.

12.5.2.3 Neue Geschäftsmodelle

Die Einführung von Green IT kann zu einer Reihe neuer Geschäftsmodelle in der IT-Branche führen und Unternehmen neue Einnahmequellen und Marktchancen eröffnen. Hier sind einige mögliche Entwicklungen:

- **SaaS für Energieeffizienz:** Unternehmen könnten vermehrt Software-as-a-Service (SaaS)-Lösungen zur Optimierung des Energieverbrauchs von IT-Infrastrukturen anbieten. Beispiele sind Monitoring-Tools, die den Energieverbrauch von IT-Systemen überwachen und Optimierungsvorschläge machen, aber auch Lösungen zur automatischen Code-Optimierung, zum Energiemanagement in Rechenzentren oder zur Simulation und Analyse des Energieverbrauchs.
- **Green IT Consulting:** Beratungsunternehmen, die sich auf Green IT spezialisiert haben, unterstützen ihre Kund:innen dabei, ihre IT-Architekturen und Softwarelösungen energieeffizient zu gestalten. Dies umfasst die Implementierung von Green-Coding-Praktiken, die Auswahl energieeffizienter Hardware und die Opti-

mierung von Cloud-Infrastrukturen, aber auch die Entwicklung von Green-IT-Strategien, die Durchführung von Energie-Audits, die Schulung von Mitarbeiter:innen oder die Zertifizierung nach Nachhaltigkeitsstandards.

- **Green-Pay-per-use-Modelle:** Mit dem Ziel der Energieeinsparung könnten IT-Anbieter:innen zunehmend nutzungsbasierte Preismodelle anbieten. Diese Modelle berechnen den Preis auf Basis des tatsächlichen Ressourcenverbrauchs, z. B. bei serverlosen Architekturen oder Cloud-basierten Plattformen, was sowohl den Energieverbrauch als auch die IT-Kosten der Kund:innen minimieren kann.

12.5.2.4 Veränderte Berufsbilder

Die Trends im Bereich Green IT und Green Coding führen zu einer Veränderung der Berufsbilder in der IT-Branche. Zukünftige Entwickler:innen, Architekt:innen und IT-Manager:innen müssen sich neue Fähigkeiten aneignen, um den steigenden Anforderungen an Nachhaltigkeit gerecht zu werden. Die folgenden Berufsbilder oder Spezialisierungen können sich entwickeln:

- **Green Software Engineers:** Entwickler:innen, die in der Lage sind, energieeffizienten Code zu schreiben und systemisch einzubinden, werden stärker nachgefragt werden. Green Software Engineers könnten sich darauf spezialisieren, Software so zu entwickeln, dass sie bei gleicher Leistung und Funktionalität möglichst wenig Energie verbraucht.
- **Nachhaltigkeitsbeauftragte in der Enterprise IT:** Unternehmen setzen zunehmend Nachhaltigkeitsbeauftragte ein, die sich auf die Umsetzung und Überwachung von Green-IT-Strategien konzentrieren. Diese Position erfordert sowohl technisches als auch regulatorisches Wissen.
- **Sustainability Analyst:** Analyst:innen, die den Energieverbrauch und die Umweltauswirkungen mobiler Systeme analysieren und Strategien zur Reduzierung des ökologischen Fußabdrucks entwickeln. Diese Position umfasst die Analyse des gesamten Lebenszyklus von mobilen Endgeräten und deren Software sowie die Umsetzung von Verbesserungsmaßnahmen.
- **Data Scientist für energieeffiziente Algorithmen:** Data Scientists, die sich darauf konzentrieren, maschinelle Lernmodelle und Algorithmen für mobile Endgeräte zu entwickeln, die nicht nur leistungsfähig, sondern auch energieeffizient sind. Sie optimieren Modelle so, dass sie auf mobilen Endgeräten mit minimalem Energieverbrauch laufen und die zur Verfügung stehende Hardware optimal nutzen.

12.6 Quantitative und qualitative Bewertung von Green IT und Green Coding

Die objektive Bewertung von Green IT und Green Coding ist ein entscheidender Schritt, um nachhaltige Mobile Systeme entwickeln zu können und deren Umweltauswirkungen im Detail zu verstehen. Ziel ist es, den Energieverbrauch von IT-Infrastrukturen, mobilen Geräten und Softwarelösungen nicht nur messbar zu machen, sondern auch ihre langfristige Effizienz und ihren Einfluss auf die ökologische Nachhaltigkeit zu bewerten. Im Fokus stehen dabei die Quantifizierung des CO_2-Fußabdrucks, die Optimierung der Energieeffizienz und die Ermittlung des wirtschaftlichen Nutzens. Verschiedene Methoden und Werkzeuge bieten dabei eine fundierte Grundlage, um den Ressourcenverbrauch nicht nur objektiv zu messen, sondern auch qualitativ zu bewerten und geeignete Maßnahmen zur Optimierung zu ergreifen.

12.6.1 CO_2-Fußabdruck mobiler Systeme aus E2E-Sicht

Der CO_2-Fußabdruck mobiler Systeme umfasst alle Treibhausgasemissionen, die über den gesamten Lebenszyklus der Geräte entstehen. Dazu gehören Rohstoffgewinnung, Produktion, Betrieb und Entsorgung. Insbesondere mobile Geräte wie Smartphones, Tablets oder Wearables haben einen hohen CO_2-Fußabdruck, was auf die kurze Lebensdauer der Geräte und die energieintensive Herstellung und den Betrieb zurückzuführen ist. Eine End-to-End-Betrachtung (E2E) erfasst jede Phase und zeigt die verschiedenen Quellen des Energieverbrauchs und der Emissionen auf.

- **Rohstoffgewinnung:** Die Gewinnung der für mobile Endgeräte benötigten Rohstoffe wie Lithium für Akkus, Seltene Erden für Prozessoren und Gold für Leiterplatten ist sehr energieintensiv und mit erheblichen Umweltbelastungen verbunden. Der Abbau dieser Rohstoffe verursacht nicht nur direkte CO_2-Emissionen, sondern trägt auch zu Bodenerosion, Wasserverschmutzung und Entwaldung bei. Besonders der Abbau in Schwellen- und Entwicklungsländern führt zu weitreichenden ökologischen Schäden, die oft nicht unmittelbar sichtbar sind.
- **Produktionsphase:** Bereits in der Produktionsphase entsteht ein großer Teil des CO_2-Fußabdrucks mobiler Systeme. Die Herstellung von Prozessoren, Displays und Akkus verbraucht große Mengen an Energie, insbesondere die Herstellung von Halbleitern. Die komplexen Herstellungsprozesse dieser Komponenten erfordern hohe Temperaturen und spezielle chemische Prozesse, die wiederum einen hohen Energieeinsatz erfordern. Die CO_2-Emissionen in der Produktionsphase steigen auch durch globale Lieferketten. Rohstoffe und Vorprodukte werden weltweit transportiert und die einzelnen Produktionsschritte sind oft über verschiedene Länder und Kontinente verteilt. Diese langen Transportwege erhöhen die CO_2-Emissionen zusätzlich.

- **Betriebsphase:** Auch der Betrieb mobiler Geräte verursacht erhebliche CO_2-Emissionen. Vor allem der Energieverbrauch durch die ständige Nutzung und das Aufladen der Akkus trägt wesentlich zur Umweltbelastung bei. Dies wird durch das zunehmende Nutzungsverhalten, wie das Streamen von Videos oder die Nutzung datenintensiver Anwendungen, noch verstärkt. Ein weiterer großer CO_2-Verursacher ist der Betrieb der Rechenzentren, die die Cloud-Dienste für mobile Anwendungen unterstützen. Rechenzentren sind sehr energieintensiv und benötigen enorme Mengen an Strom für den Betrieb und die Kühlung der Server. Die Art der Energiequelle, die in den Rechenzentren verwendet wird (z. B. fossile Brennstoffe oder erneuerbare Energien), hat einen signifikanten Einfluss auf die CO_2-Bilanz mobiler Systeme.

  Auch die Nutzung der mobilen Netzwerk-Infrastruktur verbraucht große Mengen an Energie. Die Basisstationen, die die physische Grundlage der Mobilfunknetze sind, benötigen kontinuierlich Strom, was sich direkt in CO_2-Emissionen niederschlägt. Besonders datenintensive Aktivitäten wie Videostreaming, große Downloads oder Datenübertragungen über Mobilfunk belasten die Netze zusätzlich und erhöhen den Energieverbrauch weiter. Auch der Betrieb von IoT-Geräten, die kontinuierlich Daten übertragen, trägt zur CO_2-Bilanz bei.

- **End-of-Life-Phase:** Am Ende ihres Lebenszyklus stellen mobile Endgeräte aufgrund ihrer hochintegrierten Komponenten eine besondere Herausforderung hinsichtlich ihrer Umweltauswirkungen und ihrer Recyclingfähigkeit dar. Elektronikschrott enthält gefährliche Stoffe wie Schwermetalle und giftige Chemikalien, die bei unsachgemäßer Entsorgung in die Umwelt gelangen können. Ein wichtiger Aspekt zur Reduzierung des CO_2-Fußabdrucks ist das konsequente Recycling und die Wiederverwendung der wertvollen Rohstoffe aus den Altgeräten. Die Recyclingrate liegt jedoch noch unter den Erwartungen, was auf die komplexe Struktur der Geräte und die geringen wirtschaftlichen Anreize zurückzuführen ist. Ein weiterer wichtiger Aspekt ist ein nachhaltiges Produktdesign, das auf Langlebigkeit und Reparierbarkeit ausgerichtet ist. Eine Verlängerung des Lebenszyklus mobiler Geräte kann dazu beitragen, den Carbon Footprint deutlich zu reduzieren, da der Bedarf an neuen Geräten und deren energieintensive Produktion sinkt. Allerdings muss die Verlängerung des Lebenszyklus auch von den OS-Anbietern und Hardware-Herstellern mit eigenen OS-Branches bei Android unterstützt werden, indem Software-Updates über längere Zeiträume bereitgestellt werden, um die Sicherheit, Funktionalität und Kompatibilität älterer Geräte zu gewährleisten. Ohne kontinuierliche Updates verlieren die Geräte schnell an Leistung und Sicherheit und damit an Attraktivität für die Nutzer:innen, was zu einem vorzeitigen Austausch führen kann, der den Umweltvorteil eines längeren Lebenszyklus wieder neutralisiert.

12.6.2 Quantifizierung und Analyse von CO_2-Emissionen mobiler IT-Systeme

Zur Messung und Quantifizierung des Carbon- oder CO_2-Fußabdrucks mobiler IT-Systeme gibt es verschiedene Ansätze und Werkzeuge. Diese Methoden und Werkzeuge ermöglichen es Unternehmen und Betreiber:innen mobiler Systeme, die Umweltauswirkungen ihrer IT-Infrastruktur genau zu erfassen und gezielt zu optimieren.

- **Life Cycle Assessments (LCA):** LCAs (Life Cycle Assessments) analysieren den gesamten Lebenszyklus eines mobilen Systems von der Rohstoffgewinnung und Herstellung über die Nutzungsphase bis hin zu Entsorgung und Recycling. Dabei quantifizieren sie die Umweltauswirkungen, insbesondere die CO_2-Emissionen, in den verschiedenen Phasen. Ökobilanzen bieten eine umfassende Grundlage für die Bewertung der ökologischen Nachhaltigkeit von Hardware und Software und ermöglichen die Identifizierung von Hotspots mit hohem Umweltbelastungspotenzial.

  Neben den Treibhausgasemissionen betrachten Ökobilanzen den gesamten Lebenszyklus und bewerten weitere Umweltwirkungen wie Ressourcenverbrauch (z. B. Seltene Erden, Wasser), Wasserverschmutzung, toxische Emissionen und Auswirkungen auf die Biodiversität.

  Für die Durchführung von Ökobilanzen stehen verschiedene Softwaretools zur Verfügung, darunter GaBi, SimaPro, openLCA und Umberto. Diese ermöglichen eine detaillierte Modellierung und Quantifizierung der Umweltauswirkungen in jeder Phase des Lebenszyklus.

  Die Durchführung von Ökobilanzen für komplexe Systeme ist jedoch nach wie vor anspruchsvoll und erfordert detaillierte Kenntnisse der zugrunde liegenden Methodik (ISO 14040/14044), Zugang zu qualitativ hochwertigen Datenbanken mit Umweltinformationen und Erfahrung in der Interpretation der Ergebnisse. Die Komplexität von Ökobilanzen hängt von verschiedenen Faktoren ab, wie z. B. der Systemgrenze, der Datenverfügbarkeit und dem gewünschten Detaillierungsgrad der Analyse.

  Es gibt Bestrebungen, Ökobilanzen zugänglicher und benutzer:innenfreundlicher zu gestalten, z. B. durch die Entwicklung vereinfachter Ökobilanz-Tools und die Bereitstellung branchenspezifischer Datenbanken. Ein Beispiel hierfür ist die OpenLCA-Software, die als Open-Source-Tool eine kostenlose und flexible Plattform für die Durchführung von LCAs bietet. OpenLCA ist eine wichtige Quelle für Ökobilanzen und Nachhaltigkeitsbewertungen. Die Software wird seit 2006 von GreenDelta entwickelt und hat sich mittlerweile zu einem leistungsfähigen Werkzeug entwickelt, das mit kommerziellen LCA-Softwaresystemen vergleichbar ist.

Weitere Informationen zur OpenLCA-Initiative: https://www.openlca.org

- **Software Carbon Intensity (SCI):** SCI ist eine Metrik, die verwendet wird, um die Kohlenstoffemissionen zu messen, die mit der Entwicklung, Bereitstellung und Nutzung von Software verbunden sind. Sie berücksichtigt nicht nur die Emissionen, die direkt durch die Nutzung der Software entstehen (z.B. Serveranfragen), sondern auch die Emissionen, die durch die Herstellung der Hardware, die Kühlung der Rechenzentren und die Entsorgung der Geräte entstehen.

  Das Ziel dieser Metrik ist es, Entwickler:innen und Unternehmen dabei zu unterstützen, die Umweltauswirkungen ihrer Software besser zu verstehen und zu reduzieren.

  Die Formel für die SCI lautet

  SCI = gCO_2e / RCU

  gCO_2e steht für Gramm CO_2-Äquivalent, d.h. die Menge an Kohlendioxid (und anderen Treibhausgasen), die während einer bestimmten Softwareaktivität freigesetzt wird.

  RCU (Resource Consumption Unit) beschreibt die Nutzung von Rechenressourcen, die für die Ausführung der Software erforderlich sind. Dies kann z.B. die CPU-Zeit, der Speicherverbrauch, die Netzwerkbandbreite oder die Anzahl der Benutzer:innen sein. Die Definition der RCU hängt von der jeweiligen Software und ihrer Anwendung ab.

  Anwendungsbeispiel:

  Angenommen, eine Software führt eine Datenbankabfrage durch, die auf einem Server mit einer durchschnittlichen Leistungsaufnahme von 200 Watt ausgeführt wird. Der Server bezieht seinen Strom aus einem Strommix mit einem CO_2-Fußabdruck von 400 gCO_2e/kWh. Die Datenbankabfrage dauert 10 Millisekunden und verursacht einen Energieverbrauch von 0,000556 kWh (200 Watt · 0,01 Sekunden / 3600 s/h). Daraus resultiert eine CO_2-Emission von 0,222 gCO_2e (0,000556 kWh · 400 gCO_2e/kWh). Wenn diese Datenbankabfrage als RCU definiert wird, ergibt sich ein SCI von 0,222 gCO_2e pro Abfrage.

  Zusätzliche Hinweise:

  Die Berechnung des SCI ist in der Praxis komplex und muss verschiedene Faktoren wie die Energieeffizienz der Hardware, den CO_2-Fußabdruck des Strommixes und die Nutzungsdauer der Software berücksichtigen – alles Werte, die im Alltag nicht trivial zu ermitteln sind. Es gibt verschiedene Standards und Tools, die die Berechnung und Analyse der SCI unterstützen, z.B. die Software Carbon Intensity (SCI) Specification der Green Software Foundation oder der Microsoft Sustainability Calculator.

Weitere Informationen zur Carbon Intensity (SCI) Specification der Green Software Foundation: *https://greensoftware.foundation/articles/sci-specification-achieves-iso-standard-status*

Weitere Informationen zum Microsoft Sustainability Calculator: *https://azure.microsoft.com/de-de/updates/microsoft-sustainability-calculator-provides-insights-into-it-carbon-emissions*

- **CO_2-Rechner für Rechenzentren und Netzwerke:** Unternehmen wie EcoAct, Greenhouse Gas Protocol, der Carbon Trust oder das Umweltbundesamt bieten spezielle CO_2-Rechner für IT-Infrastrukturen an, die den Energieverbrauch und die Emissionen von Rechenzentren und Netzwerken messen. Diese Rechner berücksichtigen sowohl den direkten Energieverbrauch durch die Hardware als auch die indirekten Emissionen durch die verwendeten Energiequellen.
- **Serverless und Cloud Efficiency Tools:** Serverless Computing und Cloud-basierte Lösungen bieten oft Möglichkeiten zur Optimierung des Energieverbrauchs. Tools wie AWS Cost Explorer, Google Cloud's Carbon Footprint, Azure Sustainability Calculator oder Cloudability Carbon Emissions Tracker messen die Energieeffizienz von Cloud-Instanzen und geben Empfehlungen zur Optimierung des Ressourcenverbrauchs. Da viele mobile Anwendungen auf Cloud Services angewiesen sind, sind diese Tools wichtig, um den Energieverbrauch aufseiten der Backend-Infrastruktur zu analysieren und in die Gesamtbetrachtung einfließen zu lassen.
- **Real-time Energy Analytics:** WattTime und ähnliche Anbieter wie EnerNOC oder BuildingIQ bieten Echtzeitanalysen des Energieverbrauchs von IT-Systemen und ermöglichen es Unternehmen, den Energieverbrauch ihrer Systeme und dessen Auswirkungen auf den CO_2-Fußabdruck genau zu überwachen. Diese Daten können genutzt werden, um Entscheidungen über den Einsatz erneuerbarer Energien zu treffen und den IT-Betrieb zu optimieren. Auch der Einsatz dieser Tools ist in der Praxis nicht trivial.

12.6.3 Initiativen und Standards

Verschiedene Initiativen und Standards tragen dazu bei, den CO_2-Fußabdruck mobiler IT-Systeme zu reduzieren. Die Standards sind teilweise nicht spezifisch auf IT-Systeme ausgerichtet, können aber auf diese angewendet werden.

- **Carbon Trust:** Diese Organisation unterstützt Unternehmen bei der Messung und Überwachung ihres CO_2-Fußabdrucks und bietet spezifische Programme zur Reduzierung des CO_2-Fußabdrucks von IT-Systemen an.

Weitere Informationen zum Carbon Trust: *https://www.carbontrust.com/de*

- **ISO 14064:** Dieser internationale Standard bietet einen Rahmen für die Dokumentation und Zertifizierung von Treibhausgasemissionen, einschließlich der Emissionen von IT-Systemen.

> Weitere Informationen zur ISO 14064: *https://www.iso.org/standard/66453.html*

- **Green Software Foundation:** Diese Organisation entwickelt Standards und Best Practices für Green Software, die besonders für mobile Anwendungen relevant sind.

> Weitere Informationen zur Green Software Foundation: *https://greensoftware.foundation*

- **EU-Richtlinien:** Die EU fördert die Energieeffizienz von IT-Produkten und -Systemen durch verschiedene Richtlinien, die auch mobile Geräte betreffen, und setzt sich für die Reduzierung von Elektroschrott ein.

> Weitere Informationen zu verschiedenen EU-Richtlinien: *https://energy.ec.europa.eu/index_en*

- **Blauer Engel:** Dieses Umweltzeichen zertifiziert energieeffiziente IT-Produkte, darunter auch mobile Geräte und Software.

> Weitere Informationen zum Blauen Engel: *https://www.blauer-engel.de/de/zertifizierung*

12.7 Tools und Technologien für Green Coding in mobilen Systemen

Für die Entwicklung energieeffizienter mobiler Systeme sind präzise Analyse- und Optimierungswerkzeuge erforderlich. Diese Werkzeuge ermöglichen eine detaillierte Überprüfung des Codes und die Identifizierung von Optimierungspotenzialen, um den Ressourcenverbrauch zu reduzieren und die Leistung einer Anwendung zu steigern. In diesem Abschnitt werden einige gängige Analyse- und Optimierungstools vorgestellt.

12.7.1 Tools für Code-Analyse und Performance Monitoring

Die Optimierung des Energieverbrauchs in mobilen Anwendungen beginnt mit einer umfassenden Analyse des Codes und der Identifizierung von Ineffizienzen. Codeanalysewerkzeuge bieten Entwickler:innen die Möglichkeit, ihren Code auf ressourcenintensive Prozesse zu überprüfen und Einsparpotenziale zu identifizieren. Dabei kommen sowohl statische als auch dynamische Analysemethoden zum Einsatz, um die verschiedenen Aspekte der Performance und Energieeffizienz zu bewerten.

Statische Code-Analyse

Statische Code-Analysewerkzeuge untersuchen den Quellcode auf bekannte Optimierungspotenziale und potenzielle Energieverbrauchsquellen, ohne dass die Anwendung ausgeführt wird. Sie sind besonders nützlich, um ineffiziente Algorithmen oder ungenutzte Bibliotheken zu identifizieren, die die Leistung und Energieeffizienz beeinträchtigen könnten.

- **SonarQube:** Ein weit verbreitetes Werkzeug zur statischen Codeanalyse, das Schwachstellen im Code wie redundante Schleifen, unnötige Berechnungen und ungenutzte Variablen aufdeckt. SonarQube bietet verschiedene Plug-ins für die Analyse mobiler und konventioneller Plattformen, darunter Android und iOS.
- **JArchitect und Xcode Static Analyzer:** JArchitect hilft bei der Optimierung von Java-basierten Android-Apps, während der Xcode Static Analyzer speziell für iOS-Entwickler:innen entwickelt wurde und potenzielle Ineffizienzen in Objective-C- und Swift-Code aufspüren kann.

Dynamische Code-Analyse

Im Gegensatz zur statischen Analyse untersucht die dynamische Codeanalyse den laufenden Code in einer Test- oder Produktionsumgebung. Sie ermöglicht es, das Verhalten der Anwendung während der Laufzeit zu beobachten und potenzielle Engpässe in Bezug auf Speicher- und Prozessorauslastung sowie übermäßige Netzwerkaktivität zu identifizieren.

- **Android Profiler:** Ein leistungsstarkes Tool, das den Energieverbrauch und die CPU-Auslastung während der Laufzeit von Android-Anwendungen überwacht. Es zeigt den Energieverbrauch verschiedener Module an und hilft, ressourcenintensive Bereiche zu identifizieren.
- **Instruments (Xcode):** Dieses Profiling-Tool für iOS-Apps bietet detaillierte Einblicke in die Energieeffizienz der App und ermöglicht die Überwachung des CPU-, GPU- und Speicherverbrauchs sowie die Analyse von Netzwerkzugriffen und Speicherlecks.

Werkzeuge für spezifische Analysen

Zusätzlich zu den allgemeinen Code-Analysewerkzeugen gibt es spezialisierte Tools, die auf die Bewertung spezifischer Energieverbrauchsfaktoren ausgerichtet sind:

- **Energy Profiler (Xcode):** Ein in Xcode integriertes Tool, das speziell für die Analyse des Energieverbrauchs von iOS-Apps entwickelt wurde. Es misst den Energieverbrauch verschiedener Komponenten der Anwendung und hilft dabei, Bereiche zu identifizieren, die optimiert werden können.
- **Battery Historian (Android):** Ein Open-Source-Tool von Google, das detaillierte Informationen über den Akkuverbrauch von Android-Geräten liefert. Es analysiert die im Android-System gesammelten Batteriestatistiken und visualisiert den Energieverbrauch verschiedener Apps und Systemprozesse über einen bestimmten Zeitraum.

12.8 Checkliste für Green Coding in eigenen Projekten

Energieziele, KPIs (Key Performance Indicators) und Analyse

- **Definition klarer, messbarer Ziele für die Energieeffizienz der Anwendung:** Dokumentation der Ziele im Projektplan und Hinterlegung mit konkreten Kennzahlen (KPIs), z. B. Energieverbrauch pro Nutzungsszenario, Akkulaufzeit bei definierter Nutzung, CO_2-Fußabdruck. Einhaltung von Energieeffizienz-Standards und Erwerb entsprechender Zertifikate.
- **Kontinuierliches Energy-Profiling:** Einsatz von Tools wie Android Profiler, Xcode Instruments und plattformübergreifenden Tools zur Identifizierung von Engpässen und Optimierungspotenzialen.
- **Auswertung von Lasttests und Nutzungsdaten:** Identifikation energieintensiver Funktionen und Prozesse. Berücksichtigung des Einflusses unterschiedlicher Netzwerkbedingungen (z. B. 2G, 3G, 4G, 5G, WLAN).

Code- und Prozessoptimierung

- **Algorithmen und Datenstrukturen:** Optimierung ineffizienter Algorithmen, Reduktion komplexer Berechnungen und Eliminierung redundanter Schleifen. Auswahl von Datenstrukturen, die den Speicherbedarf minimieren und den Datenzugriff beschleunigen.
- **Lazy Loading und On-Demand-Datenzugriff:** Laden der tatsächlich benötigten Daten, Vermeiden von unnötigen Ladevorgängen und Datentransfers.
- **Caching-Mechanismen:** Effektive Caching-Strategien implementieren, um wiederholte Datenbankabfragen, API-Aufrufe und Berechnungen zu reduzieren. Berücksichtigung unterschiedlicher Caching-Ebenen (Endgerät, Server) und Verwendung optimierter Datenbankformate.

Datenmanagement und Netzwerkoptimierung

- **Datenkompression und -formate:** Verwendung komprimierter Datenformate (z. B. gzip, brotli) zur Reduzierung der Dateigröße bei Übertragung und Speicherung. Auswahl datensparsamer Datenformate (z. B. JSON statt XML).
- **Minimierung der Bandbreitennutzung:** Einsatz von Filtermechanismen auf Server- und Clientseite zur Beschränkung auf relevante Daten und Vermeidung unnötiger Übertragungen. Optimierung der Serveranfragen durch Reduzierung der Anzahl und Komplexität der Anfragen.
- **Effizientes Netzwerkmanagement:** Einsatz von HTTP/2 oder HTTP/3 zur effizienteren Datenübertragung. Optimierung des Verbindungsaufbaus und -abbaus.
- **Hintergrundaktivitäten und Wake-Locks:** Gezielter und reduzierter Einsatz von Wake-Locks zur Reduzierung des Energieverbrauchs im Stand-by-Modus. Priorisierung von Hintergrundaufgaben und Nutzung von Mechanismen wie JobScheduler oder WorkManager (Android) bzw. Background Tasks (iOS) zur Bündelung von Aufgaben und Optimierung des Energieverbrauchs.

UI- und Interaktionsoptimierung

- **Dark Mode und UI-Design:** Unterstützung des Dark Mode für OLED-Displays zur Reduzierung des Energieverbrauchs durch dunklere Bildschirme. Anpassung des UI-Designs an verschiedene Beleuchtungsmodi und Verwendung energiesparender Farben und Designs.
- **Ressourcenintensive Animationen und Effekte:** Verzicht auf ressourcenintensive Animationen und visuelle Effekte. Gegebenenfalls Verwendung von hardwarebeschleunigten Animationen und Effekten.
- **Bündelung von Benutzer:inneneingaben und -interaktionen:** Vermeidung mehrfacher Renderings und Berechnungen. Verwendung effizienter Layout-Algorithmen und -Komponenten.

Testen, Feedback und Continuous Integration

- **Geräte- und Netzwerkbedingungen:** Testen der Anwendung auf verschiedenen Geräten mit unterschiedlichen Hardware- und Softwarekonfigurationen, speziell älteren Modellen, und unter eingeschränkten Netzwerkbedingungen (z. B. geringe Bandbreite, hohe Latenz), um die Energieeffizienz in verschiedenen Szenarien sicherzustellen.
- **Energieprofile in der CI/CD (Continuous Integration/Delivery):** Integration von Energieprofilen in die CI/CD-Pipeline, um die Einhaltung definierter Energieziele bei jeder Codeänderung sicherzustellen. Automatisierte Tests zur Messung des Energieverbrauchs und der Performance der Anwendung.
- **Nutzer:innen-Feedback:** Regelmäßiges Einholen von Nutzer:innen-Feedback zur Akkulaufzeit und generellen Performance der Anwendung. Analyse des Feedbacks und kontinuierliche Optimierung der Anwendung.

Literaturempfehlung

Das 2024 bei O'Reilly Media erschienene Buch „Building Green Software" von Anne Currie, Sarah Hsu und Sara Bergman (ISBN: 9781098150624) ist ein umfassender Leitfaden für nachhaltige Softwareentwicklung. Die Autor:innen, Expert:innen im Bereich Green Software, bieten Einblicke, wie Softwareentwicklung und -betrieb ressourcenschonender gestaltet werden können.

Das Buch behandelt eine Reihe von Schlüsselthemen, darunter

- Praktiken für nachhaltige Software: Reduzierung der Umweltauswirkungen von Software durch Energieeffizienz und CO_2-Bewusstsein.
- Auswirkungen der Energiewende: Die Notwendigkeit von Software- und Hardware-Effizienz im Kontext der globalen Energiewende.
- Architektur-Prinzipien: Praktische Anleitungen zur Anwendung von Architekturprinzipien, die eine nachhaltige Softwareentwicklung unterstützen.

12.9 Zusammenfassung und Schlüsselaspekte dieses Kapitels

12.1 Green IT: Definition und Bedeutung

Green IT umfasst alle Technologien und Praktiken, die darauf abzielen, die negativen Auswirkungen von IT-Systemen auf die Umwelt zu minimieren. Vor dem Hintergrund des steigenden Energieverbrauchs der IT-Branche ist Green IT von zentraler Bedeutung, um die Nachhaltigkeit von IT-Systemen zu gewährleisten.

- Der Begriff Green IT beschreibt einen systematischen Ansatz zur Gestaltung von IKT nach den Prinzipien der Nachhaltigkeit mit dem Ziel, Ressourcen zu schonen und die Energieeffizienz zu maximieren.
- Green IT betrachtet den gesamten Lebenszyklus von IT-Systemen – von der Herstellung über den Betrieb bis zur Entsorgung.
- Neben der Energieeffizienz stehen auch die Reduzierung von Elektroschrott, die Verwendung umweltfreundlicher Materialien und die Förderung fairer Arbeitsbedingungen im Fokus von Green IT.
- IT spielt eine entscheidende Rolle bei der Bekämpfung des Klimawandels und der Förderung nachhaltiger Produktions- und Konsummuster, indem sie Prozesse optimiert, Ressourcen schont und den CO_2-Fußabdruck reduziert.
- Green Coding ist ein Teilbereich von Green IT und konzentriert sich auf die Entwicklung ressourcenschonender Software, während Green IT die gesamte IT-Infrastruktur umfasst.

12.2 Prinzipien und Handlungsfelder von Green Coding

Die Prinzipien des Green Coding sind plattformunabhängig und bilden die Grundlage für die Entwicklung energieeffizienter Software.

- Die Wahl effizienter Algorithmen und Datenstrukturen, die Reduktion der Codekomplexität, die Vermeidung unnötiger Berechnungen, die Optimierung der Netzwerkkommunikation und die Minimierung von I/O-Operationen tragen zur Energieeinsparung bei.
- Auch das Abschalten nicht benötigter Hardwareressourcen, die Nutzung von Stromsparmodi und der Einsatz von Green-Coding-Tools sind relevant.
- Mobile Betriebssysteme bieten eine Vielzahl von Mechanismen zur Steuerung und Optimierung des Energieverbrauchs von Apps, die Entwickler:innen kennen und nutzen sollten.
- Sowohl Android als auch iOS bieten spezifische Funktionen und APIs zur Optimierung des Energieverbrauchs von Apps.

12.3 Optimierung der Energieeffizienz in mobilen Anwendungen

Die grundlegende Architektur von mobilen Systemen hat einen großen Einfluss auf den systemischen Energieverbrauch und kann durch verschiedene Maßnahmen optimiert werden.

- Modularisierung, Lazy Loading, Zustandsverwaltung und Caching tragen zur Energieeffizienz bei.
- Multithreading, effizientes Datenhandling und die Optimierung der Netzwerkarchitektur sind ebenfalls wichtige Stellschrauben.
- Hardware-Aware Development berücksichtigt die spezifischen Eigenschaften der Hardware, wie z. B. die Nutzung der Hardwarebeschleunigung von GPUs, den Einsatz von Hardware-Decodern und ein effizientes Sensormanagement.

12.4 Fallstudien

Fallstudien veranschaulichen die Prinzipien von Green IT und Green Coding in der Praxis an den Beispielen Facebook Lite und Google Maps Go.

- Facebook Lite ist eine ressourcenschonende Alternative zur Facebook-App, die den Speicher- und Datenverbrauch minimiert, ein energieeffizientes User Interface verwendet und die Netzwerkkommunikation optimiert.
- Google Maps Go ist eine schlanke Alternative zur Google-Maps-App, die weniger Speicherplatz und Bandbreite benötigt, die Netzwerkkommunikation minimiert und ein energieeffizientes UI nutzt.

12.5 Zukunft von Green IT und Green Coding

Green IT und Green Coding entwickeln sich ständig durch neue Technologien und Best Practices weiter.

- Energieeffiziente Hardware, KI-basierte Energieoptimierung, nachhaltige Softwarearchitekturen, Green Coding in der Cloud und der Shift-Left-Ansatz sind wichtige Zukunftstrends.
- Diese Trends wirken sich auf die Softwareentwicklung und die IT-Branche aus, verändern die Anforderungen an Softwarearchitekturen, machen Nachhaltigkeit zu einem Wettbewerbsfaktor und führen zu neuen Geschäftsmodellen und Berufsbildern.

12.6 Quantitative und qualitative Bewertung von Green IT und Green Coding

Die Bewertung von Green IT und Green Coding erfordert objektive Methoden und Werkzeuge.

- Methoden wie Life Cycle Assessments (LCA) und Software Carbon Intensity (SCI) helfen bei der Berechnung und Analyse des Carbon Footprints.
- CO_2-Rechner und Cloud Efficiency Tools unterstützen Unternehmen bei der Messung und Optimierung des Energieverbrauchs.

12.7 Tools und Technologien für Green Coding in mobilen Systemen

Für Green Coding stehen verschiedene Werkzeuge und Technologien zur Verfügung.

- Werkzeuge zur Codeanalyse und zum Performance Monitoring helfen bei der Identifikation von Optimierungspotenzialen.
- Zum Einsatz kommen statische und dynamische Codeanalysetools sowie spezialisierte Tools zur Energieanalyse.

12.8 Checkliste für Green Coding in eigenen Projekten

Eine Checkliste hilft bei der praktischen Umsetzung von Green Coding.

- Wichtige Punkte sind die Definition von Energiezielen, die kontinuierliche Analyse des Energieverbrauchs, die Optimierung von Algorithmen und Datenstrukturen, Lazy Loading, Caching-Mechanismen, Datenkompression, effizientes Netzwerkmanagement, UI-Optimierung, Tests unter verschiedenen Bedingungen und das Einholen und Berücksichtigen von Nutzer:innen-Feedback.

12.9 Literaturempfehlung

- Das Buch „Building Green Software“ von Anne Currie, Sarah Hsu und Sara Bergman bietet einen umfassenden Leitfaden für nachhaltige Softwareentwicklung und behandelt Themen wie Praktiken für nachhaltige Software, Architekturprinzipien und die Auswirkungen der Energiewende.

13 Die mobile Zukunft: Technikfolgenabschätzung und soziokulturelle Implikationen

Mobile Technologien wie Smartphones, Wearables, Mobilfunknetze, IoT-Infrastrukturen und -Geräte spielen eine zentrale Rolle für den gesellschaftlichen, ökonomischen und ökologischen Wandel. Sie prägen grundlegende Strukturen von Kommunikations- und Arbeitsweisen über globale Wertschöpfungsketten bis hin zur effizienten Ressourcennutzung, indem intelligente mobile Systeme zur Optimierung von Energieeffizienz und Nachhaltigkeit beitragen. Die rasante Entwicklung von 5G/6G, künstlicher Intelligenz (KI) in mobilen Anwendungen und die zunehmende Bedeutung von Mobile Computing in der Industrie 4.0 verstärken diese Dynamik zusätzlich. Diese weitreichenden Auswirkungen werfen – neben den positiven Effekten – komplexe Fragen der technologischen Verantwortung, der digitalen Teilhabe und der Risiken der digitalen Transformation auf. In diesem Kapitel wird die Technikfolgenabschätzung als interdisziplinärer Rahmen genutzt, um die Potenziale, Risiken und Zielkonflikte mobiler Technologien zu analysieren. Dabei werden sowohl technische Aspekte als auch soziale, ökonomische und ökologische Folgen systematisch betrachtet.

Der spezifische Kontext, in dem die Technikfolgenabschätzung hier angewendet wird, sind Dekarbonisierung, demografischer Wandel und Digitalisierung – die klassischen „Triple Ds" oder „DDD":

- **Dekarbonisierung:** Mobile Technologien können zur Reduktion von CO_2-Emissionen beitragen, z. B. durch die Optimierung von Transportwegen, die Förderung von Sharing-Economy-Modellen und die intelligente Steuerung des Energieverbrauchs in gewerblichen und privaten Immobilien.
- **Demografischer Wandel:** Mobile Technologien spielen eine Schlüsselrolle bei der Bewältigung des demografischen Wandels, indem sie innovative Lösungen für die Gesundheitsversorgung bieten, die soziale Teilhabe älterer Menschen unterstützen und Bildungs- und Arbeitsmöglichkeiten für Migrant:innen schaffen. Dabei unterstützen sie Menschen mit unterschiedlichen Bildungshintergründen durch

barrierefreie Lernplattformen und personalisierte Bildungsangebote. Gleichzeitig tragen sie dazu bei, Sprachbarrieren zu überwinden, etwa durch Übersetzungs-Apps oder KI-gestützte Sprachtools, und ermöglichen so eine effektivere Integration in Gesellschaft und Arbeitswelt. Darüber hinaus fördern sie neue Formen der Vernetzung und Partizipation über Generationen, kulturelle Grenzen und Sprachunterschiede hinweg und tragen so zur Stärkung des gesellschaftlichen Zusammenhalts bei.

- **Digitalisierung:** Mobile Technologien sind ein zentraler Treiber der Digitalisierung und verändern die Grundlagen von Produktion, Konsum und Kommunikation. Dies eröffnet Potenziale, etwa in den Bereichen Bildung oder Arbeit 4.0, birgt aber auch erhebliche Risiken im Bereich des Datenschutzes und der digitalen Spaltung, dem „Digital Divide".

Die Fokussierung auf Dekarbonisierung, demografischen Wandel und Digitalisierung schafft einen klaren Rahmen zur Analyse der Wechselwirkungen mobiler Technologien mit globalen gesellschaftlichen und ökologischen Herausforderungen. Die Verbindung von Technikfolgenabschätzung und DDD ermöglicht eine systemische Perspektive, die technologische Entwicklungen im Kontext dieser zentralen Themen verortet. So liefert sie fundierte Entscheidungsgrundlagen für Unternehmen, IT-Manager:innen, Entwickler:innen und Entscheidungsträger:innen, um mobile Technologien verantwortungsvoll in soziale, ökonomische und ökologische Zielsetzungen zu integrieren.

13.1 Dekarbonisierung und mobile Technologien

Dekarbonisierung bezeichnet den Prozess der Reduzierung oder Eliminierung der Emissionen von Kohlendioxid (CO_2) und anderen Treibhausgasen, die durch menschliche Aktivitäten und die Verbrennung fossiler Brennstoffe wie Kohle, Öl und Gas verursacht werden. Ziel ist es, den Ausstoß dieser Gase zu minimieren, um den anthropogenen (vom Menschen verursachten) Klimawandel zu begrenzen und die globale Erwärmung so gering wie möglich zu halten.

Die globale Bedeutung der Dekarbonisierung ist weitgehend unbestritten. Der Klimawandel ist eine der größten Herausforderungen des 21. Jahrhunderts mit weitreichenden ökologischen, sozialen und ökonomischen Folgen. Extreme Wetterereignisse, der Anstieg des Meeresspiegels und der Verlust der biologischen Vielfalt sind nur einige der Folgen eines ungebremsten Klimawandels. Um diese Entwicklungen einzudämmen, haben sich zahlreiche Staaten in internationalen Abkommen wie dem Pariser Klimaabkommen verpflichtet, ihre Treibhausgasemissionen deutlich zu reduzieren und langfristig eine klimaneutrale Wirtschaft anzustreben.

Die Dekarbonisierung erfordert tiefgreifende Veränderungen in nahezu allen Bereichen der Wirtschaft, darunter Energieerzeugung, Industrie, Verkehr und Landwirtschaft. Dazu gehören der Umstieg auf erneuerbare Energien, die Steigerung der Energieeffizienz, die Entwicklung neuer Technologien und die Anpassung von Konsum- und Produktionsmustern. Die erfolgreiche Umsetzung dieser Maßnahmen ist entscheidend, um die globalen Klimaziele zu erreichen und die negativen Auswirkungen des Klimawandels zu begrenzen.

Mobile Technologien und Systeme spielen dabei eine immer wichtigere Rolle. Sie bieten innovative Ansätze, um Emissionen zu reduzieren, Ressourcen effizienter zu nutzen und nachhaltiges Verhalten sowohl auf technologischer als auch auf persönlicher Ebene zu fördern.

13.1.1 Handlungsfelder und Potenziale mobiler Technologien

Vor allem in den Bereichen Smart Home und Gebäudeautomatisierung, Verkehrssteuerung sowie Optimierung industrieller Prozesse tragen mobile Systeme wesentlich zur Dekarbonisierung bei. Obwohl mobile Technologien auch in vielen anderen Anwendungsfeldern Potenziale haben, entfalten sie hier die größte Hebelwirkung für eine nachhaltige Reduktion von CO_2-Emissionen.

> Die prozentualen Anteile der genannten Sektoren am globalen Energieverbrauch bzw. die Korrelation zwischen Energieverbrauch und CO_2-Emissionen variieren je nach ausgewerteter Studie und gewählter Metrik und sind daher nicht direkt vergleichbar. Dennoch sind sie ein valider Indikator für die Relevanz mobiler Systeme zur Bewältigung der Herausforderungen der Dekarbonisierung und werden in diesem Sinne hier verwendet.

13.1.1.1 Smart Home und Gebäudeautomatisierung

Der Gebäudesektor ist einer der größten Energieverbraucher weltweit: Nach Angaben der Internationalen Energieagentur (IEA) entfallen 30 Prozent des weltweiten Endenergieverbrauchs und 26 Prozent der energiebedingten CO_2-Emissionen auf Gebäude, davon 8 Prozent durch direkte Emissionen und 18 Prozent durch die Erzeugung von Strom und Wärme, die in Gebäuden genutzt werden – entsprechend groß ist das Optimierungspotenzial durch IoT und mobile Systeme. Die IEA ist eine weltweit führende Organisation für Energiepolitik und -analyse und stellt wissenschaftlich fundierte Empfehlungen und Daten bereit, um den Übergang zu nachhaltigen Energiesystemen zu unterstützen.

> Weitere Informationen der IEA zum globalen Energieverbrauch von Gebäuden: *https://www.iea.org/energy-system/buildings*

Intelligente Thermostate und Klimaanlagen, die über mobile Anwendungen und Smart-Home-Systeme gesteuert werden, bieten erhebliche Einsparpotenziale. Laut einer Studie des Fraunhofer-Instituts für Bauphysik, die in Zusammenarbeit mit dem Hersteller von Smart-Home-Geräten tado° durchgeführt wurde, können intelligente Heizsysteme in Verbindung mit einer mobilen Steuerung sogar in privaten Haushalten bis zu 28 Prozent Energie im Vergleich zu herkömmlichen „analogen" Systemen einsparen. Erreicht wird dies durch dynamische Anpassungen, die auf spezifischen Nutzungsgewohnheiten und externen Faktoren wie dem Wetter basieren.

Geolokalisierung und Abwesenheitserkennung sind dabei zentrale Technologien: Intelligente Hausautomationssysteme können in Echtzeit erkennen, wenn sich Nutzer:innen ihrem Zuhause nähern oder feststellen, ob sie überhaupt zu Hause sind und erst dann die Raumtemperatur erhöhen, um den Energieverbrauch zu optimieren. Darüber hinaus ermöglichen mobile Apps auch vor Ort eine präzise manuelle, zeit- oder verhaltensgesteuerte Steuerung der Heizleistung.

Mobile Apps schaffen zudem Transparenz: Über Echtzeit-Dashboards in den Apps können Nutzer:innen ihren aktuellen Energieverbrauch und die daraus resultierenden Einsparungen nachvollziehen. Viele Apps bieten Funktionen wie die Visualisierung des Verbrauchs in Diagrammen, die Aufschlüsselung nach Räumen oder Vergleichsmöglichkeiten mit dem Vorjahresverbrauch. Dies trägt nicht nur zur Reduzierung von CO_2-Emissionen bei, sondern sensibilisiert die Nutzer:innen für einen nachhaltigen Umgang mit Energie und ihrem persönlichen CO_2-Footprint.

Insgesamt ermöglichen mobile Technologien somit eine datenbasierte Optimierung des Energieverbrauchs von Gebäuden, indem sie Informationen aus vernetzten Systemen in Echtzeit erfassen, analysieren, mit spezifischen Kontextinformationen anreichern und visuell aufbereiten. Durch die Integration von Steuerungsfunktionen in mobile Anwendungen können komplexe Gebäudesysteme wie Heizung, Kühlung und Beleuchtung effizient aufeinander abgestimmt werden. Diese Technologien schaffen Synergien zwischen erneuerbaren Energien und Verbrauchsmanagement und machen mobile Systeme damit zu einem wirkungsvollen Hebel im Gebäudesektor, um die globale Dekarbonisierung zu unterstützen.

> Weitere Informationen zur Studie und IBP-Mitteilung 579 50 (2023) „Energie-Einsparpotenzial einer intelligenten Heizungsregelung": *https://www.tado.com/de-de/fraunhofer-study*

13.1.1.2 Verkehrsoptimierung und nachhaltige Mobilität

Der Verkehrssektor ist ein weiterer großer Verursacher von Treibhausgasemissionen: Laut dem sechsten Sachstandsbericht (AR6) des Intergovernmental Panel on Climate Change (IPCC) beliefen sich sich die direkten Treibhausgasemissionen des Verkehrssektors schon im Jahr 2019 auf 8,7 Gigatonnen CO_2-Äquivalente ($GtCO_2$-eq). Damit hat der Verkehr einen Anteil von rund 23 Prozent an den weltweiten energiebedingten CO_2-Emissionen. Der Straßenverkehr trägt mit rund 70 Prozent den größten Anteil dazu bei, gefolgt vom Luftverkehr (12 Prozent), der Schifffahrt (11 Prozent) und dem Schienenverkehr (1 Prozent). Besonders die Emissionen aus dem Schiffs- und Luftverkehr nehmen weiterhin stark zu. Darüber hinaus zeigen die IPCC-Daten, dass die verkehrsbedingten Emissionen in den Entwicklungsländern schneller steigen als in Europa oder Nordamerika – ein Trend, der sich in den kommenden Jahrzehnten fortsetzen dürfte.

Link zum IPCC Sixth Assessment Report Kapitel 10/Transport: *https://www.ipcc.ch/report/ar6/wg3/chapter/chapter-10*

Zu den nachhaltigen Mobilitätskonzepten zählen Carsharing, Fahrgemeinschaften, die Stärkung des öffentlichen Verkehrs (ÖPNV) und die Förderung des Radverkehrs. Zu den alternativen Antrieben im Individualverkehr zählen Elektromobilität, Wasserstoffantriebe und synthetische Kraftstoffe. Die Optimierung bestehender Verkehrssysteme kann durch intelligentes Verkehrsmanagement und die Digitalisierung der Verkehrsinfrastruktur erreicht werden.

Mobile Technologien sind hierfür aufgrund ihrer per se mobilen Nutzungsszenarien prädestiniert: Sie bieten innovative Ansätze, um Verkehrsströme effizienter zu steuern, die Nutzung umweltfreundlicher Verkehrsmittel voranzutreiben und den Energieverbrauch im Verkehrssektor zu senken. Gleichzeitig sind sie Datenlieferanten in Echtzeit und schlagen die Brücke zum spezifischen Kontext der einzelnen Nutzer:innen und ihrer Präferenzen. Beispiele sind Navigationssysteme mit optimierter Routenführung und Verkehrsinformationen in Echtzeit, Mobilitäts-Apps, die verschiedene Verkehrsmittel dynamisch integrieren, Telematiksysteme zur Überwachung des Mobilitätsverhaltens und Smart-Parking-Lösungen.

13.1.1.3 Optimierung von industriellen Prozessen

Der sechste Sachstandsbericht (AR6) des Intergovernmental Panel on Climate Change (IPCC) zeigt auch, dass die Industrie schon im Jahr 2019 direkte Emissionen in Höhe von 14,1 Gigatonnen CO_2-Äquivalenten ($GtCO_2$-eq) verursacht hat, was 24 Prozent der globalen anthropogenen Emissionen entspricht. Bezieht man die indirekten Emissionen aus der Strom- und Wärmeerzeugung mit ein, erhöht sich der Anteil auf 34 Prozent der globalen Emissionen. Seit dem Jahr 2000 sind die Emissionen im Industriesektor stärker gestiegen als in jedem anderen Sektor, was auf die zunehmende Gewinnung und Verarbeitung von Grundstoffen wie Stahl, Zement und Chemikalien zurückzuführen ist. Der größte Teil der direkten Emissionen stammt aus der Verbrennung fossiler Brennstoffe, die im Jahr 2019 7 $GtCO_2$-Äq oder 50 Prozent der direkten industriellen Emissionen ausmachten.

Link zum IPCC Sixth Assessment Report Kapitel 11/Industrie: *https://www.ipcc.ch/report/ar6/wg3/chapter/chapter-11*

Mobile Technologien ermöglichen die datenbasierte Optimierung industrieller Prozesse durch die Integration von Echtzeitüberwachung, adaptiver Steuerung und energieeffizienter Ressourcennutzung in Produktionsumgebungen. Durch ihre Fähigkeit, kontextbezogene Daten zu erfassen und auszuwerten, leisten sie einen wichtigen Beitrag zur Reduktion von Emissionen, zur Steigerung der Energieeffizienz und zur Integration erneuerbarer Energien in industrielle Prozesse.

Ein wichtiger Anwendungsbereich ist die dezentrale Steuerung von Produktionsprozessen: Mobile Dashboards und Apps ermöglichen es Produktionsleiter:innen, Energieverbrauch und Emissionen in Echtzeit zu überwachen und direkt Anpassungen vorzunehmen, ohne physisch vor Ort sein zu müssen. Diese Flexibilität erlaubt es beispielsweise, die Produktion energieintensiver Güter in Zeiten hoher Verfügbarkeit erneuerbarer Energien zu verschieben und so fossile Energieträger zu vermeiden. Darüber hinaus können mobile Anwendungen dabei helfen, Produktionspläne aus der Ferne zu optimieren und so indirekte Emissionen durch Reisen oder Inspektionen vor Ort zu reduzieren.

Ein weiteres Potenzial liegt in der Integration mobiler Geräte in industrielle IoT-Systeme: Vernetzte Sensoren erfassen in Echtzeit Daten zu Betriebsparametern, die auf mobilen Endgeräten visualisiert werden, um ineffiziente Maschinen oder Prozesse gezielt zu identifizieren. Ein typisches Beispiel ist die Überwachung von Druckluftsystemen, die oft bis zu 10 Prozent des industriellen Energieverbrauchs ausmachen und prinzipbedingt einen niedrigen Wirkungsgrad aufweisen. Durch die mobile Echtzeitdiagnose können Leckagen frühzeitig erkannt und behoben werden, wodurch erhebliche Energieverluste vermieden werden.

Darüber hinaus spielen Augmented Reality (AR)-Technologien auf mobilen Endgeräten eine entscheidende Rolle bei der Wartung und Inspektion von Industrieanlagen. AR-basierte Anwendungen liefern visualisierte Anleitungen und Echtzeitdaten, die bei der Fehlerdiagnose und Reparatur unterstützen. Dadurch können Stillstandszeiten minimiert und ineffiziente Komponenten schnell ausgetauscht werden, wodurch Energie gespart und Emissionen reduziert werden.

Insgesamt tragen mobile Technologien zur datenbasierten Optimierung industrieller Prozesse bei. Sie ermöglichen eine effiziente Überwachung von Energieverbrauch und Emissionen, die Beseitigung von Ineffizienzen sowie die verstärkte Integration erneuerbarer Energien in die Produktion und leisten damit einen wichtigen Beitrag zur nachhaltigen Transformation des Industriesektors.

13.1.2 Risiken und Zielkonflikte

Der Einsatz mobiler Technologien zur Dekarbonisierung birgt erhebliche Potenziale, ist aber auch mit strukturellen und systemischen Risiken verbunden. Diese Herausforderungen betreffen technische, ökologische und gesellschaftliche Aspekte und können die Wirksamkeit dieser Technologien einschränken, wenn sie nicht proaktiv angegangen werden.

- **Technologische Abhängigkeiten und Sicherheitsrisiken:** Die starke Abhängigkeit mobiler Technologien von stabilen Netz- und IoT-Infrastrukturen führt zu einer erheblichen Anfälligkeit gegenüber technischen Ausfällen und Cyber-Angriffen. Beispielsweise könnte ein Angriff auf vernetzte Verkehrsleitsysteme oder industrielle IoT-Netzwerke nicht nur lokale Prozesse stören, sondern auch weitreichende wirtschaftliche und ökologische Schäden verursachen. Darüber hinaus bergen proprietäre Systeme und die Fragmentierung technischer Standards die Gefahr, dass Interoperabilität und Skalierbarkeit eingeschränkt werden, was die Verbreitung und Akzeptanz effizienter Lösungen behindert.
- **Rebound-Effekte und systemische Paradoxe:** Effizienzsteigerungen durch mobile Technologien können durch ein verändertes Nutzungsverhalten teilweise kompensiert oder sogar negiert werden. Ein Beispiel hierfür ist der Einsatz optimierter Verkehrsleitsysteme, die zwar Staus reduzieren, in Summe aber zu einer Erhöhung der Fahrleistung und damit der Emissionen führen können. Ähnliche Phänomene zeigen sich im Bereich Smart Home, wo zusätzliche vernetzte und komfortabel steuerbare Geräte den Gesamtenergieverbrauch erhöhen können. Um solche Rebound-Effekte zu minimieren, sind flankierende Maßnahmen wie die Internalisierung externer Kosten oder die gezielte Unterstützung von Verhaltensänderungen der Nutzer:innen erforderlich.
- **Umweltbelastungen durch Ressourcenverbrauch und Elektronikschrott:** Die Produktion von mobilen Endgeräten und IoT-Komponenten erfordert den Abbau seltener Rohstoffe wie Lithium oder Kobalt, was mit erheblichen ökologischen und sozialen Kosten verbunden ist. Kurze Innovationszyklen und die begrenzte Lebensdauer vieler Geräte verschärfen zudem das Problem des Elektronikschrotts, der laut der Studie „Global Waste Monitor 2024" des United Nations Institute for Training and Research (UNITAR) im Jahr 2022 bei 62 Millionen Tonnen lag. Effektive Recyclingstrategien und nachhaltiges Produktdesign, wie modulare Geräte und die Verwendung recycelbarer Materialien, sind entscheidend, um die Umweltauswirkungen mobiler Technologien zu reduzieren.

Link zum Global E-Waste Monitor 2024 des UNITAR: *https://unitar.org/about/news-stories/press/global-e-waste-monitor-2024-electronic-waste-rising-five-times-faster-documented-e-waste-recycling*

- **Soziale Ungleichheit und digitale Kluft:** Die Nutzung mobiler Technologien kann aus globaler Sicht bestehende soziale und geografische Ungleichheiten verstärken. Bevölkerungsgruppen in ländlichen Regionen, einkommensschwachen Ländern oder sozial benachteiligten Schichten haben oft keinen gleichberechtigten Zugang zu mobilen Technologien. Gründe dafür sind fehlende digitale Infrastruktur, hohe Anschaffungs- und Betriebskosten oder mangelnde digitale Kompetenz. Diese digitale Kluft führt dazu, dass zentrale Dekarbonisierungsmaßnahmen – wie der Einsatz energieeffizienter Technologien oder nachhaltiger Mobilitätslösungen – in diesen Regionen nicht oder nur eingeschränkt umgesetzt werden können. Der fehlende Zugang zu mobilen Systemen verhindert somit, dass diese Gruppen an den ökologischen und ökonomischen Vorteilen der globalen Dekarbonisierung partizipieren, was nicht nur soziale Spannungen verstärken, sondern auch die globale Klimastrategie insgesamt behindern kann. Eine gezielte Förderung von Infrastrukturentwicklung, digitaler Bildung und erschwinglichen Technologien ist notwendig, um sicherzustellen, dass Dekarbonisierungsinitiativen inklusiv und global wirksam sind.
- **Unsicherheiten aufgrund von Regulierungs- und Marktinstabilitäten:** Unklare oder inkonsistente regulatorische Rahmenbedingungen sowie instabile Marktstrukturen stellen erhebliche Hemmnisse für Investitionen in nachhaltige Technologien dar. Beispiele hierfür sind unterschiedliche Förderrichtlinien für erneuerbare Energien, widersprüchliche Vorgaben für die CO_2-Bepreisung (z.B. unterschiedliche Preise in verschiedenen Emissionshandelssystemen) oder fehlende Regelungen bei der Nutzung von grünem Wasserstoff. Diese Unsicherheiten erschweren die Planungssicherheit für Unternehmen, verzögern die Markteinführung neuer Technologien und erhöhen das Risiko von Fehlinvestitionen. Darüber hinaus tragen instabile Marktstrukturen, wie stark schwankende Preise für fossile Energieträger, Unsicherheiten über die zukünftige Nachfrage und die Abhängigkeit von einzelnen Lieferanten kritischer Rohstoffe, dazu bei, dass langfristige Investitionen weniger attraktiv erscheinen und das Risiko für Unternehmen steigt. Politische Instabilität wie Regierungswechsel mit unterschiedlichen klimapolitischen Zielen, politische Konflikte und Kriege sowie protektionistische Maßnahmen führen zu Vertrauensverlust bei Investoren:innen und verzögern die Umsetzung von Dekarbonisierungsstrategien.

Die verzögerte Implementierung nachhaltiger Technologien behindert nicht nur die Erreichung nationaler und globaler Klimaziele, sondern hat auch gravierende Folgen wie zunehmende Extremwetterereignisse, volkswirtschaftliche Nachteile durch verpasste Innovationschancen und eine anhaltende Abhängigkeit von fossilen Energieträgern mit den damit verbundenen geopolitischen Risiken. Eine konsistente und langfristig ausgerichtete Regulierung ist daher notwendig, um Vertrauen in den Markt zu schaffen und Investitionen in mobile Dekarbonisierungstechnologien zu fördern. Dies kann durch ambitionierte und verbindliche CO_2-Reduktionsziele, klare und stabile Fördermechanismen für erneuerbare Energien und andere nachhaltige Technologien sowie die Harmonisierung von Standards und Regularien auf internationaler Ebene erreicht werden.

Die genannten Herausforderungen verdeutlichen, dass eine erfolgreiche Integration mobiler Technologien in Dekarbonisierungsstrategien nicht nur technologische Innovation, sondern auch eine umfassende, systemische Planung erfordert. Regierungen, Unternehmen und Bürger:innen müssen gleichermaßen in die Entwicklung und Umsetzung eingebunden werden, um Risiken zu minimieren und die positiven Effekte mobiler Technologien voll auszuschöpfen.

13.2 Demografischer Wandel und mobile Technologien

Der demografische Wandel beschreibt tiefgreifende Veränderungen in der Zusammensetzung der Bevölkerung, die vor allem durch die Alterung der Gesellschaft und eine zunehmende Heterogenisierung gekennzeichnet sind. Die Alterung der Bevölkerung ist das Ergebnis einer steigenden Lebenserwartung und sinkender Geburtenraten. Dies führt zu einem wachsenden Anteil älterer Menschen, der neue Herausforderungen in den Bereichen Gesundheitsversorgung, soziale Sicherung und Arbeitsmarktgestaltung mit sich bringt. Gleichzeitig erfordert die Sicherung der Lebensqualität im Alter innovative technologische Lösungen zur Förderung von Selbstständigkeit und sozialer Teilhabe.

Parallel dazu führt die Heterogenisierung der Gesellschaft, auch durch Migration, zu einer zunehmenden kulturellen und sozialen Vielfalt. Unterschiedliche sprachliche, ethnische und kulturelle Hintergründe verändern die gesellschaftliche Dynamik und eröffnen neue Chancen für interkulturellen Austausch und Innovation. Gleichzeitig erfordert diese Entwicklung gezielte Integrationsmaßnahmen zur Sicherung des sozialen Zusammenhalts und der Chancengleichheit.

Die globale Bedeutung des demografischen Wandels zeigt sich in den prognostizierten Entwicklungen: Nach Angaben der Vereinten Nationen wird der Anteil der über 65-Jährigen bis zum Jahr 2050 weltweit auf rund 16 Prozent ansteigen, verglichen mit 9 Prozent im Jahr 2020. In Europa und Nordamerika wird dieser Anteil sogar auf über 25 Prozent steigen. Dies erfordert innovative Lösungen, um eine alternde Gesellschaft sozial, wirtschaftlich und technologisch zukunftsfähig zu gestalten.

Mobile Technologien wie Smartphones und Tablets sind aufgrund ihrer weiten Verbreitung, intuitiven Bedienbarkeit und tiefen Integration in den Alltag der Nutzer:innen besonders geeignet, bestehende Strukturen zu modernisieren und neue, barrierefreie Ansätze zu schaffen. Sie bieten Lösungen für die Herausforderungen des demografischen Wandels, indem sie ältere Menschen unterstützen oder die Partizipation und interkulturelle Kommunikation in heterogenen Gesellschaften fördern. Dank ihrer Fähigkeit, wertvolle Kontextinformationen wie Standortdaten, Bewegungsmuster oder Nutzungsgewohnheiten zu erfassen, ermöglichen mobile Technologien zudem die Entwicklung personalisierter Dienste, die individuell auf die unterschiedlichen Bedürfnisse der Nutzer:innen zugeschnitten sind. Dies schafft einen Mehrwert für innovative und nachhaltige Ansätze, die den Anforderungen einer alternden und vielfältigen Gesellschaft gerecht werden.

Table 2. Percentage of population aged 65 years or over for the world, SDG regions and selected groups of countries, 2019, 2030, 2050 and 2100, according to the medium-variant projection

Region	2019	2030	2050	2100
World	**9.1**	**11.7**	**15.9**	**22.6**
Sub-Saharan Africa	3.0	3.3	4.8	13.0
Northern Africa and Western Asia	5.7	7.6	12.7	22.4
Central and Southern Asia	6.0	8.0	13.1	25.7
Eastern and South-Eastern Asia	11.2	15.8	23.7	30.4
Latin America and the Caribbean	8.7	12.0	19.0	31.3
Australia/New Zealand	15.9	19.5	22.9	28.6
Oceania*	4.2	5.3	7.7	15.4
Europe and Northern America	18.0	22.1	26.1	29.3
Least developed countries	3.6	4.2	6.4	15.3
Land-locked Developing Countries (LLDC)	3.7	4.5	6.4	16.8
Small Island Developing States (SIDS)	8.7	11.9	16.1	23.7

Data source: United Nations, Department of Economic and Social Affairs, Population Division (2019). *World Population Prospects 2019.*
* excluding Australia and New Zealand

Bild 13.1 Prognose der Entwicklung des prozentualen Anteils der Bevölkerung im Alter von 65 Jahren oder älter. (Bildnachweis: United Nations, World Population Prospects 2019 auf *https://www.un.org/development/desa/pd/sites/www.un.org.development.desa.pd/files/files/documents/2020/Jan/wpp2019_highlights.pdf)*

13.2.1 Handlungsfelder und Potenziale mobiler Technologien

Mobile Technologien bieten zahlreiche Möglichkeiten zur Bewältigung gesellschaftlicher, wirtschaftlicher und ökologischer Herausforderungen. Sie fördern Innovationen, verbessern den Zugang zu Informationen und schaffen neue Ansätze für die Gestaltung einer vernetzten und inklusiven Zukunft. Im Folgenden werden verschiedene relevante Handlungsfelder und ihre spezifischen Potenziale näher betrachtet.

13.2.1.1 Gesundheitsversorgung und Telemedizin

Eine alternde Bevölkerung führt zu einer steigenden Nachfrage nach medizinischen Leistungen, während gleichzeitig der Fachkräftemangel und die Kosten für die Gesundheitsversorgung steigen. Mobile Technologien und Telemedizin bieten hier vielversprechende Lösungen, um die Versorgung älterer Menschen effizienter und zugänglicher zu gestalten.

Mobile Technologien ermöglichen eine kontinuierliche Überwachung des Gesundheitszustands durch Wearables und IoT-Geräte, die biometrische Daten wie Herzfrequenz, Blutdruck oder Blutzuckerspiegel in Echtzeit erfassen. Diese Daten können über mobile Anwendungen an Ärzt:innen oder Pflegekräfte weitergeleitet werden, wodurch frühzeitig auf Veränderungen im Gesundheitszustand reagiert werden kann. Solche Ansätze fördern nicht nur die Prävention, sondern reduzieren auch die Notwendigkeit von Krankenhausaufenthalten.

Ein weiteres Anwendungsfeld ist die Telemedizin, die besonders in ländlichen oder unterversorgten Regionen älteren Menschen einen barrierefreien Zugang zu medizinischer Beratung ermöglicht. Videokonsultationen über mobile Endgeräte ermöglichen es Patient:innen, medizinischen Rat einzuholen, ohne weite Wege zurücklegen zu müssen. Dies spart Zeit und Kosten und entlastet gleichzeitig medizinische Einrichtungen.

Darüber hinaus bieten mobile Technologien Unterstützung im Alltag durch digitale Assistenzsysteme, die an die Medikamenteneinnahme erinnern, Vitaldaten überwachen oder Notfallfunktionen bereitstellen. Diese Anwendungen tragen dazu bei, die Selbstständigkeit älterer Menschen besonders in der häuslichen Pflege zu erhalten und ihre Lebensqualität nachhaltig zu verbessern.

Mobile Technologien und Telemedizin stellen hier eine entscheidende Ressource dar, um den Herausforderungen einer alternden Gesellschaft zu begegnen. Sie ermöglichen personalisierte, präventive und ressourceneffiziente Ansätze, die sowohl die Patient:innen als auch das Gesundheitssystem entlasten und gleichzeitig die Qualität der Versorgung erhöhen.

13.2.1.2 Digitale Bildung und lebenslanges Lernen

Lebenslanges Lernen ist in einer sich schnell verändernden und zunehmend digitalisierten Welt von grundlegender Bedeutung – nicht nur für ältere Generationen, sondern für alle Menschen, die aktiv am technologischen und gesellschaftlichen Fortschritt teilhaben wollen. Mobile Technologien eröffnen hier neue Perspektiven, indem sie das Lernen flexibler, zugänglicher und interaktiver gestalten und damit zu einem wichtigen Instrument werden, um Bildungslücken zu schließen und die gesellschaftliche Teilhabe zu unterstützen.

Im Mittelpunkt stehen adaptive Lernsysteme, die individuelle Bedürfnisse, Lernrhythmen und kulturelle Hintergründe berücksichtigen. Diese Systeme nutzen mobile Plattformen, um Inhalte dynamisch anzupassen und den Lernprozess zu personalisieren. Gerade für ältere Menschen, die neue Technologien erlernen oder sich beruflich umorientieren müssen, bieten solche Ansätze eine effektive Möglichkeit, sich weiterzubilden. Für Menschen mit Migrationshintergrund eröffnen mobile Technologien neue Chancen, indem sie den Zugang zu Sprachkursen, kulturellen Integrationsangeboten und beruflicher Qualifizierung erleichtern. Mobile Lern-Apps bieten mehrsprachige Inhalte, automatisierte Übersetzungen und interaktive Formate, die den Erwerb von Sprach- und Fachkenntnissen unterstützen und so zu einer erfolgreichen Integration in Arbeitsmarkt und Gesellschaft beitragen.

Gleichzeitig erleichtert der Einsatz mobiler Endgeräte den Zugang zu Bildungsressourcen: Digitale Plattformen und mobile Anwendungen ermöglichen den Zugriff auf Lernmaterialien, die sonst physisch oder geografisch schwer zugänglich wären. Diese Niedrigschwelligkeit ist vornehmlich für benachteiligte Bevölkerungsgruppen relevant, die häufig von traditionellen Bildungsangeboten ausgeschlossen sind.

Darüber hinaus fördern mobile Technologien die digitale Kompetenz, die für alle Altersgruppen unerlässlich ist, um die Chancen der Digitalisierung zu nutzen. Interaktive Lern-Apps und Trainingsprogramme vermitteln praxisorientiertes Wissen, etwa zum sicheren Umgang mit digitalen Werkzeugen oder zum Schutz persönlicher Daten. Mobile Technologien schaffen zudem Räume für Zusammenarbeit und Austausch: Digitale Lerngemeinschaften, die über mobile Endgeräte organisiert werden, verbinden Menschen unterschiedlicher Generationen und kultureller Hintergründe und ermöglichen einen Wissensaustausch auf Augenhöhe.

Durch den Einsatz mobiler Technologien wird Lernen nicht nur orts- und zeitunabhängig, sondern auch inklusiver und motivierender. Sie schaffen eine Lernumgebung, die den individuellen Bedürfnissen jeder Generation und jeder kulturellen Gruppe gerecht wird und legen damit die Basis für eine nachhaltige Bildungsentwicklung im Kontext des demografischen Wandels und der zunehmenden gesellschaftlichen Heterogenität.

13.2.1.3 Soziale Teilhabe und Barrierefreiheit

Mobile Technologien leisten einen wichtigen Beitrag zur Förderung der sozialen Teilhabe und Barrierefreiheit, indem sie physische und digitale Barrieren abbauen. Sie bieten vielfältige Möglichkeiten, den Zugang zu öffentlichen Räumen, digitalen Diensten und sozialen Netzwerken für ältere Menschen, Menschen mit Behinderungen und andere Bevölkerungsgruppen, die durch technologische, soziale oder wirtschaftliche Barrieren benachteiligt sind, zu erleichtern.

Ein zentraler Aspekt ist dabei die physische Zugänglichkeit. Crowdsourcing-Plattformen wie Wheelmap oder AccessNow ermöglichen es Nutzer:innen, Informationen über die Zugänglichkeit von Orten wie Restaurants, Bahnhöfen oder öffentlichen Gebäuden zu teilen. Diese gemeinschaftlich erstellten Datenbanken helfen Menschen mit Mobilitätseinschränkungen, ihre Umgebung besser zu planen und barrierefreie Alternativen zu finden. Gleichzeitig schaffen solche Plattformen neue Formen der Partizipation, indem sie Nutzer:innen in die Gestaltung inklusiver öffentlicher Räume einbeziehen. Stadtplaner:innen und Betreiber:innen öffentlicher Einrichtungen können diese Daten nutzen, um auf Barrieren aufmerksam gemacht zu werden und gezielt Verbesserungen umzusetzen.

Auch die digitale Barrierefreiheit spielt eine wichtige Rolle. Barrierefrei gestaltete mobile Anwendungen und Plattformen erleichtern die Nutzung digitaler Dienste. Funktionen wie Sprachausgabe, einfache Sprache und intuitive Navigation helfen Menschen mit Seh- oder Höreinschränkungen, die Vorteile mobiler Technologien zu nutzen. Apps wie Be My Eyes, die sehbehinderte Menschen mit sehenden Freiwilligen verbinden, oder RogerVoice, das Telefongespräche in Echtzeit transkribiert, sind herausragende Beispiele dafür, wie mobile Technologien Barrieren überwinden und soziale Teilhabe fördern können. Weitere positive Impulse sind von der fortschreitenden Integration KI-basierter Dienste bereits auf Betriebssystemebene zu erwarten.

Darüber hinaus bieten soziale Netzwerke und Kommunikationsplattformen älteren Menschen die Möglichkeit, aktiv am gesellschaftlichen Leben teilzunehmen. Videotelefonie-Anwendungen und soziale Medien ermöglichen es, Kontakte zu pflegen, Familienmitglieder zu sehen oder an gemeinschaftlichen Aktivitäten teilzunehmen – unabhängig von geografischen Entfernungen oder körperlichen Einschränkungen.

Mobile Technologien bauen Brücken zwischen Menschen und unterstützen eine integrativere Gesellschaft. Sie ermöglichen nicht nur den Zugang zu physischer und digitaler Infrastruktur, sondern schaffen auch Räume für Partizipation, Austausch und soziale Vernetzung – entscheidende Faktoren für gesellschaftliche Teilhabe und Inklusion.

13.2.2 Risiken und Zielkonflikte

Die Integration mobiler Technologien in Strategien zur Bewältigung des demografischen Wandels birgt neben wichtigen Perspektiven auch spezifische Risiken und Zielkonflikte. Diese Herausforderungen betreffen sowohl die individuelle als auch die gesellschaftliche Ebene und bedürfen einer kritischen Auseinandersetzung, um negative Auswirkungen zu minimieren und die Akzeptanz digitaler und mobiler Innovationen zu fördern.

- **Verlust der Privatsphäre und der Datensouveränität:** Die Nutzung mobiler Technologien in der Gesundheitsversorgung oder in sozialen Netzwerken erfordert häufig die Preisgabe sensibler persönlicher Daten wie Gesundheitsinformationen oder Kommunikationsgewohnheiten. Besonders ältere Menschen, die weniger technikaffin sind, können durch unbedachte Zustimmung zu Nutzungsbedingungen oder mangelndes Bewusstsein für Datenschutzrisiken benachteiligt werden. Ein unzureichender Schutz dieser Daten birgt die Gefahr von Datenmissbrauch, Profilbildung oder unberechtigtem Zugriff. Dies könnte nicht nur das Vertrauen der Nutzer:innen erschüttern, sondern auch die breite Akzeptanz mobiler Technologien insgesamt gefährden.
- **Digitale Kluft und „Digital Divide“:** Der Zugang zu mobilen Technologien ist ungleich verteilt und hängt von Faktoren wie digitaler Kompetenz, Netzabdeckung

und finanziellen Ressourcen ab. Dies führt dazu, dass sozial benachteiligte Gruppen oder Menschen in ländlichen Regionen von den Vorteilen mobiler Technologien ausgeschlossen sind. Diese Ungleichheiten gefährden nicht nur die gesellschaftliche Teilhabe, sondern verstärken auch bestehende soziale und wirtschaftliche Unterschiede in der Gesellschaft.

- **Abhängigkeit von Technologie und Exklusion durch Komplexität:** Die zunehmende Technologisierung des gesellschaftlichen Lebens erhöht die Abhängigkeit von digitalen Lösungen und kann gleichzeitig zu Exklusion führen. Menschen, die keine „Digital Natives" sind, können Schwierigkeiten haben, die immer komplexer werdenden mobilen Systeme im Alltag zu nutzen. Selbst barrierefreie Anwendungen erfordern oft ein gewisses Maß an digitalem Grundverständnis, das nicht bei allen Nutzer:innen gleichermaßen vorhanden ist. Dies birgt die Gefahr, dass ganze Bevölkerungsgruppen von wichtigen Diensten und Prozessen des Alltags ausgeschlossen werden. Gleichzeitig führt die starke Abhängigkeit von Technologien und der damit verbundenen digitalen Infrastruktur zu einem Rückgang alternativer, nicht-digitaler Lösungen, wodurch die Resilienz der Gesellschaft gegenüber technischen Störungen und Infrastrukturausfällen, besonders in Krisenzeiten, geschwächt wird.

Die genannten Punkte zeigen, dass mobile Technologien zwar enorme Chancen für die Bewältigung des demografischen Wandels bieten, dass aber auch verschiedene Risiken aktiv gemanagt werden müssen. Um diesen Risiken zu begegnen, sind Maßnahmen wie die generationenübergreifende Förderung digitaler Kompetenzen, ein strenger Datenschutz und die Entwicklung nutzer:innenfreundlicher, inklusiver Technologien sowohl im Front- als auch im Backend mobiler Systeme notwendig. Nur durch einen ganzheitlichen Ansatz können die positiven Effekte mobiler Technologien maximiert werden, ohne soziale Ungleichheiten zu verstärken, Privatsphäre und Datensouveränität zu gefährden oder bestimmte Bevölkerungsgruppen von den Vorteilen der Digitalisierung auszuschließen.

13.3 Digitalisierung und mobile Technologien

Die Digitalisierung ist ein entscheidender Faktor für den Wandel von Gesellschaft und Wirtschaft im 21. Jahrhundert. Sie beschreibt den Prozess der Integration digitaler Technologien in alle Lebensbereiche und umfasst tiefgreifende Veränderungen in der Art und Weise, wie Menschen kommunizieren, arbeiten und leben. Mobile Technologien, allen voran Smartphones und Tablets, spielen in diesem Transformationsprozess eine maßgebliche Rolle. Mit ihrer hohen Verbreitung, ihrer ständigen Verfügbarkeit und ihrer Fähigkeit, kontextbezogene Daten zu erfassen, bieten sie einzigartige Möglichkeiten, digitale Innovationen voranzutreiben und gesellschaftliche Herausforderungen anzugehen.

Die Relevanz der Digitalisierung zeigt sich in ihrer Vielschichtigkeit: Sie verändert nicht nur die Arbeitswelt und die Interaktion zwischen Bürger:innen und staatlichen Institutionen, sondern prägt auch soziale und kulturelle Dynamiken. Der Zugang zu digitalen Technologien wird zunehmend zu einem entscheidenden Faktor für gesellschaftliche Teilhabe und wirtschaftliche Wettbewerbsfähigkeit. Gleichzeitig stellen erneut Fragen der Datensouveränität, des Datenschutzes und der digitalen Ethik zusätzliche Anforderungen an Politik, Wirtschaft und Gesellschaft.

Der Fokus liegt hier auf der Rolle mobiler Systeme in der öffentlichen Verwaltung (E-Government), in der Arbeitswelt (mobiles Arbeiten und hybride Arbeitsmodelle) sowie im sozialen und kulturellen Wandel. Mobile Systeme sind dabei nicht nur Träger technologischer Innovationen, sondern auch Katalysatoren weitreichender gesellschaftlicher Veränderungen.

13.3.1 Handlungsfelder und Potenziale mobiler Technologien

Mobile Technologien verändern die öffentliche Verwaltung und Infrastruktur durch den digitalen Zugang zu Verwaltungsprozessen und -dienstleistungen. In der Arbeitswelt bilden sie die Basis für ortsunabhängige Arbeitsmodelle und produktive Zusammenarbeit durch mobile Kollaborationstools. Darüber hinaus stärken Übersetzungsdienste und soziale Netzwerke den interkulturellen Dialog und ermöglichen es Nutzer:innen, ihre kulturelle Vielfalt und individuellen Werte in digitalen Räumen auszudrücken.

13.3.1.1 Öffentliche Verwaltung und Infrastruktur (E-Government)

Mobile Technologien spielen eine wesentliche Rolle bei der Entwicklung der öffentlichen Verwaltung hin zu einem effizienteren und bürgernäheren E-Government, indem sie die Digitalisierung von Verwaltungsprozessen erleichtern und so einen flexiblen und ortsunabhängigen Zugang zu öffentlichen Dienstleistungen ermöglichen.

Ein zentraler Bereich der mobilen Nutzung sind digitale Identitätsdienste. Lösungen wie die eID-Funktion des Personalausweises ermöglichen es Bürger:innen, sich sicher und digital auszuweisen. Ein Beispiel ist die European Digital Identity Wallet (EUDI-Wallet), die bis spätestens September 2025 in allen EU-Mitgliedstaaten verfügbar sein soll. Die EUDI-Wallet und andere Initiativen wie eIDAS (electronic Identification, Authentication and Trust Services) ermöglichen die grenzüberschreitende Nutzung digitaler Identitäten in Europa. Diese Technologien bieten Vorteile in verschiedenen Nutzungsszenarien, wie z. B. bei der Beantragung von öffentlichen Leistungen, der Anmeldung bei Online-Portalen oder dem rechtsverbindlichen Abschluss von Verträgen. Mobile Identitätsdienste verbessern nicht nur die User Experience, sondern tragen durch ihre Sicherheitsstandards wie die Zwei-Faktor-Authentifizierung auch wesentlich zum Schutz sensibler Daten bei.

Darüber hinaus ermöglichen mobile Systeme den Zugang zu nutzer:innenzentrierten Verwaltungsportalen wie dem Bürgerkonto des Bundes oder den Serviceportalen der Länder. Diese Plattformen bieten Bürger:innen eine zentrale Anlaufstelle, um Dokumente einzureichen, Anträge zu stellen oder den Status laufender Verfahren zu verfolgen. Die Integration mobiler Bezahlsysteme erweitert diese Funktionalität und vereinfacht die Abwicklung finanzieller Transaktionen, wie z. B. die Bezahlung von Gebühren oder Bußgeldern.

Neben den Vorteilen für Bürger:innen profitieren auch staatliche Institutionen von der mobilen Transformation: Automatisierte Prozesse reduzieren den Verwaltungsaufwand, ermöglichen schnellere Bearbeitungszeiten und führen zu einer effizienteren Ressourcennutzung.

Im Ergebnis zeigen mobile Technologien ihr Potenzial, den Zugang zu öffentlichen Dienstleistungen zu erleichtern und gleichzeitig staatliche Prozesse zu optimieren und die Verwaltung zu verschlanken. Durch die Integration mobiler Identitätsdienste und die Entwicklung nutzer:innenfreundlicher und barrierefreier Plattformen tragen sie dazu bei, eine effiziente und bürgerorientierte digitale Verwaltung zu schaffen.

Weitere Informationen zur EUDI-Wallet vom Bundesministerium des Innern und für Heimat: *https://www.bmi.bund.de/SharedDocs/pressemitteilungen/DE/2024/09/eudi-wallet-sep.html*

13.3.1.2 Arbeit 4.0 und hybride Arbeitsmodelle

Der Wandel der Arbeitswelt durch digitale Technologien kann vor dem Hintergrund der Theorie sozio-technischer Systeme untersucht werden, die die Wechselwirkungen zwischen technologischen Innovationen, Organisationsstrukturen und sozialen Bedürfnissen der Mitarbeitenden analysiert. Mobile Technologien sind dabei Enabler, da sie hybride Arbeitsmodelle ermöglichen und die Dynamik zwischen diesen Komponenten entscheidend prägen.

Mobile Technologien treiben ortsunabhängige und vernetzte Arbeitsformen voran, indem sie den Zugriff auf unternehmensinterne Systeme und digitale Kollaborationsplattformen ermöglichen. Tools wie Microsoft Teams oder Slack integrieren Aufgabenmanagement, Kommunikation und Reporting und gestalten Arbeitsprozesse effizienter. Gleichzeitig ermöglichen mobile Endgeräte den Zugriff auf geschäftskritische Informationen in Echtzeit, was Entscheidungsprozesse beschleunigt und flexibles Arbeiten unterstützt.

Ein zentraler Effekt mobiler Technologien ist ihre Rolle als Enabler für „boundaryless work“ – „entgrenzte Arbeit“. Während dies durchaus die Produktivität steigern kann, birgt es gleichzeitig Risiken der Entgrenzung von Arbeit und Freizeit. Studien der Bundesanstalt für Arbeitsschutz und Arbeitsmedizin (BAuA) zeigen, dass ständige Erreichbarkeit mit erhöhtem Stress und einer Verschlechterung der Work-Life-Balance korreliert. Maßnahmen wie „Right to disconnect"-Regelungen, Zeitmanagementtrainings und betriebliche Gesundheitsangebote sind entscheidend, um Überlastung und negative psychische Auswirkungen zu vermeiden.

Immersive Technologien wie Augmented Reality (AR) und Mixed Reality (MR) erweitern die Möglichkeiten hybrider Arbeitsmodelle, indem sie physische und digitale Arbeitsumgebungen nahtlos miteinander verschmelzen. In der technischen Instandhaltung kann sich beispielsweise eine Techniker:in vor Ort über eine MR-Brille Schritt-für-Schritt-Anweisungen zur Reparatur einer Maschine anzeigen lassen. Eine Expert:in kann aus der Ferne zugeschaltet werden und der Techniker:in über die MR-Brille Anweisungen geben. In der Produktion unterstützen MR-Anwendungen die Montage komplexer Produkte, indem sie die einzelnen Arbeitsschritte visualisieren. MR-Anwendungen ermöglichen es, virtuelle Prototypen in die reale Produktionsumgebung einzublenden und so die Planung zu optimieren. In der Logistik helfen AR-Brillen Kommissionierern im Lager, schnell die richtigen Artikel zu finden. MR-Anwendungen unterstützen die Planung von Lagerlayouts und optimieren die Auslastung von Transportmitteln.

KI-basierte Assistenzsysteme wie Chatbots oder Sprachassistenten ergänzen diese Technologien, indem sie Routineaufgaben automatisieren und so die Effizienz in digitalisierten Arbeitsprozessen steigern. Chatbots können beispielsweise Anfragen von Mitarbeiter:innen im Intranet beantworten, beim Onboarding neuer Kolleg:innen unterstützen oder die Terminplanung übernehmen. Digitale Sprachassistenten ermöglichen die sprachgesteuerte Bedienung von Software und Geräten, protokollieren Meetings oder übersetzen Dokumente in verschiedene Sprachen. Diese Systeme sind nicht nur Werkzeuge zur Optimierung des Arbeitsalltags, sondern unterstützen auch hybride Arbeitsmodelle, indem sie Informationsflüsse vereinfachen und den Zugriff auf relevante Ressourcen erleichtern.

Darüber hinaus fördern AR- und MR-gestützte Schulungen interaktive und adaptive Lernansätze, die sowohl in Präsenz- als auch in Remote-Umgebungen eingesetzt werden können. Unternehmen bieten diese Technologien die Möglichkeit, Schulungsinhalte flexibel an hybride Arbeitskontexte anzupassen und Mitarbeiter:innen gezielt auf die Anforderungen eines globalisierten Arbeitsmarktes vorzubereiten. Die Kombination von physischen und digitalen Lernmethoden schafft dabei eine immersivere und praxisorientiertere Lernumgebung, die den Wissenstransfer nachhaltig verbessert.

Eine ebenso zentrale Rolle spielen organisationsethische Herausforderungen. Dazu gehört die Gewährleistung von Chancengleichheit in hybriden Teams, die klare Kommunikationsstrukturen und regelmäßige Schulungen im Umgang mit digitalen Werkzeugen erfordern. Flexible Arbeitszeitmodelle und transparente Regelungen zur Dokumentation der Arbeitszeiten sind unabdingbar, um Fairness und Effizienz zu gewährleisten.

Mobile Systeme sind somit nicht nur Werkzeuge zur Optimierung von Arbeitsprozessen, sondern auch Wegbereiter für eine neue Arbeitskultur. Sie ermöglichen kollaborative Arbeitsweisen, brechen traditionelle Hierarchien auf und ermöglichen die Zusammenarbeit über geografische und kulturelle Grenzen hinweg. Die nachhaltige Integration mobiler Technologien erfordert jedoch eine Neudefinition organisationaler Werte, um eine inklusive, flexible und zukunftsorientierte Arbeitswelt zu schaffen, die den Bedürfnissen der Mitarbeiter:innen und den Anforderungen globaler Märkte gleichermaßen gerecht wird.

Weitere Informationen der Bundesanstalt für Arbeitsschutz und Arbeitsmedizin zu den Auswirkungen arbeitsbezogener erweiterter Erreichbarkeit auf Life-Domain-Balance und Gesundheit: *https://www.baua.de/DE/Angebote/Publikationen/Berichte/Gd76*

13.3.1.3 Kulturelle Vielfalt und digitale Identität

Die Theorie der sozialen Konstruktion von Identität beschreibt Identitäten als dynamische Prozesse, die durch soziale Interaktionen und kulturelle Diskurse geformt werden. Mobile Technologien spielen dabei eine zentrale Rolle, da sie globale und lokale Räume schaffen, in denen kulturelle Vielfalt sichtbar wird und hybride Identitäten entstehen können. Gerade in der Arbeitswelt unterstützen sie nicht nur den interkulturellen Dialog, sondern unterstützen auch die Integration kultureller Unterschiede in den Arbeitsalltag.

In multikulturellen Teams – sowohl auf globaler als auch auf lokaler Ebene – bieten mobile Systeme spezifische Vorteile. Übersetzungs- und Kommunikationsdienste auf mobilen Endgeräten ermöglichen einen direkten und barrierefreien Austausch zwischen Teammitgliedern mit unterschiedlichen sprachlichen und kulturellen Hintergründen. Diese Technologien schaffen gemeinsame Kommunikationsräume, die die Zusammenarbeit erleichtern und kulturelle Missverständnisse reduzieren. In lokal diversifizierten Teams, die durch Migration oder heterogene kulturelle Prägungen beeinflusst sind, unterstützen mobile Plattformen die Entwicklung hybrider Arbeitsformen, die kulturelle Vielfalt produktiv integrieren.

Ein weiteres Handlungsfeld mobiler Technologien ist die Unterstützung bei der Aushandlung beruflicher Identitäten in digitalisierten Arbeitswelten. Funktionen wie personalisierte User Interfaces oder sprachadaptive Anwendungen ermöglichen es den Mitarbeiter:innen, ihre individuellen kulturellen Hintergründe in den Arbeitskontext einzubringen, ohne sich an starre kulturelle Normen anpassen zu müssen. In globalisierten Arbeitswelten werden so kulturelle Unterschiede nicht nur akzeptiert, sondern aktiv als Ressource für kreativen Austausch und innovative Problemlösungen genutzt.

Hybride Identitäten spielen auch in der Arbeitswelt eine wichtige Rolle bei der Entwicklung neuer sozialer Normen. Mobile Technologien erleichtern es Teams, kollaborative Arbeitsmethoden zu entwickeln, die kulturelle Vielfalt nicht als Herausforderung, sondern als Bereicherung begreifen. Ein Beispiel sind mobile Kollaborationsplattformen, die sowohl die individuellen Bedürfnisse als auch die kollektiven Ziele eines Teams berücksichtigen können. Damit fördern mobile Technologien nicht nur den interkulturellen Austausch, sondern tragen auch zu einer inklusiveren und resilienteren Arbeitskultur bei.

Mobile Technologien sind weit mehr als Werkzeuge der digitalen Kommunikation. Sie schaffen dynamische Räume, in denen kulturelle Vielfalt aktiv gestaltet und die Balance zwischen lokaler Verankerung und globaler Vernetzung ermöglicht wird. In diesem Wechselspiel entstehen hybride Identitäten, die durch die zunehmende Vernetzung und Diversität der Arbeitswelt nachhaltig geprägt werden.

13.3.2 Risiken und Zielkonflikte

Die Integration mobiler Technologien in den Prozess der Digitalisierung birgt neben Potenzialen auch spezifische Risiken und Zielkonflikte. Viele dieser Herausforderungen wurden bereits im Kontext der Dekarbonisierung und des demografischen Wandels beleuchtet, sie sind aber auch hier relevant und bedürfen einer erneuten Betrachtung. Darüber hinaus ergeben sich spezifische Fragestellungen, die in direktem Zusammenhang mit der Digitalisierung stehen.

- **Datensicherheit und Schutz der Privatsphäre im beruflichen Kontext:** Die zunehmende Nutzung mobiler Technologien in der Arbeitswelt führt zu einem signifikanten Anstieg der Datenmengen, die Unternehmen und Beschäftigte generieren und austauschen. Vor allem in hybriden Arbeitsmodellen, in denen Mitarbeitende sowohl im Büro als auch zu Hause oder unterwegs arbeiten, entstehen neue Risiken. Die Nutzung privater Geräte (BYOD – Bring Your Own Device) und der Zugriff auf Cloud-basierte Plattformen erhöhen die Gefahr von Datendiebstahl, Cyberangriffen und unbeabsichtigtem Datenverlust. Gleichzeitig können digitale Tools, die Arbeitsabläufe überwachen, die Privatsphäre der Mitarbeitenden einschränken, etwa durch Tracking-Mechanismen oder die Analyse von Kommunikationsmustern. Unternehmen stehen vor der Herausforderung, Datensicherheit und Privatsphäre gleichermaßen zu gewährleisten, ohne die Effizienz der Technologien zu schmälern.
- **Digitale Ungleichheit und technologische Zugangsbarrieren:** Wie bereits im Kontext des demografischen Wandels diskutiert, führt der ungleiche Zugang zu digitalen Technologien zu sozialer Spaltung. Im Kontext der Digitalisierung zeigt sich dies bei der beruflichen und gesellschaftlichen Teilhabe: Menschen mit eingeschränkten digitalen Kompetenzen oder ohne Zugang zu leistungsfähigen mobilen Endgeräten können von digitalen Arbeitsprozessen ausgeschlossen werden. Dies gilt nicht nur für global diversifizierte Teams, sondern auch für lokal veran-

kerte Arbeitswelten, in denen der digitale Zugang zunehmend Voraussetzung für beruflichen Erfolg ist. Hier sind Bildungsoffensiven, eine verbesserte digitale Infrastruktur und die Förderung digitaler Kompetenzen entscheidend, um Teilhabe zu sichern.

- **Ethik und Transparenz im Umgang mit digitalen Identitäten:** Die Nutzung mobiler Technologien für die berufliche Identität und den interkulturellen Austausch birgt auch ethische Risiken. Die Verschmelzung privater und beruflicher Identitäten auf digitalen Plattformen kann zum Verlust der Kontrolle über persönliche Daten führen. Besonders problematisch sind intransparente Algorithmen, die z. B. Karrieremöglichkeiten beeinflussen können, indem sie Entscheidungen automatisieren und bestimmte Gruppen bevorzugen oder benachteiligen. Klare Regelungen und transparente Mechanismen sind notwendig, damit digitale Identitäten nicht zu einer Quelle struktureller Benachteiligung werden.
- **Entgrenzung von Arbeit und Freizeit:** Ein Aspekt, der bereits in Arbeit 4.0 diskutiert wurde, aber auch hier besondere Beachtung verdient, ist die zunehmende Verwischung der Grenzen zwischen Arbeit und Freizeit durch mobile Technologien. Die ständige Erreichbarkeit über mobile Endgeräte führt zu erhöhten Belastungen und Stress. Dies betrifft nicht nur den Einzelnen, sondern hat auch Auswirkungen auf die Arbeitskultur insgesamt, indem beispielsweise unrealistische Erwartungen an die Verfügbarkeit gefördert werden. Unternehmen müssen klare Rahmenbedingungen schaffen, wie z. B. „Right to disconnect"-Regelungen oder flexible Arbeitszeitmodelle, um die negativen Auswirkungen zu minimieren.
- **Kulturelle Homogenisierung und Diversitätsverlust:** Während mobile Technologien den interkulturellen Austausch stärken, besteht gleichzeitig die Gefahr, dass sie zu einer Standardisierung und Homogenisierung kultureller Praktiken führen. Die Dominanz bestimmter Plattformen oder Technologien kann zur Marginalisierung kleinerer kultureller Identitäten beitragen. Dies gilt vornehmlich für digitale Workspaces, in denen globale Standards oft lokale kulturelle Besonderheiten verdrängen. Die Herausforderung besteht darin, kulturelle Vielfalt nicht nur zu bewahren, sondern aktiv in die Gestaltung digitaler Räume einzubringen.

Diese Risiken verdeutlichen, dass mobile Technologien nicht nur als Enabler digitaler Innovationen, sondern auch als Quelle komplexer Zielkonflikte wirken können. Ihre nachhaltige Integration in den Digitalisierungsprozess erfordert eine systematische Abwägung zwischen Effizienzsteigerung, gesellschaftlicher Teilhabe und der Wahrung individueller Rechte. Nur durch eine ganzheitliche Betrachtung, die sowohl technische als auch soziale und ethische Dimensionen einbezieht, können langfristig negative Folgen minimiert und die Potenziale mobiler Technologien für eine zukunftsfähige digitale Gesellschaft voll ausgeschöpft werden.

13.4 Zusammenfassung und Schlüsselaspekte dieses Kapitels

13.1 Dekarbonisierung und mobile Technologien

Mobile Technologien tragen entscheidend zur Reduktion von CO_2-Emissionen bei, indem sie effiziente Lösungen in zentralen Bereichen ermöglichen.

- In Smart Homes und der Gebäudeautomatisierung optimieren mobile Systeme den Energieverbrauch durch intelligente Steuerung und Überwachung.
- Im Verkehrsmanagement fördern mobile Technologien eine nachhaltigere Mobilität, z.B. durch Echtzeitnavigation, multimodale Verkehrsplanung und optimierte Nutzung der Infrastruktur.
- In der industriellen Optimierung unterstützen mobile Systeme die Überwachung und Steuerung von Produktionsprozessen und verbessern Energieeffizienz und Ressourceneinsatz.

13.2 Demografischer Wandel und mobile Technologien

Vor dem Hintergrund des demografischen Wandels bieten mobile Technologien innovative Lösungen für die Herausforderungen einer alternden und kulturell vielfältigen Gesellschaft.

- Im Gesundheitswesen ermöglichen mobile Anwendungen Telemedizin, Gesundheitsmonitoring und digitale Assistenzsysteme, die ältere Menschen unterstützen und die medizinische Versorgung effizienter gestalten.
- Im Bereich des lebenslangen Lernens bieten mobile Plattformen personalisierte Bildungsangebote, die individuelle Lernbedürfnisse berücksichtigen und digitale Kompetenzen stärken. Sie erleichtern auch Menschen mit unterschiedlichem sprachlichen und kulturellen Hintergrund den Zugang zu Bildung.
- Mobile Technologien ermöglichen älteren Menschen und Menschen mit unterschiedlichen kulturellen Hintergründen eine aktive Teilhabe am gesellschaftlichen Leben durch digitale Vernetzung und barrierefreien Zugang zu Informationen und Dienstleistungen. Barrierefreiheit umfasst dabei sowohl technische Aspekte (z.B. Screenreader) als auch grundlegende Faktoren der Usability.

13.3 Digitalisierung und mobile Technologien

Mobile Technologien sind zentrale Treiber der Digitalisierung und prägen die öffentliche Verwaltung, die Arbeitswelt sowie gesellschaftliche und kulturelle Transformationsprozesse.

- Im Bereich der öffentlichen Verwaltung (E-Government) ermöglichen mobile Systeme digitale Identitätsdienste, nutzer:innenzentrierte Verwaltungsportale und automatisierte Prozesse, die sowohl Bürger:innen als auch staatlichen Institutionen zugute kommen.
- In der Arbeitswelt ermöglichen mobile Technologien hybride Arbeitsmodelle, indem sie vernetzte Arbeitsformen ermöglichen und immersive Technologien wie Augmented Reality, Mixed Reality und KI-basierte Assistenzsysteme integrieren. Gleichzeitig müssen Risiken wie Entgrenzung und psychische Belastungen aktiv gestaltet werden.
- Im Kontext kultureller Vielfalt und digitaler Identität schaffen mobile Plattformen Räume für interkulturellen Dialog und die Entstehung hybrider Identitäten, die zur Integration kultureller Unterschiede und zur Stärkung globaler und lokaler Teams beitragen.

Stichwortverzeichnis

Symbole

A

B

C

D

E

F

G

J

K

N

O

S

T

U

V

PI13106272
9424904